아동·청소년

적응유연성 핸드북

Sam Goldstein · Robert B. Brooks 편저 | 신현숙 역

Handbook of Resilience in Children

학지사

우리가 만들어 온 이 세상은 우리의 생각이 만든 것이다. 만일 이 세상을 변화시키길 원한다면 우리 자신의 생각을 변화시켜야 한다.

- ALBERT EINSTEIN

우리는 어떻게 협동하고, 믿을 수 있는 것과 믿을 수 없는 것을 변별하고, 믿을 만한 것에 헌신하고, 좋은 명성을 얻고, 물건과 정보를 교환하고, 노동을 분배하는지에 대해 배울 수 있는 소질을 가지고 이 세상에 태어났다……. 우리의 마음은 이기적인 유전자로 만들어졌지만 사회적이고 믿을 만하며 협동적이기도 하다.

- MATT RIDLEY

역자 서문

이 책은 Goldstein 박사와 Brooks 박사가 역경을 겪은 후에도 탄력적으로 회복하여 잘 적응하고 있는 '적응유연한' 아동 · 청소년에 관한 경험적 연구 결과와 이론적 논의를 모은 편저를 번역한 것이다. 따라서 이 책의 주 독자층은 역경이 '부적응' 또는 '장애'의 발생에 미치는 영향력을 완충하는 '보호과정'에 관심을 가진 연구자와 실무자 그리고 대학원생일 것이다. 과거에 그들은 '부적응'을 확인하고 진단하고 치료하는 노력이 어린 세대를 '건강'과 '적응'으로 이끌 것이라는 희망을 가졌었지만, 이제는 아동 · 청소년과 가정, 학교, 지역사회가 가진 수많은 장점에 눈을 돌려 '건강'과 '적응'을 향상시키려고 노력하고 있다.

오늘날 우리의 어린 세대가 가정과 학교 안팎에서 겪고 있는 다양한 역경을 들여다보면, 그들이 스트레스를 겪으며 우울과 불안, 반항과 폭력, 포기와 좌절, 학업 부진과 소외를 겪는 현상은 어쩌면 당연한 결과일지도 모른다. 그러나 과거에 역경을 겪었음에도 불구하고 유연하게 정상적인 기능을 회복하는 '적응유연성' 과정을 이해하면, 예외 상황을 발견할 수 있다. 또한 현재 역경에 처한 아동 · 청소년 그리고 그 가족이 '긍정적인 발달'을 이루고 잘 적응하도록 돕기 위해서 우리가 언제 어떻게 무엇을 해야 할지에 대한 단서를 얻을 수도 있다.

이 책은 역경에 처한 아동 · 청소년 그리고 가족 중에는 (역경에 처했다면 당연히 겪을 것이라고 여겨 온) 부적응을 겪지 않는 예외, 더 나아가 긍정적인 발달을 이루는 예외도 있다는 사실을 일깨워 준다. 그뿐 아니라 어쩔 수 없이 빈곤한 가정에서 태어나 이혼한 부모와 살면서 열악한 환경에서 교육을 받고 성장할 수밖에 없었던 사람이 겪는 역경을 더 이상 피할 수 없는 난공불락의 문제가 아닌 극복할 수 있는 도전으로 보는 긍정적 시각을 제공할 것이다.

이 책은 적응유연성 구인의 이해와 측정, 적응유연성 연구의 발전 배경, 발달현상으로서 적응유연성, 유전–환경 상호교류와 관련된 이슈, 남성과 여성의 적응유연성, 종단연구의 필요성, 부모 또는 가정환경과 관련된 위험요인을 가진 아동 · 청소년의 적응유연성, 아동 · 청소년의 정서행동장애 및 학습장애와 적응유연성의 관계, 적응유연성 증진을 위한 이론 모형과 개입 접근 등 다양한 주제를 제시한다. 본 역자는 이렇게 귀중한 원저의 내용을 왜곡 없이 정확하게 전달하면서도 우리나라 독자가 쉽게 읽고 이해할 수 있게 번역하려고 노력했다. 또한 각주를 통해 일부 생소한 용어나 개념을 정의하고 설명하였다. 그럼에도 남아 있는 오역이나 어색한 표현은 역자 능력의 한계로 인한 것이며, 이러한 부족하고 잘못된 점은 앞으로 보완 · 개정하도록 노력하겠다.

원저를 한국어로 번역할 수 있도록 허락해 주시고 한국어 역서의 출판을 함께 기뻐해 주신 Goldstein 박사와 Brooks 박사에게 깊은 감사의 뜻을 전한다. 또한 이 책의 출간을 맡아 주신 학지사 김진환 사장님과 정성을 다해 이 책을 예쁘게 편집해 주신 김경민 과장님께도 감사드린다.

우리는 이 세상에 태어나서 이 세상을 떠날 때까지 크고 작은 수많은 역경을 겪는다. 그럼에도 우리는 오늘 꿋꿋하게 서 있고 내일은 더 나은 발전을 이룰 것이다. 과거에 어렵고 힘든 상황을 겪은 적이 있거나 현재 겪고 있는 아동 · 청소년과 그 가족, 그리고 그들이 생활하고 있는 학교와 지역사회를 돕는 실무적인 일과 연구를 하는 여러분에게 이 책이 작으나마 도움이 된다면 역자에게는 큰 기쁨이 될 것이다. 머지않아 많은 국내 연구자와 실무자가 적응유연성에 대한 연구 결과와 실무 경험을 축적하여 한국적인 적응유연성 모형을 세우고 응용할 날이 오기를 기대한다.

2009년 7월
역경을 이겨 낸 무등산을 바라보며
역자 신현숙

한국어판 편저자 서문

We are truly delighted that our book *Handbook of Resilience in Children* has been translated into the Korean language. We feel honored that our work is being introduced in Korea. We hope that the many chapters, which highlight various issues and different populations in the study of resilience, will serve as an invaluable resource for Korean scholars and practitioners.

Sam Goldstein & Robert Brooks
Feb. 17, 2009

우리의 책 『Handbook of Resilience in Children』이 한국어 번역서로 출간되어 매우 기쁩니다. 또 우리의 업적을 한국에 알리게 되어 매우 영광스럽게 생각합니다. 적응유연성 연구의 다양한 주제와 상이한 적응유연한 집단을 집중적으로 다룬 이 책이 한국의 여러 학자와 실무자에게 귀중한 자료로 활용될 수 있기를 희망합니다.

2009년 2월 17일
Sam Goldstein & Robert Brooks

편저자 서문

다섯 살 난 한 아이는 어린 남동생이 물에 빠진 것을 어떻게 할 도리 없이 바라보고만 있을 수밖에 없었다. 같은 해, 녹내장으로 인해 아이의 세상은 암흑으로 변하기 시작하였다. 아이의 가족은 너무나 가난해서 그에게 시력을 찾아 줄 수 있는 치료마저도 받게 해 줄 수 없었다. 10대 시절에 아이의 부모가 모두 사망하여 결국 그는 주정부가 세운 맹인시설에 들어갔다. 아프리카계 미국인인 그는 음악을 포함해서 시설 안에서 할 수 있는 많은 활동을 하는 데 제약을 받았다. 그가 겪었던 고난과 역경을 생각하면 어느 누구도 그가 훗날 전 세계적으로 유명한 음악가가 될 것을 쉽게 예상할 수 없었다.

그의 이름은 레이 찰스다. 정서적 · 신체적 · 환경적으로 커다란 고난과 역경에 처했던 수많은 다른 사람과 비슷하게, 레이 찰스의 삶에 관한 이야기는 누군가는 살아남을 수 있고 또 살아남으며 사실상 성공적인 삶을 산다는 것을 보여 주는 좋은 예가 된다. 그러나 비슷한 패턴의 문제를 겪은 다른 많은 사람은 성인기 삶에 성공적으로 전환하지 못하여 빈곤과 절망, 자포자기, 심지어 정신병 문제에 휩싸이는 경우를 종종 볼 수 있다.

수많은 역경을 극복하는 사람과 그렇지 못한 사람을 비교하면 몇 가지 흥미로운 질문이 제기될 수 있다. 역경에서 살아남은 사람은 성공하기 위해서 정확하게 무엇을 했을까? 그들은 어떻게 생각할까? 성공적이지 못한 사람의 삶에는 없는 어떤 경험을 하는 것일까? 그런 경험이 역경에도 불구하고 살아남는 데 독특한 것일까? 유전, 부모의 자녀양육, 교육, 멘터링, 기질 및 정신건강이 역경에도 불구하고 살아남는 것을 어느 정도나 예언할 수 있을까? 한 세대에서 다음 세대로 넘어가면서 스트레스와 역경이 거의 기하급수적으로 증가하고 있는 이 세상에서, 이러한 질문과 이와 관련된 다른 질문에 대한 대답은 점점 더 중요해지고 있다. 이 책은 이런 질문에 대한 답을 찾으려는 우리의 노력을 반영한다.

이 책의 편저자 두 사람은 10년 전 어느 전국 학술대회에서 우연히 만났다. 첫 번째 편저자는 주의력결핍 과잉행동장애와 학습장애를 포함하여 아동기 장애에 관한 발표를 하였다. 두 번째 편저자는 위기에 처한 아동이 역경을 극복하도록 돕는 것이 무엇인지에 대해 토론하였다. 둘이 합쳐서 50년의 임상 실무 경력을 가진 우리는 증상의 완화가 아니라 아동이 가진 강점과 자질에 대한 이해와 그 진가의 인정, 그리고 강점과 자질의 양육이 성인기를 가장 잘 예측할 수 있는 변인이라는 것을 잘 알고 있었다. 그렇기에 우리 두 사람의 연결은 즉시 이루어졌다.

초기의 연결고리는 지난 10년 동안 매우 친밀한 전문적인 친분과 개인적인 우정으로 발전하였다. 우리는 일과 삶 속에서 **강점에 기초한 접근**(strength-based approach)의 중요성에 관한 아이디어를 정성 들여 다듬는 데 수많은 시간을 할애하였다. 우리는 전 생애에 걸친 **적응유연성**(resilience)[1]의 과정을 주로 다룬 3권의 책을 공동 저술하였으며, 적응유연성 모형을 결합하여 불안, 학습장애, 분노의 문제를 가진 아동의 부모를 돕는 방법에 관한 2권의 교재와 그 밖의 수많은 논문을 공동 발표하였다. 또 아동의 적응유연성을 기르기 위한 부모교육용 커리큘럼을 개발하였으며, 다큐멘터리를 제작하여 상을 받기도 하였다. 이 책을 통해서 우리는 우리 자신도 성공적이며 행복한 삶을 살아가기 위한 방식으로 생각하고 느끼며 행동하는 것이 얼마나 중요한지를 깨닫게 되었다.

성공의 자질은 적응유연성이라는 큰 개념 아래 점차 통합되었다. 적응유연한 마음자세, 즉 역경에 대처하여 그것을 이겨 낼 수 있는 능력은 일부 사람만 소유한 사치품이나 축복이 아니며 점차 모든 사람에게 필수적인 요소가 되었다. 중대한 역경을 경험하지 않은 사람을 포함하여 모든 사람에게 적응유연성의 자질이 어떻게 적용되는지를 연구자와 임상가가 검토하면서, 한때 역경을 극복한 사람만을 주목했던 이 분야는 이제 보편적인 관심을 받게 되었다.

큰 고난을 극복한 아동을 연구하면서 우리가 배운 것과 아직 더 배워야 할 것을 모든 아동의 삶을 증진시키는 데 적용할 수 있다. 스트레스와 압력을 효과적으로 다루기, 일상생활의 도전에 대처하기, 실망과 역경 및 외상에서 회복하기, 분명하고도 현실적인 목표 세우기, 문제 해결하기, 타인과 편안한 관계 맺기, 자신과 타인

1) 역자 주: resilience는 적응유연성, 탄력성, 회복력 등 다양한 용어로 번역되나, 이 책에서는 다수의 국내 연구자가 사용하고 있는 적응유연성으로 통일하여 번역한다.

을 모두 존중하기 등 적응유연성의 특징을 갖추도록 돕는 일이 만족스러운 삶에 중요한 요소임을 이해하고 받아들이기란 어렵지 않다. 이 책에서 보여 주듯이, 살아가면서 큰 역경에 처하는 아동에 관한 수많은 과학적 연구는 적응유연성이 중요하면서도 강력한 힘이라는 기본 전제를 지지한다. 이러한 전제는 관심을 받을 만한 가치가 있다. 적응유연성은 성공적인 성인기로 나아가는 길을 할퀴고 찢는 압도적인 장벽을 어떤 아동은 극복하는데 왜 다른 아동은 초기 경험과 환경의 희생자가 되는지를 설명한다. 그러나 여러분은 이 책을 읽어 가면서 적응유연성을 매개하고 조성하는 과정에 관하여 이해해야 할 부분이 아직도 많다는 것을 깨닫게 될 것이다.

이 책의 다른 곳에서도 밝혔듯이, 적응유연성의 중요성에 대해 우리 자신뿐만 아니라 다른 사람도 서서히 믿기 시작하였다. 이처럼 강점에 기초한 모형은 서서히 인정을 받았기 때문에 효과적으로 많은 아동과 가족이 도움을 받지 못하는 결과도 발생하였다. 우리는 오랜 세월의 임상 실무에 비추어, 선의의 부모와 전문가가 아동의 결핍을 고치는 것과 아동의 장점과 자질을 증진시키는 것에 똑같이 무게를 두기보다는 아동의 결핍을 고치는 데 시간과 에너지를 소모했기 때문에 많은 아동이 고통을 받고 있다는 사실을 깨달았다. 부모, 임상가, 교육자가 아동의 문제를 고치는 데 주목하는 것을 이해하기는 어렵지 않다. 솔직히 전문가로서 우리 편저자도 그렇게 훈련을 받았기 때문에 이러한 편견을 가지고 있었다. 우리는 부정적인 방식으로 무엇이 다른지를 확인하고, 증상이나 문제를 감소시키기 위한 개입을 처방하도록 훈련받았다.

전문 분야에서는 사람들이 어떻게 그리고 왜 다른지를 확인하고 그러한 차이를 치료하는 전략을 처방하기 때문에 **결핍 모형**(deficit model)이 적절하다고 인식하고 있다. 그러나 이제 우리는 모든 아동의 미래를 향상시킨다는 우리 최고의 목표가 아동의 강점을 확인하고 적극 활용하여 적응유연한 자질을 조성할 때 가장 잘 성취된다는 것을 믿으며, 이를 과학적으로 증명하는 일을 착수하였다. 결핍 모형은 이러한 목표를 달성하는 데 도움이 되지 않는다. 엄격하게 보아, 단순한 증상의 완화나 제거는 장기적인 결과와 동의어가 아닌 것으로 밝혀졌다. 우리는 이 책에서 과학적으로 검토한 적응유연성의 자질이 위기에 처한 아동뿐만 아니라 우리 모두를 사실상 보호할 수 있으며 부정적 영향에서 벗어나게 할 수 있다는 것을 인정하기에 이르렀다.

저자가 이 책의 저술에 흥미를 가지고 기꺼이 기여하기로 한 것은 우리 편저자에게 매우 영광스러운 일이다. 저자들은 매우 다양한 배경과 연구 관심을 가지고 있으면서도 적응유연성의 저력을 이해하고 활용하는 것이 중요하다는 비전을 공유하였다. 제1부는 8개의 배경 장으로 시작한다. 편저자인 우리가 우선 적응유연성에 대한 기본적인 내용을 개관하고 적응유연성을 연구해야 하는 이유를 제시한다. 또한 다른 저자는 **적응유연한 과정**(resilient processes), 적응유연성의 기본 개념, 적응유연성 과정의 성차에 관한 내용을 제시한다. Margaret Wright와 Ann Masten은 지난 30년 동안 세 차례의 연구시대를 거치면서 발전해 온 적응유연성 연구를 종합적으로 개관한다. Kirby Deater-Deckard와 동료는 생물심리사회적 조망을 제시하는 적응유연성 문헌을 검토한다. 이 주제는 12장에서 Shadi Houshyar와 Joan Kaufman이 학대받은 아동의 적응유연성을 논할 때 다시 적용된다. Bill Pollack과 Judy Jordan은 남성과 여성의 적응유연성을 살펴본다. 적응유연성 영역의 초창기 연구자이며 가장 알려진 연구자 가운데 한 사람인 Emmy Werner가 적응유연성에 관한 대규모 종단연구의 결과를 개관한 것에 대하여 우리는 매우 기쁘게 생각한다. 제1부의 마지막 장에서, Jack Naglieri와 Paul LeBuffe는 적응유연성의 측정에 관해 현재 알려진 과학을 논의하면서 그들의 전문성을 보여 주었으며 또한 임상 실무에서 적응유연성을 평가하는 미래 전망을 제시하였다.

제2부는 빈곤, 가정폭력, 부모의 정신질환, 아동의 적응 맥락으로서 가족, 아동 희생자와 같은 환경적 이슈에 관한 내용을 다룬다. 제3부에서는 비행, 기타 파탄적 장애, 학습된 무력감과 관련된 우울, 학습장애, 자기통제가 부족한 청소년을 포함하여 좀 더 전통적으로 정의된 임상장애에 적응유연성 현상을 적용해 본다. Jane Gillham, Karen Reivich, Tara Chaplin과 Martin Seligman은 펜실베이니아 대학교에서 이룬 그들의 업적을 논하고, 스트레스에 직면해서도 낙관적인 마음자세와 효과적인 기능을 만들어 내는 수단이 되는 적응유연성에 대한 관심이 증가하는 현상에 대해서 논한다. 제4부는 적응유연성의 응용심리학을 구축하기 위해 우리가 기울인 노력에 대해 소개한다. 많은 저자가 부모의 자녀양육 방식을 향상시키고, 자기존중감을 기르며, 교육 기회를 제공하고, 학교 전체의 폭력을 감소시키고, 효과적인 사고를 향상시키기 위하여 적응유연성 이론을 활용하는 방식에 초점을 둔다. Emily Winslow, Irwin Sandler, Charlene Wolchik은 **공중건강 접근**을 통해서 모든 아동의 적응유연성을 증진시키는 프로그램을 소개한다. Maurice Elias, Sarah Parker와 Jennifer Rosenblatt는 적응유연성을 증진하는 수단이 되

는 교육 기회의 촉진 모형을 제시한다. Jennifer Taub와 Melissa Pearrow는 적응유연한 결과를 견고하게 하는 수단이 되는 전교 대상의 폭력 예방 프로그램에 대해 기술한다.

이 책은 역경이 가져오는 부정적인 효과를 상쇄하여 역기능이 아닌 긍정적인 발달을 이룰 가능성을 높이는 변인, 즉 아동 내부의 변인, 가까운 가족 안의 변인, 확대된 지역사회 안의 변인에는 무엇이 있는지, 그리고 어떤 과정을 거치면서 여러 변인이 상호작용하는지를 다룬다. 이러한 과정 가운데 일부는 유전적으로 타고난 현상을 반영한다. 다른 과정은 유전과 직접적 환경의 상호작용을 포함하며, 또 다른 과정은 확대된 환경의 영향력을 반영한다. 일부 과정은 스트레스원이 주는 부정적 효과에서 우리를 보호하는 기능을 하는 반면, 다른 과정은 스트레스의 존재와는 독립적으로 단순히 발달을 향상시키는 기능을 할 수 있다.

우리는 이 책이 응용심리학의 기초를 변화시키는 많은 저서 가운데 최초의 저서가 되기를 기대한다. 이 책이 독자에게 새로운 아이디어와 이론을 제공하고, 아동을 이해하고 돕는 좀 더 정밀한 방식을 제공하기를 희망한다. 우리 두 사람이 공동 저술한 첫 번째 저서인 『적응유연한 아동으로 기르기(*Raising Resilient Children*)』(2001)를 쓸 때 아동과 아동의 미래에 대해 우리가 염려했던 바는 근거가 있는 것이었다. 그러나 아동의 삶 속에 있는 부정적인 영향을 상쇄할 수 있다고 낙관적일 이유가 있다. 새 천년의 시대에는 무한한 가능성과 상상하지 못했던 진보가 이루어질 것이다. 그러나 우리는 그러한 미래가 테크놀로지에 있는 것이 아니라 어린 아동에게 있다고 강력하게 믿는다. 만족하면서 그리고 확신을 가지고 미래를 만들어 나가는 데 필요한 적응유연한 자질을 갖추도록 부모, 교사, 교육자, 기타 성인이 양육하는 아동에게 우리의 미래가 있는 것이다.

편저자 S. Goldstein & R. Brooks

참고문헌 REFERENCES

Brooks, R., & Goldstein, S. (2001). *Raising resilient children*. New York: Contemporary Books.

차 례

제1부 개 요

제3부 적응유연성과 아동기 장애의 관계

제4부 아동의 미래 만들기

제1부 개 요

제1장

왜 적응유연성을 연구하는가

Sam Goldstein & Robert B. Brooks

적응유연성 연구의 출발은 50년이 채 못 되는 과거로 돌아간다. 초기부터 이 연구 분야의 폭은 넓지 않았고, 이 현상을 검토하는 데 전념한 연구자의 수도 적었다. Michael Rutter가 1987년에 언급하였듯이, 이 분야는 사실적인 현상을 추구하기보다는 "보호과정에 관련된 발달적 기제와 상황적 기제" (p. 2)를 탐색하였다. 위험에서 격리시켜 보호하는 요인이 무엇인지에 대한 관심은 과거나 현재 어느 때도 없었지만, 이러한 요인이 어떻게 그 영향력을 발휘하게 되는지에 대한 관심은 있었다. 적응유연성 연구는 고위험 집단(high-risk populations)을 대상으로 하는데, 특히 성장하면서 겪었던 정서적, 발달적, 경제적, 환경적 어려움을 극복할 수 있는 능력인 적응유연성을 보이는 아동 · 청소년에게 초점을 둔다.

적응유연성 연구는 지난 20여 년 동안 괄목할 만큼 확대되었고 급박하게 가속화되었다. 이러한 현상이 일어난 데에는 수많은 이유가 있다. 첫째, 우리 사회의 테크놀로지가 점점 더 복잡해지면서 역경에 직면하고 있는 아동 · 청소년의 수가 증가했고 그들이 직면하고 있는 역경의 수도 증가하였다. 즉, 더 많은 수의 아동 · 청소년이 위험에 처해 있다. 둘째, **위험요인**(risk factors)[1]과 **보호요인**

(protective factors)[2] 그리고 그 작용을 이해하는 데 대한 관심이 급속도로 증가하였다. 뿐만 아니라 이러한 정보가 위험에 처해 있는 아동 · 청소년에게 더 많은 긍정적인 결과를 낳는 임상적으로 적절한 개입으로 농축될 수 있는지, 그리고 Brooks와 Goldstein(2001)이 지적했듯이 모든 아동 · 청소년에게 **적응유연한 마음자세**(resilient mindset)를 갖게 하려는 노력을 통해 일반 아동 · 청소년 집단에 적용될 수 있는 임상적으로 적절한 개입으로 농축될 수 있는지를 결정하는 데 대한 관심도 증가하였다.

이러한 마음자세의 중요성은 현재 빠르게 변화하고 있고 스트레스로 가득 찬 환경, 말하자면 우리가 아동을 잘 기능하는 성인으로 준비시키려고 만들어 온 환경 안에서 어느 아동도 고난에서 면제될 수 없다는 인식과 궤를 같이한다. 중요한 역경 또는 외상을 겪지 않거나 강렬한 스트레스 또는 불안의 짐을 지지 않은 운 좋은 아동조차 심리적 부담과 자신에게 부과되는 기대를 경험한다. 그래서 이 분야는 역경에 직면해서도 나타나는 적응유연성의 예측변인을 확인하고, 효과적인 적용을 위한 모형을 개발하는 데 더 많이 주목하고 있다. 적응유연한 마음자세를 발달시킬 수 있는 모든 아동은 스트레스와 부담을 더욱 효과적으로 헤쳐 나갈 수 있으며, 일상생활의 도전과 어려운 문제에 대처할 수 있으며, 절망, 좌절, 역경과 외상에서 회복할 수 있으며, 명백하고 현실적인 목표를 설정할 수 있으며, 문제를 해결할 수 있으며, 다른 사람과 원만한 관계를 맺을 수 있으며, 자신과 타인을 존중할 수 있을 것이라고 믿는다.

이러한 지식을 임상 실무에 적용하는 모형의 개발을 목표로 하여, 보호요인과 위험요인의 복잡한 상호작용과 그 과정을 이해하고자 지난 수십 년 동안 수많은 종단연구가 수행되어 왔다(Garmezy, Masten, & Tellegen, 1984; Luthar, 1991; Rutter, Cox, Tupling, Berger, & Yule, 1975; Rutter & Quinton, 1994; Werner & Smith, 1982, 1992, 2001). 이러한 연구는 다음 두 가지 측면에서 주요한 기여를 했다. 첫째, 역경에 직면한 아동의 성공적인 적응을 예측하는 자원이 무엇인지를 아동의 삶을 통해서 확인하였다. 둘째, 보호요인이 어떻게 적응을 증진시키는지 설

1) 역자 주: risk factors는 바람직하지 않은 결과와 관련된 변인을 뜻하며, 위험요인으로 번역한다.

2) 역자 주: protective factors는 위험요인에 직접 또는 간접으로 작용하여 바람직하지 않은 결과의 발생 가능성을 낮추거나 부정적 발달경로에서 개인을 보호해 주는 개인적 및 환경적 변인을 뜻하며, 보호요인으로 번역한다.

명하는 모형을 명료화하는 과정을 출범시켰다(Wyman, Sandler, Wolchik, & Nelson, 2000).

역경을 직면하게 될 것으로 예상되는 모든 아동 · 청소년에게 이 과정을 적용할 수 있는지를 증명해야 하는 문제가 남아 있다. Masten(2001)이 제안했듯이, 최근 최선의 증거는 적응유연성 과정이 효과적일 뿐만 아니라 적용 가능하다는 것을 보여 준다. 이는 많은 것이 결핍된 시설에 있다가 입양된 아동이 정상에 가까운 기능 수준으로 회복된 사실을 통해 증명되었다. 루마니아의 많은 입양아가 긍정적 결과를 보인 것도 적응유연성 과정을 반영한다(Masten, 2001). Rutter와 영국과 루마니아의 입양아 연구 팀(The English and Romanian Adoptees Study Team, 1998)은 이런 아동 가운데 많은 수가 상당한 정도로 인지적 및 신체적 발달을 따라잡을 수 있다는 결과를 발표하였다.

적응유연성 임상심리학 분야를 새로 만드는 과정은 관련 변인과 주요 현상을 이해하고 인정하는 것에서부터 시작해야 한다. 예를 들면, 가장 먼저 그리고 가장 중요하게 적응유연성의 과정은 생물심리사회적 과정(biopsychosocial process)을 나타낸다. 이 과정은 일련의 생물학적, 심리적, 사회적 요인을 설명한다. 각 요인은 시간이 경과함에 따라서 적절한 기능을 하는 데 기여하는 다차원적 영향력을 가진다(Sameroff, 1995; Sroufe, 1997). 또한 이 모형은 **웰니스**(wellness) 개념을 예시하고 이해하는 기초에서 출발해야 한다. 아동의 웰니스에 관한 저서를 낸 Emery Cowen은 웰니스의 증진에 대한 종합적 접근에는 네 가지 기본 개념이 포함된다고 제안하였다. 네 가지 기본 개념은 유능성(competence), 적응유연성(resilience), 사회체계 수정(social system modification) 그리고 역량강화(empowerment)다. 당시에 웰니스는 하나의 추상적 개념을 반영했지만, Cowen은 이 네 가지 영역 각각에 대한 연구를 추진하여 정신건강을 확보하기 위한 과학적이고 합리적인 모형을 개발할 가능성을 높일 수 있다고 주장하였다. 1994년에 Cowen은 웰니스 개념을 더욱 정교화하여 더 광범위한 웰니스 개념 안에서 적응유연성이 중요하다는 것을 다시 한 번 강조하였다. Cowen은 웰니스 틀이 긍정적 안녕의 증진과 역기능의 감소를 이끄는 건강한 개인적 환경체계의 발달을 가정한다고 보았다. 웰니스 틀은 가족과 학업 장면 안에 있는 아동이 가정 밖에 있는 성인이나 또래와 이루는 상호작용을 강조한다. 분명히 Cowen은 역경에 직면한 한 개인이 가진 적응유연성의 강점과 저력을 궁극적으로 예언하는 개인-환경 상호작용을 제안하였다.

게다가 병리의 부재가 심리적 웰니스와 반드시 동등한 것은 아니다. 이 개념은 여러 정신건강 분야에서 계속 도전적인 이슈였다(Lorion, 2000). 정신건강 전문가는 증상을 측정하는 다양한 수단을 사용해서 자료를 수집하는 방법을 훈련받는다. 저조한 적응, 부적절한 적응, 고통과 괴로움, 생활문제가 그 증상과 동등한 것으로 여겨진다. 부정적인 것을 강조하는 입장은 증상의 완화가 오랜 기간을 지나면서 장기적으로 봤을 때 궁극적으로 긍정적인 결과로 이어질 것이라는 인식과 동등하다. 사실상 정신건강 분야에서 통용되는 질병분류학은 현 시점에서는 강력한 요인분석을 거치지 않은 틀에 짜 맞추어진 증상과 심각성의 평가를 반영하는 모형이다. 반면에 적응, 스트레스에 대한 내구력, 역경을 성공적으로 다루고 극복하는 데 필요한 자질을 측정하는 시스템과 분류학은 아직 없다. 그러나 임상 실무에서는 증상의 완화나 위험요인의 부재보다는 이러한 현상이 적응, 스트레스에 대한 내구력, 긍정적인 성인기 적응을 가장 잘 예언한다고 점차 인정하고 있는 추세다.

1994년에 Cowen이 지적했듯이, 아동이 밀려드는 스트레스와 정신건강 문제를 피하게 하려면 정신건강 분야는 증상 주도적 처치 개입을 뛰어넘어야 한다. 개인이 정서장애와 행동장애를 겪지 않도록 보호하고 예방하는 요인, 즉 개인 내 요인, 가까운 환경 안에 있는 요인, 먼 환경 안에 있는 요인을 더 잘 이해하는 방식이 무엇인지에 주목해야 한다. 이러한 현상을 이해하는 것은 "장애가 발전하는 인과적 경로를 규정하는 기제와 과정에 대한 이해를 발전시키고, 근본적인 발달 궤도를 정상화시키는 방식으로 그 기제와 과정을 바꾸는 해결방안에 관한 이론, 즉 개념적이며 경험적으로 지지되었거나 지지될 수 있는 개입에 관한 이론을 발전시키는 것만큼 중요하다." (p. 172)

예방 개입의 효과성에 관한 메타분석 연구에 의하면, 우리가 삶의 결과를 만들어 내는 힘을 이해하면 정서 문제와 정신병 문제를 가진 아동·청소년의 수를 줄일 수 있는 증거를 점점 더 많이 축적할 수 있다. Werner와 Smith(1992)가 지적했듯이, '역경을 무찌르기(beating the odds)'는 도달할 수 있는 목표다. 연구자는 '예방과학(science of prevention)'을 발전시키려는 목적에서 아동·청소년의 정서행동 문제가 발병하고 만연하는 것에 영향을 미치는 복잡한 생물심리사회적 현상을 설명하려는 노력을 기울여 왔다(Coie et al., 1993).

적응유연성은 취약함에서 개인을 보호하거나 취약함을 감소시키는 수많은 구인개념 가운데 하나일 뿐이다. Lösel, Bliesener와 Köferl(1980)은 그 밖에도 내구력, 적응, 숙달, 아동과 환경의 적합함, 아동의 삶에 있는 중요한 성인이 환경을 완충하는 것이 보호요인에 포함된다고 제안했다. Sameroff(2000)가 언급했듯이, 발달의 **상호교류적 견해**(a transactional view)는 아동과 환경 안에 있는 요인의 조합이 시간의 경과에 따라서 상호작용한다고 본다. 적절하게 반응적이고 적합한 양육이 있다면, 그리고 상호 적응해 갈 수 있는 환경이 있다면, 역경은 좋은 결과를 가져올 수도 있다(Campbell, 2002). 이 모형에서 발달은 불연속적이며 질적 변화와 재조직화로 특징지어진다. 아동은 자신의 경험을 능동적으로 조직하며, 다른 사람과 양방향적으로 상호작용한다. 성인의 어떤 행동에 대한 아동의 반응은 다시 성인의 행동에 영향을 미친다. 이러한 모형은 인간을 '선택을 하는 기계(choice-machines)' 라고 제안한 인공지능 연구자 Gary Drescher가 관찰한 것과 일치한다. 즉, 인간은 부분적으로는 유전이 주도한 절대 명령에 반응하는 방식으로 행동하지만, 한편으로는 왜 자신이 그런 행동을 하는지 그 이유를 생각한다. 그 이유는 이미 만들어져 고정된 회로와 같은 것이 아니며, 환경에 반응적이며 수정 가능하고 미래의 행동을 유도한다(Dennett, 2003).

마지막으로 유전의 막강한 영향 때문에 아동은 정상적인 항상성(homeostasis)을 이루는 방향으로 일관되게 움직인다. 이 모형에서는 하나의 잠정적인 외상 경험이 만성적으로 좋지 않은 결과를 가져올 것이라고 기대하지 않는다. 대신 누적적이고 지속적이며 전반적으로 나타나는 스트레스원이 **위험**(risk)을 증가시킨다고 본다. 따라서 위험은 다음 세 가지 차원에 해당된다. 첫째, 보호(protection)에 반대되는 것으로서 외적 위험(external risk)의 차원이다. 둘째, 취약하지 않음(invulnerability)에 반대되는 것으로서 취약성(vulnerability)의 차원이다. 셋째, 적응유연성에 반대되는 것으로서 적응유연성 결여의 차원이다(Greenbaum & Auerbach, 1992). 이 모형에서는 수많은 가정을 할 수 있다. 첫째, 초기 양육과 연령에 적합한 자극을 제공하면 취약성을 감소시킬 수 있고, 그로써 보호를 제공한다. 둘째, 위험요인과 보호요인은 상호작용한다. 즉, 아동 안에 있는 요인은 환경 안에 있는 요인과 상호작용할 것이며 증강시킬 것이다. 이러한 가정은 위험요인과 관련해서도 사실이다. 셋째, 취약성은 감소될 수 있고, 보호요인이 추가되면 적응유연성이 증가할 수 있다. 넷째, 위험요인과 보호요인은 노출된 기간이나 시기와 같은 결과에 기여하는 수많은 변인과 상호작용할 수 있다. 다섯째, 위험에 많이 노출되지 않으면 스트레스에 대한 내구력이 증가할 수는 있지만 그것을 보장하지는 않는다. 이 책에서 논의하고 검토할 모든 이론 모형에서 적응유연성 개념은 주요 역할을 한다. 그러므로 웰니스 모형에서 적응유연성 개념은 고유한 정체성을 가진 하나의 연구 분야로 당연한 가치를 지닌다.

아동이 위험과 역경에 처해 있든 그렇지 않든 정서, 행동, 학업, 인간관계를 잘 이루어 갈 수단을 이해할 수 있는 가능성을 받아들이면 적응유연성 개념은 상당히 간단명료해진다. 이 모형은 아동이 학교문제(Skinner & Wellborn, 1994)뿐만 아니라 의료문제(Brown & Harris, 1989), 가족 관련 위험요인(Beardslee, 1989; Beardslee & Podorefsky, 1988 [Beardslee는 가족 관련 위험요인과 적응유연성의 분야에서 우수한 연구자임]; Hammen, 1997; Worsham, Compas, & Ey, 1997), 심리문제(Hammen, 1997), 부모의 이혼(Sandler, Tein, & West, 1994), 부모의 상실(Lutzke, Ayres, Sandler, & Barr, 1999)을 경험하는 것과 같이 광범위하고도 다양한 역경에 처한 아동을 보호하는 자질이 무엇인지에 대한 가치 있는 통찰을 얻는 데 도움이 된다. 예를 들면, 민주적이거나 권위적인 모델을 제공하며, 필요할 때 부모가 존재하며, 모니터링과 지지를 제공하는 유능하고도 적절한 양육은 반사회적 행동이 발생할 위험을 감소시키는 강력한 보호요인이다(Dubow, Edwards, & Ippolito, 1997; Masten et al., 1999). 사실상 역경을 경험했건 아니건 성인기에 잘 기능하는 사람은 스트레스 내구력, 의사소통 기술, 문제해결, 자기 수양과 자제, 대인관계와 관련된 수많은 특징을 공유한다. 비록 적응유연성의 초창기 연구에서는 아동 내부에 있는 '예외적인 특징'이 '취약하지 않음'을 가져온다고 보았다(Garmezy & Nuechterlein, 1972). 그러나 적응유연성은 적응을 설명하는 매우 **평범한 발달과정**(ordinary development processes)을 반영한다(Masten, 2001; Masten & Coatsworth, 1998). 앞서 언급했듯이, 위험만을 평가하여 증상과 그 완화에 주목하는 것은 정신병리 모형에서 즉각적인 요구를 확인하고 진단하기 위해서는 만족스러울지 모른다. 그러나 그런 자료는 미래의 기능을 향상시키기 위해서 필요하나 충분하지는 않다. 중대한 위험과 역경을 경험하는 아동 모두가 청소년 또는 성인의 심각한 정신병 문제나 부적응적 생활양식, 학업문제를 발전시키지 않는다는 것이 충분히 입증되어 왔다. 또한 위험요인은 특정 결과에만 관련된 독특한 것이 아니다. 오히려 광범위한 발달현상과 더 많이 관련되어 있는 것 같다. 위험요인, 생물학적 기능, 환경적 논제, 보호요인 간의 복잡하고도 다차원적인 상호작용이 결과를 예측하기 위하여 조합되는 것 같다.

이 틀에서 보면, 적응유연성은 불리한 조건에서도 아동이 긍정적 발달의 결과를 성취하고 부적응적 결과를 피해 가는 것으로 정의된다(Wyman et al., 1999). 임상적 틀 안에서 적응유연한 마음자세는 어떤 사람이 성인기로 성장하는 경로에서 겪게 될지도 모르는 역경에도 불구하고 잘 살아가기 위해 필요한 기술을 발달시킬 기회를 제공하는 산물이라고 정의될 수 있다. 적응유연성 연구는 "불리한 조건이 던지는 위협과 역경 아래서 성장하는 아동의 발달"(Masten, 2001, p. 227)에 관한 결핍 모형에서 제시되는 많은 부정적 가정을 뒤엎었다.

마지막으로 더 광범위한 틀 안에서 Benard, Burgoa와 Whealdon(1994)이 기술한 다음 네 가지 주요 가정에 기초하여 적응유연성 연구를 임상 실무에 통합할 수 있다. 첫째, 적응유연성은 온정 어린 관계에 기초한 인간 발달을 지원하는 공동체를 건설하는 데 도움이 된다. 둘째, 적응유연성은 아동 · 청소년의 소속 욕구와 안정 욕구를 충족시킨다. 셋째, 적응유연성은 실무자의 삶 속에서도 지지된다. 넷째, 적응유연성은 임상 개입의 지침이 되기 위한 지혜나 직관적이고 본질적인 실무를 타당화한다.

위험의 단계적 증폭

역사적 기록을 보면, 원래 아동은 다양한 위험에 취약하지만 진보된 테크놀로지 사회가 아동에게 또 다른 새로운 위험을 만들어 냈다. 예를 들면, 빈곤은 인류의 역사 전반에서 아동에게 하나의 위험요인으로 작용했지만 빈곤이 아동에게 영향을 미치는 방식은 시대에 따라서 다를 수 있다. 빈곤 속에서 양육된 아동을 연구한 Pavenstedt(1965)의 업적에서 시작되었고, Garmezy와 Nuechterlein(1972)이 분명하게 언급한 이래, 정신병 문제를 겪게 될 위험에 처한 사람이 그 문제를 겪지 않도록 보호하거나 이미 문제가 발생했다면 문제가 더 심각해지지 않도록 완충하는 과정이 무엇인지에 대한 의문이 제기되었다. Epstein(1979)은 유태인 학살에서 외상을 경험한 아동에 관한 책을 저술하였다. 여기서 그는 일부 아동을 생존하게 만든 변인이 무엇인지를 검토하였다. 이런 종류의 많은 연구를 통해 기대하지 않았던 긍정적인 결과를 얻었다. 이런 결과는 흥미롭고 이례적인 것으로 간주되었지만 반드시 중요한 자료로 간주되었던 것은 아니다. 시간이 흐르면서 역경에도 유능할 수 있는 능력은 무작위로 발생하는 것이 아니라 조사 · 이해 · 주입될 수 있는 능력이라는 데 대하여 점차 더 많이 인정하고 수용하게 되었다(Garmezy & Rutter, 1983).

연구자는 아동 · 청소년이 직면하고 있는 두 가지 유형의 위험요인을 확인하였다. 첫 번째 유형은 일반적인 모집단을 위험에 처하게 하는 지위(at-risk status)를 반영한다. 이 유형에 해당되는 위험요인의 예로는 아버지 없이 우울한 어머니가 자녀를 양육하는 가정을 들 수 있다. 두 번째 유형은 특정 위험요인을 가진 집단 또는 겉보기에는 위험을 별로 가지고 있지 않은 집단에서 다소 긍정적인 결과를 변별하는 요인을 포함한다. 어떤 경우든지 개별 위험요인은 다른 위험요인이나 보호요인과 이루는 맥락 안에서 연구되고 이해되어야 한다. 이렇게 노력해야 하는 이유는 아마도 문화가 더 복잡해지고 테크놀로지가 발달했기 때문일 것이다. 위험에 관한 여러 통계를 검토하면 적응유연성 임상심리학의 발전 가능성을 강력하게 옹호할 수 있다.

Centers for Disease Control Youth Risk Behavior Surveillance System (2002)에 의하면 최소한 12%의 학생이 자살을 생각해 본 적이 있다. 자살은 15~24세 아동 · 청소년의 사망 이유 중 세 번째로 많으며, 10~14세에는 자살이 흔하지 않지만 꾸준히 증가하고 있다. 300만 명의 10대 청소년이 우울로 고통받고 있지만, 그중 1/3만이 정신건강 서비스를 받고 있다.

Centers for Disease Control and Prevention(2002)과 Substance Abuse and Mental Health Services Administration(2002)에 따르면 10대 청소년의 자동차 사고 건수의 반과 청소년 자살의 30%가 알코올이나 약물과 관련되어 있다. 더구나 알코올과 약물을 남용하는 아동과 10대 청소년이 다양한 위험 행동을 하는 비율은 일반 모집단보다 유의하게 높다.

National Center for Children of Poverty(2002)에 의하면 미국 아동의 37%가 저소득 가정에서 살고 있으며, 그 수는 2,100만 명에 달한다. 6세 이하 아동의 40%는 4명 가족의 연간 수입이 2만 7,000달러 이하인 가정에서 살고 있다. 대략 6%에 해당되는 500만 명의 아동은 극빈 가정에서 살고 있다. 그리고 빈곤율은 아프리카계 미국인 집단(30%)과 남미계 미국인 집단(28%)에서 가장 높다.

Centers for Disease Control and Prevention National Household Survey of Drug Abuse에 의하면 살인은 15~24세에 해당하는 청소년의 사망 원인 가운데 두 번째로 많다. 아프리카계 미국인 청소년 사망의 첫 번째 원인이고, 라틴계 청소년 사망의 두 번째 원인이다. 2000년에 10~19세에 해당되는 청소년 40만 명 이상이 폭행으로 부상을 당했다. 전국적으로 80만 명을 넘는 아동이 아동학대의 희생자로 기록되어 있다.

Children's Defense Fund(2002)에 의하면 미국 아동은 11초마다 1명씩 학대와 유기를 당하고 있다. 미국에 거주하는 50만 명 이상의 아동은 양부모가 기른다. 미국 아동은 1분에 1명씩 건강보험 없이 출생한다. 수백만 명의 아동은 부모가 일하는 동안에 안전하고 질 높은 보호와 유아교육을 받지 못하고 있다. 750만 명의 아동은 방과 후에 성인의 감독을 받지 않는 상태에서 홀로 집에 있어야 하며, 빈곤 수준 또는 그 이하의 수준에서 생활하고 있는 아동 가운데 거의 80%는 노동자 가족에 속해 있다(U. S. Department of the Census, 2000).

National School Safety Center의 Committee for Children(2002)은 아동 7명 가운데 1명꼴로 학교에서 집단 괴롭힘을 당하는 것으로 보고하였다. 평균적으로 한 학급에 집단 괴롭힘 피해자나 가해자가 적어도 3~4명이 있다. 수많은 피해자는 집단 괴롭힘을 당할 때 스스로 자신을 소외시키는 반응을 한다고 보고하였다.

Child Trends(2002)와 Centers for Disease Control Youth Risk Behavior Surveillance System(2002)에 따르면 15~19세 여성의 출산 빈도는 지난 10년 동안 완만하게 감소해 왔지만, 10대의 성병 발생률은 증가해 왔다. 이러한 통계치는 근래에 나타나는 경향의 일부를 보여 주는 표집에 지나지 않기 때문에 적응유연성의 임상심리학을 발전시켜야 할 필요가 있다는 것을 강력하게 지지한다.

적응유연성 임상심리학

재료과학에서 어떤 재료가 사용되거나 당겨지거나 압축된 후에 그 원래의 형태나 위치를 되찾는 능력을 탄력성 또는 적응유연성(resilience)이라고 한다. 이런 틀 안에서 적응유연성은 스트레스에 노출된 이후에 회복할 수 있는 속도와 정도에 기여하는 속성으로 정의된다. 이전에 논의했듯이, 적응유연성을 임상 분야에 처음 적용했을 때는 스트레스와 역경에 직면해도 시간이 흐르면서 임상적 진단이나 정신병 문제가 없는 상태에 이르는 것에 주목했다(Radke-Yarrow & Brown, 1993). Rutter(1990)는 임상적 영역에서 적응유연성과 취약성은 연속선(한쪽 극단에는 불리한 조건에 쉽게 영향을 받는 상태로, 다른 한쪽 극단에는 위험에 노출된 이후에 중립적이거나 긍정적인 결과를 이루는 상태로 이루어진 연속선)의 양극에 위치한다고 제안하였다. Anthony(1987)도 이 주장을 되풀이하였다. Ann Masten(2001)이 기록했듯이, "학문적 업적과 매스미디어에서 만들어 낸 적응유연성의 초기 이미지는 아동에게 놀랄 만한 또는 특별한 어떤 것이 있음을 시사했고, '취약하지 않은(invulnerable)' 또는 '무적불패의(invincible)' 와 같은 낱말로 종종 묘사되었다." (p. 227) 워싱턴 포스트지는 1976년 7월에 적응유연성에 관한 최초의 대중적인 기사를 발표했는데, 그 헤드라인은 다음과 같았다. "어떤 아동에게 고통은 거품과 같다(Troubles a Bubble for Some Kids)." 임상 영역에서 적응유연성 개념은 전통적인 심리치료 개입이나 그와 관련된 개입을 통해 반드시 촉진되는 것은 아닌 과정을 의미했다. 오히려 적응유연성은 중대한 역경을 경험하였지만 어떤 방식으로든 내면적으로 특별하거나 놀랄 만한, 역경을 극복할 수 있는 비범한 강점을 가진 아동을 묘사한다. 다른 아동은 이러한 내면적 자질을 가지고 있지 않다고 믿었다. 그러나 Masten이 지적했듯이 적응유연성은 대부분의 경우에 '기본적인 인간의 적응체계(basic human adaptational systems)' 가 작동하여 야기되는 보통의 평범한 현상일지도 모른다. 기본적인 인간의 적응체계가 작동할 때, 역경에도 불구하고 성공적인 발달이 이루어진다. 만일 이 체계가 손상되면 아동은 어려움과 고통에 몸부림을 치게 된다.

Masten과 Coatsworth(1998)에 의하면 임상 영역에서 적응유연성은 다음 두 가지 중요한 가정을 요구한다. 첫 번째는 **위협**(threat)에 관한 것이다. 만일 정상 발달을 손상시키는 것으로 생각되는 중대한 역경을 직면하거나 극복하지 않았다면, 그 사람은 적응유연한 사람으로 간주되지 않는다. 두 번째는 역경에 직면해서 좋은 또는 적절한 결과를 어떻게 평가하는지에 관한 것이다. 이 가정은 경험적으로 다루어야 할 복잡한 이슈다(Masten, 1999). 대다수의 임상 실무자는 중대한 생활 스트레스에도 불구하고 아동기의 주요 요구조건(예, 학교, 친구, 가족)을 성공적으로 충족시키는지에 근거하여 적응유연성을 정의하고 있다. 그러나 여러 발달적 역경을 경험하면서 중대한 정신병리를 발전시키지는 않았지만 그렇다고 학업적 또는 사회적 성취를 이룬 것도 아닌 아동 역시 적응유연하다고 간주해야 한다.

Bronfenbrenner와 Crouter(1983)는 적응유연성 과정을 이해하기 위한 기능적 모형을 기술했는데, 이 모형은 적응유연성 임상심리학의 기초가 된다. 이 모형에서는 네 개의 영향력 영역을 가정하며, 그것들이 상호교류하는 지점 두 개를 포함한다. 네 개의 영역은 (1) 급성의 스트레스원 또는 난제, (2) 환경 맥락, (3) 개인의 특징, (4) 결과다. 상호작용하는 지점은 개인과 결과의 합류(confluence)와 환경과 개인의 합류를 반영한다. Bronfenbrenner와 Crouter는 스트레스원이나 난제가 환경과 상호작용하는 정확한 기제가 무엇인지, 개인의 유전적이거나 획득된 내적 특징이 무엇인지, 스트레스와 역경에 대처하기 위하여 사람이 사용하는 단기적 과정이 무엇인지에 관한 의문을 제기하였다. 흥미롭게도 이러한 과정은 점점 더 커지는 난제나 스트레스원에 점진적으로 노출되면서 사람이 배우는 기술을 나타낸다. 이러한 '스트레스 면역 모형(stress inoculation model)' (Richardson, Neiger, Jensen, & Kumpfer, 1990)은 아동으로 하여금 '적응유연한 마음자세' 를 갖도록 하여 스트레스 내구력을 증진시킨다는 Brooks와 Goldstein(2001, 2002)의 개념을 반영한다.

대부분의 연구를 통해 임상집단에서는 세 가지 유형의 **보호요인**이 반복적인 주제로 떠올랐다(Werner & Johnson, 1999). 첫 번째 유형은 환경에서 긍정적인 반응을 유도해 내는 기질적 속성(예, 중대한 스트레스를 겪고 있는 가족의 아동이 가지고 있는 쉬운 기질)을 반영한다. 두 번째 유형은 신뢰, 자율성, 주도성, 타인과의 관계를 장려하는 가족의 사회화 방식이다. 세 번째 유형은 자기존중감과 자기효능감을 강화하는 이웃과 지역사회의 외적 지지체계다. 종단연구에서 Werner와 Smith (1993)는 정신병리나 다른 위험이 있는 가족 맥락에서 성장하는 사람의 상대적인 취약성이나 적응유연성을 평가할 때 연령, 출생 순위, 형제자매의 연령, 가족의 크기, 아동의 성별 등 수많은 변인을 고려해야 한다고 주장했다. 이들 보호요인은 "스트레스를 주는 상황 또는 스트레스 상황의 효과를 조절하여 보호요인이 없을 때 적응할 수 있는 것보다 더욱 성공적으로 적응할 수 있게 한다." (Conrad & Hammen, 1993, p. 594) 그래서 보호요인은 취약성 요인의 반대쪽 극단을 나타낸다.

앞에서 논의했듯이, 전통적으로 적응유연성 개념은 위험이 발생할 때 개인이 위험에서 살아남을 수 있는 잠재력을 포괄하지는 않는다. Anthony(1987), Brooks

와 Goldstein(2001)에 의하면 어떤 사람은 중대한 취약함에 처하지 않았기 때문에 적응유연한 것처럼 보일 수도 있으나 다른 사람은 역경에 맞서 견뎌 냈기 때문에 적응유연한 잠재력을 가진 것으로 평가될 수 있다. 따라서 위험요인과 보호요인을 정의하는 것은 간단한 과정이 아니다. 위험요인과 보호요인이 나타나는 양상과 특정 개인에게 미치는 영향력은 다양하다. Cicchetti와 Garmezy(1993)는 한 사람을 위험에 처하게 하는 요인과 좋거나 나쁜 결과를 구분하지만 분명한 인과적 의미를 가지고 있지 않은 요인을 변별하기가 때로는 어렵다고 하였다. 이들은, 예를 들면 "우울한 어머니를 가진 아동이 반드시 질이 낮은 양육을 받는 것은 아니라는"(p. 500) 주의를 당부하였다. 유능한 아동 · 청소년은 그들이 직면한 역경의 수준과는 무관하게 유능성이 부족한 아동 · 청소년과 다르다. 그래서 적응유연한 집단과 부적응하는 집단이 겪는 심각하게 부정적인 삶의 경험은 비슷할지라도, 적응유연한 집단에게 발생하는 결과는 역경을 경험하지 않았던 사람에게 더 가깝다(Masten et al., 1999).

심하지 않은 역경을 경험하고 높은 유능성을 보이는 집단이나 그 정도의 역경을 경험하고 낮은 유능성을 보이는 집단과 비교해 볼 때, 심한 역경에 직면해서도 높은 유능성을 보이는 아동 · 청소년은 적응유연한 과정을 반영한다. 적응유연한 청소년뿐만 아니라 유능하지만 낮은 역경을 경험한 청소년은 평균 혹은 그 이상의 좋은 학업적 결과, 품행, 사회적 역사를 가지고 있는 것처럼 보인다. 그들은 더 나은 지적 기능, 정신건강이 좋은 부모, 부모의 가용성, 더욱 긍정적인 자기개념을 포함하여 매우 유사한 심리사회적 자원을 가지고 있는 듯하다. 뜨거운 논쟁거리이지만, 높은 지능 또한 하나의 보호요인으로 밝혀졌다(Hernstein & Murray, 1995). 인지적 적성은 매우 불우한 환경에서 성장하는 아동이나 불행한 생활사건을 심하게 경험한 아동이 품행문제를 일으키지 않게 하는 중요한 보호요인이다(Masten et al., 1999; White, Moffitt, & Silva, 1989). 그러나 인지적 능력을 어떻게 정의할 것인가에 대한 합의는 없다(Masten, 2001). 지적 기능을 평가하는 검사에서 높은 점수는 주의, 기억, 집행기능, 동기 등 신경심리학적 요인을 반영한다. 더불어 높은 지능검사 점수는 성취뿐만 아니라 아동양육 환경의 질에도 기인할 수 있다.

또한 적응유연성 임상심리학은 결과의 성취에 이르는 다수의 **경로**(multiple pathways)를 규정하고 이해할 수 있게 한다. Cicchetti와 Rogosch(1996)는 **동일 결말**(equifinality)의 개념과 **다중 결말**(multifinality)의 개념을 사용하여 특정 결과에 도달하는 과정을 기술하였다. 여러 아동은 서로 다른 경로를 따라서 동일한 종착점에 도달할 수 있다. 즉, 일부 아동은 병리를 발전시키지만, 다른 아동은 생존하는 서로 다른 결과를 성취하게 된다. 겉보기에 유사한 위험이나 역사를 가진 아동이 서로 다른 결과에 도달할 수 있다는 뜻이다. 1994년에 Rutter가 지적했듯이, 결과는 위험요인과 보호요인의 상대적인 균형과 상호작용에 의해서 부분적으로 결정된다. 위험요인이 많을수록 그 결과는 좋지 않을 가능성이 높다(Greenberg, Lengua, Coie, & Pinderhughes, 1999). 그러나 여러 위험요인이 역경에서 똑같이 강력한지 또는 여러 보호요인이 똑같이 스트레스에 저항적인지는 여전히 불분명하다. 우리는 생물학적 요인(예, 임신 중 스트레스, 조산, 학업문제 또는 관련된 다른 문제를 가져오는 유전적 변이)이 가족 위험요인(예, 방임적 양육, 가혹한 양육, 일관성 없는 양육), 물리적 현상(예, 영양 부족, 교육적 경험, 지역사회 경험)과 상호작용하는 방식을 설명하는 과학을 발전시켜야 한다. 가난에 찌든 가정, 위험 수준이 높은 이웃에서 정신질환을 보이는 부모와 함께 살면서 학습장애를 갖게 된 아동이 어떻게 해서 그 역경을 극복할 수 있고, 또 어떻게 해서 성인의 삶으로 성공적으로 전환하게 되는지를 이해하고 규명해야 한다.

유전과 환경이 상호작용하는 방식에 관한 논쟁은 기본적 수준에서 여전히 계속되고 있다. 유전과 환경은 서로에게 어떻게 영향을 미치는가? 유전적으로 결정된 한 아동의 기질이 부모의 행동에 영향을 미치고, 그래서 아동의 애착을 형성하는 기초가 되며, 궁극적으로 부모의 행동에 다시 영향을 미치게 되는가? 연속적 과정이건 불연속적 과정이건 아동의 발달은 수많은 현상에 의해서 영향을 받는다. 적응유연성 임상심리학에 대한 연구는 생물학적 요인, 환경적 요인, 관련된 여러 요인이 상호작용하는 방식을 검토할 수 있게 한다. 예를 들면, 기질적으로 활동적이거나 까다로운 아동은 그런 기질 패턴을 보이지 않는 아동에 비하여 부모의 비효과적인 행동에 직면했을 때 부적응적으로 반응할 가능성이 높다. 이런 아동은 환경적 위험요인에 더욱 민감할지도 모른다(Belsky, Woodworth, & Crnic, 1996).

마지막으로 적응유연성 임상심리학은 인간 발달의 과정에 대한 이해를 통합해야 한다. 수많은 위대한 발달 이론가는 인간의 성장이 대처의 요구, 적응의 요구, 건강한 균형을 유지하려는 경향에 의해서 부분적으로 이루어졌음을 가정한다(Lorion, 2000). 여러 이론 모형을 통틀어 봤을 때, 웰니스 모형 안에 포함된 적응유연성은 긍정적 적응의 특성을 지닌다. 그러므로 증상의 부재를 적응유연성 또는 좋은 기능과 동일한 것으로 간주해서는 안 된다. 다양한 불우한 환경적 현상을 극복하는 아동 · 청소년에 관한 연구는 사실상 적응유연성이 어떤 사람에게는 작동을 하지만 다른 사람에게는 작동을 하지 않는다는 것을 확증한다. 또 어떤 아동 · 청소년은 다른 아동 · 청소년을 압도할 만한 위험에서 보호를 받거나 혹은 전혀 취약하지 않은 것처럼 보인다. 이와 같은 적응유연성의 특징은 긍정적인 성인기 결과를 가장 잘 예측하는 변인이다(Brodsky, 1996; Masten & Coatsworth, 1998).

모형의 종합

성공적인 여러 예방 프로그램을 검토한 Schorr(1988)에 의하면 위험에 처한 아동 · 청소년을 위한 효과적인 프로그램은 아동 · 청소년 중심적이며, 애정, 존중, 믿음을 주는 성인과의 관계 형성에 기초한다. 편모와 그 자녀에 관한 저서에서, Polakow(1993)는 궁극적으로 사람과의 관계, 관심사, 삶 자체와의 관계가 적응유연한 과정의 주요소라고 제안했다. 이러한 현상은 Hallowell(2001)에 의해서 명확하게 설명되었다. Michael Rutter가 지적했듯이, "발달은 한 사람으로서 당신 안에서 발생하는 연결관계에 관한 문제이며, 당신이 살고 있는 환경 안에서 발생하는 연결관계에 관한 문제다."(Pines, 1984, p. 62에서 재인용) "다양한 맥락 안에 있는 발달의 내포적 체계 다수에서 작동하는 위험과 적응유연성의 복잡성은 그 목표가 경험적 지식을 발전시키는 것이든 혹은 개입을 통해 발달의 절차를 변화시키는 것이든 여러 분야의 전문성을 필요로 한다."(Masten, 1999, p. 254)

그러나 도전적인 문제가 너무나 심각하다면 정상적인 과정이 와해된다(Baldwin et al., 1993). Baldwin 등은 적응유연성을 "도전에 대응할 수 있는 능력, 심리적 성장을 위해서 도전을 활용할 수 있는 능력에 붙인 이름"(p. 743)이라고 하였다. 그들은 적응유연성의 응용 모형을 기술하면서 아동 안에 있는 스트레스원이 외적인 보호과정이나 적응유연성 요인과 균형을 이루지 못하면 기능이 분열하게 된다고 주장하였다. Flach(1988)는 이러한 과정은 일방향이 아니어서 위험요인이 감소하고 보호요인이 도입되면 사람들이 회복하고 더 잘 기능하게 된다고 제안하였다. Tarter(1988)가 취약성을 "한 사람을 부정적 결과에 이르게 하는 특징"(p. 78)이라고 언급한 것은 당연하다. 그러므로 어떤 하나의 요인이 취약성을 만들어

내기는 하지만 특정 개인이 경험하는 취약성의 수준을 반드시 규정하는 것은 아니다. 또한 공유 환경(shared environments)과 비공유 환경(nonshared environments)은 특정 개인이 겪을 위험요인과 보호요인의 결정을 조절하는 역할을 한다. 아마도 적응유연성은 표현형(phenotype)과 환경이 상호작용한 산물로 가장 잘 이해된다(Tarter & Vanyukov, 1994). **후성설**(epigenesis)이라고 불리는 이러한 현상은 위험요인과 보호요인이 적응유연성을 조성하는 데 미치는 개별적인 효과를 가장 잘 이해할 수 있게 해 준다. 임상적 틀 안에서 효과적으로 응용되려면 후성설의 현상을 잘 이해해야 한다.

인간과 인간이 창조한 문화의 복잡성 때문에 웰니스와 적응유연성의 성취는 다면적인 발달적, 역동적 조망 측면에서 검토해야 한다(Masten & Coatsworth, 1998). 아동의 정서행동 문제, 우리 문화의 속성, 정서적 또는 신체적 학대와 같은 여러 위험요인은 모두 중대한 도전이다. 어떤 것도 단일의 또는 단순한 원인이나 해결책을 가지고 있지 않다. 모두 생물학적, 환경적, 인지적 영향의 복잡한 상호작용에서 발생한다. 어느 정도는 이런 영향 모두가 각 개인에게 개별적으로 독특한 것이다.

빈곤, 이웃의 역경과 같은 수많은 위험요인은 쉽게 개선되는 것이 아니다. 적응유연성의 과정이 '보통 사람의 저력(the power of the ordinary)' (Masten, 2001)을 반영할지라도, 이런 환경 안에서도 몇몇 아동이 잘 기능하고 또 미래에도 계속해서 잘 기능하게 하는 보호요인을 이해하는 데 더 주목해야 한다. 위험요인이 특정 부정적 결과에 특수한 것이 아니듯이, 보호요인 또한 특정 결과에 특수한 것이 아니다. Ann Masten(2001)이 명백하게 밝혔듯이, **일상적인 마법**(ordinary magic)은 이러한 위험요인에 처했을 때 나타나는 이해하기 어려운 현상이다. Masten은 적응유연성이 희귀하거나 특별한 자질에서 발생하는 것처럼 보이지 않으며, "가족과 관계 그리고 지역사회 안에서 아동의 마음, 뇌, 신체에 있는 보통의, 평범한 인간 자원이 일상적으로 이루는 마법" (p. 235)이라고 주장하였다.

1993년에 Coie 등은 가족 갈등과 빈곤의 위험요인을 포함하여 일반적인 위험요인의 목록을 만들었다. 그들을 포함한 많은 연구자는 친사회적이며 애정 어린 성인과의 친밀한 관계와 관련된 다양한 보호요인을 기술하였다(Masten, Best, & Garmezy, 1990). 마지막으로 역경을 겪으면서 스트레스 내구력를 갖게 하거나 아니면 위험에 빠지게 하는, 주로 유전에 의해 주도된 현상에 관한 연구가 점점 더 많이 이루어지고 있다. 이런 유형의 누적적인 위험과 보호에 관한 모형은 적응유연성 임상심리학 그리고 위험에 처한 아동 · 청소년을 위한 치료의 미래가 될 것임을 희망한다(Yoshikawa, 1994).

이 책은 역경의 부정적 효과를 상쇄하고 그로 인해 역기능보다는 긍정적 발달의 가능성을 증가시키기 위해서, 아동, 근접한 가족환경, 확대된 지역사회 안의 특정 변인이 어떤 과정을 거치며 상호작용하는지에 관한 문제를 다룬다. 이 과정 가운데 일부는 다른 스트레스원이 미치는 부정적 효과에서 보호하는 작용을 할 수 있는 반면, 다른 과정은 스트레스의 존재와 관계없이 단순히 발달을 향상시킨다. Seligman(1998a, 1998b)이 지적했듯이, 예방적인 이슈에 관심을 기울이는 것, 적응유연한 마음자세와 웰니스의 조성에 주목하는 것은 정신건강 전문가와 지역사회 전체가 중대한 패러다임 전환을 이룰 것을 요구한다. Seligman은 이러한 전환이 쉽게 일어나지 않을 것이라고 제안했다. 비록 지금 이 시점에서 전문가가 "효과적인 예방을 위한 채비를 잘 갖추고 있지 못하더라도"(1998a, p. 2), 적응유연성 임상심리학은 '긍정적 사회과학(positive social science)'의 발달을 위한 초석을 다지는 데 최선의 희망을 주는 듯하다.

참고문헌 REFERENCES

Anthony, E. J. (1987). Risk, vulnerability and resilience: An overview. In E. J. Anthony & B. Cohler (Eds.), *The invulnerable child* (pp. 3-48). New York: Guilford.

Baldwin, A. L., Baldwin, C. P., Kasser, T., Zax, M., Sameroff, A., & Seifer, R. (1993). Contextual risk and resiliency during late adolescence. *Development and Psychology, 5*, 741-761.

Beardslee, W. R. (1989). The role of self-understanding in resilience individuals. *American Journal of Orthopsychiatry, 59*, 266-278.

Beardslee, W. R., & Podorefsky, D. (1988). Resilient adolescents whose parents have serious affective and other psychiatric disorders: Importance of self-understanding and relationships. *American Journal of Psychiatry, 145*, 63-69.

Belsky, J., Woodworth, S., & Crnic, K. (1996). Trouble in the second year: Three questions about family interaction. *Child Development, 67*, 556-568.

Benard, B., Burgoa, C., & Whealdon, K. (1994). *Fostering resiliency in kids: Protective factors in the school. (Training of trainers).* San Francisco: Far West Laboratory.

Brodsky, A. E. (1996). Resilient single mothers in risky neighborhoods: Negative psychological sense of community. *Journal of Community Psychology, 24*, 347-364.

Bronfenbrenner, U., & Crouter, A. C. (1983). The evolution of environmental models in developmental research. In P. H. Mussen (Ed.), *Handbook of child psychology* (4th ed., pp. 221-249). New York: Wiley.

Brooks, R., & Goldstein, S. (2001). *Raising resilient children: Fostering strength, hope and optimism in our children*. New York: Contemporary Books.

Brooks, R., & Goldstein, S. (2002). *Nurturing resilience in our children: Answers to the most important parenting questions*. New York: Contemporary Books.

Brown, G. W., & Harris, T. O. (1989). *Life events and illness*. New York: Guilford.

Campbell, S. B. (2002). *Behavior problems in preschool children* (2nd ed.). New York: Guilford.

Centers for Disease Control Youth Risk Behavior Surveillance System. (2002). Statistics on risk factors in youth. Retrieved from www.cdc.gov/nccdphp/dash/yrbs/index.htm. June 12, 2003.

Children's Defense Found. (2002). Health and safety trends in children. Retrieved from www.childrendefense-fund.org. June 12, 2003.

Child Trends. (2002). Sexual behavior in teens. Retrieved from www.childtrends.org

Cicchetti, D., & Garmezy, N. (1993). Prospects and promises in the study of resilience. *Development and Psychopathology, 5*, 497-502.

Coie, J. D., Watt, N. F., West, S. G., Hawkins, J. D., Asaranow, J. R., Markman, H. J. et al. (1993). The science of prevention: A conceptual framework and some directions for a national research program. *American Psychologist, 48*, 1013-1022.

Conrad, M., & Hammen, S. (1993). Protective and resource factors in high- and low-risk children: A comparison of children with unipolar, bipolar, medically ill, and normal mothers. *Developmental and Psychopathology, 5*, 593-607.

Cowen, E. L. (1991). In pursuit of wellness. *American Psychologist, 46*, 404-408.

Cowen, E. L. (1994). The enhancement of psychologist wellness: Challenges and opportunities. *American Journal of Community Psychology, 22*, 149-179.

Dennett, D. C. (2003). *Freedom evolves*. New York: Viking.

Dubow, E. F., Edwards, S., & Ippolito, M. F. (1997). Life stressors, neighborhood disadvantage, and resources: A focus on inner-city children's adjustment. *Journal of Clinical Child Psychology, 26*, 130-144.

Epstein, H. (1979). *Children of the Holocaust*. New York: Penguin.

Flach, F. F. (1988). *Resilience: Discovering new strength at times of stress*. New York: Ballantine.

Garmezy, N., Masten, A. S., & Tellegen, A. (1984). The study of stress and competence in children: A building block for developmental psychopathology. *Child Development, 55*, 97-111.

Garmezy, N., & Nuechterlein, K. (1972). Invulnerable children: The fact and fiction of competence and disadvantage. *American Journal of Orthopsychiatry, 42*, 328-329.

Garmezy, N., & Rutter, M. (1983). *Stress, coping, and development in children.* New York: McGraw-Hill.

Greenbaum, C. W., & Auerbach, J. G. (1992). The conceptualization of risk, vulnerability, and resilience in psychological development. In C. W. Greenbaum & J. G. Auerbach (Eds.), *Longitudinal studies of children at psychological risk: Cross-national perspectives* (pp. 9-28). Norwood, NJ: Ablex.

Greenberg, M. T., Lengua, L. J., Coie, J. D., & Pinderhughes, E. E. (1999). Predicting developmental outcomes at school entry using a multiple risk model: Four American communities. *Developmental Psychology, 35*, 403-417.

Hallowell, E. M. (2001). *Connect: 12 vital ties that open your heart, lengthen your life and deepen your soul.* New York: Pocket Books.

Hammen, C. (1997). Children of depressed parents: The stress context. In S. A. Wolchik & I. N. Sandler (Eds.), *Handbooks of children's coping: Linking theory and intervention* (pp. 131-159). New York: Plenum.

Hernstein, R. J., & Murray, C. (1995). The bell curve: Intelligence and class structure in American life. New York: Simon Schuster.

Lorion, R. P. (2000). Theoretical and evaluation issues in the promotion of wellness and the protection of "well enough." In D. Cicchetti, J. Sandler, R. Weissberg (Eds.), *The promotion of wellness in children and adolescents.* Washington, DC: CWLA.

Lösel, F., Bliesener, T., & Köferl, P. (1989). On the concept of invulnerability: Evaluation and first results of the Bielefeld project. In M. Branbring, F. L. & H. Skowronek (Eds.), *Children at risk: Assessment, longitudinal research, and intervention* (pp. 186-219). New York: Walter de Gruyter.

Luthar, S. S. (1991). Vulnerability and resilience: A study of high-risk Adolescents. *Child Development, 62*, 600-612.

Lutzke, J. R., Ayers, T. S., Sandler, I. N., & Barr, A. (1999). Risks and interventions for the parentally bereaved child. In S. A. Wolchik & I. N. Sandler (Eds.), *Handbook of children's coping: Linking theory and intervention* (pp. 215-245). New York: Plenum.

Masten, A. S. (1999). Resilience comes of age: Reflections on the past and outlook for the next generation of research. In M. D. Glantz, J. Johnson, & L. Huffman (Eds.), *Resilience and development: Positive life adaptation* (pp. 282-296). New York: Plenum.

Masten, A. S. (2001). Ordinary magic: Resilience processes and development. *American*

Psychologist, 56, 227-238.

Masten, A. S., Best, K. M., & Garmezy, N. (1990). Resilience and development: Contributions from the study of children who overcome adversity. *Developmental and Psychopathology, 2,* 425-444.

Masten, A. S., & Coatsworth, J. D. (1998). The development of competence in favorable and unfavorable environments: Lessons from research on successful children. *American Psychologist, 53,* 205-220.

Masten, A. S., Hubbard, J. J., Gest, S. D., Tellegen, A., Garmezy, N., & Ramirez, M. (1999). Competence in the context of adversity: Pathways to resilience and maladaptation from childhood to late adolescence. *Development and Psychopathology, 11,* 143-169.

National Center for Children of Poverty. (2002). Poverty statistics. Retrieved from www.nccp.org. June 12, 2003.

Pavenstedt, E. (1965). A comparison of the childrearing environment of upper-lower and very low-lower class families. *American Journal of Orthopsychiatry, 35,* 89-98.

Pines, M. (1984). Resilience children: Interview with Michael Rutter. *Psychology Today, 18,* 56-57.

Polakow, V. (1993). *Lives on the edge: Single mothers and their children in the other America.* Chicago: University of Chicago Press.

Radke-Yarrow, M., & Brown, E. (1993). Resilience and vulnerability in children of multiple risk families. *Development and Psychopathology, 5,* 518-592.

Richardson, G. E., Neiger, B. L., Jensen, S., & Kumpfer, K. (1990). The resiliency model. *Health Education, 21*(6), 33-39.

Rutter, M. (1987). *Psychosocial resilience and protective mechanisms.* New York: Irvington Publishers.

Rutter, M. (1990). Psychosocial resilience and protective mechanisms. In J. Rolf, A. S. Masten, D. Cicchetti, K. H. Nuechterlein, & S. Weintraub (Eds.), *Risk and protective factors in the development of psychopathology* (pp. 181-214). New York: Cambridge University Press.

Rutter, M. (1994). Beyond longitudinal data: Causes, consequences, changes and continuity. *Journal of Consulting and Clinical Psychology, 62,* 928-940.

Rutter, M., Cox, A., Tupling, C., Berger, M., & Yule, W. (1975). Attainment and adjustment in two geographical areas: I. He prevalence of psychiatric disorder. *British Journal of Psychiatry, 126,* 493-509.

Rutter, M., & The English and Romanian Adoptees (ERA) Study Team. (1998). Developmental catch-up and deficit, following adoption after severe global early privation. *Journal of Child Psychology and Psychiatry, 39,* 465-476.

Rutter, M., & Quinton, D. (1984). Long-term follow-up of women institutionalized in childhood: Factors promoting good functioning in adult life. *British Journal of Developmental Psychology, 18,* 225-234.

Sameroff, A. J. (1995). General systems theories and developmental psychopathology. In D. Cicchetti & D. Cohens (Eds.), *Developmental Psychopathology: Vol. 1. Theory and Methods* (pp. 659-695). New York: Wiley.

Sameroff, A. J. (2000). Dialectical processes in developmental psychopathology. In A. J. Sameroff, M. Lewis, & S. Miller (Eds.), *Handbook of developmental psychopathology* (2nd ed., pp. 23-40). New York: Plenum.

Sandler, I. N., Tein, J., & West, S. G. (1994). Coping, stress and psychological symptoms of children of divorce: A cross-sectional and longitudinal study. *Child Development, 65,* 1744-1763.

Schorr, L. (1988). *Within our reach: Breaking the cycle of disadvantage.* New York: Doubleday.

Seligman, M. E. P. (1998a). Building human strength: Psychology's forgotten mission. *APA Monitor, 29*(1), 2.

Seligman, M. E. P. (1998b). Building human strength: Psychology's forgotten mission. *APA Monitor, 29*(4), 2.

Skinner, E. A., & Wellborn, J. G. (1994). Coping during childhood and adolescence: A motivational perspective. In D. R. Lerner & M. Perlmetter (Eds.), *Life-span development and behavior* (pp. 91-123). Hillsdale, NJ: Erlbaum.

Sroufe, L. A. (1997). Psychpathology as an outcome of development. *Development and Psychology, 9,* 251-268.

Substance Abuse and Mental Health Services Administration. (2002). Drug abuse statistics. Retrieved from www.drugabusestatistics.samsha.gov. June 12, 2003.

Tarter, R. E. (1988). The high-risk paradigm in alcohol and drug abuse research. In R. W. Pickens & D. S. Svikis (Eds.), *Biological vulnerability to drug abuse* (pp. 73-86). Washington, DC: NIDA Research Monograph 89.

Tarter, R., & Vanyukov, M. (1994). Alcoholism: A developmental disorder. *Journal of Consulting and Clinical Psychology, 62,* 1096-1107.

Tiet, Q. Q., Bird, H. R., Davies, M., Hoven, C., Cohen, P., Jensen, P. S. et al. (1998). Adverse life events and resilience. *Journal of the American Academy of Child and Adolescent Psychiatry, 37,* 1191-1200.

U. S. Department of the Census. (2000). U. S. census. Retrieved from www.censusus.gov.

Werner, E. E., & Johnson, J. L. (1999). Can we apply resilience? In M. D. Glantz & J. L. Johnson (Eds.), *Resilience in development: Positive life adaptations* (pp. 259-268). New York: Kluwer Academic/Plenum.

Werner, E. E., & Smith, R. S. (1982). *Vulnerable but invincible: A study of resilience children.* New York: McGraw-Hill.

Werner, E. E., & Smith, R. S. (1992). *Overcoming the odds: High risk children from birth to adulthood.* Ithaca, NY: Cornell University Press.

Werner, E. E., & Smith, R. S. (1993). *Overcoming the odds: High risk children from birth to adulthood.* Ithaca, NY: Cornell University Press.

Werner, E. E., & Smith, R. S. (2001). *Journeys from childhood to mid-life: Risk, resilience and recovery.* Ithaca, NY: Cornell University Press.

White, J. L., Moffitt, T. E., & Silva, P. A. (1989). A prospective replication of the protective effects of I.Q. in subjects as high risk for juvenile delinquency. *Journal of Consulting and Clinical Psychology, 57,* 719-724.

Worsham, N. L., Compas, B. E., & Ey, S. (1997). Children's coping with parental illness. In S. A. Wolchik & I. N. Sandler (Eds.), *Handbook of children's coping: Linking theory and intervention* (pp. 195-215). New York: Plenum.

Wyman, P. A., Cowen, E. L., Work, W. C., Hoyt-Meyers, L. A., Magnus, K. B., & Fagen, D. B. (1999). Caregiving and developmental factors differentiating young at-risk urban children showing resilient versus stress-affected outcomes: A replication and extension. *Child Development, 709,* 645-659.

Wyman, P. A., Sandler, I., Wolchik, S., & Nelson, K. (2000). Resilience as cumulative competence promotion and stress protection: Theory and intervention. In D. Cicchetti, J. Rappaport, I. Sandler, & R. Weissberg (Eds.), *The promotion of wellness in children and adolescents* (pp. 148-167). Washington, DC: CWLA.

Yoshikawa, H. (1994). Prevention as cumulative protection: Effects of early family support and education on chronic delinquency and its risks. *Psychological Bulletin, 115,* 28-54.

제2장

발달에서 적응유연성의 과정

역경의 맥락에서 긍정적 적응의 조성

Margaret O'Dougherty Wright & Ann S. Masten

빈곤, 방임, 학대, 전쟁, 폭력, 압제의 경험, 인종주의, 차별 때문에 발달이 위협받을 때 아동 · 청소년은 어떻게 헤쳐 나가는가? 부모가 약물남용, 정신질환, 심각한 신체질환 때문에 장애를 가지고 있을 때 무엇이 그들을 보호하는가? 발달을 위협하는 심각한 난제에도 불구하고 성공을 이루는 적응유연성 현상을 우리는 어떻게 설명할 수 있는가? 모든 아동 · 청소년과 사회에 혜택을 주는 일을 하기 위해 우리는 이런 지식을 어떻게 사용할 수 있는가? 적응유연성에 관한 과학적 연구는 일군의 선구자적 연구자가 이후에 정신병리를 발전시킬 위험에 처한 것으로 생각되는 아동 · 청소년이 긍정적으로 적응하는 현상을 발견하기 시작했던 약 30년 전에 시작되었다(Masten, 2001).

적응유연성 연구는 정신병리의 기원과 치료에 관한 생각에 일대 혁신을 가져왔다. 정신병리의 발병 위험이 높은 아동에 관한 초기의 임상적 연구는 역경의 결과를 관찰하거나 장애의 원인을 설명하는 위험과정이 전개되는 양상을 관찰하는 데 주로 초점을 두었다. 연구자는 문제를 어떻게 피하고 해결하며 극복하는지에 관심을 갖기보다는 병리와 결핍을 이해하려는 노력을 기울였다. 당시에 정신건강 분야에서는 정신역동이론과 개인 내부에서 질병의 근원을 찾는 질병 지향적 생물의학 모형이 지배적이었다. 그러나 적응유연성 현상을 탐구했던 최초의 연구자는 정신병리를 예언하는 데 1차적인 관심을 두는 모형의 범위와 유용성에는 한계가 있으며, 위험에 처한 것으로 확인된 많은 아동이 어떻게 좋은 결과를 성취할 것인지에 대해 알려 주는 바가 별로 없다는 것을 깨달았다. 그런데 이런 정보는 위험에 처한 아동이 좋은 발달적 결과를 이룰 가능성을 높이기 위한 개입의 목표를 달성하는 데 필수적이다. 초기 연구자가 이룬 위대한 기여 가운데 하나는 역경의 맥락 안에서 **긍정적인 발달 경로**(developmental pathways)를 이해하는 것이 특히 정신병리의 위험에 처한 아동의 문제를 예방하고 치료하는 데 근본적으로 중요하다는 생각을 인정하고 앞장서서 옹호했다는 것이다.

적응유연성 연구는 지난 30년 동안 세 차례의 연구시대를 거치면서 발전해 왔다. 이 장에서 우리는 지금까지의 연구시대를 통해 얻어진 개념과 결과를 강조할 것이다. 왜냐하면 이런 개념과 결과가 연구와 실제를 위한 적응유연성 틀을 조성해 왔기 때문이다. 제1시대에서는 기본 개념 및 방법론과 더불어 적응유연성 현상을 잘 기술했으며 개인에게 초점을 두었다. 제2시대에서는 적응유연성에 대한 보다 역동적인 설명을 하였다. 이러한 역동적 설명은 역경과 위험의 맥락에서 이루어지는 긍정적 적응에 관한 이론과 연구에 대한 발달체제 접근(developmental-systems approach)을 채택하여, 개인의 발달을 포함하는 수많은 체제와 개인의 상호교류에 초점을 둔다. 제3시대는 현재 그 모양새를 갖추어 가고 있는데, 발달 경로의 변화를 지향하는 예방 개입을 통해서 적응유연성을 조성하는 데 초점을 두고 있다.

제1시대: 개인적 적응유연성과 중요한 요인을 규명하기

이 영역의 초창기 연구에서는 엄격한 '스스로의 힘으로 향상시킬 수 있으며 자신의 노력으로만 성공할 수 있는 Horatio Alger의 능력'을 찬양했던 미국의 개인주의적 문화 풍토가 지배적이었다. 초창기부터 언론인과 연구자는 역경에도 불구하고 잘 기능하는 아동을 '불사신의' '취약하지 않은' 존재로 언급했고(Anthony, 1974; Pines, 1975), 이런 아동의 개인적인 특성과 특징에 주목했다. 이들은 내면의 용기 또는 인성으로 무장하고 있기 때문에 스트레스에 손상을 받지 않는 것으로 생각되었다. 오랜 시간을 거치면서 그리고 여러 유형의 외상에 관한 연구로 확장되면서, 불사신 또는 취약하지 않음을 뜻하는 invulnerability라는 용어는 스트레스에 대한 저항(stress-resistance)과 적응유연한(resilient) 등의 좀 더 질적이며 역동적인 용어로 대체되었다. 이런 개념은 시간의 흐름에 따라서 발생하는 위험요인과 보호과정의 상호작용을 적절하게 파악할 수 있게 하며, 개인과 가족 및 더 큰 사회문화적 영향력을 포함한다(Masten, Best, & Garmezy, 1990; Rutter, 1987; Werner & Smith, 1982, 1992).

주요 개념

발달에서 적응유연성에 관한 제1세대의 연구가 진행되는 동안, 이러한 현상은 전 세계를 통해 다양한 맥락 안에서 연구되었다(Glantz & Johnson, 1999; Masten et al., 1990). 오늘날까지 논쟁이 계속되고 있기는 하지만, 주요 개념에 대한 합의에 도달했다. 적응유연성은 보통 과거 또는 현재 역경의 맥락에서 긍정적으로 적응하는 패턴을 뜻한다. 그런데 적응이 적응유연한 패턴을 이루는지를 확인하기 전에 두 가지 별도의 판단을 내려야 한다. 첫째, 개인의 발달 또는 적응에 **중대한 위협**이 있었다는 것을 어떤 준거에 의해서 판단해야 한다. 둘째, 위협 또는 위험에 노출되었음에도 불구하고 그 사람이 현재 또는 궁극적으로 **성공적 적응**을 이루었다는 것을 어떤 선정된 준거에 의해서 판단해야 한다.

지난 30년 동안, 적응유연성 연구자가 사용하는 많은 용어의 의미가 명확하지 않아서 상당한 혼란이 있어 왔다(Luthar, Cicchetti, & Becker, 2000; Masten, 2001; Rutter, 2000). 그럼에도 불구하고 〈표 2-1〉에 제시된 것처럼, 이 영역의 연구에서 사용하는 어휘에 대한 합의가 이루어졌다. 예를 들면, 역경(adversity), 생활사건(life events), 취약성(vulnerability)과 같은 어휘는 정신병리 연구에서는 이미 친숙하다. 그러나 적응유연성 연구는 초기의 작업에서 간과했거나 강조하지 않았던 몇몇 개념을 강조하는데, 자산, 보상요인, 보호요인, 유능성, 발달과업 등이 그것이다.

〈표 2-1〉 주요 개념의 정의와 예

용어	원 어	정 의	예
역경	adversity	연령에 적합한 발달과업의 성취를 방해하거나 위협하는 환경조건	빈곤, 무주택, 아동학대, 정치적 폭력, 지역사회 안 폭력
적응유연성	resilience	과거나 현재 역경의 맥락에서 긍정적 적응을 이루는 양상	심각한 방임과 학대의 경험을 견뎌 내어 높은 성취를 이루며 좋은 사회성을 이루고 바른 행동을 하는 아동
위험	risk	바람직하지 못한 결과가 발생할 확률의 증가	친부가 정신분열증을 가진 집단에서 정신분열증이 발생할 확률이 더 높음
위험요인	risk factor	특정 결과 기준에서 봤을 때 부정적인 결과를 예언하는 개인적 특징 또는 상황 안에 존재하는 측정 가능한 특징	조산, 부모의 이혼, 빈곤, 부모의 정신질환
누적적 위험	cumulative risk	(1) 다수의 위험요인이 있어서, (2) 똑같은 위험요인이 여러 번 발생해서, (3) 계속되는 역경의 누적적 효과 때문에 증가된 위험	무주택 가정에서 살고 있는 아동은 발달문제를 일으킬 수많은 위험요인을 가지고 있음. 고등학교를 졸업하지 않은 편부 또는 편모, 건강관리 문제의 발달사, 열악한 학교, 부적절한 영양, 가정폭력이나 지역사회 폭력과 같은 수많은 부정적 사건에의 노출 등
취약성	vulnerability	부정적 결과에 대한 개인적 취약성; 정신병리의 '병적 소인-스트레스원 모형(diathesis-stressor model)'에서 병적 소인에 해당함	불안한 아동은 전학이나 상급학교 전환을 더욱 큰 스트레스로 받아들임
근거리 위험	proximal risk	아동이 직접 경험하는 위험요인	폭력의 목격, 비행 또래와의 관계
원거리 위험	distal risk	아동의 생태학적 맥락에서 발생하여 더욱 근접한 과정을 통해 매개되는 위험	지역사회의 높은 범죄율, 건강관리 서비스를 받지 못함
자산/ 자원/ 보상요인	asset/ resource/ compensatory factor	일반적이거나 특수한 긍정적 결과를 예언하는 개인적 특징 또는 상황 안에 존재하는 측정 가능한 특징	우수한 인지기술, 효과적인 부모, 우수한 학교, 양육태도
보호요인	protective factor	위험이나 역경의 상황에서 더 좋은 결과를 예언하는 개인과 맥락의 질 또는 개인과 맥락의 상호작용	자동차 에어백, 911 구급 서비스, 신생아 집중관리 육아실, 자살 핫라인, 건강보험
누적적 보호	cumulative protection	한 개인의 삶 속에 다수의 보호요인이 존재하는 것	빈곤 지역에 사는 아동이지만 부모가 애정과 관심을 기울이며, 가정이 안전하며, 친척이 지지적이며, 학교 튜터가 있으며, 교회에서 활동적임
심리사회적 유능성	psychosocial competence	연령에 적합한 발달과업을 성취하기 위하여 개인적 자원과 맥락적 자원의 적응적 활용	지적 능력을 능동적으로 사용하며 교사와 긍정적 관계를 맺어서 학교생활에서 성공을 이루는 것
발달과업	developmental tasks	적합한 발달단계에 해당하는 특정 과업의 성취에 대한 특정 사회나 역사적 맥락의 기대	유아기: 걷기와 말하기의 학습 학령기: 학업성취, 우정 발달, 규칙 준수

적응유연성의 정의는 항상 위험, 역경, 부정적 생활사건이 적응을 위협한다고 가정한다. 〈표 2-1〉에서 예시했듯이, 위험은 부정적 결과가 발생할 확률의 증가를 뜻한다. 위험요인은 위험에 처한 것으로 생각되는 사람 중에서 어떤 개인 또는 어떤 집단이 궁극적으로 적응의 어려움을 보일 것인지를 확실히 밝히지는 않는다. 그러나 이러한 위험요인을 가진 일군의 사람이 어떤 측면에서 전반적으로 잘할 것 같지 않기 때문에 위험은 집단 용어 또는 모집단 용어로 간주된다. 위험요인은 복잡하고 누적적인 속성을 가지고 있기 때문에 정확하게 파악하기가 어렵다. 많은 광범위한 위험 지표(broad risk indicators)나 표지(markers)는 집단 안에서 발생하는 결과가 매우 이질적일 수 있음을 보여 준다. 예를 들면, 조산한 아동이라도 출생 시 체중, 조산에 부수적인 질병, 사회경제적 상황, 의학 처치 등에서 매우 다르다. 좀 더 상세하게 분석하면 종종 그 집단의 전반적인 위험을 설명하는 과정이 무엇인지에 대한 단서를 얻을 수 있다. 조산의 경우, 두개골 내출혈이나 출산에 부수적인 질병에 관해 상세하게 알면 결과를 더 잘 예언할 수 있을 뿐더러 위험을 가져오는 실제 과정을 더 잘 이해할 수 있다(O' Dougherty & Wright, 1990).

이제 여러 위험요인이 하나씩 따로 발생하는 경우는 드물다는 것이 분명히 밝혀졌다. 정말로 높은 위험에 처한 아동은 시간의 경과에 따라서, 때로는 매우 오랜 시간 동안에 다수의 역경에 노출되기 때문에 높은 위험에 처하게 되는 것이 보통이다(Masten & Wright, 1998). 아동의 삶에서 여러 위험요인이 누적되면서 그리고 부수적으로 적응유연성이 덜해지면서 일반적으로 결과는 더 나빠진다. 그러므로 발달적 결과를 더욱 정확하게 예언하고 이해하려면 누적적 위험요인을 검토하는 것이 중요하다(Sameroff, Gutman, & Peck, 2003). 예를 들면, 이혼은 지금까지 연구된 스트레스원 중에서 공통된 것이지만 부모가 이혼한 아동에게 나타나는 결과는 상당히 이질적이라는 것이 연구를 통해 검증되었다. 누적적 위험의 개념은 결과가 다양하다는 것을 분명하게 알려 준다. 이혼은 단일의, 시간 제한적인 위험요인 또는 스트레스원이 아니며, 다수의 스트레스원과 삶의 변화를 포함하는 장기적인 과정이다. 이러한 스트레스원의 정도와 지속기간은 가족마다 상당히 다르고, 스트레스원은 이혼 자체에 앞서 또는 이혼하는 도중이나 이혼한 후에 발생할 수 있다. 마지막으로 어떤 형태의 역경은 너무나도 만성적이고 중대해서 발달을 위해 안전하고 더욱 표준적인 환경을 회복할 때까지는 어떤 아동도 적응유연하다고 기대할 수 없을 정도다. 그러므로 전생이나 고문이 조래하는 결과처럼 파국적 외상의 경우에는 보통 외상이 종료된 후에 좋은 상태로 회복한 것을 적응유연성이라고 칭한다(Wright, Masten, Northwood, & Hubbard, 1997).

Helena Kraemer와 동료가 저술한 일련의 영향력 있는 논문(Kraemer et al., 1997; Kraemer, Stice, Kazdin, Offord, & Kupfer, 2001; Kraemer, Wilson, Fairburn, & Agras, 2002)에 영감을 받아서, 최근 몇 년 동안에 위험이라는 용어는 중요한 정교화 작업을 거쳤다. 그들의 업적에 의하면 문제의 시작을 분명하게 알리는 위험요인에 의해 야기된 저조한 결과의 관련 변인을 (아마도 실험 조작을 통해서) 중요한 나쁜 결과에 기여하는 인과적 위험요인(causal risk factors)과 변별하는 것이 중요하다. 그들의 업적은 위험 용어의 구체성(specificity)을 높일 뿐만 아니라, 인과적 위험요인을 규명하기 위해(Kraemer et al., 1997의 의사결정 나무[a decision tree] 참조), 그리고 실험적 개입전략을 통해서 가설적인 매개변인과 조절변인의 효과를 검증하기 위해(Kraemer et al., 2002) 필요한 연구를 수행하는 개념적 틀을 제공한다.

개인의 삶에서 적응유연성을 판단하는 데 중요한 두 번째 사항은 그 사람이 얼마나 잘 살고 있는지, 다시 말해 적응의 질 또는 발달의 질에 관한 의사결정이다. 문헌에서 긍정적 적응을 판단하기 위해 병리의 부재, 연령에 특징적인 발달과업의 성공, 주관적 안녕 또는 이 모두에 초점을 둔 준거를 포함해 다양한 준거가 사용되어 왔다(예시는 〈표 2-1〉 참조). 발달 문헌에서 많은 연구자는 특정 사회문화적 맥락이나 역사적 맥락 안에서 특정 연령과 성별의 아동에게 기대하는 바를 충족하는 유능성, 즉 아동에 관해 관찰되거나 보고된 유능성에 근거하여 좋은 결과를 정의하였다. 유능성은 보통 아동이 성장함에 따라서 사회가 명시적으로 또는 암묵적으로 정한 기대 수준을 얼마나 잘 충족시켜 왔는지, 그리고 계속해서 얼마나 잘 충족시키는지에 의해서 평가된다. 유능성은 아동이 다양한 영역(예, 신체, 정서, 인지, 도덕성, 행동)에서 발달과업, 즉 연령과 관련된 행동 표준을 충족시키는 데 성공하는지를 추적한 기록을 의미한다. 비록 이러한 행동 표준이 문화마다 다를 수 있지만, 보통 아동의 발달과 사회화를 유도하는 광범위한 과업을 지칭한다(예시는 〈표 2-1〉 참조). 적응유연성을 보이는 것으로 판단된 아동은 겪어 온 중대한 위험과 역경에도 불구하고 이러한 발달과업을 꽤 성공적으로 이룬 아동이다.

연구의 제1시대 동안 적응유연성을 어떻게 정의할 것인가에 대한 논쟁이 일었는데, 수많은 논쟁은 적응유연성을 판단하기 위한 적응의 준거에 관한 것이었다(이러한 논쟁에 대한 전반적인 검토를 위해서는 Masten & Reed, 2002 또는 Luthar, Cicchetti, & Becker, 2000을 참조). 예를 들면, 관찰 가능한 사회적 행동(학업성취, 일, 관계)에서는 잘 적응하지만 내면적으로 불편한 증상을 겪고 있는 한 아동이 적응유연한지 아닌지에 관해 논쟁할 수 있다. 적응의 '내부' 모습과 '외부' 모습에 관한 논쟁뿐만 아니라 얼마나 많은 영역에서 적응을 고려해야 하는지와 언제 그 결과를 평가해야 하는지에 관한 논쟁도 제기되었다. 예를 들면, 적응유연성이란 한 사람이 겪어 온 외상에 의해서 영향을 받지 않는다는 것을 반드시 의미하는 것도 아니고, 그 사람이 항상 잘 기능한다는 것을 의미하는 것도 아니다. 또한 한 아동이 인생의 어느 시점에서 적응유연성을 보일 수 있지만 다른 시점에서는 적응유연성을 보이지 않을 가능성도 있다. 이러한 논쟁은 문헌에서 오랫동안 계속되고 있다. 전체 집단 안에서 적응유연성을 판단하기 위해 어떤 준거를 쓰는지, 그리고 여러 기능 영역을 통해서 얼마나 종합적으로 적응유연성을 평가하는지는 고위험 집단에서 적응유연성이 나타나는 비율과 적응유연성에 관련된 과정의 본질에 영향을 미칠 것이다.

여러 연구 영역 가운데 가장 중요한 영역은 적응의 여러 영역 간 연계, 즉 긍정과 부정의 연계에 관한 것이다. 이는 적응유연성과 정신병리를 이해하는 데 의미가 있다. 적응적 기능이 유능성의 여러 영역과 증상의 여러 상이한 영역에 걸쳐 나타나듯이, 시간이 흐르면서 내적 증상과 외적 증상도 서로 관련된다(Masten & Curtis, 2000). 증상은 발달과업을 통과하지 못하는 문제가 발생하는 데 기여하며, 발달과업의 실패는 증상으로 이어질 수 있는데, 이와 같이 눈덩이처럼 결과가 커지는 현상을 **발달의 단계적 증폭**(developmental cascades)이라고 칭한다(Masten, 2000; Masten & Powell, 2003). 발달이론에서는 발달과업을 잘 수행하는 것이 미래 성공을 위한 발판이 된다고 본다. 그런 유능성의 증진은 고위험 집단 아동에게 특정 종류의 문제 결과가 발생하는 것을 예방하는 데 중요할 수 있다('제3시대' 부분 참조).

적응유연성 연구의 제1시대는 위험이나 역경에 처해서 긍정적인 적응을 하는 것과 관련된 변인이나 예언변인을 확인하는 데 초점을 두었다. 그러므로 그 시대의 연구자는 유사한 역경이나 위험요인을 공유하는 아동에게 어떻게 해서 차별적인 결과가 발생하는지를 설명하는 개인적 차이와 상황적 차이를 평가하는 데 관심을 가졌다. 두 가지 주요 관련 변인은 다음과 같다. (1) 고위험 수준을 포함한 모든 위험 수준에서 더 나은 적응을 이루는 것과 관련된 긍정적 요인은 흔히 자산 또는 보상요인으로 명명되며(예, Garmezy, Masten, & Tellegen, 1984; 또한 Benson, Scales, Leffert, & Roehlkepartain, 1999 참조), 더 최근에는 촉진요인(promotive factors)으로 명명된다(Sameroff, 1999). (2) 높은 수준의 위험이나 역경에도 불구하고 긍정적 적응을 이루는 데 특별히 중요한 요인은 보통 보호요인으로 명명된다(예, Rutter, 1979). 그 요인이 위험한 조건에서 특별한 역할을 하는지 아닌지에 따라서 두 개념은 주요한 차이를 나타낸다.

하나의 긍정적인 요인이 보호요인으로 지정되면, 위험이나 역경이 미치는 영향을 막아 준다는 것이 암시된다. 그러므로 보호요인은 위험이나 역경이 높을 때 특별히 중요하거나 그럴 때만 중요한 자산이다. 예를 들면, 자동차의 에어백 장치와 특정 질병인자에 대한 항생제는 보호요인으로 간주되는데, 이런 보호요인은 사람을 사건이나 질병의 위험에서 보호하기 위하여 작동되기 때문이다. 보호요인은 역경이 적응에 미치는 영향을 조절한다. 에어백과 항생제는 경험이 전개되는 과정에서 생명체에게 증명과 설명이 가능한 보호를 제공하기 때문에 인과적 보호요인(causal protective factors)이 된다. 마찬가지로 신체적 공격을 받을 수 있는 자녀 앞에 뛰어드는 부모는 보호적이라고 할 수 있다. 왜냐하면 그 아동이 더 나쁜 손상을 당하지 않도록 보호한다는 의미를 갖기 때문이다. 그러나 적응유연성 연구에서 보호요인으로 추정되는 수많은 보호요인을 분명하게 구체화하기란 상당히 어렵다.

인간 발달에서 자산과 보호요인을 구분하기는 꽤 어려운데, 좋은 적응과 관련된 가장 중요한 많은 변인 자체가 다수의 기능을 하는 복잡한 체계이거나 관계이기 때문이다. '자연의 보효요인(Mother Nature's Protective Factor)'으로 간주될 수 있는 부모는 분명히 아동 발달을 위한, 거대한 복잡성을 지닌 하나의 보호체계다. 적응유연한 적응이 좋은 가족(또는 대리가족) 관계에 좌우된다는 것은 여러 번 재확인된 결과다. 매우 어린 아동이 양육자와 맺는 초기 관계는 다른 사람과 안정된 애착을 발달시키는 기반이 된다(Sroufe, Carlson, Levy, & Egeland, 1999). 만일 유아와 양육자 간의 초기 관계가 따뜻하고 애정 어리며 반응적이라면, 그 아동은 자신의 요구가 충족될 것이라는 확신을 갖게 되며, 다른 사람과 관계를 맺는 긍정적인 방법을 배우며, 정서를 더 잘 조절할 수 있으며, 자기존중감을 발달시킬 수 있다. 그래서 반응적이며 애정적이고 유능한 양육자는 어느 맥락에서든지 아동의 건강한 성장과 발달을 촉진시키는 매우 강력한 자산이다. 그런 부모는 중대한 역경에 처해서도 위협에 효과적으로 반응하는 방법을 알고 있으며, 보호적인 행동양식을 제공하기 위하여 자신의 반응을 적절하게 변경시킬 수 있다. 유사하게 인간의 뇌는 많은 기능을 수행할 수 있으며, 적응적인 여러 방식으로 삶의 상황에 반응한다. 그래서 적응적 문제해결 능력의 일반적 측정치인 IQ 점수가 위험이나 역경의 수준에 무관하게 여러 좋은 결과를 예언하며(자산의 정의를 충족시킴), 또 위험이나 역경의 조절변인(moderator)으로 기능한다. 이러한 기능은 위협적인 상황에서 더 중요하다(Masten et al., 1999).

적응과 상관을 이루는 연속변인을 위험요인이나 자산(또는 보상요인) 중 어느 하나 또는 둘 다로 간주할 경우, 그 연속변인을 위험요인으로 또는 자산이나 보상요인으로 어떻게 명명할 것인지에 관하여 오랫동안 상당한 논란이 이어져 왔다. 이런 구인개념은 동일한 연속선상의 양극단에 존재한다. 즉, 그 변인이 한쪽 극단에서는 저조한 적응을 가져오고 다른 한쪽 극단에서는 좋은 적응을 가져온다. 예를 들면, 보통 빈곤은 부정적 결과에 대해서는 위험요인으로 간주되는 반면, 높은 사회경제적 지위는 긍정적인 결과와 관련된 보상요인으로 간주된다. 결국 우리는 특정한 요인 하나에 대하여 '어디에 행위가 있는지'를 배우게 되지만, 많은 경우에 적응이 쉽게 명명되지 않는 복잡한 과정에서 발생한다는 것도 배우게 된다. 확실히 어떤 요인이 발생할 때(예, 사고로 다리를 절단함) 발달에 분명하게 부정적인 영향을 미치지만, 발생하지 않을 때는 전혀 영향을 미치지 않는 순수한 하나의 '위험' 요인을 생각해 볼 수 있다. 또한 발생할 때(예, 음악적 재능) 발달에 긍정적인 영향을 미치지만, 그 요인이 없을 때는 발달에 별로 영향을 미치는 않는 순수한 하나의 '자산' 요인을 생각할 수 있다. 그러나 적응 혹은 좋은 발달이나 나쁜 발달에 잠정적 원인이 되는 예언변인으로 연구되고 있는 대부분의 요인은 수많은 수준에서(예, 저조한 주의집중 기술 대 우수한 주의집중 기술) 수많은 방식으로 작동할 수 있는 연속변인을 나타낸다. 보호요인은 자산요인보다 확인하기가 더 어려운데, 왜냐하면 보호요인이 주로 위험의 맥락에서 효과를 발휘하기 때문이다. 또한 보호요인은 개념적 혼동을 불러일으켜 왔는데, 연속적으로 분포된 하나의 변인의 긍정적 극단에 위치하는 것으로 자주 간주되기 때문이다(예, 가족갈등은 위험요인인 반면, 가족 친밀함은 보호요인이다). 과거 연구에서 보호요인으로 확인되었던 수많은 요인은 위험 지위에 무관하게 모든 수준에서 아동 발달과 적응에 도움이 되는 자산일 가능성이 더 높다.

발달적 조망

적응유연성 연구에 의하면 아동은 발달이 이루어지는 서로 다른 시점에서 서로 다른 취약성과 보호체계를 가질 수 있다(Masten et al., 1990; Wright & Masten, 1997). 유아는 양육자에게 전적으로 의존하기 때문에 부모의 상실이나 양육자의 학대에 매우 취약하다. 그러나 유아는 전쟁이나 자연재해의 영향을 완전히 경험하는 것에서는 좀 더 많이 보호되는데, 왜냐하면 유아는 어떤 일이 벌어지고 있는지를 잘 이해하지 못하기 때문이다. 아동이 성숙하면서 학교 분위기와 이웃이 외상사건으로 점차 더 많이 기여한다. 나이 든 아동은 성인의 감독을 받지 않는 활동에 참여하면서 또래와의 관계가 보호적이 될 수도 또는 위험을 일으킬 수도 있다. 그래서 나이 든 아동은 자기 스스로 이 세상에 더 잘 대처할 수 있는 동시에 양육자의 보호에서 독립하면서 외상에 노출될 가능성도 있다. 청소년은 친구, 신앙, 학교, 정부와 관련된 상실이나 허망함과 같이 서로 다른 유형의 상실이나 배반에 취약하다. 청소년은 이런 상실이 자신의 미래에 어떤 의미를 가질 것인지를 이해하는데, 이는 어린 아동의 이해를 훨씬 뛰어넘는 것이다.

적응유연성 관련 변인 목록

적응유연성 연구의 제1시대는 인물중심 접근(person-focused approach)과 변인중심 접근(variable-focused approach)을 모두 포함한다. **인물중심 접근**은 유사한 역경이나 위험을 겪고 있지만 잘 적응하지 못하고 있는 사람과 적응유연한 사람이 어떻게 다른지를 확인하기 위하여 적응유연한 사람을 구분한다. 사례연구와 종단연구는 인물중심 접근의 예가 된다. 반대로 **변인중심 접근**은 위험이나 역경이 높을 때 좋은 결과에 기여하는 개인의 특징과 환경의 특징 간 관계를 검증한다. 이 방법은 표집이 이질적이고 클 때 적용되며 다변량 통계를 많이 활용한다. 각각의 접근에 따라 수행된 많은 연구와 다양한 방법론을 통해서 제1시대 연구는 놀랄 정도로 일관성 있는 결과를 도출했다. 이는 여러 가지로 인해서 위험에 처한 아동

〈표 2-2〉 자산과 보호요인의 예

아동의 특징
- 유아기의 사회적이며 적응적인 기질
- 인지능력과 문제해결 기술
- 효과적인 정서 및 행동 조절 전략
- 자신에 대한 긍정적 견해(자신감, 높은 자기존중감, 자기효능감)
- 삶에 대한 긍정적 견해(희망)
- 삶에 대한 믿음과 의미
- 사회와 자신이 가치 있게 여기는 특징(재능, 유머감각, 타인에게 매력적임)

가족의 특징
- 안정적이며 지지적인 가정환경
- 낮은 수준의 부모갈등
- 반응적 양육자와 친밀한 관계
- 권위적 양육 스타일(높은 수준의 애정, 구조/모니터링, 기대)
- 긍정적인 형제관계
- 확대가족 구성원과의 지지적 연결관계
- 자녀교육에 대한 부모의 관심
- 아동에게 보호가 되는 특징을 가진 부모
- 사회경제적 우월성
- 고등교육을 받은 부모
- 신앙과 종교적 관계

지역사회의 특징
- 이웃의 높은 질적 수준
- 안전한 이웃
- 낮은 수준의 지역사회 폭력
- 감당할 만한 가격의 주택
- 레크리에이션 센터에의 접근 가능성
- 맑은 공기와 물
- 효과적인 학교
- 잘 훈련받고 잘 보상받는 교사
- 방과 후 프로그램
- 학교 레크리에이션 자원(스포츠, 음악, 예술)
- 부모와 10대를 위한 취업 기회
- 좋은 공중건강 관리
- 비상 서비스(경찰, 소방서, 병원)
- 애정을 가진 성인 멘터와 친사회적 또래와의 관계

문화적 또는 사회적 특징
- 보호적인 아동정책(아동의 노동, 건강, 복지)
- 교육 지향적인 가치관과 자원
- 압제와 정치적 폭력의 예방 및 보호
- 신체적 폭력에 대한 낮은 수용

이 더 나은 적응을 이루는 것과 관련된 공통된 여러 변인이 있다는 것을 시사한다. 초기에는 Garmezy(1985)가 이러한 일관성을 언급하였고, 해가 거듭되면서 반복적으로 확증되었다. Masten(2001)은 이런 관련 변인을 '짧은 목록'(〈표 2-2〉 참조)으로 간주했고, 이 관련 변인이 인간 발달을 지원하는 근본적인 적응체계를 나타낸다고 주장했다. 적응유연성 연구의 제2시대는 바로 왜 이런 관련 변인이 반복적으로 발견되는지를 설명할 과정(processes)에 관한 연구와 함께 출범했다. 비록 제1시대가 적응유연성과 관련된 논쟁뿐만 아니라 많은 아이디어, 구인개념, 방법, 관련 변인에 관한 결과를 도출했지만, 초창기의 결과가 시사하는 복잡한 과정을 고려하려면 좀 더 세련된 모형이 필요하다는 것이 분명해졌다(Glantz & Johnson, 1999 참조).

제2시대: 과정에 초점을 두면서 발달적 및 생태학적 체제 안에서 적응유연성을 연구하기

초창기 연구는 적응유연성과 관련된 많은 중요한 변인을 기술했지만 발달에서 적응유연성으로 이끌어 가는 과정을 통합적으로 이해하지는 못했다. 제1시대 연구를 검토할 때 언급했듯이, "미래 연구자의 과업은 **무엇이**(what) 적응에 영향을 미치는지를 기술하는 연구문제에서 적응에 영향을 미치는 근본적인 과정에 대한 **어떻게**(how)의 연구문제로 전환하여 적응유연성을 묘사하는 것이다."(Masten et al., 1990, p. 439) 후속 연구와 이론에서는 적응유연성을 발달의 복잡한 과정으로(Cicchetti, 2003; Egeland, Carlson, & Sroufe, 1993; Yates, Egeland, & Sroufe, 2003) 또는 수많은 과정을 거치면서 발생하는 하나의 현상으로 강조하면서(Masten, 1999; Roberts & Masten, 2004), 병리적 결과와 긍정적 결과를 조성하는 복잡하고도 체제적인 상호작용을 이해하는 데 특별히 더 주목해 왔다. 예를 들면, Wyman(2003)은 최근에 다음과 같은 방식으로 적응유연성을 묘사했다. "적응유연성은 부정적인 효과를 줄이고 규범적인 발달과업의 숙달을 촉진하기 위하여 불우한 삶의 조건과 아동의 상호작용을 변화시키는 다양한 집합의 과정을 나타낸다."(p. 308)

적응유연성 연구의 제2시대는 **발달정신병리학**(developmental psychopathology)

의 출현을 가져온 정상적 발달과 병리적 발달에 관한 학문에서 더욱 광범위한 변형이 발생했음을 나타낸다(Cicchetti, 1990; Cicchetti & Garmezy, 1993; Masten & Garmezy, 1985; Masten & Powell, 2003; Sroufe & Rutter, 1984). 지난 10여 년에 걸쳐 수행된 적응유연성 연구는 인과적 설명을 할 때 발달적 체제의 역할을 명백하게 인정하면서, 맥락적 이슈와 역동적인 변화 모형에 더 많이 주목하고 있다(Roberts & Masten, 2004; Sroufe, 1997; Yates & Masten, 2004). 이는 가족 이외의 관계와 체제의 역할을 더 강조하게 하였고, 적응유연성 모형과 연구에 생물학적, 사회적, 문화적 과정을 고려하고 통합하려는 시도를 초래했다(Masten, 2001; Luthar 2003 참조). 결과적으로 적응유연성 연구는 여러 방식으로 더욱 맥락화되었다. 즉, 개인이 전 생애를 거쳐 여러 수준에 있는 수많은 다른 체제와 어떻게 상호작용하는지를 다루었고, 위험요인과 보호요인에 관한 결론을 하나의 맥락에서 다른 맥락으로 또는 하나의 발달시기에서 다른 발달시기로 조심스럽게 일반화했다. 초창기 선구자는 자연스럽게 발생하는 적응유연성의 복잡하고 역동적인 본질을 확실하게 인정했으나(이에 관한 역사를 알려면 Masten et al., 1990 참조), 초기 연구에서 기본적인 기술(descriptive) 자료의 수집은 연구가 현상의 복잡성을 다루기 시작할 수 있기 이전에 필요한 경험적인 첫걸음이었다. 그러나 이 대담한 과제는 전혀 완전하지 않다.

확인된 많은 보호요인이 고위험 조건과 저위험 조건 모두에서 발달을 촉진시킨다는 사실은 좀 더 규범적인 조건이 복구될 때 발달을 진척시키고 역경을 더 잘 극복하도록 격려하기 위하여 존재하는 근본적이고 보편적인 인간 적응체제가 중요하다는 것을 시사한다(Masten, 2001; Masten & Coatsworth, 1995; Masten & Reed, 2002). 이러한 적응체제 가운데 일부는 발달심리학 분야에서 충분히 연구되어 왔으며, 애착관계의 발달; 도덕적 및 윤리적 발달; 정서, 각성, 행동을 조절하는 자기조절 체계; 숙달 및 동기 체계, 신경행동학적 체계 및 정보처리 체계와 같은 주제를 포함한다. 다른 체계는 더 광범위한 문화적 맥락을 포함하며, 확대가족 네트워크, 종교단체, 적응적 이득을 제공하는 다른 사회체계로 구성된다. 이들 체계는 매우 다양하며, 규범적이건 비규범적이건 광범위한 도전에 반응한다. 만일 이런 기본적 보호체계의 발달을 손상시키는 스트레스원이 있어 아동의 적응을 위협한다면, 아동의 회복력과 적응유연 능력은 그 체계의 복구 여부에 크게 좌우될 것이다.

발달체제이론(developmental systems theory: DST)이 미친 영향은 적응유연성 연구의 제2시대를 특징짓는, 적응유연성의 다수 인과적이며 역동적인 모형에서 분명히 나타난다. 제2시대의 이론과 연구는 종종 발달체제이론의 언어와 더불어 발달체계이론에 전형적인 역동적, 상호작용적, 상보적, 다수 인과적, 다수준 모형을 포괄하는 동일 결말(equifinality), 다중 결말(multifinality), 발달 경로(developmental pathways), 궤도(trajectories)와 같은 개념을 포함한다(Bronfenbrenner, 1979; Cicchetti & Rogosch, 1996; Ford & Lerner, 1992). 제2시대 연구는 적응유연성에 도달하는 과정에 관한 것이 많다. 위험이나 보호가 어떻게 실제로 적응을 손상시키거나 향상시키는지를 설명하는 **매개과정**(mediating processes)과 보호적 효과가 어떤 조건 아래서 어떤 사람에게만 작용하는지를 설명하는 **조절과정**(moderating processes)을 탐색하려는 여러 연구가 시도되었다.

적응유연성을 이해하는 데 있어 전통적으로 개인에게 초점을 두었던 접근과는 달리, 생태학적·상호교류적 체제 접근은 가족과 지역사회의 관계적 네트워크를 포괄하는 것에 폭넓게 초점을 두는 극적인 전환을 보여 주었다(Cowen, 2000; Cummings, Davies, & Campbell, 2000; Roberts & Masten, 2004; Walsh, 1998). 발달적 결과는 상호작용과 상호교류의 복잡한 패턴에 의해 결정된다고 본다. 제2시대 연구는 그런 다중 수준의 영향을 탐지할 수 있게 하는 설계와 분석 기법 및 전략을 포함한다. 이러한 역동적 접근은 스트레스에 뒤이어 긍정적 또는 부정적으로 적응하는 과정을 이해하려면 상이한 연구문제를 설정할 필요가 있다는 것을 강조한다. 왜 한 아동이 적응유연한지에 관한 문제를 제기하기보다는 아동과 맥락 사이의 양방향적 관계에 관한 문제를 제기한다. 말하자면 아동과 맥락의 관계와 상호작용이 연구의 초점이 된다. 이러한 접근은 발달 경로에 있어서 개인차뿐만 아니라 가족, 지역사회, 사회, 문화, 역사시대와 같은 맥락적 차이를 적절하게 나타내는 연구가 더 많이 설계되도록 했다. 또한 제2시대 연구는 가족과 환경이 미치는 영향을 더욱 복잡한 방식으로 평가했다. 부모는 모든 자녀에게 동일한 방식으로 반응하지 않는다. 마찬가지로 한 가족 안의 모든 아동이 가족환경을 동일한 방식으로 경험하는 것도 아니다(Plomin, Asbury, & Dunn, 2001). 가족 내에 중대한 갈등과 부조화가 있을 때조차 부모가 표현하는 부정적 정서는 다른 자녀보다는 특정 자녀에게 더 초점을 두며, 개개의 자녀도 그런 갈등에 대해 서로 다르게 반응하며 서로 다른 정도로 영향을 받는다. 영향의 상호교류 모형은 이러한 역동적 패턴을 포함하며, 시간의 흐름에 따라서 발달을 조성하는 상호작용의 상보적 패턴을 검증하는 것이 중요하다는 것을 강조한다(Sameroff, 2000).

마지막으로 사회 맥락이 아동에게 미치는 영향은 아동이 자신의 경험을 지각하고 해석한 것을 통해서 부분적으로 매개되며(Boyce et al., 1998), 일부 연구자는 그런 내적 과정에 관심을 두었다(Compas, Connor-Smith, Saltzman, Thomsen, & Wadsworth, 2001). 그러나 이에 대해 평가하기란 본질적으로 어렵다. 자신의 외상적 경험이 미치는 영향을 묘사하는 데 필요한 언어적 기술과 개념적 틀이 부족한 어린 아동의 경우는 특히 그렇다. 그럼에도 불구하고 그런 평가는 필요하다. 아동이 다른 연령에서 얻은 다른 경험에 부여하는 의미가 유의하게 변하므로, 외상적 경험의 의미와 영향도 시간의 흐름에 따라서 상당히 많이 변할 수 있다. 예를 들면, 아동기에 성적 학대를 경험한 일부 피해자는 학대를 처음 경험했던 때 너무 어려서 가해자가 가한 행위의 완전한 의미를 이해할 수 없다. 그러나 나이가 들었을 때 자신이 경험한 배신감, 수치심, 모욕감의 정도가 강렬해질 수 있고, 그런 학대 경험이 주는 스트레스 수준이 상당히 높을 수 있다. 외상적 경험에 대한 내적인 인지적 및 정의적 대처 반응과 아동의 주관적 경험에 대한 연구는 별로 없지만, 외상적 스트레스에 대한 반응의 개인차를 완전히 이해하려면 그 영역을 연구해야 할 것이다(Park & Folkman, 1997).

보호과정의 맥락적 특이성

제2시대 연구자들은 적응유연성을 설명하는 과정을 면밀히 살펴보고, 더불어 보호과정이 맥락적으로 특이함을 언급하기 시작하였다. 이런 연구는 다양한 스트레스원에 노출된 특정 집단이 상이한 방식으로 적응하는 것에 대해 면밀한 주의를 기울이며, 어떤 요인이 맥락 안에 있는 어떤 개인에게 보호적인지를 탐색하는 것이 중요하다고 강조했다. Cicchetti와 Rogosch(1997)는 학대받은 아동을 대상으로 추적연구를 수행하면서 이런 측면에 관한 흥미 있는 증거를 제시했다. 고위험 아동에 관한 많은 연구에서 친밀한 대인관계와 사회적 지지가 더 좋은 장기적 결과를 예언한다고 밝혀진 것과는 달리, 그들은 학대를 받았으나 장기적으로는 긍정적인 적응을 보인 아동이 학대를 받지 않은 비교통제 집단에 비하여 실제로는 관계적 자원을 별로 사용하지 않았고 정서적 자기조절을 적게 했다는 결과를 발표하였다. 유사하게 Werner와 Smith(1992), Wyman(2003)은 대인 간 거리와 정서적 거리 그리고 부모의 개입에 대한 낮은 기대는 이후 적응유연성과 관련이 있지만 저조한 적응과는 관련이 없다는 것을 밝혔다. 이러한 결과를 확대하여 Werner와 Smith는 많은 수의 적응유연한 성인이 아마도 가족의 정서적 문제에 압도당하지 않으려고 부모나 형제자매와 거리를 두어 자신을 분리시킨다고 보고하였다. 이런 결과는 매우 역기능적인 가족에서 성장한 아동이 직면했던 독특한 어려움을 강조하고, 무엇이 긍정적 대처인지에 대해 조급하게 결론을 내리지 않는 것이 중요함을 강조한다.

로체스터 아동 적응유연성 프로젝트(Rochester Child Resilience Project: Wyman, 2003; Wyman, Cowen, Work, & Kerley, 1993)는 맥락 특유의 적응(context-specific adaptation)에 관한 이슈와 적응유연성의 근간을 이루는 과정을 새롭게 이해할 수 있게 하였다. 역경의 맥락(빈곤, 폭력, 가족갈등, 약물남용 문제가 발생할 비율이 높은 환경)에서 성장하는 도시 아동을 추적 조사한 연구에 의하면, 여러 '보호적'인 요인의 효과가 서로 다르며 그 효과는 아동과 맥락의 부가적인 특징에 좌우된다. 예를 들면, 미래에 대한 긍정적인 기대와 개인적 유능성의 지각이 보호요인으로 자주 발견되었지만 이런 긍정적 효과는 현실적인 기대와 지각을 가진 연구 참여자에게만 나타났다. 만일 어떤 청소년이 자신의 유능성에 대해 비현실적인 지각을 가지고 있다면 심각한 품행문제가 발생할 위험이 높아진다. 더구나 로체스터 아동 적응유연성 프로젝트에 표집된 연구 대상 중 품행문제를 보이는 경우에는 미래에 대한 긍정적인 기대가 실제로는 학업적 이탈(academic disengagement)과 관련된다. 전반적으로 이런 결과는 높은 자기존중감이나 미래에 대한 긍정적 기대와 같은 아동 개인의 특징이 어떤 아동에게는 적응유연성과 관련될 수 있지만 다른 아동에게는 그렇지 않다는 것을 보여 준다. 그러므로 아동의 신념이나 기대가 설정한 목표에 도달할 능력과 일치하는지에 주의를 기울이는 일이 대단히 중요하다.

유연한 적응의 안정성과 변화

적응유연성 연구가 발전하면서 더욱 미묘한 차이를 보이는 여러 견해가 제기되었다. 똑같은 아동이 발달의 어느 한 시점에서는 '적응유연한' 것으로 판정받을 수 있지만 다른 시점에서는 그렇지 않은 것으로 판정받기도 한다. 또한 한 아동이 어느 한 맥락에서는 적응적이지만 발달 시점이 동일하나 맥락이 다른 경우에는 적응적이지 않다. 그리고 한 아동이 삶의 어떤 측면에서는 적응적이지만 다른 측면에서는 적응적이지 않다는 것이 분명히 밝혀졌다. 제2시대 연구는 적응유연성을 만들기 위해서 상호작용하는 여러 수준의 맥락에 대해 더 많은 관심을 기울였다. 결과적으로 적응유연성의 가장 복잡한 모형은 시간의 흐름에 따라서 역경에 처한 아동의 삶에 나타나는 **건강한 발달 경로**와 **부적응적 경로**에 주목하고 있다. 이들 모형이 제시되면서 개인이 살아가는 과정 중에 거치는 전환점에 특별한 관심을 기울이고 변화하는 개인과 맥락의 복잡하고도 전체적인 상호작용을 고려할 기회를 얻게 되었다(Masten & Reed, 2002; Rutter, 2000).

오늘날까지 발달 경로에 대한 많은 논의는 종단연구에서 수집한 사례와 자료에서 도출된 것이다(예, Cairns & Cairns, 1994; Furstenberg, Brooks-Gunn, & Morgan, 1987; Hawkins et al., 2003; Rutter & Quinton, 1984; Sampson & Laub, 1993; Werner & Smith, 1992, 2001). 이 종단 자료는 개인 간 분석에 초점을 두기보다는 **시간의 흐름에 따른 개인 내 변화**를 검토한다. 이 자료에 의하면 발달이 이루어지는 과정 내내 변화의 능력이 지속적으로 존재하며, 기능의 안정성이나 변화를 생성하는 과정이 존재한다는 것을 알 수 있다. 예를 들어, 종단연구(예, Hawkins et al., 2003; Sampson & Laub, 1993)의 자료에 근거하여 비행과 범죄 행위를 중단하는 궤도를 확인하고 설명하려 했던 최근 연구에 의하면, 청소년과 그들의 부모, 또래 및 가정, 이웃, 학교, 직장에 있는 다른 성인과의 복잡한 상호작용이 아동기에서 청소년기로 그리고 다시 초기 성인기로 전환을 거치면서 긍정적인 궤도를 이루는지 부정적인 궤도를 이루는지에 영향을 미친다는 것을 알 수 있다. 또한 이런 연구는 미래 적응의 본질과 과정을 조성할 수 있는 특수한 발달적 난제(입학, 청소년기로의 전환과 같은 도전적인 문제)에 대한 반응을 하는 데도 결정적인 전환점이 있다는 것을 시사한다. 고위험 표집을 성인기까지 추적한 세 가지 연구는 회복 가능성에 관한 매우 고무적인 정보를 제공한다. Werner와 Smith(1992)는 성인기에 심각한 대처문제를 가진 대부분의 고위험 청소년은 30대 즈음에 회복했고, 이런 결과는 특히 여성집단에서 특징적이었다. 고통을 겪는 고위험 10대 6명 가운데 1명 정도만이 성인기에도 고통을 겪었다. Furstenberg와 동료(1987)도 10대에 출산한 흑인 여자 청소년이 이와 유사한 회복 패턴을 보인다는 것을 발견했다. 또한 반사회적 청소년 가운데 시간이 흐르면서 반사회적 행동을 중단하는 현상이 대규모로 보고되었는데, 그 대부분이 중년기까지는 반사회적 행동을 그만두었다(Sampson & Laub, 1993). 이들 세 가지 연구 모두를 통틀어 볼 때 일이나 배우자와 맺는 강한 관계의 끈이 결국 긍정적 적응을 이루는 것과 관련되며, 호전된 사례가 이를 강력하게 뒷받침해 준다. 개인적 자원을 발달시키며, 더 많은 교육을 받고, 수용적이며 지지적인 배우자와 결혼을 하고, 직업기술을 얻기 위해 군대에 가고, 출산 조절과 가족 계획을 하는 등 목표 달성을 이루게 하는 활동을 하는 노력은 시간이 지나면서 개인 안에 긍정적인 변화를 증진시키는 결정적인 요소다. 다른 고위험 개인에게는 지지적인 확대가족과 우정의 네트워크나 교회의 한 구성원이 되는 것이 긍정적 변화를 촉진하였다. 극단적으로 결핍된 양육기관에서 성장하다가 입양된 아동을 추적한 연구(Rutter & the ERA study team, 1998)와 막대한 전쟁 외상에 노출된 피난민을 추적한 연구(Wright et al., 1997)에 의하면 사람은 정상적인 양육조건이 복구되면 발달적 회복을 이룰 수 있는 경이로운 능력을 가지고 있다. 이 모든 연구에 의하여 심각한 역경에 노출된 사람의 삶에 있는 전환점이 결정적으로 중요하다는 것이 밝혀졌다. 이러한 전환점에는 입양, 이민, 고등교육, 안정된 고용 기회의 획득, 성공적인 결혼 등이 있다. 이 전환점은 한 개인의 발달 경로상에서 지속적인 변화를 이끌어 낼 수 있다. Laub, Nagin과 Sampson(1998)은 Glueck과 Glueck이 반사회적 청소년 동년배 집단을 장기 추적하여, 앞에서 언급된 현상을 '단호하게 잘라내기(knifing off)' 라고 묘사했다. 삶의 과정 중에는 그런 극적인 전환이 있다는 것을 보여 주는 일화가 많이 있다(Laub & Sampson, 2002 참조).

그러나 많은 사람이 인생 후반에 감동적으로 회복하는 양상을 보인다고 할지라도 모든 아동이 회복하는 것은 아니다. 피난민과 루마니아 고아에 관한 연구에서 상당히 많은 수의 아동이 심각하고도 만성적인 정서적, 행동적, 인지적 문제를 일으켜서 그들이 겪은 경험이 지속적인 효과를 가져온 것처럼 보였다(Gunnar, 2001; Masten & Hubbard, 2003; Rutter & the ERA team, 1998; Wright et al., 1997). Werner와 Smith(1992), Sampson과 Laub(1993; Laub & Sampson, 2002)의 종단연구에서는 어린 아동이 학교 실패, 심각한 정신건강 문제, 반복적 비행문제와 같은 몇몇 영역에서 문제를 보일 경우 부적응과 일탈 행동이 더욱 안정된 패턴으로 나타났다. 이런 결과는 다른 종단연구에 의해서 반복된 패턴, 즉 다수 영역에서 유능성이 위태로울 때 저조한 적응이 발달적으로 연속된다는 것을 더욱 강력하게 지지할 수 있다. 그런 단계적 증폭 효과(cascading effects)는 부적응의 경로로 더 많이 진행된 사람에게 왜 개입이 더 어려운지를 설명한다(Masten & Powell, 2003; Yates et al., 2003). 초기 역경의 효과가 즉각적으로 나타나는 것이 아니라 발달이 진행되면서 이후에 서서히 나타날지도 모를 가능성도 고려해야 한다. 우울한 어머니와 같이 살거나 방임 또는 학대를 당하는 초기 역경은 이후에 그 아동이 가족으로서 친밀한 역할을 성공적으로 수행할 수 있는 능력을 갖지 못하도록 손상시킬 수도 있다. 예를 들면, 아동기에 성적 학대를 당한 후 생존한 여성은 배우자와의 관계에서 문제를 겪거나 성기능 장애를 보이거나 자녀를 양육하는 데 어려움을 겪는 등 다양한 대인관계 문제를 보일 수 있다(DiLillo, 2001). 초기의 외상적 관계 경험이 이후의 애착에 미치는 영향을 이해하고 불리한 효과를 상쇄할 수 있는 이후 대인관계 경험의 시기와 유형을 탐색하기 위해서는 시간의 흐름에 따라 대인간 기능이 어떻게 전개되는지를 보여 주는 종단적 자료가 특히 필요하다(Egeland, Weinfield, Bosquet, & Cheng, 2000). 또한 불리한 삶의 조건과 아동의 상호교류를 변경시켜서 불리한 경험의 부정적 효과를 감소시키고 숙달을 증진시키는 과정으로 적응유연성을 이해한다면, 적응유연성을 개인이 성취한 결과로 고려할 때 가끔 발생하는 바람직하지 못한 이름 붙이기를 피할 수 있다. 역경, 특히 심각하고 장기적인 외상을 경험하는 아동은 어떤 유형이든지 심리적 불편감의 증상을 갖게 될 것이라고 기대해야 한다. 이런 이유 때문에 다수의 영역을 거쳐서 '취약성의 연속선(a continuum of vulnerability)'과 '적응유연성의 연속선(a continuum of resilience)'을 고려하고 시간의 흐름에 따라서 아동의 기능이 계속 변화해 가는 **역동**에 주의를 기울이는 자세가 특히 도움이 된다.

적응유연성을 개인의 특성(trait)으로 간주하면 잠정적으로 해로운 결과가 초래된다. 성공적으로 적응하지 못한 아동을 '올바른 그 무엇'이 부족한 사람으로 보는 것, 그리고 역경을 극복할 수 없을 때 그 개인의 탓으로 돌리는 것이 가장 해로운 결과다. 이러한 접근은 많은 아동이 겪고 있는 압도적인 사회적 스트레스원과 역경을 최소화하고, 개인적 적응유연성에서 **맥락**이 담당하는 광범위한 역할을 축소시킨다. 왜냐하면 적응은 가족, 학교, 이웃, 지역사회와 문화를 포함한 다수의 상호작용 체제가 이루는 맥락 안에서 이루어져서 한 아동의 적응유연성이 여러 사람과 여러 영향체제에 많이 좌우되기 때문이다(Roberts & Masten, 2004). 적응유연성을 증진시키거나 문제를 악화시키는 과정은 이런 전체 맥락 안에서 이해되어야 한다. 성공적으로 적응하지 못하는 아동은 성공적인 발달에 필요한 기본적 지지, 보호, 존중을 받고 있지 못한 반면, 성공적으로 적응하는 아동은 발달하기에 충분한 외적 지지를 받는다. 또한 아동의 발달을 제한할 수 있는 영향변인(예, 빈곤, 차별, 부적절한 의료 처치, 지역사회 폭력에의 노출)은 전체 가족에도 영향을 미치고 제약을 가한다. 경제적으로 궁핍한 가족, 그리고 알코올중독이나 정신질환의 문제 때문에 고통을 받으며 황폐화된 부모는 자녀에게 필요한 자원과 기본적 보호를 제공할 채비가 되어 있지 못하다. 모든 사람에게는 자신이 살고 있는 사회의 지지와 도움이 필요하다. 한 사람이 성공적으로 역경을 극복하는 정도는 개인적 강점과 취약성, 가족과 지역사회 네트워크의 지속적인 상호교류가 복잡하게 조화를 이루며 결정된다(Cowen, 2000; Roberts & Masten, 2004; Walsh, 1998).

적응유연성에 대한 문화적 영향

여기에서는 적응유연성의 과정을 이해하는 데 결정적으로 중요한 마지막 요소인 문화의 역할에 대해 논한다. 생물학적 진화가 인간으로 하여금 수많은 적응체계를 갖추게 했듯이, 문화적 진화도 수많은 보호체제를 만들어 냈다. 보호요인은 종종 문화에 뿌리를 두고 있다. 비록 적응유연성 영역에서 문화적 전통, 종교적 관습과 의식, 지역사회 지원 서비스에 대한 폭넓은 연구가 이루어지지 않았지만, 그것은 모두 의심의 여지없이 광범위하게 다양한 보호적 기능을 제공한다. 더구나 개인, 가족, 지역사회를 포함한 문화 안에 있는 역경의 맥락에는 개인, 가족, 지역사회가 기능하도록 보호하는 각 문화 특유의 전통, 신념, 지원 체제가 있다. 미국 원주민 문화권(LaFromboise, Oliver, & Hoyt, in press)과 전 세계 여러 문화권에서 발견되는 치유의식, 축복의식, 순화의식은 그 문화권에 있는 사람들의 황폐한 경험이 주는 영향력을 상쇄하거나 개선하는 데 기여한다. 비슷하게 한 사회 안에 있는 소수집단에서 민족 정체성의 강도, 다른 집단 구성원과 관계를 맺는 역량과 편안함, 인종적 사회화와 같은 요인은 사람이 살고 있는 맥락 안에서 압제와 차별의 경험 때문에 발생하는 도전적 난제를 다루는 데 특히 중요하다(Szalacha et al., 2003; Wright & Littleford, 2002). 현재까지 문화에 기반을 둔 보호과정에 대한 체계적 연구는 별로 없다. 개인에 기반을 둔 적응유연성 개념화에서 벗어나 문화에 기반을 둔 개념 틀을 지향하는 움직임은 수많은 비교문화 연구자의 환영을 받아 왔다(Aponte, 1994; Boyd-Franklin & Bry, 2000; Hill, 1999). 비록 적응유연성을 촉진하는 것으로 밝혀진 몇몇 요인과 과정이 개인의 기능(예, 좋은 인지적 기술, 사회정서적 민감성, 자기조절 능력)에 초점을 둘지라도, 이러한 과정의 형태와 기능은 문화적인 영향을 받거나 혹은 잘못 이해되는 방식으로 문화적 요구나 기대와 상호작용할 수 있다. 더구나 가족과 지역사회의 집합적 네트워크 안에 있는 수많은 다른 요인도 확인되었다. 적응유연성 연구가 계속되면서 한 집단 안에서 적응유연성을 증진시키는 것으로 밝혀진 요인이 다른 문화집단에서도 반복되는 정도를 탐색하고, 여러 문화집단에서 발견된 요인이 다른 문화적 맥락에서 어떻게 다르게 기능하는지를 탐색하는 것이 중요할 것이다. 예를 들면, 다양한 문화적, 민족적 집단이 개인주의, 집단주의, 가족주의에 부여하는 상대적 중요성에는 상당히 큰 차이가 있을 수 있으며, 이러한 차원이 다른 집단에게는 다른 방식으로 적응유연성을 매개할지도 모른다(Gaines et al., 1997; Kim, Triandis, Kigitcibasi, Choi, & Yoon, 1994). 이런 문화적 차원과 또 다른 문화적 차원을 고려할 때, 우리가 기울이는 개입 노력은 더욱 의미 있게 발전할 것이다.

제3시대: 적응유연성을 증진시키기 위하여 개입하기

처음부터 자연스럽게 발생하는 적응유연성을 체계적으로 연구해야 한다는 주장에 대한 합당한 근거는 적응유연성이 자연적으로 발생하지 않을 것 같다면 실무, 예방, 정책 노력을 통해 적응유연성의 창출을 지향하도록 고무시키는 데 있었다. 그러나 이런 궁극적인 목표가 실현될 수 있기 전에 매개과정과 조절과정을 더 잘 이해하는 단계를 거쳐야 한다. 그런 과정에 대한 연구는 제2시대의 이론과 연구의 초점으로 지속되었다. 그럼에도 불구하고 적응유연성 증진을 위한 개입에 주목하는 제3시대 연구가 이미 착수되었다. 처음에는 이런 작업이 **이론 주도적 개입 설계**(theory-driven intervention designs)의 형태를 취했으며, 제3시대에 연구를 점점 더 많이 수행하면서 적응유연성 이론을 검증하기 위한 **실험연구**의 형태를 취하기에 이르렀다.

역사적으로 제3시대는 **예방과학**과 자연적으로 발생하는 적응유연성에 관한 연구에서 도출된 목표, 모형, 방법을 종합한 것으로 나타났다(Cicchetti, Rappaport,

Sandler, & Weissberg, 2000; Coie et al., 1993; Cowen & Durlak, 2000; Masten & Coatsworth, 1998; Weissberg & Kumpfer, 2003; Yoshikawa, 1994). 위험 행동, 비행, 기타 아동문제를 예방하거나 감소시킬 목적으로 설계한 다면적 개입 연구(예, FAST Track, the Seattle Social Development Project)와 빈곤이나 불리한 환경에서 성장하는 아동의 성공 가능성을 향상시킬 목적으로 설계된 조기 개입(예, Abecedarian, Head Start, Perry Preschool Project)은 문제 행동의 위험을 감소시키는 동시에 발달과업의 성공적 성취를 증진시킬 목적으로 설계된 다수의 전략을 포괄한다(Ramey & Ramey, 1998; Reynolds & Ou, 2003; Weissberg & Greenberg, 1998). 자산, 보상요인, 보호요인에 관한 자료가 자연적인 적응유연성 연구에서 축적되기 시작하면서, 유능성 증진을 프로그램의 주요소로 두는 무선 임상 시험(randomized clinical trials)에 기초한 예방과학에서도 자료가 점차 증가하고 있으며, 변화의 매개변인과 조절변인은 적응유연성 연구의 '짧은 목록'이 시사하는 과정과 놀랄 만큼 비슷했다(Cicchetti et al., 2000; Luthar & Cicchetti, 2000; Masten, 2001; Masten & Coatsworth, 1998; Reynolds & Ou, 2003).

21세기로 전환하면서 적응유연성 분야에 변화가 일고 있음이 실무와 정책을 위한 **적응유연성 틀**(resilience framework)을 서술한 문헌에서 분명하게 드러나고 있다(예, Luthar & Cicchetti, 2000; Masten, 2001; Masten & Coatsworth, 1998; Masten & Powell, 2003; Masten & Reed, 2002). 예방과학 분야에서도 변화가 일어나고 있음이 문헌에 분명하게 드러났는데, 이 분야에서는 개입 모형이 적응유연성을 증진시키는 하나의 보호과정으로 상투적으로 기술되고 있다(예, Sandler, Wolchik, Davis, Haine, & Ayres, 2003; Weissberg, Kumpfer, & Seligman, 2003; Wyman, 2003; Wyman, Sandler, Wolchik, & Nelson, 2000). 정신병리나 다른 문제가 발생할 잠정적인 위험에 처한 한 아동의 삶이 전개되는 과정을 변화시키기 위해 개입하면, 위험이나 역경에의 노출을 감소시키고 자원을 증가시키며 보호체계를 가동시킬 수 있어 개입 자체가 하나의 보호과정으로 간주된다. 따라서 실험 개입 설계는 적응유연성이 어떻게 생겨나는지의 가설에 대한 강력한 증거를 제공한다. 특히 변화의 과정이 규명될 때(예, 자녀양육 방식, 귀인양식) 개입은 그 변화의 과정과 관련되며, 이런 변화는 한 사람이나 한 체계의 목표 행동에서 이후에 나타나는 변화와 관련된다. Kraemer 등(2002)은 가설적인 매개과정의 기대되는 조절변인으로 개입을 설정하여, 실험 개입 설계가 어떻게 매개 효과와 조절 효과를 검증할 수 있는지 규명하였다. 또한 실험은 어떤 사람이 처치의 어떤 측면에서 가장 큰 혜택을 입을 수 있는지, 처치가 어떤 변화에 의해 매개되는지를 확인할 수 있게 하며, 이로 인해서 추가적인 조절 효과와 매개 효과를 검증할 수 있다. 시애틀 사회성 발달 프로젝트(Seattle Social Development Project)는 하나의 개입이 문제 행동을 감소시키는지 아닌지, 그리고 어떻게 감소시키는지를 검증하려고 수행된 우수한 실험의 한 예다(Hawkins, Catalano, Kosterman, Abbott, & Hill, 1999; Hawkins et al., 2003 참조). 한 예로 종합적인 개입 패키지(범죄율이 높은 지역에 있는 초등학교에 다니는 아동에게 제공된 개입 패키지)가 학교에 애착을 갖게 하는 데 큰 변화를 가져왔고, 이로 인해서 중·고등학교 시기에 더 나은 결과(반사회적 행동의 감소, 고등학교 학업성적의 향상)를 얻게 되었다는 것이다. 또 다른 훌륭한 예는 Sandler와 그 동료들(2003)이 제시한 것이다. Sandler와 동료들은 이혼과정 중에 있는 가족을 위한 예방 개입을 설계했는데, 그 목표는 아동의 삶에 중요한 매개변인이 되는 부모의 행동을 바꾸는 것이었다. 무선 예방 개입을 실시한 지 6년 후의 추수 자료에 의하면 부모가 처치를 받은 아동의 경우 더 나은 정신건강 결과를 보였다. 예방 모형이 예측하듯이, 부모의 자녀양육에서 생긴 변화가 매개하여 이런 효과가 나타났다. 이런 연구는 특정 개입(이 경우에는 매뉴얼처럼 구조화된 어머니 대상 프로그램)의 효과성에 대한 강력한 증거를 제시하며, 또 역경을 뚫고 나가는 과정 동안에 아동에게 어떤 결과가 나타나는 인과과정에서 부모의 기능이 중요한 역할을 한다는 것에 대한 강력한 증거를 제시한다. 역경 동안에 자연적으로 더 잘 기능하거나 또는 더 잘 기능하기 위하여 (도움을 받으며) 변화할 수 있는 부모의 자녀는 더 큰 적응유연성을 보인다.

예방 개입에 관한 수많은 초기의 고전적 연구는 처음부터 적응유연성에 짜 맞추어진 것은 아니지만, 적응유연성을 창출하는 개입으로 재개념화될 수도 있다. 그렇지만 적응유연성을 창출하는 개입에 관한 연구는 이제 막 시작하였다. 예방에 초점을 두었던 미국 심리학회 학술지 『미국 심리학자(*American Psychologist*)』 특별호(Weissberg & Kumpfer, 2003)에서 언급했듯이, 아동과 사회에 혜택을 제공하기 위해 과정(매개과정, 조절과정, 증진과정, 보상과정[1])을 가장 효과적이며 효

1) 역자 주: mediating process는 매개과정으로, moderating process는 조절과정으로, promoting process는 증진과정으로, 그리고 compensating process는 보상과정으로 번역한다.

율적으로 조작할 수 있을 정도로 충분히 그 과정을 이해하려면 아직도 해야 할 일이 많이 남아 있다. 이것이 바로 제3시대 적응유연성 연구의 일차적 추진력이다. 불리한 조건에서도 성공적으로 적응하는 데 기본이 되는 다면적인 과정을 확인해야 우리는 비로소 취약한 상태로 남아 있는 사람의 삶 속에서 성공적으로 개입할 수 있는 방법을 찾아낼 수 있을 것이다.

아동에게 효과적인 현행 예방 프로그램을 잘 분석하면, 이런 프로그램이 이론 주도적 접근과 발달적, 생태학적 체제 접근을 포괄하는 프로그램의 중요성을 강조한다는 것을 알 수 있다. 성공적인 예방 프로그램이 갖는 현저한 특징은 이 장에서 기술한 수많은 요인을 포함한다. 다수의 장면을 아우르는 시기적절하고 종합적인 프로그램, 수많은 문제를 다룰 수 있을 정도로 충분한 길이와 깊이를 가진 프로그램, 문화적으로 관련된 개입이 그에 속한다(Nation et al., 2003). 이러한 종합적 예방 접근은 수많은 아동이 직면하고 있는 다수의 위험과 누적적 외상이 존재한다는 것을 인정하며, 긍정적 결과를 성취하기 위하여 다수의 영역에서 유능성과 보호를 증진시키는 것이 중요함을 강조한다.

제3시대를 넘어서

지난 30년 이상 동안 적응유연성 연구는 예방 프로그램의 설계와 실시를 이끄는 풍부한 정보를 제공했다. 예방 프로그램을 실시하여 얻은 많은 결과가 이번에는 위험, 보호요인, 적응유연성, 회복의 본질에 관한 이론과 후속 연구를 이끌었다. 이와 같은 기초연구와 응용연구를 통해서 수많은 문제가 상호 관련되어 있다는 것을 입증할 수 있었고, 만성적인 역경에 노출된 아동의 삶에 광범위하고 종합적으로 개입할 필요가 있다는 것을 증명할 수 있었다. 비록 다면적이며 지역사회에 기반을 둔 개입이 필요하다는 인식이 잘 구축되었지만, 그러한 개입의 제공을 어렵게 하는 주요한 장애는 미국의 문화적 신념과 가치관에 내재되어 있을지도 모른다. 자신의 문제를 극복하고자 하는 개인의 힘과 책임을 강조하는 문화에 내재된 신념이 적응유연성에 관한 초기 연구에 강력한 영향을 미쳤듯이, 우리가 현재 가지고 있는 개인주의적인 문화적 신념은 전국적인 웰니스 프로그램을 증진시키고 지원하려는 우리의 노력을 깎아내린다(Ripple & Zigler, 2003). 제3시대 연구자에게 결정적으로 중요한 도전적 난제는 연구 결과와 공공정책의 격차를 문제시하고, 종합적이며 보편적으로 접근 가능한 예방 프로그램이 중요하다는 것을 정책 입안자에게 알리기 위하여 효과적으로 활동하는 것이다. 이 영역에서 향후 수행해야 할 작업에서 일차적으로 주목할 것은 적응유연성 과정에 관한 연구를 다음 세대의 유능성과 안녕을 증진시키며 모든 활기찬 사회가 성공하기 위하여 필요로 하는 인간 자본을 향상시키는 데 효과적인 정책과 프로그램으로 전환하는 최선의 방법을 체계적으로 연구하는 것이다.

감사의 글

적응유연성에 관한 우리의 업적은 지난 수년에 걸쳐 국립정신건강협회(National Institute of Mental Health), 국립과학재단(National Science Foundation), William T. Grant 재단, 미네소타 대학교, 오하이오 정신건강부(Ohio Department of Mental Health)의 보조금 지원을 받았다. 우리는 또한 Norman Garmezy의 훌륭한 가르침에 깊은 감사를 전한다.

참고문헌 REFERENCES

Anthony, E. J. (1974). The syndrome of the psychologically invulnerable child. In E. J. Anthony & C. Koupernik (Eds.), *The child and his family, Vol. 3: Children at psychiatric risk* (pp. 529-544). New York: Wiley.

Aponte, H. (1994). *Bread and spirit: Therapy with the new poor.* New York: Morton.

Benson, P. L., Scales, P. C., Leffert, N., & Roehlkepartain, E. C. (1999). *A fragile foundation: The state of developmental assets among American youth.* Minneapolis: Search Institute.

Boyce, W. T., Frank, E., Jensen, P. S., Kessler, R. C., Nelson, C. A., Steinberg, L. et al. (1998). Social context in developmental psychopathology: Recommendations for future research from the MacArthur network on psychopathology and development. *Development and Psychology, 10,* 143-164.

Boyd-Franklin, N., & Bry, B. H. (2000). *Reaching out in family therapy: Home-based, school and community interventions.* New York: Guilford.

Bronfenbrenner, U. (1979). *The ecology of human development: Experiments by nature* and design. Cambridge, MA: Harvard University Press.

Cairns, R. B., & Cairns, B. (1994). *Lifelines and risks: Pathways of youth in our time.* New York: Cambridge University Press.

Cicchetti, D. (1990). An historical perspective on the discipline of developmental psychopathology. In J. Rolf, A. S. Masten, D. Cicchetti, K. H. Nuechterlein, & S. Weintranb (Eds , *Risk and protective factors in the development of psychopathology* (pp. 2-28). New York: Cambridge University Press.

Cicchetti, D. (2003). Foreword. In S. S. Luthar (Ed.), *Resilience and vulnerability: Adaptation in the context of childhood adversities* (pp. xix-xxvii). New York: Cambridge University Press.

Cicchetti, D., & Garmezy, N. (Eds.). (1993). *Development and psychopathology, special issue: Milestones in the development of resilience* (Vol. 5). New York: Cambridge University Press.

Cicchetti, D., Rappaport, J., Sandler, I., & Weissberg, R. P. (Eds.). (2000). *The promotion of wellness in children and adolescents.* Washington, DC: CWLA.

Cicchetti, D., & Rogosch, F. A. (1996). Equifinality and multifinality in developmental psychopathology. *Development and Psychopathology, 8,* 597-600.

Cicchetti, D., & Rogosch, F. A. (1997). The role of self-organization in the promotion of resilience in maltreated children. *Development and Psychopathology, 9,* 797-815.

Coie, J. D., Watt, N. F., West, S. G., Hawkins, J. D., Asarnow, J. R., Markman, H. J. et al. (1993). The science of prevention: A conceptual: framework and some directions for a national research program. *American Psychologist, 48,* 1013-1022.

Compas, B. E., Connor-Smith, J. K., Saltzman, H., Thomsen, A. H., & Wadsworth, M. (2001). Coping with stress during childhood and adolescence: Progress, problems, and potential. *Psychological Bulletin, 127,* 87-127.

Cowen, E. L. (2000). Psychological wellness: Some hopes for the future. In D. Cicchetti, J. Rappaport, I. Sandler, & R. P. Weissberg (Eds.), *The promotion of wellness in children and adolescents* (pp. 477-503). Washington, DC: CWLA.

Cowen, E. L., & Durlak, J. A. (2000). Social policy and prevention in mental health. *Development and Psychopathology, 12,* 815-834.

Cowen, E. L., Wyman, P. A., Work, W. C., & Iker, M. R. (1994). A preventive intervention for enhancing resilience among young highly stressed urban children. *Journal of Primary Prevention, 15,* 247-260.

Cummings, E. M., Davies, P. T., & Campbell, S. B. (2000). *Developmental psychopathology and family process.* New York: Guilford.

DiLillo, D. (2001). Interpersonal functioning among women reporting a history of childhood sexual abuse: Empirical findings and methodological issues. *Clinical*

Psychology Review, 21, 553-576.

Egeland, B., Carlson, E., & Sroufe, L. A. (1993). Resilience as process. *Development and Psychopathology, 5*(4), 517-528.

Egeland, B., Weinfield, N. S., Bosquet, M., & Cheng, V. K. (2000). Remembering, repeating, and working through: Lessons from attachment-based interventions. In J. D. Osofsky & H. E. Fitzgerald (Eds.), Infant mental health in groups at high risk. *WAIMH handbook of infant mental health* (Vol. 4, pp. 35-89). New York: Wiley.

Ford, D. H., & Lerner, R. M. (1992). *Developmental systems theory: An integrative approach.* Newbury Park, CA: Sage.

Furstenberg, F. F., Jr., Brookes-Gunn, J., & Morgan, S. P. (1987). *Adolescent mothers in later life.* Cambridge: Cambridge University Press.

Gaines, S. O., Marelich, W. D., Bledsoe, K. L., Steers, W. N., Henderson, M. C., Granrose, S. C. et al. (1997). Links between race/ethnicity and cultural values as medicated by racial/ethnic identity and moderated by gender. *Journal of Personality and Social Psychology, 72,* 1460-1476.

Garmezy, N. (1985). Stress-resistant children: The search for protective factors. In J. E. Stevenson (Ed.), *Recent research in developmental psychopathology: Journal of Child Psychology and Psychiatry Book Supplement #4* (pp. 213-233). Oxford: Pergamon.

Garmezy, N., Masten, A. S., & Tellegen, A. (1984). The study of stress and competence in children: A building block for developmental psychopathology. *Child Development, 55,* 97-111.

Glantz, M. D., & Johnson, J. L. (1999). *Resilience and development: Positive life adaptations.* New York: Kluwer Academic/Plenum.

Gunnar, M. R. (2001). Effects of early deprivation: Findings from orphanage-reared infants and children. In C. A. Nelson & M. Luciana (Eds.), *Handbook of developmental cognitive neurosicence* (pp. 617-629). Cambridge, MA: MIT Press.

Hawkins, J. D., Catalano, R. F., Kosterman, R., Abbott, R. D., & Hill, K. G. (1999). Preventing adolescent health-risk behavior by strengthening protection during childhood. *Archives of Pediatrics and Adolescent Medicine, 153,* 226-234.

Hawkins, J. D., Smith, B. H., Hill, K. G., Kosterman, R., Catalano, R. F., & Abbott, R. D. (2003). Understanding and preventing crime and violence. In T. P. Thornberry & M. D. Krohn (Eds.), *Taking stock of delinquency: An overview of dindings from contemporary longitudinal studies* (pp. 255-312). New York: Kluwer Academic.

Hill, R. (1999). *The strengths of African-American families: Twenty-five years later.* Lanham, MD: University Press of America.

Kim, U., Triandis, H. C., Kagitcibasi, S., Choi, S., & Yoon, G. (Eds.). (1994). *Individualism and collectivism: Theory, method and applications.* Thousand Oaks, CA: Sage.

Kraemer, H. C., Kazdin, A. E., Offord, D. R., Kessler, R. C., Jensen, P. S., & Kupfer, D. J. (1997). Coming to terms with the terms of risk. *Archives of General Psychiatry, 54,* 337-343.

Kraemer, H. C., Stice, E., Kazdin, A. E., Offord, D. R., & Kupfer, D. J. (2001). How do risk factors work together? Mediators, moderators, and independent, overlapping, and proxy risk factors. *American Journal of Psychiatry, 158,* 848-856.

Kraemer, H. C., Wilson, G. T., Fairburn, C. G., & Agras, W. S. (2002). Mediators and moderators of treatment effects in randomized clinical trials. *Archives of General Psychiatry, 59,* 877-883.

LaFromboise, T. D., Oliver, L., & Hoyt, D. R. (in press). Strengths and resilience of American Indian adolescents. In L. Whitbeck (Ed.), *This in not our way: Traditional culture and substance use prevention in American Indian adolescents and their families.* Tucson: University of Arizona Press.

Laub, J. H., & Sampson, R. J. (2002). Sheldon and Eleanor Glueck's unraveling juvenile delinquency study: The lives of 1,000 Boston men in the twentieth century. In E. Phelps, F. F. Furstenberg Jr., & A. Colby (Eds.), *Looking at lives: American longitudinal studies of twentieth century* (pp. 87-115). New York: Russell Sage Foundation.

Laub, J. H., Nagin, D. S., & Sampson, R. J. (1998). Trajectories of change in criminal offending: Good marriages and the desistance process. *American Sociological Review, 63,* 225-238.

Luthar, S. S. (Ed.). (2003). *Resilience and vulnerability: Adaptation in the context of childhood adversities.* New York: Cambridge University Press.

Luthar, S. S., & Ciccetti, D. (2000). The construct of resilience: Implications for interventions and social policies. *Development and Psychopathology, 12,* 857-885.

Luthar, S. S., Ciccetti, D., & Becker, B. (2000). The construct of resilience: A critical evaluation and guidelines for future work. *Child Development, 71*(3), 543-562.

Masten, A. S. (1999). Resilience comes of age: Reflections on the past and oulook for the next generation of research. In M. D. Glantz, J. Johnson, & L. Huffman (Eds.), *Resilience and development: Positive life adaptations* (pp. 289-296). New York: Plenum.

Masten, A. S. (2001). Ordinary magic: Resilience processes in development. *American Psychologist, 56*(3), 227-238.

Masten, A. S., Best, K. M., & Garmezy, N. (1990). Resilience and development: Contributions from the study of children who overcome adversity. *Development and Psychopathology, 2,* 425-444.

Masten, A. S., & Coatsworth, J. D. (1995). Competence, resilience, and psychopathology.

In D. Cicchetti & D. J. Cohen (Eds.), *Developmental psychopathology: Vol. 2. Risk, disorder, and adaptation* (pp. 715-752). New York: Wiley.

Masten, A. S., & Coatsworth, J. D. (1998). The development of competence in favorable and unfavorable environments: Lessons form successful children. *American Psychologist, 53*, 205-220.

Masten, A. S., & Curtis, W. J. (2000). Integrating competence and psychopathology: Pathways toward a comprehensive science of adaptation in development. *Development and Psychopathology, 12*, 529-550.

Masten, A. S., & Garmezy, N. (1985). Risk, vulnerability, and protective factors in developmental psychopathology. In B. B. Lahey & A. E. Kazdin (Eds.), *Advances in clinical child psychology* (Vol. 8, pp. 1-52). New York: Plenum.

Masten, A. S., & Hubbard, J. J. (2003). *Global threats to child development: A resilience framework for humanitarian intervention*. Unpublished manuscript, University of Minnesota.

Masten, A. S., Hubbard, J. J., Gest, S. D., Tellegen, A., Garmezy, N., & Ramirez, M. L. (1999). Competence in the context of adversity: Pathways to resilience and maladaptation from childhood to late adolescence. *Developmental Psychopathology, 11*, 143-169.

Masten, A. S., & Powell, J. L. (2003). A resilience framework for research, policy, and practice. In S. S. Luthar (Ed.), *Resilience and vulnerability: Adaptation in the context of childhood adversities* (pp. 1-25). New York: Cambridge University Press.

Masten, A. S., & Reed, M.-G. (2002). Resilience in development. In C. R. Snyder & S. J. Lopez (Eds.), *The handbook of positive psychology* (pp. 74-88). New York: Oxford University Press.

Masten, A. S., & Wright, M. O. (1998). Cumulative risk and protection models of child maltreatment. *Journal of Aggression, Maltreatment & Trauma, 2*(1), 7-30.

Nation, M., Crusto, C., Wandersman, A., Kumpfer, K. L., Seybolt, D., Morrissey-Kane, E. et al. (2003). What works in prevention: Principles of effective intervention programs. *American Psychologist, 58*, 449-456.

O'Dougherty, M., & Wright, F. S. (1990). Children born at medical risk: Factors affecting vulnerability and resilience. In J. Rolf, A. S., Masten, D. Cicchetti, K. H. Nuechterlein, & S. Weintraub (Eds.), *Risk and protective factors in the development of psychopathology* (pp. 120-140). New York: Cambridge University Press.

Park, S. L., & Folkman, S. (1997). Meaning in the context of stress and coping. *Review of General Psychology, 1*, 115-144.

Pines, M. (1975, December). In praise of "invulnerables." *APA Monitor, 7*.

Plomin, R., Asbury, K., & Dunn, J. (2001). Why are children in the same family so different? Nonshared environment a decade later. *Canadian Journal of Psychiatry, 46,* 225-233.

Ramey, C. T., & Ramey, S. L. (1998). Early intervention and early experience. *American Psychologist, 53,* 109-120.

Reynolds, A. J., & Ou, S. R. (2003). Promoting resilience through early childhood intervention. In S. S. Luthar (Ed.), *Resilience and vulnerability: Adaptation in the context of childhood adversities* (pp. 436-459). New York: Cambridge University Press.

Ripple, C. H., & Zigler, E. (2003). Research, policy, and federal role in prevention initiatives for children. *American Psychologist, 58,* 482-490.

Roberts, J. M., & Masten, A. S. (2004). Resilience in context. In R. DeV Peters, R. McMahon, & B. Leadbeater (Eds.), *Resilience in children, families, communities: Linking context to practice and policy* (pp. 13-25). New York: Kluwer Academic/ Plenum.

Rutter, M. (1979). Protective factors in children's responses to stress and disadvantage. In M. W. Kent & J. E. Rolf (Eds.), *Primary prevention of pyschopathology: Vol. 3. Social Competence in children* (pp. 49-74). Hanover, NH: University Press of New England.

Rutter, M. (1987). Psychosocial resilience and protective mechanisms. *American Journal of Orthopsychiatry, 57,* 316-331.

Rutter, M. (2000). Resilience reconsidered: Conceptual considerations, empirical findings, and policy implications. In J. P. Shonkoff & S. J. Meisels (Eds.), *Handbook of early intervention* (2nd ed., pp. 651-681). New York: Cambridge University Press.

Rutter, M., & the English and Romanian Adoptees (ERA) Study Team. (1998). Developmental catch-up and deficit, following adoption after severe global early privation. *Journal of Child Psychology and Psychiatry, 39,* 465-476.

Rutter, M., & Quinton, D. (1984). Long-term follow-up of women institutionalized in childhood: Factors promoting good functioning in adult life. *British Journal of Developmental Psychology, 18,* 225-234.

Sameroff, A. J. (1999). Ecological perspectives on developmental risk. In J. D. Osofsky & H. E. Fitzgerald (Eds.), Infant mental health in groups at high risk. *WAIMH handbook of infant mental health* (Vol. 4, pp. 233-248). New York: Wiley.

Sameroff, A. J. (2000). Developmental systems and psychopathology. *Development and Psychopathology, 12,* 297-312.

Sameroff, A., Gutman, L. M., & Peck, S. C. (2003). Adaptation among youth facing multiple risks. In S. Luthar (Ed.), *Resilience and vulnerability: Adaptation in the context of childhood adversities* (pp. 364-391). New York: Cambridge University Press.

Sampson, R. J., & Laub, J. H. (1993). *Crime in the making: Pathways and turning points through life*. Cambridge, MA: Harvard University Press.

Sandler, I., Wolchik, S., Davis, C., Haine, R., & Ayers, T. (2003). Correlational and experimental study of resilience in children of divorce and parentally bereaved children. In S. S. Luthar (Ed.), *Resilience and vulnerability: Adaptation in the context of childhood adversities* (pp. 213-240). New York: Cambridge University Press.

Sroufe, L. A. (1997). Psychopathology as an outcome of development. *Development and Psychopathology, 9,* 251-268.

Sroufe, L. A., Carlson, E. A., Levy, A. K., & Egeland, B. (1999). Implications of attachment theory for developmental psychopathology. *Development and Psyccopathology, 11,* 1-13.

Sroufe, L. A., & Rutter, M. (1984). The domain of developmental psychopathology. *Child Development, 55,* 17-29.

Szalacha, L. A., Erkut, S., García Coll, C., Fields, J. P., Alarcón, O., Ceder, I (2003). Perceived discrimination and resilience. In S. S. Lutjar (Ed.), *Resilience and vulnerability: Adaptation in the context of childhood adversities* (pp. 414-435). New York: Cambridge University Press.

Walsh, F. (1998). *Strengthening family resilience*. New York: Guilford.

Weissberg, R. P., & Greenberg, M. T. (1998). School and community competence-enhancement and prevention programs. In I. E. Siegel & K. A. Ernninger (Eds.), *Handbook of child psychology: Vol. 4. Child psychology on practice* (pp. 877-954). New York: Wiley.

Weissberg, R. P., & Kumpfer, K. L. (2003). Special issue: Prevention that works for children and youth. *American Psychologist, 58,* 425-490.

Weissberg, R. P., Kumpfer, K. L., & Seligman, M. E. P. (2003). Prevention that works for children and youth An introduction. *American Psychologist, 58,* 425-432.

Werner, E. E., & Smith, R. S. (1982). *Vulnerable but invincible: A study of resilience children*. New York: McGraw-Hill.

Werner, E. E., & Smith, R. S. (1992). *Overcoming the odds: High risk children from birth to adulthood*. Ithaca, NY: Cornell University Press.

Werner, E. E., & Smith, R. S. (2001). *Journeys from childhood to midlife: Risk, resilience and recovery*. Inthaca, NY: Cornell University Press.

Wright, M. O., & Littleford, L. N. (2002). Experiences and beliefs as predictors of ethnic identity and intergroup relations. *Journal of Multicultural Counseling and Development, 30,* 2-20.

Wright, M. O., & Masten, A. S. (1997). Vulnerability and resilience in young children. In J. D. Noshpitz, S. Greenspan, S. Wieder, & J. Osofsky (Eds.), *Handbook of child and adolescent psychiatry: Vol. 1 Infancy and Preschoolers: Development and Syndromes* (pp. 202-224). New York: Wiley.

Wright, M. O., Masten, A. S., Northwood, A., & Hubbard, J. J. (1997). Long-term effects of massive trauma: Developmental and psychobiological perspectives. In D. Cicchetti & S. L. Toth (Eds.), *Rochester Symposium on Developmental Psyccopathology, Vol. 8, The effects of trauma on the developmental process* (pp. 181-225). Rochester: University of Rochester Press.

Wyman, P. A. (2003). Emerging perspectives on context specificity of children's adaptation and resilience: Evidence from a decade of research with urban children in adversity. In S. S. Luthar (Ed.), *Resilience and vulnerability: Adaptation in the context of childhood adversities* (pp. 293-317). New York: Cambridge University Press.

Wyman, P. A., Cowen, E. L., Work, W. C., & Kerley, J. H. (1993). The role of children's future expectations in self-system functioning and adjustment to life-stress. *Development and Psychopathology, 5*, 649-661.

Wyman, P. A., Sandler, I., Wolchik, S., & Nelson, K. (2000). Resilience as cumulative competence promotion and stress protection: Theory and intervention. In D. Cicchetti, J. Rapport, I. Sandler, & R. P. Weissberg (Eds.), *The promotion of wellness in children and adolescents* (pp. 133-184). Washington, DC: Child Welfare.

Yates, T. M., Egeland, B., & Sroufe, L. A. (2003). Rethinking resilience: A developmental process perspective. In S. S. Luthar (Ed.), Resilience and vulnerability: *Adaptation in the context of childhood adversities* (pp. 234-256). New York: Cambridge University Press.

Yates, T. M., & Masten, A. S. (2004). Fostering the future: Resilience theory and practice of positive psychology. In P. A. Linely & S. Joseph (Eds.), *Positive psychology in practice* (pp. 521-539). Hoboken, NJ: Wiley.

Yoshikawa, H. (1994). Prevention as cumulative protection: Effects of early family support and education on chronic deliquency and its risks. *Psychological Bulletin, 115*, 28-54.

제3장

적응유연성 개념의 이해

Howard B. Kaplan

적응유연성 개념은 믿을 수 없을 정도로 간단해 보이나 실제로 그 이면에는 복잡함과 모순 그리고 모호함이 가득 숨겨져 있다. 이것은 예전에 관련 문헌을 검토했을 때 이미 인정된 적이 있다(Kaplan, 1999). 최근에도 이런 어려움 중 많은 것이 재차 확인되었으며, 어떤 경우에는 그 해결책이 제안되기도 했다(Luthar, Cicchetti, & Becker, 2000; Olsson, Bond, Burns, Vella-Brodrick, & Sawyer, 2003). 그러나 대체로 적응유연성 개념에서 문제가 되는 부분은 여전히 남아 있다.

원래 개념은 참 또는 거짓이 아니다. 그러나 개념의 유용성을 평가할 수는 있다. 생활 스트레스에 대한 적응에 관한 연구에서 적응유연성 개념의 유용성은 그것이 이론, 연구, 임상 실무를 진일보시키는 데 도움이 되는지에 관한 의문을 제기하게 만든 혼돈의 해결 여부에 좌우된다(Bartelt, 1994; Kaplan, 1999; Liddle, 1994; Rigsby, 1994). 이 장에서는 적응유연성 개념을 둘러싼 혼돈의 원천을 살펴본다. 또한 만일 적응유연성 개념이 인간 발달과 적응을 이해하는 데 유용하다면 개념 정의를 내리는 데 충족되어야 할 여러 조건을 제안한다.

적응유연성의 정의

적응유연성의 본질에 관한 합의는 정상적으로는 불리한 결과가 기대되는 상황에서 긍정적인 가치를 가진 결과를 창출한다는(또는 부정적인 결과를 피한다는) 아이디어에 기초하여 이루어졌을 것이다. 그러나 이 아이디어를 세밀하게 검토해 보면 그것이 기껏해야 적응유연성 개념을 덜 유용한 것으로 만들고 최악의 경우에는 인간 적응을 더 잘 이해하지 못하게 방해하는 수많은 미해결의 의문을 드러낸다는 것을 알 수 있다. 좀 더 현저한 이슈 가운데 일부는 다음과 같다.

1. 적응유연성이 개인(아동; 성인; 성별, 인종·민족 및 기타 심리사회적 변인에서 구분이 되는 다양한 사람 범주)의 특징과 결과를 언급하는가, 아니면 일반적인 또는 특수한 종류의 집단, 공동체 또는 생태체계의 집단을 포함하는 포괄적인 체계의 특징과 결과를 언급하는가?

문헌에서는 적응유연성 개념을 혼란스러울 정도로 다양한 범주에 속하는 개인과 체제에 적용하고 있다. 적응유연성이 적용된 개인 범주의 예를 들면 여성(Humphreys, 2003), 학습문제로 의뢰된 아동(Sorenson et al., 2003), 청소년(Olsson et al., 2003)이 있다. 다른 문헌에서는 고차적 대인 간 체제에 초점을 두고 있다. 이런 문헌은 외상을 겪은 사회적 관계를 재구성하고 유지하는 과정을 언급하면서 사회적 및 생태학적 적응유연성(Adger, 2000), 문화공동체 적응유연성(Clauss-Ehlers & Levi, 2002), 집합적 적응유연성(Hernandez, 2002)을 논한다. 좀 더 특수하게는 역경에도 불구하고 어느 정도 적응유연한 단위로서 배우자(Conger, Reuter, & Elder, 1999)나 가족(Haan, Hawley, & Deal, 2002; Oswald, 2002; Patterson, 2002; Schwartz, 2002; Walsh, 2002)에 자주 적응유연성 용어를 적용하기도 하였다.

적응유연성 용어를 **개인 수준의 체제**뿐만 아니라 **개인 간 체제**에도 유용하게 적용할 수 있지만 그것을 활용하는 **맥락**은 경우마다 명료화되어야 한다. 적응유연성이 드러나는 결과의 속성 또는 좋은 결과에 영향을 미치는 적응유연성 기제는 적응유연성 용어가 적용되는 단위의 속성에 따라서 다를 것으로 기대된다(Radke-Yarrow & Sherman, 1990).

> 사회적 수준에서 성공적인 대처 행동이란 다른 사람의 생존과 안녕에 기여하는 행동을 말한다. 심리적 수준에서 긍정적 대처는 자신의 안녕에 기여하는 행동을 실행하는 것으로 간주된다. 살아남은 아동은 자신에 대해 행복해하며, 신체적으로 건강하며, 행동적으로 숙달되어 있으며, 가까운 사회에 긍정적으로 기여하는 사람이 되는 법을 배운다(p. 100).

2. 적응유연성 용어와 기능적으로 동등한 것처럼 보이는 다양한 다른 용어는 적응유연성 용어와 동일 형태인가, 부분적으로 중복되는가, 혹은 서로 교차하는가?

수많은 연구자가 여러 다른 용어와 적응유연성이 기능적으로 동일함을 인정했으며, 각 연구자는 여러 용어 중 하나를 선정하고 다른 용어의 **기능적 동일성**을 언급했다. 예를 들면, Lösel, Bliesener와 Köferl(1989)은 "적응유연성, 내구력, 적응, 숙달, 가소성, 개인-환경 적합성, 사회적 완충과 같이 취약성과 관련된 다수의 구인개념이 있다."(p. 187)라고 주장하였다. 그러므로 적응유연성은 취약성과 한 짝을 이루되 긍정적인 쪽의 특징을 지닌다(Rauh, 1989). 그리고 적응유연성은 역경에도 불구하고 사람이 어떻게 적응하는지를 다룬다는 점에서 좋은 건강의 생성과 유사한 개념으로 간주되었다(Lindström, 2001).

3. 적응유연성은 비적응유연성 또는 취약성의 반대인가?

비적응유연성(nonresilience)은 적응유연성이 부족한 것으로 볼 수 있으나 어떤 사람이 무가치한 결과를 경험하지 않았을 때와 같이 불사신처럼 상처를 받지 않는다는 것은 아니다. 그러나 대신 역경이 발생한다면 호의적이지 않은 효과에도 취약하다는 의미다. **취약성**(vulnerability)의 경우, 적응유연성의 부재는 역경에 대한 취약성을 암시한다. 그러므로 적응유연성과 취약성은 고위험 상황에 노출되었을 때 유리한 결과에서 불리한 결과에까지 이르는 연속선상에서 양극단에 해당된다(Anthony, 1987). 그 연속선상에서 한쪽 극단에는 자아탄력성(ego-resilience)이 있고 다른 한쪽 극단에는 자아취약성(ego-brittleness)이 있다(Block & Block, 1980).

> 차원적으로 설명하면, 변화하는 상황과 환경 유관에 기지 있게 적응하고, 상황의 요구와 환경 유관 간의 '적합한 일치' 를 분석하고, 사용 가능한 문제해결 전략 레퍼토리를 융통성 있게 활용하는('문제해결' 은 인지적 영역뿐만 아니라 사회적, 개인적 영역을 포함하여 정의된다) 한쪽 극단을 자아탄력성으로 정의한다. 자아탄력성 연속선의 다른 한쪽 극단(자아취약성)은 적응적 융통성의 결핍, 상황의 역동적 요구에 반응하지 못함, 변화된 상황에서 스트레스를 받을 때 예전 방식을 고집스럽게 고수하거나 구조화되지 못하는 경향성, 외상 경험 이후 회복의 어려움을 암시한다(p. 48).

그러나 때때로 부정적 극단을 취약성이 아닌 비적응유연성으로 정의하기도 한다. Radke-Yarrow와 Brown(1993)이 이 용어를 사용하였다.

> 적응유연성은 장애 진단을 받지 않은 상태 또는 진단 준거에 이르는 경계선에 있지 않은 상태로 정의되었다. 비적응유연성은 심각하며 문제가 오랫동안 지속되는 하나 또는 그 이상의 진단이 있는 상태로 정의되었다(p. 583).

긍정적인 결과와 부정적인 결과가 양극단을 나타내는지, 아니면 양극단 사이의 어떤 범위에 속하는지는 문헌에서 아직 문제로 남아 있다. 각각의 바람직한 상태가 바람직하지 않은 상태를 반대쪽 극단에 반드시 가지고 있는 것은 아니다. 바람직하지 않은 상태(질병)의 존재는 곧 바람직한 상태(건강)의 부재를 암시한다. 그러나 바람직하지 않은 상태의 부재가 바람직한 상태의 존재를 반드시 시사하는 것은 아니다. 어떤 사람이 자기를 혐오하는 특징을 가지고 있지 않다고 해서 그 사람이 완전히 자기를 수용하는 것은 아닐 수 있다. 또 어떤 사람이 건강할 수 있는 잠재력을 실현하지는 않았더라도 증상이 없을 수는 있다.

삶의 위기에 대한 적응을 연구한 연구자는 좋은 결과를 신체적 증상이나 정신병리의 부재와 동일시한다. 그들은 현재 상태로의 복구보다는 개인적 성장을 반영하는 새롭고 더 나은 수준에서 적응을 이룰 수 있다는 것을 생각하지 못했다(Schaefer & Moos, 1992, p. 149).

이러한 논쟁거리를 해소하는 방식은 적응유연성의 정의와 적응유연성 패러다임의 다른 요소에 관한 중요한 시사점을 던진다.

> 위험과 취약성의 감소에 관련된 긍정적인 요인이 최적의 발달을 유도하며, 그래서 성장하는 아동에게 혜택이 된다고 생각하면, 그 긍정적 요인이 적절한 발달에 주로 기여한다고 가정해야 하는가? 그리고 그 긍정적 요인을 보호요인으로 간주해야 하는가? 긍정적 요인과 부정적 요인이 저조한 기능부터 적절한 기능까지 이르는 전체 연속선상의 발달에 영향을 미칠 수 있음을 지지하는 견해가 있다. 또 다른 가능성은 긍정적 요인과 부정적 요인이 저조한 기능부터 적절한 기능까지 이르는 연속선상에서 유기체에 영향을 미치지만 최적의 기능에는 영향을 미치지 않는다는 견해가 있다(Greenbaum & Auerbach, 1992, p. 12).

4. 스트레스에 대한 반응으로 어떤 결과가 발생했는지에 따라서 적응유연성을 정의하는가, 아니면 결과를 산출하기 위하여 스트레스와 상호작용하는 요인이 무엇인지에 따라서 적응유연성을 정의하는가?

적응유연성은 나쁜 결과에 봉착할 위험에 처한 사람에게 발생한 좋은 결과의 가치를 말하는가, 아니면 개인이 지닌 자질 가운데 좋은 결과를 얻도록 하는 자질을 말하는가? 적응유연성은 위험요인이 다소 유리한 결과에 미치는 영향을 조절하는 현상인가? 아니면 역경에도 불구하고 유리한 결과를 성취했다는 사실을 말하는가? 만일 후자라면 바람직한 결과의 존재와 바람직하지 않은 결과의 부재로 적응유연성을 정의할 수 있다. 그러나 전자라면 위험요인이 유리한 결과에 미치는 효과를 조절하는 특징과 덜 직접적이기는 하지만 그 요인에 미치는 영향으로 적응유연성을 정의할 수 있다.

적응유연성은 위험이나 역경에 처해서 가치 있는 결과에 근접하는 사실 또는 과정으로 자주 정의된다. 적응유연성은 "심각한 위험에도 불구하고 적응적 기능을 유지하는"(Rutter, 1990, p. 209) 사실을 언급한다. Lösel 등(1989)의 다음과 같은 진술은 이런 정의와 일맥상통한다. "우리는 스트레스성 생활사건과 상황을 여러 번 겪었음에도 불구하고 심리적으로 (아직은) 건강한 적응유연한 청소년에게 주로 관심을 가지고 있다."(p. 194)

어떤 사람이 위험에 처해 있다면 우리는 그 사람을 어떤 부정적 결과에 취약하거나 긍정적 결과의 부재에 취약한 사람으로 간주한다. 취약한 사람은 결국 좋지 않은 상태로 되어 버린 사람인 반면, 취약하지 않은 사람은 결국 좋은 상태에 이른 사람이다(Seifer & Sameroff, 1987). 이렇게 개념에 대한 조작적 정의를 내릴 경우, 무질서하고 위협적인 조건에서 정서적으로 건강하지 못한 부모가 양육한 아동이 정신병 진단을 받지 않고, 학교와 가정에서 또래나 성인과 관계를 잘 맺고, 학교에서 제 학년 수준에 맞게 과제를 수행하고 있다면, 우리는 그 아동을 '취약하지 않은' 또는 '적응유연한' 아동으로 간주한다(Radke-Yarrow & Sherman, 1990). 그래서 Masten(1994)에게 적응유연성이란 "역경에도 불구하고 환경 안에서 효과성을 어떻게 성취하고 지속하며 회복하는가"(p. 4)에 관한 것이다.

생활 스트레스에도 불구하고 유리한 결과나 덜 불리한 결과를 경험한다는 사실로 적응유연성을 정의하는 것에 더하여 또는 그러한 정의를 대신하여, 위험요인과 결과변인의 관계를 조절하는 특징이나 기제를 반영하는 일반적인 구인개념으로 적응유연성을 간주할 수도 있다. 이런 의미로 사용하는 적응유연성과 기능적으로 일치하는 구인개념으로는 내구력(hardiness)이 있다.

적응유연성이 개인이 지닌 특징이나 환경 안에 있는 특징 중에서 바람직한 결과에 영향을 미치는 특징을 반영한다는 의미는 적응유연성의 본질에 관해 Cohler(1987)가 다음과 같이 논평한 것에도 분명히 드러난다.

> 종합하면, 부모가 정신질환을 가지고 있는 아동 중에서 신뢰할 수 없고 종종 정서적으로 다가갈 수 없는 양육자의 역경에 더 잘 대처할 수 있는 아동은 선천적인 자아 강도, 창조적 능력, 개인적 및 신체적 매력을 가지고 있다. 이러한 특징은 다른 사람의 지원을 구하는 행동을 지속하게 한다……. 더구나 종종 이런 아동은 지능이 높고 사회적 지위가 높은 가정의 출신이다. 그래서 이런 자질은 도구적 숙달과 사회성 기술을 더욱 증진시킨다(p. 395).

적응유연성의 두 가지 차원(결과로서의 적응유연성 대 영향력 있는 자질로서의 적응유연성) 가운데 연구자가 어떤 것을 의도하는지를 결정하기가 어려운 경우가 많다. 실제로 어느 한 맥락에서의 결과가 다른 맥락에서는 결과에 영향을 미치는 변인으로 다루어지기도 한다(Schuldberg, 1993).

> 현재 똑같은 지표를 긍정적 적응의 표시로 또는 보호요인이나 보상요인으로 간주할 수 있다. 두 경우 모두에서 그 변인은 미래의 좋은 결과를 예언할 것이다(pp. 139-140).

5. 적응유연성과 스트레스성 생활사건의 경험 간에는 어떤 관계가 있는가?

어떤 사람이 역경을 극복했다면 그 사람을 적응유연하다고 말할 수 있는가? 그렇다면 이전에 역경이 없는 상태에서는 어느 누구도 적응유연할 수 없다는 것을 암시한다. 고통의 결과를 평가하려면 그 전에 고통을 겪어야 한다. 그러나 어떤 사람이 역경을 아직 경험하지 않았더라도 역경을 극복할 수 있는 능력이 있기 때문에 그 사람을 적응유연하다고 주장할 수도 있다. 부정적인 생활 경험을 하는 사람이라면 극복할 가능성도 높다. 실로 한 사람 또는 한 체제를 적응유연하게 만드는 특징이 위험 경험 자체를 앞질러서 미리 손을 썼을지도 모른다.

많은 연구자와 임상가는 적응유연성 개념을 '잘 기능하는/위험이 낮은 개인'에게 적용할 수 있는지의 이슈를 제기했다. 예를 들면, Richters와 Weintrab(1990)는 다음과 같이 주장했다.

> 정신질환을 앓고 있는 부모의 자녀를 연구한 학자는 높은 위험에 처해 있으나 기능을 잘하는 소위 적응유연한 아동을 발견한 경이로움 때문에 보호요인을 찾으려는 시도를 하게 된 것 같다. 이런 아동을 특징짓는 개인적 요인과 환경적 요인을 보호요인으로 가정할 수 있다. 그러나 아마도 정신질환 진단을 받지 않은 부모의 자녀처럼 잘 대처하는 아동은 적응유연한 사람으로 명명될 자격이 없다. 또한 이런 아동을 특징짓는 개인적 및 환경적 요인을 보호요인으로 명명하지 않는다. 그렇다면 정신질환을 앓고 있는 부모의 자녀 중에서 잘 기능하는 아동을 설명하려 할 때 왜 이러한 개념이 그렇게도 필요한 것일까?(p. 78)

Anthony는 "과잉보호 환경(특히 어머니의 과잉보호)의 축복을 받아 온 사람 중에 취약하거나 극히 취약한 사람, 그리고 그 환경이 무너질 때까지는 비교적 어려움을 겪지 않으면서 잘 자라는 사람을 가짜로 취약한 사람(pseudovulnerables)" (1987, pp. 27-28)으로 부르면서 잠정적으로 적응유연한 또는 잠정적으로 취약한 사람에 관한 이슈를 강조하였다.

6. 스트레스성 생활사건에 대한 사전 경험에 관련지어 적응유연성의 정의를 내린다면, 적응유연성은 역경을 탄력적으로 극복할 수 있는 능력을 나타내는가, 아니면 역경이 초래한 결과로 나타나는가?

전자가 맞다면 한 사람의 적응유연성은 역경에 뒤이어 적절하게 기능할 수 있는 능력으로 나타난다. 기능할 수 있는 능력이 먼저 역경 때문에 손상되지만 그 이후에 회복된다. 후자가 맞다면 역경은 그 사람(또는 그 체제)이 다른 식으로는 발견할 수 없었던 장점을 찾게 해 준다. 역경을 경험했기 때문에 역경을 경험하지 않았을 때보다 더 나은 상태에 이르게 된다는 의미다.

> 삶의 여러 위기는 발달을 촉구하는 건설적인 도전이 된다. 위기가 만들어 내는 혼란과 그 후 위기에서 깨어났을 때 이루는 재조직화 때문에 개인적 성장을 촉진할 수 있다. 스트레스원은 살면서 겪게 되는 자연스럽고도 잠정적으로는 긍정적인 한 부분이다. 스트레스성 경험에 직면하고 효과적으로 대처하면서 적응유연성이 발달하는 것이다……. 이러한 경험에 직면하는 과정은 인지적 분화, 자기 확신, 삶에 대한 더욱 성숙한 자세를 촉진한다. 고통과 상실을 경험한 사람은 비슷한 문제를 가진 다른 사람을 더 깊이 있게 이해하고 공감한다. 사람은 새로운 위기 상황을 경험하면서, 더 넓은 조망을 갖게 되고 새로운 대처기술을 갖추게 되며 새로운 개인적 자원과 사회적 자원을 얻게 된다(Schaefer & Moos, 1992, p. 150).

7. 적응유연성을 결과로 정의한다면 전반적 준거에 의거하여 정의할 것인가, 아니면 특별한 맥락 특유의 유리한 결과로 정의할 것인가?

종종 우리는 불리한 발달적 결과를 예언하는 개인적 및 환경적 특징을 가지고 있으나 불리한 발달적 결과를 선제 공격하는 것으로 적응유연성을 정의한다. 그러나 이런 유사성을 제외하고는 바람직하거나 바람직하지 않은 발달적 결과의 본질이 다양하므로 적응유연성의 정의는 매우 다양하다.

어떤 하나의 준거에서 적응유연성을 보일 수 있지만, 다른 준거에서는 그렇지 않을 수 있다. 예를 들면, Spencer와 동료(1993)는 적응유연성을 적응적 대처로 개념화하여 대처방법을 검토하고 학업 수행과 학업적 자기존중감으로 측정한 유능성 결과를 검토하기 위하여 '역경과 적응유연성의 모형'을 검증하였다. 이런 준거에서 적응유연하다고 판단되는 사람은 다른 영역(예, 또래관계, 가족)의 유능성 준거에 비추어 볼 때 적응유연하지 않을 가능성도 있다. 어떤 영역이 고려 대상인지에 따라서 한 사람이 적응하고 있다고도 볼 수 있고 그렇지 않다고도 볼 수 있다는 사실은 적응유연성 개념에 중대한 시사점을 던진다. 그래서 Luthar(1993)는 다음과 같은 결론을 내렸다.

> 현존하는 증거에 의하면 전반적 적응유연성의 개념은 유용성에 관한 질문이다. 외관상으로 살아남은 사람이 높은 취약성을 보이는 영역과 성공적으로 대처한 특수한 영역(예, 학업적 적응유연성, 사회적 적응유연성, 정서적 적응유연성)을 향후 연구에서 논한다면 더욱 유용할 것이다(p. 442).

심지어 동일한 조작의 영역 내에서 적응유연성에 대한 판단은 결과 측정치에 따라 다를 수 있다.

> 만일 어떤 결과 측정치가 인지적 능력에만 초점을 맞춘다면 한 아동이 학교 장면에 긍정적으로 적응하고 있는 것처럼 보일지도 모른다. 반면 그 아동은 손상된 사회적 관계를 보일 수도 있다. 발달의 여러 영역을 평가하지 않는다면 적응의 단편적인 부분만을 알 수 있을 뿐이다(Cicchetti & Garmezy, 1993, pp. 499-500).

더구나 보통은 대부분의 결과를 문화, 환경적 상황, 발달단계를 고려하여 적절한 심리내적 및 행동적 반응에 관한 임의적인 규준적 판단에 따라서 정의한다. 그런데 규준적 판단이 매우 가변적이므로 구인개념의 유용성에 있어서도 중요한 한계가 발생한다. Bartelt(1994)는 다음의 예를 제시하였다.

> 히스패닉계 지역사회 조직단체의 몇몇 대표자가 나에게 다음과 같은 질문을 던졌다. 만일 가족의 수입이 푸에르토리코 지역사회의 수입보다 낮다면, 추가적인 경제적 자원을 가족이 강력하게 요구한다면, 그리고 지속적인 빈곤의 위험에 휩싸인 지역사회 안에 가족 지향적인 이데올로기가 강력하게 존재한다면, 10대 청소년이 가능한 한 빨리 학교를 떠나서 전일제로 취업하기를 기대하지 말아야 하는 이유는 무엇인가? 이번에는 나 자신에게 물어야 한다. 이것이 우리가 정의하는 적응유연성의 한 형태가 아닐까? 적응유연성으로서의 학업적 성공과 적응유연성으로서의 학교 중퇴를 어떻게 구분해야 할까(p. 103)?

8. 적응유연성을 보호요인으로 정의한다면 어떤 일반적인 또는 특수한 보호요인이 적응유연성과 대등한가?

바람직한 결과에 근접하도록 하는 보호요인 또는 이와 관련된 현상에 의거하여 취약성을 정의한다면 적응유연성의 정의에 상당히 많은 차이가 있을 수 있다. 다양한 결과의 원인이 무엇인가에 따라서 적응유연성의 원인도 다양하기 때문에 그 정의가 다양할 수 있다.

똑같은 요인이 어떤 결과를 일으키는 원인이 되지만 다른 결과의 원인이 되지는 않기 때문에, 스트레스원이 어떤 하나의 결과에 미치는 효과를 경감시키는 요인은 스트레스원이 다른 결과에 미치는 효과를 경감시키는 요인과 다를 것이다. 이는 여러 "적응 영역에서 나타나는 차이를 세밀하게 평가해야 하며, 성공적인(그리고 덜 성공적인) 적응의 특수한 영역을 고려하여 적응유연성에 관한 논의를 제기해야 한다."(Luthar, 1993, p. 442)라는 것을 시사한다.

9. 적응유연성을 역경, 스트레스, 위험요인에 대한 유리한 결과나 반응으로 정의한다면 한 개인 또는 한 체제를 위험에 처하게 하는 요인의 본질을 어떻게 결정할 것인가?

위험요인에 의거하여 내린 적응유연성의 정의를 우리는 광범위하게 그리고 정당하게 비난했다. 어떤 변인을 위험요인으로 규정할 것인지에 관한 명확한 기준이 없으므로 특정 행동이나 결과를 적응유연하다고 규정할 수 있는지를 결정할 분명한 기준도 없다. 판단은 항상 사실 이후에 내려지며, 특정 조건에 위험을 배정한 것에 근거하여 내려진다. Siefer와 Sameroff(1987)는 다음과 같이 진술하였다.

> 어떤 변인을 위험요인으로, 보호요인으로, 또는 현재 문제시되고 있는 그 결과와 관련된 측정치로 결정할 것인지에 관한 준거는 현재 없다.
>
> 무엇이 취약함 또는 취약하지 않음을 결정하는지가 처음에 무엇을 위험으로 결정했는지에 좌우된다는 사실을 제외하고는 '위험'을 정의하는 것과 관련된 이런 이슈는 사소한 문제일지도 모른다. 어느 정도 이것은 논리적 딜레마다. 어

> 떤 요인이 위험요인으로 고려된다면 그 요인이 아동의 결과에 불리하게 영향을 미칠 것이라고 가정할 수 있다. 그러나 좋은 결과에 이른 아동과 나쁜 결과에 이른 아동을 구분하는 어떤 것이든지 위험요인으로 간주되기 때문에, 취약한 것과 취약하지 않은 것을 일관성 있게 변별하는 측정치를 찾아낼 가능성은 없다(pp. 64-65).

Cicchetti와 Garmezy(1993)는 어떤 사람을 위험에 처하게 하는 요인과 좋은 결과와 나쁜 결과를 구분하지만 원인의 의미를 가지고 있지는 않은 요인을 구분하는 데 어려움이 있다고 주장하였다. 위험요인은 근원적인 구인개념보다는 지표변인(marker variables)으로 자주 묘사된다. 그러므로 위험에 노출된다는 가정은 잘못된 것일지도 모른다. 어떤 사람이 지표변인에 노출되었을지는 모르겠지만 지표변인으로 표현되는 근원적인 구인개념에 노출된 것은 아니기 때문이다. 그래서 어떤 사람이 사실상 스트레스원으로 여겨지는 상황에 노출된 적이 없었을지라도 적응유연하다고 간주될 수 있는 것이다.

결 론

분명 적응유연성 개념은 다른 사람에게는 다른 의미를 가지며, 그중에서 많은 의미는 모호하고 모순이 된다. 특이성의 결여는 몇몇 이슈에서 기원한다. 그 가운데 많은 이슈를 범주화하여 앞에서 간략하게 기술했다. 개념과 관련된 이슈가 너무 많아서 연구자와 임상가가 다양한 이슈를 해결하고 단 하나의 개념 정의를 제안할 수 없을 것 같다고 절망한다. 또는 하나의 개념 정의를 제안한 경우에도 그 사용에 관한 합의에 도달할 수 없을 것 같다고 절망한다.

그래서 이런 이슈는 뛰어넘어야 할 장벽으로 간주된다. 임상가나 연구자는 하나씩 대안을 채택하여 각각의 이슈를 차례로 해결한다. 적어도 그 개념이 정확하게 정의되며, 그런 방식으로 사용될지도 모른다. 독자에게는 그 개념이 정확한 의미를 가지며 의사소통 과정이 촉진된다는 것을 이해해야 할 의무가 부과된다. 하나의 정의 또는 다른 정의가 잠시 통용되고, 궁극적으로 (희망하건대) 어느 정도 합의에 도달할 수도 있지만, (해결해야 할 이슈의 수를 고려해 보건대) 그럴 것 같지 않다.

한편으로는 적응유연성 개념이 수많은 개념적 이슈나 이론적 이슈를 제기하기 때문에 유용하다고 주장할는지 모른다. 적응유연성이란 단어는 적응유연성과 관련된 심리내적 및 대인 간 과정에 관한 수많은 풍부한 지적 이슈를 불러일으키기 때문에, 그러한 과정에서 파생된 모든 것은 반드시 인간의 적응적 반응이나 고차적 체제의 적응적 반응에 대한 더 많은 이해를 수반해야 한다. 이렇게 적응유연성은 민감화 기능을 한다는 점에서 존재 이유가 있는 것이다. 이런 기능의 수행이 중단될 때, 만일 이미 그 기능을 수행해 오지 않았다면, 그 개념에 내재하는 몇 가지 모순과 모호함 때문에 그 정의를 넘어서서 다음과 같은 결론을 내릴 필요가 있을지도 모른다.

> 적응유연성 개념은 다소 긍정적인 결과에 선행하는 여러 변인의 상호 효과를 이해하고, 그 효과의 조건적 성질을 이해하고, 근접한 여러 조건적인 변인도 원인을 가지고 있다는 사실을 이해할 필요성에 대해 우리를 민감하게 만든다는 점에서 중요한 기능을 수행해 왔다. 또한 적응유연성 개념은 어느 정도 바람직한 결과에 대해 우리가 완전히 이해하지 못하고 있다는 사실에 대해 경각심을 갖게 한다. 우리가 보통 알고 있는 바에 따르면 불리한 결과를 경험했어야 할 사람이 실제로 그러한 경험을 하지 않는다는 사실, 그리고 개인적인 특징과 환경적인 특징에 비추어 볼 때 긍정적인 결과를 경험했어야 할 사람이 실제로 그러한 경험을 하지 않는다는 사실에 대해 주목하게 만든다. 그러나 적응유연성은 우리가 이런 현상에 대해 유념하게 만들어 그 목적을 달성하고는 우아하고 명예롭게 그 분야를 떠날 수 있을지도 모른다. 적응유연성 개념 대신, 우리는 이제 발달주기와 사회적 구조 진화의 다른 단계에서는 다른 방식으로 다른 변인에 영향을 미치기 위해 서로 영향을 주고받으며 상호작용하는 개인적, 환경적, 상황적 요인을 감안하는 이론 구조를 창출하는 데 관심을 돌려야 할 것이다. 이것의 평가적 의미는 현재 의문의 대상인 현상을 설명하는 목적에 단지 부수적일 뿐이다(Kaplan, 1999, pp. 76-77).

감사의 글

이 업적은 국립약물남용협회가 저자에게 수여한 연구기금(R01 DA 02497과 R01 DA 10016)과 연구과학자상(K05 DA 00136)의 지원을 받았다.

참고문헌 REFERENCES

Adger, W. N. (2000). Social and ecological resilience: Are they related? *Progress in Human Geography, 24*(3), 347-364.

Anthony, E. J. (1987). Risk, vulnerability and resilience: An overview. In E. J. Anthony & B. Cohler (Eds.), *The invulnerable child* (pp. 3-48). New York: Guilford.

Bartelt, D. W. (1994). On resilience: Questions of validity. In M. C. Wang & E. W. Gordon (Eds.), *Educational resilience in inner-city America* (pp. 97-108). Hillsdale, NJ: Erlbaum.

Block, J. H., & Block, J. (1980). The role of ego-control and ego resilience in the organization of behavior. In W. A. Collins (Ed.), *Development of cognition, affect, and social relations* (pp. 39-101). Hillsdale, NJ: Erlbaum.

Cicchetti, D., & Garmezy, N. (1993). Prospects and promises in the study of resilience. *Development and Psychopathology, 5,* 497-502.

Clauss-Ehlers, C. S., & Levi, L. L. (2002). Violence and community, terms in conflict: An ecological approach to resilience. *Journal of Social Distress & the Homeless, 11*(4), 265-278.

Cohler, B. J. (1987). Adversity, resilience, and the study of lives. In E. J. Anthony & B. Cohler (Eds.), *The invulnerable child* (pp. 363-424). New York: Guilford.

Conger, R. D., Rueter, M. A., & Elder Jr., G. H. (1999). Couple resilience to economic pressure. *Journal of Personality & Social Psychology, 76*(1), 54-71.

Greenbaum, C. W., & Auerbach, J. G. (1992). The conceptualization of risk, and resilience in psychological development. In C. W. Greenbaum & J. G. Auerbach (Eds.), *Longitudinal studies of children at psychological risk: Cross-national perspectives* (pp. 9-28). Norwood, NJ: Ablex.

Haan, L. D., Hawley, D. R., & Deal, J. E. (2002). Operationalizing family resilience: A methodological strategy. *American Journal of Family Therapy, 30*(4), 275-291.

Hernanndez, P. (2002). Resilience in families and communities: Latin American contributions from the psychology of liberation. *Family Journal-Counseling and Therapy for Couples and Families, 10*(3), 334-343.

Humphreys, J. (2003). Resilience in sheltered battered women. *Issues in Mental Health Nursing, 24*(2), 137-152.

Kaplan, H. B. (1999). Toward an understanding of resilience: A critical review of definitions and models. In M. D. Glantz & J. L. Johnson (Eds.), *Resilience and development* (pp. 17-83). New York: Kluwer Academic/Plenum.

Liddle, H. A. (1994). Contextualizing resiliency. In M. C. Wang & E. W. Gordon (Eds.), *Educational resilience in inner-city America* (pp. 167-177). Hillsdale, NJ: Erlbaum.

Lindström, B. (2001). The meaning of resilience. *International Journal of Adolescent Medicine and Health. Special Issue: Resilience and Adolescence: A Tribute to Emanuel Chigier, 13*(1), 7-12.

Lösel, F., Bliesener, T., & Köferl, P. (1989). On the concept of invulnerability: Evaluation and first results of the Bielefeld project. In M. Brambring, F. Lösel, & H. Showronek (Eds.), *Children at risk: Assessment, longitudinal research, and intervention* (pp. 186-219). New York: Walter de Gruyter.

Luthar, S. S. (1993). Annotation: Methodological and conceptual issues in research on childhood resilience. *Journal of Child Psychology and Psychiatry, 34,* 441-453.

Luthar, S. S., Cicchetti, D., & Becker, B. (2000). The construct of resilience: A critical evaluation and guidelines for future work. *Child Development, 71*(3), 543-562.

Masten, A. S. (1994). Resilience in individual development: Successful adaptation despite risk and adversity. In M. C. Wang & E. W. Gordon (Eds.), *Educational resilience in inner-city America* (pp. 3-25). Hillsdale, NJ: Erlbaum.

Olsson, C. A., Bond, L., Burns, J. M., Vella-Brodrick, D. A., & Sawyer, S. M. (2003). Adolescent resilience: A concept analysis. *Journal of Adolescence, 26*(1), 1-11.

Oswald, R. F. (2002). Resilience within the family networks of lesbians and gay men: Internationality and redefinition. *Journal of Marriage and the Family, 64*(2), 374-383.

Patterson, J. M. (2002). Understanding family resilience. *Journal of Clinical Psychology. Special Issue: A Second Generation of Resilience Research, 58*(3), 233-246.

Radke-Yarrow, M., & Brown, E. (1993). Resilience and vulnerability in children of multiple-risk families. *Development and Psychopathology, 5,* 581-592.

Radke-Yarrow, M., & Sherman, T. (1990). Hard growing: Children who survive. In J. Rolf, A. S. Masten, D. Cicchetti, K. H. Nuechterlein, & S. Weintraub (Eds.), *Risk and protective factors in the development of psychopathology* (pp. 97-119). New York: Cambridge University Press.

Rauh, H. (1989). The meaning of risk and protective factors in infancy. *European Journal of Psychology of Education, 4*(2), 161-173.

Richters, J., & Weintraub, S. (1990). Beyond diathesis: Toward an understanding of high-risk environments. In J. Rolf, A. S. Masten, D. Cicchetti, K. H. Nuechterlein, & S. Weintraub (Eds.), *Risk and protective factors in the development of psychopathology* (pp. 67-96). New York: Cambridge Univrsity Press.

Rigsby, L. C. (1994). The Americanization of resilience: Deconstructing research practice. In M. C. Wang & E. W. Gordon (Eds.), *Educational resilience in inner-city America* (pp. 85-92). Hillsdale, NJ: Erlbaum.

Rutter, M. (1990). Psychosocial resilience and protective mechanisms. In J. Rolf, A. S. Masten, D. Cicchetti, K. H. Nuechterlein, & S. Weintraub (Eds.), *Risk and protective factors in the development of psychopatholoy* (pp. 181-214). New York: Cambridge University Press.

Schaefer, J. A., & Moos, R. A. (1992). Life crises and personal growth. In B. N. Carpenter (Ed.), *Personal coping: Theory, research, and application* (pp. 149-170). Westport, CT: Praeger.

Schuldberg, D. (1993). Personal resourcefulness: Positive aspects of functioning in high-risk research. *Psychiatry, 56*, 137-152.

Schwartz, J. P. (2002). Family resilience and pragmatic parent education. *Journal of Individual Psychology, 58*(3), 250-262.

Seccombe, K. (2002). "Beating the odds" versus "Changing the odds": Poverty, resilience, and family policy. *Journal of Marriage and the Family, 64*(2), 384-394.

Seifer, R., & Sameroff, A. J. (1987). Multiple determinants of risk and invulnerability. In E. J. Anthony & B. Cohler (Eds.), *The invulnerable child* (pp. 51-69). New York: Guilford.

Sorenson, L. G., Forbes, P. W., Bernstein, J. H., Weiler, M. D., Michell, W. M., & Waber, D. P. (2003). Psychosocial adjustment over a two-year period in children referred for learning problems: Risk, resilience, and adaptation. *Learning Disabilities Research & Practice, 18*(1), 10-24.

Spencer, M. B., Cole, S. P., Dupree, D., Glymph, A., & Pierre, P. (1993). Self-efficacy among urban African American early adolescents: Exploring issues of risk, vulnerability, and resilience. *Development and Psychopathology, 5*, 719-739.

Walsh, F. (2002). A family resilience framework: Innovative practice applications. *Family Relations: Interdisciplinary Journal of Applied Family Studies, 51*(2), 130-137.

제4장

유전-환경 상호교류와 적응유연성

Kirby Deater-Deckard, Linda Ivy, & Jessica Smith

적응유연한 아동은 단순히 '그렇게 태어난' 것이 아니며, 경험에 의해 '아무것도 없는 상태에서 만들어진' 것도 아니다. 유전적 요인과 환경적 요인은 건강한 발달이 위험에 빠지지 않게 하는 보호요인으로서 중요하게 여겨진다. 보호요인은 박테리아와 바이러스에 대한 저항에서부터 학대와 거부에 대한 저항에 이르기까지 다양하다. 그러나 유전과 환경이 인간 발달을 통제하기 위해 서로 경쟁한다는 오래된 견해는 유전과 환경이 함께 작동하여 영향을 미쳐서 발달의 개인차를 만들어 낸다는 견해로 바뀌었다. 이제는 유전이냐, 환경이냐, 또는 어느 정도나 유전이나 환경이 문제가 되느냐의 질문을 제기하지 않는다. 대신 적응유연한 아동과 성인을 만들기 위해 어떻게 유전과 환경이 협력하느냐의 질문을 제기한다.

아동기 적응유연성은 해로운 결과로 모는 불리한 상황에도 불구하고 보통의 발달을 이루는 것으로 정의된다. 정신건강과 신체건강에 사소하거나 심각한 문제가 발생할 위험은 실제로 존재하며, 인간집단의 일부에서는 항상 존재한다. 거의 모든 아동이 가끔 역경에 직면하며, 그중 많은 아동은 학대, 빈곤, 질병과 같은 만성적 스트레스원을 경험한다. 그러나 행동문제나 정서문제를 예언하는 강력한 위험을 경험한 아동집단에서조차 실제로 발생하는 결과는 상당히 다르다. 몇몇 아동은 삶의 변화에 굴복하지만, 많은 아동은 살아남아 성공한다. 더구나 대부분의 아동과 성인은 스트레스원을 경험한 이후에 혜택을 얻는다. 어려운 상황이나 부족한 개인 자원에 성공적으로 적응함으로써 적응유연성이 증가하며, 그것으로 인해서 아동은 이후 스트레스에 더 잘 대처할 수 있게 된다. 왜냐하면 그 아동은 폭넓은 다양한 전략을 획득했기 때문이다(Holohan, Moos, & Schaefer, 1996; Prior, 1999; Rutter, 1993).

이 장의 목적은 아동기의 개인차에 영향을 미치는 유전과 환경요인에 관한 모든 증거를 검토하기보다는 유전과 환경의 통합적 **상호교류**를 증명하는 몇몇 연구 영역을 강조하는 데 있다. 기질, 인지적 기술, 사회 인지를 강조하면서 아동기 적응유연성에 결정적인 개인적 특성 몇 가지를 고려하는 것부터 시작한다. 그다음으로 따뜻하고 지지적인 사회적 관계(예, 부모, 또래)를 강조하면서 개인과 환경을 연결하며 적응유연성을 증진시키는 상호교류를 고찰하고자 한다.

유전과 환경

인간은 게놈을 공유하며 수많은 구조적 유사성을 지닌 환경에서 생활한다. 발달 과학자가 관심을 둔 수많은 결과에서 나타나는 개인차는 어떤 유전자가 있느냐 없느냐 또는 환경이 있느냐 없느냐에 기인하지 않고, 기능적으로 별개의 **형태**인 유전과 환경에 기인한다. 이런 별개의 형태가 개인차에 미치는 효과를 추정하기 위하여 계량생물학 모형과 분자생물학 모형에 기초한 다양한 기법을 사용하고 있다(Plomin, DeFries, McClearn, & McGuffin, 2001).

DNA를 수집, 저장, 분석하기 위한 **분자 유전적**(molecular genetic) 기법은 인간의 어떤 속성을 측정했을 때 나타나는 개인차가 염색체의 특정 영역이나 특정 유전자와 어떤 관계와 연결을 이루고 있는지를 검토할 수 있게 해 준다. 분자적 접근을 활용하여 복잡한 표현형(즉, 관찰된 특징)과 관련된 유전자를 확인하는데, 이것은 **계량 유전적**(quantitative genetic) 기법으로는 할 수 없는 수준의 특수성에 해당된다. 계량 유전적 기법은 DNA 분석을 요구하지 않는다. 대신 개인차에 기여하는 유전과 환경의 상대적 강도를 추정하기 위해 모집단 유전학에 기초한 수학적 모형에 의존한다. 일란성 쌍생아와 이란성 쌍생아, 입양한 형제와 입양하지 않은 형제, 입양부모-자녀 짝과 친부모-자녀 짝, 의붓가족을 포함한 준실험설계에서 수집한 자료를 활용하는 방법을 활용한다. 만일 관심의 대상이 되는 어떤 변인에서 가족 구성원이 유사한 정도를 유전적 유사성으로 예언할 수 있다면 **유전적 변산**(genetic variance) 또는 **유전가능성**(heritability)이 존재한다고 해석한다. 그리고 유전적 유사성을 통제한 이후에 가족 구성원의 유사성이 여전히 존재한다면 **공유 환경 변산**(shared environmental variance)이 존재한다고 본다. 가족 구성원의 유사성을 초래하는 비유전적 효과는 공유 환경 영향이라고 한다. **비공유 환경 변산**(nonshared environmental variance)은 유전가능성과 공유 환경 변산을 제외한 나머지로, 가족 구성원 간 차이를 설명하는 비유전적 영향을 말한다(Reiss, Neiderhiser, Hetherington, & Plomin, 2000). 아동의 발달과 결과에 관한 연구 중 유전적인 측면의 정보를 제공하는 거의 모든 연구가 계량적 모형을 사용해 왔지만, 분자적인 유전적 기법이 덜 침투적이 되고 이 기법을 사용할 수 있는 여유가 더 많아지면 이러한 경향이 신속하게 바뀔 것이다(Plomin & Rutter, 1998).

개인차와 적응유연성

발달에서 일어나는 유전-환경의 복잡한 상호교류에 특정 유전자가 관여하는지에 대해서 상당한 진보가 이루어지고 있기는 하지만, 아직 이에 대해서 밝혀진 바는 별로 없다. 유전자와 환경의 상호작용을 탐구하기 위한 기반이 되는 계량적 유전연구(예, 쌍생아 연구설계, 입양 연구설계)가 많이 수행되고 있다. 다음에서는 발달에서 보호요인의 의미를 강하게 내포하고 있는 기질과 인지적 변인에 관한 연구 결과를 소개한다.

기질과 성격

기질(temperament)은 여러 상황과 오랜 시간에 걸쳐 안정적이며, 생물학적으로 영향을 받으며, 유아기부터 관찰할 수 있는 인간의 여러 속성을 포함한다. 기질의 개인차는 유전적 영향과 환경적 영향의 상호교류에 의해 발생한다. 그것은 뇌의 기제에 의해 매개되고, 경험과 상황 요인에 의해 수정되며, 발달과 함께 변한다(Prior, 1999; Rothbart & Bates, 1998). 기질과 비슷하며 적응유연성의 발달에 비슷하게 관여하는 유전적 및 환경적 변산의 패턴을 따르는 성격 차원(예, 신경증, 성실성, 호감성)의 기초를 이루는 것이 기질이다(Costa, Somerfield, & McCrae, 1996; Matthews & Deary, 1998; Rothbart, Ahadi, & Evans, 2000).

기질에 관한 Rothbart의 이론(Rothbart & Bates, 1998)은 개인차, 적응유연성, 유전-환경 상호교류 간 연결관계를 고려하기 위한 조직적 틀로 특히 유용하다(다른 유명한 이론으로는 Buss & Plomin, 1984; Thomas & Chess, 1977 참조). 이 이론에 의하면 기질에는 다수의 차원이 존재하는데, 그것은 자극에 대한 반응성과 자극에 대한 반응의 조절을 나타낸다.

첫 번째 차원은 **외향성/감정의 동요**다. 이 차원은 감각 추구, 활동성 수준, 긍정적 정서, 낮은 수줍음, 예상의 즐거움을 포함한다. 활동성 수준(activity level)은 신체 운동의 양과 속도를 나타낸다. 활동성 수준에서 변산의 1/3 내지 3/4이 유전적 요인에 의해서 설명되며, 나머지 변산은 비공유 환경과 오차에 기인한다(Braungart, Plomin, DeFries, & Fulkner, 1992; Goldsmith, Buss, & Lemery, 1997; Oniszczenko et al., 2003; Plomin et al., 1988; Saudino & Eaton, 1995). 중간 정도의 활동성은 적응유연성을 위해 적절하다(예, Mendez, Fantuzzo, & Cicchetti, 2002). 활동성이 너무 낮으면 아동은 무기력하고 체중이 증가하는 경향이 있다. 그러나 활동성이 너무 높으면 아동은 과잉행동을 하게 되고 관리하기가 어렵다. 감정의 동요는 긍정적 정서성(positive emotionality)을 포함하는데, 이는 유전적 변산과 비공유 환경 변산을 나타낸다(Eid, Reimann, Angleitner, & Borkenau, 2003). 행복감이나 흥분, 흥미와 같은 긍정적 기분을 자주 경험하거나 표현하는 아동은 위험요인에 노출된 결과 때문에 고통받을 가능성이 낮다. Lengua(2002)는 긍정적 정서성으로 8~10세 아동의 적응유연성을 예측할 수 있음을 발견하였는데, 이는 Masten 등(1999)의 초기 연구의 결과와 일치한다. 그러나 초기 연구는 여성만을 대상으로 했다는 데 한계가 있다.

두 번째 차원은 **사교성**과 **근접**이다. 이 차원은 아동이 다른 사람과 상호작용을 추구하고 새로운 경험을 즐기는 정도를 나타낸다. 유전가능성에 의해 1/4 내지 3/4이 설명되며, 일부 연구에 의해 공유 환경 변산이 중간 정도임이 밝혀졌다(Eid et al., 2003; Plomin et al., 1988; Schmitz, 1994). 또한 최근의 한 연구는 수줍음의 발달에 세로토닌 유전자가 관여한다고 보고하였다(Arbelle et al., 2003). 사교성이 높은 아동은 가족갈등에 대처하면서 문제를 겪을 위험에 처할 가능성이 높을지라도(Tschann, Kaiser, Chesney, Alkön, & Boyce, 1996) 스트레스원에 대하여 보호를 더 많이 받는다(예, Lösel & Bliesener, 1994).

부정적 정서성에는 슬픔, 분노, 불편감, 화가 났을 때 마음을 다스리기 어려운 문제가 포함된다. 유전적 요인은 부정적 정서성 변산의 1/3 내지 2/3를 설명한다(Goldsmith et al., 1997; Oniszczenko et al., 2003; Plomin, Pedersen, McClearn, Nesselroade, & Bergeman, 1988). 신경증적 성격 특성에 관한 연구와 일관되게, 부정적 정서성이 낮은 아동은 어려운 상황에도 불구하고 부적응을 보일 가능성이 낮다. 예를 들면, Kilmer, Cowen과 Wyman(2001)은 스트레스를 많이 받는 대도시 청소년에 관한 연구를 통해 부정적 정서성이 적응유연한 집단과 부적응하는 집단을 가장 잘 변별할 수 있음을 발견하였다.

노력에 의한 통제는 낮은 강도의 자극을 즐기기, 높은 수준의 지각적 민감성, 충동과 주의에 대한 높은 자기통제를 포함한다. 노력에 의한 통제가 높은 아동은 부정적 정서성을 덜 보이는데, 이는 인지적 및 주의 통제와 부정적 정서 조절의 중요한 관계를 반영한다(Rothbart et al., 2000). 노력에 의한 통제와 그 근원적인 속성은 유전 가능하며, 몇몇 속성은 공유 환경 요소도 포함한다(Goldsmith et al., 1997). 과제지향성과 지속력의 유전가능성 추정치는 초기 아동기와 중기 아동기에는 중간 정도부터 상당히 높은 정도까지의 범위에 해당된다(Braungart et al., 1992; Manke, Saudino, & Grant, 2001). 분자유전학 연구를 통해 도파민 수용체 유전자 D4가 주의 조절에 기능적으로 관여하고 있음이 밝혀졌다(Fan, Fossella, Sommer, Wu, & Posner, 2003). 과제 지속력 변산의 일부는 유전적 영향에 더하여 가정의 사회경제적 지위와 어머니의 애정도로 예측할 수 있는 공유 환경 효과에서 발생한다(Petrill & Deater-Deckard, 2004).

노력에 의한 통제는 적응유연성에 매우 중요하다. 주의 및 기타 인지적 과정을 잘 조절할 수 있는 사람은 더 나은 인지적 수행을 보인다(Petrill & Deater-Deckard, 2004). 더욱이 정보의 인지적 및 지각적 처리를 잘 통제하는 사람은 자신의 정서와 행동을 잘 조절할 수 있으며, 저조한 자기조절과 연관된 정신병리가 발병하지 않는다(Posner & Rothbart, 2000). 과제 지속력은 위험에 처한 청소년이 겪을 수 있는 다양한 부정적 결과를 막아 주는 보호요인이다(Lösel & Bliesener, 1994; Wills,

Sandy, Yaeger, & Shinar, 2001).

마지막으로 몇몇 학자는 **적응성/융통성**을 기질의 한 요소로 간주한다. 적응성/융통성은 혼란이나 괴로움에 빠지지 않으면서 환경의 변화에 적응할 수 있는 능력으로 정의된다. 아동을 집단으로 분류하는 연구는 적응성/융통성을 '쉬운' 기질의 한 요소로 간주했으며, 수많은 연구에서 적응유연성과 관련지어졌다(Hetherington, 1991; Lösel & Bliesener, 1994; Mendez et al., 2002; Tschann et al., 1996). 기질의 다른 요소와 마찬가지로, 적응성/융통성의 유전가능성은 중간 정도부터 상당히 높은 정도까지의 범주에 해당하며, 일부 자료는 공유 환경 변산이 존재한다는 것을 시사한다(Oniszczenko et al., 2003; Rusalov & Biryukov, 1993).

종합해 보면, 자기조절은 좀 더 건설적인 방식으로 스트레스 상황에 대처하도록 돕는다. 지속력은 적절한 대처전략을 찾게 하며, 개인의 통제를 벗어나는 스트레스 상황에 있을 때를 제외하고는 매우 유용하다(이러한 상황에서는 지속력이 더 큰 좌절을 가져올 수도 있다). 적응성은 문제 상황 밖에서 자원을 추구하게 하므로 적응유연성을 증진시킨다. 긍정적 정서성은 스트레스를 다루려는 예방 노력을 증가시키며, 그러한 노력이 성공할 것이라는 믿음을 드높인다. 더구나 다루기 쉽고(즉, 적응성이 있으며, 자기조절을 잘하며, 행복한) 사회적 상호작용에 참여하는 것을 즐기는 아동은 스트레스 상황에 대처하기 위해 자신에게 도움이 되는 사람의 배려와 관심을 불러일으킬 수 있다. 그들은 자신이 가진 기질의 측면에서 볼 때, 그리고 보호자나 다른 사람과의 사회적 관계의 질적 측면에서 볼 때, '이중 보호(double protection)'를 가지고 있는 것 같다(Prior, 1999; Smith & Prior, 1995). 반대로 짜증을 잘 내고 환경의 변화 때문에 쉽게 고통을 받고 혼돈에 잘 빠지는 아동은 역경에 잘 대처하지 못하며, 거칠고 거부적인 부모양육을 유도할 가능성이 높다. 특히 부모가 고통을 받고 있다면 더욱 그러하다(Hetherington, 1991).

인지적 요인

인지적 요인 또한 적응유연성 과정에서 중요하다. 발달과학 영역의 연구는 최적이 아닌 조건에서 최적의 발달을 증진시키는 데 유전자와 환경이 함께 작용하는 방식에 관한 몇 가지 예를 제시하고 있다.

인지능력은 아동기와 청소년기의 적응유연성을 예언하는 강력하고도 일관성 있는 변인이다. 문제해결을 위한 정보와 전략을 잘 사용할 줄 아는 아동은 학업적 성공을 이룰 가능성이 높을 뿐만 아니라 자유롭게 쓸 수 있는 대처전략의 레퍼토리가 더욱 광범위하고 정교하다(Buckner, Mezzacappa, & Beardslee, 2003; Kumpfer, 1999; Masten et al., 1999). 지능과 그것을 구성하는 요소 기술의 유전적 변산은 중간 정도부터 상당히 높은 정도까지 해당되는데, 발달과 함께 변산의 크기가 증가한다. 공유 환경 변산은 아동기 초기에 존재하나, 청소년기가 되면 공유 환경의 변산이 사라져서 모든 환경 변산은 비공유 환경 변산이 된다(McCartney, Harris, & Bernieri, 1990; Plomin et al., 2001).

인지적 처리과정 기술과 능력이 중요하지만, 아동이 가진 **인지의 내용** 또한 적응유연성에 결정적으로 중요하다. 특히 자신에 대한 사회 인지와 자신의 원래 상태나 안전을 위협하는 것에 대한 통제가 중요하다. 자기효능감은 좌절감이 들 때조차 목표를 성취할 수 있다는 신념을 말한다. 예상되는 결과 또한 중요한데, 낙관성은 좋은 결과를 예상하는 것을, 비관성은 부정적인 결과를 예상하는 것을 의미한다(Matthews, Schwean, Campbell, Saklofske, & Mohamed, 2000). 이와 같은 자기 관련 인지의 유전 가능한 변산과 비공유 환경 변산은 중간 정도며, 공유 환경이 낙관성과 비관성에 영향을 미친다는 증거도 있다(Zuckerman, 2000). 아동기 자기존중감에 관한 쌍생아 연구와 입양연구의 결과, 유전가능성 추정치는 대략 30~60%의 범위에 속하였으며, 나머지 변산은 비공유 환경 변산이 설명하는 것으로 밝혀졌다(Kendler, Gardner, & Prescott, 1998; McGuire et al., 1999; Neiderhiser & McGuire, 1994; Neiss, Sedikides, & Stevenson, 2002).

자기개념과 자기 가치감의 발달은 인생 초기에 시작된다. 자기 자신의 독특한 개별적 특징을 인식하고 나서야 우리는 타인과 자신을 비교하기 시작한다. 이러한 인지는 우리가 자신을 어떻게 지각하는지, 다른 사람이 우리 자신을 어떻게 지각하고 있다고 우리가 생각하는지의 중요한 부분이 된다. 만일 우리가 다른 사람에게 가치 있는 존재라고 믿는다면, 그리고 우리가 자신이 처한 상황을 통제할 수 있다고 믿는다면, 작동하지 않는 대처전략을 평가하고 바꿀 수 있을 뿐만 아니라 대처전략을 더 잘 계획할 수 있게 된다(Zimmerman, 2000). 그래서 높은 자기존중감과 자기효능감은 다양한 위험요인이 주는 불리한 효과를 효과적으로 막아 주는 역할을 한다(Buckner et al., 2003; Kumpfer, 1999; Neiderhiser & McGuire, 1994). 덧붙여 최악의 상황이 벌어질 것이라고 믿는 사람은 어려운 상황이 발생할 때 잘 적응할 것 같지 않다. 반대로 낙관적인 사람은 자원이 필요할 때 자원을 저장하고 사용할 수 있어서 향후 스트레스원에 노출되어도 보호받을 수 있다(Aspinwall, 2001).

종합해 보면, 아동의 적응유연성에 기여하는 수많은 아동 속성이 있다. 여기에는 기질, 성격, 인지능력, 자기 관련 사회 인지가 포함되지만, 이들에 제한되는 것은 아니다. 이런 속성은 아동마다 크게 다르며 유전적 영향과 환경적 영향의 상호작용에 의해 생겨난다. 이러한 연구는 공유 환경(가족 구성원 유사성을 야기하는 비유전적 요인)보다 비공유 환경(가족 구성원 차별성을 야기하는 비유전적 요인)이 상대적으로 더 중요하다는 것을 강조한다.

이런 속성에서 나타나는 변산의 유전적 원천과 환경적 원천에 대해 생각해 보는 것이 필수적인 첫걸음이기는 하지만, 이런 노력이 유전과 환경 그리고 아동의 적응유연성을 연결 짓는 기제를 정확하게 확인시켜 주는 것은 아니다. 연구 자체가 애정 어린 지지적인 부모의 양육태도와 같은 환경적 보호요인이 유전적인 위험요인과 보호요인의 영향력과 함께 어떻게 작용하는지를 알려 주지는 않는다. 이제 우리는 이러한 유전–환경 상호교류 가운데 몇 가지를 검토해 보기로 한다.

과정으로서의 적응유연성: 유전–환경 상호교류

가정, 이웃, 학교, 그 밖에 적응유연성에 기여하는 환경적 변인은 꽤 많이 있다. 여기서 우리는 부모의 따뜻하고 지지적인 양육에 초점을 둔다. 왜냐하면 자녀양육은 다양한 집단을 대상으로 한 다양한 유형의 연구에서 적응유연성을 예측하는 변인으로 일관성 있게 밝혀졌으며, 아동 발달에 관한 유전적 연구에서 가장 빈번하게 연구되어 온 환경적 변인이기 때문이다. 부모가 민감하고 반응적이며 따뜻하고 수용적이며 관심을 가지고 있다면, 행동문제와 정서문제를 유발할 위험에 처한 아동이라도 그러한 결과를 겪지 않도록 보호받는다(Conger & Conger, 2002). 이런 아동은 다른 사람을 신뢰할 수 있다고 믿으며, 자신이 처한 상황의 어려움에 관계없이 자신이 사랑받으며 수용된다는 신념을 가질 것이다. 이런 경험이 아동의 자기효능감과 사회적 유능성의 발달에 주요한 요소가 되며, 정신건강의 위험이 미치는 효과를 경감하는 데 중요하다(Rohner & Britner, 2000). 이러한 환경적 요인은 유전적 영향과 **상호교류**하면서 작동하는데, 유전-환경의 상호교류에는 두 가지 유형이 있다. 하나는 유전-환경 상호작용이고, 다른 하나는 유전-환경 상관이다.

유전-환경 상호작용

유전-환경 상호작용(gene-environment interaction: gxe)을 통해서 하나의 유전자 또는 여러 유전자가 어떤 결과에 미치는 효과는 환경적 요인(하나 또는 여러)을 조건으로 하거나 환경적 요인(하나 또는 여러)에 의해 조절된다. 또는 반대로 하나의 환경적 요인 또는 여러 환경적 요인이 어떤 결과에 미치는 효과가 하나의 유전자 또는 여러 유전자를 조건으로 하거나 유전자(하나 또는 여러)에 의해 조절된다. 유전-환경 상호작용에 대한 이러한 정의는 적응유연성에 대한 가장 최근의 정의와 잘 맞아떨어진다. 따라서 부적응적 결과를 초래할 유전적 위험을 가진 아동은 이런 유전적 효과를 기능적으로 감소시키거나 완전히 제거시키는 환경적 요인이 존재할 때 증상을 덜 빈번하게 보이거나 덜 심각하게 보일 것이다. 더구나 발달에 혼란을 일으킬 환경적 위험요인을 더 많이 가지고 있는 아동이 이런 환경적 위험 효과를 감소시키거나 제거하는 특정 유전인자를 가지고 있다면 적응문제를 더 적게 경험할 것이다.

뉴질랜드의 더니든 다학문적 건강발달연구(Dunedin Multidisciplinary Health and Development Study)에서 발표한 최근 결과는 적응유연성을 유전-환경 상호작용으로 봐야 한다는 증거를 제시하고 있다. 모노아민 옥시데이스 A(MAOA)의 생성에 관여하는 한 유전자에서 나타나는 개인차가 아동기 학대에서 나타나는 개인차와 상호작용하여 성인기의 공격적인 반사회적 행동을 예측한다는 것이다(Caspi et al., 2002). MAOA는 기분과 (공격성을 포함한) 행동을 조절하는 신경전달물질의 대사에 관여하는 효소다. MAOA의 충분한 생성을 표시하는 유전자 형태를 가진 남성이 학대받은 경험은 향후 반사회적 행동과 단지 중간 정도로 관련되어 있다. 반면에 MAOA의 불충분한 생성을 표시하는 유전자 형태를 가진 남성이 학대받은 경험은 향후 반사회적 행동에 훨씬 더 강력한 영향을 미친다.

세로토닌의 생성에 관여하는 유전자 형태에서 나타나는 개인차는 스트레스성 생활사건의 여부나 정도와 상호작용하여 향후 우울을 예측할 수 있다(Caspi et al.,

2003). 스트레스를 경험한 사람 가운데 특정 유전자 형태의 복제 쌍(한쪽 부모에게서 하나씩 물려받아 쌍을 이룬 것)을 지닌 사람은 이러한 특정 형태의 유전자의 한쪽이 없거나 또는 양쪽이 모두 없는 사람에 비하여 우울 증상을 발달시킬 가능성이 낮다. 이런 예는 어떤 사람이 발달의 위험조건(예, 학대, 스트레스성 생활사건)에 처해 있어도 유전적 요인 때문에 정신병리를 겪지 않게 된다는 것을 보여 준다. 적응유연성에 작용하는 특수한 유전-환경 상호작용 과정을 확인하는 것은 유전연구를 위해 매우 중요하다.

유전-환경 상관

적응유연성의 개인차는 유전-환경 상호작용 때문에 나타난다. 그러나 이러한 상호작용은 무선적인 상호교류로 일어나지는 않는다. 유전적 요인과 환경적 요인은 상관관계를 이룰 수 있다. **유전-환경 상관**(gene-environment correlation: $r_{g\text{-}e}$)의 일반적인 유형 두 가지가 질적 유전연구에서 기술되고 확인되었는데, 그것은 수동적(passive) 형태와 비수동적(nonpassive) 형태다(Plomin, 1994). 관심의 대상이 되는 어떤 결과에서 나타나는 유전적 변산원, 공유 환경 변산원, 비공유 환경 변산원을 추정하는 통계 모형에 환경적 요인을 나타내는 변인이 통합될 경우에 유전-환경 상관을 확인하기 위하여 계량 유전적 모형을 사용할 수 있다.

수동적 유전-환경 상관은 친부모가 자신과 자녀의 유전형과 상관을 이루는 환경적 요인을 제공하고 스스로 환경을 선택할 수 없는 어린 자녀가 그 환경적 요인에 노출될 때 발생한다. 인지적 기술과 성취의 관계를 예로 들 수 있다. 인지적 기술의 차이는 부분적으로 유전의 영향을 받아서 발생한다. 동시에 정신적 도전 경험을 가치 있게 여기고 즐기는 부모는 적응유연성을 증진시키는 환경(예, 책, 독서 활동, 도전적인 장난감과 퍼즐)을 자녀에게 제공할 가능성이 높다. 이런 부모는 더 좋은 인지적 기술을 가지고 있으며, 자녀는 학교에서 성공적으로 성취를 이룰 가능성이 높다. 보통 생물학적으로 관련된 부모와 자녀를 대상으로 하는 가족연구에서는 상관관계를 산출하여 가정에서 제공하는 자극과 아동의 인지적 기술 간의 연결 기제를 검증한다. 그러나 부모는 자녀에게 유전자도 물려주기 때문에 풍부한 환경과 유전의 영향력이 혼재한다. 가족연구에 기초해 볼 때, 환경적 요인 때문에 생긴 듯한 결과는 부모와 자녀가 공유하는 유전자에서 기인한 것일 수도 있다(Petrill & Deater-Deckard, 2004).

비수동적 유전-환경 상관은 최소한 다음 두 가지 기제를 포함한다. 하나는 능동적 효과이고, 다른 하나는 유발적(또는 반응적) 효과다. **능동적 유전-환경 상관**은 환경 선택인데, 개인이 자신의 속성에 가장 잘 맞는 특유의 환경을 선택한 결과로서 특정 경험을 할 가능성이 높아지는 것을 말한다. 예를 들면, 사회성이 높고 매우 사교적인 아동이 하는 행동은 유전적으로 영향을 받으며 적응유연성을 시사하는 행동이다. 이런 행동을 하는 아동은 수줍거나 사회적으로 불안한 아동과는 달리 다른 사람과 상호작용하려고 하며 그러한 상호작용을 강화할 가능성이 높다. **유발적 유전-환경 상관**은 유전적으로 영향을 받은 아동의 속성이나 행동이 다른 사람의 행동에 영향을 미쳐서 결국은 자신의 속성이나 행동을 강화하는 데 기여하는 반응을 유발할 때 발생한다. 예를 들면, 유전적으로 영향을 받은 외현화 행동문제(예, 공격성, 품행문제)는 부모와 또래에게서 거부를 당하거나 적대적 대우를 받는 등 가혹하고 비난하는 반응을 불러일으키는 경향이 있다(Anderson, Lytton, & Romney, 1986; O'Connor, Deater-Decker, Fulker, Rutter, & Plomin, 1998).

만일 비수동적 유전-환경 상관이 있다면 사교성이나 공격성과 같은 특수한 속성에 영향을 미치는 유전적 요인이 이와 상관관계를 이루는 환경적 요인이 제공하는 강화에 의해 더욱 증대된다는 것을 의미한다. 이는 유전적 영향을 추정하지 않거나 통제하지 않은 가족연구에서, 하나의 방식으로 작용하는 것 같은 환경적 요인이 사실은 다른 방식으로 작용할지도 모른다는 것을 시사한다. 수많은 발달결과의 강력한 보호요인으로 확인되어 온 따뜻하고 지지적인 자녀양육에 관한 연구를 생각해 보라(Conger & Conger, 2002). 부모-자녀 간 애정에 관한 거의 모든 연구가 가족 중 단지 한 부모와 자녀 간의 이자관계를 위한 자녀양육과 그러한 이자관계에서 아동에게 나타나는 결과만을 검토해 왔다. 그러나 한 부모가 2명의 자녀와 맺는 관계를 검토할 때(예, 형제자매의 차이), 각각의 부모-자녀 간 이자관계에서 애정과 수용의 정도가 다르며 때로는 극단적으로 다를 수도 있다(Dunn, 1993).

더구나 어머니가 여러 명의 자녀에게 서로 다르게 행동하는 경우는 부분적으로 유발적 유전-환경 상관의 결과로 나타난다. 우리가 수행한 연구에서는 어머니가 여러 명의 자녀 각각에게 얼마나 애정 어린 양육을 하는지에 관한 자기 보고와 어머니의 애정과 반응적 행동에 대한 관찰자 평정(짧은 시간 동안 모-자녀 이자 간 상호작용의 관찰에 기초한 것)이 유발적 유전-환경 상관을 시사하는 것으로 밝혀졌다. 일란성 쌍생아는 어머니에게서 애정과 반응적 행동을 받는 수준이 매우 유사한 반면, 이란성 쌍생아와 형제자매는 중간 정도로만 유사한 애정을 받는 것으로 밝혀졌다. 반대로 유전적으로 관련이 없는 입양된 형제자매는 어머니의 애정과 지지적 행동에서 약간의 상관을 이룰 뿐이다. 이와 같은 유발적 유전-환경 상관의 효과는 어머니에 대한 아동의 반응성과 사회적 유대감에 영향을 미치는 유전적 요인에 의해 작용하는 것 같다(Deater-Deckard & O' Connor, 2000).

유전-환경 상관의 효과 때문에 유전자가 우세한 영향을 미친다고 결론 내리는 것은 적절하지 않다(예, Plomin, 1994; Rutter, 2002). 첫째, 유전-환경 상호작용과 상관이 존재한다면 개인차 속성을 나타내는 유전적 변산의 추정치는 순수하게 유전적 영향의 추정치가 아니다. 유전가능성 추정치는 유전-환경 상호작용과 상관의 변산도 어느 정도 포함하기 때문이다. 유전가능한 변산은 유전자가 영향을 미친다는 것을 시사하지만, 유전자 효과와 상관을 이루거나 상호작용하는 환경적 영향의 인과적 역할을 제외시키지 않는다. 둘째, 개인차는 유전-환경의 상호교류에서 발생하기 때문에 아동의 환경을 변화시키면 발달 기제에서 유전자가 하는 역할도 변경시킬 수 있다. 특정 지역 및 시대에 사는 특정 집단에게 유전가능한 어느 속성은 다른 집단과 지역 및 시대에서는 유전 가능하지 않을 수도 있다. 예를 들면, 유전가능성과 비공유 환경이 IQ 점수에 중간 정도로 작용을 하고 공유 환경은 별로 작용하지 않는다는 것은 계량유전학에서 가장 일관성 있게 발견된 결과 가운데 하나다. 그러나 매우 열악한 환경에서 살고 있는 집단에서 나타나는 변산을 검토할 때는 IQ의 유전가능성이 소멸할 수도 있으며 공유 환경의 영향력이 상당히 클 수도 있다(Turkheimer, Haley, Waldron, D'Onofrio, & Gottesman, 2003).

유전-환경 상호교류는 결정적이지 않다. 예를 들면, 인지적 수행 점수가 높은 아동은 양육자와 물리적 환경에서 더 많은 자극을 받으려 하고 또 더 많은 자극을 유발하지만, 실험에 의하면 아동의 인지적 능력에 대한 성인의 지각을 조작하여 아동이 더 나은 결과를 성취하게 만들 수 있음이 밝혀졌다(Rosenthal & Jacobson, 1968). 비슷하게 어떤 아동은 까다롭거나 공격적이거나 적대적인 행동을 하여 부모를 괴롭히고 성가시게 하기 때문에 좋아하기가 어렵고, 따라서 그 부모가 자녀양육을 가혹하게 하도록 유도할 가능성이 높다. 그러나 부모의 자녀양육에 대한 개입을 평가한 연구에 의하면 자녀의 혐오스러운 행동에 대하여 부모가 다르게 반응하는 전략을 배우도록 가르칠 수 있고, 이로써 아동의 정서 및 행동 문제가 감소한다(Deater-Deckard, 2004). 보호요인의 영향과 아동의 결과 간 관계를 연결 짓는 유전-환경 상호교류는 융통성이 있고 환경이 변화할 때 변할 수 있다.

비공유 환경과 공유 환경

계량 유전적 연구는 개인차 발달에서 환경이 원인의 역할을 한다는 가장 명백한 증거를 제시하는데, 이는 유전적 영향을 추정하지도 통계적으로 통제하지도 않는 가족연구에 비해서 더욱 그러하다(Plomin, 1994). 인간이 지닌 속성은 상당한 효과를 지닌 환경적 영향과 유전적 물질을 포함한다. 그렇기 때문에 계량 유전적 모형에 의하면 속성에서 나타나는 많은 차이는 유전적이지 않다. 환경적 변산의 대부분이 비공유라는 사실은 환경적 영향이 가족 구성원을 더 유사하게 만들기보다는 서로 차이 나게 만든다는 것을 의미한다.

비공유 환경의 영향은 전반적이고 때때로 상당히 크다. 유전적인 측면을 알 수 있게 하는 설계(Reiss et al., 2000)를 활용하여 비공유 환경 기제를 확인할 수 있다. 이 분야에서 이루어진 대다수의 선행 연구는 형제자매가 부모와 차별적인 경험을 갖는 것에 주목해 왔다. 한 예로 3세의 동성 쌍생아에 관한 최근의 연구(Deater-Deckard et al., 2001)를 들 수 있다. 어머니가 일란성 쌍생아에게 표현한 애정의 차이가 쌍생아 행동문제(예, 공격적 행동, 순종하지 않는 행동)와 긍정적 정서의 6~25%를 설명했다. 어머니의 애정을 더 많이 받은 일란성 쌍생아가 더 순종적이며 덜 공격적이고 더 행복했다. 이 연구설계에서는 형제자매가 유전적으로 동일하기 때문에(일란성 쌍생아이므로) 이와 같은 차별적인 과정은 형제자매의 유전자 차이에 기인할 수 없다. 소수의 다른 연구는 비공유 환경 기제를 밝히기 위하여 이 방법뿐만 아니라 다른 방법도 사용했다. 비공유 환경은 측정 오차와 비체계적인 개인 특유의 경험에서 발생하는 효과를 포함한다(Reiss et al., 2000; Turkheimer & Waldron, 2000). 그러므로 비공유 환경 기제를 밝히기가 어렵더라도 이런 노력을 기울여 볼 가치는 있다. 공유 환경 영향(즉, 가족 구성원의 유사성을 만들어 내는 환경 영향)이 비공유 환경보다 덜 우세하지만 계량적 방법을 사용하여 공유 환경 영향을 명백하게 밝힐 수 있다. 예를 들면, 아동의 인지적 능력과 어머니의 애정 간 관계를 생각해 보라(둘 다 적응유연성의 발달에 관여한다). 인지적 능력은 초기 아동기에는 중간 정도의 공유 환경 변산을 포함한다. 앞에서 기술한 쌍생아 연구에서는 유치원 아동의 인지적 능력에서 공유 환경 변산의 상당한 부분을 어머니의 애정과 가족의 사회경제적 지위로 설명하였다(Petrill & Deater-Deckard, 2004).

적응유연성 발달에서 비공유 환경 변산이 우세하다는 것은 가정 내 환경의 보호 기제에 관한 자료를 어떻게 평가하고 분석할 것인지에 대한 시사점을 던진다. 측정과 관련해서는 가정환경의 전반적인 측정치보다는 가족 내에서 아동 개인에게 특수한 환경의 측정을 강조한다. 예를 들면, 연구자는 가족 안에서 한 아동에 대한 어머니의 행동을 평가하기보다는 2명 이상의 자녀에 대한 어머니의 통제, 애정, 부정적 성향을 측정하는 데 초점을 둘 수 있다. 때때로 2명 또는 그 이상의 아동에 대한 어머니의 감정과 행동은 대상 아동이 누구인지에 따라 다를 것이다. 보통 한 가족 안에 있는 아동 각각을 위한 과정을 포함하지 않는 수준에서 많은 환경요인을 평가할 때도 동일한 원리가 적용될 수 있다.

가족연구를 설계하거나 분석할 때 가족 간 변산뿐만 아니라 가족 내 변산(즉, 형제자매 간 차이와 유사성)의 측정치를 포함해야 한다. 유전적인 측면을 알려 주는 설계를 사용하면 비공유 환경 기제와 유전-환경 상관 기제 가운데 더욱 엄격하게 검증할 수 있는 '후보' 를 검증할 수 있다.

결론

이 장을 마무리하면서 유전-환경 상호교류와 적응유연성에 관한 연구가 던지는 몇 가지 시사점을 논하고자 한다.

발달과정으로서의 적응유연성

Rutter(1993)는 위험요인과 보호요인의 확인보다는 보호기제와 보호과정에 주목할 것을 강조했다. 위험요인과 보호요인의 영향은 정적이지 않기 때문에 발달의 과정을 검증하는 것이 주목적이 되어야 한다는 주장이다. 유전자의 효과가 어느 정도는 고정적이라고 보는 경향이 있기 때문에 유전적 영향을 고려할 때 이러한 주장은 특히 중요하다. 유전자의 활동과 유전-환경 상호교류는 (세포 안과 세포 밖의) 여러 수준에서 동시에 발생한다. 한 개인 안에 있는 하나의 유전자의 형태가 변화하지는 않을지라도, 그 유전자의 기능과 그 개인에게 미치는 효과는 다른 유전자의 기능과 환경에서 나타나는 변화에 전적으로 좌우될 수 있다.

유전자와 유전자, 환경과 환경, 유전자와 환경 사이에 작동하는 수많은 복잡한 상호교류가 있다. 인간은 폐쇄된 체계가 아니다. 환경과 게놈은 가끔 무작위로 변화한다. 적응유연성에 있어서 유전-환경의 상호교류 과정을 기술하는 '이야기'는 연구 대상인 특정 집단과 그 집단이 존재하는 환경 맥락에 좌우될 수 있다. 인간 발달에서 유전-환경 상호교류에 관한 후속 연구의 성공 여부는 연구 설계와 평가 그리고 자료 분석에서 유전과 환경 간의 발달적 상호교류를 얼마나 진지하고 심각하게 다루느냐에 좌우될 것이다.

당신의 위험요인은 나의 보호요인

어떤 맥락에서 보호적인 것이 다른 맥락에서는 아무런 효과를 가지지 못하거나 심각한 문제가 되는 결과를 일으킬 수 있다(Rutter, 1993). 예를 들면, 감정의 동요가 클 때 외향적인 사람은 다른 사람의 사회적 지지를 얻으려고 접근하거나 추구할 가능성이 높기에 역경에 직면하는 경우에도 잘 적응할 수 있다. 그러나 가족갈등 수준이 높을 때는 감정이 동요하거나 타인에게 접근하는 특징이 오히려 사회적 위축을 예측할 수 있게 한다(Tschann et al., 1996). 또 다른 예는 또래관계와 반사회적 행동에 관한 연구에서 찾을 수 있다. 대부분의 사회집단에서 한 명 또는 여러 명과 이루는 안정적이고 친밀한 우정은 대부분의 아동과 청소년의 사회적 유능성과 학업적 성취를 예측한다. 그러나 그들이 반사회적이고 폭력적이며 또래집단도 마찬가지로 반사회적인 경우(이것은 치료 장면뿐만 아니라 일반 환경에서도 흔한 시나리오다), 이런 또래 네트워크나 우정에 가장 적게 연루되어 있는 청소년의 행동양상은 시간이 흐르면서 가장 많이 향상된다(Bender & Loesol, 1997; Berndt, Hawkins, & Jiao, 1999). 친밀하고 지지적인 친구는 품행문제를 가진 아동·청소년의 반사회적 증상을 크게 감소시키거나 증가시킬 수 있는데, 그들이 법규를 어기고 다른 사람을 못살게 구는 관심을 공유하기 때문에 그들 사이에 우정이 형성·유지되느냐 아니냐에 좌우된다(Dishion, McCord, & Poulin, 1999).

환경 또는 맥락에 따라서 어떤 유전적 위험요인은 보호 효과를 가질 수도 있다는 주장은 종(種)의 변화와 적응에 대한 진화론적 설명을 반드시 필요로 한다. 유해한 효과만을 주는 유전자는 시간의 경과에 따라서 그 우세성이 점차 떨어진다. 그런 유전자를 가진 개체는 자손을 번식하기도 전에 사망하기 때문이다. 그러나 보호적 영향과 위험을 모두 주는 유전자는 시간이 흐르면서 살아남을 가능성이 높아진다. 그런 유전자를 지닌 개체는 자손을 번창시킬 자손을 번식할 수 있기 때문이다. 겸상적혈구빈혈증은 바로 이런 점을 예시한다. 이 질병은 단일 열성유전자의 특성으로, 적혈구 세포의 기형을 가져오고 적혈구 세포가 비효과적으로 활동하게 하고 혈액을 응고시킨다. 이런 유전자를 양 친부모에게서 하나씩 물려받은 사람은 순환문제로 인해 다양한 신체 질병을 갖게 되고, 그 질병은 생명을 위협한다. 그런 유전자를 어느 한쪽 부모에게서만 물려받은 사람은 보균자로 비교적 경미한 영향을 받는다. 또한 그들은 가령 말라리아에 걸리지 않도록 보호를 받는다. 이런 현상은 특정 유전자에 기인한 특정 질병이 왜 서아프리카와 같이 말라리아의 위협이 지속적인 지역에서 특히 더 우세한지를 설명한다. 그 유전자가 질병을 일으키는 동시에 그 질병이 건강을 위협당하지 않도록 보균자를 보호하기도 한다. 만일 말라리아가 줄거나 전멸한다면, 보균자라는 위치는 더 이상 그런 (말라리아의 위협이 지속적인) 지역에서 보호 효과를 주지 않을 것이다. 그래서 아프리카계 미국인의 세대가 계속되면서 유전자가 원인이 되는 질병의 우세성은 떨어질 것이다(Connor & Ferguson-Smith, 1991). 생명을 위협하고 고통스러운 질병을 일으키는 유전적 위험요인이 건강을 위협하는 외적인 위험에 노출되지 않도록 놀랄 만한 보호를 제공하지만, 외적인 생물학적 위협이 제거된다면 보호 효과는 더 이상 유용하지 않게 된다.

특유의 유전-환경 상호작용이 아동기와 그 이후에 어떤 심리적 결과를 가져오는지가 밝혀짐에 따라서, 특정 결과를 위해 보호적인 유전자가 다른 문제성 결과를 일으키는 위험을 초래하는 효과를 갖게 될 수도 있다. 이런 예측은 정적인 결정론적 보호요인을 포함하는 적응유연성 정의에 잘 들어맞지 않는다. 오히려 적응유연성은 역동적 발달과정이라는 아이디어와 일치한다.

마음의 환경

같은 위험요인(예: 빈곤, 가정폭력, 출산 시 저체중)을 가진 집단에 속한 아동 개개인에게 발생하는 결과가 전혀 획일적이지 않음을 발견할 때, 발달에서 적응유연성이 나타나는 현실은 우리에게 추진력이 된다. 환경에 대한 객관적 측정치를 사용하여 보호 기제를 규명하고 평가하며 검증하는 것이 필수적이지만, 그것은 이야기의 반만을 말해 줄 뿐이다. 아동이 지닌 마음의 환경, 즉 아동의 주관적인 현실을 탐색하는 작업도 해야 한다. 적응유연성과 자기개념 그리고 다른 자기 관련 사회 인지에 관한 연구가 이 목적에 적합하지만, 아동이 환경과 경험을 어떻게 해석하는지의 근본을 이루는 유전-환경 상호교류를 검토하고 이런 주관적 경험이 발달적 결과에 어떻게 영향을 미치는지를 검토하는 연구를 수행할 필요가 있다.

지난 몇 년 동안 나이 어린 아동이 갖는 주관적 경험을 평가하는 엄밀한 경험적 방법에 대한 관심이 새롭게 일어났다. 이 노력이 이제 성과를 이뤄 내기 시작하고 있다. 수십 년 동안의 연구를 통해 아동의 사회적 정보처리 편향, 특히 아동이 다른 사람의 의도에 대하여 어떤 원인을 추론하는지(귀인)와 화를 나게 하거나 도발적인 사회적 상황에 대한 여러 대안적인 반응을 어떻게 평가하는지를 알면, 위험에 처한 아동 가운데 일부는 시간의 경과에 따라서 더욱 공격적이 되지만 다른 아동은 그렇지 않은지 그 이유를 설명할 수 있다(Crick & Dodge, 1994). 보다 최근의 연구 결과는 아동이 자신의 양육환경에 대한 주관적 경험을 보고한 자료로 아동의 사회 인지를 예언하는 정도가 부모-보고 자료와 비슷하거나 때때로 부모-보고 자료에 비해 더 높다는 것을 보여 준다(Measelle, Ablow, Cowan, & Cowan, 1998).

이론에 의하면 마음의 환경에 대한 연구를 더 자주 해야 하며, 또 유전적 연구로부터 그에 관한 경험적 자료가 수집되고 있다. 첫째, 이론적으로 객관적 의미의 모든 경험은 우리 뇌의 지각체계와 인지체계를 거쳐 걸러진다. 비록 특정 종에 전형적인 두뇌 경로가 관여하기는 하지만(예, 시각체계의 자료가 기억체계로 송환됨), 사람이 환경에서 주의 집중하는 것, 기억에 저장하고 회상하는 것 등에는 개인차가 존재한다. 이론적으로 정보처리 편향이나 선호에서 나타나는 개인차는 행동의 변산(예, 기질)이 유전-환경 상호교류 때문에 발생하는 것만큼 가능하다. 이러한 아이디어를 검증하는 작업이 필요하며, 유전적 정보를 알려 주는 설계를 활용하는 사회 인지 실험이어야 할 필요가 있다.

주관적 경험을 포함하는 두 번째 결과는 계량 유전적 연구에서 환경적 변산의 대부분이 비공유라는 것이다. 즉, 발달적 결과에 미치는 비유전적 영향의 상당 부분은 개인 특유의 것이다. 이러한 개인 특유의 경험이 객관적 의미에서 '실제적인' 경험의 차이에만 전적으로 기인할 필요가 없고, 똑같은 '실제적인' 경험을 했던 두 사람 사이에서도 개인 특유의 주관적 경험은 다를 수 있다는 논리를 따른다. 이러한 유형의 연구는 상당 부분 탐색되지 않은 채로 있으며, 유전적 정보를 알려주는 설계를 사용한 실험을 요구한다. 이런 연구는 전도가 유망한 결과를 가져올 것이다. 부모가 같은 형제자매가 서로 다른 경험을 하는 것(즉, 비공유 환경 영향의 원천이 됨)을 검토한 몇몇 연구는 부모가 덜 좋아하는 자녀가 이런 상황을 공정하지 못한 것으로 지각할 때 그 차별적 처치가 자녀의 문제 행동과 관련된다는 것을 증명했다(Kowal & Kramer, 1997; McHale, Updegraff, Jackson-Newson, Tucker, & Crouter, 2000). 한 가정에서 어떤 자녀가 다른 자녀보다 더 처벌적인 대우를 받는다면, 이런 차별적 대우는 형제자매 간에 나타나는 문제 행동의 차이에 대해 부모가 공정하고 적절하게 반응한 것(예, 덜 선호되는 아동이 마땅히 받아야 할 것을 받는 것)을 반영하기 때문에 일부 아동은 그 상황을 공정하다고 생각한다. 이런 가족 안에서 차별적 대우는 덜 선호되는 아동의 문제 행동의 증가와 관련되는 것 같지 않다. 반대로 다른 아동은 차별적 대우를 공정하지 못한 것으로 보는데, 이런 아동이야말로 차별적 대우로 인해서 행동문제와 정서문제를 보일 가능성이 있다. 객관적인 것(형제자매에 대한 차별적 대우)과 주관적인 것(차별적 대우의 공정성에 대한 아동의 지각)을 모두 고려해야 온전한 이해를 얻을 수 있다.

주관적 요인을 시사하는 세 번째 결과는 양육환경에 대한 동시적 자기 보고와 회고적 자기 보고에서 나타난 개인차가 유전적 영향의 증거를 분명히 보여 준다는 점이다. 유전적으로 좀 더 유사한 형제자매는 유사한 자녀양육 환경과 경험을 보고한다(Plomin, 1995). 이에 대한 가장 공통된 해석은 능동적 유전-환경 상관과 유발적 유전-환경 상관이 이러한 효과를 야기한다는 것이다. 즉, 유전적으로 좀 더 유사한 형제자매는 능동적 유전-환경 상관과 유발적 유전-환경 상관 때문에 실제로 더욱 유사한 경험을 하며, 그들의 자기 보고가 이런 현실을 반영한다. 또 다른 해석은 아직 엄밀하게 연구되지는 않았지만, 비록 실제적이거나 객관적인 경험이 개별적이더라도 유전적인 영향을 받는 정보처리 기제가 개별적인 경험을 유사하게 해석하도록 만든다는 것이다. 이런 아이디어를 검증하려면 유전적 연구설계를 사용한 실험을 해야 한다.

결론적으로 적응유연성은 아동의 속성(예, 기질, 인지능력)과 환경(예, 부모의 지지적 양육, 학습을 풍부하게 하는 교실)의 개인차가 관여하는 발달과정이다. 이런 차이의 근원이 되는 유전적 영향과 환경적 영향이 상관을 이루고, 여러 아동에서 나타나는 변산과 시간의 흐름에 따라 한 아동 내에서 나타나는 변산을 생성하는데, 이러한 유전적 영향과 환경적 영향이 상호작용을 한다. 유전-환경의 상호교류를 분명히 설명할 수 있다면 더 정확한 예측을 할 수 있을 것이다. 동시에 유전-환경의 상호교류가 어떤 효과를 이룰지는 확률적이며, 유전-환경의 상호교류와 그 효과가 유전자나 환경의 변화에 따라서 변화할 수 있음을 과학자와 실무자는 반드시 이해해야 한다.

참고문헌 REFERENCES

Anderson, K., Lytton, H., & Romney, D. M. (1986). Mothers' interactions with normal and conduct-disordered boys: Who affects whom? *Developmental Psychology, 22*, 604-609.

Arbelle, S., Benjamin, J., Golin, M., Kremer, I., Belmaker, R. H., & Ebstein, R. P. (2003). Relation of shyness in grade school children to the genotype for the long of the serotonin transporter promoter region polymorphism. *American Journal of Psychiatry, 160*, 671-676.

Aspinwall, L. G. (2001). Dealing with adversity: Self-regulation, coping, adaptation, and health. In A. Tesser & N. Schwarz (Eds.), *Blackwell handbook of social psychology: Intraindividual processes* (pp. 591-614). Malden, MA: Blackwell.

Bender, D., & Loesel, F. (1997). Protective and risk effects of peer relations and social support on antisocial behaviour in adolescents from multi-problems milieus. *Journal of Adolescence, 20*, 661-678.

Berndt, T. J., Hawkins, J. A., & Jiao, Z. (1999). Influences of friends and friendships on adjustment to junior high school. *Merrill-Palmer Quarterly, 45*, 13-41.

Braungart, J. M., Plomin, R., DeFries, J.C., & Fulkner, D. W. (1992). Genetic influence on tester-rated infant temperament as assessed by Bayley's infant behavior record: Nonadoptive and adoptive siblings and twins. *Developmental Psychology, 28*, 40-47.

Buckner, J. C., Mezzacappa, E., & Beardslee, W. R. (2003). Characteristics of resilient youths living in poverty: The role of self-regulatory processes. *Development and Psychopathology, 15*, 139-162.

Buss, A. H., & Plomin, R. (1984). *Temperament: Early developing personality traits.* Hillsdale, NJ: Erlbaum.

Caspi, A., McClay, J., Moffitt, T. E., Mill, J., Martin, J., Craig, I. W. et al. (2002). Role of genotype in the cycle of violence in maltreated children. *Science, 297,* 851-854.

Caspi, A., Sugden, K., Moffitt, T. E., Taylor, A., Craig, I. W., Harrington, H. et al. (2003). Influence of life stress on depression: Moderation by a polymorphism in the 5-HTT gene. *Science, 301*, 386-389.

Conger, R. D., & Conger, K. J. (2002). Resilience in midwestern families: Selected findings from the first decade of a prospective, longitudinal study. *Journal of Marriage and the Family, 64,* 361-373.

Connor, J. M., & Ferguson-Smith, M. A. (1991). *Essential medical genetics* (3rd ed.). London: Blackwell.

Costa, P. T., Somerfield, M. R., & McCrae, R. R. (1996). Personality and coping: A reconceptualization. In M. Zeidner & N. S. Endler (Eds.), *Handbook of coping: Theory, research, and applications* (pp. 44-61). New York: Wiley.

Crick, N., & Dodge, K. A. (1994). A review and reformulation of social information-processing mechanisms in children's social adjustment. *Psychological Bulletin, 115,* 74-101.

Deater-Deckard, K. (2004). *Parenting stress.* New Haven, CT: Yale University Press.

Deater-Deckard, K., & O'Connor, T. G. (2000). Parent-child mutuality in early childhood: Two behavioral genetic studies. *Developmental Psychology, 36,* 561-570.

Deater-Deckard, K., Pike, A., Petrill, S. A., Cutting, A., Hughes, C., & O'Connor, T. G. (2001). Nonshared environmental processes in social-emotional development: An observational study of identical twin differences in the preschool period. *Developmental Science, 4*, F1-F6.

Dishion, T. J., McCord, J., & Poulin, F. (1999). When interventions harm: Peer groups and problem behavior. *American Psychologist, 54,* 755-764.

Dunn, J. (1993). *Young children's close relationships: Beyond attachment.* Thousand Oaks, CA: Sage.

Eid, M., Riemann, R., Angleitner, A., & Borkenau, P. (2003). Sociability and positive emotionality: Genetic and environmental contributions to the covariation between different facets of extraversion. *Journal of Personality, 71*, 319-346.

Fan, J., Fossella, J., Sommer, T., Wu, Y., & Posner, M. I. (2003). Mapping genetic variation of excutive attention onto brain activity. *Proceedings of the National Academy of Science, 100,* 7406-7411.

Goldsmith, H. H., Buss, K. A., & Lemery, K. S. (1997). Toddler and childhood temperament: Expanded content, stronger genetic evidence, new evidence for the importance of environment. *Developmental Psychology, 33*, 891-905.

Hetherington, E. M. (1991). The role of individual differences and family relationships in children's coping with divorce and remarriage. In P. A. Cowan & E. M. Hetherington (Eds.), *Family transitions. Advances in family research series* (pp. 165-194). Hillsdale, NJ: Erlbaum.

Holaham, C. J., Moos, R. H., & Schaefer, J. A. (1996). Coping, stress resistance, and growth: Conceptualizing adaptive functioning. In M. Zeidner & N. S. Endler (Eds.), *Handbook of coping: Theory, research, and applications* (pp. 24-43). New York: Wiley.

Kendler, K. S., Gardner, C. O., & Prescott, C. A. (1998). A population-based twin study of self-esteem and gender. *Psychological Medicine, 28*, 1403-1409.

Kilmer, R. P., Cowen, E. L., & Wyman, P. A. (2001). A micro-level analysis of developmental, parenting, and family milieu variables that differentiate stress-resilient and stress-affected children. *Journal of Community Psychology, 29*, 391-416.

Kowal, A., & Kramer, L. (1997). Children's understanding of parental differential treatment. *Child Development, 68*, 113-126.

Kumpfer, K. L. (1999). Factors and processes contributing to resilience: The resilience framework. In M. D. Glantz & J. L. Johnson (Eds.), *Resilience and development: Positive life adaptations* (pp. 179-224). New York: Kluwer Academic/Plenum.

Lengua, L. J. (2002). The contribution of emotionality and self-regulation to the understanding of children's response to multiple risk. *Child Development, 73*, 144-161.

Lösel, F., & Bliesener, T. (1994). Some high-risk adolescents do not develop conduct problems: A study of protective factors. *International Journal of Behavioral Development, 17*, 753-777.

Manke, B., Saudino, K. J., & Grant, J. D. (2001). Extremes analyses of observed temperament dimensions. In R. N. Emde & J. K. Hewitt (Eds.), *Infancy to early childhood: Genetic and environmental influences on developmental change* (pp. 52-72). New York: Oxford University Press.

Masten, A. S., Hubbard, J. J., Gest, S. D., Tellegen, A., Garmezy, N., & Ramirez, M. (1999). Competence in the context of adversity: Pathways to resilience and maladaptation from childhood to late adolescence. *Development and Psychopathology, 11*, 143-169.

Matthews, G., & Deary, I. J. (1998). *Personality traits*. Cambridge, UK: Cambridge University Press.

Matthews, G., Schwean, V. L., Campbell, S. E., Saklofske, D. H., & Mohamed, A. A. R. (2000). Personality, self-regulation, and adaptation: A cognitive-social framework. In

M. Boekaerts, P. R. Pintrich, & M. Zeidner (Eds.), *Handbook of self-regulation* (pp. 171-207). New York: Academic Press.

McCartney, K., Harris, M. J., & Bernieri, F. (1990). Growing up and growing apart: A developmental meta-analysis of twin studies. *Psychological Bulletin, 107,* 226-237.

McGuire, S., Manke, B., Saudino, K. J., Reiss, D., Hetgerington, E. M., & Plomin, R. (1999). Perceived competence and self-worth during adolescence: A longitudinal behavioral genetic study. *Child Development, 70,* 1283-1296.

McHale, S. M., Updegraff, K. A., Jackson-Newson, J., Tucker, C. J., & Crouter, A. C. (2000). When does parents' differential treatment have negative implications for siblings? *Social Development, 9,* 149-172.

Measelle, J. R., Ablow, J. C., Cowan, P. A., & Cowan, C. P. (1998). Assessing young children's views of their academic, social, and emotional lives: An evaluation of the self-perception scales of the Berkeley Puppet Interview. *Child Development, 69,* 1556-1576.

Mendez, J. L., Fan, J., & Cicchetti, D. (2002). Profiles of social competence among low-income African American preschool children. *Child Development, 73,* 1085-1100.

Neiderhiser, J. M., & McGuire, S. (1994). Competence during middle childhood. In J. C. DeFries, R. Plomin, & D. W. Fulkner (Eds.), *Nature and nurture during middle childhood* (pp. 141-151). Cambridge: Blackwell.

Neiss, M. B., Sedikides, C., & Stevenson, J. (20020. Self-esteem: A behavioral genetic perspective. *European Journal of Personality, 16,* 351-367.

O'Connor, T. G., Deater-Deckard, K., Fulker, D. W., Rutter, M., & Plomin, R. (1998). Gene-environment correlations in late childhood and early adolescence. *Developmental Psychology, 34,* 970-981.

Oniszczenko, W., Zawadzki, B., Strelau, J., Riemann, R., Angleitner, A., & Spinath, F. M. (2003). Genetic and environmental determinants of temperament: A comparative study based on Polish and German samples. *European Journal of Personality, 17,* 207-220.

Petrill, S. A., & Deater-Deckard, K. (2004). Task orientation, parental warmth and SES account for a significant proportion of the shared environmental variance in general cognitive ability in early childhood: Evidence from a twin study. *Developmental Science, 7,* 25-32.

Plomin, R. (1994). *Genetics and experience: The interplay between nature and nurture.* Thousand Oaks, CA: Sage.

Plomin, R., DeFries, J. C., McClearn, G. E., & McGuffin, P. (2001). *Behavioral Genetics* (4th ed.). New York: Worth.

Plomin, R., Pedersen, N. L., McClearn, G. E., Nesserlroade, J. R., & Bergeman, C. S.

(1988). EAS temperaments during the last half of the life span: Twins reared apart and twins reared together. *Psychology and Aging, 3,* 43-50.

Plomin, R., & Rutter, M. (1998). Child development, molecular genetics, and what to do with genes once they are found. *Child Development, 69,* 1223-1242.

Posner, M. I., & Rothbart, M. K. (2000). Developing mechanisms of self-regulation. *Development & Psychopathology, 12,* 427-441.

Prior, M. (1999). Resilience and coping: The role of individual temperament. In E. Frydenberg (Ed.), *Learning to cope: Developing as a person in complex societies* (pp. 33-52). Oxford: Oxford University Press.

Reiss, D., Neiderhiser, J., Hetherington, E. M., & Plomin, R. (2000). *The relationship code: Deciphering genetic and social influences on adolescent development.* Cambridge, MA: Harvard University Press.

Rohner, R. P., & Britner, P. A. (2002). Worldwide mental health correlates of parental acceptance-rejection: Review of cross-cultural and intracultural evidence. *Cross-Cultural Research: The Journal of Comparative Social Science, 36,* 15-47.

Rosenthal, R., & Jacobson, L. (1968). *Pygmalion in the classroom.* New York: Holt, Rinehart & Winston.

Rothbart, M. K., Ahadi, S. A., & Evans, D. E. (2000). Temperament and personality: Origins and outcomes. *Journal of Personality & Social Psychology, 78,* 122-135.

Rothbart, M. K., & Bates, J. E. (1998). Temperament. In W. Damon (Series Ed.) & N. Eisenberg (Vol. Ed.), *Handbook of child psychology: Vol. 3, Social, emotional and personality development* (5th ed., pp. 105-176). New York: Wiley.

Rusalov, V. M., & Biryukov, S. D. (1993). Human behavioral flexibility: A psychogenetic study. *Behavior Genetics, 23,* 461-465.

Rutter, M. (1993). Resilience: Some conceptual considerations. *Journal of Adolescent Health, 14,* 626-631.

Rutter, M. (2002). Nature, nurture, and development: From evangelism through science toward policy and practice. *Child Development, 73,* 1-21.

Saudino, K., & Eaton, W. O. (1995). Continuity and change in objectively assessed temperament: A longitudinal twin study of activity level. *British Journal of Developmental Psychology, 13,* 81-95.

Schmitz, S. (1994). Personality and temperament. In J. C. DeFries, R. Plomin, & D. W. Fulkner (Eds.), *Nature and nurture during middle childhood* (pp. 120-140). Cambridge: Blackwell.

Smith, J., & Prior, M. (1995). Temperament and stress resilience in school-age children: A within-families study. *Journal of the American Academy of Child & Adolescent Psychiatry, 34,* 168-179.

Thomas, A., & Chess, S. (1977). *Temperament and development.* New York: Brunner/Mazel.

Tschann, J. M., Kaiser, P., Chesney, M. A., Alkon, A., & Boyce, T. (1996). Resilience and vulnerability among preschool children: Family functioning, temperament, and behavior problems. *Journal of the American Academy of Child & Adolescent Psychiatry, 35,* 184-192.

Turkheimer, E., Haley, A., Waldron, M., D'Onofrio, B., & Gottesman, I. I. (2003). Socioeconomic status modifies heritability of IQ in young children. *Psychological Science, 14,* 623-628.

Turkheimer, E., & Waldron, M. (2000). Nonshared environment: A theoretical, methodological, and quantitative review. *Psychological Bulletin, 126,* 78-108.

Wills, T. A., Sandy, J. M., Yaeger, A., & Shinar, O. (2001). Family risk factors and adolescent substance use: Moderation effects for temperament dimensions. *Developmental Psychology, 37,* 283-297.

Zimmerman, B. J. (2000). Attaining self-regulation: A social cognitive perspective. In M. Boekaerts, P. R. Pintrich, & M. Zeidner (Eds.), *Handbook of self-regulation* (pp. 13-39). New York: Academic Press.

Zuckerman, M. (2000). Optimism and pessimism: Biological foundations. In E. C. Chang (Ed.), *Optimism & pessimism: Implications for theory, research, and practice* (pp. 169-188). Washington, DC: American Psychological Association.

제5장

남성의 진솔한 적응유연성

취약성과 관계의 유지와 재조명

William S. Pollack

우리가 남자 아동과 청소년의 (건강한) 취약성을 유지시킬 수 있다면 그들은 더욱 적응유연할 것이며 적응유연성을 유지할 것이라는 주장은 고전적 적응유연성 연구에서는 모순된 표현일 것이다. 그러나 이것이야말로 이 장에서 주장하는 바다. 젊건 나이 들었건 남성의 진정한 적응유연성을 이루려는 희망의 밑거름은 건강한 소년기에 관한 모형 중 고전적 모형인 **엄격한 분리에 기반을 둔 모형**을 해체하는 데 있다(Pollack, 1995a, 1995b, 1998, 1999, 2000).

이 장에서는 산업화된 서양사회의 소년과 그들이 점차 실패하고 있는 결과에 관한 전통적인 사회화 모형(Pollack, 1998 참조)을 고려해 볼 때, 적응유연성의 고전적 모형을 우리 사회의 청소년에게 최대한 적용하려면 어떻게 변경할 필요가 있는지, 또는 적어도 새로운 젠더[1] 특유의(gender-specific) 렌즈를 통해 바라볼 필요가 있는지를 논할 것이다. 이러한 방식으로 적응유연성의 개념에 대해 혁신적으로 접근하면, 적응유연성 개념은 남자 아동과 청소년의 정서적 안녕에 대한

1) 역자 주: 이 책에서는 생물학적 성을 뜻하는 sex와 구별하기 위하여 gender를 젠더로 번역한다.

새로운 증거로 주목받을 수 있을 것이다.

아동(그리고 성인)의 적응유연성에 관한 고전적 모형에서 적응유연성은 '좌절에서 회복할 수 있는' 능력, '분명하고 현실적인 목표를 발전시킬 수 있는' 능력 등을 포괄한다(Brooks & Goldstein, 2001). 비록 나는 이런 개념에 이의를 제기하지는 않지만, 그리고 그 개념이 삶의 고통을 다룰 수 있는 능력과 정서적 안녕의 중심에 있기는 하지만, 전형적인 '소년 행동(boy behavior)' 이라는 표면적인 표현에 이 개념을 적용하면 너무나도 쉽게 오해할 소지가 있다. 그렇다면 실제로 우리는 남성의 **가짜 적응유연성**(pseudoresilience)을 보고 있는 것이다. 가짜 적응유연성은 표면상 보이는 것이 더 깊이 숨어 있는 고통을 실제로는 지나치게 엄격하게 가리는 외모나 가면이 아니라 건강이라고 믿게끔 현혹시킨다. 이처럼 심리적으로 저변에 있는 과정이 마침내 제거되었을 때 강렬한 정서적 취약성이 드러나며, 진정한 또는 '실제의' 소년/남성 적응유연성이 합체할 가능성이 있다. 다시 말해, 소년의 삶에 관한 연구 자료에 비추어 보면 관계(특히 지지적인 성인 보호자와의 관계)의 맥락 안에서 취약성을 느끼고 경험하고 자유롭게 표현할 수 있는 능력은 소년과 청소년이 진정으로 적응유연한 사고방식을 갖게 하는 가장 큰 강점이다.

'소년 코드'의 무거운 짐

소년의 강점과 건강한 발달에 관한 전통적인 심리학 모형은 소년이 양육에서 일찌감치 분리될 것을 강요하며 상호 의존적이고 인간적으로 취약한 자기 모습이나 '목소리' 를 진심으로 표현하는 것을 일찌감치 침묵시키면서—때로는 3~5세의 어린 나이에 이런 일이 시작되기도 한다—자율과 분리 그리고 개인주의적인 대처양식의 발달을 강조해 왔다(Pollack, 1995a, 1995b). 지배적인 백인 유럽계 미국 문화의 가치를 나타내는 이런 상황이 **소년 코드**(boy code)를 만들어 내는데(Pollack, 1998, 2000), 이는 젊은 남성에게 수치심을 갖게 하여 독립심, 강인함, 금욕적 엄격함, 분리라는 극단을 지향하게 한다. 이것이 바로 젊은 남성의 심리평가와 치료에 대한 전통적 접근에 스며들어 있는 보편적인 사회화 체계다. 그런데 이런 사회화 체계는 젊은 남성이 정서적 취약성, 상호 의존, 인간관계의 기본 욕구를 가장 필요로 할 바로 그때 수치심 때문에 그것을 멀리하게 한다. 이런 전반적인 남성 기반의 사회화 코드는 내가 언급한 바 있는 **젠더 구속**(gender strait-jacketing)을 만들어 낸다. "너 스스로 일어서라." "어린애처럼 굴지 마라." "마마보이가 되지 마라." "큰 남자 아이는 울지 않아!" "여자 아이처럼 행동하지 마라." "겁쟁이." "여자 같은 아이!" 등(특히 4세나 5세경에 학교나 스포츠 등 성장을 위한 조직화된 장면에 입문할 때) 매우 잘 알려진 일련의 '소년 코드' 훈계를 젊은 남성에게 들려주어서 그들이 진솔한 정서적 목소리를 표현하지 못하게 한다. 이런 잣대에 의해서 수많은 소년이 미숙하고, 지적/정서적 기술이 부족하고, 실현할 수 없는 남성성의 검증에서 실패한 사람으로 스스로를 비난한다(그리고 다른 사람도 그렇게 비난한다). 소년은 종 규범적인(species-normative) 취약성의 특징을 창피해서 드러내지 못하고, 그로 인해서 상호 간에 맺는 건강한 관계, 특히 지지적인 성인과 맺는 건강한 관계와 단절된다. 또한 자신 안에 있는 모든 가능한 정서와도 단절된다.

결국 누가 '진정한 소년' 인가를 규정하는 새로운 모형을 널리 알리고 지지해야 한다. 이 새로운 모형은 '멘터링', 용기의 새로운 의미, 그리고 관계에 기반을 두어 젊은 남성으로 하여금 틀에 박힌 젠더 고정관념에 저항하게 하는 '영웅적 행위'를 포함한다. 이로써 소년은 정서적 융통성을 발산하고, 다른 소년뿐만 아니라 소녀와도 진정한 우정을 맺으며, 창피를 당할 것이라는 두려움 없이 자신의 영혼 속 깊은 '목소리'와 닿으면서 취약성과 고통을 표현할 능력을 발휘하는 (남녀 모두의) 성인 역할 모델과도 관계를 맺을 것이다. 이런 새로운 모형이야말로 궁극적으로 소년의 **진정한 적응유연성**에 대한 새로운 조망을 만들어 낼 것이다.

때이른 분리의 규범적 외상 때문에 소년은 현재 어떤 결과를 경험하는가(Pollack, 1995a, 1995b)? 그리고 수치심을 유발하는 남성다움의 코드에 들어맞기 위해 정서적으로 연결된 심리적 양육을 끊어내면서 소년은 현재 어떤 결과를 경험하는가?

오늘날 '정상적'으로 보이는 또는 '그럭저럭 괜찮은' 수많은 소년은 심각한 어려움에 처해 있다. 소년의 적응유연성에 관한 질문은 고위험 아동뿐만 아니라 적응하고 있는 것처럼 보이는 (그러나 조용히 괴로움에 시달리고 있으며 적응유연성이 위태로운 상태에 빠져 있는) 이웃 아동에게도 똑같이 의미가 있다. 많은 소년은 소년으로 그리고 후에 남성으로 살아가면서 자신에게 기대되는 것이 무엇인지 사회로부터 혼돈스러운 메시지를 받아 혼란에 빠져 있으며, '여자 형제'가 심리적 자양물을 얻기 위해서 의존하고 있는 관계적인 사랑에서 일찌감치 분리되라는 재촉을 받으면서 이름 붙일 수조차 없는 슬픔과 단절을 느낀다. Pollack (1998, 1999, 2001)의 연구에 의하면 소년은 과거에 비해 그리고 소녀에 비해 학교에서 수행 수준이 저조하며, 자기존중감이 매우 허약하며, 우울과 자살의 발생률이 급속도로 증가하고 있다. 때로는 조용한 위기(a silent crisis)일지라도 실로 수많은 우리의 소년이 절박한 위기에 처해 있다.

우리가 소중히 여기는 소녀만큼이나 우리가 사랑하는 소년도 강렬한 슬픔, 취약성, 소외, 단절, 절망의 고통스러운 감정을 자주 경험한다(Pollack, 1998, 1999, 2000). 수많은 소년이 깊은 정서적 고통을 받고 있지만, 그들의 괴로움은 알아차리기 어려운 상태로 남아 있는 경우가 많고 보이지 않는 경우도 가끔 있다. 어떤 소년은 명랑 쾌활하며 적응유연한 것처럼 보일 수 있다. 그러나 내면적으로 그 소년은 쓸쓸함, 두려움, 절망을 느끼고 있을지도 모른다. 남성은 강인하게 행동해야 하며, 남성성의 엄격한 코드를 따라야 하며, 어떤 대가를 치르더라도 자신의 감정을 숨겨야 한다는 사회적 압력을 받고 있다. 그래서 우리는 실제로 소년이 학교에서 공부를 못하거나, 제대로 우정을 맺지 못하거나, 우울을 느끼거나, 자살하고픈 생각을 할 때를 알아차리기가 종종 매우 어렵다. 우리는 겉으로 보이는 소년의 쾌활함, 소란스러움, 짓궂음, 무뚝뚝함을 자주 오해한다.

우리는 소년이 삶의 질곡에 독립적으로(자율적으로) 용감하게 맞서고, 자신의 고통을 엄격하게 숨기고, 무엇보다도 자신이나 부모를 욕되게 하는 어떤 것도 하지 않아야 한다고 요구하는 독특한 기대를 갖는다. 이처럼 젠더에 대한 엄격한 지침이나 젠더 구속은 수많은 소년이 사랑과 관계에 대한 열망을 억압하고 자기 주변에 보이지 않는 뚫을 수 없는 강인함의 벽을 세워 '냉정한 자세'를 취하게 한다(Majors & Billson, 1992). 이것은 남성다운 허세나 불사신의 정서적 '가면' 뒤에 숨어 있으며, 고립되어 있을 때 고독하고 고통스러운 일련의 문제—학업 실패에서부터 약물남용에 이르는 다양한 문제, 친구와의 싸움에서부터 임상적 우울에 이르는 수많은 문제, 주의력결핍장애에서부터 자살과 살인에 이르는 다양한 문제—를 경험하게 만든다. **가짜 불사신**(pseudoinvulnerability)의 가면과 행위 연극, 그리고 발달하는 남성성에 대한 편협한 인식 안에서 표현하도록 허용되는 단 하나의 온전한 정서인 분노 뒤에서 질식 상태에 있는 소년의 진정한 고통과 괴로움의 목소리, 관계에 대한 열망을 듣기란 어렵다. 청소년기에 소녀가 자신의 목소리를 드러내지 못하도록 침묵시키는 것과 같은 종류의 수치심이 소년에게는 훨씬 더 어린 나이에 부과된다.

소년이 실패하고 있다

미국의 새로운 '젠더 차이(gender gap)'—그 밑바닥에 소년이 무더기로 있음—는 학업, 태도, 정서와 관련된다. 중학교 2학년 학생에게 그들의 미래를 물었을 때, 소년보다 2배 더 많은 수의 소녀가 관리직, 전문직, 경영직을 희망한다고 대답했다. 소년은 학교에 적응하는 데 더 많은 어려움을 경험하며, '과잉행동(hyperactivity)'이 4~9배나 더 많고, 정학의 71%를 차지한다. 사실상 소녀가 수학과 과학에서 차이를 좁히는 데 크게 발전한 것과는 달리, 소년은 자신을 표현할 수 있는 능력으로 필수적인 읽기와 쓰기의 영역에서 심각하게 뒤처져 왔다. 15~24세 남성은 피살될 가능성이 여성보다 4배나 많고, 자살할 가능성은 5배나 많다. 아프리카계 미국 남성 청년은 '멸종 위기에 있는 종'이라고 불릴 정도의 위기에 처해 있다(Conlin, 2003; Poe, 2004; Pollack, 1998).

근래에는 소녀보다 2배나 더 많은 수의 소년이 '학습장애(learning disabled)'로 명명되고 있으며, 특수교육 학급의 67%를 구성할 정도에 이르렀고, 일부 학교에서는 주의력결핍 과잉행동장애(ADHD)로 진단될 가능성이 10배에 달한다. 비록 소녀가 소년과의 성취 격차를 거의 따라잡았을지라도, 소년의 읽기 점수는 소녀보다 뒤처져 있으며 별로 향상되지 않았다. 최근 연구에 의하면 소년은 학습자로서 가지고 있는 자기존중감이 소녀보다 약하고, 고등교육의 학업성취를 이룰 것에 대한 자신감이 낮고, 훈육문제를 일으키거나 정학을 당하거나 학교를 중퇴할 가능성이 상당히 높다.

이와 같이 소년이 실패하여 드러내는 새로운 격차는 학교 밖에서 발생하는 더욱 심각하며 생명을 위협하는 문제에서도 나타난다. 소년이 자살하거나 타살을 당하는 경우는 기록적인 수에 이르고 있다. 미국에서 5~14세 소년이 사망하는 다섯 번째 원인은 자살이다. 자살은 15~24세의 10대와 젊은 성인의 사망 원인으로 세 번째에 해당된다. 이 집단에서 남성이 자살에 성공할 가능성은 여성의 경우보다 4~6배나 더 많다. 사실상 1950년대 이래 젊은 남성의 자살률은 거의 3배나 증가해 왔고, 심지어 이제는 미국 전체 자살률의 2배나 될 정도다. 이런 통계치는 아프리카계 미국 소년과 젊은 남성집단에서 더욱 두드러지는데, 지난 10년에 걸쳐 165%의 경이적인 증가율을 보였다(Pollack, 1998).

자살하지 않는 경우, 소년은 경이적인 수로 다른 사람을 죽이고 있다. 살인은 15~24세 미국 청년이 사망하는 두 번째 원인이고, 5~14세 아동에게는 세 번째 사망 원인이다. 희생자와 살인자의 대부분은 남성이다! 성폭행을 제외하면 모든 폭력 범죄의 희생 비율은 여성보다 남성집단에서 더 높고, 특히 젊은 남성집단에서 가장 높다. 10대 아프리카계 미국 남성이 폭력 범죄에 희생될 가능성이 가장 높고, 10대 백인 남성이 그 뒤를 바짝 따르고 있다. 사실 10대 백인 남성은 폭력 범죄에 희생될 가능성이 같은 연령의 백인 여성보다 거의 2배나 크며, 남성집단에서 살인이 발생하는 비율은 여성집단보다 400%나 높다. 미국은 전 세계의 모든 산업화된 국가 가운데 총기와 관련된 살인 비율이 가장 높은 국가다. 그리고 1991년에는 살인에 의한 대부분의 희생자가 15~44세의 남성이었으며, 그 가운데 24세 이하가 높은 비율을 차지했다(Pollack, 1998).

'정상적인' 소년다움에 대한 새로운 시각: 적응유연성의 새 모형

오늘날 소녀가 겪고 있는 사회적 · 정서적 어려움을 이제야 우리가 밝혀내기 시작하고 있다는 것을 깊이 있게 통찰해 보면(Gilligan, 1982; Gilligan, Lyons, & Hanmer, 1990; Jordon, 1990; 이 책의 6장 참조), 지난 수십 년 동안 소년에 관한 연구가 얼마나 부족한지는 놀랄 만하다. 나는 미국 사회가 아직까지 남자 아동과 청소년의 경험을 충분히 연구하지 않았고, 그래서 그들이 진정으로 무엇을 느끼는지, 도대체 어떤 사람인지에 대해 오해하고 있다고 믿는다. 특히 소년이 갖는 다양한 정서적 경험(우리는 실제보다 그 범위를 훨씬 더 제한적으로 보는 경향이 있다)과 사랑하고 공감할 수 있는 기본 능력, 즉 진솔한 적응유연성에 필수적인 자질로 간주되는 것에 대하여 우리는 구시대적이며 정확하지도 않은 일련의 가정(신화, myths)을 만들어 왔다(Brooks & Goldstein, 2001).

현재 우리 문화 대부분에서 소년(그리고 남성)은 성 호르몬 테스토스테론 때문에 폭력적이 될 생물학적 운명을 가지고 태어났으며('Boys will be boys'), 정상적인 남성성을 건강하게 표현할 수 있는 방법의 한계를 지니며('Boys should be boys'), 정서적으로 독성을 지니며 부적절하고, 심리적으로 부주의하며, 신체적으로 위험한 피조물로 묘사되고 있다. 그러나 내 연구와 임상적 경험(1998, 1999, 2000)과 수많은 동료 학자의 연구와 임상적 경험(Levant, 2001; Levant & Pollack, 1995; Pollack & Levant, 1998)은 그보다 훨씬 더 광범위하고 훨씬 더 복잡한 그림을 제시한다. 강인하고 무정하며 독성을 지닌 젊은 남성에 대한 고정관념에 맞지 않는 소년은—남성 우호적인 환경(연구, 치료, 사회적/맥락적 환경)에서—슬픔과 두려움의 깊은 감정을 자주 표현하고, 인간관계의 질에 관심을 가지며, 남자건 여자건 좋은 친구를 사귀는 것이 중요하다는 심정을 표현했다. 우리의 문화, 연구 또는 임상적 고정관념이 우리 대다수로 하여금 믿도록 유도해 왔던 것보다 소년은 훨씬 더 정서적이고 공감적이다. 그들의 **진솔한 적응유연성**은 가짜로 독립적이고 엄격한 허세의 가면 뒤 함정에 빠져 있었다. 그들의 독립적이고 엄격한 가짜 허세는 인류가 공유하고 있는 취약성, 상호 의존, 자기(self)를 뜻하는 '나(I)'와 '우리(we)'를 통합하는 자기개념을 은폐해 왔다(Pollack, 1995a, 1995b).

소년의 목소리 경청하기

하버드 의과대학이 독자적으로 시행하고 있는 소년의 목소리 경청하기(Listening to Boys' Voices) 프로젝트는 소년의 진솔한 내면의 정서적 경험—소년다움의 문화가 만든 신화 뒤에 감추어졌던 진짜 소년(the real boy)—에 대한 공감적 이해를 목적으로 하는 질적·양적 연구를 수행한다. 이 프로젝트는 소년이 자신의 온전한 정서적 자기를 짓누르는 문화적 압력에 저항하도록 돕는 진솔한 적응유연성 요인을 찾는 데 초점을 둔다(Jordan, 이 책의 6장 참조). 궁극적으로 이 프로젝트는 남자 아동과 청소년의 성장과 발달에 핵심이 되는 주제에 관한 횡단연구를 통합한다. 이 프로젝트의 첫 단계에서는 주로 동부 해안 지역에서 표집한 청소년기 이전 시기부터 고등학교 3학년까지의 소년 약 200명에 관한 자료를 활용했다. 그들은 양성평등 가치관 평가척도와 전통적인 남성적 이념과 자기개념에 대한 무의식적 카섹시스(unconscious cathexis) 평가척도를 포함한 여러 개의 자기보고식 측정도구를 작성했다. 이에 더하여 소년의 삶에서 겪을 수 있는 관계적 고통과 내면적 갈등을 더 잘 이해하기 위해 연구 대상 가운데 선정된 일부를 대상으로 면대면 심층면접을 실시했다. 심층면접에서 어머니나 아버지 또는 부모 모두와의 정서적 연결 및 단절, 영웅과 멘터, 우정, 애정관계, 소년 문화, 정서적 상태, 갈등 해결과 같은 다양한 주제를 다루었다. 일부 TAT 카드를 선별적으로 활용했으며, 부모면접도 별도로 시행했다(Pollack, 1998, 1999).

소년다움의 두려움과 슬픔을 침묵하는 위기: 침해당한 적응유연성

이 연구는 오늘날 수많은 소년이 아직도 혼돈스러운 소년다움의 문화에서 길을 잃은 채 헤매고 있으며 성인세계에서 겪는 미해결의 젠더 고통에 빠져 있다는 나의 가설(Pollack, 1999)을 지지했다. 특히 오늘날 '남성다움'의 의미에 대해서 우리가 받는 모순된 메시지—한편으로는 거칠고 강인하며 관습적으로 '남성'답다고 생각되는 방식으로 행동하도록 격려받는 반면, 다른 한편으로는 민감하거나 배려하는 행동을 충분히 하지 않을 때 야단을 맞는다—때문에 소년은 혼란스러워하고 있다. 이러한 이중 잣대 때문에 소년은 슬픔, 절망, 두려움, 죄책감, 수치심과 같은 '여성적'인 것으로 간주되는 감정을 침묵하고 억압하도록 강요당하고 있다고 느낀다. 우리 그리고 우리 사회 전체는 과묵함과 자기과신(가짜 적응유연성)을 혼동하고 있으며, 유쾌한 생기발랄과 병리적 과잉행동을 혼동하고 있으며, 두려움이 유발한 남성적 허세와 위험한 테스토스테론 때문에 나타나는 공격성을 혼동하는 소년의 내면에 있는 심리적 고통을 무시해 왔다.

예전에는 경험적 자료도 없었고 소년에 관한 적절한 심리학 이론도 없었기에, 우리는 우리가 '알고 있는' 남성과 소년의 실제 본질에 대해 완벽하고 깊이 있게 이해하는 대신에 젠더 신화를 사용해 왔다. 임상 장면에서 남성을 대상으로 수년 동안 연구를 수행한 이후에, 나는 다음의 목적을 달성하기 위하여 다년 연구 프로젝트를 계속해서 수행하고 있다(Pollack, 1998, 1999). 첫 번째 목적은 하나의 사회로서 우리 자신이 남성성에 관한 구시대의 억압적 규칙과 소년에 대한 오래된 신화의 어리석음에서 깨어나기 위해 필요한 경험적 자료를 더 많이 수집하기 위해서며, 두번째 목적은 임상가로서 인생이란 실제로 무엇과 같은 것이며 역경에도 불구하고 소년이 살아남도록 도와주는 요인이 무엇인지에 대해 오늘날 소년이 진솔하게 말하는 것을 경청하는 법을 배우기 위해서다. 이는 현대적 시각에서 소년을 더 세밀하고 체계적으로 연구할 때가 되었다는 것을 깨달았기에 가능했다.

분명 '정상적인' 보통의 소년에 관한 이 연구의 결과는 매우 혼란스럽다(더욱 희망적인 신호도 나타나기는 했지만). 모든 결과와 통계적 분석은 Pollack(1999)에서 제시했다. 표면적으로는 잘하고 있는 것처럼 보이지만, 실제로는 수많은 소년이 '남성성의 가면(mask of masculinity)'이라는 외면적인 허세 뒤에서 발달적 위기와 정서적 위기에 처해 있다고 보는 것이 합당하다. 다음에 더 자세하게 논하겠지만, 이 연구의 초기 단계는 다음의 결과를 도출했다.

- 소년은 미국 사회가 남성인 자신에게 기대하는 바에 대해 심각한 갈등을 느끼고 있다(즉, 어떤 행동과 태도가 건강한 '남성성'을 반영하는지에 관한 갈등).
- 나이가 들면서 소년이 남성성에 관해 느끼는 내적 갈등이 악화되고, 실제로 느끼는 것보다 더 자신감 있게 행동함으로써 혼란스러움을 감춰야 한다고 느낀다(더 큰 슬픔을 가져오는 허위의 자기존중감).
- 소년은 남성으로 성장하는 것에 대해 근심 어린 관심을 가지고 있다. 소년은 남성다움이 보상받지 못하는 일이며, 친구와 가족 간 단절과 소외, 불행, 실망으로 가득 차 있다고 본다.
- 때때로 유쾌하고 만족하는 겉모습을 보이지만, 모든 연령에서 수많은 소년은 고독감, 소외감, 성인과의 단절감을 깊이 느끼고 있다.

내가 이전의 연구에서도 제안했듯이, 이 표집의 소년들은 인생 초기에 부모와 분리되는 외상 경험을 주로 무의식적인 불안감, 고독감, 절망감으로 표현하였다(Pollack, 1995a, 1995b, 1998). 특히 그림 이야기 활동과 개별 면접에서 대부분이 성인 남성이 된다는 것에 대해 상당히 두려워했다. 구체적으로 과도한 업무와 관련된 의무, 친구와 가족에서 분리되는 경험, 슬프고 고독하며 단절된 성인의 삶을 예상하면서 두려움을 느끼고 있었다.

수백 개의 반응을 분석하고 범주화한 결과를 연구논문에 보고했지만(Pollack, 1998, 1999), 남성 청년의 적응유연성에 대한 새로운 견해의 필요성을 재고하기 위하여 성인 남성이 되어 맞이할 미래에 대해 소년이 어떻게 생각하고 있는지에 관한 '해밀턴'의 목소리를 경청해 보자.

> 이 남자는 일하는 데 질렸다. 그리고 더 이상 직업이나 가족의 문제를 해결하길 원하지 않는다. 만일 자기가 결혼하지 않았다면 자기의 삶이 어땠을지, 그리고 항상 일하는 게 얼마나 지긋지긋한지를 생각하고 있다. 그는 떠날 수 있기를 바란다. 혼자가 되어서 즐겁게 지내기를 원한다. 그러나 앞으로 25년을 더 일할 것이고, 그렇게 하는 것을 싫어할 것이고, 그다음에 은퇴할 것이다. 자식들은 집을 떠날 것이고, 그는 자신의 삶이 따분하고 지루했다는 것을 깨달을 것이다. 그는 늙을 것이다. 이렇게 해서 그가 보여 주어야 할 것은 무엇일까? 별로 없다.

극소수의 소년만이 앞으로 성인 남성으로 살아갈 자신의 삶에 대해 긍정적이고 미래 지향적인 정서를 표현했다. 또한 Beck 우울척도를 실시한 결과, 비정상적 수준의 우울을 가진 것으로 나타나지는 않았지만, Coopersmith 자기존중감 척도 점수가 낮은 소년집단에서는 슬픔/우울 수준이 높았다. 또한 Pleck의 남성 역할태도 척도에 포함된 질문에 대한 응답을 살펴보면, 남성다움과 남성성에 관련된 전통적 규범을 지키라는 압력을 많이 받는다고 느낄수록 우울 점수도 높았다.

이러한 결과는 '정상적인' 표집에 관한 심리학 연구 문헌에서는 흔하지 않다. 잠재의식에 있는 정서 상태를 측정하도록 특별히 고안된 심리평가 척도를 사용했기 때문에, 이 연구에서 소년은 고통스러운 감정을 매우 강렬하고도 전반적으로 표현한 것 같다. 만일 직접 질문을 했다면, 특히 또래가 있는 데서 직접 질문을 했다면 소년은 슬픔, 두려움, 소외의 감정을 표현하지 않으려고 했을 것이다.

많은 소년이 부모(그리고 다른 성인 양육자)와 일찌감치 정서적으로 분리되는 것과 관련된 고통스러운 감정을 창피하다고 느낀다. 만일 이러한 의존성과 취약성을 공개적으로 표현한다면 놀림을 당하기 때문에 창피함을 가리고 대신 자신감과 허세를 위장하여 드러내 보이라는 압력을 받는다고 했다. 실제로 이 연구에서 소년은 낮은 자기존중감을 은밀하게 표현해 보일지도 모른다. 자기존중감 점수와 우울 간의 유의한 상관은 내가 설정한 두 번째 가설도 지지하였다. 기대했던 대로 소년이 자기존중감에서 전반적으로 낮은 점수를 보였던 것은 아니지만 비교적 낮은 자기존중감 점수와 우울 발생의 증가 간에 상관이 있었고, 연령과 '허위-긍정적' 자기존중감 간에도 상관이 나타났다. 특히 나이가 들수록 허위-긍정적 반응이 유의하게 증가했다. 소년은 나이가 들면서(그리고 성인기에 가까워지면서) 자신이 누구인지, 자신이 충분히 '남성다운지', 또래가 얼마나 자신을 좋아하는지에 대해 점점 더 혼란스러워한다. 이런 감정의 강도와 빈도가 청소년기 동안에 증가하기 때문에, 나이 든 소년은 실제로 불행하고 불확실하며 미래에 대해 두려움을 느낄 때 겉으로는 유쾌하고 자신에 차 있고 미래 지향적인 성격을 내보일 가능성이 높아진다. 이것은 시간의 흐름에 따라서 소년의 자기존중감이 낮아진다는 것을 의미하지 않는다. 오히려 소년은 나이가 들수록 불안정하고 취약한 감정을 숨기려는 압력을 점점 더 많이 받는다는 것을 뜻한다. 소년이 쓴 '가면'은 더욱 단단해진다. 마찬가지로 나이 든 소년 중에는 자신의 문제에 대해 표현하면 '창피를 당할' 것이라고 생각하는 수가 유의하게 증가한다.

소년이 느끼는 두려움의 중심에는 남성다움에 대한 관심이 자리 잡고 있다. 소년이 남성으로 되어 가는 것과 사회가 남성으로서 소년에 대해 기대하는 바에 대해 소년은 양가감정을 표현할 것이라는 나의 가설이 지금까지 내가 수행해 온 연구에서 지지되었다. 나는 King과 King의 성역할 평등주의 척도와 Pleck의 남성 역할태도 척도를 동시에 실시하는 흔치 않은 연구를 실시하여, 수많은 소년이 남성과 남성성에 대해 평등주의적 생각과 전통적 생각을 동시에 인정한다는 것을 증명할 수 있었다. 달리 표현하면, 오늘날 소년은 **남성다움**(masculinity)과 **남성성**(maleness)에 관한 관습적인 규정에 순응하도록 사회화되고 있을 뿐만 아니라 남성과 여성이 평등하다는 '새로운' 규범을 지지하도록 기대된다. 이 연구에서 수많은 소년은 이처럼 대립되는 규정과 기대에 내재된 갈등을 어떻게 조화롭게 일치시켜야 하는지에 대해 혼란스러워했다. 나는 이런 이중 기대를 **남성다움의 이중 잣대**(double standard of masculinity)로 명명했다. 두 개의 대조적인 척도(King과 King의 성역할 평등주의 척도, Pleck의 남성 역할태도 척도)에서 소년의 점수가 연령에 따라 증가했고, Pleck의 척도에서는 남성성에 대한 전통적인 마초다운 기대를 빈번히 시인하는 것과 우울 점수가 높은 것(그러므로 자기존중감이 낮은 것) 간에 상관이 있었다.

이상의 자료와 1999년 Pollack의 자료에 근거하여 나이가 들수록 소년이 말로 표현할 수 없는 사회적 압력을 점점 더 많이 느낀다고 결론 내리는 것이 공평한 것임을 믿게 되었다. 특히 여성의 사회적 평등을 인정하라는 압력을 점점 더 많이 느끼면서, 소년은 자신의 정서를 폐쇄해야 하고 침묵을 지켜야 하며 강인하고 '냉정하게' 행동해야 하며 전통적인 남성다움이 요구하는 많은 것을 충족시켜야 한다고 느꼈다. 그들은 압력과 혼란이 커지면서 진실로 자기가 무엇인지에 대해 고민하고, 다른 사람이 인정하지 않을까 두려워하며, 강하고 자신감 있고 '남성다워' 보이도록 자신이 하는 말과 행동을 왜곡시켜야 한다고 느끼기 시작한다. 또한 자신에게 미래가 어떤 모습일지에 관해 점점 더 불안하고 걱정을 많이 한다. 대부분의 소년은 남성이 되어 가는 것과 과로, 고독감, 우울, 사랑받지 못함 등의 부정적 결과를 관련짓는다. 슬프게도 그들은 자신의 두려움과 불행감을 직접 표현하기보다는 그런 감정에 무감각한 것처럼 보인다. 이런 무감각함 또는 강인함 때문에 수많은 나이 든 소년이 우울을 점점 더 많이 느끼고 자기존중감에 대해 거짓말을 할 필요가 있다고 느낀다.

이 연구에서는 소위 정상적인 소년이 불행, 두려움, 불안을 느낀다는 사실을 부모나 교사 그리고 심리학자가 알아차리는 정도를 직접 측정하지 못했다. 그러므로 이것이 다음에 중요한 연구거리가 될 것이라는 생각이 든다. 소년은 자신을 무감각하게 만들고 고통과 취약함의 감정을 숨기고, 자신이 어떻게 느끼며 자신을 어떻게 지각하는지에 실제로 거짓말을 하고 있을지도 모른다. 그래서 많은 임상가는 소년의 진솔한 목소리를 듣지 못하고 소년이 실제로 느끼고 생각하는 모든 것을 확인하지는 못한다. 하나의 전체로서의 사회뿐만 아니라 '정상적인' 소년에 대한 이러한 문화적 도식과 불가피하게 서로 얽혀 있는 임상가도 소년이 느끼는 많은 고통을 위험스럽게도 알아차리지 못하고 있다.

소년은 자신의 고통을 말로 표현해서는 안 된다. 여자 친구에게 버림을 받은 16세의 소년 캠이 그랬듯이, 소년은 다음처럼 말할지도 모른다. "당신은 그것을 당신 안에 숨겨야 해요. 어느 누구에게도 그것에 대해 말하면 안 되죠. 마음속에서만 아파해야 해요. 그러면 그것은 시간이 지나면서 사라질 거예요."

"그렇지만 혼자라는 것은 끔찍한 괴로움처럼 느껴져요."

"그렇죠. 근데 그게 바로 남성이라면 해야 하는 것 아닌가요?"

정말로 남성은 그렇게 하는가?

혹은 제이슨이 설명했듯이, "어떤 일이 당신에게 일어나면, 심지어 정말로 마음의 상처를 받았을 때조차 당신은 '그래, 아무 일도 아니야.' 라고 말해야 해요. 친구의 아버지가 돌아가신 비극이 발생했을 때, 당신은 친구에게 가서 그를 안아 줄 수는 있어요. 그러나 만일 그렇다면…… 당신은 물건을 때려 부수고 털어내어 버려야만 해요. 나도 지금까지 사물함을 여러 개 때려 부쉈고, 그건 우스운 일이 아니지요. 집에 돌아와서 나는 그것 때문에 울 거예요."

소년기나 청소년기에서 고통을 제거할 수 있지는 않지만, 창피해하지 않으면서도 고통을 소리 내어 표현할 기회를 소년에게 주어서 그 고통을 경감시킬 수 있다고 생각한다. 여러 동료와 내가 '행위 말(action talk)'로 기술했던 모형을 가지고(Fein et al., 2002; Pollack, 1998, 2000, 2001, 2003), 소년에게 공감적인 타인(예, 친구, 부모, 선생님, 창피함 없는 장소에서 만나는 심리학자)과 관계를 이룰 기회의 제공이 그들의 심리적 안녕에 어떤 영향을 미치는지에 관한 개입연구의 시도는 이 연구 프로그램의 다음 단계에서 할 일이다. 이 분야에서 수행한 다른 연구(Resnick et al., 1997)에서도 관계를 이루고 정직한 정서적 표현을 하는 기회를 가진 소년은 더 큰 자신감과 더 분명한 자기개념을 가졌으며, 두려움을 덜 느꼈으며, 전반적인 행복감과 낙관성 그리고 개인적 성공감을 더 많이 느꼈다.

이 연구에서 소년을 대상으로 한 일대일 면접의 결과는 이 이론과 일치하는 초기의 자료다. 또래 압력의 도가니에서 소년을 구해 냄으로써, 그들과 개방적이고 사려 깊은 대화를 나눔으로써, 무엇보다도 참을성을 가지고 판단하지 않으면서 경청함으로써, 부드럽고 배려하며 사랑스러운 면이 있는 소년의 목소리를 불러일으킬 수 있었다. 앞에서 강조했듯이, 소년은 소녀 및 다른 소년과의 관계가 중요하다는 것에 대하여, 자신이 그런 우정을 유지하는 것에 얼마나 많은 관심을 가지고 있는지에 대하여, 자신이 성인기로 향해 나가도록 멘터링 하는 데 부모, 조부모, 손위형제가 얼마나 중요한 역할을 하는지에 대하여 열정적으로 말했다.

16세의 커티스는 이혼한 어머니가 홀로 키웠다. 그는 어머니가 자신에게 가장 중요한 모델이고 감화를 주는 사람이라고 했다. "내게 어머니는 내 전부예요. 어머니는 내가 좋은 학교에 다닐 수 있도록 너무나도 많은 것을 희생하셨어요. 나를 예술 분야로 인도하셨죠. 예술은 내가 계속 무엇인가를 하도록 만드는 것이고, 언젠가 내 직업이 될 거라고 희망해요. 어머니는 내게 수많은 가능성을 열어 주셨어요. 내가 지금 가지고 있는 모든 기회는 어머니가 주신 거죠."

'남성다움의 가면'—허세를 부리며, 창피함을 모르며, 자신감을 가지고 우쭐대는 것—뒤에는 관계적인 소년, 즉 친구나 가족과의 관계의 질에 대해 걱정을 많이 하며 다른 사람의 정서적 욕구에 매우 민감한 소년이 있다. 따라서 다음과 같은 결론을 내릴 수 있었다. 만일 우리가 소년에게 공감을 보여 준다면 그들은 우리에게 풍부하게 공감을 되돌려 줄 것이고, '진정으로' 적응유연한 성인의 반열에 합류할 것이다.

(젊은) 남성 적응유연성의 새로운 모형

이 연구에서 밝혀진 일부 결과는 소년으로 하여금 거짓 허세의 가면 뒤에서 나와 다른 사람과 다시 관계를 맺고 자기 내면에 있는 모든 감정을 느끼게 해 주는 삶의 모습에 대해 알려 주는 바가 있다. 소년 스스로가 남성의 적응유연성에 대한 새롭고 진실하며 상호 의존적인 모형의 특징적인 지표를 보이기 시작했다. 그들은 소년 코드를 '때려 부쉈고', 병리적 독립심(거짓된 자만함)의 사회적 압력에 저항했고, 관계와 취약한 감정을 표현했다. 동성 간 우정, 이성 간 우정, 공감과 사랑(소년의 방식으로 하는), 성인/부모의 멘터십과 관계가 핵심적인 요소였다.

우정

많은 소년이 외로움과 단절감을 강조할지라도, 다른 소년은 '당신이 기댈 수 있는' 친한 친구를 갖는 게 중요하다고 강조한다. 소녀와 마찬가지로 소년의 사회적 위치도 분명히 우정의 질과 신뢰성에 많은 영향을 받는 듯하다. 15세 이상의 남자 청소년이 어린 소년에게 어떤 조언을 해 줄지 물었을 때, 표집된 모든 남자 청소년이 '특별하고 믿을 만한 친구를 사귀고 그 우정을 간직하라.'는 충고를 했다. 예를 들면 다음과 같다.

> "빨리 친한 친구 몇 명을 사귀어라……. 왜냐하면 사람들이 너에게 아무렇게나 대하기 때문이야. 만일 네게 좋은 친구가 하나라도 있다면 그 친구는 그런 종류의 일을 귀 기울여 듣지 않을 거야. 친구가 많지 않을 수도 있지만, 좋은 친구라면 그 친구는 강하거든."
>
> "다른 사람이 너를 함부로 대하지 않게 너 스스로 맞서. 친구를 많이 만들어."
>
> "그럴 가치가 없는 사람에게 시간을 낭비하지 마. 모든 사람이 너를 좋아할 수는 없으니까. 현명하게 친구를 골라 만들어."
>
> "친구를 사귀고 간직해."
>
> "네가 좀 더 어릴 때 다른 애들과 친구로 지내려고 노력해 봐. 친구는 내가 어려움을 헤쳐 나가게 도와주고…… 사람을 명명하지 않으면서 그가 진정으로 어떤 사람인지를 알게 해 주었거든."

"나쁜 사람에게 휩싸이지 마라. 네 친구를 존중해라. 네 친구야말로 네가 의지할 사람이거든. 만일 네가 친구를 잃는다면 너는 모든 것을 잃는 거야."

이에 더하여 나이 든 청소년이 나이 어린 소년에게 해 준 충고의 반 이상이 "너 자신이 되어라(be yourself)." 였다. 다른 말로 하면, 아무리 가까운 사람이 하라고 해도 자신을 미리 정해진 편협한 역할에 강제로 끼워 맞춰야 할 필요를 느끼지 말라는 것이다. 예를 들면 다음과 같다.

"네가 원하는 것을 좇아가라. 모든 사람이 너를 좋아하게 만들려고 하지 마라."

"네가 가진 의견을 모두 탐색해라. 모든 사람이 좋다고 생각하는 단 하나의 것을 하는 데 목매지 마라. 네 의견을 열어 두어라."

소녀와의 플라토닉 우정

남자 청소년을 대상으로 실시한 면접에서 일관성 있는 주제로 드러났듯이, 남자 청소년이 잘 지키고 있는 비밀 하나는 그들에게 가장 중요하고 믿음이 가는 친구가 여자 친구라는 것이다. (비록 몇몇 성인은 이를 연애 이전 활동으로 오해하기도 하지만) 이는 연애 이전 활동(preromantic activity)이 아니라 위안과 이해를 주는 견고한 우정으로 나타난다.

"가장 친한 친구 몇몇은 여자 친구다. 여자 친구는 잘 들어준다. 우리는 항상 이야기를 나눈다……. 섹스에 관한 이야기는 하지 않는다……. 자매처럼, 심지어는 그보다 더 가까운 사람처럼."

"우리는 둘 다 쿵푸 영화를 좋아한다. 그래서 여자 친구가 우리 집에 와서 쿵푸 영화를 많이 본다. 우리는 똑같은 종류의 음악을 좋아한다. 그 친구는 기본적으로 남자 아이 중 하나나 마찬가지다."

"지난 몇 년에 걸쳐 나는 소녀와 우정을 맺어 왔다. 소녀는 소년과는 다른 견해를 제시한다. 소녀는 충고를 할 때 때때로 좀 더 민감할 수 있다. 소년이 충고를 할 때 상황의 반쪽 뜻을 파악하고, 소녀가 충고를 할 때는 상황의 나머지 반쪽 뜻을 파악하게 된다. 그리므로 양쪽에서 충고를 얻을 때 전체 뜻을 파악하게 되는 것이다."

소년의 공감과 사랑

소년은 다른 소년, 소녀, 성인에게 공감적 배려와 존중하는 감정을 표현할 수 있다. 예를 들면 다음과 같다.

> "그는 항상 내 주변에 있다. 우리는 항상 함께 대화를 나누고, 다른 사람에게는 하지 않는 이야기를 서로에게 한다. 그런 식으로 우리는 친하다."
>
> "그는 내게 묻지 않아도 내가 무엇을 느끼는지 알고 있다. 그리고 그는 나를 기쁘게 하려고 노력할 것이다. 우리는 정말로 친하다."
>
> "엄마가 기분이 안 좋으시면 내 마음이 아프다. 엄마가 기분이 좋지 않으시면 엄마를 즐겁게 해 드리려고 노력할 것이다. 나는 엄마에게 내 인생의 빚을 지고 있다. 나는 엄마가 기분이 좋아지시기를 원한다."

소년은 배려하며 사랑하고 있음을 스스로 분명하게 보여 주지만 단순히 말로 또는 직접 감정을 표현하기보다는 행동양식이나 '행위 공감(action empathy)'을 사용한다. 예를 들면 다음과 같다.

> "우리는 말을 많이 하지 않고 그냥 공놀이를 하지만 그는 나를 정말로 이해한다……. 그는 나를 위해 존재한다."
>
> "나는 그를 위해 무엇이라도 할 것이다. 그는 내 친구다. 그게 그럴 수 있는 모든 이유다."
>
> "나는 그를 물에서 재빨리 끄집어냈다. 그래서 그를 살려냈다. 그렇게 하지 않으면 왜 안 되는 거지? 나는 그를 사랑한다. 그는 가장 친한 내 친구다."

가족 멘터

자신의 인생에서 가장 중요한(남성이건 여성이건) 멘터와 영웅이 누구라고 생각하는지를 소년에게 물었을 때, 75% 이상이 어머니, 아버지, 조부모, 손위형제를 들었다. "내 어머니는 내게 모든 것이다." "할아버지는 진짜로 나의 영웅이다. 내가 할아버지의 이상에 맞추어 살 수 있기를 희망할 뿐이다." 물론 이러한 반응에서 일관되게 찾을 수 있는 것은 소년이 가족과의 친밀한 관계를 상당히 가치 있게 여기며 그것에 많이 기대고 있다는 것이다.

남자 청소년 적응유연성의 진솔한 측면을 지지한 우수한 예는 Resnick 등(1997)이 미네소타 대학교 전국 청소년건강 종단연구(National Longitudinal Study on Adolescent Health)에서 수행한 대규모 연구에서 찾을 수 있다. 이 연구에 근거해 볼 때, 특히 성인 역할 모델과 관계를 이루고 솔직하게 정서를 표현하는 기회를 통해 소년은 더 큰 자신감, 더 분명한 자기개념, 더 큰 전반적 행복감, 낙관성, 개인적 성공을 느꼈다.

중학교 1학년부터 고등학교 3학년까지의 10만 명에 가까운 청소년을 대상으로 한 전국 기초조사에서 발췌해 보면, Resnick 등(1997)은 청소년의 행동에 가장 큰 영향을 미치는 것이 사회적 맥락이지만 그것은 단순히 또래와의 관계가 아니라 가족(그리고 학교환경에서 부모를 대신하는 성인과의 연결)과 지지적인 맥락 안에서 애정 어린 성인과의 관계를 제공하는 가족의 기능임을 발견하였다. 이 연구에 의하면 '부모-가족 관계성(parent-family connectedness)' 이 청소년이 겪는 정서적 괴로움, 우울과 자살 성향, 약물과 알코올 남용, 폭력에 연루되는 정도에 극적으로 영향을 미친다. 또한 낮의 중요한 시간 동안에 부모가 집에 있는지, 아동의 학업 수행에 대해 어느 정도나 기대하는지가 결과 행동에 영향을 미치지만, 이런 요인은 관계요인에 비해 그 중요성이 약하다. 관계(connection)[2)]는 '가족 구성원이 사랑하고 원한다는 느낌' 뿐만 아니라 '부모 중 한 사람 또는 부모 모두와의 친밀함' 과 부모가 돌보고 있다는 느낌을 포함한다. 만일 부모 역할을 하는 사람 하나가 존재한다면, 그런 가족 안에서 청소년은 건강과 안녕을 지속적으로 유지시키는 '보호' 요인을 2배나 더 많이 가진 셈이다. 만일 아동이 부모에게서 '사랑' 과 애정을 느낀다면 보호요인은 4배로 증가한다. 그리고 아동이 학교에서 자신의 괴로움을 귀 기울여 들어주는 한 사람의 성인과 관계를 맺고 있다고 느낀다면 보호요인은 또다시 4배 더 증가한다. 이런 점에서 Resnick의 보호요인은 진정한 적응유연성의 측정치다!

또한 '유전-환경 논쟁' 에 대한 새로운 조망은 소년도 소녀와 마찬가지로 양육자의 애정 어린 자질을 적응유연한 자기개념으로 '흡수' 하기 위해 **관계적 맥락**을 요구한다는 가설을 지지한다. 현대의 신경과학은 유전과 환경의 구분이 잘못된 것

2) 역자 주: connection은 문맥에 따라서 관계, 연결, 서로 통하는 관계로 번역하였다.

임을 보여 준다. 즉, 우리의 지지적이고 '한결같이 계속되는' 양육환경이 소년의 생물학적 소인 안에 있는 생물학적 성향을 자극하는데, 생물학적 소인은 이미 '관계를 맺도록 신경망을 이루고 있다(hard-wired to connect)'. 남성의 적응유연성에 대한 새로운 모형의 생물학적 기초를 지지하기 위하여, 우리는 소년에게 애정 어리고 양육적인 관계를 제공해야 한다.

이 분야에서 저명한 신경과학자인 Bruce Perry(Pollack, 1998, p. 57에서 재인용)는 다음과 같이 말했다. "아동이 생각하고, 웃고, 사랑하고, 미워하고, 말하는 능력, 이 모든 것은 **환경과의 상호작용**이 만들어 낸 산물이다. 촉감과 같은 감각적 경험은… 실제로 뇌 안에서 일어나는 활동과 신경 구조의 성장을 자극한다."(강조체 추가함) UCLA의 Alan Schore(Carey, 2003에서 재인용)는 발달하는 아동(여기서는 소년으로 간주함)의 핵심적인 요구를 정서적 연결의 맥락 안에 둔다. 정서적 연결의 맥락은 성인이 제공해야 하는 것이며, 건강과 적응유연성을 위해서 소년에게 필요한 것이다.

> 우리는 애착을 형성하려고 태어난다. 단어를 말하기 이전에 이미 정서적 의사소통을 통해서 우리의 뇌는 다른 사람의 뇌와 나란히 발달하도록 신체적으로 구조화되어 있다. 만일 여기서 일이 잘못되면, 그것은 나중에 발생할 심리적 문제, 대처의 어려움, 인간관계에서의 스트레스, 물질남용 등의 씨앗이 된다.

심지어 Schore는 생물학적 소인이나 기질적 차이와 무관하게 애정 어린 지지체계 안에서 양육자가 성격에 영향을 미칠 뿐만 아니라 신경 발달에 직접 영향을 미쳐서 결국에는 성격에 영향을 미친다는 것을 주저 없이 강조하였다. 지지적인 성인으로 이루어진 매트릭스 안에서 형성된 애착은 발달하는 뇌 구조를 통해 소년에게 영향을 미친다. "발달하는 뇌의 자기 조직화는 다른 자기, 다른 뇌와의 관계 맥락 안에서 발생한다. 이러한 관계적 맥락은 성장 촉진적일 수도 있고 성장 억제적일 수도 있어서, 발달하는 우뇌 안에 심리장애의 발생을 막는 적응유연성이나 심리장애를 발생시키는 취약성을 각인시킨다."(Schore, 2003, p. xv)

결론

공감적 관계, 특히 이해심 있는 성인과의 공감적 관계를 통해서 소년의 잘못된 허세와 가짜 적응유연성의 가면을 벗길 수 있다면, 우리는 이미 다음 세대를 위해 큰 영향력을 끼치기 시작하는 것이다. 정상적인 소년 정신건강에 대한 분리 모형의 허론을 폭로할 때, 긍정적인 정서적 관계 덕택에 조롱받거나 창피를 당할 것이라는 두려움 없이 사랑의 감정과 취약성을 표현할 수 있을 때, 또래가 단지 경쟁자가 아닌 진정한 친구가 될 수 있을 때, 소년의 진정한 적응유연성은 빛날 수 있다. 만일 우리가 소년의 목소리를 귀 기울여 듣고 가슴 깊이 새긴다면, 남성의 적응유연성에 대한 새로운 모형은 엄격한 분리의 정서적 구속에서 해방되어 '소년 코드' 를 타파하고, 건강한 관계로 이루어진 상호 의존적 세상으로 되돌아갈 수 있게 된다. 이것이야말로 소년이 가장 열망하는 것이고, 우리가 반드시 제공해야 하는 것이다. 그리고 그 시기는 바로 지금이다.

소년의 적응유연한 자기를 지속적으로 유지시키기 위하여 그들의 마음과 영혼을 개선하는 영적 기록을 끝마치기 위해서, 우리는 성경에 나오는 기원전 1세기경의 현인 Hillel이 말한 것에 주목한다. 자기와 타인의 요구 간 균형은 소년이 진정으로 적응유연하기 위해 필요하며, 우리는 실존적인 그 순간을 놓칠 여유가 없다. Hillel은 다음과 같은 가르침을 주었다. "만일 내가 나 자신을 위해서 존재하지 않다면 누가 나를 위해서 존재할 것인가? 그러나 내가 나 홀로 나 자신만을 위해서 존재한다면 나는 무엇인가? 만일 지금이 아니라면 그 시기가 언제란 말인가? 실로 소년과 남성의 적응유연성에 대한 새롭고 더욱 진솔한 모형을 지향하면서, 지금이 아니라면 도대체 언제란 말인가?"

참고문헌 REFERENCES

Brooks, R., & Goldstein, S. (2001). *Raising resilience children.* New York: Contemporary Books.

Carey, B. (2003, March 31). Shaping the Connection. *Los Angeles Times.*

Conlin, M. (2003, May 26). The new gender gap. *Business Week,* 74-82.

Fein, R., Vossekuil, B., Pollack, W., Borum, R., Modzeleski, W., & Reddy, M. (2002). *Threat assessment in schools: A guide to managing threatening situations and to creating safe school climates.* Washington, DC: U. S. Department of Education & U. S. Secret Service (National Threat Assessment Center).

Gilligan, C. (1982). *In a different voice.* Cambridge, MA: Harvard University Press.

Gilligan, C., Lyons, & Hanmer, T. (1990). *Making connections: The relational worlds of adolescent girls at Emma Willard School.* Troy, NY: Emma Willard School.

Jordan, J. V. (1990). *Courage in connection: Conflict, compassion, creativity.* Work in Progress No. 29. Wellesley, MA: Stone Center Working Paper Series.

Levant, R. F. (2001). The crises of boyhood. In G. R. Brooks & G. E. Good (Eds.), *The new handbook of psychotherapy and counseling with men* (pp. 355-368). San Francisco: Jossey-Bass.

Levant, R. F., & Pollack, W. S. (Eds.). (1995). *A new psychology of men.* New York: Basic Books.

Majors, R., & Bilson, J. M. (1992). *Cool pose.* New York: Simon & Schuster.

Poe, M. (2004, January-February). The other gender gap. *Atlantic Monthly, 293,* 137.

Pollack, W. S., & Levant, R. F. (Eds.). (1998). *New psychotherapy for men.* New York: Wiley.

Pollack, W. S. (1995a). No man is an island: Toward a new psychoanalytic psychology of men. In R. Levant & W. Pollack (Eds.), *A new psychology of men* (pp. 33-67). New York: Basic Books.

Pollack, W. S. (1995b). Deconstructing disidentification: Rethinking psychoanalytic concepts of male development. *Psychoanalysis and Psychotherapy, 12*(1), 30-45.

Pollack, W. S. (1998). *Real boys: Rescuing our sons from the myths of boyhood.* New York: Random House (1998)/(paperback) Henry Holt (1999).

Pollack, W. S. (1999). The sacrifice of Isaac: A new psychology of boys and men. *SPSMM Bulletin, 4,* 7-14.

Pollack, W. S. (2000). *Real boys' voices.* New York: Random House/(papaerback) Penguin (2001).

Pollack, W. S. (2001). *Real boys workbook.* New York: Random House.

Pollack, W. S. (2003). Relational psychotherapy for young adult males. *Journal of Clinical*

Psychology (In Session), 59, 1205-1213.

Resnick, M. D., Bearman, P. S., Blum, R. W., Bauman, K. E., Harris, K. M., Jones, J. et al. (1997). Protecting adolescents from harm. *Journal of the American Medical Association, 278*(10), 823-832.

Schore, A. N. (2003). *Affect dysregulation and the self.* New York: W. W. Norton.

제6장

여성의 관계적 적응유연성

Judith V. Jordan

이 장에서는 주로 이론적 배경을 제시하며, 적응유연성과 젠더(gender)에 관한 최근 연구를 검토한다. 이 장에서 제시하려는 이론적 배경은 **관계-문화적 이론**(relational-cultural theory, RCT)[1]으로 알려진 것인데, 이 이론의 핵심은 모든 심리적 성장이 **관계** 안에서 발생하며 관계에서 벗어나 고립으로 향할 때 수많은 심리적 고통이 시작된다는 신념에 있다. '분리된 자기(separate self)'를 가정하는 발달 모형에서 벗어나면서, RCT는 적응유연성이 개인 안에 있는 것이 아니라 관계의 능력 안에 있다고 본다. 따라서 이 장에서는 관계적 적응유연성 모형을 제시할 것이다. 상호 공감, 역량강화, 용기의 발달은 관계적 적응유연성의 지지대가 된다. 성장을 촉진하는 관계는 소년, 소녀 모두에게 중요한 적응유연성의 근원이지만, 이 장에서는 관계적 적응유연성이 소녀에게 중요하다는 것을 설명하려 한다.

전통적으로 적응유연성은 역경을 극복하여 '회복하는' 능력, 스트레스를 효과

1) 역자 주: 이 장에서는 relational-cultural theory를 관계-문화적 이론으로 번역하며, 약어로 RCT라고 표기한다.

적으로 관리하는 능력, 주요 질병이나 역기능을 보이지 않으면서 신체적 또는 심리적 고난을 견뎌 내는 능력으로 정의된다(Brooks & Goldstein, 2001; Hartling, 2003; Jordan & Hartling, 2002). 때때로 적응유연성은 다음과 같이 묘사되기도 한다. (1) 고위험 아동이 성취하는 좋은 결과, (2) 스트레스를 받는 아동에게 나타나는 유능성의 지속, (3) 외상에서의 회복(Hartling, 2003; Masten, Best, & Garmezy, 1990)이다. 이 모형에서 적응유연성은 기질(Rutter, 1978, 1989, 1990), 내구력(Kobasa, 1978), 자기존중감(Burnett & Demnar, 1996; Schwalbe & Staples, 1991)과 같은 **내적 특성**(traits), 즉 개인 안에 있는 무엇으로 간주된다. 보통 기질과 내구력은 선천적인 생리적 변인으로 묘사되나, 전념(commitment)과 통제(control)를 강조한 내구력에 관한 연구는 백인, 남성, 중류 내지 상류층의 경영관리자를 대상으로 수행되었고, 모든 사람에게 일반화되었다는 점에서 주목할 만하다(Hartling, 2003). 이 결과와 대조적으로, Sparks(1999)는 개인 내적 특성보다는 관계적 실제가 생활보호를 받고 있는 아프리카계 미국 어머니의 적응유연성에 기여한다고 주장했다.

내적 통제 소재는 개인적 특징으로 적응유연성과 관련된 중요한 변인으로 강조되어 왔다(Masten et al., 1990). "자신의 성공과 실패에 책임감을 느끼는 아동은 내적 통제 소재를 가지고 있다." (Roediger, Capaldi, Paris, & Polivy, 1991, p. 352) 반면, 젠더나 맥락이 적응유연성에 미치는 효과는 별로 주목받지 못했다. 그래서 통제와 힘의 이슈는 탈맥락화되어 있다. 특히 사람들을 무력하게 만들고 실제로 통제력을 잃게 만드는 인종차별주의, 성차별주의, 이성애주의, 기타 차별과 사회적 편견의 압력이 현존한다는 것을 인정하지 못하고 있다. 맥락적 접근에서는 한 사람이 상호 공감하며 반응적인 관계에 헌신하는 것을 적응유연성의 원천으로 보고 내적 통제감의 개념을 재조명한다. 비록 사회적 지지가 적응유연성 연구에서 자주 언급되기는 하지만, 보통은 한 사람이 다른 사람의 지지를 받는 일방향의 과정을 연구한다(Spiegel, 1991). 개인적 특성과 내적 특징을 연구하는 서양 심리학의 전통은 '분리된 자기'의 패러다임 안에 존재한다. 여기서는 **분리**(separation)를 일차적인 것으로, **관계성**(relatedness)을 이차적인 것으로 간주한다. 개인 안에 존재하는 것, 예를 들면 특성이나 심리내적 구조를 개인의 안녕과 심리적 적응의 근본적인 결정인자로 본다. 이제 이러한 분리된 자기 편향에 이의를 제기하는 발달 연구와 모형을 살펴볼 필요가 있다(Jordan, Kaplan, Miller, Stiver, & Surrey, 1991).

1만 2,000명의 청소년을 대상으로 한 연구에서는 선생님, 부모, 또는 멘터 등 어떤 한 사람의 성인과 '좋은 관계를 갖는 것' 이 고위험 행동(폭력, 물질남용, 자살)을 예방한다는 결과를 가장 잘 예언하였다(Resnick et al., 1997; Resnick, Harris, & Blum, 1993). 관계는 아동을 '강하게 만든다.' 성장을 증진시키는 관계는 적응유연성 개념의 핵심이다. 또한 이 장에서는 **저항**(resistance)에 관해 논의할 것이다. 이는 적응유연성에서 맥락적 요인의 중요성을 강조한다. 적응유연성이란 직계가족 맥락이나 더 큰 사회의 통제적인 이미지 등 수많은 원천에서 유래되는 젠더, 인종, 성지향성에 관련된 파괴적이고 힘을 빼앗는 메시지에 저항하는 능력이다(Collins, 2000). 비록 저항이 항상 적응유연성 개념에 포함되는 것은 아니지만, 주변인 집단(예, 소녀, 유색 인종, 동성애자와 같이 비지배적이고 적은 권력을 지닌 집단)에 속한 구성원에게는 주변인적 속성이 작용하여 그들에게 침범하는(또한 주변인적 속성에 기여하는) 왜곡되고 유해한 영향력에 저항하는 능력이 필수적이다. RCT에서 심리 발달에 일차적으로 중요한 지표는 다른 사람과 중요하고도 의미 있는 관계를 맺을 수 있는 능력의 증가다(Miller & Stiver, 1998). 관계는 성장, 건강한 저항, 적응유연성의 핵심이다. 사회적 · 문화적 맥락은 어느 누구에게라도 생성되는 관계의 종류를 결정하고, 이러한 관계가 스트레스에 대응하는 능력을 결정한다.

젠 더

아동 발달에 관한 대부분의 모형은 자율과 분리를 향하는 성장개념을 중심으로 설정된 것이다. 문화적 의무조항과 신화는 '혼자 힘으로 서기, 즉 독립하기', 외로운 군인, 고독한 영웅, 독립적 · 개별적 · 자율적이며 완전히 개별화된 사람에 관한 것이다. 여기서 적응유연성은 열악한 환경의 영향에서 벗어나 회복하는 고독한 적응유연한 개인이 갖는 하나의 내적 특성 또는 그 집합으로 간주된다. 이 모형에서 사회화는 의존적인 아동을 개별적으로 분리되고 독립적인 성인기로 이행시키는 기능을 한다. 이러한 잣대는 모든 아동, 특히 소년에게 적용된다.

Bill Pollack(1998)이 지적했듯이, '소년 코드' 는 소년을 자립심, 강인함, 분리의 극단으로 치닫게 한다. 남성은 허약하거나 무기력한 감정을 두려워하거나 부인하라는 자극을 받는다. 수치심에 기초한 사회화를 거치면서, 소년은 단호하며 허약해 보이지 않고 편협한 정서(즉, 분노)를 드러내는 등 지배적인 방식으로 강해지라는 압력을 받는다. 성숙의 잣대는 독립적, 자기 의존적, 자율적이 되는 것을 포함한다. 그러나 우리는 궁극적으로 상호 의존적인 존재이기에 성공적인 성숙과 '힘'을 증명할 수 없다. 이런 지나치게 개인주의적인 잣대는 그에 영향을 받는 모든 사람에게 스트레스, 수치심, 막대한 고통을 준다. 더구나 이 모형에는 다른 사람과 맺는 관계의 중요성이 생략되어 있다. 맥락 및 사회적으로 규정된 정체성의 이슈(예, 인종, 젠더)가 적응유연성에 영향을 미치는 것이 분명하지만, 이 이슈는 아직까지도 간과되고 있는 실정이다.

예를 들면, Seligman의 '학습된 무력감(learned helplessness)'은 좋지 않은 결과(예, 심리적 건강의 문제)에 기여하고, 낙관성은 적응유연성과 좋은 결과를 가져오는 것으로 보통 간주된다(Seligman, 1990). 그런데 아직 검토되지 않은 젠더 이슈와 관련지어 보면 젠더가 비관적 혹은 낙관적 대처전략의 발달에 중요한 역할을 한다는 것을 알 수 있다(Dweck & Goetz, 1978). 소녀는 미래 수행에 대한 기대를 할 때 과거나 현재의 성공보다는 실패에 더 큰 영향을 받는다(Dweck & Reppucci, 1973). 소녀는 실패를 내적 요인에 돌리고 성공을 운이나 외적 요인에 돌리는 반면, 소년은 실패를 외적 요인에 돌리고 성공을 내적 요인에 돌리는 귀인을 한다. 소년에 비해 소녀는 자신을 더 많이 탓하고 성공에 대한 자신의 공을 더 적게 인정한다.

이같이 자신의 공을 인정하지 않는 자기훼손(self-denigration)의 부재는 스트레스 때문에 쇠약해지는 것을 막는 강력한 보호요인이 된다(Peterson, Schwartz, & Seligman, 1981). 자기 훼손은 낮은 자기존중감에 기여하고, 낮은 자기존중감은 적응유연성에 부정적인 영향을 미친다(Dumont & Provost, 1999). 자기존중감은 핵심적인 내적 특성으로 고려되는 경향이 있다. 그것은 분리된 자기와 지나친 개인주의의 발달 모형에 기초한 서양 문화에서 비롯된 복잡한 개념이다(Jordan, 1994). 자기존중감은 한 개인이 '소유'하는 것이며, 경쟁적인 문화에서 그 핵심은 (자기보다 좋거나 나쁜) 다른 사람과 자신을 비교하는 데 있다. Harter(1993)가 언급했듯이, "한 사람이 자기에 대해 내리는 판단은 자기가 또래, 즉 사회적 잣대에 어떻게 도달했는지를 거쳐 여과된다." (p. 94) 가치, 즉 장점에 대한 지배적인 정의의 '밖에' 있는 집단은 가치의 잣대가 달라서 손해를 입는다(예를 들면, 이성적인 것을 중시하는 문화에서는 정서적으로 반응적이거나 표현적인 것이 불리하며, 자율성을 숭배하는 문화에서는 관계적인 것이 불리하다).

Yvonne Jenkins(1993)는 **사회적 존중감**(social esteem)을 고려할 것을 제안했다. 사회적 존중감은 상호의존성(interdependence), 결연(affiliation), 병립(collaterality)을 중시하는 집단 관련 정체감(group-related identity)이다. 사회적 존중감이 자기존중감에 비해 심리적 안녕에 더 많이 관련되는데, 특히 공동체 문화와 하위문화에서 그러하다. 자신에 대해 좋은 감정을 느끼는 것은 타인이 자신을 어떻게 대우하는지, 그리고 중요한 타인과의 관계에서 자신이 참 존재로 보이고 들릴 수 있는지에 크게 좌우된다.

자료에 의하면 소녀는 소년에 비하여 청소년기에 더 우울하고 자기비판적이다. "소녀가 자신에 대해 반응적이려면 여성의 장점에 관한 인습에 저항해야 한다. 타인에게 반응적이려면 북미 문화권에서는 자립과 독립의 가치에 저항해야 한다."(Gilligan, 1990, p. 503) 이 시기 동안에 소녀는 자신과의 연결(connection)을 상실하며, 타인과의 진정한 관계도 상실한다. 여러 연구자는 여성의 대처양식이 더 관계적이라는 사실(예, 개인적 괴로움에 관해 친구들과 이야기 나누기, 슬픔을 공유하기)에 주목해 왔다(Lazarus & Folkman, 1984). 남성의 대처양식이 문제해결, 행동, 새로운 전략 추구 등 문제중심적이거나 도구적인 것과는 대조적이다. 실제로 통제력을 별로 가지지 못한 상황에서는 정서중심적 대처가 더 적응적일 수 있고, 실제로 변화를 일으킬 수 있다고 기대되는 상황에서는 문제중심적 대처가 더 유용하다. 힘과 현실적 통제력이 별로 없는 사람(즉, 비지배층 사람과 주변인 집단)은 관계적인 대처방식이나 '외재화하는' 대처방식을 발전시키는 경향이 있다.

전통적인 서양 심리학의 핵심 아이디어 가운데 하나로 스트레스에 직면해서 '맞붙어 싸우거나 도망하기(fight or flight)'가 있다. 이 개념은 여러 세대를 통해 전수되어 온 것으로 우리가 적응유연성을 이해하는 데 꽤 적절하다. 많은 연구가 일관성 있게 시사하는 바에 의하면, 스트레스를 받을 때 우리는 공격적이고 자기보호적인 방어를 가동하거나(즉, 싸우거나) 혹은 도망을 간다(즉, 달아나서 자신의 약점에 직면하지 않으려 한다). 그러나 Shelly Taylor 등(2000, 2002)의 최근 분석에 의하면 '맞붙어 싸우거나 도망하기'에 관한 모든 연구가 남성(예, 알비노 쥐 수컷, 원숭이 수컷, 인간 남성 등)을 대상으로 수행되었다는 점을 지적할 수 있다. 여성을 대상으로 실험을 한 Taylor는 스트레스에 대해 여성이 매우 다르게 반응을 한다고 발표했다. Taylor와 그의 동료는 이러한 반응을 '보살피고 친구되기(tend-and-befriend)' 반응이라고 이름 붙였다. 스트레스를 받는 동안에 여성은 위협에서 자신과 타인을 보호하기 위해 돌보거나 돕는 양육 행동을 하고 관계망을 구축하는 데 몰두한다. 여성은 스트레스에 관계적으로 반응하는데, 말하자면 스트레스를 받을 때 관계를 추구한다. Belle(1987)도 남성에 비해 여성이 스트레스를 받을 때 사회적 지지를 동원하고 동성 친구에게 자주 의존한다고 주장했다. 이 자료에 의하면 우리는 적응유연성을 이해하고자 할 때 사회적 정체감 이슈, 특히 젠더에 주목할 필요가 있다.

관계적 적응유연성

웰슬리 대학 스톤 센터의 연구자는 발달과 적응유연성의 관계적 모형을 제안하였다. 이 모형은 원래 여성의 목소리에 귀 기울이고 여성의 삶을 연구하면서 발전한 것이지만, 점차 남성에게도 적용 가능한 것으로 간주되었다. 대부분의 발달 모형과 임상 모형이 분리(separateness), 특히 분리된 자기를 지나치게 강조한 것과는 대조적이다. RCT는 우리가 관계를 통해서 성장하고 관계를 지향하며 성장 촉진적 관계에 참여하려는 욕구가 삶의 핵심적인 동기라고 주장한다(Jordan, 1997; Jordan et al., 1991; Miller & Stiver, 1997; Spencer, 2000). 성장 촉진적 관계는 상호 공감과 상호 역량강화의 특징을 가지며, 열정, 가치감, 생산성, 명료성, 더 많은 관계에 대한 욕구를 갖게 한다(Miller & Stiver, 1997). 모든 관계는 특정 맥락 안에서 일어나며, 사회경제적 · 문화적 맥락은 사람의 삶 속에 존재하는 **관계**와 **단절**을 강력하게 형성한다. 고립은 고통과 괴로움의 일차적 근원이다. 계급화된 사회에서 차이는 항상 권력의 견강부회(牽强附會)에 따라 좌우된다. 어느 한 집단이 지배적이고 가치 있는 것을 규정할 파워를 가지고 있을 때, 파워를 적게 가지고 있는 집단은 자신의 경험을 대표하지 않는 행동 규칙에 맞추거나 임시변통으로 그것에 만족해야 한다. 그래서 Jean Baker Miller(1986)는 다음과 같이 말했다. "진실성(authenticity)과 종속(subordination)은 전적으로 양립될 수 없다." (p. 98) 어느 한 사람이 완전히 진실되며 성장을 촉진하는 상호작용을 만끽하려면 종속의 위치에 있어서는 안 된다. 파워의 역할은 차이를 없애고 진실성을 제한하며 가치를 규정하는 것이기 때문이다.

RCT에서 **관계적 적응유연성**(relational resilience)이란 극심한 단절을 겪은 후에 또는 스트레스를 받는 동안에 성장을 촉진하는 관계를 회복하는 능력을 말한다(Jordan, 1992). 또한 RCT는 적응유연성을 향상시키고 성장을 촉진시키는 관계가 양방향으로 서로 통하는 경험의 특징을 갖는다고 본다. 그러한 관계와 연결의 경험은 상호 공감, 상호 역량강화, 상호성 지향을 포함한다. 예를 들면, 진정한 용기, 진정한 성장, 진정한 강점은 모두 관계적 맥락 안에서 발생하며, 고립이나 독단의 상태에서 발생하지 않는다. 요약하면, 적응유연성은 내적 특성이 아니다. 지배적인 북미 문화에서는 사람들 사이의 상호의존성 개념을 지지하지 않지만, 평가적 피드백과 교정적 피드백을 받으려면 다른 사람에게 의존해야 한다. 그리고 인생의 의미를 찾으면서 다른 사람을 지지해야 할 불가피한 인간적 요구가 존재한다. 우리 모두는 전 생애를 거치면서 다른 사람의 반응을 겪을 필요가 있다. 이것은 어느 한 사람이 상대방의 지지나 승인을 얻으려 하는 것과는 다르다. 우리는 다른 사람과 관계를 이룰 필요가 있다. 더불어 관련된 각각의 성장을 만들어 내는 관계에 몰입하고 참여할 필요가 있다.

이를 위해 적응유연성의 관계적 모형이 필요한데, 이 모형은 다음의 다섯 가지 개념을 포함한다. (1) 지지된 취약성, (2) 상호 공감적 관여, (3) 관계적 확신 또는 의지할 수 있는 관계의 수립능력, (4) 상호 성장을 격려하는 역량강화, (5) 개인적 인식과 더불어 관계적 인식의 창조다. 관계적 적응유연성은 개인의 강점 증가보다는 관계 증진을 강조한다(Hartling, 2003). 이 모형은 도움을 요청하는 능력을 강점으로 재조명한다. 스트레스를 받을 때 개인적 취약성은 증가하는데, 이런 취약성을 견뎌 내고 다른 사람에게 의존할 수 있는 방법을 찾는 것이 적응유연성을 나타내는 중요한 신호다. 다른 사람을 멀리하고 고립을 지향할 때, 우리의 융통성은 더욱 감소하고 역기능적 패턴에 빠져 꼼짝 못하게 될 것이다. 지지를 구하려면 의존할 만한 상호적인 관계가 가능하며, 그런 관계 속에서는 우리 자신을 더욱 취약한 위치에 놓는 게 위험하지 않다고 믿을 수 있어야 한다. 관계적 적응유연성의 한 부분은 특정 상호작용이나 관계가 성장을 촉진하는 잠재력을 가지고 있다는 것을 알아차리는 능력을 포함한다.

관계적 적응유연성은 불리한 조건, 외상 경험, 그리고 소외시키는 사회적-문화적 압력에도 불구하고 서로의 역량을 강화하고 성장을 촉진하는 관계를 지향한다. 이것은 서로 통하는 연결과 재연결을 이루고 단절에 저항하는 능력이다. 기질, 지적 발달, 자기존중감, 통제 소재, 숙달감과 같은 특징이 관계적 조망에서 재조명될 수 있다. 기질이 관계적 맥락에서 아동을 위기에 처하게 하거나 보호하는 수단이 될 수 있다는 점은 적응유연성을 위한 가장 중요한 기여로 볼 수 있다. 예를 들면, 달래기 어려운 아동은 부모에게 무력감과 좌절감을 줄 수 있고, 그러한 부모는 회피나 방임을 할지도 모른다. 유사하게 보통 '지적 발달'은 주로 유전적으로 초래되는 내적 특성으로 간주되는데, 이제는 상당 정도가 관계적 맥락에서 형성되는 것으로 이해되고 있다. Daniel Siegel(1999)은 대인관계가 뇌 발달을 조성하는 데 중요한 경험의 원천이라고 주장한다. 그는 "인간의 연결이 신경의 연결을 만들어 낸다."(p. 85)라고 밝혔다.

또한 Jordan(1999)이 관계적 확신이라고 불렀던 것을 검토하면 자기존중감을 맥락적 조망에서 재조명할 수 있다. 그래서 우리는 '자기'와 자기존중감을 강조하기보다는 다른 사람과의 연결에 대한 확신을 불러일으키는 성장 촉진적 관계를 발달시킬 수 있는 능력이 자기존중감의 어떤 내적 특성보다도 연구에 중요한 변인이 될 가능성이 있다고 제안한다. 유사하게 맥락을 고려하면 적응유연성의 한 원천으로 강조해 온 내적 통제 소재를 더 잘 이해할 수 있다. 통제와 확실성을 가치 있게 여기는 문화에서 왜 내적 통제 소재가 핵심으로 간주되는지를 이해하기란 어렵지 않다. 그러나 연구에 의하면 내적 통제 소재는 문화적 맥락의 영향을 받으며, 문화 안에서 어떤 한 집단이 행사하는 현실적인 파워의 영향을 받는다. 그래서 통제 소재는 그 사람의 경험, 환경 또는 관계에 영향을 미칠 수 있는 능력이라고 볼 수 있다(Hartling, 2003).

또한 정서적 관심, 도구적 지원, 정보, 평가(인정)로 정의되는 사회적 지지가 적응유연성에 매우 중요한 변인으로 간주되어 왔다. 사회적 지지에 관한 대부분의 연구는 일방향적 지지, 즉 사랑을 얻거나(getting love) 도움을 얻는 것(getting help)을 강조해 왔다. 관계적 조망은 관계에 전념함으로써 관계 안에 있는 모든 사람에게 기여할 수 있다는 중요성을 지적한다. 그러므로 사회적 지지의 파워는 자신을 위해서 무엇인가를 얻는 것(getting for the self)에 관한 것이 아니라 상호관계(mutuality)에 관한 것이다. 그러나 사회적 지지를 해석하는 방식에서 상호관계는 종종 모호해진다. 상호 도움과 성장에 관한 12단계 프로그램을 자조집단(self-help groups)으로 잘못 명명했던 것에 비추어 보면 그렇다. 다른 말로 표현하면, 우리 모두는 자신의 진가를 인정받고 존중받고 정당화되고 무엇인가를 받고자 하는 욕구를 가지고 있지만, 동시에 다른 사람의 발달에 동참할 필요도 있다.

상호관계

관계적 적응유연성의 핵심에는 **상호관계**(mutuality)를 지향하는 움직임이 있다. 사회적 지지에 관한 문헌은 다른 사람에게서 지지를 '받는 것(being given to)'이 중요하다고 강조한다(Ganellen & Blaney, 1984; Spiegel, 1991). 그러나 최근 연구는 다른 사람에게 '주는 것(giving)'의 중요성을 발견하였다(Luks, 1992). 이제 연구자는 다른 사람에게 주는 것이 가져오는 혜택을 이해하기 위하여 이타주의를 연구하는 방향으로 이동하고 있다. RCT는 이타주의와 같은 하나의 특성이 아니라 실제로 서로 성장을 촉진하는 관계야말로 여러 개인에게 혜택을 주는 효과를 갖는다고 제안한다. 즉, 무엇인가를 주고 중요하게 여기고 영향을 미치고자 하는 요구가 있으며, 우리는 다른 사람의 안녕에 기여하면서 의미를 발견한다(Jordan et al., 1991). 그러나 우리는 배려받고 무엇인가를 제공받으며 존중받는다는 느낌도 얻으려 한다. 우리 자신이 중요한 존재며, 다른 사람에게 그리고 인간관계에 영향을 끼칠 수 있는 존재라고 느껴야 한다. 상호관계의 불균형은 많은 사람에게 고통의 근원이 된다. 우리가 상호 연결의 '밖에' 있다고 느낀다면 소외와 고립을 자주 경험하게 된다. 자기 자신이 존중받지 못하고 응답받지 못하며 결국은 진가를 인정받지 못한다고 느끼는 상황에서 다른 사람에게 무엇인가를 주는 것은 사기를 저하시키며 적응유연성을 떨어뜨릴 수 있다. 우리는 우리가 준 것에 대하여 '감사받아야 한다거나' 가치를 인정받아야 할 필요가 있다고 말하는 것은 아니다. 우리가 서로 존중하는 상호체계의 한 부분임을 느껴야 한다는 것이다. 상호 공감은 상호관계의 의미를 파악하기 위한 열쇠가 된다. 우리가 다른 사람에게 영향력을 가지고 있는 존재라고 보는 것이 중요하다. 즉, 우리는 자신이 어떤 영향력을 가지고 있다는 것을 알고 느끼고 인식한다. 상호 공감은 성장 촉진적 관계에서 발생하기는 하지만 호혜적(reciprocal)이거나 주고받는 공감은 아니다. 상호 공감은 개개인이 상호 성장을 하는 데 있어서 다른 사람을 공감하는 과정이다. 즉, 내가 당신을 감동시켰음을 알아차리고, 당신이 나를 감동시켰음을 알아차리는 것이다. 우리는 서로에게 중요하고, 서로의 마음을 움직이고, 서로에게 미치는 효과를 가지고 있다. 우리는 서로에게 그리고 관계에서 변화를 일으킬 수 있다. 이것이 궁극적으로 **관계적 유능감**(sense of relational competence)을 가져온다. 이것이 진정한 적응유연성이 자리 잡고 있는 인간 공동체의 따뜻함으로 우리를 이끈다. 더 나아가 모든 사람에게 적응유연성의 궁극적인 원천이 되는 공동체의 발달에 기여한다.

유능성 동기에 관한 문헌은 환경에 어떤 효과를 만들어 내고자 하는 우리의 내재적 욕구에 관해 논한다(White, 1959). 보통 연구는 아동이 물리적 세계를 조작하는 방식과 그것이 아동의 유능감("내가 이 일을 해냈어.")을 어떻게 증진시키는지를 살펴본다. 신체적 능력과 과제 유능성이 한 아동의 효능감과 가치감을 증가시키는 데 기여한다는 데는 의심의 여지가 없다. 그렇다고 할지라도 대인 효과성의 세상에서 다른 사람에게서 원하는 반응을 유발할 수 있는 능력은 유능성의 원천이며, 적어도 물리적 세계를 조작할 수 있는 능력만큼은 중요하다.

자녀를 이해하거나 경청하지 않고 자녀에게 반응하지 않는 부모와 아동의 예를 들어 보자. 이 예는 아동이 부모에게 마음의 상처를 표현하려고 시도하지만 부모가 공감하지 못했음을 보여 준다. 만일 부모가 반응을 해서 자녀에게 마음의 상처를 준 것이 부모에게 중요한 문제라는 것을 자녀가 알아차린다면, 부모가 자녀에게 끼친 영향(이 사례에서는 유해한 영향)이 부모에게도 영향을 미친다는 것을 자녀가 알아차린다면, 그리고 부모가 이러한 것을 자녀에게 전달한다면, 관계는 강화되고 자녀의 관계적 유능감은 증진한다. 자녀는 자신이 배려와 보살핌을 받으며, 자신의 말을 경청하는 사람이 있다고 느낀다. 부모는 자신과 자신의 감정이 중요하다고 느낀다. 반면에 부모가 공감이나 배려심을 가지고 자녀의 고통에 반응하지 않고, 자녀의 감정을 부인하거나 자녀를 공격하거나 단순히 자녀에게 어떠한 반응도 하지 않고 방임한다면, 자녀는 자신이 중요하지 않은 존재며 다른 사람이나 관계에 아무런 영향력을 행사하지 못하고 있다는 느낌을 받을 것이다. 결국 부모는 관계에서 분리되기 시작할 것이고 고립과 허위로 빠지게 될 것이다. 이런 일이 반복되면 아동은 만성적인 단절로 향할 것이다. 그렇게 되면 생존하기 위하여 오히려 단절의 전략을 더욱 발달시킨다. 예를 들면, 신체적 학대나 성적 학대와 같은 만성적인 단절과 위반을 보이는 가장 극심한 사례에서, 단절의 전략은 Jean Baker Miller(Miller & Stiver, 1997)가 '저주받은, 구제할 수 없는 고립(condemned isolation)' 이라고 불렀던 고립, 불능 상태, 자기 비난, 수치심을 유도한다. 이런 고립 상태에서 적응유연성은 최소 수준으로 떨어진다. 그런 사람은 고립과 타인에 대한 불신을 가지며 경직되고 과잉 일반화된 관계적 이미지를 지닌다. 그 사람은 현재의 절망과 단절을 겪은 후에 관계로 되돌아가지 못하며 새로운 학습과 성장이 제약을 받는다. 또한 단절, 편도체 반응성, 놀람 반응이 연결의 재수립을 방해하는 생화학적 변화가 나타날 수도 있다(Banks, 2000).

수치심

단절은 종종 수치심을 느끼는 분위기 안에서 발생한다. 수치심은 사람을 고립으로 이끌어서 역량을 잃게 하거나 불능화시킨다. 수치심은 사랑받을 가치가 없다는 느낌, 다시 말해 인간 공동체의 밖에 있다는 느낌을 경험하는 것이다(Jordan, 1989). 수치심을 느끼는 사람은 다른 사람이 공감적으로 존재할 수 있다는 것을 믿지 않는다. 또 자기 자신이 중요한 측면에서 하자가 있는 존재라고 느낀다. 죄의식을 느낄 때 우리는 고칠 수 있다는 희망을 갖는 반면, 수치심을 느낄 때는 오로지 거부와 경멸을 예상할 뿐이다. 즉, 우리 존재 자체에게 결함이 있다고 느낀다. 수치심은 강력한 대인 간 효과를 갖는데, 이것은 Tomkins(1987)가 애초에 묘사했던 효과 가운데 하나다. 수치심은 침묵하기와 고립을 유도하므로, 특히 적응유연성을 대인 간 또는 관계적 현상으로 본다면 적응유연성을 제지하는 주요 방해물이 된다. 수치심을 겪으며 관계에서 멀어지는 정도에 따라서 연결을 복구하고 교정할 기회는 줄어든다.

우리가 서로 통하는 관계와 연결을 갈망하고 있음을 인식하면서 동시에 사랑받거나 연결될 가치가 없는 사람이라고 느낄 때 수치심은 자동적으로 일어난다. 수치심을 느끼는 것은 다른 사람에게 영향을 미치기도 하며, 한 개인의 행동이나 집단의 행동을 변화시키기도 한다. 가끔 수치심은 힘을 빼앗고 목소리를 내지 못하게 하기도 한다. 종종 지배적인 사회집단은 사회적 통제를 행사하는 방법의 하나로 하위집단이 수치심을 느끼게 하여 침묵하게 하는 방법을 쓴다. '당신의' 현실(비지배적인 개인이나 집단)이 결핍되어 있거나 이탈되어 있다는 의미를 갖는다. 이는 여성, 유색 인종, 동성애자처럼 주변인 집단에 적용된다. 한 개인이나 집단이 수치심을 느끼는 정도에 따라서, 덜 적응유연하고 역량을 잃게 되며 차이에 대해 목소리를 덜 낼 수밖에 없게 된다.

소녀와 여성의 관계적 적응유연성 증진

적응유연성은 공감을 할 수 있는 만큼 존재한다. 소녀는 자신이 다른 사람에게 관심을 가지고 있으며 다른 사람의 관심을 받는 관계, 즉 상호 성장을 촉진하는 관계의 한 부분이라고 느끼는 만큼, Jean Baker Miller가 좋은 연결을 위해 좋은 것으로 간주한 것(융통성, 가치감, 명료함, 창의성, 열정, 더 많은 연결과 관계에 대한 욕구)을 경험할 것이다(Miller & Stiver, 1997). 우리는 우리가 맺고 있는 관계의 질을 확대하면서 성장하고 배운다. 고립되어 있을 때는 낡은 패턴을 반복하고, 반복적 인지에 사로잡히게 되고, 자주 힘을 잃게 된다. 적응유연성은 에너지, 창의성, 새로운 상황을 맞이하는 융통성을 시사한다. 때때로 두려움을 느끼거나 주저하는 상황으로 나아갈 수 있는 능력인 용기를 포함하기도 한다. 용기는 내적 특성이 아니라 다른 사람과 통하는 **관계** 안에서 만들어지는 것이다. 인간으로서 우리는 서로를 격려하고 계속해서 용기를 만들어 낸다. 분리된 사람 안에 존재하는 자기존중감의 내적 상태 같은 것은 없듯이 가치감, 강점, 창의성 또한 관계 안에서 지지되거나 파괴된다. 사회적 수준에서 지배적인 '중심'에 의해 규정되는 주변인(Hooks, 1984)은 지배집단이 정의하는 주변인, 즉 주변인의 '결함이 있는 차이(defective differentness)' 때문에 자주 힘을 잃는다.

Carol Gilligan(1982)에 의하면 소녀가 '자신의 목소리를 상실하기' 시작하는 때인 청소년기에 특히 현저하게 적응유연성이 중요한 이슈로 나타난다. 11~13세에 백인 소녀의 자기존중감은 크게 낮아지고(Gilligan et al., 1990) 우울의 발생률이 증가한다. Gilligan이 주장했듯이, 소녀는 관계 안에서 침묵하기 시작하고 확실성을 잃기 시작한다. 그들은 **관계적 지능**(relational intelligence)을 상실하는 것처럼 보인다. 소녀는 '관계(외형적 관계, appearance of relationship)에 남아 있기' 위해 관계(진정한 관계, authentic relationship)에서 자신을 배제한다. 그들은 효과성을 버리고 타인의 요구에 순응해야 한다고 느낀다(Franz & Stewart, 1994; Jordan, 1987). Janie Ward(2002)는 그녀의 책에서 위대한 식견을 가지고 지배문화가 청소년기의 유색 인종 소녀에게 부과하는 고정관념, 즉 힘을 상실하게 하는 고정관념에 소녀가 저항하는 방법을 모색하는 것이 중요하다고 주장하였다. 지배적인 이미지에 저항하는 능력(Collins, 2000)은 적응유연성에 기여하는 중요한 요인이다.

아프리카계 미국 소녀에 관한 연구에서 Ward(2002)는 원래 '해방을 위한 저항(resistance for liberation)' (Robinson & Ward, 1991)이라고 칭했던 건강한 적응유연성을 소녀에게 육성시킬 것을 제안했다. Ward는 소녀를 강하고 적응유연하게 돕는 다음의 네 가지 과정을 제안했다. 첫째, 소녀가 건강한 적응유연성을 읽도록(read it) 돕는다. 이는 메시지와 직접적 맥락 그리고 더 큰 사회정치적 맥락을 검토하는 것을 뜻한다. 힘을 잃게 하는 메시지가 있을 때, 반발하는 덫에 사로잡히지 않으면서 그 메시지나 고정관념에 대한 증거를 검토하고 면밀하게 생각해 보는 것이다. 둘째, 읽은 뒤에는 명명하는(name it) 것이 중요하다. 명명함으로써 인종차별주의, 성차별주의, 계급 편견이 존재한다는 것을 인정한다. 그것은 당신이 알고 있는 것을 아는 것과 이슈에 직면하는 것을 포함한다. 또 안전해질 때까지 침묵을 지키는 일을 포함할지도 모른다(예, 지지를 얻고 명료화를 추구하기 위해 믿을 만한 성인에게 그 문제를 가져가는 것). 명명하지 못하면 부정적 정체감과 수치심이 내면화될 수 있다. 명명하기는 우리 자신이 작동인이라는 느낌과 힘을 부여한다. 셋째, 부정적 세력에 대항한다(oppose the negative force). Ward가 제안했듯이, 인종차별주의와 같은 부정적 세력에 반항하거나 회피하는 행동을 한다. 그것은 자기혐오, 절망, 경멸, 무망감, 분노, 자만에 대한 대항을 포함한다. 넷째, 소녀가 그것을 대체할 수 있도록(replace it) 돕는다. 이는 현재 지지하고 있는 것과 다른 신념을 고수하거나 현실감을 중시할 수 있으며, 그런 후에 현재 반대하고 있는 감정, 태도나 행동을 대체할 수 있음을 의미한다. 예를 들면, 인종차별주의에 대항하는 사람은 공평과 정의를 찬성하는 입장을 취할 것이다.

이러한 일련의 단계는 한 사람이 가진 힘과 가치감을 해치는 많은 상황에 적용될 수 있다. 흥미롭게도 주변인 집단 구성원은 잘못의 책임을 내면화하도록 조장된다. 한 예로 노예제도가 있던 시절에 drapetomania[2)]라는 '정신의학적 진단'이 있었는데, 이는 '주인에게서 도망치려는 욕구'를 가진 노예에게 붙인 진단명

2) 역자 주: drapetomania는 미국의 정신의학자 Samuel A. Cartwright가 흑인 노예의 도주를 유발하는 정신질환을 지칭하기 위해 사용한 용어다. 오늘날 이 용어는 과학적 인종차별주의의 체계로 간주된다.

이었다. 자유를 추구하는 욕구가 병적인 것으로 간주되어 의학적 진단이 내려졌던 것이다. 덜 극단적인 예로는 소녀가 실패에 대한 책임을 지고 자신의 관계적 열망을 병적인 것으로 보도록 가르쳐지는 경우가 있다. 소년과는 대조적으로 소녀는 실패를 내면화하고 성공을 외재화한다는 자료가 매우 많다. 실패를 설명할 때 자동적으로 자기를 비난한다면 결과적으로 '내가 문제다.' 라는 가정, 우울, 수치심이 잇달아 일어난다. 반면에 실패가 우연한 요인이나 외적인 요인에서 기인하고 성공이 자신의 능력이나 노력의 결과라고 가정한다면 행동하고자 하는 더 많은 힘과 더 많은 가치감이 생길 것이다. 그런데 맥락은 이러한 귀인양식을 조성하는 데 큰 역할을 담당한다.

연결과 관계에서의 용기

적응유연성은 힘을 빼앗는 세력(성차별주의, 인종차별주의, 계급주의, 이성애주의)에 저항하는 것에 추가하여 용기의 발달을 포함한다. 비록 용기는 죽음에 도전하는 개인적 행위를 하면서 산을 오르거나 비행기에서 뛰어내리는 외로운 영웅의 이미지와 더불어 분리된 자기 모형 안에서 구축된 것이기는 하다. 하지만 그것은 개인 간 경험으로도 간주된다. 용기(courage)는 연결과 관계 안에서 발달하며, 우리는 다른 사람의 격려를 받는다(encouraged)(Jordan, 1990). 적응유연성과 마찬가지로 용기는 개인 안에 존재하는 특성이 아니다. 인간으로서 우리는 끊임없이 용기를 북돋아 주거나 용기를 잃게 하는 상호작용을 한다. 열정, 명료성, 가치감, 생산성, 더 많은 연결과 관계를 이루려는 욕망을 증진시키는 성장 촉진적 관계가 본질적으로 용기를 갖게 한다. 이러한 관계는 활기, 집중력, 강인함을 느끼게 하고, 그래서 우리는 성장과 연결을 추구한다. 자녀양육, 교육, 치료의 많은 부분은 용기를 북돋아 주는 것에 관한 것이다. 말 그대로 사람들이 용기를 갖도록 돕고 자신의 가치관과 의지에 따라서 행동하는 능력을 가지고 있다고 느끼도록 하는 것이다.

어린 청소년기 소녀가 용기를 갖도록 지지해 주는 것보다 더 중요한 것은 없다. 청소년 초기 소녀는 '자신의 목소리를 잃기' 시작하고, 자신감을 상실하기 시작하며, 자기존중감이 수직으로 하강한다. 어린 소녀에 관하여 연구자가 저술해 왔던 활기와 확신 그리고 귀여운 강아지와 같은 쾌활함이 많은 소녀에게서 증발해 버린다(Gilligan, 1990; Pipher, 1994). 이는 부분적으로 소녀가 객체화된다고 느끼기 시작할 때 자신의 신체 경험과의 접촉을 상실하면서 나타나고, 다른 사람(주로 소년)이 소녀에 대하여 가진 욕망과 소녀를 규정하는 정의에 순응해야 한다고 느끼는 이성관계에서 발생한다. (늘 부족하다고 느끼는) 신체상에 집착하고 성적인 것과 분노를 통제하는 데 열중함으로써, 소녀는 제약을 받고 있고 진실하지 못하다고 느낀다. 소녀는 자신의 경험을 완전하게 표현할 수 없다고 느낀다. 만일 집단 규범에서 벗어나면 소년에게서는 거부당하고 소녀에게서는 배척당할까 봐 두려워한다. 이와 같은 포함-배제(inclusion-exclusion) 요인(Simmons, 2002)이 사회적 관계에서 소녀를 무겁게 압박해 왔는데, 심지어 요즈음 더욱 뜨겁게 문제가 되고 있다. 소녀는 소년과 경쟁하면서 점점 더 자신의 두려움과 불확실감을 표현하거나 공유할 수 없다고 느낀다. 소녀는 침착하고 강인해야 한다.

소녀에게 분노의 금지(Miller, 1976, 1985)는 적응유연성의 발달에 큰 장애가 된다. 만일 소녀가 가능한 한 온전하게 자신의 감정, 특히 관계적 건강을 알려 주는 감정을 표현할 수 없다면 그들은 침묵과 고립에 빠지게 될 것이다. 분노는 어떤 관계에서든지 필요하고도 중요한 신호다. 왜냐하면 종종 분노는 상처 난 곳과 권리가 침해된 곳을 가리키기 때문이다. 사람들은 목소리를 죽이거나 종속당하는 것을 피하기 위해 갈등 상태로 이동할 필요가 있다. 분노가 관계의 변화와 성장에 필요한 부분이라고 하더라도, 카타르시스적이고 표현적이고 충동적인 분노를 인정한다는 의미는 아니다. 또한 타인에 대한 공격, 무력, 지배의 사용을 지지하지도 않는다. 분노는 전적으로 반응적이거나 표현적이거나 내부에서 자발적으로 일어나는 것이 아니다. 모든 관계에서 우리는 자신이 타인에게 미치는 가능한 영향력을 인식하면서 행동하고 말해야 한다. 만일 좋은 관계를 가치 있다고 생각한다면, 우리는 가능한 한 타인을 해치지 않도록 앞일을 예상하면서 공감을 할 것이다. 그러나 분노는 뭔가 잘못되어 가고, 무엇인가가 상처를 주며, 관계에서 전환이나 변화가 필요하다는 것을 나타내는 신호다. 만일 소녀에게 분노를 억제하라고 요구하면 그들은 순응, 종속, 허위로 유도되는 것이다. 청소년기 소녀가 제 목소리를 내어 발언하는 방법, 특히 자신의 분노를 표현하는 방법, 자신의 분노를 전략적으로 활용하는 방법을 배우도록 도와서 그들이 용기와 자기 자신에 대한 인식을 갖도록 지지할 수 있다. 그러나 문화가 주는 메시지는 소녀가 이러한 대인

관계적 신호를 침묵하고 거리를 두도록 만든다. 그렇게 되면 소녀는 타인과 진정한 연결을 이루지 못한 채 자기 자신과도 단절하게 된다.

소녀가 연결과 관계를 가치 있게 여기도록 돕는 일 또한 필수적이다. 너무나 자주 더 큰 문화는 연결과 관계를 이루려는 소녀의 열망이나 타인의 성장에 참여하려는 열망을 ('이기주의 [self-interest]'의 실패로 보이듯) 무용지물 또는 병적인 것으로 만든다. 진정한 연결의 필수적인 취약성으로 향할 용기는 개인적 권리 침해나 사회적 부당함에 항거하기 위하여 갈등으로 향할 용기만큼 중요하다. 사람들의 삶에서 현실적으로 관계의 중요성은 지지를 별로 받지 못하기 때문에, 소녀와 여성이 연결에 대한 강한 욕구를 표현하면 '너무 빈곤하거나' '너무 의존적이라고' 치부한다. 우리는 인간이 관계에 대하여 가진 기본적인 평생의 욕구를 인정하고 가치 있게 받아들임으로써 연결로 향해 있는 소녀의 자연적인 성향을 지원할 수 있고, 그럼으로써 적응유연성으로 향하는 강력한 경로를 조성하도록 도울 수 있다.

요약하면, 모든 아동은 유능한 성인과 긍정적인 관계를 맺고 다른 사람과 관계를 이룸으로써 자기 자신이나 사회가 중시하는 유능성의 영역을 확보할 수 있고, 그럼으로써 어려운 삶의 조건에서도 더 좋은 결과를 경험할 수 있다(Masten et al., 1990). 소녀는 아동기에는 다른 사람의 도움을 더 많이 받으려고 하고, 청소년 이전 시기에는 더 많은 도움과 지원을 제공하는 경향이 있다(Belle, 1987). 특히 소녀와 여성에게 상호성은 관계가 얼마나 많은 보호를 제공하는지를 보여 준다. 상호관계성이 매우 높은 여성의 우울 점수는 더 낮다(Genero, 1995; Sperberg & Stabb, 1998). 이러한 관계는 지원을 제공해서가 아니라 관계에 참여할 기회를 제공하고 자신에게뿐 아니라 타인에게도 성장 촉진적이기 때문에 중요한 것이다. 성장 촉진적 연결과 관계에 참여하고 관계적 유능성을 이루는 것은 당연히 소녀와 여성의 적응유연성에도 중요하다. 적응유연성을 성격 특성이 아닌 관계적 현상으로 파악할 때, 모든 사람의 안녕을 위해서 연결과 관계가 중요하다는 것을 더욱 깊이 이해하게 될 것이다.

참고문헌 REFERENCES

Banks, A. (2000). *Post-traumatic stress disorder: Brain chemistry and relationships.* Project Report No. 8. Wellesley, MA: Stone Center Working Paper Series.

Belle, D. (1987). Gender differences in the social moderators of stress. In D. Belle (Ed.), *Gender differences in the social moderators of stress* (pp. 257-277). New York: Free Press.

Brooks, R., & Goldstein, S. (2001). *Raising resilient children.* New York: Contemporary.

Burnett, P. S., & Demnar, W. J. (1996). The relationships between closeness to significant others and self-esteem. *Journal of Family Studies, 1*(2), 121-129.

Collins, P. H. (2000). *Black feminist thought: Knowledge, consciousness and the politics of empowerment.* New York: Routledge.

Dumont, M., & Provost, M. A. (1999). Resilience in adolescents: Protective role of social support, coping strategies, and self-esteem and social activities on experience of stress and depression. *Journal of Youth and Adolescents, 28*(3), 343-363.

Dweck, C., & Goetz, T. (1978). Attribution and learned helplessness. In J. H. Harvery, W. Ickes, & R. F. Kidd (Eds.), *New Directions in attribution research* (Vol. 2.). Hillsdale, NJ: Erlbaum.

Dweck, C., & Reppucci, N. (1973). Learned helplessness and reinforcement responsibility in children. *Journal of Personality and Social Psychology, 25,* 1090-1160.

Franz, C. E., & Stewart, A. J. (Eds.). (1994). *Women creating lives: Identities, resilience and resistance.* Boulder, CO: Westview.

Ganellen, R. J., & Blaney, R. H. (1984). Hardiness and social support as moderators of the effects of stress. *Journal of Personality and Social Psychology, 47*(1), 156-163.

Genero, N. (1995). Culture, resiliency and mutual psychological development. In H. I. McCubbin, E. A. Thompson, A. I. Thompson, & J. A. Gutrell (Eds), *Resiliency in ethnic minority families: African American families* (pp. 1-18). Madison, WI: University of Wisconsin Press.

Gilligan, C. (1982). *In a different voice.* Cambridge, MA: Harvard University Press.

Gilligan, C. (1990). Joining the resistance. Psychology, politics, girl and women. *Michigan Quarterly Review, 29,* 501-536.

Gilligan, C., Lynos, N., & Hanmer, T. (1990). *Making connections: The relational worlds of adolescent girls at Emma Willard School.* Troy, NY: Emma Willard School.

Harter, S. (1993). Causes and consequences of low self-esteem in children and adolescents. In R. Baumeister (Ed.), *Self-esteem: The puzzle of low self regard.* New York: Plenum.

Hartling, l. (2003). *Strengthening resilience in a risky world: It's all about relationships.*

Work in Progress No. 101. Wellesley Centers for Women.

Hooks, B. (1984). *Feminist theory: From margin to center.* Boston: South End Press.

Jenkins, Y. M. (1993). Diversity and social esteem. In J. L. Chin, V. DaLacamelas, & Y. M. Jenkins (Eds.), *Diversity in psychotherapy: The politics of race, ethnicity and gender* (pp. 45-63). Westport, CT: Praeger.

Jordan, J. V. (1987). *Clarity in connection: Empathic knowing, desire and sexuality.* Work in Progress No. 39. Wellesley, MA: Stone Center Working Paper Series.

Jordan, J. V. (1989). *Relational development: Therapeutic implications of empathy and shame.* Work in Progress No. 39. Wellesley, MA: Stone Center Working Paper Series.

Jordan, J. V. (1990). *Courage in connection: Conflict, compassion, creativity.* Work in Progress No. 45. Wellesley, MA: Stone Center Working Paper Series.

Jordan, J. V. (1992). *Relational resilience.* Work in Progress No. 57. Wellesley, MA: Stone Center Working Paper Series.

Jordan, J. V. (1994). *A relational perspective on self-esteem.* Work in Progress No. 70. Wellesley, MA: Stone Center Working Paper Series.

Jordan, J. V. (Ed.). (1997). *Women's growth in diversity: More writings from the Stone Center.* New York: Guilford.

Jordan, J. V. (1999). *Toward connection and competence.* Work in Progress No. 83. Wellesley, MA: Stone Center Working Paper Series.

Jordan, J. V., Kaplan, A. G., Miller, J. B., Stiver, I. P., & Survey, J. L. (1991). *Women's growth in connection: Writings from the Stone Center.* New York: Guilford.

Jordan, J. V., & Hartling, L. M. (2002). New developments in relational-cultural theory. In M. Ballou & L. Brown (Eds)., *Rethinking mental health and disorder* (pp. 48-70). New York: Guilford.

Kobasa, S. C. (1979). Stressful life events, personality and health: An inquiry into hardiness. *Journal of Personality and Social Psychology, 37*, 1-11.

Lazarus, R. S., & Folkman, S. (1984). *Stress, appraisal and coping.* New York: Springer.

Luks, A. (1992). The healing power of doing good. New York: Faucett Columbine.

Masten, A. S., Best, K. M., & Garmezy, N. (1990). Resilience and development: Contributions from the study of children who overcome adversity. *Development and Psychopathology, 2*, 425-444.

Miller, J. B. (1976). *Toward a new psychology of women.* Boston: Beacon.

Miller, J. B. (1985). *The construction of anger in women and men.* Work in Progress No. 4. Wellesley, MA: Stone Center Working Paper Series.

Miller, J. B., & Stiver, I. P. (1997). *The healing connection: How women form relationships in therapy and in life.* Boston: Beacon.

Peterson, C., Schwarz, S., & Seligman, M. (1981). Self blame and depressive symptoms.

Journal of Personality and Social Psychology, 41(2), 253-259.

Pipher, M. (1994). *Reviving Ophelia.* New York: Grosset/Putnam.

Pollack, W. S. (1998). Real boys: Rescuing our sons from the myths of boyhood. New York: Random House.

Resnick, M., Bearman, P., Blum, R., Bauman, H., Harris, K., Jones, J. et al. (1997). Protecting adolescents from harm: Findings from the National Longitudinal Study on Adolescents Health. *Journal of the American Medical Association, 278*(10), 823-832.

Resnick, M. D., Harris, L. J., & Blum, R. W. (1993). The impact of caring and connectedness on adolescents health and well-being. *Journal of Paediatrics and Child Health, 29*(1), S3-S9.

Robinson, T., & Wrad, J. (1991). A belief in self far greater than anyone's disbelief: Cultivating resistance among African American female adolescents. In C. Gilligan, A., Rogers, & D. Tolman (Eds.), *Women, girls and psychotherapy: Reframing resistance* (pp. 87-103). New York: Harrington.

Roediger, H. L., Capaldi, E. D., Paris, S. G., & Polivy, J. (1991). *Psychology.* New York: HarperCollins.

Rutter, M. (1978). Early sources of security and competence. In J. Bruner, & A. Garton (Eds.), *Human growth and development* (pp. 33-61). Oxford, UK: Clarendon.

Rutter, M. (1989). Temperament: Conceptual issues and clinical implications. In G. A. Kohnstarmm, Jr., D. Btes, & M. K. Rothbart (Eds.), *Temperament in childhood* (pp. 463-479). New York: Wiley.

Rutter, M. (1990). Psychological resilience and protective mechanisms. In J. Rolf, A. Master, D. Cicchetti, K. H. Nuechterlein, & S. Weintraub (Eds.), *Risk and protective factors in development of psychopathology* (pp. 181-214). New York: Cambridge University Press.

Schwalbe, M., & Staples, C. (1991). Gender differences in sources of self-esteem. *Social Psychology Quarterly, 54*(2), 158-168.

Siegel, D. J. (1999). *The developing mind: Toward a neurobiology of interpersonal experience.* New York: Guilford.

Seligman, M. (1990). *Learned optimism.* New York: Pocket Books.

Simmons, R. (2002). *Odd girl out: The hidden culture of aggression in girls.* New York: Harcourt.

Sparks, E. (1999). *Against the odds. Resistance and resilience in African American welfare mothers.* Work in Progress, No. 18. Wellesley, MA: Stone Center Working Paper Series.

Spencer, R. (2000). *A comparison of relational psychologies.* Work in Progress, No. 5. Wellesley, MA: Stone Center Working Paper Series.

Sperberg, E. D., & Stabb, S. D. (1998). Depression in women as related to anger and mutuality in relationships. *Psychology of Women Quarterly, 22*, 223-238.

Spiegel, D. (1991). A psychosocial intervention and survival time of patients with metastatic breast cancer. *Advances, 7*(3), 10-19.

Taylor, S. E., Klein, L. C., Lewis, B. P., Greuenwarld, T. C., Gurney, R. A., & Upfdegraff, J. A. (2000). Biobehavioral responses to stress in females: Tend-and-befriend, not fight-or-flight. *Psychological Review, 102*(3), 411-429.

Tomkins, S. (1987). Shame. In D. Nathanson (Ed.), *The many faces of shame.* New York: Guilford.

Walker, M. (2002). *Power and effectiveness: Envisioning and alternative paradigm.* Work in Progress, No. 94. Wellesley, MA: Stone Center Working Paper Series.

Ward, J. (2002). *The skin we're in: Teaching our children to be emotionally strong, socially smart, spiritually connected.* New York: Free Press.

White, R. (1959). Motivation reconsidered: The concept of competence. *Psychological Review, 66*, 297-333.

제7장

대규모 종단연구에서 얻은 교훈

Emmy E. Werner

1980년대 중반 이래, 여러 분야—아동 발달, 소아의학, 심리학, 정신의학, 사회학—의 수많은 연구자가 주요한 역경을 겪으면서 심각한 정신병리를 지속적으로 겪는 아동이 있는 반면에 왜 다른 아동은 그런 역경에 성공적으로 대처하는지에 주목해 왔다. **적응유연성**은 아동의 삶에서 위험과 스트레스를 제거하지는 않지만 효과적으로 다룰 수 있게 해 주는 **완충과정**(buffering processes)의 최종 산물이다(Rutter, 1987).

최근, 역경에도 불구하고 성공적으로 대처하는 것이 영역 특유의(domain-specific) 것인지, 역경의 효과를 약화시키는 보호요인이 보편적인지 혹은 맥락 특유의(context-specific) 것인지, 그리고 높은 수준의 역경에 노출된 아동의 적응유연성에 기여하는 요인이 그 역경에 노출되지 않은 아동에게도 똑같이 유익한지에 관한 활발한 논의가 이루어지고 있다(Bracken & Lamprecht, 2003; Masten, 2003).

이러한 질문은 기존의 문헌에서는 쉽게 다루어지지 않았다. 적응유연성과 취약성에 관해 현재까지 출판된 여러 논문을 가장 종합적으로 모은 논문집에서조차(Luthar, 2003), 많은 증거 자료는 횡단연구, 회고적 연구, 단지 몇 년 동안(대부분 아동기 중기 동안) 지속된 단기 종단연구, '저위험' 비교집단 없이 비교적 작은 표집을 대상으로 수행된 연구에 기초한 것이다.

그럼에도 유아기부터 성인기에 이르기까지 각기 다른 시점에서 나타나는 적응유연성의 과정에 주목했고, 이 주제에 관한 어떤 리뷰와 핸드북보다 훨씬 더 희귀한 대규모 종단연구에서 배울 수 있는 교훈이 있다. 그러나 Luthar와 Zelazo(2003)가 상기시키듯이, 이런 연구는 적응유연성 자체를 직접 측정한 것이 결코 아니고, 대신에 두 개의 구인요소(위험, 긍정적 적응)를 측정한 것에 기초하여 적응유연성을 추론했다는 점을 유념해야 한다.

현재 미국에서는 하와이, 시카고, 미니애폴리스 그리고 동부에 이르기까지 다양한 지역에 사는 고위험 아동을 대상으로 10개의 대규모 종단연구가 수행되고 있는데, 삶의 주기의 서로 다른 시점에서 얻은 결과가 보고되었다. 연구의 대상은 빈곤, 부모의 정신질환, 아동학대, 부모의 이혼, 가족 안에 있는 여러 위험요인이 누적된 중대한 역경에도 불구하고 성공적으로 대처했던 아프리카계 미국 청소년, 아시아계 미국 청소년 및 백인 미국 청소년이다.

이 종단연구는 (1) 100명에서 1,000명 또는 그 이상의 참여자를 핵심 집단으로 보유했고, (2) 남녀를 모두 표집했으며, (3) 적응을 측정하기 위해 연령에 적합한 여러 변인을 사용했고, (4) 대상 아동을 여러 시점에서 추적했으며, (5) 탈락률이 낮았고, (6) 저위험 비교집단에 관한 자료도 수집했다.

이 장에서는 미국 연구자가 보고한 결과를 보완하는 영국, 뉴질랜드, 오스트레일리아, 스칸디나비아 여러 국가에서 수행된 종단연구의 보고서도 이용할 것이며, 독일에서 발표된 종단연구 2개를 참고문헌으로 제시할 것이다.

대규모 종단연구

미국 연구

카우아이 종단연구(The Kauai Longitudinal Study) 이 연구는 미국의 가장 서쪽에 있는 카운티에 사는 1955년에 출생한 아시아계 및 폴리네시아계 아동 698명을 대상으로 그들이 태아기였을 때부터 시작되었다. 다양한 생물학적 · 심리사회적 위험요인, 스트레스성 생활사건, 보호요인이 아동의 발달에 미치는 영향을 추적 조사한 연구다. 이 집단(동시대 출생집단, cohort)의 30%는 만성적 빈곤, 출생과정 중 문제, 부모의 정신병리, 가족갈등을 포함하여 4개 또는 그 이상의 위험요인에 노출되었다. 아동과 그 가족에 관한 자료를 출생 시, 산후시기, 1세, 2세, 10세, 18세, 32세, 40세에 수집했다. Werner와 Smith(2001)가 이 연구에 대해 가장 종합적인 발표를 했다.

미네소타 부모-자녀 프로젝트(The Minnesota Parent-Child Project) 1975년에 시작된 이 프로젝트는 미니애폴리스의 저소득 여성과 첫 번째 자녀 267명 가운데 190명을 임신 후반 3분기부터 출생 후 7일, 10일, 3개월, 6개월, 9개월, 12개월, 18개월, 24개월, 30개월, 42개월, 48개월, 1학년, 2학년, 3학년, 6학년을 거쳐 25세까지 추적 연구한 것이다(Yates, Egeland, & Sroufe, 2003).

프로젝트 컴피턴스(Project Competence) 1977~1978년에 시작된 이 연구는 20~30년 동안 미니애폴리스 공립학교에 재학하고 있는 3~6학년 정상 아동 205명의 동시대 출생집단을 10~17세까지 추적 조사한 연구다. 동시에 시작된 다른 프로젝트 컴피턴스 연구는 선천적인 심장 결함과 신체장애를 가지고 태어난 동시대 출생집단 아동을 포함했다. 최근의 연구는 무주택자를 위한 보호시설에 있는 아동과 전쟁 난민 아동으로 구성된 고위험 집단을 대상으로 하고 있다(Masten & Powell, 2003).

버지니아 이혼 및 재혼 종단연구(The Virginia Longitudinal Study of Divorce and Remarriage) 1971년에 시작된 이 연구의 최초 표집은 4세 아동이 있는 중류층 백인 가정 144가구로, 이 가운데 반은 부모가 이혼한 가정이며 나머지 반은 이혼을 하지 않은 가정이다. 부모가 이혼한 후 2개월, 1년, 2년, 6년, 8년, 11년, 20년에 아동과 가족을 대상으로 연구가 이루어졌다. 원래 144가구 가운데 122가구는 연구에 계속 참여했다. 아동이 10세가 되었을 때 표집이 180가구로 확대되었고, 아동이 15세가 되었을 때는 300가구로, 그리고 24세가 되었을 때는 450가구로 확대되었다(Hetherington, 1989).

Hetherington과 Clingempeel의 이혼 및 재혼 연구(The Hetherington and Clingempeel Study of Divorce and Remarriage) 1980년에 시작된 이 연구에서는 부모가 재혼한 지 4개월, 17개월, 26개월이 되었을 때 양부모 가정에서 청소년 자녀가 어떻게 적응하는지를 검토하였다. 필라델피아와 근교에 사는 백인 중류층 202가구가 연구에 참여했으며, 동일한 시간 간격을 두고 부모가 이혼하지 않은 가정과 양부모 가정에 관한 자료가 수집되었다(Hetherington & Kelley, 2002).

로체스터 종단연구(The Rochester Longitudinal Study) 1970년에 시작된 이 연구는 정신질환에 걸린 적이 있는 여성 337명 가운데 180명의 핵심 표집(그리고 정상 통제집단)을 포함하였다. 출생 시, 4개월, 12개월, 30개월, 4세, 초등학교 1학년에서 고등학교 3학년에 이르는 아동을 연구했다(Sameroff, Gutman, & Peck, 2003).

정상 가정과 정서장애 가정의 아동양육 및 아동발달 연구(A Study of Child Rearing and Child Development in Normal Families and Families with Affective Disorders) 1980년에 시작된 이 연구는 부모가 정서장애를 가지고 있으며 2명의 자녀가 있는 매릴랜드 거주 80가구를 포함했다. 나이 어린 자녀는 15~36개월 범위에, 나이 많은 자녀는 5~8세 범위에 속했다. 그리고 비교를 위해 통제 가구 50가구가 포함되었다. 아동이 42~63개월, 7~9세, 11~13세 되었을 때 3회의 추수조사가 이루어졌다(Radke-Yarrow & Brown, 1993).

아동학대 결과 종단연구(A Longitudinal Study of the Consequences of Child Abuse) 1975년에 시작된 이 연구는 학대센터의 지원을 받는 펜실베이니아 가정 출신의 아동 439명 가운데 353명의 핵심 표집을 포함했고, 통제집단을 보육시설과 헤드스타트(Head Start) 프로그램에서 표집했다. 1~6세에 대상 아동을 조사했고, 6~12세와 청소년 후기에 추적조사가 이루어졌다(Herrenkohl, Herrenkohl, & Egolf, 1994).

버지니아 아동학대 종단연구(The Virginia Longitudinal Study of Child Maltreatment) 1986년에 시작된 이 연구는 버지니아 주 전체의 등록부를 통해 확인된 학대받은 아동 107명을 대상으로 했으며, 정상 통제집단은 샬로츠빌에 있는 공립학교에 다니는 아동이었다. 그들은 2학년에서 3학년 사이, 4학년에서 5학년 사이, 6학년에서 중학교 1학년 사이에 평가를 받았다(Bolger & Patterson, 2003).

시카고 종단연구(The Chicago Longitudinal Study) 1983년에 시작된 이 연구는 유아원 내 아동-부모 센터(Child-Parent Center) 프로그램에 등록된 저소득층 아동 989명과 전일제 유치원 프로그램에 참여한 저소득층 아동 550명을 포함한 종단 유사실험 동시대 출생집단 설계다. 1,281명의 표집 참여자가 14세와 20세가 되었을 때 추적조사가 이루어졌다(Reynolds & Ou, 2003).

영국 연구

전국 아동발달 연구(The National Child Development Study: NCDS) 이 연구는 1958년 3월 3일에서 3월 9일 사이에 영국에서 태어난 1만 6,994명을 성인기까지 추적 조사한 것이다. 동시 출생집단의 신체적, 심리사회적, 교육적 발달에 관한 자료를 7세, 11세, 16세, 23세, 33세에 수집하였다(Wadsworth, 1999).

영국 동시대 출생집단 연구(The British Cohort Study: BCS70) 이 연구는 1970년 4월 5일에서 4월 11일 사이에 출생한 1만 4,229명을 30년 동안 추적 조사한 것이다. 이 동시대 출생집단이 5세, 10세, 16세, 26세가 되었을 때 추수 자료가 수집되었다(Schoon, 2001).

뉴질랜드 연구

더니든 다학문적 건강발달 연구(The Dunedin Multidisciplinary Health and Development Study) 이 연구는 1972년 4월 1일에서 1973년 3월 31일 사이에 뉴질랜드 더니든에서 출생한 동시대 출생집단에 대한 종단연구다. 기초 표집은 1,037명의 아동으로 구성되었다. 그들이 3세, 5세, 7세, 9세, 11세, 13세, 15세, 18세, 21세가 되었을 때 추적조사가 이루어졌는데, 21세 때 992명이 참여하였다. 최근의 추수연구는 이 동시대 출생집단이 26세가 되었을 때 시행되었으며, 847명에 대한 자료가 수집되었다(Caspi et al., 2003).

크라이스트처치 건강발달 연구(The Christchurch Health and Development Study) 1977년 중반에 시작된 이 연구는 크라이스트처치의 도시 지역에서 출생한 1,265명의 동시대 출생집단 아동을 대상으로 하였다. 출생 후 4개월 및 1년이 되었을 때, 16세까지는 매년, 그리고 18세와 21세에 추적 조사되었다. 최근의 추수연구에서는 991명이 평가를 받았다(Fergusson & Horwood, 2003).

오스트레일리아 연구

퀸즐랜드 마터 대학 임신 연구(The Mater-University of Queensland Study of Pregnancy [Brisbane]) 이 연구는 8,556명의 임산부를 대상으로 1981년에 시작된 연구다. 산후 3~50일 사이에 그리고 6개월, 5세, 14~15세가 되었을 때 어머니와 그 자녀에 관한 자료를 수집했으며, 14~15세에 아동 5,262명이 참여하였다. 21세를 대상으로 한 추수연구가 현재 진행 중이다(Brennan, Le Brocque, & Hammen, 2002).

덴마크 연구

코펜하겐 고위험 연구(The Copenhagen High-Risk Study) 이 연구는 정신분열증 어머니의 자녀 207명과 그들과 매칭을 이루는 통제집단 아동 104명을 15세에서 25세 사이에 그리고 42세에 추적 조사한 것이다. 반수 이상이 청소년 중기부터 중년기까지 어떤 정신병리도 보이지 않았다(Parnas et al., 1993).

스웨덴 연구

룬드비 연구(The Lundby Study) 이 연구는 스웨덴 남부에 사는 아동 590명(1차 평가 시 평균 연령 8세)을 포함한 2,550명의 정신건강에 관한 연구다. Cederblad (1996)가 아동기에 3개 또는 그 이상의 정신의학적 위험요인(예, 부모의 정신질환, 알코올중독, 가족갈등, 학대)에 노출된 적이 있는 148명의 하위 표집을 추적 조사했다. 4명 중 1명꼴로 중년기에 기능을 잘하는 것으로 밝혀졌다.

독일 연구

독일에서는 위험요인과 보호요인에 관한 2개의 종단연구가 이루어졌다. Lösel과 Bliesener(1990)는 비엘펠트에 위치한 기숙제 기관에 있는 청소년을 연구하였다. Laucht와 그 동료들(1999)은 만하임에 거주하는 아동 347명으로 구성된 동시대 출생집단을 3개월부터 8세까지 추적 조사하였다. 그들은 연구 결과를 『무엇이 아동을 강하게 만드는가(*Was Kinder stärk*)』(Laucht, Esser, & Schmidt, 1999)라는 책에 독일어로 발표하였다.

고위험 아동의 성공적 대처와 관련된 개인적 속성과 지지원

〈표 7-1〉과 〈표 7-2〉는 고위험 아동의 성공적 대처와 관련된 개인적 속성과 가족 및 지역사회의 지지원을 요약한 것이다. 이들은 미국과 기타 국가에서 수행한 여러 대규모 종단연구에서 반복된 결과다. 대부분의 경우 높은 수준의 아동기 역경에 노출된 아동의 적응유연성에 기여하는 요인이 '저위험' 아동에게도 유용하며, 통계 분석에서 상호작용 효과보다는 주 효과가 유의한 결과로 나타났다(Fergusson & Horwood, 2003).

역경에 성공적으로 대처한 아동은 문제를 겪는 아동보다 고통에 쉽게 지치지 않으며 성인이나 또래의 관심을 잘 이끌어 내는 활기차고 사교적이며 상냥한 기질을 가지고 있다. 그들은 좋은 의사소통 기술과 문제해결 기술을 소유하고 있다. 또한 또래가 가치 있게 여기는 재능이나 특수한 기술을 가지고 있으며, 자신의 행위가 삶에 긍정적 영향을 미친다는 신념을 가지고 있다.

또한 그들은 가족과 지역사회에 있는 외부 자원에 의존하는데, 가장 중요한 것은 신뢰, 자율성, 주도성을 격려하는 애정의 끈이다. 이러한 결속은 조부모나 손위형제와 같은 확대가족이 양육자를 대신하는 경우에 종종 제공된다. 또한 지역사회 내 비공식적 지지체제가 있기도 하다. 이는 아동과 청소년의 유능성을 강화·보상하며 교사, 멘터, 또래친구와 같은 긍정적인 역할 모델을 제공한다.

〈표 7-1〉 고위험 아동의 성공적 대처와 관련된 개인적 속성(둘 이상의 대규모 종단연구에서 반복됨)

출처	개인의 특징	연구기간	다수(4+) 위험요인	아동기 역경			
				빈곤	부모 정신 질환	아동 학대	이혼
1	낮은 정신적 고통; 낮은 정서성	유아기-성인기	+	+	+	+	+
2	활동적; 활기찬	유아기-성인기	+	+			
3	사교적	유아기-성인기	+	+	+	+	
4	따뜻하고 상냥한 기질	유아기-아동기	+	+	+	+	+
5	자율성; 사회적 성숙	아동 초기	+	+			
6	평균~평균상 지능(읽기기술 포함)	아동기-성인기	+	+	+	+	+
7	높은 성취 동기	아동기-성인기	+	+	+		
8	특수 재능	아동기-청소년기	+	+	+		
9	긍정적 자기개념	아동기-청소년기	+	+	+		+
10	내적 통제 소재	아동기-성인기	+	+	+	+	+
11	충동 조절	아동기-성인기	+	+	+		
12	계획성; 준비성	청소년기-성인기	+	+			
13	신뢰; 일관성	청소년기-성인기	+	+	+		
14	필요로 하는 도움 성향	아동기-성인기	+	+	+		

출처:

1. Farber & Egeland, 1987; Fergusson & Horwood, 2003; Werner & Smith, 1992, 2001.
2. Farber & Egeland, 1987; Werner & Smith, 1992, 2001.
3. Farber & Egeland, 1987; Lösel & Bliesener, 1990; Werner & Smith, 1992, 2001.
4. Farber & Egeland, 1987; Hetherington, 1989; Werner & Smith, 1992, 2001.
5. Farber & Egeland, 1987; Werner & Smith, 1989, 1992, 2001.
6. Farber & Egeland, 1987; Fergusson & Lynskey, 1996; Hetherington & Elmore, 2003; Lösel & Bliesener, 1990; Masten & Powell, 2003; Seifer et al., 1992; Werner & Smith, 1992, 2001.
7. Fergusson & Horwood, 2003; Lösel & Bliesener, 1990; Masten & Powell, 2003; Radke-Yarrow & Brown, 1993; Schoon, 2001; Werner & Smith, 1992, 2001.
8. Anthony, 1987; Werner & Smith, 1992, 2001.
9. Cederblad, 1996; Fergusson & Horwood, 2003; Hetherington & Elmore, 2003; Lösel & Bliesener, 1990; Radke-Yarrow & Brown, 1993; Werner & Smith, 1992, 2001.
10. Bolger & Patterson, 2003; Cederblad, 1996; Hetherington & Elmore, 2003; Masten & Powell, 2003; Seifer et al., 1992; Werner & Smith, 1992, 2001.
11. Fergusson & Lynskey, 1996; Fergusson & Horwood, 2003; Masten & Powell, 2003; Werner & Smith, 1992, 2001.
12. Rutter, 2000; Werner & Smith, 1992, 2001.
13. Cederblad, 1996; Hetherington & Kelley, 2001; Werner & Smith, 1992, 2001.
14. Anthony, 1987; Lösel & Bliesener, 1990; Werner & Smith, 2001.

〈표 7-2〉 고위험 아동의 성공적 대처와 관련된 가족 및 지역사회 자원(둘 이상의 대규모 종단연구에서 반복됨)

출처	가족 · 지역사회 자원	연구기간	다수(4+) 위험요인	아동기 역경			
				빈곤	부모 정신 질환	아동 학대	이혼
1	소가족(4인 미만 자녀)	유아기	+	+			
2	어머니 유능성	유아기-청소년기	+	+	+	+	
3	주 양육자와의 친밀한 유대관계	유아기-청소년기	+	+	+	+	
4	지지적 조부모	유아기-청소년기	+	+	+	+	+
5	지지적 형제자매	아동기-청소년기	+	+	+	+	+
6	유능한 또래친구	아동기-청소년기	+	+		+	+
7	지지적 교사	학령전기-성인기	+	+	+		+
8	성공적 학교 경험	아동기-성인기	+	+	+		+
9	멘터(연장자)	아동기-성인기	+	+			
10	친사회적 단체 (청소년 클럽, 종교집단)	아동기-성인기	+	+			

출처:
1. Cederblad, 1996; Werner & Smith, 1992, 2001.
2. Egeland, Carlson, & Sroufe, 1993; Masten & Powell, 2003; Seifer et al., 1992; Werner & Smith, 1992, 2001.
3. Cederblad, 1996; Fergusson & Horwood, 2003; Lösel & Bliesener, 1990; Mednick et al., 1987; Seifer, 2003; Werner & Smith, 1992, 2001.
4. Farber & Egeland, 1987; Herrenkohl et al., 1994; Hetherington, 1989; Radke-Yarrow & Brown, 1993; Werner & Smith, 1992, 2001.
5. Hetherington, 1989; Wallerstein & Blakeslee, 1989; Werner & Smith, 1992, 2001.
6. Bolger & Patterson, 2003; Fergusson & Horwood, 2003; Hetherington, 1989; Lösel & Bliesener, 1990; Wallerstein & Kelley, 1980; Werner & Smith, 1992, 2001.
7. Hetherington, 1989; Lösel & Bliesener, 1990; Radke-Yarrow & Brown, 1993; Reynolds & Ou, 2003; Werner & Smith, 1992, 2001.
8. Fergusson & Lynskey, 1996; Hetherington, 1989; Schoon, 2001; Wadsworth, 1999; Werner & Smith, 1992, 2001.
9. Yates, Egeland, & Sroufe, 2003; Werner & Smith, 2001.
10. Masten & Powell, 2003; McGee, 2003; Werner & Smith, 1989, 1992, 2001; Wyman, 2003.

상이한 인종집단을 대상으로 상이한 지리적 · 사회정치적 맥락에서 수행된 여러 연구에서 적응유연성을 예언하는 변인으로 똑같은 변인이 도출된 빈도는 적응유연성 예언변인이 보편적이라는 강력한 메시지를 진달한다(Bracken & Lamprecht, 2003; Masten & Powell, 2003). 보호요인이 보편적이지만 특정 보호요인은 다른 보호요인에 비해 연령, 성별, 맥락에 더 특유한 것일 가능성을 배제하지는 않는다. 예를 들면, 카우아이 종단연구에서는 일련의 스트레스성 생활사건이 있을 때만 또는 아동이 빈곤에 노출되었을 때만 긍정적인 발달 결과와 부정적인 발달 결과를 유의하게 변별하는 몇몇 변인이 발견되었다. 비교적 안전하고 안정적이며 스트레스가 없는 삶을 사는 중류층 아동집단에서는 이들 변인이 좋은 결과와 나쁜 결과를 변별하지 못했다(Werner & Smith, 1989).

여러 보호요인 가운데 남성집단에서는 초기 아동기의 자율성과 자조기술이, 여성집단에서는 청소년기의 긍정적 자기개념이 그러했다. 생후 2세 동안에 관찰된 긍정적 부모-자녀 관계와 아동 초기와 중기에 의존할 수 있는 정서적 지지원의 수는 남녀집단 모두에서 중요한 양육환경 관련 보호요인에 해당된다. 더구나 로체스터 아동 유능성 연구(Rochester Child Resilience Project)에서 Wyman(2003)은 고위험 10대가 구조화된 방과 후 활동에 참여할 때 맥락 특유의 효과가 있다고 보고하였다. 반사회적 친구를 많이 가진 아동·청소년이 친사회적 집단 활동에 참여할 때는 비행 행동의 위험이 낮아졌지만, 반사회적 친구가 별로 없는 아동·청소년의 경우에는 그런 효과가 발견되지 않았다.

초기의 발달 유능성과 지지의 중요성

적응유연성 연구의 대부분은 아동기 중기와 청소년기에 초점을 두고 있기 때문에 **발달 유능성**(developmental competence)의 초기 역사에 대한 내용은 별로 없다. 그러나 카우아이 종단연구와 미네소타 부모-자녀 프로젝트는 일관되고 지지적인 양육에 의한 인생 초기의 긍정적 적응이 아동의 적응에 강력하고도 지속적인 영향을 미치며, 이후 단계에서 공식적·비공식적 환경적 지지원을 활용할 가능성을 증가시킨다는 것을 밝혔다.

예를 들면, Yates와 그 동료들(2003)은 유아기에 안정된 애착을 이루는 초기 역사와 더불어 생후 2년 동안 지지적 보살핌을 받은 아동이 덜 지지적인 역사를 가진 아동보다 초등학교 입학시기의 저조한 적응을 극복할 수 있는 능력을 더 많이 보였다고 보고하였다. 마찬가지로 아동기 중기에 부적응했으나 청소년기에 유능성으로 긍정적인 전환을 보였던 아동은 초기에 지지의 긍정적 기반을 더 많이 가졌으며 긍정적 적응을 더 많이 한 것으로 나타났다.

적응유연성의 과정이 발달 궤도상 이후 단계에서 명백하게 드러난다는 것은 카우아이 연구에서 초기 성인기와 중년기에 수행된 추수연구를 통해서도 증명되었다(Werner & Smith, 1992, 2001). 고위험 아동은 10대에 비행 기록과 정신건강 문제를 가진 청소년으로 자랐지만, 그 대부분이 30대와 40대에는 회복하여 지역사회 안에서 책임감 있는 배우자, 부모, 시민으로 성장했다. 지역사회 안에서 스스로 비공식적 지지원이 되고 긍정적인 방향으로 삶을 이끈 사람은 그렇지 못한 사람과 달랐다. 그들은 출생 후 2년 동안에 주요 양육자와 긍정적인 상호작용을 했으며 초기 양육조건이 그들의 기본적 신뢰감을 높였다.

취약성과 적응유연성 간 균형의 변화

(빈곤 아동이건 부모가 이혼한 아동이건 다수의 위험요인이 존재하는 가정에서 자라는 아동이건) 출생 때부터 성인기에 이르기까지 남녀 아동을 추적 조사한 대규모 종단연구에 의하면, 아동의 취약성을 증가시키는 스트레스성 생활사건과 아동의 적응유연성을 향상시키는 보호요인 간에 이루어지는 균형은 변화한다는 것을 알 수 있다. 카우아이 종단연구의 성인기 추적조사에 의하면, 정신질환을 앓고 있는 부모의 자녀 중 일부는 아동기나 청소년기에 다양한 스트레스성 생활사건에 성공적으로 대처했지만 30대에 정신건강이 악화되기 시작했다(Werner & Smith, 1992).

또 다른 고위험 아동은 유능하고 확신에 차 있으며 남을 사랑할 줄 아는 성인으로 성장했지만 가정문제와 정서문제를 가진 부모와 형제자매를 멀리하고픈 욕구를 계속해서 느꼈다고 한다. 특히 알코올중독 부모의 성인 자녀에게서 사실로 밝혀졌는데, 일부는 어렸을 때 신체적 · 정서적으로 학대를 받은 적이 있었다. 자신이 선택한 사랑하는 사람과 새로운 애착을 형성하는 것과 고통스러운 기억을 불러일으키는 예전 가족과의 관계를 끊는 것 사이에 균형을 이루는 행동은 성인기 삶에서 희생을 치르게 했다. 그들이 치른 대가는 스트레스와 관련된 건강문제에서부터 대인관계의 소원함에 이르기까지 다양했다.

긍정적인 측면에서는 힘든 청소년기를 보낸 고위험 개인이 주요한 삶의 전환기(고등학교 졸업, 직업세계 입문, 결혼)에 여러 기회를 경험할 수 있게 되어 대부분이 20대와 30대에 회복할 수 있었다는 결과가 카우아이 연구를 통해 밝혀졌다. 그런 청소년에게 가장 유력한 제2의 기회는 성인교육, 군복무 자원, 교회 공동체에의 능동적 참여, 지지적 친구나 배우자였다.

보호 기제: 시간의 흐름에 따른 상호 연결

여러 위험요인이 특정 집단(예, 빈곤 아동)에서 또는 특정 발달시기(예, 청소년기)에 동시 발생하듯이, 여러 보호요인도 어느 정도는 함께 발생할 가능성이 있다(Gore & Eckenrode, 1994). 특정 시점에서 역경을 완충하는 (서로 관련된) 여러 변인으로 이루어진 군집이 있을 때는 이후에 다른 보호 기제가 작용할 가능성을 높인다.

그러한 상호 연결을 시간의 흐름에 따라서 증명한 대규모 종단연구는 소수에 지나지 않는다. 카우아이 종단연구에서는 삶의 주기 6개 시점에서 수집한 자료에 잠재변인 경로 분석을 적용한 결과 적응유연성 현상이 복잡하다는 것을 증명할 수 있었다. 또한 유아기와 아동기 초기부터 아동기 중기와 청소년기에 이르기까지 개인의 성향과 외부 지지원 및 스트레스가 어떻게 서로 연결되는지를 보여 주며, 이런 변인이 성인기와 중년기 적응의 질을 어떻게 예측하는지를 보여 주었다(Werner & Smith, 1992, 2001).

심각한 아동기 역경에도 불구하고 중년기에 성공적 적응을 이룬 사람은 개인적 성향과 외부 지지원에서 특징적이다. 그들은 유능성과 효능성을 증가시키고, 이후에 겪은 스트레스성 생활사건의 수를 감소시키며, 새로운 기회를 가능하게 하는 가족과 지역사회 내 여러 지지원을 가지고 있었다.

적응유연성을 증진시키는 보호과정 자체는 생애 초기에 드러난다. 유아기 때 어머니의 유능성은 수십 년의 시간을 경과해서 성인기(32세와 40세) 자녀의 적응과 정적 관계를 이루었다. 어머니가 유아기 딸과 일관되게 긍정적인 방식으로 상호작용하면, 그 딸은 2세에 더 자율적이었고 10세에 더 큰 유능성을 보였다. 또한 그런 딸은 덜 유능한 양육자 어머니의 딸보다 아동기와 청소년기에 정서적 지지원을 더 많이 끌어 모았고 스트레스성 생활사건을 더 적게 겪었다. 더 유능한 어머니의 아들은 덜 유능한 어머니의 아들에 비하여 10세에 학교에서 더욱 성공적이었고, 18세에 자원이 더 풍부하고 효능성이 더 컸으며, 성인기에는 더 많은 정서적 지지원을 활용하였다.

남녀 모두에서 2세의 자율성과 10세의 학업적 유능성 간에 정적 관계가 있었다. 2세에 더 자율적인 소년은 10세가 될 때까지 스트레스성 생활사건을 덜 겪었고, 아동기와 청소년기에 건강문제를 덜 겪었다. 걸음마기에 더 자율적이었던 소녀는 10년마다 평가된 건강문제를 덜 겪었으며, 40세가 될 때까지 대처해야 할 문제가 적었다.

남녀 모두에서 아동기에 얻은 정서적 지지원의 수와 10세 때 평가받은 학업적 유능성 및 40세 때의 적응의 질 간에 긍정적 관계가 밝혀졌다. 아동기에 더 많은 정서적 지지를 받은 사람은 정서적 지지를 별로 받지 않은 사람보다 이후 여러 단계에서 스트레스성 생활사건을 더 적게 보고했다.

남녀 모두에서 10세의 학업적 유능성은 18세의 자기효능감 및 현실적 계획을 세우는 능력과 정적 관계를 이루었다. 10세 때 학업적 유능성이 높은 소년은 청소년기에 건강문제를 덜 겪었고, 32세 때 EAS 기질조사(EAS Temperament Survey)[1]에서 더 높은 활동성 점수를 얻었다. 또한 그들은 성인기에 더 많은 정서적 지지원을 활용하였다. 10세에 학업적 유능성이 높았던 소녀는 청소년기에 더 많은 정서적 지지원을 활용하였다. 남녀 아동 모두에서 청소년기에 의지할 수 있었던 정서적 지지원의 수가 많을수록 18세에 자기효능감과 현실적 계획을 세우는 능력도 높았다.

18세에 더 풍부한 자원을 가지고 있었으며 교육적 · 직업적 계획을 더 현실적으로 세운 사람은 40세에 심리적 안녕 수준이 더 높았다. 그들의 기질은 성인기 적응의 질과도 관계를 이루었다. 32세 때 EAS 기질조사의 활동성 척도에서 높은 점수를 얻은 남성은 활동성 점수가 낮은 남성에 비하여 40세 때 대처능력이 더 뛰어난 것으로 평가받았다. 32세에 심리적 고통에서 높은 점수를 얻은 여성은 40세에 더 많은 건강문제를 겪었고 심리적 안녕 수준이 더 낮았다.

40세 때 이루는 적응의 질에 나타난 변산의 대부분은 인생 초기의 적응유연성 예언변인(예, 2세, 10세, 18세의 성공적인 대처와 관련된 변인)으로 설명할 수 있다. 예언변인 대부분은 인생 초기 10년 동안에 경험하는 다음의 보호요인 4개 군집에 속하였다. (1) 어머니의 유능성(어머니의 연령, 어머니의 교육 수준, 1세 때 가정에서

1) 역자 주: EAS Temperament Survey는 원래 Buss와 Plomin이 영아의 기질을 평가하기 위하여 개발한 기질조사로, 정서성(emotionality), 활동성(activity), 사회성(sociability)의 세 차원으로 구성된다.

의 개별적 관찰과 2세 때 발달검사에서 관찰된 어머니와 자녀의 긍정적 상호작용 비율), (2) 2세에서 10세까지 아동이 활용할 수 있도록 제공된 정서적 지지원의 수(예, 확대가족 구성원), (3) 10세 때 학업적 유능성(IQ 점수, PMA 추론능력 검사, STEP 읽기 검사 점수를 포함한 여러 변인으로 이루어진 군집), (4) 아동의 건강 상태다. 이러한 결과는 인생 초기 10년 동안이 적응유연성을 위한 초석으로 중요하다는 것을 강조한다. 향후 발달유능성의 인생 초기 역사에 관한 자료를 수집하는 종단연구를 통해 이러한 결과를 반복할 필요가 있다.

젠더의 차이

위기와 적응유연성에 관한 모든 대규모 종단연구는 젠더에 따른 차이를 보고한다. 이러한 차이는 인생주기의 단계에 따라서 변화하며, 서양 문화에 만연해 있는 성역할 기대의 맥락 안에서 어느 한쪽 성별에 어떤 요구가 부과되는지에 따라서도 변화한다.

태내기와 유아기부터 각 발달시기마다 여아보다 남아가 더 많이 사망한다. 아동기와 청소년기에는 남자가 여자보다 심각한 행동문제와 정서문제를 더 많이 겪으며 더 많은 외현화 증상을 보인다. 대조적으로 청소년기 후기와 초기 성인기에는 여성이 남성보다 내재화 증상을 더 많이 겪고, 특히 우울에 더 많이 취약하다 (Caspi et al., 2003; Fergusson & Horwood, 2003; Werner & Smith, 1989).

그러나 '10대 문제아(troubled teenagers)'가 된 고위험 청소년 중에서 30대와 40대에 성공적으로 전환한 경우는 남자집단보다 여자집단에서 많았다. 적어도 카우아이 종단연구에서는 그러했다. 개인 내 보호요인—상냥한 기질, 학업적 유능성, 자기효능감—은 남성보다는 여성이 삶에서 역경을 성공적으로 대처하고 성인기에 잘 적응하는 데 더 큰 기여를 했다. 대조적으로 가족과 지역사회에 있는 지지원은 아동기 역경을 성공적으로 극복한 남성의 삶에 더 큰 영향을 미쳤다 (Werner & Smith, 2001).

적응유연성의 생물학적 측면

이 장에서 검토한 대부분의 종단연구는 교육학자, 심리학자, 사회학자가 수행한 연구다. 그렇기에 스트레스와 아동기 역경이 생애주기의 여러 단계에서 나타나는 적응의 질적 수준에 미치는 영향력을 약화시키거나 변경시킬 수도 있는 생물학적 또는 유전적으로 중요한 변인을 상대적으로 간과했다. 여기서는 중요하지만 지금까지 무시되었던 적응유연성의 생물학적 측면을 살펴본다.

건강

놀랍게도 한 사람의 일반적인 건강 상태가 적응유연성과 취약성에 관한 대부분의 연구에서 간과되었다. 심지어 원래 '건강과 발달' 에 초점을 두었던 대규모 종단연구에서조차 '적응유연성 요인' 을 찾는 복잡한 회귀방정식에 포함된 변인은 심리학적 구성개념이나 사회학적 구성개념이었고, 건강보다는 교육적 성취에 관심을 두었다(Fergusson & Horwood, 2003; Schoon, 2001).

카우아이 종단연구 자료를 경로 분석한 결과, 좋은 건강, 허약한 질병, 사건 사고가 스트레스성 생활사건과 역경을 극복할 수 있는 아동의 능력에 영향을 미치는 것으로 나타났다. 카우아이 종단연구에서는 아동기 초기에서 성인기에 이르는 생애주기의 매 단계에서 스트레스성 생활사건을 더 많이 겪은 사람이 건강문제도 더 많이 겪었다. 아동기 초기의 건강문제(출생부터 만 2세까지 부모가 보고한 심각한 질병이나 사고를 당한 횟수, 의료기관에 의뢰된 횟수, 만 2세에 소아과 의사가 평가한 저조한 신체 상태)는 32세와 40세 때 대처문제와 유의한 상관을 이루었다(Werner & Smith, 1992, 2001).

긍정적인 측면에서 출생 중의 건강(즉, 임신과 출산에 관련된 합병 증상의 부재)은 정신질환을 겪는 어머니에게 태어난 청소년의 삶에서 유의한 보호요인으로 작용했다. 이런 결과는 코펜하겐 고위험 연구(Copenhagen High-Risk Study)와 호주 브리스번에 있는 퀸즐랜드 마터 대학 임신 연구에 참여했던 우울한 어머니의 15세 된 자녀에 관한 연구에서 반복되었다(Brennan, Le Brocque, & Hammen, 2002).

유전–환경 상호작용

알코올중독, 반사회적 행동, 정신분열증과 같은 심각한 정신병리에 걸리기 쉬운 경향은 유전적 요인에 의해 좌우된다는 증거가 많이 있다. 코펜하겐 고위험 연구(Parnas et al., 1993)와 카우아이 종단연구에서 출생 이전과 출생과정 중의 심각한 스트레스 등 열악한 환경이 유전적으로 취약한 사람(이 가운데 알코올중독 어머니와 정신분열 어머니에게서 태어난 자녀가 포함됨)에게 가장 부정적인 영향을 미친다고 보고되었다(Werner & Smith, 2001).

유전–환경 상호작용은 적응유연성 현상과 관련해서도 중요한 역할을 한다. 847명의 백인 동시 출생집단이 참여한 뉴질랜드 더니든 다학문적 건강발달 연구의 26년 추적연구를 수행한 Caspi와 그 동료들(2000, 2003)은 환경 자극에 대한 한 사람의 반응을 그 사람의 유전적 구성이 조절하며, 바로 이것이 유전–환경 상호작용의 증거라고 보고하였다.

21~26세에 4개 또는 그 이상의 심각한 생활사건을 겪을 때, 5-HTT 유전자(세로토닌 전달자)의 짧은 대립인자의 1개나 2개 복사를 가진 사람은 긴 대립인자에서 동형 접합체를 가진 사람보다 유의하게 더 많은 우울 증상을 보고하였다. 특히 흥미로운 결과는 출생 후 10년 동안 경험한 아동기 학대가 성인 우울을 예측했는데, 이런 결과가 긴 대립인자에서 동형 접합체를 가진 사람이 아니라 짧은 대립인자를 보유한 사람에게서만 나타났다는 것이다(Caspi et al., 2003).

더니든 연구에서 수집한 자료를 다른 방법으로 분석한 Caspi와 그 동료들은 신경전달물질을 신진대사시키는 효소인 모노아민 옥시다제 A(MAOA)를 부호화하는 X 연관 유전자에서의 기능적 다형태성[2)]이 남성집단에서 나타나는 아동기 학대의 효과를 조절한다는 것을 발견하였다. 아동기에 학대를 받은 소년 가운데 MAOA 표현 수준을 높게 하는 유전형을 가진 소년이 MAOA 활동성이 낮은 소년에 비해 반사회적 문제를(10~18세에는 품행장애를, 26세까지는 폭력 범죄의 유죄 판결을) 일으킬 가능성이 낮았다(Caspi et al., 2002). 그러나 연구자는 "이 연구의 결과가 반복될 때까지 임상적 함의에 관한 추측은 시기상조다."(p. 853)라고 지적하였다.

2) 역자 주: 다형태성(polymorphism) 또는 다형성은 유전자가 여러 개의 다른 형태로 나타나는 특징을 의미한다.

부모의 알코올중독

Rutter(2000)는 환경적 개입이 유전적으로 위험에 처한 아동에게 가장 필요할지도 모른다는 가능성을 제기했다. 이런 아동 가운데서는 알코올중독 부모의 자녀가 가장 큰 집단을 이루었다. 이들은 종단연구에서는 비교적 중요하게 다루어지지 않았다. 1992년 미국의 전국 종단 알코올 역학조사(National Longitudinal Alcohol Epidemiological Survey)에 기초한 미국 아동에 관한 보고서가 추정하는 바에 의하면 약 2,800만 명 아동의 부모 중 하나 또는 둘이 자녀가 18세가 되기 이전의 어느 시기에 알코올을 남용하거나 알코올에 의존했다(Grant, 2000). 이 같은 어마어마한 수치는 오늘날 주요한 공중건강 문제 가운데 단지 하나일 뿐이다.

물질남용에 걸릴 유전적 취약성 때문에 열악한 가족환경의 부정적 영향에 특히 취약한 아동의 인생 경로를 살펴본 종단연구는 별로 없다(Werner & Smith, 2001; Zucker, Wong, Puttler, & Fitzgerald, 2003). 부모가 알코올중독인 남녀 아동에 관한 카우아이 종단연구 보고서와 아버지가 알코올중독인 남자 아동에 관한 미시간 주립대학교 종단연구(Michigan State University Longitudinal Study) 보고서는 일치하는 결과를 발표했다. 부모가 알코올중독인 아동 가운데 수많은 가족 역경에도 불구하고 성공적으로 대처한 아동은 아동기 중기와 청소년기에 정서적으로 덜 반응적이며 외현화 행동을 덜 드러냈다. 그들은 문제를 일으킨 또래보다 상대적으로 지적 수준이 높았고 읽기기술이 우수했다.

또한 카우아이 종단연구의 자료는 (1) 알코올에 의존하지 않고 있는 부모나 부모 대리인과의 친밀한 개인적 관계, (2) 성공적인 학교 경험, (3) 일관성을 제공하는 종교단체에의 가입, (4) 친한 친구의 정서적 지지가 긍정적 효과를 갖는다고 증명했다(Werner & Smith, 1992, 2001).

적응유연성 증진 프로그램의 효과성 평가연구

Scarr(1992)는 아동의 생활에 의도적으로 개입하기가 쉽지 않다는 것을 지적했다. 극히 열악한 환경에서 아동을 구해 내고 정상적인 발달 경로로 되돌아가게 할 방법을 알고 있지만, 그것은 지능이나 기질(활동성, 흥분성, 사교성), 심리생물학적 반응성(스트레스를 받았을 때 심장 및 면역체계의 반응) 등 유전적 특징의 한계 안에서 가능한 일이다. 1980년대 이래, 미국에서는 수많은 고위험 아동을 위한 '유능성 증진(competence enhancement)' 프로그램과 '강점(strength)' 또는 '자산(asset)' 증진 프로그램을 도입했다. 대부분이 유치원과 학령기 아동을 대상으로 한 것이었다. 지금까지 이런 프로그램의 장기적 효과성을 검증한 평가연구는 별로 없다.

예외가 하나 있는데, 그것은 1983년에 시작된 시카고 종단연구(Chicago Longitudinal Study)다. 이 연구는 미국에서 가장 오래된 아동 개입 프로그램이며 연방정부의 재정 지원을 받은 두 번째로 오래된 유아 프로그램(가장 오래된 유아 프로그램은 헤드스타트임)인 아동-부모 센터 프로그램(Child-Parent Center Program: CPC)의 효과를 지속적으로 검증하였다. 이 프로그램은 센터 기반 언어학습과 부모 참여를 강조하며, 유아기부터 초등학교 저학년(3~9세)에 이르는 불우한 아동에게 교육 및 가족 지원 서비스를 제공했다. 시카고 공립학교 재학생 중 1,000명 이상의 참여자에 관한 자료가 대략 20년 동안 수집되었다.

Reynolds와 Ou(2003)는 유아교육 프로그램 참여(만 3~5세), 인지적 기술(5세), 부모의 학교 참여(8~12세), 학교의 질(10~14세)이 14~15세 학생의 학교성취와 학년 유급에 미치는 효과와 20세까지 특수교육에 배치되거나 고등학교를 중퇴할 가능성의 감소에 미치는 효과에 관한 모형을 설정하고 경로 분석한 몇몇 연구의 결과를 보고했다. 사회적 유능성의 측정치에서 나타난 효과 크기의 평균은 .70 표준편차로 중간 정도였다. 이는 정신건강 예방 프로그램의 효과성에 관한 메타분석에서 보고된 효과 크기(평균 .34 표준편차)나 다양한 심리치료 또는 행동치료의 효과성에 관한 분석에서 보고된 효과 크기(평균 .47 표준편차)에 비해 높았다. 가장 빈곤한 지역의 프로그램에 참여했던 아동이 CPC 프로그램의 혜택을 가장 많이 받은 것으로 나타났다.

아동기 역경에도 불구하고 긍정적 적응에 이르는 여러 경로는 복잡하고 맥락의 영향을 많이 받는다. 그렇기에 '마법의 총알'과 같이 열악한 환경에서 성장하는 모든 청소년에게 매번 성공적인 하나의 모범적인 개입 프로그램은 없다. 이는 우리가 절망해야만 한다는 것을 의미하지는 않는다. 그러나 Rutter(2002)가 경고했듯이, "그 당시에 유행하는 열정이 무엇이든지 시류를 타서 그것에 너무 쉽게 편승하는 것에 조심해야 한다."(p. 15)

결론

아동기에서 성인기까지 확대된 대규모 종단연구는 아동의 취약성을 증가시키는 스트레스성 생활사건 및 위험요인과 아동의 적응유연성을 향상시키는 내적 성향 및 외부 지지원 간의 균형이 변화한다는 것을 증명하였다. 이러한 균형은 성별마다 생의 다른 단계에서 변할 수 있고 문화적 맥락의 영향도 받는다.

그럼에도 상이한 인종집단을 대상으로 상이한 지역에서 수행된 여러 종단연구가 적응유연성을 예언하는 여러 변인을 동일한 빈도로 도출해낸 결과는 꽤 인상적이다. 대부분의 경우에 아동기 역경의 부정적 효과를 완화시키는 요인은 안정되고 안전한 가정에 사는 아동에게도 혜택을 준다. 그러나 이러한 요인은 역경 수준이 높을 때 특히 중요하다.

대규모 종단연구에 의하면 생의 초기에 일관성 있고 지지적인 보살핌을 받아서 형성되는 발달적 유능성은 이후 단계에서 아동이 얼마나 잘 적응하는지에 강력하고도 지속적인 영향을 미친다. 또한 혼란스러운 청소년기에서 회복할 가능성을 증가시킨다는 것도 증명되었다.

아동기에 역경을 겪은 이후에 긍정적 적응에 이르는 경로는 복잡하다. 그러므로 자연스러운 상황에서든 구조화된 개입 프로그램에서든 유능성과 자기효능감을 증가시키고 부정적 연쇄 효과를 감소시키며 다양한 기회를 갖게 하는 내적 성향과 외부 지지원의 상호 연계를 계획할 필요가 있다.

또한 종단연구를 수행할 때 스트레스성 생활사건을 조절하는 유전자-환경 상호작용의 역할에 관해 좀 더 주목해야 한다. 다문화적 조망을 취하여 더욱 안정되고 풍부한 조건에서 출생한 또래가 지닌 취약성보다 훨씬 더 큰 취약성을 갖게 하는 수많은 생물학적 및 심리사회적 위험요인에 노출된 개발도상국 출신의 이주아동에게도 초점을 두어야 한다. 우리는 이러한 아동이 문화적 한계를 초월하고 다양한 고위험 맥락 안에서 효과적으로 기능하게 하는 내적 성향과 가족 및 지역사회 지지원에 대해 더 많이 알아 두어야 한다. 그럴 때 비로소 우리는 아동·청소년이 삶의 역경을 겪은 후에도 생존하여 번성하게 하는 것이 무엇인지를 알게 될 것이다.

참고문헌 REFERENCES

Anthony, E. J. (1987). Children at high risk for psychosis growing up. In E. J. Anthony & B. J. Cohler (Eds.), *The invulnerable child* (pp. 147-184). New York: Guilford.

Bolger, K. E., & Patterson, C. (2003). Sequelae of child maltreatment: Vulnerability and resilience. In S. S. Luthar (Ed.), *Resilience and vulnerability: Adaptation in the context of childhood adversities* (pp. 156-181). New York: Cambridge University Press.

Bracken, B. A., & Lamprecht, M. S. (2003). Positive self-concept: An equal opportunity construct. *School Psychology Quarterly, 18,* 103-121.

Brennan, P., Le Broque, R., & Hammen, C. (2002, September). *Resilience in children of depressed mothers: A focus on psychological, behavioral and social outcomes at age 15 years.* Paper presented at the meeting of the Society for Life History Research is Psychopathology, New York.

Caspi, A., McClay, J., Moffitt, T. E., Mill, J., Martin, J., Craig, I. W. et al. (2002). Role of genotype in the cycle of violence in maltreated children. *Science, 197,* 851-853.

Caspi, A., Sugden, K., Moffitt, T. E., Taylor, A., Craig, I. W., Harrington, H. et al. (2003). Influence of life stress on depression: Moderation by a polymorphism in the 5HIT gene. *Science, 30,* 386-389.

Cederblad, M. (1996). The children of the Lundby Study as adults: A salutogenic perspective. *European Child and Adolescent Psychiatry, 5,* 38-43.

Egeland, B., Carlson, L., & Sroufe, L. A. (1993). Resilience as process. *Development and Psychopathology, 5,* 517-528.

Farber, E. A., & Egeland, B. (1987). Invulnerability among abused and neglected children. In E. J. Anthony & B. J. Cohler (Eds.), *The invulnerable child* (pp. 253-288). New York: Guilford.

Fergusson, D. M., & Horwood, J. L. (2003). Resilience to childhood adversity: Results of a 21-year study. In S. S. Luthar (Ed.), *Resilience and vulnerability: Adaptation in the context of childhood adversities* (pp. 130-155). New York: Cambridge University Press.

Fergusson, D. M., & Lynskey, M. T. (1996). Adolescent resiliency to family adversity. *Journal of Child Psychology and Psychiatry, 37*(3), 281-292.

Gore, S., & Eckenrode, J. (1994). Context and process in research on risk and resilience. In R. J. Haggerty, L. R. Sherrod, N. Garmezy, & M. Rutter (Eds.), *Stress, risk, and resilience in children and adolescents* (pp. 19-63). New York: Cambridge University Press.

Grant, B. F. (2000). Estimates of U. S. children exposed to alcohol abuse and dependence in the family. *American Journal of Public Health, 90,* 112-115.

Herrenkohl, F. C., Herrenkohl, R. C., & Egolf, B. (1994). Resilient early school age children from maltreating homes: Outcomes in late adolescence. *American Journal of Orthopsychiatry, 64,* 301-309.

Hetherington, E. M. (1989). Coping with family transitions: Winners, losers, and survivors. *Child Development, 60,* 1-14.

Hetherington, E. M., & Elmore, A. M. (2003). Risk and resilience in children coping with their parents' divorce and remarriage. In S. S. Luthar (Ed.), *Resilience and vulnerability: Adaptation in the context of childhood adversities* (pp. 182-212). New York: Cambridge University Press.

Hetherington, E. M., & Kelley, J. (2002). *For better or for worse: Divorce reconsidered.* New York: Norton.

Laucht, M., Esser, G., & Schmidt, M. H. (1999). Was wird aus Risikokindern? Ergebnisse der Mannheimer Längsschnittstudie im Überblick. In G. Opp, M. Fingerle, & A. Freytag (Eds.), *Was Kinder stärkt (What Makes Children Strong?)* (pp. 71-93). München: Ernst Reinhart Verlag.

Lösel, F., & Bliesener, T. (1990). Resilience in adolescence: A study on the generalizability of protective factors. In K. Hurrelmann & F. Losel (Eds.), *Health hazards in adolescence* (pp. 299-320). Berlin and New York: de Gruyter.

Luthar, S. S. (Ed.). (2003). *Resilience and vulnerability: Adaptation in the context of childhood adversities.* New York: Cambridge University Press.

Luthar, S. S., Cicchetti, D., & Becker, B. (2000). The construct of resilience: A critical evaluation and guidelines for future work. *Child Development, 71,* 543-562.

Luthar, S. S., & Zelazo, L. B. (2003). Research on resilience: An integrative review. In S. S. Luthar (Ed.), *Resilience and vulnerability: Adaptation in the context of childhood adversities* (pp. 510-550). New York: Cambridge University Press.

Masten, A. S. (2003). Commentary: Developmental psychopathology as a unifying context for mental health and educational models, research and practice in schools. *School Psychology Review, 32,* 169-173.

Masten, A. S., & Powell, J. L. (2003). A resilience framework for research policy, and practice. In S. S. Luthar (Ed.), *Resilience and vulnerability: Adaptation in the context of childhood adversities* (pp. 1-28). New York: Cambridge University Press.

McGee, R. (2003, June). *Participation in clubs and groups from childhood to early adulthood: Effects on perceived competence and attachment.* Poster session presented at the 11th Scientific Meeting of the International Society for Child and Adolescent Psychopathology, Sydney, Australia.

Mednick, S. A., Parnas, J., & Schulsinger, F. (1987). The Copenhagen High Risk Project. *Schizophrenia, 16*(3), 485-495.

Parnas, J., Cannon, T. D., Jacobsen, B., Schulsinger, F., & Medinick, S. A. (1993). Lifetime DSM-III-R diagnostic outcomes in the offspring of schizophrenic mothers: Results from the Copenhagen High Risk Study. *Archives of General Psychiatry, 56*, 707-714.

Radke-Yarrow, M., & Brown, E. (1993). Resilience and vulnerability in children of multiple-risk families. *Development and Psychopathology, 5*, 581-592.

Reynolds, A. J., & Ou, S. R. (2003). Promoting resilience through early childhood intervention. In S. S. Luthar (Ed.), *Resilience and vulnerability: Adaptation in the context of childhood adversities* (pp. 436-463). New York: Cambridge University Press.

Rutter, M. (1987). Psychosocial resilience and protective mechanisms. *American Journal of Orthopsychiatry, 57*, 216-331.

Rutter, M. (2000). Resilience reconsidered: Conceptual considerations, empirical findings, and policy implications. In J. P. Shonkoff & S. J. Meisels (Eds.), *Handbook of early intervention* (2nd ed., pp. 651-681). New York: Cambridge University Press.

Rutter, M. (2002). Nature, nurture, and development: From evangelism though science toward policy and practice. *Child Development, 23*, 1-21.

Sameroff, A., Gutman, L. M., & Peck, S. C. (2003). Adaptation among youth facing multiple risks: Prospective research findings. In S. S. Luthar (Eds.), *Resilience and vulnerability: Adaptation in the context of childhood adversities* (pp. 364-391). New York: Cambridge University Press.

Scarr, S. (1992). Developmental theories for the 1990's: Development and individual differences. *Child Development, 63*, 1-19.

Schoon, I. (2001). Risk and resources: A developmental-contextual approach to the study of adaptation in the face of adversity. In R. K. Sibereisen & M. Reitzel (Eds.), *Psychologie 2000*. Berlin: Pabst Science Publishers.

Seifer, R., Sameroff, A. J., Baldwin, C. P., & Baldwin, A. (1992). Child and family factors that ameliorate risk between 4 and 13 years of age. *Journal of the American Academy of Child and Adolescent Psychiatry, 31*, 893-903.

Wadsworth, M. (1999). Ergebnisse der Resilienzforsching in Grossbritannien. In G. Opp, M. Fingerle, & A. Freytag (Eds.), *Was Kinder stäkt (What Makes Children Strong?)* (pp. 59-70). München: Ernst Reinhardt Verlag.

Wallerstein, J. S., & Blakeslee, S. (1989). *Second chances: Men, women, and children a decade after divorce*. New York: Ticknor Fields.

Wallerstein, J. S., & Kelley, J. B. (1980). *Surviving the break-up: How children and parents cope with divorce*. New York: Basic Books.

Werner, E. E., & Smith, R. S. (1989). *Vulnerability but invincible: A longitudinal study of resilient children and youth*. New York: Adams, Bannister, Cox (original work published by McGraw Hill, 1982).

Werner, E. E., & Smith, R. S. (1992). *Overcoming the odds: High risk children from birth adulthood.* Ithaca, NY: Cornell University Press.

Werner, E. E., & Smith, R. S. (2001). *Journeys from childhood to midlife: Risk, resilience, and recovery.* Ithaca, NY: Cornell University Press.

Wyman, P. A. (2003). Emerging perspectives on context specificity of children's adaptation and resilience: Evidence from a decade of research with urban children in adversity. In S. S. Luthar (Ed.), *Resilience and Vulnerability: Adaptation in the context of childhood adversities* (pp. 293-317). New York: Cambridge University Press.

Yates, T. M., Egeland, B., & Stroufe, L. A. (2003). Rethinking resilience: A developmental process perspective. In S. S. Luthar (Ed.), *Resilience and Vulnerability: Adaptation in the context of childhood adversities* (pp. 246-266). New York: Cambridge University Press.

Zucker, R., Wong, M. M., Puttler, L. I., & Fitzgerald, H. E. (2003). Resilience and vulnerability among sons of alcoholics: Relationship to developmental outcomes between early childhood and adolescence. In S. S. Luthar (Ed.), *Resilience and Vulnerability: Adaptation in the context of childhood adversities* (pp. 76-103). New York: Cambridge University Press.

제8장

아동기 적응유연성의 측정

이론과 실제

Jack A. Naglieri & Paul A. LeBuffe

임상심리학에서 사용하는 개념과 그 개념을 정의하는 구인이 실험적 검증을 받아 고객에게 혜택을 주는 방향으로 적용되기 위해서는 몇 가지 특징을 반드시 포함해야 한다. 적응유연성을 포함하여 어떤 주제를 연구하든지 해당 구인을 정의하고, 구인의 측정방법을 고안하고, 구인이 유용한지, 그리고 어떻게, 언제, 어디에서 유용한지를 증명해야 한다. 여러 시간, 연구 대상, 연구자에게 구인에 대한 신뢰할 만한 조작적 정의가 내려져야 한다. 일단 어떤 개념에 대한 신뢰할 만한 조작적 정의가 내려지면 그 개념의 타당도를 검증할 수 있다. 마지막으로 어떤 개념을 충분히 조작적으로 정의하면, 그리고 그 개념을 신뢰성 있고 타당한 방식으로 측정할 수 있다는 증거가 있다면 임상 장면과 교육 장면에 합당하게 적용할 수 있다.

임상심리학은 연구와 응용 실제의 두 측면으로 이루어진다. 실제의 측면에서는 내담자를 돕는 데 주력하며, 새로운 접근에 대한 검증이 미흡하더라도 그것을 시행해야 하는 압력을 받는다. 어떤 아이디어가 논리적이고 내담자를 돕는 것처럼 보인다면 그 구인이 잘 정의되지 못했더라도 타당도를 가지고 있다고 믿는 것이 합당하다고 본다. 그러나 불행하게도 논리적이며 임상 경험에 일치하는 것처럼 보이는 것이 진실이 아닐 수도 있다. Garb(2003)가 기록했듯이, "경험적 연구의 결과에 의하면 정신건강 전문가가 임상 경험에서 무엇인가를 배우기란 놀라울 정도로 어렵다는 것이 밝혀졌다."(p. 32) 이것은 우리가 경험적 결과보다 임상 경험을 중시하는 대신에 임상 경험보다 경험적 결과에 더 큰 가중치를 두어야 한다는 점을 시사한다. 특히 치료에 대한 새로운 접근이나 새로운 개념을 도입할 때 그러하다.

심리학 분야의 본질 자체 때문에 심리학에서는 과학적 연구와 응용 실제 간에 자연스럽고 바람직한 상호작용이 존재한다. 실제보다 과학을 강조하는 사람과 연구보다 실제를 강조하는 사람 간의 상호 존중과 협력을 통해서 궁극적으로 심리학 분야가 향상될 것이다. 과학과 실제의 균형 잡힌 기여는 적응유연성에 관련된 요인에 관한 연구에서도 필요하다. 분명 이 연구 분야는 아동과 성인이 역경에도 불구하고 살아남도록 돕는 데 목표를 두는 전문가와 좋은 결과를 예측하는 여러 변인의 복잡한 상호관계를 연구하는 연구자가 이루어 낸 뛰어난 업적과 기여의 덕을 보았다. 그러나 그들 모두는 자신이 연구하는 구성개념을 분명하게 정의할 수 있어야 하며, 그 구성개념을 신뢰성 있게 측정한 후에 그 개념의 타당도를 평가해야 한다. 이 장에서는 적응유연성과 관련된 요인의 신뢰성 있고 타당한 측정에 관한 도전적인 문제에 관해 논할 것이다.

적응유연성의 측정

적응유연성의 정의

적응유연성은 1950년대 이래로 꾸준히 연구되어 왔지만, 지난 10년 동안에야 비로소 일관성 있게 정의되었다. 현재 대부분의 연구자는 적응유연성이 중대한 위험, 역경 또는 스트레스에도 불구하고 긍정적 결과, 적응 또는 발달과업이나 유능성의 획득을 의미한다는 데 동의한다. Masten(2001)이 지적했듯이, 어떤 사람이 적응유연하다는 것을 주장하려면 다음 **두 가지 판단**을 해야 한다. 첫째, 그 사람이 중대한 위험이나 역경에 노출된 적이 있어야 한다. 둘째, 그 사람이 최소한 보통의 또는 정상적인 발달 결과를 성취해야 한다.

그러므로 적응유연성 연구의 패러다임은 먼저 사람의 삶 속에서 위험이나 역경의 원천을 열거하거나 측정하는 것으로 구성된다. 위험이 있다는 것을 확인하고 위험을 측정하기 위해 다음 두 가지 일반적인 접근을 활용해 왔다. 하나는 주요 생활사건(major life events)을 측정하는 것이고, 다른 하나는 일상적 골칫거리(daily hassles)를 측정하는 것이다.

주요 생활사건 접근은 부모의 죽음이나 이혼과 같은 일화적(episodic, 逸話的)이며 외상적인 사건에 주목한다. 주요 생활사건을 측정할 때 다양한 외상적 사건을 평가하기 위해서, Chandler(1981)의 스트레스원 척도(Sources of Stress Inventory), Work, Cowen, Parker와 Wyman(1990)의 생활사건 체크리스트(Life Events Checklist)를 실시한다.

주요 생활사건은 분명히 위험과 역경의 중요한 원천이기는 하지만 이 접근에만 의존하는 것은 불완전하다는 비판을 받아 왔다. 위험과 역경을 더 완전하게 이해하려면 매일의 골칫거리도 측정하는 게 바람직하다. 매일의 골칫거리는 주요 생활사건에 비해 심각성은 낮지만 그 상습성 때문에 더 큰 위험의 원천이다. 어린 아동의 경우 양육자의 빈번한 교체, 질적 수준이 낮은 아동양육, 일관성이 없거나 지나치게 가혹한 훈육을 예로 들 수 있다. 이 접근을 택한 훌륭한 예로는 Kanner, Coyne, Schaefer와 Lazarus(1981)의 일상적 골칫거리 척도(Daily Hassles Scale)가 있다.

한 사람의 삶에 위험이 있다는 것을 확인한 후에는 발달 결과를 평가한다. 발달 지표를 달성하는 것, 주요 발달과업을 정상 범위 내에서 성취하는 것, 고위험 집단에서 정신병리가 없는 것으로 긍정적 결과를 평가한다. 어떤 사람이 위험이나 역경이 있는 상황에서 전형적인 결과나 뛰어난 결과를 달성한다면 우리는 그 사람의 적응유연성을 추론할 수 있다.

적응유연성의 측정방법

아동이 삶의 역경에 성공적으로 대처하게 하는 변인을 측정하는 일은 간단하지 않다. 왜냐하면 위험과 긍정적 적응요인을 검토한 추론적 기반 위에서 적응유연성을 평가하기 때문이다(Luthar & Zelazo, 2003). 적응유연성은 그 자체가 심리적 구성개념이라기보다는 정의 내릴 수 있고 아마 측정할 수도 있는 결과다. 그래서 적응유연성을 직접 측정하기보다는 적응유연성에 이르게 하는 변인, 즉 적응유연성을 예측하는 데 활용할 수 있는 변인을 확인하려는 노력을 기울여 왔다. 적응유연한 결과를 이끄는 요인을 보호요인이라고 한다. 보호요인은 스트레스의 부정적 효과를 조절하거나 완충하여 스트레스가 없을 때 기대할 수 있는 것보다 더욱 긍정적인 행동적 · 심리적 결과를 가져오는 특징 또는 과정으로 정의된다(Masten & Garmezy, 1985). 적응유연성은 보호요인과 위험요인의 복잡한 상호작용으로 나타나는 **다변인 구성개념**(a multivariate construct)이라는 것을 이해해야 하기에 문제가 더 복잡해진다. 마지막으로 미래 생활사건에 대해 적응유연할 수 있는 잠재력을 측정하는 일은 좀 더 요원한 일이라고 생각하는 게 중요하다.

이 분야의 연구자가 적응유연성에 영향을 미치는 매우 다양한 변인을 발견해 왔다는 사실은 이러한 상황을 더 복잡하게 만든다. 예를 들면, 이 책의 7장을 집필한 Werner와 2장을 집필한 O' Dougherty Wright와 Masten은 적응유연성과 관련된 수많은 변인을 기술했다. 아동의 특징(인지적 능력에서부터 신앙심에 이르기까지), 가족(가족의 재정적 지위에서부터 부모의 심리적 안녕 상태와 형제자매 관계에 이르기까지), 지역사회(안전에서부터 맑은 공기와 물에 이르기까지), 문화집단(교육에 대한 가치에서부터 신체적 폭력에 대한 태도에 이르기까지)가 그 목록에 포함되었다. 어떻게 하면 이 변인을 신뢰성 있게 측정할 수 있을까? 적응유연성이라는 하나의 변인을 신뢰성 있게 예측하기 위해 어떻게 다수의 변인을 통합할 수 있을까?

아동의 적응유연성 연구에서는 형식적 검사, 비형식적 검사, 표준화 기법, 비표준화 기법뿐만 아니라 실험법을 사용하여 여러 변인을 측정한다. 여기 출판된 행동 평정척도와 자기개념 척도, 임상적 준거에 기초한 비공식적 평정척도, 사회 측정적 평정, 사회성 기술 평정척도, 성취도 검사, 매 학년에 취득한 학업성적, IQ 검사, 부모면담, 자녀양육의 질적 수준을 평가하는 질문지, 긍정적 · 부정적 정서성 등 여러 방법이 포함된다. 이처럼 적응유연성 분야는 이미 연구가 된 수많은 변인으로 넘쳐난다. 주요한 심리적 및 교육적 구성개념 대부분을 포함한 것처럼 보인다. 그래서 다음과 같은 질문을 제기할 수 있다. 보호요인과 위험요인에 관해 아직 연구되지 않은 것은 무엇인가? 이 계통의 연구에 독특한 변인이 있기는 한가?

적응유연성의 잠재적 가능성을 평가하기 위해 광범위하게 다양한 변인을 사용했다는 것은 연구자들이 연구문제에 대해 사례연구식 접근을 채택해 왔음을 시사한다. 보호요인 측정치의 목록에는 보통 아동의 역사(신체적 특징), 가정환경(사회경제적 지위, 부모, 형제자매 등), 현재 학업성취(학급에서 받은 성적, 표준화 학업성취도 검사 점수), 지능검사 점수, 행동 및 정서 상태(부모 평정척도, 교사 평정척도, 면담, 자기개념 측정도구, 임상적 진단분류)가 포함되어 마치 심리평가 보고서와도 같다. 수많은 변인 가운데 가장 중요한 변인을 찾을 목적으로 이처럼 광범위하게 접근을 하는 것이다. 그러나 변인 모두가 똑같은 심리 측정적 특징을 공유하지는 않기 때문에 변인에 대한 평가가 더욱 복잡해진다.

보호요인을 평가하기 위해 형식적 측정도구와 비형식적 측정도구를 모두 사용하는 것은 이 분야를 연구하는 수단이 되지만, 그것이 어떤 한 연구 내에서 그리고 여러 연구 간에 비일관성을 초래할 수도 한다. 예를 들면, 사회적 지위를 면접, 비표준화 질문지, 또래지명으로 평가할 수 있지만, 다른 연구자가 이 방법을 신뢰성 있게 쓸 수 있는 정도 또한 연구해야 한다. 더구나 연구 장면에서 실제 응용으로 전환하려면 더욱 정교한 도구가 필요하다. 지금까지 사용된 여러 방법이 적응유연성 연구의 기반을 확충하는 데 도움이 되기는 했지만, 아동이 혜택을 받을 수 있도록 여러 이론이 이룩해 온 중요한 기여가 조작적으로 정의될 수 있는지를 신뢰성 있고 타당하게 측정하는 도구가 필요하다.

다음에서 우리는 측정과 관련된 몇 가지 기본적 이슈를 논의하고, 이러한 이슈와 임상적 실제의 관련성을 설명할 것이다. 우리는 임상가가 적응유연성 개념을 어떻게 응용했는지를 중점적으로 살펴볼 것이다.

측정에 관한 기본 이슈

신뢰도

응용의 목적뿐만 아니라 연구의 목적을 위해서 사용한 측정도구가 좋은 **신뢰도**를 갖추는 것은 정확성을 확신하는 데 필수적이다. 신뢰도는 측정의 오차량을 반영하므로 실무자에게도 중요하다. 획득 점수는 무엇이든지 진점수와 오차로 구성된다는 점을 상기하라(Crocker & Algina, 1986). 진점수는 절대로 직접 측정할 수 없다. 그러므로 우리는 특정 확률 수준에서 개인의 획득 점수가 속할 범위에 기초하여 그 사람의 진점수를 기술한다. 그 범위 크기를 측정도구의 신뢰도로 결정한다. 그렇기에 한 아동의 IQ가 105(±5)의 범위에 속한다고 말하고, 그 아동의 진짜 IQ 점수가 100~110의 범위(105±5)에 속할 확률이 90%라고 말한다. 점수의 범위(신뢰구간[confidence interval]이라고 칭함)는 먼저 신뢰도 계수와 점수의 표준편차를 다음의 공식에 대입하여 산출되는 측정의 표준오차(standard error of measurement: SEM)를 활용하여 계산한다(Crocker & Algina, 1986):

$$\text{SEM} = \text{SD} \times \sqrt{1 - \text{신뢰도}}$$

측정의 표준오차는 한 사람이 획득한 여러 점수가 진점수를 중심으로 분포된 표준편차의 평균이다. 그러므로 획득 점수에서 1 SEM을 더하거나 빼면, 그 사람의 진점수가 그 범위 안에 포함될 확률은 68%(±1 SD 안에 점수들이 포함될 비율)다. 정상분포에서 사례의 68%가 +1 SD와 −1 SD 사이에 해당된다. 둘째, 90% 수준 또는 95% 수준에서 신뢰구간을 산출하기 위하여 1.64 또는 1.96의 z값을 SEM에 곱한다. 그 값을 획득 점수에 더하거나 빼서 신뢰구간을 산출한다. 위의 예에서 100이라는 획득 점수에 대한 신뢰 범위는 95(100−5)~105(100+5)다.

기술적으로 볼 때 신뢰구간과 SEM은 획득 점수가 아닌 추정된 진점수를 중심으로 산출된다는 점을 유념해야 한다(Nunnally & Bernstein, 1994). 그러나 실제로 대부분의 전문가는 한 사람의 수행 수준을 기술하기 위하여 사용한 점수를 중심으로 신뢰구간을 산출할 때 획득 점수를 활용한다. 예를 들면, 정확성을 높이기 위해서 웩슬러 아동용 지능검사 제4판(Wechsler Intelligence Scale for Children 4th Edition; Wechsler, 2003)과 인지 평가 척도(Cognitive Assessment System; Naglieri & Das, 1997)는 추정된 진점수를 중심으로 설정한 구간을 표로 제시한다. 어떤 방법을 쓰건, 신뢰도가 높을수록 한 아동의 진점수를 포함한다고 기대할 수 있는 점수의 범위는 작아진다. 실무자는 범위가 작을수록 그 점수를 더 정확하게 해석할 수 있고, 그래서 그 아동에 관해 더 정확한 결정을 내릴 수 있다.

물론 SEM이 클수록 신뢰도가 낮아서 여러 변인 각각이 다를 가능성이 크기 때문에 해석적인 결정을 내릴 때 SEM이 가장 중요하다. 신뢰도가 낮을수록 점수 간 차이는 더 커질 것이다. 예를 들면, 보호요인에 대한 다양한 측정치상에서 점수 간에 차이가 커진다. 한 아동이 학교적응 측정도구에서 얻은 점수와 개인적 안녕 측정도구에서 얻은 점수의 관계를 검토할 때, 두 측정도구의 신뢰도는 일관성에 영향을 미칠 것이다. 즉, 신뢰도가 낮을수록 측정도구에서 얻은 여러 점수가 서로 다를 가능성이 높다.

특정 점수의 신뢰도 또한 점수의 비교에 영향을 미친다. 예를 들어, 어떤 연구자나 실무자가 상이한 보호요인을 반영하는 여러 개의 변인에 관심을 가지고 있다고 하자. 보호요인 한 쌍에서 나타난 차이는 각 변인의 신뢰도 계수와 직접 관련된다. 사실상 한 개인이 획득한 점수 2개 간 차이는 각 점수의 측정의 표준오차를 사용하여 산출된다.

$$\text{차이} = Z \times \sqrt{\text{SEM } 1^2 + \text{SEM } 2^2}$$

예를 들면, 신뢰도 계수가 개인적 안녕 측정도구의 경우 .85이고 학교적응 측정도구의 경우 .78이라고 가정하자. 전형적인 IQ의 표준편차인 15를 사용하여 두 변인의 SEM을 산출할 수 있다. 학교적응 측정도구와 개인적 안녕 측정도구에서 얻은 점수가 유의하게 다르려면 19점(1 SD 이상)의 차이가 있어야 한다. 다른 말로 하면, 측정의 오차만으로도 두 변인의 점수가 18점의 차이를 보일 수 있다는 것이다. 그러므로 연구 장면이든 임상 장면이든 변인은 높은 신뢰도를 가져야 한다.

$$\text{차이} = 1.96 \times \text{SQRT}(5.8 \times 5.8) + (7.5 \times 7.5) = 19$$

Bracken(1987)은 검사가 갖추어야 할 최소한의 적절한 신뢰도 수치를 제안하였다. 하위척도는 적어도 .80 또는 그 이상, 전체 척도는 .90 또는 그 이상의 내적 신뢰도를 가져야 한다. 그러나 이 지침은 어떤 의사결정을 내리느냐에 비추어 고려해야 한다. 예를 들어, 과잉 확인을 과소 확인보다 선호하는 선별 목적으로 검사 점수를 사용한다면 점수의 신뢰도는 .80은 되어야 한다. 그러나 특수교육 배치와 같은 중요한 결정을 내리려면 그보다 더 높은 신뢰도(예, .95)를 갖추어야 적절한 검사로 간주될 수 있다(Nunnally & Bernstein, 1994).

요약하면, 보호요인을 검토하는 연구자와 실무자는 .80 또는 그 이상의 내적 신뢰도 계수를 가진 변인을 사용하고, 여러 변인으로 구성된 종합 점수의 경우에는 .90 또는 그 이상의 내적 신뢰도 계수를 가진 점수를 사용할 것을 권장한다. 만일 어떤 한 변인이 이 요구조건을 충족시키지 못한다면 연구에 그 변인을 포함시킬 것인지에 대해 고민해야 한다. 두 개의 변인이 신뢰할 만하게 상관을 이룰 수 있는 정도가 각 변인의 신뢰도에 의해 영향을 받기 때문에 이 문제는 특히 중요하다. 임상가는 이 기준을 충족시키지 못하는 측정도구를 사용하지 말아야 한다. 측정의 오차가 너무 크면 결과를 신뢰할 수 없기 때문이다. 임상가가 내리는 결정은 한 아동의 삶에 매우 중요한 영향을 미칠 수 있기 때문에 이 문제는 더욱 중요하다.

타당도

타당도는 경험적 증거와 이론이 관심 대상인 구성개념을 나타내는 점수의 해석을 지지하는 정도를 뜻한다. 적응유연성 연구자가 맡아야 할 첫 번째 책임은 평가하려고 의도하는 구성개념을 세밀하고 분명하게 정의 내리는 데 있다. 이 분야가 직면하고 있는 두 번째 난제는 적응유연성 연구가 가진 추론적 속성 때문에 적응유연성과 관련된 변인이나 적응유연성을 예측하는 변인 가운데 어떤 변인을 측정해야 하는지에 대한 결정이다. 세 번째는 보호요인과 위험요인의 예언타당도를 평가하는 데 있다. 이 영역에서 수행한 대부분의 연구는 이런 세 가지 이슈를 다양하게 검토해 왔다. 이 분야는 점차 역경에 직면하여 이룩하는 적응유연성의 예언변인을 확인하는 데 초점을 두고 있다.

적응유연성 측정도구의 타당도는 성취도 검사나 우울 측정도구의 타당도를 밝히는 것보다 훨씬 더 복잡하다. 지금까지 검토한 변인의 수가 상당히 많으며, 연구한 변인의 심리 측정적 양호도가 매우 비일관적이므로, 수많은 변인의 상대적 중요성에 관한 연구는 아직도 진행 중에 있다. 그렇기에 이 분야의 연구가 흥미진진하기는 해도 임상가가 이 분야의 연구를 응용할 때는 유의할 것을 권고하는 바다.

적응유연성 측정도구의 평가

임상 실제에서 적응유연성 관련 요인의 평가는 아직 초기 단계에 머물러 있다. 그래서 현장에서 쓸 수 있는 형식적인 표준화 측정도구가 부족한 실정이다. 심리학자가 현장과 연구에서 적응유연성 관련 요인을 평가하기 위해 여러 종류의 비형식적 측정도구를 사용해 왔다. 비록 여러 비형식적 비표준화 검사와 절차가 초기 접근으로서 가치를 지니지만, 그 측정도구의 유용성과 정당성을 최대한 인정받을 수 있도록 하는 대표적인 전국 표준화 표집에서 측정된 규준이 없을 뿐만 아니라 필요한 연구와 개발 기반도 부족하다. 어떤 척도든지 완벽하게 개발하려면 최고의 질과 유용성을 확보하기 위해 세밀하게 규정된 일련의 단계를 밟아야 한다.

적응유연성 관련 변인의 측정체계 개발은 검사 개발의 중요한 절차를 준수해야 하는 과제다. 예를 들면, Crocker와 Algina(1986), Nunnally와 Bernstein(1994), Thorndike(1982)는 수많은 방법과 이슈에 관해 풍부하게 기술하였다. 본질적으로 검사 개발의 전형적인 과정은 하나의 또는 여러 구성개념의 타당성을 인정받을 수 있는 방향으로 측정도구를 제작하는 일련의 단계다.

그 과정은 구성개념의 조작적 정의를 분명하게 내리는 것에서부터 시작된다. 이 말은 관심 대상인 변인을 평정척도든 관찰방법이든 수행검사든 어떤 방법에 의해서든지 평가할 수 있을 정도로 명백하게 정의해야 함을 의미한다. 이것은 적응유연성 영역에서는 감정의 동요, 사교성, 부적 정서성, 적응성, 자기 관련 사회인지와 같은 개념조차 명백하게 정의해야 함을 의미한다. 왜냐하면 명확한 정의가 없다면 신뢰성 있고 타당한 측정에 대한 희망을 갖기가 어려울 것이기 때문이다. 정의의 명확성은 문항 작성을 잘하기 위해서도 필수적이다. 적응유연성 분야가 계속 발전하는 과정 중에 있기 때문에 이 과제는 상당히 어렵다.

다음 단계는 구체화된 구성개념을 측정하기 위한 초기 문항 풀(pool)을 개발하고, 뒤이어 그 문항에 대한 예비 검증을 하는 일이다. 문항의 명료성과 점수 획득에 대한 일반적인 접근을 평가하기 위하여 예비 검사지를 만든다. 이러한 초기 단계에서는 여러 문항을 페이지에 제시하는 방식—글씨 크기, 지시문의 명료성, 검사지 양식에서 사용한 색상, 검사지에서의 문항 배치 등—을 고려한다. 이 시점에서는 신뢰도와 타당도에 대한 관심은 없다. 표집 크기가 작아서 신뢰도와 타당도에 관한 의문을 적절하게 검토할 수 없기 때문이다. 예비검사의 목표는 다음과 같이 매우 단순하다. 이 검사지 양식이 계획대로 잘 만들어졌는가? 검사 사용자가 무엇을 해야 하는지를 이해하는가? 검사 제작자가 제대로 하고 있는가?

그다음 단계에서는 문항의 심리 측정적 속성을 검토하고, 문항이 관심 대상인 구성개념에 상응하는지를 검토할 수 있을 정도의 큰 표집을 가지고 실험을 수행한다. 문항과 척도가 적절하게 조작화되어 왔다는 충분한 확신을 검사 개발자가 가질 때까지 이 단계를 여러 차례 반복한다. 수없이 반복할 때마다 다음과 같은 실험적 증거를 사용한다.

- 각 문항의 평균과 표준편차는?
- 동일한 구성개념을 측정하기 위해 제작된 여러 문항이 동일한 구성개념을 측정하기 위해 제작된 모든 문항에서 산출한 총점과 상관을 이루는가?
- 동일한 구성개념을 측정하기 위해 제작된 여러 문항이 다른 구성개념을 측정하기 위해 제작된 문항보다는 동일한 구성개념을 측정하기 위해 제작된 문항과 더 높은 상관을 이루는가?
- 각 구성개념을 측정하기 위해 구성된 문항의 내적 신뢰도는?
- 각 문항을 삭제하면 그 문항을 포함했던 척도의 일치도에 어떤 변화가 생기는가?
- 문항 집합이 이루는 요인 구조는 어떠한가? 요인 구조를 명료화하기 위해 어떻게 문항을 삭제할 수 있는가?
- 이 척도는 (여러 가지 방식으로 규정하는) 타당도를 가지고 있는가?

이 단계는 때때로 '시험(실험적 실시)' 단계로 간주되는데, 척도가 표준화를 위한 준비를 갖출 때까지 반복된다. 실제적인 자료 수집의 노력을 얼마나 기울여야 하는가는 원래 개념의 질적 수준, 초기 문항 풀의 질적 수준, 이런 문제를 검토하기 위해 사용한 표집의 질적 수준 그리고 발견된 결과에 좌우된다. 이 단계에서의 목표는 대규모 전국 표준화를 위한 준비로서 측정도구를 만드는 것이다. 표준화의 비용이 매우 많이 소요되기 때문에 이 단계에서 측정도구는 오류의 위험이 크게 감소될 정도로 충분히 높은 질적 수준에 도달해야 한다.

임상 장면에서 사용할 수 있는 측정도구 개발의 마지막 바로 전 단계에서는 최종 측정도구의 신뢰도와 타당도를 수립하기 위해 표준화와 자료 수집을 한다. 먼저 이 단계에서는 그 측정도구가 사용될 전체 집단을 대표하는 표집에게 측정도구를 실시하여, (1) 최종 문항 집합과 최종 하위척도를 결정하고, (2) 규준 값을 산출한다. 보통은 전국 대표 표집이 사용된다. 규준의 개발은 과학이기도 하고 예술이기도 하다. 이 과업은 여러 방법으로 성취된다(Crocker & Algina, 1986; Nunnally & Bernstein, 1994; Thorndike, 1982 참조). 이 단계에서 수행할 두 번째 과업은 신뢰도(내적 일치도, 검사-재검사 신뢰도, 평가자간 신뢰도, 평가자내 신뢰도)와 타당도(구인타당도, 예언타당도, 내용타당도)를 수립할 목적으로 자료를 수집하는 일이다. 둘 중에서는 물론 타당도가 평가하기에 더 어려운 심리 측정적 특징이다.

여러 유형의 타당도가 있으므로, 타당도는 한 번의 연구를 통해 완전하게 수립되지는 않는다. 교육·심리검사 표준(Standards for Educational and Psychologist Testing; AERA, APA, NCME, 1999)에 의하면, 타당도를 위한 증거는 "특정 용도를 위해 검사 점수를 의도적으로 해석하는 것을 기존의 증거와 이론이 지지하는 정도에 대한 일관성 있는 설명으로 다양한 종류의 증거를 통합한다."(p. 17) 이 책은 검사 개발자가 반드시 다루어야 하는 타당도 이슈와 관련된 24개 표준을 제시한다. 예를 들면, 다음의 증거를 제공해야 한다.

- 측정도구가 산출한 점수에 기초한 해석을 지지하는 증거
- 검사의 내적 구조에 관한 증거
- 한 검사 안의 여러 척도와 합산 점수의 조직에 관한 증거
- 측정도구가 산출하는 점수와 하나 또는 그 이상의 준거변인 간 관계에 관한 증거
- 측정도구를 광범위하게 다양한 집단에 사용할 수 있는지, 아니면 그런 점에서 부족한지에 관한 증거
- 측정도구가 의도된 대로 집단 간 차이를 구분한다는 증거

이 목록은 다루어야 할 필요가 있는 일부 이슈를 나타낸 것일 뿐, 검토해야 할 모든 이슈를 기술한 것이 아니다. 적응유연성 분야에서 특히 중요한 타당도 이슈가 있다. 예를 들면, 적응유연성 관련 변인이 어떤 측정 가능한 체계로 조작화될 수 있는가? 위험에 처해 있으나 성공적인 아동과 그렇지 못한 아동을 구별하는 데 그 측정도구가 얼마나 효과적인가? 적응유연성을 최대한 예언하기 위해 얼마나 많은 변인을 측정해야 하는가? 환경, 가족, 아동에 있는 보호요인과 관련된 여러 변인의 조합이 적응유연성을 예언하는 최상의 방법인가? 보호요인이 중대한 위험에 처한 아동의 결과만을 향상시키는가, 아니면 모든 아동의 결과를 향상시키는가? 아동의 보호요인을 열거한 포괄적 목록을 어떤 아동이 적응유연한지를 예언하는 소수의 주요 특징으로 환원할 수 있는가? 이런 질문에 대한 대답은 이 분야의 미래를 특징짓는 데 도움이 될 것이다.

도구의 개발이 완료되면 문서화라는 중요한 과업이 시작된다. 검사 제작자가 측정도구의 개발, 표준화, 신뢰도 및 타당도에 관하여 문서화하는 정도는 매우 다양하다. 일부 검사 매뉴얼은 위에서 언급한 정보를 별로 제시하지 않지만, 풍부한 정보를 제시하는 검사 매뉴얼도 있다. Bracken과 McCallum의 비언어성 지능검사(Universal Nonverbal Intelligence Test, 1997), 드브뢰 정신장애 척도(Devereux Scales of Mental Disorders; Naglieri & Das, 1997), 인지 평가 척도(Cognitive Assessment System; Naglieri & Das, 1997)와 같은 예를 검토하라. 이 척도의 제작자가 검사 개발의 단계뿐만 아니라 검사의 사용방법과 검사 점수의 해석방법에 관해 상세하고 포괄적으로 기술했기 때문이다.

그러나 측정도구의 개발과정은 그 도구의 개발, 표준화, 신뢰도, 타당도를 기술하는 매뉴얼의 작성으로 종료되는 것은 아니다. 그 도구의 사용자에게 검사 점수를 어떻게 해석해야 하는지를 알려 줄 책임이 제작자에게 있다(AERA, APA, NCME, 1999). 어떻게 검사 점수를 서로 비교해야 하는지, 그리고 (적절하다면) 다른 검사에서 얻은 점수와 어떻게 비교해야 하는지에 대해 설명해야 한다. 또한 제작자는 여러 점수를 비교할 때 유의도 검증에 필요한 값, 그리고 점수를 비교하는 절차를 검사 사용자에게 제시해야 한다. 위의 검사 매뉴얼은 제작자가 임상가에게 해석방법을 알려 주고 유의도를 위해 필요한 값을 제공한 우수한 예가 된다. 이로써 검사 사용자가 측정도구를 실시하며 산출한 점수를 제작자의 의도대로, 그리고 신뢰도와 타당도에 관해 축적된 증거에 일치하는 방식으로 해석할 수 있다.

앞서 간략하게 언급했던 방식으로 개발된 측정도구를 사용할 책임은 임상가에게 있다. 게다가 비표준화 접근방식은 피해야 한다. 이런 이유 때문에 우리는 뒤에서 적응유연성 관련 요인을 측정하는 표준화 척도만을 논할 것이다. 적응유연성 관련 요인을 평가하는 형식적 측정도구를 개발하려는 노력은 비교적 최근에 시작되었기 때문에 형식적 측정도구의 목록은 매우 짧다. 그러나 형식적 측정도구에 관한 논의를 통해서 우리가 이 영역에서 앞으로 더 많은 노력을 기울이게 될 것이라고 희망한다. 이에 드브뢰 재단이 개발한 2개의 표준화 척도인 드브뢰 유아기 평가(Devereux Early Childhood Assessment: DECA; LeBuffe & Naglieri, 1999)와 드브뢰 아동기 평가-임상척도(Devereux Childhood Assessment Clinical Form: DECA-C; LeBuffe & Naglieri, 2003)의 심리 측정적 특징을 논의할 것이다. 전자는 유아교육 프로그램 관리자와 교사가 사용하는 척도며, 후자는 유치원 아동을 대상으로 일하는 정신건강 전문가가 사용하는 척도다.

DECA

드브뢰 유아기 평가(DECA; LeBuffe & Naglieri, 1999)는 유아교육 프로그램 관리자, 교사, 유아 정신건강 및 유아 특수교사가 2~5세 아동의 적응유연성과 관련 보호요인을 평가할 때 사용하도록 개발된 전국 표준화 평정척도다. 이 평정척도는 행동문제의 간략한 평정도 포함한다. DECA의 주요 목표 가운데 하나는 적응유연성과 관련된 세 가지 영역(주도성, 자기통제력, 애착)에서 아동이 적절한 기술을 발달시켜 왔는지를 결정하는 데 있다. 이들 세 가지 아동 내적 보호요인은 강점에 기반을 둔 것인데, 여기서 비교적 낮은 점수를 받은 아동은 위험에 처해 있을 수 있다. 이런 위험에 처한 아동을 조기에 발견함으로써 미래의 위험과 역경에 성공적으로 적응할 가능성을 증가시키는 보호요인을 발달시킬 전략을 학교와 가정에서 시행할 수 있다.

DECA는 2~5세 아동이 지난 4주 동안에 특정 행동을 보인 빈도를 평가하는 행동 평정척도다. 가족 중 한 사람이나 육아 전문가 또는 교육 전문가가 37개 문항에 대한 대답을 작성한다. 각 문항은 0(전혀 아니다)에서 4(매우 자주 그렇다)에 이르는 척도 범위에서 채점된다.

DECA 문항은 2개 차원으로 조직화된다. 하나는 보호요인이고, 다른 하나는 행동문제다. 보호요인에는 주도성(11문항), 자기통제(8문항), 애착(8문항)이 포함된다. 행동문제에 대한 판별도구(10문항)는 문제 행동을 보이는 아동을 확인하는 데 도움이 된다. 주도성 척도 문항은 아동이 자신의 요구를 충족시키기 위해 독립적인 사고와 행동을 하는 정도를 평가한다. 자기통제 척도는 다양한 감정을 경험하고, 단어나 행동을 사용하여 적절하게 감정을 표현하는 능력을 평가한다. 그리고 애착 척도는 아동이 다른 아동이나 성인과 상호적이며 강력하고 장기적인 관계를 발전시켜 왔는지를 결정하는 데 도움이 된다. 이처럼 행동문제 척도는 아동이 보이는 다양한 문제 행동을 측정한다.

따라서 DECA에 포함된 문항은 다음의 다섯 가지 척도로 조직화된다. 즉, 주도성 척도, 자기통제 척도, 애착 척도, 행동문제 척도, 전체 보호요인 척도다. 전체 보호요인 척도의 점수는 행동문제를 제외한 다른 척도에 대한 응답의 합으로 산출된다. 아동이 각각의 척도에서 얻은 원점수의 합을 T점수로 변환하는데, T점수는 평균이 50이고 표준편차가 10인 점수다. T점수는 다양한 척도에서 얻은 점수의 직접 비교를 가능하게 한다.

DECA는 세밀하게 선정된 2~5세 아동 2,000명으로 구성된 전국 표집을 대상으로 표준화되었다. 매뉴얼에 풍부하게 기술되어 있지만, 척도의 신뢰도 추정치를 산출하기 위하여 그 표집이 사용되었다. 전체 보호요인 척도의 신뢰도는 부모용과 교사용에서 .93으로, 총합 점수의 신뢰도 최솟값으로 Bracken(1987)이 제안했던 .90보다 높다. 개별 척도에서 평정자간 신뢰도의 평균은 주도성에서 .87, 자기통제에서 .88, 애착에서 .81, 그리고 행동문제에서 .76이다. 행동문제를 제외한 나머지 하위척도의 신뢰도 계수는 Bracken(1987)이 하위척도의 신뢰도 기준으로 제안한 .80을 충족시킨다.

내적 신뢰도도 중요하지만, 동일한 평정자가 동일한 아동을 평정할 때(평정자내 신뢰도)와 상이한 평정자가 동일한 아동을 평정할 때(평정자간 신뢰도) 획득 점수의 유사성 또한 중요하다. DECA를 실시하여 산출한 점수는 DECA와 비슷한 다른 행동 평정척도에서 산출한 점수와 유사하다. 내적 신뢰도 계수는 평정자간 신뢰도 계수나 평정자내 신뢰도 계수보다 일관성 있게 높다. 평정자간 신뢰도 계수나 평정자내 신뢰도 계수는 상이한 환경에서 아동이 행동하는 상이한 방식이나 성인이 아동을 평가하는 방식에서의 차이를 반영한다. 상이한 정보 제공자가 평정한 결과의 낮은 상관은 모든 평정척도가 갖는 제한점이다(Achenbach, McConaughy, & Howell, 1987).

DECA의 타당도는 유아가 지닌 보호요인을 측정한 다른 점수와의 상관으로 결정되지 않았다. 왜냐하면 유아의 보호요인을 측정하는 다른 도구가 없기 때문이다. 그래서 사회적 · 정서적 건강에서 상이한 아동을 증명할 수 있을 정도로 타당한 방식으로 비교하여 타당도를 수립해야 했다. 이를 위해 두 집단의 아동을 비교했다. 한 집단은 정서행동 문제를 가진 아동으로 구성된 실험집단이고(N=95), 다른 한 집단은 보통 아동으로 구성된 통제집단이다(N=86).

DECA의 타당도를 검토한 결과는 [그림 8-1]과 같다. 정서행동 문제를 가진 아동은 주도성(*d*-ratio=.78), 자기통제(*d*-ratio=1.01), 애착(*d*-ratio=.47), 전체 보호요인(*d*-ratio=.89)에서 낮은 점수를 얻고 행동문제(*d*-ratio=1.08)에서 높은 점수를 얻어 덜 바람직한 결과를 보였다. *d*-ratio는 집단 간 차이를 표준편차로 표현하

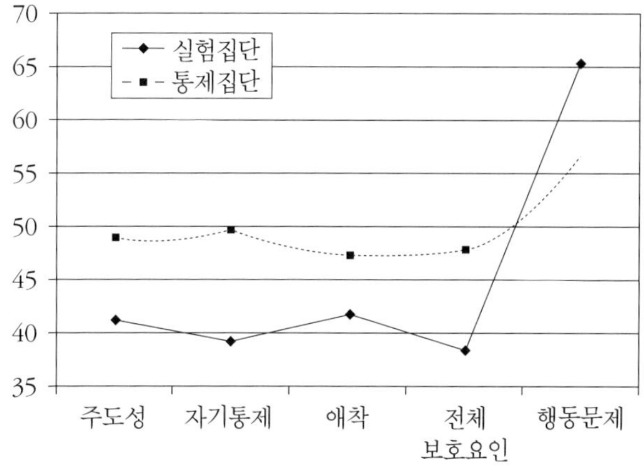

[그림 8-1] 정서행동 문제가 있는 아동과 없는 아동이 획득한 DECA 척도의 T점수 비교

여 산출한 것인데, Cohen(1988)은 작음(.2), 보통(.5), 큼(.8)으로 구분하였다. DECA 기술 매뉴얼(LeBuffe & Naglieri, 1999)에 제시된 결과를 보면, 정서행동 문제를 보이는 아동은 적절한 방식으로 행동하는 데 어려움을 가지고 있었으며, 적응유연성과 관련된 더욱 강력한 요인을 갖추어야 할 필요성을 반영하는 점수를 획득했다.

DECA-임상척도

드브뢰 유아기 평가-임상척도(DECA-C; LeBuffe & Naglieri, 2003)는 적응유연성 관련 요인을 평가하고 유아의 사회적, 정서적, 행동적 문제의 심각성을 평가하기 위해 개발된 임상적 평가도구다. DECA가 정신건강 증진 프로그램의 일환으로 모든 아동에게 사용할 목적으로 개발된 것이라면, DECA-C는 정서적 또는 행동적 문제의 징후를 보이는 아동에게 실시할 목적으로 개발되었다. 즉, DECA는 1차적 예방 프로그램에서 보편적으로 사용할 목적으로 개발되었고, DECA-C는 아동의 정서행동 건강문제를 평가하고 아동의 요구를 충족시키는 개입 계획을 설계하기 위하여 특정 아동을 표적으로 실시할 목적으로 개발되었다. 그러므로 DECA-C는 임상적 평가도구를 실시 · 해석하는 데 필요한 자질을 갖춘 전문가(예: 심리학자, 카운슬러, 임상훈련을 받은 사람)가 사용해야 한다.

DECA-C는 부분적으로는 DECA에서 출발했지만 DECA의 확대판이다. DECA

의 적응유연성 관련 척도 3개(주도성, 자기통제, 애착)를 포함하며, 행동문제의 평가는 이보다 더 확대되어 있다. 주의문제 척도는 7개 문항으로 구성되며, 집중의 어려움, 산만함, 충동성, 과잉행동성을 평가한다. 공격성 척도는 적대적이고 파괴적인 행동을 측정하기 위한 7개 문항으로 구성되어 있다. 정서통제 문제 척도는 부정적인 정서의 외적 표현을 조절하지 못하는 어려움을 평가하는 8개 문항으로 이루어져 있다. 위축/우울 척도는 사회적 위축과 관련된 행동, 상호작용의 결핍, 우울한 기분을 평가하는 9개 문항으로 구성된다. [그림 8-2]에서 볼 수 있듯이, 보호요인 척도 3개의 합산으로 전체 보호요인 척도 점수가 산출되듯이, 행동문제 척도 4개의 합산으로 전체 행동문제 점수를 산출한다.

이 척도의 제작자가 제안한 바에 의하면 보호요인과 행동문제를 모두 평가할 때 임상가는 적어도 다음의 세 가지 중요한 장점을 얻을 수 있다. 첫째, 아동을 긍정적 측면과 부정적 측면 모두에서 균형 있게 평가할 수 있다. 둘째, 차원 간 관계를 검토함으로써 각각의 차원 그리고 여러 차원이 함께 아동의 행동에 어떻게 영향을 미치는지를 더욱 완전하게 이해할 수 있다. 셋째, 긍정적 차원과 부정적 차원을 모두 포함함으로써 개입 계획을 위한 중요한 정보를 얻을 수 있다.

DECA-C는 DECA와 동일한 평정척도 양식을 사용하고 DECA와 동일한 표집에서 표준화되었다. 규준은 평균이 50이고 표준편차가 10인 T점수로 제작되었으

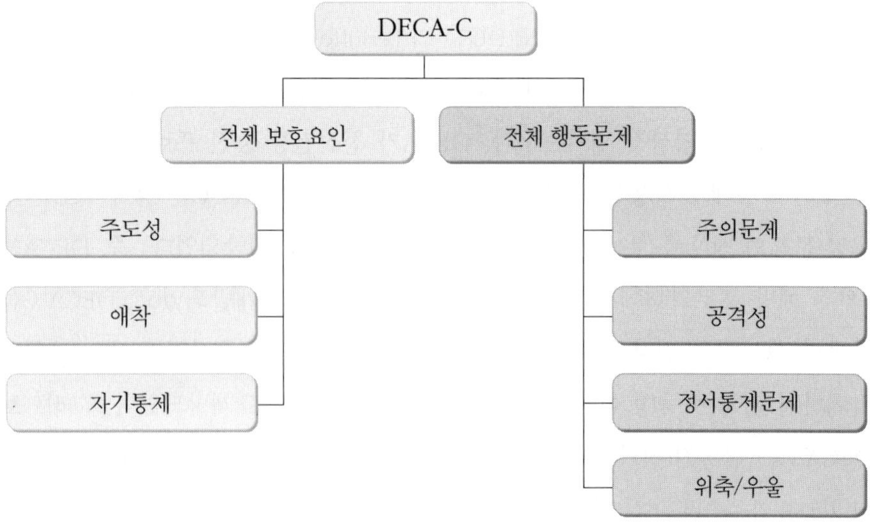

[그림 8-2] DECA-C의 구조

며, 내적 신뢰도 계수도 산출되었다. 보호요인의 신뢰도 계수는 이전에 보고한 것과 동일하다. 부모 평정자와 교사 평정자에서 얻은 자료에 대한 행동문제 척도의 내적 신뢰도 평균은 위축/우울에서 .73, 정서통제 문제에서 .83, 주의문제에서 .83, 공격성에서 .82, 전체 행동문제 척도에서 .91이다.

DECA-C의 타당도도 DECA와 같은 방식으로 연구되었다. 동일한 집단을 대상으로 했는데, 문제행동 척도 각각에서 문제를 가진 표집(N=95)과 일반 표집(N=86) 간 차이가 유의하고도 상당히 크다는 결과가 보고되었다. 이 두 집단은 대략 1/2 표준편차 또는 그 이상의 차이를 나타냈다(.42~1.12 *d*-ratio). 전체 보호요인 척도에서 *d*-ratio는 .88이고, 전체 행동문제 척도에서 *d*-ratio는 1.12였다. 이는 두 차원이 정서행동 문제를 가진 아동집단과 보통 아동으로 구성된 비교집단을 잘 변별한다는 것을 보여 준다(더 상세한 내용은 LeBuffe & Naglieri, 2003을 참조).

또한 주의를 요할 정도로 극단적인 점수를 받은 사람의 비율을 결정하기 위하여 규준집단(N=1,107)과 임상집단(N=123) 간 차이를 검토하여 DECA-C의 타당도를 평가했다. 보호요인 척도에서는 T점수 40 미만(보호요인이 별로 없는 것을 의미), 행동문제 척도에서는 T점수 60 이상(행동문제를 많이 가진 것을 의미)이 해당된다. 각 아동의 점수는 LeBuffe와 Naglieri(2003)가 정한 기준을 만족시키는 개별 척도 T점수가 몇개나 되는지에 기초하여 범주화되었다. 이렇게 중요한 연구의 결과는 [그림 8-3]과 같다.

이 연구 결과에 의하면 정서행동 문제를 가진 아동은 DECA-C 규준집단에 비해 행동문제의 징후를 더 많이 보이고 보호요인의 징후를 더 적게 보였다. 구체적으로 임상집단의 75%는 여러 행동문제 척도에서 T점수 60을 초과하는 점수를 얻었다. 또한 임상집단의 대략 30%는 행동문제 척도 4개 모두에서 높은 점수를 얻었다. 한편 임상집단의 대략 70%는 관심을 가지고 살펴봐야 할 정도로 보호요인 척도에서 낮은 점수를 얻었다. 이러한 자료는 정서행동 문제를 가진 아동이 DECA-C의 보호요인 척도가 측정하는 요구와 행동문제 척도가 측정하는 문제를 가지고 있다는 것을 보여 준다.

또한 DECA-C의 타당도는 다른 연구에서도 평가되었는데, 이것은 LeBuffe와 Naglieri(2003)의 매뉴얼에 보고되어 있다. 예를 들면, DECA-C를 소수민족 아동에게 사용하는 것이 적절한지를 평가하기 위해 스페인계 아동집단과 스페인계가

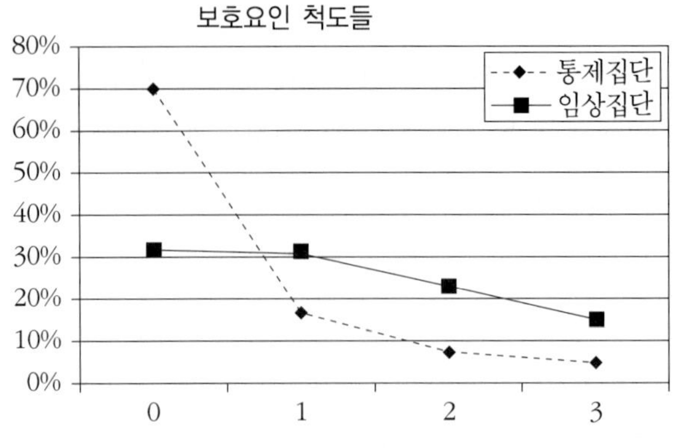

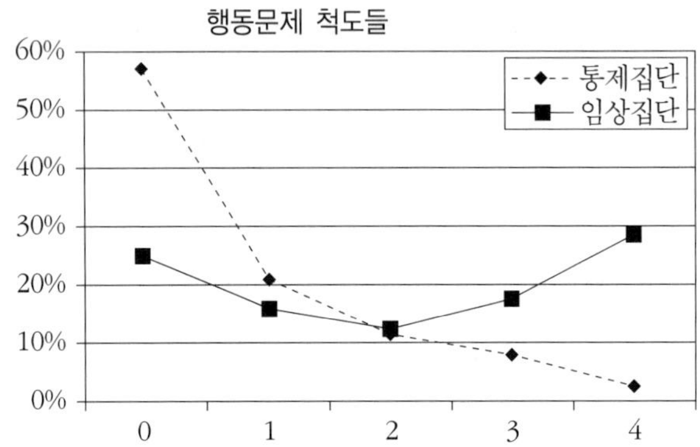

[그림 8-3] 보호요인 척도와 행동문제 척도에서 정상 범위를 벗어나는 척도 수별 아동의 비율

아닌 아동집단을 비교했고, 아프리카계 미국 아동집단과 백인 미국 아동집단의 평균척도 점수를 비교했다. 그 결과, 아프리카계 미국인과 백인 미국인의 비교에서는 *d*-ratio가 .15였으며, 스페인계와 비스페인계의 비교에서는 *d*-ratio가 .23이었다(LeBuffe & Naglieri, 2003). DECA-C 매뉴얼에 제시된 이 연구는 한 아동을 더욱 완전하게 평가하려면 행동문제뿐만 아니라 보호요인도 측정해야 한다는 견해를 지지한다.

DECA와 DECA-C는 행동문제를 측정하는 여러 전통적인 도구와 더불어 적응유연성과 관련된 변인을 측정하는 형식적인 표준화 도구를 제공하려는 노력의 일환으로 제작된 것이다. 그렇기에 두 척도가 적응유연성 연구의 선두에 있는 것이다. DECA와 DECA-C는 새롭기 때문에 우리가 평가해야 할 매우 중요한 요인에 대해 더 많이 연구하고 더 상세한 논의를 할 기회를 상당히 많이 제공한다. 연구자는 강력한 보호요인이 정서행동 문제의 출현율을 감소시키는 정도를 결정하기 위해 보호요인과 행동문제의 상호작용을 연구해야 한다. 이에 더하여 이전에 연구 장면에서 사용했던 보호요인 가운데 특정 보호요인이 다른 보호요인보다 상대적으로 유용한 정도를 결정해야 한다. 이처럼 흥미진진하고도 새로운 연구 영역에는 이 연구문제뿐만 아니라 수많은 다른 연구문제가 남아 있으므로 그 대답을 찾아야 한다.

결론

심리학적 개념과 그것을 정의하는 구성개념을 개념화하는 일은 여러 세대를 거쳐 왔다. 일단 아이디어가 제안되면, 특히 그 아이디어를 실제적인 방법으로 조작한다면, 연구자가 그 개념의 궁극적인 가치와 유용성을 적절하게 결정하기 이전에라도 그 아이디어는 널리 사용될 수 있다. 가장 좋은 예 중 하나는 지능이다. 지능개념은 1800년대 말과 1900년대 초에 처음 제안된 이래 별로 바뀌지 않았다. 마찬가지로 초기의 개념화는 그 분야에 중요한 영향을 미치기 때문에 적응유연성의 개념과 적응유연성을 가능하게 하는 요인을 옹호하는 사람은 초기의 개념화가 갖는 역량에 유념해야 한다. 물론 어떤 심리학적 구성개념이든 그것에 관한 연구에서 가장 중요한 최초의 과제는 분명하고도 조작적인 정의를 내리는 일이다.

적응유연성 개념 정의에 대해 점점 더 합의를 이루어 가고 있기는 하지만 아직 보편적으로 받아들이고 있는 개념 정의는 없다. 왜냐하면 적응유연성은 수많은 다른 요인과 관련된 결과이기 때문이다. 그러므로 적응유연성의 개념 정의는 적응유연성을 기술하고 측정하기 위해 사용한 여러 요인과 밀접하게 연관되어 있다. 적응유연성에 영향을 미치는 요인의 목록은 매우 길고, 아동의 특징(심리적, 신체적), 가까운 환경, 확대된 환경, 지역사회 환경을 포함하여 매우 다양하다. 어떻게 여러 변인을 조합하는 것이 적응유연성을 가장 잘 예언할지에 대한 결정과 여러 변인의 복잡한 상호작용은 아직 연구 중에 있다.

연구자는 다음과 같은 질문에 대하여 합의를 보아야 한다. 적응유연성은 하나의 아이디어인가, 하나의 개념인가, 하나의 이론인가, 하나의 과정인가? 왜 적응유연성은 IQ와 같은 요인과 강력한 관계를 이루는가? 적응유연성은 적절한 지적 능력에 좌우되는가? 종단연구 설계가 필요하기에 이런 질문은 더 복잡해진다. 현재 몇 가지 질문은 좀 더 검토해야 한다. 이것은 연구하기에 쉬운 주제가 아니며,

그만큼 임상 장면에 적용하기에도 어려운 개념이다.

연구 결과를 임상 실제로 변환하는 것은 항상 까다로운 일이다. 특히 적응유연성 개념에 관해서는 더욱 그렇다. 적응유연성 개념을 임상 장면에 응용하기에 앞서 적응유연성 요인을 정의하고 측정하는 변인을 결정하는 데 대한 더 많은 합의가 이루어져야 한다. 아동의 특징을 측정하는 것으로 충분한가? 그렇다면 아동의 어떤 측면(정서, 인지, 신체)을 측정해야 하는가? 아동 내적 특징과 더불어 환경(중요한 사람의 존재, 지역사회 지원, 사회경제적 수준 등등)에 관한 정보는 어떤 아동이 위험요인에 대하여 적응유연할 확률을 증가시키는가? 어떤 보호요인(특히 아동 내 보호요인)이 강화될 수 있는가, 그리고 어떻게 강화될 수 있는가? (이 문제는 가장 중요하다.)

임상가는 적응유연성 개념을 응용할 때 주의를 기울어야 하며, 개념의 응용을 제한하는 심리 측정적 이슈를 특히 명심해야 한다. 선택할 수 있는 대안이 주어진다면, 저자가 심리 측정적 특징에 대해 문서화한 제한된 범위 내에서 측정도구를 사용할 것을 제안하는 바다. 표준화된 방법은 분명히 장점을 가지고 있지만 제한점도 있다. 예를 들면, DECA와 DECA-C는 둘 다 아동 내적 특징만을 측정한다. 추가적인 변인을 아는 것이 적응유연성의 예언을 어느 정도나 향상시킬 것인지에 대해서는 아직 알려져 있지 않다. 임상가는 표준화되지 않고 검증되지 않은 여러 방법을 매우 주의 깊게 검토해야 한다. 신뢰도와 같은 심리 측정적 이슈가 점수의 변산에 상당히 많은 영향을 미치기 때문이다. 이 문제는 다시 결과의 해석에 극단적인 영향을 끼칠 수 있다. 잘 개발되고 심리 측정적 측면에서 양호한 평가도구를 사용할 때, 이런 수많은 중요한 질문에 대해 대답할 가능성이 크게 증가할 것이다.

주

이 장은 부분적으로 미국 교육부 R215K010121의 연구 지원을 받아 수행되었다.
교신 저자: Jack A. Naglieri, Ph.D. Director Center for Cognitive Development, George Mason University, Department of Psychology, MS# 2C6. E-mail: naglieri@gmu.edu

참고문헌 REFERENCES

Achenbach, T. M., McConaughy, S. H., & Howell, C. T. (1987). Child/adolescent behavioral and emotional problems: Implications of cross-informant correlations for situational specificity. *Psychological Bulletin, 101,* 213-232.

American Educational Research, American Psychological Association, National Council on Measurement in Education. (1999). *Standards for educational and psychological testing.* Washington, DC: Author.

Bracken, B. A., & McCallum, R. S. (1997). *Universal Nonverbal Intelligence Test.* Itasca, IL: Riverside.

Chandler, L. A. (1981). *The source of stress inventory. Psychology in the Schools, 18*(2), 164-168.

Cohen, J. (1988). *Statistical power analysis in the behavioral sciences* (2nd ed.). Hillsdale, NJ: Erlbaum.

Crocker, L., & Algina, J. (1986). *Introduction to classical and modern test theory.* New York: Hold, Rinehart & Winston.

Kanner, A. D., Coyne, J. C., Schaefer, C., & Lazarus, R. S. (1981). Comparison of two modes of stress management: Daily hassles and uplifts versus life events. *Journal of Behavioral Medicine, 4*(1), 1-37.

LeBuffe, P. A., & Naglieri, J. A. (2002a). *Devereux Early Childhood Assessment.* Lewisville, NC: Kaplan.

LeBuffe, P. A., & Naglieri, J. A. (2002b). *Devereux Early Childhood Assessment Technical Manual.* Lewisville, NC: Kaplan.

LeBuffe, P. A., & Naglieri, J. A. (2002a). *Devereux Early Childhood Assessment.* Lewisville, NC: Kaplan.

LeBuffe, P. A., & Naglieri, J. A. (2003). *Devereux Early Childhood Assessment-Clinical Form.* Lewisville, NC: Kaplan.

Masten, A. S. (2001). Ordinary magic: Resilience processes in development. *American Psychologist, 56,* 227-238.

Masten, A., & Garmezy, N. (1985). Risk, vulnerability, and protective factors in developmental psychopathology. In B. Lahey & A. Kazdin (Eds.), *Advances in clinical child psychology.* New York: Plenum.

Naglieri, J. A., LeBuffe, P. A., & Pfeiffer, S. I. (1994). *Devereux Scales of Mental Disorders.* San Antonio: Psychological Corporation.

Naglieri, J. A., & Das, J. P. (1997). *Cognitive Assessment System Interpretive Handbook.* Itasca: Riverside.

Naglieri, J. A., & Das, J. P. (2002). Practical implications of general intelligence and PASS cognitive processes. In R. J. Sternberg & E. L. Grigorenko (Eds.), T*he general factor of intelligence: How general is it?* (pp. 855-884). New York: Erlbaum.

Nunnally, J. C., & Bernstein, I. H. (1994). *Psychometric theory*. New York: McGraw-Hill.

Thorndike, R. L. (1982). *Applied psychometric*. Boston: Houghton-Mifflin.

Work, W. C., Cowen, E. L., Parker, G. R., & Wyman, P. A. (1990). Stress resilient children in an urban setting. *Journal of Primary Prevention, 11*(1), 3-17.

제2부 환경적 이슈

제9장

아동기와 청소년기의 빈곤

역경과 발달 위기의 맥락에서 적응유연성 이해와 증진을 위한 교류-생태학적 접근

Robert D. Felner

미국 아동 가운데 만성적인 **빈곤**과 사회적으로 불리한 상황에서 성장하는 아동의 수는 가히 유행병이 확산하는 속도로 증가하는 비극과 같다. 현재 18세 이하 아동 5명 가운데 대략 1명꼴로 빈곤 속에서 살고 있다(U. S. Bureau of the Census, 2003). 더구나 전체 수가 2001년에서 2002년 사이에 40만 명쯤 증가했고, 빈곤 기준 이하에 해당하는 아동과 청소년이 이제 1,200만 명을 넘어섰다. 미국 인구 조사에서는 가족의 수입이 빈곤 수입 수준의 1.25배보다 적은 사람으로 차상위 빈곤층을 계산하는데, 18세 이하의 미국 아동 가운데 매일 심각한 경제적 고통을 경험하는 비율이 전체 아동 · 청소년 수의 1/4(22.3%)에 육박하고 있다. 소수민족 아동의 빈곤율은 더 높아서 스페인계와 아프리카계 미국 아동의 대략 30%가 경제적 문제가 심각한 수준에 해당된다(U. S. Bureau of the Census, 2003). 빈곤 및 다른 형태의 사회경제적 불리함이 미치는 효과에 관한 다수의 연구는 이러한 조건이 아동 · 청소년의 정서, 신체, 인지 발달에 미치는 파괴적인 영향을 강조한다(Mrazek & Haggarty, 1994; Felner et al., 1991; Felner, Silverman, & Adan, 1992 참조). Schorr(1988)는 이러한 결과를 요약하여 다음과 같은 결론을 내렸다.

> 빈곤은 모든 사람에게 가장 큰 위험요인이다. 가족의 빈곤은 학령기 미성년자가 출산을 하거나, 학교를 중퇴하거나, 폭력 범죄를 일으키는 것과 상관을 이룬다. 부정적인 결과를 가져오는 모든 다른 위험요인 또한 빈곤한 아동집단에서 더 많이 발견된다(p. xxii).

Schorr가 빈곤에 처한 아동의 예후를 변화시키기 위하여 이런 말을 했지만 그 이후에 바뀐 것은 별로 없다. 실로 사회의 변화 때문에 빈곤과 관련된 수많은 조건(예, 학교 실패)이 또 다른 복잡한 합병증 문제를 초래할 가능성은 어떤 역사적 시기보다 더 높다.

다른 장에서도 언급했듯이, 빈곤한 아동과 청소년을 포함하여 모든 아동과 청소년이 유전과 환경에서 발생하는 모든 스트레스원과 도전적인 문제에 더 잘 버텨 낼 수 있게 하는 특유의 유능성과 특유의 지원(예, 부모의 양육기술)을 증진시키는 접근(4장의 Deater-Deckard 참조)에 대해 광범위하게 논의할 것이다. 필요한 것은 다시 언급하겠지만, 똑같은 것을 상세하게 총망라하는 것은 이 장의 의도가 아니고 또 이 장의 범위를 벗어난다. 이 장에서는 빈곤이 아동과 청소년의 발달과정에 영향을 미치는 경로를 완전하게 이해하기 위한 틀, 그리고 빈곤이 우리 어린 세대에게 요구하는 지속적인 희생을 경감시키는 데 효과적인 정책과 개입 설계의 가능성을 보여 주는 틀을 제시하려고 한다. 이 장에서 제시하려는 것은 빈곤한 삶과 관련된 발달적으로 유해한 수많은 조건에도 불구하고 아동과 청소년이 탄력적으로 회복하는 데 대한 더욱 광범위하고 종합적인 접근이다. 이 장의 내용이 서양 이외의 다른 국가에서 빈곤의 영향을 고려하는 데 유용한 기여를 할지라도 그 초점과 제언은 지역마다 매우 다를 것이다. 비록 **교류-생태학적**(transactional-ecological) 조망이 살아 있는 모든 유기체의 기본적인 발달과정에 일반화되고, 그렇기에 어느 정도는 유용성을 가질지는 몰라도 지역적 차이는 있을 것이다.

빈곤은 지금까지 집필된 많은 논문과 저서에서 다루어진 광범위한 주제이기에, 빈곤에 관해 논의하기 위해 이 장에서 어떤 것에 주목해야 할지를 고려하기보다는 주목해야 할 필요가 없는 것을 목록으로 만드는 일이 아마도 더 쉬울 것 같다. 비록 빈곤과 관련된 모든 해악을 상세하게 열거하는 장이 불필요하며, 실무를 유도하는 데 별로 유용하지 않은 장이 불필요하더라도 그렇다. 실제로 수백 개의 정부기관 보고서와 공공 및 사설 부서의 보고서가 아동, 청소년, 가족 및 기타 대상에 주는 빈곤의 피해와 영향을 열거하고 있다. 이 장은 그런 것을 하지 않을 것이다. 마찬가지로 빈곤의 정의도 제시하지 않을 것이다. 빈곤의 정의는 경제학자에게 일임하려 한다. 대신 이 장에서는 만성적으로 불리한 상황이 직접적으로 그리고 다른 사회기관을 통해서 아동과 청소년의 발달과정에 부정적 영향을 미치는 방식에 주목하려고 한다. 뿐만 아니라 불리한 상황이 전체 집단에 미치는 영향을 감소시킬 수 있는 방법에 대한 일반적 이해와 특수한 예를 제공하는 데 초점을 두고자 한다.

빈곤 경험의 정의와 이해에 대한 매개 효과 접근

인간 발달에 대한 교류적 조망(transactional perspective; Felner & Felner, 1989; Sameroff & Fiese, 1989)과 생태학적 조망(ecological perspective; Bronfenbrenner, 1979)을 통합한 교류-생태학적 조망(transactional-ecological perspective; Felner, Felner, & Silverman, 2002)은 빈곤과 같은 조건과 사회적 · 경제적 역경(예, 부모의 교육적 성취, 부모의 직업적 성취)이 적응의 결과에 어떤 방식으로 영향을 미치는지를 이해하는 데 중요한 이론적 틀을 제공한다. 여기서 빈곤이나 사회경제적 역경을 아동과 청소년 발달의 생태학에서 다루는 개념적으로 별개의 측면과 구분 짓는 것이 중요하다(Bronfenbrenner, 1979; McLoyd, 1990, 1998). 이러한 견해를 상세히 설명하면서 Felner, Silverman과 Felner(2000)는 사회 구조적 스트레스, 주요 생활사건, 그리고 이들이 발생하는 관련 조건(앞에서 언급한 불리한 조건)을 **원거리**(distal) 조건으로 간주했다. 왜냐하면 이들 조건은 그것을 발생시키는 생활 실정과 요구를 직접 기술하지도 않고 그것에 필요한 적응적 과정을 직접 기술하지도 않기 때문이다. 즉, 모든 아동과 청소년이 빈곤을 경험할 최소한의 가능성을 증가시키는 몇몇 조건이 있을지라도 '빈곤'에 대해 이야기하는 데는 오해의 여지가 있다.

예를 들어, 종종 가족의 수입 '척도'에 따라서 빈곤을 정의하는 경제적 정의에 의하면, 일차적 가족 부양자의 교육 수준은 높지만 자녀가 여럿인 신임 교사는 '빈곤 수준에 있거나' 또는 적어도 '차상위' 기준에 해당될 수 있다. 유사하게 부모가 아주 젊거나 교육을 별로 받지 못했거나 다른 자원을 별로 가지고 있지 못하지만 대략 같은 수입을 버는 가족의 아동 · 청소년 자녀도 빈곤집단에 속할지도 모른다.

또한 똑같은 수준의 수입을 버는 가족은 아동이 경험하는 발달적 맥락이 상당히 다를 수 있는 극적으로 상이한 지역사회 안에서 생활할 수도 있다. Kozol(1992)과 다른 연구자들은 빈곤과 사회적 역경이 만연한 이웃과 지역사회에 사는 학생을 위한 교육 장면에 있을 수 있는 '가차 없는 불평등(savage inequalities)' 에 관해 논하였다. 지역사회 생태의 그다음 수준에서 Wilson(1987, 1996)은 실업 수준이 높거나 조밀하거나 밀집된, 즉 역경의 수준이 높은 이웃이 가족의 빈곤에 끼치는 효과를 악화시키거나 확대하는 발달적 맥락이 되는 방식을 제시하였다. 그런 이웃은 종종 기준 이하의 주거 공간을 가지고 있는데, 그런 주거 공간에서는 납이나 기타 독성 수준이 높고, 범죄와 약물남용 및 폭력의 수준이 유의하게 높고, 질적 수준이 높은 방과 후 프로그램이나 보육시설이 별로 없고, 청소년이 꿈과 포부를 갖게 할 긍정적인 모델이나 기회가 부족하다. Wilson(1987, 1996)의 연구와 인구 센서스 보고에 의하면 빈곤 또는 차상위 빈곤은 종종 1년 미만 동안 지속되는 일시적인 경험임이 분명하다. 그러나 다른 연구자에 의하면, 빈곤은 계속 진행 중이며, 전반적이고, 출생 이전부터 성숙기에 이르는 오랜 또는 모든 발달시기에 특징적이다. Sameroff와 그 동료(Sameroff & Chandler, 1975; Sameroff & Fiese, 1989)의 업적을 통해 여러 위험조건에 추가적으로 노출될 때 그 영향력이 단순히 가법적이지 않고, 발달적 어려움이 발생할 확률이 사실상 기하급수적으로 증가한다는 것을 분명히 알 수 있다. 그러므로 빈곤에도 불구하고 이루는 적응유연성에 관한 논의를 하려면 빈곤에 내재되어 있는 가변적인 본질을 완전히 이해할 수 있게 하는 이론적 틀, 그리고 빈곤에 관련되는 매우 상이한 맥락과 조건 안에서 적응유연성에 영향을 미치는 행동을 유도할 수 있는 이론적 틀을 갖추어야 한다.

이러한 조망에 의하면 더욱 **근접한** 개인-환경 상호교류와 발달적 상황이 바로 아동 · 청소년의 빈곤 경험을 규정한다고 볼 수 있다. 이러한 즉각적이며 일상적인 경험이 아동 · 청소년의 적응과 발달적 도전을 가장 직접적으로 조성한다(Felner, Farber, & Primavera, 1980, 1983). 우리는 "어렸을 때 가난했지만 그때는 가난을 몰랐다. 항상 음식이 있었고, 같은 집에서 살았고(주거의 안정성), 놀 수 있는 안전한 장소가 있었고, 깨끗한 의복이 있었다."라고 말하는 사람을 알고 있다. 그러나 빈곤하게 성장한 다른 사람에게 발달적 맥락은 훨씬 더 가혹하다.

이러한 견해는 몇 가지 중요한 시사점을 던진다. 첫째, 적어도 부분적으로는 사회적 · 경제적으로 불리한 여러 조건이 청소년의 삶을 특징짓는 비교적 더 근접한 환경 조건과 경험에 영향을 미쳐서 결국 적응적 결과에까지 영향을 미칠 수 있다. 이 견해는 사회경제적 불리함의 조건이 근접한 환경적 경험에 영향을 미치고, 바로 그러한 근접한 경험이 이제는 아동 · 청소년의 적응에 영향을 미친다고 가정하는 개념 모형을 시사한다. 또한 이 모형은 사회경제적 불리함의 조건이 적응에 미치는 직접 효과의 가능성도 인정한다.

둘째, 보다 근접한 발달적 맥락(예, 학교, 이웃, 가족) 자체가 보호적일 뿐만 아니라 아동 · 청소년의 개인적 유능성을 더욱 촉진시켜 긍정적 결과를 이룰 가능성을 증가시키는 '보상 효과(compensatory effects)' 를 생성할 수 있다는 것이다(Felner et al., 1995). 여기에서 우리는 '군집을 이루는 허약한 결과' 를 보충할 기회가 있다는 것을 알게 된다. 즉, 발달을 향상시키는 보상적 장면을 제공하면 '맥락의 보호적 속성과 거주민의 개인적 강점 모두를 증진시키는 상호교류를 통해 상보적인 방식으로 강점이 강화될지도 모른다.'

기존의 수많은 연구자는 위의 모형에서 가설로 설정했던 생태적-매개적 연결과 일관성 있게 다음의 관계가 존재한다고 주장했다. (1) 가정의 사회경제적 역경 지표와 아동 · 청소년이 일차적 발달 맥락(부모-자녀 갈등의 증가, 가족 분열 수준의 증가, 학교에서 부정적 경험의 증가, 급성적 또는 만성적 스트레스원에 노출되는 정도의 증가 등)에서 겪는 비교적 근접한 경험의 관계(Garmezy, 1983; Mash & Dozois, 2003; McLoyd, 1998; Sameroff & Fiese, 1989; Sameroff, Seifer, Barocas, Zax, & Greenspan, 1987), (2) 이같이 수많은 영역에서 얻는 근접한 환경적 경험의 지표와 아동 · 청소년 적응의 다양한 측면(자기존중감 수준, 우울과 불안에 관련된 증상, 가정과 학교 맥락에서 발생하는 행동문제, 학업성취 등)의 관계(Cicchetti, Rappaport, Sandler, & Weissberg, 2000; DuBois, Felner, Brand, Adan, & Evans, 1992; Felner, Aber, Cauce, & Primavera, 1985; Mash & Dozios, 2003; Nolen-Hoeksoema, Girgus, & Seligman, 1992; Rowlison & Felner, 1988)가 그것이다.

세 가지 변인 간 관계의 양상을 검토한 소수의 연구에서 얻은 결과는 원거리와 근거리 적응의 **매개 경로**를 지지한다(McLoyd, 1990 참조). 예를 들면, 아프리카계 미국인 가족과 아동이 겪는 경제적 고충의 효과를 검토한 McLoyd는 빈곤이 근거리 맥락조건(예, 부모의 심리적 기능, 가족 상호작용 양상에서 나타나는 고통 수준)에 영향을 미치고, 근거리 맥락조건을 매개로 빈곤한 가정에 사는 아동의 사회정서적 기능에 영향을 준다는 가설을 지지할 수 있다고 결론 내렸다. 매개된 경로에 관한 조망에서 비교적 원거리 환경요인과 주요한 근거리 조건이 공유하는 변산을 제거한 후에는 원거리 환경요인의 측정치가 적응 결과와 더 이상 유의한 관계를 이루지 않는다는 결과에 특히 주목해야 한다. 예를 들면, 품행문제에 관한 문헌에서는 오랫동안 여러 연구자(Hinshaw & Lee, 2003; Rutter, 1979)가 적어도 몇몇 연구에서 사회계층의 차이와 관련된 가족불화와 가족혼돈의 측정치를 통제한 후에는 사회계층과 품행문제의 상관이 더 이상 나타나지 않거나 많이 감소했다고 보고하였다.

이와 같은 연구에서는 사회경제적 역경의 상대적 수준을 평가하는 방식이 어떤 결과이든지 이해하고 해석하는 데 결정적으로 중요하다. 비록 이것이 명백한 이슈처럼 보이지만, 선행 연구를 살펴보면 그다지 분명하고 간단하지만은 않다(Allen & Mitchell, 1998; Institute for Research on Poverty, 1992; Ruggles, 1992; Wilson, 1996). 사회경제적 역경에 관한 연구에서 결정적인 변수는 종종 비일관적이고, 명료하지 않거나 혹은 가장 부주의한 관찰자조차 동의할 만큼 광범위한 스펙트럼을 채택하고 있다(Featherman, Spenner, & Tsunematsu, 1988; Proctor & Dalaker, 2003 참조). 요즘 연구에서는 사회경제적 지위의 단일 지표(예, 교육적 역경)를 생성하기 위하여 역경의 여러 경제적 형태를 경제적 상황과 동시 발생하거나 자주 결합되는 형태와 구분하는 데 특히 관심을 갖는다. 사회경제적 지위의 단일 지표를 생성하기 위하여 다양한 형태의 역경을 결합해 버리면 다양한 형태의 역경과 아동·청소년의 적응 간에 존재할 수 있는 상이한 관계가 뒤섞일 수 있다. Hollingshead (1975)는 이런 견해와 일관되게 사회경제적 지위 수준을 평가하기 위한 그 자신의 고전적 척도를 개정하면서, 사회경제적 역경의 직업적 차원과 교육적 차원을 구분 짓는 데 관심을 기울여야 한다고 강력히 주장했다.

이와 관련하여 유리한 상황과 불리한 상황의 상대적 수준을 규정하는 방법도 언급해야 한다. 이와 관련하여 각 유형의 역경을 양적인 형태(즉, 연속선)와 질적인 형태(즉, 별개의 수준)로 평가할 때 사회경제적 역경과 적응 간 관계의 본질, 관계의 크기, 관계의 양상이 어느 정도나 서로 다르게 이해될 수 있는지의 문제에 더 큰 관심을 기울여야 한다. 대부분의 선행 연구에서 사회경제적 지위를 나타내는 지표는 보통 등간척도나 연속선으로 표현된다. 이는 사회경제적 지위의 지표상에 인접한 척도 점수 간 거리가 동일하다는 것을 암묵적으로 가정한다. 결과적으로 사회경제적 지위 수준에서 서로 다를 때 적응의 정도도 질적으로 다르거나 양적으로 차이가 나는 것은 사회경제적 역경과 적응의 관계를 이해하는 데 중요하다. 그렇지만 연구에서는 그것이 대부분 무시되어 왔다. 예를 들면, 사회경제적 지위의 일부 지표상에서 중류층과 상류층을 구분하는 척도 점수 간 거리 또는 척도 점의 수는 중류층과 매우 열악한 계층 간 거리와 대략 동일하다(예, Holligshead, 1975의 '9점 직업지위 척도' 참조). 비록 이것이 사실일 수도 있지만, 위험과 관련된 스트레스원에 더 많이 노출된다면 상위 2개의 척도 점수 간 거리보다 빈곤층과 중류층 간 거리가 훨씬 더 클지도 모른다.

Felner 등(1995)은 앞에서 언급한 이슈를 다루고, 매개 경로의 세 가지 측면(예, 가족 역경, 근거리 환경조건, 아동 · 청소년 적응)을 동시에 조사하는 가장 포괄적인 연구를 수행하였다. 경제적 또는 사회적으로 열악한 가정의 청소년 가운데 가족 내 성인이 저임금, 미숙련 직업에 종사하는 경우는 반숙련 또는 숙련/전문직에 종사하는 경우에 비해 저조한 학교 수행과 성취를 보였다. 더구나 가족의 수입 수준과 무관하게 부모가 모두 고등학교를 졸업하지 못한 청소년은 부모가 모두 고등교육을 받은 청소년보다 사회정서적 및 학업적 적응에서 유의하게 저조했다. 더 불리한 가정에서 살고 있는 청소년은 가족 및 학교 맥락과 관련된 근거리 환경조건에서도 더 부정적인 경험을 보고하였고, 스트레스성 생활사건도 더 많이 겪었다. 일단 역경과 근거리 환경조건의 관계를 고려하면 역경은 더 이상 적응의 지표와 유의한 관계를 이루지 못하는 반면, 가족 관련 역경과 공유하는 변량에 관계없이 근거리 환경 경험은 청소년의 적응을 유의하게 예언하였다. 이러한 결과는 사회경제적 역경과 적응 수준 간 관계의 양상을 이해하는 데 생태학적-매개적 조망을 중시하는 견해에서는 가장 중대한 발견이다.

이런 결과에서 가장 흥미로운 점 가운데 하나는 경제적 및 교육적 형태의 역경이 적응의 지표와 맺는 관계의 양상과 역경이 근거리 환경 경험의 지표와 맺는 관계의 양상이 다소 다르다는 것이다. 더욱 심각한 경제적 고난에 처해 있는 가족의 청소년은 문제성 있는 양육을 더 많이 경험하고, 학교와의 관계를 덜 느끼며, 발달적으로 부정적인 결과와 관련된 주요 스트레스성 사건에도 더 많이 노출되어 있다(Mrazek & Haggarty, 1994). 그러나 사회경제적 지위의 종합 지표(예, 부모의 교육 수준)를 생성하기 위해 직업적 지위와 조합한 가족 역경의 표지(marker)는 청소년의 근거리 위험 경험과 현저하게 다르며 더 광범위한 양상의 관계를 이룬다. 부모의 학력이 고등학교 졸업 미만인 가정에서 자란 학생은 부모에게서 거부당하고, 가족의 사회적 지지를 덜 받으며, 가족이 지적 · 문화적 이슈를 강조하는 정도가 낮고, 학교에 대해 더욱 부정적으로 느끼며, 주요 스트레스원과 비교적 경미한 스트레스원에 더 많이 노출되는 등 발달적인 측면에서 전반적으로 더 부정적인 경험을 겪는다. 이런 결과는 경제적 고난을 경험하지 않은 아동 · 청소년 집단에서조차 부모의 교육 정도가 적응유연성이나 장애에 관련된 발달적 조건뿐만 아니라 적응유연성의 상대적인 수준과도 관련될 수 있음을 시사한다.

이상의 연구를 종합하면, 가족의 불리한 조건이 사회정서적 적응에 미치는 효과는 학교, 이웃, 기타 아동의 생활 공간을 규정하는 일차적 발달 맥락 안에서 발달하는 아동의 경험에 의해서 매개된다는 것을 알 수 있다. 이처럼 더 크고 더 원거리에 있는 조건이 더 근거리에 있는 환경에서 개인이 겪는 경험을 조성함으로써 사회경제적 역경의 조건이 개인의 발달에 미치는 영향의 일부를 설명한다. 빈곤에 처한 청소년의 적응유연성을 증진시키려는 노력을 기울일 때, 가족의 직업적 및 교육적 역경과 아동 · 청소년의 저조한 적응을 연결하는 생태학적으로 매개된 다수의 경로를 언급해야 할 것이다.

빈곤과 역경에 처한 아동 · 청소년의 이해와 적응유연성 증진을 위한 교류-생태학적 틀

앞에서 제시한 내용을 이해했다면, 이제는 빈곤과 역경으로 점철되어 온 가족 배경을 지닌 아동 · 청소년에게 달리 나타나는 적응유연성을 이해하고 예언하며, 만연해 있는 역경에도 불구하고 의미 있는 성장을 이루는 데 유용한 행동을 이끄는 더욱 광범위하고 체계적인 틀이 필요하다.

교류-생태학적 조망은 빈곤한 아동과 청소년이 갖는 강점과 그들이 이루는 적응유연한 결과 또는 장애에 이르는 경로를 명백히 설명하는 데 가장 적합하다(Felner et al., 2000; Felner & Felner, 1989; Lorion, Price, & Eaton, 1989; Sameroff & Fiese, 1989; Seidman, 1987). 만일 빈곤의 영향력이 아동 · 청소년이 경험하며 대처해야 할 맥락과 교류의 조건을 통해서 매개된다면, 개인과 환경의 관계, 그리고 환경과 경험이 여러 맥락을 거치면서 상호작용하는 방식을 고려하는 데 도움이 되는 하나의 틀이 필요하다. 발달정신병리와 예방 개입에 관한 연구에 의하면 장애와 역기능에 대한 저항뿐만 아니라 장애의 발생을 이해하는 데도 건강한 발달 또는 정상 발달의 원리가 중요하다(Felner et al., 2002; Mash & Dozois, 2003; Sroufe & Rutter, 1984). 여기에서는 개인과 일차적 맥락이 상호작용하여 조성하는 정상 발달의 궤도를 이해하는 데 초점을 두며, 또 맥락조건이 발달 경로를 휘게 하여 유능성을 증진시키거나 혹은 취약성을 증가시키는 방식을 이해하는 데 초점을 둔다.

빈곤한 아동 · 청소년의 적응유연성 이슈에 발달적 견해를 적용하여 이러한 이해를 실제 행동으로 이끌려면 반드시 다음의 중요한 과제를 논해야 한다.

1. 빈곤이 정상 발달의 과정과 맥락에서 생기는 혼란과 관련되는 방식의 평가
2. 빈곤과 빈곤 관련 변인이 발달과정에서 생기는 혼란과 왜곡을 조성하며 영향을 미치는 방식의 확인
3. 이 같은 혼란한 과정이 건강하고 적응유연하며 발달적인 결과에 이르는 경로에 접근할 때까지 혼란한 과정을 바꾸고자 하는 정책과 개입의 설계와 시행

그러므로 발달적으로 기초한 접근은 다른 도전적인 문제(예, 경제적 고충)에도 불구하고 건강한 형태의 중요한 결과(예, 학업에 실패하지 않고 성공을 이루는 것)와 관련된 과정이 무엇이고 어떤 맥락조건이 있는지를 확인하는 작업에서부터 시작한다. 그다음 빈곤에 처한 사람이 경험하는 근접조건이 바람직한 조건에 처한 사람이 경험하는 근접조건과 어떻게 다른지를 고찰한다. 그리고 적응유연성 증진전략이 이러한 '차이'를 바람직한 방향으로 메우는 것을 목표로 한다. 중요한 것은 무엇이 '적응유연성'에 기여하는지를 고찰할 때 이제는 문제성 있는 결과를 예언할 수 있으며, 심지어는 발달조건의 이탈에 의한 '정상적인' 결과로 간주할 수 있다는 점이다. 왜냐하면 문제성 있는 발달 결과에 이르게 하는 기제 및 과정이 긍정적인 발달 결과에 이르게 하는 기제 및 과정과 동일하기 때문이다. 다만 문제성 있는 발달 결과가 나타날 때와 긍정적인 발달 결과가 나타날 때 이러한 과정의 수준과 형태가 다를 뿐이다. 그래서 발달적으로 기초한 접근 모형은 어떤 건강한 아동, 청소년, 성인이든지 중대한 문제성 있는 발달과정에 노출된다면 그와 비슷한 문제성 있는 결과를 보일 가능성이 있다고 가정한다. 반대로 적응유연한 결과를

이루려면 경제적 고난이 아동·청소년의 근거리 맥락에서 어떤 혼란을 초래하는지를 언급해야 한다.

첫 번째 단계에서 할 중요한 작업은 이같이 광범위한 **발달적** 접근을 채택하는 일이다. 그러나 그런 광범위한 발달적 조망은 어떤 조건과 과정이 '적응유연성'을 형성하며 다른 결과를 배제하고 특정 결과를 발생시키는지를 구체적으로 설명하지 못한다. 그러한 구체성을 갖추려면 적응유연성이나 장애에 이르는 발달 경로의 어느 지점에서 개입해야 하는지를 명시하는 핵심 개념의 정확한 정의에 대해 더 많은 합의를 보아야 한다. 우리가 어떻게 위험, 취약성, 적응유연성, 보호조건, 발병을 정의하는지는 특히 중요한 문제다. 왜냐하면 이러한 개념을 분명하게 구분하지 못함으로써 모호함과 혼란에 빠지게 되며, 이런 모호함과 혼란은 '왜 어떤 아동은 그렇게 하지 않아야 할 때 잘해 내는가.'에 대한 우리의 이해를 안내하는 지식 기반 또는 과학적으로 말해 심각한 경제적 고난과 역경에도 불구하고 장애의 발생 가능성을 감소시키는 지식 기반의 체계적 축적을 방해하기 때문이다. 장애나 건강을 바라보는 대부분의 조망은 기본적인 '소인-스트레스(diathesis-stress)' 모형에서 출발한다. 이 모형에 의하면 개인은 장애의 발생에 유전적인 또는 획득한 취약성을 지니고 있다. 이러한 취약성은 소인에 해당한다. 취약성은 장애의 발병을 재촉하는 환경조건(예, 스트레스, 불리한 조건)이나 위험요소(hazard; 예, 맥락이 와해된 정도가 높은 것, 기회 구조의 제약, 발달적 요구의 급격한 변화, 기타 형태의 위험)에 영향을 받기 쉬운 정도의 역치를 개인별로 결정한다.

비록 잘못 사용되고 적용될지라도, 위험(risk) 개념이 역학적으로 정의된다는 점을 이해하는 것은 중요하다(Felner et al., 2000). 위험 개념은 다음과 같다.

> 특정 전체 집단이나 하위 집단의 구성원이라면 누구든지 이후에 장애를 가질 확률에 관한 조건 진술문에 해당된다. 위험을 논의할 때 자주 간과하는 것은 '위험에 처한(at risk)' 집단의 한 구성원으로 지명될 때 현재 고려 중에 있는 위험조건에 노출되어 왔다는 것 이외에는 그 집단의 특정 구성원에 관해 말해 주는 것이 별로 없다는 점이다. 한 전체 집단에서 장애의 조건 확률이 'X' 라고 해서, 그 집단을 구성하는 모든 사람이 장애에 걸릴 'X' 수준의 소인 또는 장애에 걸릴 위험성을 가진 것은 아니다……. 위험의 지명은 어느 한 선택된 집단의 구성원에 관한 보험 통계적 진술문에 지나지 않는다(Felner et al., 2000).

이미 논의했듯이, 아동과 청소년이 노출된 위험조건 가운데 빈곤이나 역경보다 더 광범위하고 전반적인 위험조건은 아마도 없을 것이다. 적응유연성을 증진시키려는 노력은 위험의 조건(빈곤과 빈곤의 관련 변인)이 특정 동시대 출생집단에 속하는 모든 아동과 청소년의 삶에서 전개되는 발달과정을 와해시키는 확률적 방식을 논의하는 데 암묵적인 목적을 둔다.

또한 빈곤에 처한 아동 · 청소년이 '고위험(high risk)' 상태에 있다고 보는 보편적인 견해가 이제는 전적으로 적합하지 않다는 것을 이해하는 게 중요하다. 그들은 비교적 더 높은 수준의 위험조건에 노출되어 왔을 가능성이 있으며, '위험에 처한' 집단일지 모르지만 '고위험' 상태에 있는 것은 아니다. 불행히도 '위험(risk)' 이라는 용어는 '고위험' 집단에 있는 모든 개인이 저위험 집단에 있는 모든 개인보다 더 허약하거나 취약하다는 것을 암시하기 위해 자주 사용되어 왔다. 그렇지만 사실은 그렇지 않다. 적응유연성 조망에서는 가정이나 학교에서 획득한 다른 발달적 속성(아래 내용 참조) 또는 근거리 환경조건에 따라서 개인적으로는 빈곤에 처해 있지 않는 특정 청소년보다 위험에 처할 가능성이 훨씬 낮고, 그러므로 위험에 덜 처할지도 모른다.

이런 개념적인 과실은 적어도 부분적으로는 특히 특정 집단의 총계를 산출할 때 위험 표지(risk markers)로 간주되는 개인적 수준의 변인을 다루는 관행에서 유래된다(Hawkins, Catalano, & Miller, 1992; Mrazek & Haggarty, 1996 참조). 예를 들면, 수줍어하는 아동, 교실에서 행동문제의 증상을 보이는 아동, 읽기문제나 학습문제를 가진 아동이 종종 '위험에 처한' 것으로 지칭된다. 그래서 빈곤한 아동 · 청소년을 대상으로 적응유연성에 이르는 경로의 주요 요소를 구분하는 첫 번째 단계에서 이런 용어의 사용을 자제하고, 특정 개인을 대상으로는 보험 통계적 진술을 하지 않게 하는 것이 중요하다.

빈곤과 역경에 노출된 사람이 겪는 위험을 이해할 경우 위험의 정의에 따른 몇 가지 중요한 당연한 결과가 초래된다. 첫째, 위험의 조건은 일차적으로 환경적인 것이다. 즉, 발달 맥락에서 발생하는 근접한 혼란뿐만 아니라 역경이나 빈곤도 분명히 이 범주에 해당한다. 그러나 우리가 전체 집단의 속성에 관해 논하고 있는 한, 어떤 유전적인 위험 특징을 지닌 특정 전체 집단의 일부에게도 적용된다고 말할 수는 없다.

둘째, 빈곤에 처한 아동 · 청소년에서 나타나는 적응유연성의 본질과 적응유연성의 발생을 이해하는 것이 중요하다. 환경적 조건은 상당히 구분되는 두 개의 역할을 한다. 즉, 취약하게 하는 조건(predisposing conditions)으로 기능하거나 또는 촉진하는/보상적인 조건으로 기능한다. 환경조건이 취약하게 하는(또는 위험을 증가시키는) 방식으로 작용할 때, 내가 내린 정의에서는 항상 개인적 수준의 변인으로 간주되는 취약성이 발달한다. 이는 현재의 환경조건과 문제성 있는 방식으로 상호작용한 결과일 수도 있고, 발달을 증진시키는 중요한 조건과 자원에 노출되지 못한 결과일 수도 있다. 예를 들면, 저조한 부모-자녀 상호작용은 아동 기능의 수많은 영역에서 취약성의 발달과 지체를 가져올 수 있다.

마찬가지로 강점과 개인적 유능성을 긍정적이고 보다 근접한 일차적 발달 맥락에서 획득할 수 있다. 다시 말하면, 강점과 개인적 유능성은 개인적 수준의 변인이다. 앞에서 설명한 매개 모형에 의하면, 경제적 자원 자체가 부족하기 때문에 또는 경제적 고난을 수반하는 스트레스가 있거나 자원이 부족하기 때문에 빈번히 나타나는 부정적인 영향력을 근거리 조건(가족 패턴, 학교에서의 학습 기회 조건)이 견뎌 낼 수 있는 능력을 지지하거나 향상시키는 것이 적응유연성을 증진시키는 하나의 방법이 된다. 이런 개인 수준의 특징이 사실상 일차적 발달 결과(예, 획득한 취약성과 유능성/강점)라는 것을 정확하게 이해하지 못하면 개인 수준의 특징이 개인 수준의 위험조건 또는 특정 장애 발생의 초기 징후로 잘못 명명될 것이다.

획득된 유능성, 장점, 취약성의 수준은 모두 경제적 자원이 부족한 가족의 아동·청소년이 자신을 둘러싼 발달조건을 규정하는 문제성 있는 맥락조건이나 위험조건을 경험했음에도 적응유연할 확률에 영향을 미친다. 그러나 앞서 살펴봤듯이 획득된 유능성, 강점, 취약성은 개별 위험 표지가 아니고, 장애의 시작을 알리는 직접적이며 불가피한 표지도 아니다. 그러나 무엇이 적응유연성을 증진시키는지를 검토하는 것이 이러한 개념을 모호하게 만든다는 점을 유념하는 게 중요하다. 전체 집단 수준의 틀에서 적응유연성은 도전과 스트레스에 대한 한 사람 또는 전체 집단의 반응으로 정의되는 결과다. 적응유연성 증진에 관한 논의는 적응유연성의 정의와 관련된 이러한 필수적인 요소를 갖추지 못했으며, 그러한 **결과**와 결과를 만들어 내는 **발달 경로**의 중요한 차이를 불명료하게 했다. 장점은 조성되거나 획득되는 것이며, 취약성은 획득되거나 회피되는 것이다. 취약성이 획득되는 것일지라도 촉발하는 조건에 노출되지 않으면 어떠한 어려움도 나타나지 않는 매우 특수한 방식으로 환경 자원과 스트레스원이 장점 및 취약성과 상호작용한다. 이 예에서 알 수 있듯이, 비록 높은 수준의 취약성이 획득된 것일지라도 적응유연성은 발달적 고충에 노출되지 않은 아동이 획득한 결과다. 실로 빈곤에 의한 와해에 저항하는 일차적 발달 맥락은 아마도 그 자체가 적응유연한 것일는지 모른다. 즉, 이런 일차적 발달 맥락은 심각한 위험과 도전에도 불구하고 긍정적인 발달적 기능을 보유한다.

이러한 이슈를 더 깊이 있게 다루어 보도록 하자. 환경적인 상황은 취약하게 하는 조건이라기보다는 촉진하는 또는 보호하는 조건으로도 작용한다. 이런 환경적 상황은 더욱 심각한 역기능을 일으키기 위하여 기존의, 이미 획득된 취약성이나 유능성과 상호작용할 수 있다. 마찬가지로 근접한 환경과 발달 맥락에 있는 보호조건은 보상적인 방식으로 작용할 수도 있어서 아동이 위험조건을 경험할 때 기존의 취약성이 '활성화' 될 가능성을 감소시킨다.

장애에 이르는 경로가 어떻게 전개되는지에 관한 이 같은 견해에는 위험조건에의 노출이나 취약성의 획득이 반드시 장애의 발병을 가져오지 않는다는 것이 암묵적으로 내재되어 있다([그림 9-1] 참조). 보호요인의 경험이나 유능성의 획득이 항상 건강과 적응유연성을 가져오는 것도 아니다. 오히려 그것들은 역기능과 안녕 상태에 이르는 발달 궤도에서 계열적이며 역동적으로 상호작용하는 요소다(Felner et al., 2002). 이러한 발달 궤도의 요소야말로 적응유연성을 향상시키며 장애를 예방하려는 노력을 기울이려고 할 때 직접적인 표적으로 삼기에 적절하다. 빈곤과 역경의 삶을 사는 아동 · 청소년을 위한 적응유연성 증진 노력은 다음의 전략을 포함해야 한다. (1) 위험조건의 수준을 감소시키거나 보호요인의 수준을 증가시켜야 한다. (2) 직접적으로 또는 이전 단계를 통해 간접적으로 개인적 수준의 취약성을 감소시키거나 개인적 유능성과 강점을 증진시켜야 한다. (3) 더욱 심각한 장애를 발병시키는 획득된 취약성과 심각한 도전에도 불구하고 적응유연성을 이루어 내는 강점과 상호작용하는 것처럼 보이는 위험조건의 수준과 보호요인의 조건을 변경해야 한다.

발달 경로에 대한 이러한 개념화는 적응유연성에 초점을 두는 선도적인 노력의 평가에 관해 직접적으로 시사하는 바가 있다. 이런 노력이 효율적인지에 대한 초기 평가는 생각보다 훨씬 더 빨리 이루어질 수 있다. 예를 들면, 아동의 적응유연성을 향상시키려는 몇몇 노력에서는 여러 해가 지난 후에야 우리가 영향력을 미치려고 하는 일차적인 조건과 장애가 발생할 가능성이 있다. 발달 경로를 이해하

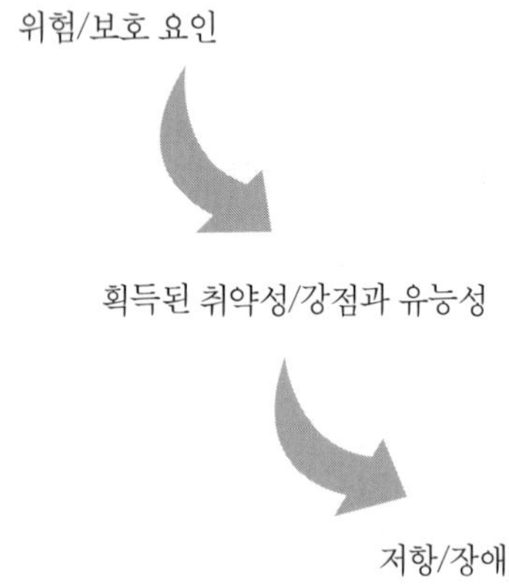

[그림 9-1] Felner의 위험/보호 요인, 획득된 취약성/강점과 유능성, 적응유연성/장애

는 조망을 취하면 프로그램이나 정책 그리고 그 효과가 현재 달성되고 있는 정도와 원하는 장기적인 효과를 얻게 될 정도에 대한 신속한 평가를 할 가능성이 훨씬 크다. 이는 선도적인 노력을 통해 발달 경로상 앞서 존재하는 주요 조건에 대해 우리가 원하는 방향의 변화를 이루어 내는 정도를 평가함으로써 가능하다. 심지어 역기능이 시작할 것으로 기대되는 시점보다 그 주요 조건이 훨씬 멀리 떨어져 있을 때도 그렇다. 이런 선도적 노력은 원하는 효과를 얻는 데 필요한 변화의 수준과 프로그램에 대해 더 잘 이해하게 해 준다.

예를 들면, 프로그램 영향력에 대한 최초의 평가에서는 위험 수준의 감소 정도와 향상조건 수준의 증가 정도에 초점을 둔다. 그다음 전체 집단 안에서 취약성과 유능성의 발생률과 출현율이 변화해 온 정도를 평가한다. 마지막으로 촉진변인으로 작용할 가능성이 높은 것으로 알려진 확인 가능한 조건(예, 전학, 갱집단의 접근)을 전체 집단 구성원이 경험함에 따라서, 또는 발병이 최대로 나타날 것으로 기대되는 발달시기를 전체 집단 구성원이 지나쳐 가면서, 적응유연성 수준을 평가하기 위하여 적응문제의 발생률에서 나타나는 차이를 검토할 것이다. 또한 강점 수준의 증가와 취약성의 감소(예, 빈곤한 아동의 읽기기술과 읽기 수준의 현저한 증가, 격차의 감소)를 분명하게 확인할 때, 빈곤한 전체 집단이 전 생애를 거치며 적응유연성을 더 많이 이룰 확률에 대한 명백한 증거를 제시할 수 있을 것이다.

매개조건

이제 **매개조건**(mediating conditions)과 **매개 경로**(mediated pathways)에 관한 이슈를 다시 검토해 보자. 매개조건과 매개 경로가 현재 우리가 채택하고 있는 틀에 잘 들어맞기 때문이다. 매개조건은 우리가 앞에서 논했던 위험조건의 한 부분집합으로 간주될 수 있다. 매개조건은 일상생활의 경험을 가장 직접적으로 조성하는 발달 맥락 안에 있는 근거리 맥락조건이다. 예를 들면, 아동이 빈곤을 경험할 때 아동의 생활조건에서 나타난 변화가 바로 아동에게 실제로 영향을 미친다. 예를 들면, 가족 내의 빈곤과 경제적 결핍은 자녀양육 방식이나 부모의 우울 및 갈등에서 나타나는 부정적 변화와 종종 관련되는데, 이런 부정적 변화는 그 자체가 다수의 동시 발병하고 복잡한 패턴의 발달문제와 관련된다. 이에 근거해 볼 때, 빈곤, 역경 그리고 이와 관련된 여러 변인은 개인의 발달 맥락 안에 있는 더욱 근접한 변화와 매개조건을 반영하는 지표가 된다(Felner et al., 1983). 이 장에서 내가 제안한 모형에서 적응유연성-증진 개입은 전체 집단이 경험하는 부정적인 매개변인(위험조건)의 수준을 감소시키는 데 직접적인 초점을 둔다.

적응유연성 증진 프로그램과 정책을 위한 시사점

앞에서 제시한 틀이 빈곤한 아동 · 청소년의 적응유연성을 향상시키려는 프로그램의 목표와 적절한 형식에 어떤 시사점을 던지는지를 고려해 보도록 하자. 첫째, 개별 선별은 적응유연성을 향상시키고자 하는 적절한 표적집단의 확인을 위해 제안할 만하지도 않고 필요하지도 않다는 점을 시사한다. 대신 우리는 결정적으로 중요한 매개변인을 경험할 확률이 높은 전체 집단 구성원에게 정확한 초점을 맞추기 위해, 그리고 전체 집단의 적응유연성을 향상시키는 데 프로그램이 주목해야 할 일차적 결과로서 적절한 특정 취약성과 강점을 확인하기 위해 역학 자료를 사용할 수 있다.

Lamb(1992)이 언급했듯이, 지금까지 나는 빈곤이 심리적 변인이 아닌 경제적 변인이라는 주장을 해 왔다. 빈곤이 발달적 결과에 던지는 시사점은 일상적인 경험을 지시하기 위해 경제적 조건을 매개하거나 바꾸는 사회적, 지역사회적, 물질적, 심리적 위험조건의 변경과 그 경제적 조건이 관련되는 방식에서 찾을 수 있다(Felner, 1992, 2000). 역학 자료에 근거하여 우리는 경제적으로 열악한 이웃에 사는 아동(여기에서 이웃 변인은 빈곤과 역경의 본질을 규정한다)이 기준 이하의 학교교육을 받을 것이며, 환경적 스트레스를 많이 받을 것이며, 높은 기대와 포부를 갖게 하는 지엽적인 여러 조건에서 부족하며, 수많은 다른 부정적인 매개변인에 노출될 것을 상당히 확실하게 예측할 수 있다(Wilson, 1987).

그런 이웃에 살고 있는 모든 아동을 대상으로 위험조건이나 발달을 촉진시키는 조건을 다루려는 노력은 선별을 통해 표집된 몇몇 아동과 가족만을 표적으로 하는 노력보다 비용 면에서 훨씬 더 효과적이며 표적집단에까지 영향을 미치는 데 훨씬 더 효율적일 것이다(Felner, 1992, 2000; Felner et al., 2000). 예를 들면, 사회적 · 정서적 문제의 발달을 매개할지도 모르는 조건이 있는지를 알아보려고 시카고 시내 공공주택 지역에 사는 모든 아동을 선별하는 일은 막대한 비용을 요한다. 선별 비용으로 개입 실시를 위해 사용하려는 자금 모두가 소요될지도 모른다. 대신 전체 집단에서 문제가 될 가능성을 높이는 매개변인을 표적으로 하는 개입은 훨씬 더 비용 효과적이며, 전체 집단에서 장애의 발생 확률을 감소시키고, 경제적 어려움과 지역사회 내 불리한 조건에서 발생하는 다수의 문제를 다룰 수 있는 능력과 중요한 강점을 증진시킬 수 있다. 예를 들면, 이런 개입은 모든 아동과 가족의 취학전 프로그램, 질적 수준이 높은 교육환경, 이웃의 안전을 향상시키려는 노력, 그리고 가족의 성공을 저해하거나 좋은 취업 기회의 획득에 장애가 되는 정책을 변경시키거나 제거하는 시도에 활용할 수 있다. 10년 이상 전에 Zeigler(1990)는 조기개입 프로그램의 전망과 문제점을 요약했고, "상담, 유아교육 커리큘럼, 가정 방문은 무엇이든지 적당한 수입을 얻게 하는 직업, 감당할 만한 가격의 주택, 적절한 건강관리, 적절한 가족 구성, 아동이 긍정적 역할 모델을 만날 수 있는 이웃을 대신하지 않을 것이다." (p. xiii)라고 언급하였다. 이런 주장은 전체 맥락을 표적으로 하는 노력이 중요하다는 것을 강조한다.

요약

내가 지금까지 제안한 모형에서 적응유연성 향상의 노력을 통해 변화시키고자 하는 일차적, 직접적 또는 '즉각적' 표적은 적응과 장애에 이르는 발달 궤도의 여러 요소 가운데 비개인적 수준의 요소다. 전체 집단이 노출되는 위험조건, 보호요인, 발달을 향상시키는 경험의 수준을 직접 적절하게 증감시키려는 전략적 노력에 주목할 것이다. 전체 집단의 발달 경로에서 일차적 요소의 수준으로 나타나는 변화는 이차적 변화가 이루어지는 정도에 영향을 미칠 것이다. 발달 경로의 이차적 요소는 일차적 요소의 변화가 이루어진 후에 곧 원하는 방향으로 변화해야 한다. '초기의 중간 결과'는 이런 전략이 장기적 목표의 성취에 효과적이라는 예비 증거를 제시한다. 발달 경로에서 변화시키고자 하는 이차적 표적은 적응유연한 결과를 성취하는 데 필요한 강점과 유능성뿐만 아니라 획득된 취약성의 수준을 포함한다. 그래서 개입은 관심의 대상이 되는 발달 결과에 이르는 궤도를 조성하는 데 위험조건, 강점, 취약성, 자원이 미치는 상보적이며 상호작용적인 영향을 변경시키는 것에 목표를 두는 일련의 체계적인 활동을 포함할 것이다.

변화의 직접적, 간접적, 중간 표적이 되는 발달 경로의 여러 측면에 관해 이해했다고 하는 전제하에, 이제 나는 적응유연성 증진 개입의 장기목표가 무엇인가에 관한 질문으로 넘어간다. 이 질문에 대한 선택된 대답은 발달 경로의 초기에 발견된 특수한 조건을 규정하는 것만큼 중요하다. 예를 들면, 그 대답은 기능적 결과의 발달에 대한 위험조건 및 취약성과 관련된 질문에 관한 것이다.

빈곤 아동 · 청소년을 위한 적응유연성 증진 노력: 결과 특수성과 장애에 이르는 경로

결과 특수성

이 책에서 여러 저자는 어떤 발달문제를 표적으로 할 것인가에 관한 이슈, 즉 **결과 특수성**(outcome specificity)의 적정 수준에 관한 이슈를 제기했다. 적응유연성 증진에 대한 광범위한 입장을 취하는 접근이 있는 반면, 비행, 우울, 자기통제, 학습장애 등 적응유연성과 관련된 좀 더 세부적인 관심을 두는 다른 접근도 있다. 빈곤한 아동 · 청소년을 위한 적응유연성 노력에서 무엇을 목표로 삼는 것이 적절한지에 대한 의문을 제기하면서, 이제 나는 프로그램을 시도하는 노력이 고도로 특수한 장애의 감소를 목표로 삼아야 하는지 혹은 적어도 빈곤의 문제가 핵심적인 위험조건일 때는 다수의 광범위한 결과에 초점을 두어야 하는지의 이슈를 제기한다.

역사적으로 적응유연성을 향상시키고 위험에 대한 저항을 증진시키거나 장애를 예방하려는 노력은 발달 경로의 특수성과 독특성에 관한 두 개의 상이한 가정을 반영한다. 약물남용, 비행, 학교 실패, 우울, 10대 자살, 10대 임신과 같은 단일 결과에 초점을 두는 프로그램은 장애에 대한 고전적인 의학 패러다임에 근거한 **특수한 장애 경로 모형**(specific disease/disorder pathway model)을 반영한다. 이 패러다임은 특수한 개인 취약성과 상호작용하는 특정 결핍, 장애 발생인자, 또는 소인 때문에 역기능이 발생한다고 본다.

이런 입장과 상반되는 입장은 종합적이며, 다수의 원인을 가정하며, 특수하지 않은 발달 경로와 원인에 초점을 두는 **종합적 접근**이다(Felner & Felner, 1989; Mrazek & Haggarty, 1996 참조). 이 모형은 다음을 가정한다. (1) 우리가 예방하려는 대부분의 장애는 수많은 공통된 위험요인을 가지고 있다. (2) 한 가지 장애의 발생을 막는 보호조건은 일반적으로 다른 많은 장애의 발생을 막는 역할도 한다. (3) 다양한 역기능의 발생과 관련된 개인의 취약성을 증가시키는 특수하지 않은 개인적 취약성이 있다. 우리가 관심을 가지고 있는 중요한 사회적, 정서적, 적응적 문제로 이어지는 경로는 일반적으로 복잡하며 여러 장애가 공유한다. 그러므로 다양한 발달적 결과와 사회적 병리의 특수하고 독특한 원인을 확인하려는 노력은 부적절하다.

빈곤이 발달 경로의 다양한 상이한 요소에 영향을 미친다면, 그리고 위험조건이 전적으로 한 개인의 통제력 밖에 있다면, 빈곤에 처한 아동과 청소년에게는 종합적이고 광범위한 표적을 삼는 접근이 가장 적절하다. 더구나 최근 연구에 의하면 핵심 집단의 발달 경험을 규정하는 근접한, 매개적 맥락에 혼란을 일으키는 다양한 장애와 역기능이 발생할 확률이 높은 전체 집단에게는 그런 종합적인 접근이 매우 효율적이다. 다양한 발달적 상황이 적응에 미치는 영향에 관한 연구에 의하면, 가족 자원과 상호작용 패턴, 경제적 결핍과 사회적 결핍, 기타 생활 스트레스, 무력감, 일반적인 보호적 적응유연성 요인(예, 사회적 지지, 자기효능감, 희망)과 같은 공통된 발달적 선행 요인이 있다. 그리고 그것은 모두 전체 집단을 구성하는 개인이 정신장애나 신체장애를 일으킬 확률과 관련된다(Allen & Mitchell, 1998; Mrazek & Haggarty, 1996; Sameroff & Fiese, 1989; Silverman, 1989). 심각한 장애의 역학 자료는 발달적 증거를 제시한다(Allen & Mitchell, 1998; Mrazek & Haggarty, 1996). 그에 의하면 심각한 장애는 공존 병리의 정도가 높고, 그런 여러 장애가 출현하는 경로에서 선행하는 경험과 근원적인 원인을 공유하는 것처럼 보인다.

장애에 이르는 여러 경로가 비선형적이며 중복된다는 점은 빈곤과 같은 다양한 문제성 발달 상황에 노출된 사람에게 특징적이다. 그런 점은 장애의 발달 경로가 지닌 안정성에 관한 연구에 의해 강조되었다(Cantwell & Baker, 1989).

장애의 높은 공존 병리에 관한 초기 연구 결과를 종합한 Rutter(1989)는 다음과 같은 결론을 내렸다. "모든 발달역학적 연구에서 도출한 가장 놀랄 만한 결과는 아마도…… 공존 병리 수준이 극히 높다는 것이다."(p. 645) 의학연구소(Institute of Medicine)가 수행한 주요 연구를 포함하여 이런 결과는 그 이후에 더욱 강조되었다(Mrazek & Haggarty, 1996). 유사하게 Sameroff와 Fiese(1989)는 근원적인 원인에 공통점이 있다는 결과와 특수한 결과에 초점을 두기보다는 광범위한 것에 초점을 두는 예방 접근이 필요하다는 점을 논의하면서 다음과 같이 주장하였다. "어떤 병원균과 특정 생물학적 장애 사이에 분명한 관계가 있다는 것이 밝혀졌다. 하지만 행동장애에서는 그것이 사실이 아니다."(p. 24) 덜 기술적이지만 더욱 간결하게 Lisbeth Schorr(1988)는 '썩은 결과 군집(rotten outcome cluster)', 즉 고위험 환경(예, 심각하고 전반적이며 밀집한 빈곤 이웃)에서 사는 아동은 사망률이 증가할 정도로 매우 심각한 발달적 경험을 하기 때문에 인간이 겪는 모든 사회적 · 정서적 · 건강 문제가 발병할 것임을 언급하면서 사회적 문제 간의 상호관계를 요약하였다.

지금까지의 논의에서 우리가 강조한 것은 상호 관련되어 있으나 여전히 구분된 이슈와 그에 관한 이해였다. 그런데 빈곤에 처한 아동 · 청소년이 다수의 위험과 도전에도 불구하고 더욱 적응유연하도록 도우려면 이런 이슈와 그에 대한 이해가 더욱 완벽한 개념 틀로 짜 맞춰져야 한다. 이제 나는 이러한 짜 맞추기를 달성하려는 목표를 성취하기 위해 내가 제안했던 통합적 이론 틀을 이 과제에 응용하는 것에 대하여 간략히 논하고자 한다(Felner et al., 2002).

위험 예방을 위한 교류-생태학적 모형

교류-생태학적(transactional-ecological: T-E) **모형**은 나와 동료들(Felner & Felner, 1989; Felner, Silverman, & Adix, 1991; Felner et al., 1992; Felner, Favazza, Shim, Brand, Gu, & Favazza, 2001)이 지난 수십 년에 걸쳐 개입과 정책을 선도하기 위하여 상세하게 논의한 틀이다. 특히 예방, 증진, 적응유연성 향상에 적용될 때 그 유용성이 입증되었다. 다른 연구자도 이 모형에 중요한 기여를 했다(Seidman, 1987, 1990 참조). Felner(2000)는 이 틀이 수많은 다양한 이슈를 다루는 데 필요한 만큼 종합적인 전략을 이끌어 내는 여러 중요한 특징을 가지고 있으며, 개입의 의도성 검증을 충족시키는 데 필요한 정도의 특수성을 제공한다고 주장했다(Cowen, 2000).

T-E 모형은 상호 보완적인 틀 두 개를 개념적으로 종합한 것이다. 두 개의 보완적 틀이란 교류적 발달 모형(transactional model of development; Sameroff & Fiese, 1989 참조)과 생태학적 발달 모형(ecological model of development; Bronfenbrenner, 1979 참조)이다. 각 모형에 대한 상세한 논의는 이 장의 범위를 벗어나지만, 여기에서 중요한 이슈 몇 가지의 특징을 논할 것이다.

교류 모형은 Sameroff와 그 동료(Sameroff & Chandler, 1975; Sameroff & Fiese, 1989)가 아동 · 청소년을 위한 예방 노력을 통해 발달적 성과를 향상시키기 위한 지침으로 구축한 것이다. 이 모형은 개인과 맥락 간의 역동적이고 상보적인 상호작용을 강조하는데, 그 근본적인 요소는 양방향의 영향력이다(Sarason & Doris, 1979). 예를 들면, 유아와 부모 간 상호작용, 또는 청소년과 또래 간 상호작용은 아동이 부모나 집단에 미치는 영향의 결과와 아동에 대한 환경적 영향의 상보적 효과로 간주된다.

교류적 접근은 강점이나 장애로 유도하는 주요 발달과정을 변화의 핵심 표적으로 삼는다. 그러나 이 모형은 빈곤에 처한 아동 · 청소년의 발달 경로에 관심을 둔 개입에서 고려해야 할 모든 조건을 완벽하게 언급하기에는 충분하지 않다. 교류 모형은 기껏해야 아직은 이자적(dyadic)이다. 한 사람이 직접 참여하는 근접한 환경만을 다루는데, 빈곤에 처한 아동의 삶에 영향을 미치는 많은 맥락은 사실상 아동의 직접 경험을 넘어서는 것이다. 더구나 교류 모형에서는 영향의 원천이 항상 양방향으로 간주되지만(Sarason & Doris, 1979), 근거리 맥락 중에는 개인의 행동이 영향을 별로 미치지 못하거나(예, 학교), 개입의 방향을 제시하기에 적합하지 않은 것도 있다. 이러한 한계를 극복하고 예방을 위한 종합적 모형을 제공하기 위해, 나는 동료 연구자(Felner & Felner, 1989; Felner et al., 2000, 2001; Felner, Silverman, & Adan, 1992; Seidman, 1987, 1990)와 함께 생태학적 발달 모형(Barker, 1968; Bronfenbrenner, 1979; Lewin, 1951)을 교류 모형에 결합시키는 방식을 지지해 왔다.

T–E 모형을 구성하기 위하여 생태학적 접근과 교류적 접근을 통합하며 각 접근의 초점을 중요한 방식으로 확대하였다. 교류적 접근과 마찬가지로, 생태학적 접근도 "활동하고 성장하는 사람과 그렇게 발달하는 사람이 살고 있는 장면의 변화하는 특징 간의 점진적인 상호 조절"(Bronfenbrenner, 1979, p. 21)을 통해서 발달 궤도가 형성된다고 본다. 생태학적 접근도 인간 맥락의 추가적 요소를 고려하기 위한 기본 틀을 제공한다. 생태학적 접근은 단지 개인과 근접한 환경 간의 상호작용만이 아니라 전체 생태학적 체제와 심리적 체제를 이루는 다양한 여러 부분의 상호작용을 고려하는 종합적이고 통합적인 수단을 제공한다. 특히 이 조망은 여러 체제 간 역동적 관계의 조성에 미치는 영향력과 이러한 다수의 체제가 인간 발달에 영향을 미치는 방식을 고려하게 한다. 아동이 직접 참여할 수 있는 여러 체제 전부 또는 대부분에, 그리고 부모나 일차적 양육자가 기능을 하는 여러 체제 전부 또는 대부분에 빈곤이 미치는 영향의 폭은 넓다. 이런 점을 고려할 때, 근접한 체제가 그곳에서 살고 있는 개인에게 상보적으로 미치는 영향을 인정하는 접근은 그 체제 안에서 살면서 빈곤에 처해 있는 청소년이 직면하는 어려움과 결과를 완전히 이해하는 데 중요하다.

생태학 모형과 교류 모형을 통합하여 이런 관심사를 다루는 방식에는 적어도 다음 세 가지가 있다. 첫째, 생태학 모형과 교류 모형의 종합은 아동이 직접 접촉하지만 그 아동의 행동이 유의한 양방향적 영향을 미치지 않는 조건이 병인(病因)으로서 중요한지를 고려할 수 있게 한다. 이런 범주에 해당하는 조건에는 빈곤과 사회적 역경의 밀도나 분포 같은 '사회 구조적 조건'(Jencks & Peterson, 1991; Schorr, 1988; Wilson, 1987), 빈곤의 예후와 동기에 영향을 미치는 변화하는 경제적 조건(W. T. Grant Foundation, 1988; Judy & D'Amico, 1997), 학교와 같은 일차적 발달 맥락의 규칙성과 구조(Sarason, 1982)가 포함된다.

특히 흥미로운 것은 이러한 수준이 체제 전반의 여러 조건이 닿는 범위 안에서 발생하는 모든 이자 간 교류를 병리적으로 왜곡시키는 체제 전반의 조건을 고려하게 한다는 점이다. 분명 빈곤은 특히 빈곤이 밀집되어 있고 지속적일 때 그러한 전반적인 영향력을 가진 체제 전반의 조건 가운데 하나다. 이런 조건은 서로 다른 체제 수준에서 발생할 수 있다. 가장 작은 수준의 체제는 **미시체계**(microsystem; Bronfenbrenner, 1979) 또는 직접적 장면 수준의 맥락(immediate settings-level contexts)으로 불린다. 미시체계는 사람들이 살고 있는 일차적 발달 맥락이다. 학교, 종교집단, 가족, 직장, 또래집단이 포함된다. 이들 장면의 규칙성이 영향을 받는다면, 그 장면 안에서 발생하는 이자 간 상호작용을 통해서만 서서히 영향을 받는다. 예를 들면, 여러 중학교에서 어느 한 고등학교로의 전입에 따른 압도적인 변화와 혼란은 학교와 또래집단 안에서 발생하는 수많은 이자 간 패턴을 심각하게 뒤흔들 수 있는 조건이다(Felner, Ginter, & Primavera, 1982; Felner & Adan, 1989). 유사하게 어느 한 학교나 직장의 사회적 규칙성, 학교나 직장의 자원 패턴, 그리고 다른 형식적 체계의 규칙성은 그 안에서 발생하는 대인 간 상호작용의 본질을 조성할 수 있다(Sarason, 1982). 그러나 어떤 경우라도 이자 간 상호작용이 그것을 조성하는 체계 규칙성에 신속하게 그리고 필연적으로 영향을 미치지는 않을 것이다.

거시체계(macrosystem) 수준(사회 구조적 조건과 규칙성; Bronfenbrenner, 1979)은 종종 개인의 행동에 별다른 효과를 갖지 못한다. 그러나 더욱 근접한 장면(미시체계)과 함께 작용하면서 거시체계 조건도 개인의 행동에 직접 영향을 미치거나 개인이 경험하는 다른 체계 간 관계에 영향을 미쳐서 개인의 행동에 유의한 영향을 미친다. 가령 빈곤에 처한 사람에게 나타나는 적응유연한 결과를 살펴볼 때는 거시체계 조건의 변화가 기대 수준을 올렸고 과거에는 분명한 보상으로 동기를 부여했던 가치를 변화시켰다는 것을 이해하는 것이 중요하다. 예를 들면, 사회의 변화 때문에 고등학교 졸업장을 받을 가능성이 1970~1990년에 40% 이상 감소하였고, 이런 감소 추세는 계속되고 있다(W. T. Grant Foundation, 1988; Judy & D'Amico, 1997). 이것은 개인이 통제할 것이 별로 없는 구조적 조건이다. 그러나 이러한 변화는 적응적인 학생이 보이는 행동의 본질에 심오한 영향을 미칠 수 있다. 청소년에게 대학 진학의 희망이 별로 없다는 것을 보여 주는 다른 조건과 이 조건이 결합하면, 심지어 청소년이 고등학교를 졸업할지라도 졸업이 갖는 경제적 의미가 근본적으로 변화할 경우 오히려 조기 중퇴, 조기 출산, 돈벌이를 위한 불법 행위와 같은 사회적으로 바람직하지 않은 행동이 현명하며 매력적인 선택처럼 보일지도 모른다.

둘째, 개인과 특정 장면 간 상호작용이 개인 삶의 맥락을 구성하는 여러 장면의 차이점과 유사점에 의해 영향을 받는 방식은 생태학적 견해와 교류적 견해를 종합하여 고려할 수 있다는 점에서(즉, 이런 종합적 고려가 맥락 간 효과[cross-contextual effects]를 허용한다) 두 견해를 연결시킬 때 아동 · 청소년의 적응유연성을 이해하고 증진시키려는 노력을 더 향상시킬 수 있다. 미시체계 간 관계는 **중간체계**(mesosystems)라고 명명한다(Bronfenbrenner, 1979). 개인 삶의 맥락이 이루는 생태학 지도를 수많은 일차적 장면이 구성한다는 것을 이해한다면 초맥락적 영향을 고려해야 한다. 여러 장면 각각은 그 장면이 요구하는 상호교류의 본질을 형성하는 독특한 요구를 지닌다. 어느 한 맥락이 요구하는 해결방안, 기술, 능력을 다른 장면에 적용할 때, 그 해결방안, 기술, 능력은 상호 보완적이거나 적대적이거나 부적절할 것이다. 예를 들면, 안전이 중요한 이슈가 되는 대도시에 빈곤한 학생이 적응하기 위해 필요한 기술과 상호작용 스타일을 학교 장면에 적용하면 부적응적이거나 부적절한 것일 수 있다. 그렇기에 사실 문제는 대도시 아동의 사회적 유능성이나 기타 능력이 부족한 데 있지 않고, 오히려 그들의 삶을 구성하는 상이한 발달 맥락이 요구하는 여러 기술이 조화를 이루지 못하는 데 있다. 이럴 경우 대도시 아동이 사회적 유능성이나 기타 능력을 갖추고 있지 못하다고 잘못 명명되기도 한다. 자신의 삶에서 서로 조화를 이루지 못하는 여러 장면을 적어도 쉽게 선택하여 제외시킬 수 있는 성인에 비해, 삶을 규정하는 일차적 장면에 영향을 미치거나 혹은 일차적 장면을 선택할 능력이 별로 없는 아동과 청소년에서는 개인의 적응을 조성하기 위해 상보적으로 작용하는 여러 장면 사이의 역동을 이해하는 것이 더욱 중요하다.

또한 이러한 중간체계적 관계는 적응유연성에 이르는 경로와 적응유연성을 향상시키는 노력에 대해 우리가 이미 알고 있는 지식에 추가하는 것이 있다. 중간체계적 관계는 적응유연성 증진의 노력이 행사하는 영향력을 제한할 수도 있는 조건에 대해 관심을 갖게 한다. 만일 적응유연성 증진 노력을 둘러싼 여러 조건을 적절하게 고려하지 않는다면, 실제로는 적응유연성에 관련된 일련의 특정 기술을 증진시키는 프로그램을 시행하는 노력이 더욱 완전하게 적응유연성을 발달시키는 전략에 (충분하지는 않지만) 필요한 요소라 해도 프로그램 시행 노력 또는 적응유연성에 관련된 일련의 특수한 기술을 개발하는 노력이 비효과적이라는 잘못된 결론을 내릴 수도 있다.

이러한 일이 발생할지도 모르는 사례는 많이 있다. 예를 들어, 적응유연성에 초점을 둔 정서적 및 사회 · 행동적 문제해결과 기술 개발 커리큘럼을 제공하는 학교 맥락이 주요 학업 영역에서 필요한 기술을 학생이 발달시킬 수 있게 하는 적절한 학업적 경험을 제공하지 않는다면 그런 커리큘럼의 영향력은 확실히 감소할 것이다. 최고의 의사결정 기술과 친사회적 결정을 내리고자 하는 최선의 동기에도 불구하고, 학생이 읽을 수 없다면 그 결과는 제한적이 될 것이다. 마찬가지로 경제적 자원을 별로 가지고 있지 않은 부모를 대상으로 하는 부모훈련 프로그램이 부모로 하여금 중요한 지식과 기술을 획득하게 할지도 모르나, 부모가 새로 배운 지식을 자녀와 상호작용할 때 응용하는 정도는 그들의 삶에 있는 다른 체계조건의 영향을 받을 것이다. 만일 부모가 경제적 고통 때문에 심각한 스트레스를 받고 있거나 학교가 적절하고 안전한지에 대한 염려를 한다면 새로 배운 기술을 필요한 만큼의 질적 수준과 강도로 활용할 것 같지 않다. 가장 잘 훈련받은 발달심리학자도 가정 밖에서 기분이 좋지 않을 경우 부모의 자녀양육의 질적 수준이 급격하게 떨어진다고 주장했다. 불행하게도 경제적 자원을 별로 가지고 있지 않거나 직장의 주변 환경이 부정적이거나, 빈곤에 처해 있거나, 만성적인 스트레스원을 가진 부모에게 기분이 좋지 않은 날이란 사실상 매일 벌어지는 현실이다. 이런 조건은 모두 새롭게 획득한 자녀양육 기술을 행동으로 옮기는 정도를 감소시킬 것이다. 그래서 우리가 영향을 미치려고 하는 사람의 삶을 구성하는 상호 관련된 체계에 대한 생태학적 분석을 하면 변화를 이루고자 하는 노력을 종합적으로 기울일 수 있다. 또한 충분하지는 않지만 필요한 개입요소의 적응유연성 증진에 유용하지 않다는 부정확한 결론을 내리지 않기 위하여 변화의 노력에 관한 연구가 중요하다.

셋째, 아동과 청소년의 적응과 적응유연성을 이해하기 위한 종합적 모형은 개인이 직접 접촉하지 않는 여러 장면이 그 개인에게 미치는 영향력을 고려해야 한다. 아동이 전혀 참여하지 않지만 양육자와 아동의 교류를 조성하는 체계의 한 부분(예, 부모의 직장, 사회복지 사무국, 교원연맹)에 포함된 양육자를 가진 아동 · 청소년에게는 종합적 모형이 특히 중요하다. Bronfenbrenner는 이러한 생태학 체계를 **외체계**(exosystems)라고 명명하였다. 예를 들면, 아동은 부모나 조부모가 양육된 이웃이나 조건에 직접 접촉하지 않으며, 부모의 직장과도 직접 접촉하지 않는다. 그러나 이러한 생애 초기의 발달적 맥락에서 받은 외상 경험(Garbarino, 1990), 학습한 가치관(Sarason, 1981) 또는 직장 내부의 조건이 모두 부모-자녀 상호작용의 본질에 기여한다. 그리고 빈곤한 아동의 양육자는 삶을 규정하는 여러 장면에서 스트레스가 심하거나 심지어 문제가 되는 상호작용을 경험할 가능성이 당연히 높아질 것이다(예, 높은 스트레스 수준, 직업 불안정성, 불안정한 고용, 어렵고 힘든 일). 이러한 장면 수준의 규칙성은 아동 · 청소년을 직접 포함하지 않으면서도 노동자의 스트레스를 감소시키고 안녕과 가족 지지 자원을 향상시켜, 결국에는 빈곤에 처한 아동과 청소년의 적응유연성을 증진시키는 체제 전반적인 조건(예, 부모를 적절한 고용 기회에 연결시켜 부모 관여를 증진시키는 직장 탁아센터)을 도입하는 방식으로 이루어질 수 있다. 또한 이런 변화는 그 장면 안에 있는 모든 노동자의 가족 수준 또는 미시체계 수준의 상호작용에까지 확대되어 중요한 강점을 획득할 가능성을 증가시키고, 가족 기능에 더 많은 문제를 불러올지도 모르는 취약성의 획득을 감소시킬 것이다.

요약하면, 생태학적 조망과 교류적 조망을 통합하여 구성한 T-E 모형에서 우리 관심의 초점은 개인 장면 상호작용이 장면 간 관계와 그 장면이 내포되어 있는 더욱 광범위한 거시체계적 맥락의 영향을 받는 방식을 포함하는 것까지 확대된다. 이자 간 교류를 이해하는 것과 발달 경로에 중요하게 영향을 미칠 수 있는 다양한 장면, 즉 중간체계와 거시체계의 영향력과 그들 사이의 상호작용을 분석하는 것에 동일한 가중치를 부여한다.

이상에서 살펴본 T-E 모형은 적응유연성에 대한 어떤 정의보다 더욱 완전하게 맥락화된 정의를 제시하는 데 특히 유용하다. 즉, T-E 모형은 맥락 안에서 고려되고 이해될 수 있는 적응유연성의 정의를 고찰할 수 있게 해 준다. 우리가 감소시키거나 증진시키려는 어떤 행동 또는 결과는 우리가 표적으로 하는 사람이나 전체 집단에 결핍 또는 결함이 있다는 가정이 필요하지 않다. 이러한 가정은 희생자 탓하기와 개입에 대한 장애 중심적 접근의 핵심 요소다. T-E 모형은 표적 장애가 사실상 좋지 않은 맥락조건이나 적어도 더 큰 사회적 기대와 요구에 일치하지 않는 맥락조건에 대한 적응적 해결방안일 수도 있음을 수용하게 한다. 그러므로 역기능적이거나 문제성 있는 맥락(예, 또래의 가치관이나 보상이 더 큰 사회가 요구하는 가치관이나 보상과 어긋나는 맥락)에서 적응유연할 수 있게 하는 강점이 다른 맥락에서는 적응유연성의 부족으로 이끄는 취약성이 될 수도 있음을 이해하는 것이 중요하다. T-E 모형의 조망에서는 우리가 우려하는 많은 표적조건이 혼란한 맥락이나 대안적인 맥락에서는 매우 적절하거나 적응적인 노력의 결과일 수 있다.

> 외견상 이탈된 결과는 건강한 아동이 자신의 삶을 규정하는 환경과 체계에서 드러내 보이는 결과일 수도 있다……. 장애나 질병으로 보이는 것은 그 아동이 사는 다른 맥락에서의 반응과 양립할 수 없는 반응을 요구하는 맥락과 조건에 적응하려는 아동의 적절하고도 예측 가능하며 매우 적응적인 노력의 결과로 이해하는 편이 낫다. 즉, 장애나 질병으로 간주되어 왔던 것은 [발달적으로 부적절하거나 혼란한] 맥락과 조건에 적응하려는 아동의 적절하며 예측 가능하고 매우 적응적인 시도로 이해되는 편이 낫다(Felner & Felner, 1989, p. 21).

적응유연성 그리고 빈곤의 맥락에서 적응하려는 아동의 노력을 이해하고 정의하는 데 이러한 견해를 적용할 때, 다음의 기본적인 질문이 가장 먼저 제기될 수 있다. 우리가 변경시키기를 원하는 조건과 적응적 패턴(예, 행동, 신념체계 등)은 그것들이 발달하는 시기에 어떤 방식으로 적응적인가? 상호작용 패턴 또는 그 결핍을 지속적으로 적응적이 되게 하는 아동 삶의 여러 맥락 안에는 빈곤이나 빈곤과 관련된 요인이 있는가? 이 모형의 기본 가정은 문제가 있더라도 적응적인 패턴은 당시에 존재하는 여러 조건에 긍정적으로 적응하려는 시도로 시작되었다는 것이다. 이러한 가정에서 한 사람의 삶의 경험에 의미를 제공하는 역사적, 가족 관련, 경제적, 사회적, 정치적 맥락의 모든 것을 고려하지 않고는 발달 경로나 결과를 이해하거나 변화시키려는 노력을 시작할 수 없다. 그리고 분명히 빈곤에 처해 있는 아동과 청소년의 적응유연성과 그 증진을 이해하려고 할 때 특히 빈곤이 인종 또는 민족과 관련된 불리한 조건과 결부되어 있을 때 전반적인 맥락을 고려하는 것이 필수적이다. 이런 접근을 택하면, 지금까지 '적응유연하지 않은' 것으로 간주되어 온 수많은 행동이나 상호작용 패턴은 순조롭지 못한 혼란한 맥락에 대해 적응적인 해결방안을 강구하려는 현명하고도 효과적인 노력이며 실제로 높은 수준의 적응유연성을 반영한다고 볼 수 있다.

예를 들면, 최근까지 사회복지 정책에 따라서 빈곤한 가족이 수입을 벌고 저축을 하며 주식 지분을 축적하려는 시도를 할 경우 복지보조금 수령인에 대한 처벌이 내려졌다(Moynihan, 1986). 그래서 복지보조금 수령인은 사회가 부적절한 것(예, 저축을 하지 않는 것, 직업을 구하려 하지 않는 것)으로 간주했던 방식으로 행동했을지도 모른다. 대신 실제로 수령인은 혼란스러운 맥락적 요구에도 불구하고 현명하고 적응적인 문제해결을 보여 주었다. 특히 밀집한 빈곤과 긍정적인 취업 기회의 부족이 만연해 있는 지역사회에서 한 개인의 어려움을 다룰 때, 그런 문제가 개인 내부에서 발생한다고 보는 혼돈을 피하기 위하여 혼란스러운 맥락에 대한 이와 같은 반응이 후에 다른 발달 장면에서는 역기능적일지 몰라도 지금은 긍정적인 적응으로 간주하는 편이 적절할 것이다. 이는 개인 고유의 것에 초점을 두는 정신병리가 아니라 사회병리로 언급된다. 이러한 견해는 정상적인 발달 경로를 체계적으로 왜곡하는 맥락의 여러 특징이 이탈된 결과를 생성한다는 데 대한 첨예한 관심을 불러일으켰다. 사실 생태학적-발달적 맥락에서 이탈된 결과는 역기능적 맥락에 대한 긍정적이고 적응유연하며 때로는 매우 적응적인 노력으로 더 잘 이해될 수 있다.

적응유연성을 향상시키는 맥락을 조성하기

지금까지의 논의에서 분명해졌듯이, 광범위하며 전체 집단을 대상으로 이루어지는 프로그램은 빈곤한 아동·청소년이 직면하고 있는 요구의 수준과 적응문제의 형태를 다루어야 하는 어려운 과제에 적합할 가능성이 가장 높다. 이런 식으로 적응유연성을 증진시키는 접근은 비록 빈곤한 아동·청소년이 성장하는 여러 맥락이 직접 그들을 포함하지는 않을지라도 그런 맥락에 영향을 미치는 전략적 요소나 프로그램 요소에 관심을 갖게 하거나 설계에 포함시키는 데 유용하다. 실로 '자연스럽게' 강점을 기르고 취약성의 획득을 피할 수 있도록 맥락을 변경시키는 데 관심을 기울이지 못하면, 기술을 증진시키거나 개인적 수준에서 향상을 도모하는 접근에 더욱 직접적으로 초점을 두는 노력은 그 효율성 면에서 제한적일 수 있다.

이러한 시도 가운데 가장 유망한 시도는 학교, 지역사회, 또래, 가정환경의 여러 요소를 그 환경 안에 살고 있는 집단 구성원의 발달적 요구와 유능성에 조화를 이루도록 조성하려는 시도다. 또한 빈곤한 아동이 살고 있는 다수의 장면에서 그들의 발달적 요구와 기대가 더 많이 일치하도록 구조화하거나 재구조화하는 방식을 더 잘 이해하도록 돕는 시도다. 이러한 접근은 종합적이고 매우 영향력 있는 방식으로 적응유연성을 증진시키며, "최적의 예방을 이루기 위한 궁극적인 목표는 전 생애에 걸쳐 발달을 향상시키기 위하여 일상적인 활동과 지역사회 구조 안에 예방의 원리를 구축하는 데 있어야 한다."라는 의학연구소의 제안을 더욱 완전하게 반영할 것이다(Mrazek & Haggarty, 1994, pp. 298-299, 323).

적응유연성과 그 발달에 대한 지나치게 편협한 견해를 시정하기 위하여, 특히 빈곤과 관련된 역학적 수준의 장애와 실패를 해소하려는 막대한 과제를 시행하기 위하여, 발달적 적합성과 자원을 증가시키고 모든 중요한 인간 맥락에 있는 위험 조건을 감소시키는 사회 및 교육 정책과 프로그램을 변화시키는 데 합법적인 노력을 기울여야 한다. 학교 개혁과 복지 개혁의 노력; 노동자 참여, 만족, 성공, 생산성을 증가시키기 위한 작업장 재구조화; 기회 구조, 안전성, 공동체 의식, 가족을 위한 자원 패턴을 변화시키기 위한 지역사회 개발 시도; '청소년 개발 프로그램'을 포함한 사회성 프로그램과 레크리에이션 프로그램과 같은 가족 지원 프로그램(Carnegie Council on Adolescent Development, 1992)은 삶의 생태를 변화시키는데 목적을 둔다. 이러한 시도는 과거에는 적응유연성 발달의 핵심 전략으로서의 잠재력을 적절하게 인정받지 못했었다.

현존하는 규칙성과 생활체제에 생태학적으로 더욱 일치하는 아동과 가족을 표적으로 하는 노력이 이전 세대에서보다 더 많이 시도되고 있다. 빈곤하거나 경제적으로 불리한 이웃과 지역사회에 있는 가족에게는 맥락을 통틀어 변화가 일어나도록 하는 종합적인 노력이 바람직할 뿐더러 개인에게 더욱 주목하는 노력의 효과를 위해서도 필요하다. 만일 자녀에게 관심을 가진 부모가 직장에 출근하거나 교육을 더 받는 것이 자녀를 성인의 적절한 감독과 지지 없이 고위험 이웃에 남겨두는 것을 의미한다면, 부모는 출근을 할 수 없거나 교육을 더 받을 수 없으며 또 그렇게 하지도 않을 것이다. 그러므로 아동보육의 여러 시도가 적응유연성을 향상시키는 것으로 명백하게 간주되지는 않지만, 이런 시도는 아동보육에 참여한 아동에게 영향을 미침으로써 직접적으로 아동의 적응유연성을 향상시킬 수도 있다. 또는 아동보육이 빈곤한 부모의 삶에 중대한 영향을 미침으로써 간접적으로 아동의 적응유연성을 향상시킬 수도 있다. 실제로 질적 수준이 높은 아동보육을 제공하지도 않으면서 부모에게 직장에 출근하거나 더 많은 훈련을 받을 것을 요구하는 사회 프로그램과 정책은 부모가 책임을 져야 할 일을 방임하라는 것에 불과하다는 점을 유념해야 한다. 정확하게 표현하면, 역기능적인 행동처럼 보이는 것이 맥락적 규칙성을 고려하면 적응적인 행동으로 밝혀지는 방식에 충분한 주의를 기울여야 한다. 그렇지 않는다면 그런 정책은 문제를 일으킬 수도 있다. 사실 사회의 변화하는 본질을 고려하면 아동의 사회적 및 교육적 발달과 지도감독을 제공하는 질적으로 우수한 아동보육과 방과 후 프로그램은 적응유연성 증진과 긍정적 결과의 향상이라는 '깃발' 아래 모든 가족을 위해 설계하고 실시할 수 있는 가장 강력한 수준의 개입 가운데 하나다. 무주택 가족이나 사회적 또는 교육적으로 불리한 가족에게 필요한 안정된 거주지, 의료 서비스, 인력 서비스, 식품 자원을 제공하는 것과 같은 추가적인 가족 지원 프로그램이 이 범주에 속한다.

결론

이 장에서는 빈곤한 아동 · 청소년의 생생한 결과를 향상시키려는 차세대 노력의 발전을 이끌 수 있는 하나의 틀을 제시하였다. 그런 노력이 차세대 노력으로 향해 발전해 감에 따라서, 현재 우리가 비전을 구축하기 위해 의존할 지원을 제공하는 사람들이 기여하는 바가 과소평가되어서는 안 될 것이다. 이 장에서 제시된 조망이 모든 아동이 만족스럽고 성공적인 삶을 살게 하는 모든 선택과 기회를 누리면서, 완전하게 역량을 가진 성인으로 성장하게 하는 발달적 경험과 상황을 확실히 갖추도록 하는 여러 접근이 계속 진화하는 과정 속에서 '우리가 생각하고 있는 것에 대해 생각하는' 방식을 더 많이 변화시킬 수 있기를 희망한다.

참고문헌 REFERENCES

Allen, L., & Mitchell, C. (1998). High-risk behaviors in patterns of problematic and adaptive development: An epidemiological perspective. In V. C. McLoyd & L. Steinberg (Eds.), *Studying minority adolescents: Conceptual, methodological, and theoretical issues* (pp. 29-54). Mahwah, NJ: Lawrence Erlbaum.

Baker, R. G. (1968). *Ecological psychology: Concepts and mentods for studying the environment of human behavior*. Stanford, CA: Stanford University Press.

Bronfenbrenner, U. (1979). *The ecology of human development: Experiments by nature and design*. Cambridge, MA: Harvard University Press.

Carnegie Council on Adolescent Development (1989). *Turning Points: Preparing America's Youth for the 21st Century*. New York: Carnegie Corporation of New York.

Cicchetti, D., Rappaport, J., Sandler, I., & Weissberg, R. P. (2000). *The promotion of wellness in children and adolescents*. Washington, DC: Child Welfare League of America.

DuBois, D. L., Felner, R. D., Brand, S., Adan, A. M., & Evans, E. G. (1992). A prospective study of life stress, social support, and adaptation in early adolescence. *Child Development, 63*, 542-547.

Featherman, D. L., Spenner, K. I., & Tsunematsu, N. (1988). Class and the socialization of children: Constancy, change, or irrelevance? In E. M. Hetherington, R. M. Lerner, & M. Permutter (Eds.), *Child development in life-span perspective* (pp. 67-90). Hillsdale, NJ: Lawrence Erlbaum.

Felner, R. D. (Invited Address) (1992). *An Ecological Analysis for Enhancing the Developmental Outcomes of Children in Poverty*. Fifth Annual Conference on Stress and Coping in Childhood and Adolescence, American Psychological Association (Committee on Children and Youth) and the University of Miami, Miami, Fl.

Felner, R. D. (2000). Educational Reform as Ecologically-Based Prevention and Promotion: The Project on High Performance Learning Communities. In D. Cicchetti, J. Rappaport, I. Sandler, & R. P. Weissberg (Eds.), *The Promotion of Wellness in Children and Adolescents* (pp. 271-307). Washington, DC: CWLA Press.

Felner, R. D., Aber, M. A., Primavera, J., & Cauce, A. M. (1985). Adaptation and vulnerability in high risk adolescents: An examination of environmental mediators. *American Journal of Community Psychology, 13*(4), 365-379.

Felner, R. D., & Adan, A. M. (1988). The school transitional environment project: A necological intervention and evaluation. In R. H. Price, E. L. Cowen, R. P. Lorion, & J. Ramos-McKay (Eds.), *Fourteen ounces of prevention: A casebook for practitioners* (pp. 111-122). Washington, DC: American Psychological Association.

Felner, R. D., Brand, S., DuBois, D. L., Adan, A. M., Mulhall, P. F., & Evans, E. G. (1995). Socioeconomic disadvantaged, proximal environmental experience, and socioemotional and academic adjustment in early adolescence: Investigation of a mediated effects model. *Child Development, 66*, 774-792.

Felner, R. D., Farber, S. S., & Primavera, J. (1980). Children of divorce, stressful life events and transitions: A framework for preventive efforts. In R. H. Price, R. F. Ketterer, B. C. Bader, & J. Monahan (Eds.), *Prevention in mental health: Research, policy and practice* (pp. 81-108). Beverly Hills, CA: Sage.

Felner, R. D., Farber, S. S., & Primavera, J. (1983). Transitions and stressful life events: A model for primary prevention In R. D. Felner, L. A. Jason, J. N. Moritsugu, & S. S. Farber (Eds.), *Preventive psychology: Theory, research, and prevention* (pp. 191-215). New York: Pergamon.

Felner, R. D., Favazza, A., Shim, M., Brand, S., Gu, K., & Noonan, N. (2001). Whole School Improvement and Restructuring as Prevention and Promotion: Lessons from Project STEP to the Project on High Performance Learning Communities. *Journal of School Psychology, 39*(2), 177-202.

Felner, R. D., & Felner, T. Y. (1989). Prevention programs in the educational context: A transactional-ecological framework for program models (pp. 13-49). In L. Bond & B. Compas (Eds.), *Primary prevention in the schools.* Beverly Hills, CA: Sage Publications.

Felner, R. D., Ginter, M. A., & Primavera, J. (1982). Primary prevention during school transitions: Social support and environmental structure. *American Journal of Community Psychology, 10,* 277-290.

Felner, R. D., Jackson, A., Kasak, D., Mulhall, P., Brand, S., & Flowers, N. (1997). The impact of school reform for the middle years: A longitudinal study of a network engaged in Turning Points-based comprehensive school transformation. In R. Takanishi & D. A. Hamburg (Eds.), *Preparing adolescents for the twenty-first century: Challenges facing Europe and the United States.* New York: Cambridge University Press.

Felner, R. D., Jackson, A. W., Kasak, D., Mulhall, P., Brand, S., & Flowers, N. (1997). The impact of middle school reform for the middle years: Longitudinal study of a network engaged in Turning Points-based comprehensive school transformation. *Phi Delta Kappan, 78*(7), 528-532, 551-556.

Felner, R. D., Silverman, M. M., & Adix, R. S. (1991). Prevention of substance abuse and related disorders in childhood and adolescence: A developmentally-based, comprehensive ecological approach. *Family and Community Health: The Journal of Health Promotion and Maintenance, 14*(3), 1-11.

Felner, R. D., Silverman, M. M., & Adan, A. M. (1991). Risk assessment and prevention of youth suicide in educational contexts: A Transactional-ecological perspective. In A. Maris, A. Berman, J. Maltsberger, & R. Yufirt (Eds.), *Assessment and Prediction of Suicide* (pp.420-447). New York: Guilford Press.

Felner, R. D., Silverman, M. M., & Felner, T. Y. (2000). Primary prevention: Conceptual and methodological issues in the development of a science of prevention in mental health and social intervention. In J. Rappaport & E. Seidman (Eds.), *Handbook of community psychology* (pp. 9-24). New York: Kluwer Academic/Plenum.

Garbarino, J. (1990). The human ecology of early risk. In J. P. Shonkoff & S. J. Meisels (Eds.), *The handbook of early intervention.* New York: Cambridge University Press.

Garmezy, N. (1983). Stressors of childhood. In N. Garmezy & M. Rutter (Eds.), *Stress, coping and development in children* (pp. 43-84). New York: McGraw-Hill.

Hawkins, J. D., Catalano, R. F., & Miller, J. Y. (1992). Risk and protective factors for alcohol and other drug problems in adolescence and early adulthood: Implications for substance abuse prevention. *Psychological Bulletin, 112*(1), 64-105.

Hinshaw, S. P., & Lee, S. S. (2003). Conduct and oppositional defiant disorders. In E. J. Mash & R. A. Barkley (Eds.), *Child Psychopathology* (2nd ed., pp. 144-198). New York: Guilford Publishing.

Hollingshead, A. A. (1975). *Four-Factor Index of Social Status.* Unpublished manuscript, Yale University, New Haven, CT.

Jencks, C., & Perterson, P. E. (1991). *The urban underclass.* Washington, DC: The Brookings Institution.

Kozol, J. (1991). *Savage inequalities: Children in America's schools.* New York: Crown.

Lamb, M. (1992). Developmental issues in addressing poverty. Fifth Annual Conference on Stress and Coping in Childhood and Adolescence, American Psychological Association (Committee on Children and Youth) and the University of Miami, Fl.

Lewin, K. (1951). *Field theory in social science: Selected theoretical papers.* Harper: New York.

Lorion, R. P., Price, R. H., & Eaton, W. W. (1989). The prevention of child and adolescent disordrs: From theory to research. In D. Schaffer, I. Phillips, N. B. Enzer, M. M. Silverman, & V. Anthony (Eds.), *Prevention of mental disorders, alcohol and other drug use in children and adolescents: OSAP Prevention Monograph-2* (pp. 55-96). Washington, DC: OASP Publications No. (ADM) 89-1646.

Mash, E. J., & Dozois, D. J. A. (2003). Child psychopathology: A developmental systems perspective. In E. J. Mash & R. A. Barkley (Eds.), *Child psychopathology* (2nd ed., pp. 3-71). New York: Guilford Publishing.

McLoyd, V. C. (1990). The impact of economic hardship on black families and children: Psychological distress, parenting, and socioemotional development. *Child Development, 61,* 311-346.

McLoyd, V. C. (1998). Changing demographics in the American Population: Implications for research on minority children and adolescents. In V. C. McLoyd & L. Steinberg (Eds.), *Studying minority adolescents: Conceptual, methodological, and theoretical issues* (pp. 3-28). Mahwah, NJ: Lawrence Erlbaum.

Mrazek, P. J., & Hagfarty, R. J. (Eds.). (1994). *Reducing risk for mental disorders: Frontiers for preventive intervention research.* Washington DC: National Academy Press.

Moynihan, D. P. (1986). *Family and nation.* Orlando, FI: Harcourt Brace Jovanovich.

Nolen-Hoeksema, S., Girgus, J. S., & Seligman, M. E. P. (1992). Predictors and consequences of childhood depressive symptoms: A 5-year longitudinal study. *Journal of Abnormal Psychology, 101,* 405-422.

Proctor, B. D., & Dalaker, J. (2003). U. S. Census Bureau, Current Population Reports, P60-222, *Poverty in the United States: 2002.* Washington, DC, U. S. Government Printing Office, Washington, DC.

Rowlison, R. T., & Felner, R. D. (1988). Major life events, hassles and adaptation in adolescence: Confounding in the conceptualization and measurement of life stress and adjustment. *Journal of Personality and Social Psychology, 55,* 432-444.

Ruggles, P. (1982). Measuring poverty. *Focus, 14,* 1-5.

Rutter, M. (1979). Protective factors in children's responses to stress and disadvantage. In M. Kent & J. Rolf (Eds.), *Primary prevention of psychopathology* (Vol. 3, pp. 49-74). Hanover, NH: University Press of New England.

Sameroff, A. J., & Chandler, M. J. (1975). Reproductive risk and continuum of caretaking casualty. In F. D. Horowitz, M. Hetherington, S. Scarr-Salapatek, & G. Siegal (Eds), *Review of child development research* (Vol. 4). Chicago: University of Chicago Press.

Sameroff, A. J., & Fiese, B. H. (1989). Conceptual issues in prevention. In D. Schaffer, I. Phillips, N. B. Enzer, M. M. Silverman, & V. Anthony (Eds.), *Prevention of mental disorders alcohol and drug use in children and adolescents: OSAP Prevention other Monograph-2* (pp. 23-54). DHHS Publication No. (ADM) 89-1646. Washington, DC: U. S. Government Printing Office.

Sameroff, A. J., Seifer, R., Barocas, R., Zax, M., & Greenspan, S. (1987). I.Q. scores of 4-year-old children: Social-environmental risk factors, Pediatrics.

Sarason, S. B. (1982). *The culture of the school and the problem of change* (2nd ed.). Boston: Allyn & Bacon.

Sarason, S. B., & Doris, J. (1979). *Educational handicap, public policy, and social history: A broadened perspective on mental retardation.* New York: Free Press.

Schorr, L. B. (1988). *Within our reach: Breaking the cycle of disadvantage.* New York: Doubleday.

Seidman, E. (1987). Toward a framework for primary prevention research. In J. S. Steinberg & M. M. Silverman (Eds.), *Preventing mental disorders: A research perspective* (pp. 2-19). DHHS Pub. No. (ADM)87-1492. Washington, DC: U. S. Government Printing Office.

Seidman, E. (1990). Pursuing the meaning and utility of social regularities for community psychology. In P. Tolan, C. Keys, F. Shertok, & L. Jason (Eds.), *Researching community psychology: Issues of theory and methods* (pp. 91-100). Washington, DC: American Psychological Association.

Sroufe, L. A., & Rutter, M. (1984). The domain of developmental psychopathology. *Child Development, 55,* 17-29.

Wilson, W. J. (1987). *The truly disadvantaged: The inner-city, the underclass, and public policy.* Chicago: The University of Chicago Press.

Wilson, W. J. (1996). *When work disappears: The world of the new urban poor.* New York: Alfred A. Knopf.

W. T. Grant Foundation. (1988). *The forgotten half: Non-college youth in America.* New York: Author.

제10장

가정폭력과 부모의 정신병리

아동의 사회정서 발달과 적응유연성을 위한 시사점

Sara R. Jaffee

가정폭력은 아동학대와 배우자 폭력을 말하는데, 미국에서는 만연해 있는 문제다. 2002년에 89만 6,000명의 아동이 신체적, 성적, 심리적 학대의 희생자로 밝혀졌다(U. S. Department of Health and Human Sciences, 2004). 최근 조사에 의하면 매년 대략 150만 명의 여성과 83만 4,700명의 남성이 배우자 폭력의 희생자로 밝혀졌다(Tjaden & Thoennes, 1998). 배우자 폭력의 수많은 희생자는 아동과 함께 살고 있다. 미 법무 통계국(U. S. Bureau of Justice Statistics)의 특별 보고서에 의하면 1993~1998년에 12세 이하 아동과 동거하는 배우자 폭력의 희생자 수는 평균 45만 9,590명이었다(Rennison & Welchans, 2000). 아동학대와 배우자 폭력은 가족 안에서 동시에 발생한다(Appel & Holden, 1998; Edleson, 1999). 미국 지역사회 표집에서 수집된 자료에 의하면 부모가 배우자에게 폭력을 가하는 가족의 아동 가운데 평균 6~11%는 신체적 학대의 위험에도 처해 있다(Appel & Holden, 1998). 지역사회 표집과 임상 표집에서 수집된 자료를 검토한 Edleson(1999)은 가정폭력(아동학대나 배우자 학대) 중 어느 한 가지에 노출된 사람 가운데 30~60%가 가정폭력의 다른 종류에도 노출되어 있다고 추정하였다.

부모의 배우자 폭력에 노출된 아동과 학대받는 아동은 아동기와 청소년기에 품행문제, 불안, 우울, 인지 역기능, 저조한 학업 수행, 낮은 자존감, 또래관계 문제를 포함한 다양한 부정적인 결과를 겪게 될 위기에 놓이게 된다(개관을 위해서는 Margolin & Gordis, 2000 참조). 그래서 아동학대와 배우자 폭력은 유병률과 동시 발생률이 높고, 가정폭력에 연루된 부모와 아동에게는 불행한 결과가 초래되기 때문에 중요한 공중건강 문제가 된다.

가정폭력의 원인을 이해하기 위하여 서로 다른 분야의 전문가가 가정폭력을 설명하는 여러 잠정적 변인을 포함하는 모형을 개발했다(Belsky & Vondra, 1989; Parke & Collmer, 1975). 예를 들면, 가정폭력의 **정신의학적 모형**은 한 개인의 양육사와 심리적 특징(예, 낮은 충동 조절, 알코올 및 약물 문제, 우울이나 성격장애)이 아동학대의 위험 수준을 증가시키거나(Kempe, Silverman, Steele, Droegemueller, & Silver, 1962; Spinetta & Rigler, 1972) 배우자 학대를 증가시키는 역할(Dutton, 1995)을 강조한다. **사회학적 모형**은 사회적 스트레스원(예, 실직, 빈곤)과 폭력에 대한 사회적 태도와 가치가 가족기능을 손상시키는 정도가 아동학대나 배우자 학대에 관련되는 정도를 강조한다(Gelles, 1973; Sugarman & Frankel, 1996; Tolan & Guerra, 1998). 마지막으로 **'아동 효과' 모형**은 다루기 어려운 아동(예, 미숙한 유아, 어려운 기질을 가진 아동)의 행동이 성인으로 하여금 거칠고 가혹한 훈육을 하도록 유도하거나(Kadushin & Martin, 1981) 자녀훈육 방법에 대한 이견을 갖게 하여 배우자 폭력을 초래하는 정도를 강조한다(Straus, Gelles, & Steinmetz, 1980).

발달적-생태학적 틀에서 연구한 Belsky(1980, 1993)는 학대가 '학대의 여러 맥락' 간 상호작용의 결과로 발생한다고 주장하였다. Belsky는 원래 아동학대를 설명할 목적으로 발달적-생태학적 모형을 설정했지만, 그것은 배우자 폭력과 같은 다른 형태의 가정폭력에도 일반화될 수 있다. 발달적-생태학적 모형에 따르면 한 사람이 자녀나 배우자를 학대할 것인지 아닌지에 영향을 미치는 여러 요인은 가장 근접한 요인에서부터 가장 먼 요인에 이르기까지 여러 수준의 생태학적 맥락을 통해서 작동한다. 개인적 수준(예, 개인의 성격이나 정신질환), 미시체계의 수준(예, 빈곤, 편부모, 실직과 같은 가족 수준 요인), 외체계의 수준(예, 지역사회 수준의 폭력, 실직률, 사회 응집력), 거시체계의 수준(예, 폭력에 대한 문화적 태도, 가정폭력에 관한 정책)에 해당하는 여러 요인이 있다. 발달적-생태학적 모형은 다수의 요인이 가정폭력을 결정한다는 사실을 강조한다. 그리고 Belsky(1993)가 결론 내렸듯이 가정폭력에는 필수적인 원인도 충분한 원인도 없는 듯하다. 따라서 이 장에서는 부모의 정신질환과 가정폭력의 관계에 초점을 맞추지만 정신의학적 모형을 옹호하지는 않는다. 가정폭력은 다음에 제시할 문헌 검토에서 알 수 있듯이 수많은 원인을 가지고 있다. 특히 부모의 정신병리가 가정폭력의 위험을 증가시키는 정도는 시간의 경과에 따라서 가변적인 다른 악화요인과 보상요인의 균형에 좌우된다(Cicchetti & Rizley, 1981). 분명한 것은 정신병력을 가진 모든 부모가 가정폭력에 연루되는 것도 아니고, 가정폭력에 연루된 모든 부모가 정신병력을 가진 것도 아니라는 점이다. 그러나 자녀양육의 결정요인에 관한 이론에서 부모의 성격이 중요한 역할을 하기 때문에 부모의 정신병리에 주목할 가치는 있다. 성격은 부모의 발달사(예, 부모가 자녀였을 때 양육을 받은 초기 경험)와 부모로서의 현재 기능을 연결 짓는다. 또한 성격은 가정폭력의 위험을 증가 또는 감소시키는 다양한 맥락적 요인(부부관계의 질, 직업 만족, 안정성)에 영향을 미친다(Belsky, 1984).

이 장의 목적은 부모의 정신병리와 두 가지 형태의 가정폭력(배우자 폭력, 아동학대)의 관계를 다룬 문헌을 소개하는 데 있다. 아동학대는 신체적, 심리적, 성적 학대와 유기 및 방임을 포함하지만, 이 장에서 검토한 대부분의 연구는 신체적 아동학대에 관한 것이다.

이 시점에서 가정폭력과 부모의 정신병리에 관한 문헌을 검토하는 것은 가치가 있다. 왜냐하면 지역사회 표집에서 가정폭력과 부모의 정신병리 간 관계의 강도를 추정하기 위하여, 그리고 이 추정치를 가정폭력과 부모의 정신병리의 동시 발생 추정치를 과장시키는 수많은 다른 심리사회적 위험요인과 관련된 임상 표집에서 산출한 추정치와 비교하기 위하여 전국을 대표하는 자료 세트를 점점 더 많이 사용하고 있기 때문이다. 더구나 전국을 대표하는 종단 자료 세트에 근거한 연구는 정신질환과 가정폭력의 시간적 관계에 관한 문제를 다룬다. 이런 자료에 존재하는 시간적 관계의 특징 때문에, 연구자는 부모의 정신병리가 가정폭력의 위험요인인지 혹은 가정폭력의 희생자가 되는 경험에서 발생하는 결과인지를 탐색할 수 있게 되었다.

이 장에서는 부모의 정신병리를 가정폭력과 연결 짓는 증거를 검토할 것이다. 그런 후 부모의 정신병리와 가정폭력의 관계를 설명하는 증거를 검토할 것이다. 마지막으로 가정폭력과 부모의 정신병리 모두에 노출된 가정에서 성장하는 아동의 안녕에 대한 시사점을 논할 것이다. 가정폭력과 부모의 정신병리로 인해 저조한 적응을 하게 될 위험에도 불구하고, 가족 안에서 그런 역경에 노출된 많은 아동은 시간이 지나면서 여러 기능 영역에서 놀랄 만큼 탄력적으로 회복하여 적응유연성을 보인다. 더불어 부모의 정신병리와 가정폭력의 동시 발생이 아동의 적응유연성을 감소시키는 정도도 고려할 것이다.

부모의 정신병리와 배우자 폭력

부모의 정신병리와 배우자 폭력의 관계는 임상 표집과 지역사회 표집 모두에서 발견할 수 있다. 임상 표집은 폭력을 저질렀기 때문에 선정된 사람(주로 남성으로, 예컨대 폭력 가해자 치료 프로그램에서 표집된 사람)이나 배우자 폭력의 희생자이기 때문에 선정된 사람(주로 여성으로, 예컨대 폭력피해 여성 보호소에서 표집된 사람)을 일컫는다. 배우자 폭력과 정신건강 문제의 관계에 관한 메타분석에서, Golding (1999)은 정신병원, 폭력피해 여성 보호소, 병원 응급실에서 표집된 여성의 폭력피해 경험이 자살, 외상후 스트레스장애, 약물 사용/의존을 유의하게 증가시킨다는 결과를 보고하였다. 비록 Golding은 폭력피해가 여성에게 정신장애를 일으키는 원인이라고 보는 모형을 지지한다는 결론을 내렸지만, 배우자에게 폭력을 당한 피해 여성이 학대적 관계를 이룰 확률에 영향을 미칠 수도 있는 정신장애를 이전에 이미 가지고 있었을 가능성을 고려하지 못한 것은 이 연구의 한계점이다.

성격장애는 가정폭력 치료 프로그램에 등록한 남성의 90%를 차지한다(Craig, 2003). 그리고 수동-공격적 성격장애와 반사회적 성격장애가 임상 수준에까지 상승하는 것은 가정폭력을 가장 잘 예측한다(Dutton, 1994). 그러나 정신병리와 배우자 폭력 범죄의 관계는 가해자 집단이 상당히 이질적이라는 사실을 가린다(Dixon & Browne, 2003; Holtzworth-Monroe & Stuart, 1994). Holtzworth-Monroe와 Stuart(1994)는 **가해자 유형론**을 제안하면서 남성을 가족 국한형 가해자, 경계선-기분부전 가해자, 일반적으로 폭력적-반사회적인 가해자로 분류하였다. 이러한 집단의 분류는 세 가지 차원을 고려하여 이루어졌다. 즉, (1) 부부폭력의 심각성과 빈도, (2) 폭력의 일반성(가족형 대 확대가족형), (3) 정신병리와 성격장애의 존재다. 가해자 유형론을 경험적으로 검증한 Holtzworth-Monroe, Meehan, Herron, Rehman과 Stuart(2000)는 표집된 가해자 가운데 16%가 일반적으로 폭력적-반사회적인 집단에 해당된다고 보고하였다. 이들 남성은 높은 수준의 정신병리, 약물 사용과 남용, 범죄를 보였다. 표집의 15%는 경계선-기분부전 집단을 구성하였다. 그들은 경계선적 성격과 DSM 제1축의 여러 장애(주요 우울장애, 불안장애, 외상후 스트레스장애, 사고의 혼란 증상)에서 높은 점수를 보였다. 이들 변인에서 폭력적-반사회적인 집단과 경계선-기분부전 집단은 비폭력적 통제집단과 유의한 차이를 보였다. 그러나 표집에서 폭력적인 남성의 1/3 이상(36%)이 가족 국한형 집단에 속하였고, 그들은 정신병리와 범죄 행위의 측면에서 비폭력적 통제집단과 구분되지 않았다.

정신병리가 가해자의 일부 집단만을 특징짓는다는 생각에서, Gleason(1997)은 가해 남성의 심리적 및 사회적 역기능을 검토하여 두 집단으로 분류했다. 한 집단은 빈번한 알코올 남용, 반사회적 성격장애, 낮은 지능, 범죄 행위의 특징을 보였으며, 다른 한 집단은 심리적 및 사회적 역기능의 수준이 비교적 낮은 특징을 보였다.

지역사회 표집은 선정되지 않은 사람 가운데 배우자 폭력을 범했거나 배우자 폭력의 희생자였다고 보고한 사람을 포함한다. 젊은 성인으로 동시대 출생집단을 구성하여 역학조사를 수행한 Danielson, Moffitt, Caspi와 Silva(1998)는 배우자 폭력의 피해 여성 가운데 반수 이상이 DSM-III 장애를 겪고 있고, 심각한 배우자 폭력(예, 발로 차임, 물림, 주먹으로 맞음, 물건으로 맞음, 구타당함, 목 졸림, 칼이나 총으로 위협당함)을 경험한 사람 가운데 거의 2/3가 기분장애, 섭식장애, 약물의존, 반사회적 성격장애, 정신분열증 가운데 최소한 하나의 기준을 충족시킨다고 보고하였다. 배우자를 폭행한 거의 모든 사람은 불안장애, 기분장애, 약물의존, 반사회적 성격장애, 정신분열증 가운데 하나 또는 그 이상의 준거를 만족시켰다.

배우자 폭력과 정신질환의 관계를 밝힌 연구의 결과는 최소한 다음 세 가지 방식으로 해석될 수 있다. (1) 정신장애가 배우자 폭력을 범하게 하거나 배우자 폭력의 희생이 되게 하는 원인이다. (2) 배우자에게서 신체적으로 학대받아 온 경험이 정신장애의 위험을 증가시킨다. (3) 정신장애와 배우자 폭력의 관계는 허위이고, 제3의 변인(예, 낮은 사회경제적 지위)으로 설명할 수 있다. 배우자 폭력과 정신질환에 관한 종단 자료를 수집할 수 있게 되면서 연구자는 정신장애와 배우자 폭력의 관계가 사회적 선택(정신병력을 가진 사람이 폭력적 관계를 시작할 위험이 높음), 사회적 원인(배우자 폭력이 정신장애의 원인이 됨), 또는 허위적 관계를 반영하는지의 질문에 대한 대답을 얻기 위하여 자료의 시간적 특징을 활용하기 시작했다.

수많은 전국조사 연구에서 배우자에게 폭력을 행사한 대부분의 사람은 폭력의 희생자이기도 했음이 밝혀졌다(Magdol et al., 1997). 그래서 정신건강 문제가 배우자에 대한 폭력의 행사를 예측할 수 있는데, 폭력 가해자 자신이 과거에 폭력의 희생자였고 그 결과로 정신건강 문제를 겪었기 때문이다. Anderson(2002)은 전국 가족 및 호구 조사(National Survey of Families and Households)의 자료를 사용하여 다양한 사회인구학적 변인과 폭력 희생을 통제해도 우울 증상이 배우자 폭력 범죄의 비율을 증가시킨다는 것을 발견했다. 그러므로 우울 증상을 보고하는 사람은 폭력 범죄를 저지를 고위험에 놓여 있고, 심지어 과거에 그 자신이 폭력의 피해자였을 수도 있다. 대조적으로 약물 및 알코올 문제와 폭력 범죄 간 관계는 허위로 밝혀졌다. 약물과 알코올 문제는 배우자 폭력 범행과 관련되는데, 둘다 폭력 피해 경험에서 파생되었기 때문이다. 이러한 결과는 성별에 따라 다소 다르다. 예를 들면, Anderson(2002)은 폭력의 피해자라는 사실이 남성보다 여성에게 더 높은 수준의 우울 증상 및 더 많은 약물남용 문제와 관련된다는 결과를 발표하였다. 유사하게 Magdol과 그 동료(1997)는 심각한 배우자 폭력의 피해자라는 사실이 불안 수준의 상승과 관련된다는 결과가 남성이 아닌 여성에게서 나타난다고 보고하였다.

동시대 출생집단에 관한 종단연구 자료를 사용한 Robins, Caspi와 Moffitt (2002)는 성격요인과 관계의 질, 갈등, 학대의 관계를 탐색했다. 정신병리 자체의 측정치는 아닐지라도, 몇몇 성격 차원은 DSM 제1축 장애와 제2축 장애의 근원이 된다. 예를 들면, 부정적 정서성(두려움, 불안, 분노와 같은 부정적 정서 경험에 대한 낮은 역치로 지표화됨)은 불안과 우울의 기초가 되는 반면에 낮은 억제(부주의하고 탈억제된 방식, 스릴의 추구, 사회적 규범의 위반으로 지표화됨)와 부정적 정서성의 병행은 반사회적 행동의 기초가 된다(Krueger, Caspi, & Moffitt, 2000; Watson, Clark, & Harkness, 1994). Robins와 그 동료(2002)는 청소년기에 부정적 정서성의 경향을 가졌던 사람이 20대 초반에서 중반 사이에 점점 더 학대적인 관계를 경험한다는 것을 발견했다. 이 시기 동안에 한 명의 배우자와 계속 관계를 유지했건 배우자를 바꾸었건 간에 사실로 밝혀졌다. 이 결과는 관계 특유의 역동이 새로운 관계를 맺을 때마다 갈등상태와 학대적인 역동을 재생하는 사람의 성격에서 안정적으로 나타나는 개인차임을 시사한다.

요약하면, 배우자 폭력에 연루된 상당히 많은 수의 사람이 정신장애를 가진 것은 아닐지라도 임상 표집과 전국 대표 표집 모두에서 배우자 폭력과 정신장애의 관계가 나타났다(Holtzworth-Monroe, Meehan, Herron, Rehman, & Stuart, 2000). 폭력 범행, 폭력 희생, 정신장애의 시간적 관계를 평가한 여러 연구는 개인의 피해 역사에 무관하게 일부 장애가 폭력 범행의 위험을 증가시키는 반면에 다른 형태의 장애는 폭력 범행과 마찬가지로 피해 역사에서 발생하므로 정신장애가 폭력 범행과 관련된다는 것을 밝혔다. 다음과 같은 문제를 탐색하기 위하여 향후 더 많은 종단연구를 수행해야 한다. 정신병리는 배우자 폭력의 경험에서 시작되는가? 배우자 폭력은 정신병리의 기초 소인을 악화시키는가? 배우자 폭력은 한 사람의 정신병리 역사를 반영하는 안정된 개인차의 표현인가? 마지막으로 빈곤, 편부모, 실직과 같은 '제3의 변인'이 정신장애와 배우자 폭력의 관계를 설명하는지에 대해 탐색한 연구는 별로 없다. 그러나 정신장애와 배우자 폭력은 그런 다른 변인이 존재할 때만 관련될 수 있다.

부모의 정신병리와 아동학대

정신장애와 배우자 폭력에 관한 연구에서도 그러했듯이, 부모의 정신병리와 아동학대 간 관계를 연구한 학자들은 임상 표집의 부모(예, 보호기관에 있는 부모)와 전체 집단 표집의 부모를 대상으로 자료를 수집했다.

임상 표집

미국의 주립 아동보호 기록을 보면 물질남용 사례의 81%에 해당하는 가족이 최다 발생 문제 두 가지 가운데 하나를 보인다는 것을 알 수 있다(Lung & Daro, 1996). 아동학대가 확인된 사례 중 40%는 부모가 알코올이나 약물을 사용하였다(Children of Alcoholics Foundation Inc., 1996). 연구자와 사회복지사는 1980년대부터 1990년대 초반까지 코카인 사용의 증가로 인해 아동보호 서비스 기록도 급증했다고 보고했다(Curtis & McCullough, 1993). 알코올 중독자의 자녀는 일반 집단의 아동에 비해 부상을 더 많이 당하고 독극물에 더 많이 중독된다는 연구에서 증명되었듯이 유기 · 방임될 위험이 더 높다(Bijur, Kurzon, Overpeck, & Scheidt, 1992).

약물남용은 아동학대의 과정과 결과에 영향을 미칠 수 있다. Murphy와 동료(1991)는 매사추세츠 주 법원에 송부된 200개 이상의 아동보호 사례에 연루된 부모 가운데 약물, 알코올, 물질을 남용하는 부모와 물질이 아닌 것을 남용하는 부모를 비교했다. 그 결과, 물질남용을 한 적이 있는 부모는 다른 학대 부모에 비하여 아동학대 재범자일 가능성이 더 높고 아동보호 서비스를 더 오래 받을 확률이 높은 것으로 나타났다. 또 약물남용을 한 적이 있는 부모는 자녀를 계속 학대할 위험에 처한 것으로 법정 조사원에 의해 평가될 가능성이 높고, 법정에서 명령한 서비스를 거부할 가능성이 더 높아서(71% 대 39%), 결국에는 자녀 양육권을 상실할 가능성이 더 높았다(80% 대 58%). 약물을 남용하는 가족과 그렇지 않은 가족 간 차이는 사회복지 혜택 수령으로 지표화되는 사회경제적 지위를 통제한 이후에도 여전히 유의했다. 그러므로 학대와 부모의 약물남용 문제가 공존하는 가정에서 부모는 치료에 더욱 저항적이며, 자녀는 보호시설에 배치될 가능성이 더 높다.

이러한 연구는 자녀를 학대하는 부모가 정신장애를 가질 비율이 상당히 높다는 것을 보여 주지만, 사회인구학적으로 매치된 통제집단에 비하여 자녀를 학대하는 부모집단에서 정신장애의 발병률이 유의하게 더 높은지는 밝혀지지 않았다. 아동보호 서비스에 보고되었고 (징후가 있는 것으로 나타난) 53개 가족에 관한 연구에서, De Bellis와 동료(2001)는 DSM-III와 DSM-IV에서 진단된 불안장애, 기분장애, 알코올 및 약물 남용/의존 장애의 평생 유병률이 사회인구학적으로 유사한 통제집단 어머니에 비하여 자녀를 학대하는 어머니에게서 유의하게 높다고 보고하였다. 또한 범죄로 인해 체포된 비율에서는 다르지 않았지만, 자녀를 학대하는 어머니는 통제집단 어머니에 비하여 다른 성인 가족이나 지역사회 구성원에게 폭력행동을 더 많이 행사하였다.

Famularo와 동료(Famularo, Kinscherff, & Fenton, 1992; Famularo, Stone, Barnum, & Wharton, 1986)는 연령, 수입, 인종, 부부관계에서 비슷한 부모 중 법정에 의뢰된 학대 부모 50명과 일반 소아과 병원에 입원한 환아의 부모 38명을 비교하였다. 그 결과 학대 부모가 통제집단 부모보다 평생 동안 알코올중독의 연구 준거와 진단 준거를 더 많이 충족시켰고(38% 대 8%), 주요 우울장애의 연구 준거와 진단 준거를 더 많이 충족시켰다(28% 대 8%).

이러한 임상 연구는 아동보호 서비스 명단에 오른 부모의 정신장애 발병률을 추정한 것이다. 부모의 정신장애와 아동학대의 관계를 연구하는 또 다른 접근은 정신건강 서비스를 받는 부모 가운데 자녀를 학대하는 부모가 얼마나 많은지를 추정하는 것이다. 적어도 두 개의 연구에 의하면 사회인구학적 측면에서 비슷하도록 매치된 통제집단 어머니에 비해 코카인을 사용하는 어머니가 자녀를 신체적으로 더 많이 학대하고 방임했다(Kelley, 1992; Wasserman & Leventhal, 1993). 예를 들면, Kelley(1992)는 약물에 노출된 유아의 60%가 이후에 학대나 방임/유기되었다고 보고했는데, 이는 통제집단 아동의 경우 8%에 불과한 것과 대조를 이룬다. 생후 11개월이 되었을 때 모든 통제집단 아동이 친어머니와 함께 살고 있는 것과는 대조적으로, 약물에 노출된 아동은 겨우 반수만이 친어머니와 함께 살았다. 그 가운데 42%는 아동보호 서비스에 의해 위탁보호를 받거나 친척이나 다른 사람에게 보내졌다.

요약하면, 사회인구학적으로 매치된 통제집단과 비교하여 아동학대와 정신장애(주요 우울장애, 성격장애, 약물사용 장애를 포함)의 연관성은 (1) 아동보호 서비스에 의뢰된 부모의 정신장애 유병률이 평가된 표집, (2) 약물남용 어머니의 아동학대 유병률이 순행적으로 평가된 표집에서 더 많이 탐지되었다. 이 결과를 해석하려면 몇 가지 사항을 유념해야 한다. 첫째, 자녀 양육권을 갖기에 잠정적으로 부적합하다는 판정을 받은 부모가 일부 표집에 포함되었다(예, Famularo et al, 1992; Murphy et al., 1991). 그들은 심각하게 학대하는 부모집단을 구성하므로, 이 집단의 장애 발병률은 아동학대 부모의 일반적인 장애 발병률을 대표하지 않는다. 둘째, 약물남용 문제를 가진 부모가 아동보호 서비스 명단에 과다하게 포함되므로 이런 부모가 다른 부모보다 자녀에게 더 큰 위험요인으로 인식되는 탐지 편향을 반영할지도 모른다(Benjet, Azar, & Kuersten-Hogan, 2003).

전체 집단 표집

대표적인 세인트 루이스 역학 조사 지역(St. Louis Epidemiological Catchment Area: ECA) 표집(Robins & Regier, 1991)에서 수집한 자료를 사용한 몇몇 연구가 아동학대와 정신장애의 연관성을 보고하였다. Dinwiddie와 Bucholoz(1993)는 ECA 표집에 포함된 부모 가운데 자기 보고된 자녀에 대한 신체적 학대의 평생 발생률을 4.1%로 보고했다. 자녀에게 신체적 학대를 했다고 보고한 부모는 자녀를 학대하지 않은 부모보다 일생 동안 알코올 남용/의존, 약물남용, 반사회적 성격장애, 주요 우울장애, 공포장애를 겪을 가능성이 유의하게 높았다. Egami, Ford, Greenfield와 Crum (1996)은 ECA 표집에 있는 모든 성인을 대상으로 정신장애와 아동학대의 연관성을 탐색했다. 일생 동안 어떤 정신장애든지 겪을 경우 자녀에 대한 신체적 학대의 발생률은 2.72배 증가했다. 다른 정신의학적 진단과 일련의 사회인구학적 변인을 통제한 후에도 알코올 남용이나 의존의 평생 유병률과 정서장애의 평생 유병률이 자녀에 대한 신체적 학대의 위험을 증가시켰다. 마지막으로 Chaffin, Kelleher와 Hollenberg(1996)는 자녀에 대한 신체적 학대와 유기/방임을 예측하기 위해 이전 시기에 측정한 사회인구학적 자료와 정신의학적 자료로 ECA 조사에서 순행적 종단설계(prospective, longitudinal design)를 활용하였다. 자녀에 대한 신체적 학대와 유의하게 관련된 다수의 사회인구학적 요인을 통제했을 때, 자녀를 신체적으로 학대한다고 보고한 부모는 1년 전에 우울장애와 약물남용의 진단을 받았을 가능성이 유의하게 높았다. 자녀를 방임/유기한다고 보고한 부모는 1년 전에 약물남용과 강박성 장애의 진단을 받았을 가능성이 유의하게 높았다(강박성 장애의 진단을 받은 수가 적고 방임/유기와의 연관성이 인위적일지라도). 사회인구학적 변인과 정신의학적 장애를 통제한 모형에서는 약물남용이 자녀에 대한 신체적 학대와 강력한 관계를 유지했다. 또한 약물남용이 일련의 사회인구학적 변인(예, 부모의 나이, 가족 수, 부모의 부부관계, 인종)과 방임/유기의 관계를 매개했다.

ECA 연구에서 밝혀진 이 같은 결과는 전체 집단 표집을 대상으로 한 다른 대규모 연구에서도 반복되었다. 성인 1,200명을 대상으로 한 연구에서는 배우자나 파트너, 자녀, 가족 외 다른 사람에게 폭력을 행사하거나 자녀를 방임/유기하는 비율이 반사회적 성격장애, 알코올 남용이나 의존, 재발성 우울이 명백하게 있거나 가능하다고 진단받은 사람에게서 1.6~4.7배 더 높았다(Bland & Orn, 1986). 두 개 또는 그 이상의 장애를 공존 병리로 가진 사람이 가족 또는 가족 외 다른 사람에게 폭력을 행사하는 비율은 기하급수적으로 높았다. 또한 장애가 없는 644개 가족에 대한 연구에서 부모의 범죄와 약물남용이 아동학대와 관련된 것으로 나타났다(Brown, Cohen, Johnson, & Salzinger, 1998). 신체적 아동학대, 방임/유기, 성적 학대의 비율은 약물, 알코올 또는 경찰과 연루되었던 적이 있다고 보고한 어머니에게서 4~6배 높았다.

요 약

임상 연구와 전체 집단을 대상으로 한 연구를 통해서 일련의 사회인구학적 변인을 통제했을 때조차 부모의 정신장애와 아동학대 사이에 관계가 있다는 결과가 밝혀졌다. 약물남용과 정서장애나 반사회적 성격장애는 아동학대의 위험을 증가시키는 것으로 일관성 있게 밝혀졌다. 비록 전통적으로는 부모의 정신병리가 아동학대의 위험을 직접 증가시키는 것으로 개념화되어 왔지만, 이런 자료에 대한 대안적인 해석이 가능하다.

첫째, 배우자 폭력과 정신장애에 관한 연구에서 밝혀졌듯이 일군의 제3의 변인(예, 빈곤, 실직)이 부모의 정신장애와 아동학대의 관계를 설명할 가능성이 있다. 일련의 사회인구학적 요인을 통제하면서 수많은 임상 연구와 지역사회 연구를 수행했지만, 측정하지 못한 변인이 부모의 정신병리와 아동학대의 관계를 설명할지도 모른다. 둘째, 정신병리의 역사가 있는 부모에게서 태어난 아동은 내재화 문제와 외현화 문제를 일으킬 위험에 처해 있다. 그러므로 아동의 문제 행동은 자녀양육의 스트레스를 다룰 준비가 되어 있지 않은 부모가 학대적인 반응을 하도록 유도할 가능성이 있다. 셋째, 부모의 정신장애와 아동학대의 연관성이 다른 변인(예, 사회적 지지, 편부모)에 의해 조절될 가능성을 탐색한 연구는 별로 없다. 마지막으로 대부분의 연구에서 부모의 정신장애는 평생을 기반으로 진단되므로 자녀가 학대받을 때 부모가 장애 삽화를 경험하고 있었는지, 아동학대에서 부모의 정신장애가 어떤 역할을 하는지는 불분명한 채 남아 있다. 그렇기에 부모의 정신장애가 아동학대에 미치는 영향을 설명하기에 복잡한 문제가 추가로 야기된다(Kraemer, 2003). 자녀양육의 역기능이 아동학대로 나타났듯이, 그것은 정신장애 자체가 있느냐 없느냐가 아니라 장애의 심각성과 만성적인 정도에 강력하게 관련되어 있을지도 모른다(Hammen & Brennan, 2003). 이는 연구자가 왜 정신장애가 아동학대와 관련되는지를 설명하려고 시도할 때 부모의 정신건강 문제의 발병시기, 지속기간, 심각성에 더욱 세밀한 주의를 기울여야 함을 시사한다.

왜 부모의 정신병리가 가정폭력의 위험요인이 되는가

정신장애의 역사를 가진 부모가 가정폭력의 위험을 증가시키는 이유를 탐색한 연구는 극히 드물다. 이에 대한 잠정적인 설명은 여러 장애에 걸쳐 흔할 수도 있고 특정 장애하고만 관련될 수도 있다. 예를 들면, 아동기 초기에 나타나는 반사회적, 공격적 행동의 배후 소인이 표현된 것이 아동학대와 배우자 폭력이라면, 부모의 반사회적 성격장애와 가정폭력의 연관성에 대한 설명이 가능하다(Newcomb & Loeb, 1999). 아동기 공격성이 성인기의 배우자 폭력과 아동학대를 예측하는지를 검증한 연구(Capaldi & Clark, 1998; Magdol, Moffitt, Caspi, & Silva, 1998)와 성인기의 수많은 다른 반사회적 행동을 예측하는지를 검증한 연구(Moffitt, Caspi, Harrington, & Milne, 2002)를 통해 이 가설을 지지할 수 있다.

또한 가정폭력과 부모의 정신병리 간 연관성을 **자녀양육의 사회 인지적 모형**에 비추어 설명할 수 있다. 예를 들면, 부정적 정서는 자녀의 행동에 대한 부모의 지각, 해석, 평가를 어느 한쪽으로 편향되게 한다(Azar & Twentyman, 1986; Dix, 1991; Milner, 2003). 특징적으로 화를 잘 내거나 우울하거나 불안한 부모는 자녀가 고의로 부정적인 방식으로 행동한다고 지각할 가능성이 높다(Dix, 1991). 실제로 학대하는 부모는 자녀의 잘못된 행동을 안정적이고 전반적이며 내적인 원인에 귀인하는 경향이 높다(개관을 위해서는 Azar, 2002; Milner, 2003을 참조). 비슷하게 부정적 정서는 배우자의 행동에 대한 지각도 편향되게 만들 수 있다(Noller, Beach, & Osgarby, 1997).

부모의 우울성 인지양식(예, Abramson, Metalsky, & Alloy, 1989)은 부모가 자녀 양육자로서의 역할 수행에 유능하지 못하다고 지각하는 데 기여하며, 자녀와 상호작용할 때 위축되게 만든다. 부모-자녀 상호작용이 적은 가족에서는 위축된 부모의 반응이 자녀의 문제 행동을 강화할 수 있다. 이런 강압적인 상호교류가 부모의 유능성 지각을 손상시킬 수 있다(Azar, 2002). 학대적인 부모는 자기존중감과 자녀양육 통제감이 낮은데(Trickett & Susman, 1988), 이런 부모는 권력을 주도적으로 사용하는 수단을 덜 가지고 있으며 자녀의 행동을 관리하는 자신의 능력에 대한 신념을 별로 가지고 있지 않다는 것을 시사한다.

세 번째 가설은 자녀를 학대하는 부모는 다른 부모에 비해 스트레스 관리에 어러움을 겪고 있다는 것이다(Whipple & Webster-Stratton, 1991). 사회적 스트레스원에 노출되면 정신장애의 발병 또는 재발이 촉진될 수 있지만, 정신장애의 역사가 부모의 갈등, 부모의 관계, 부모의 직업 비일관성을 포함한 일련의 사회적 스트레스원을 경험할 위험과 사회적 지지가 침식당할 가능성을 증가시킬 수도 있다. 그러므로 부모가 겪을 수많은 스트레스원이 증가하고 그것을 관리할 부모의 능력이 손상받기 때문에 부모의 정신장애가 아동학대의 확률을 증가시킬 수 있다.

연구를 위한 시사점

학대적인 가족에서 성장하는 아동이나 정신병리의 역사를 가진 부모가 양육하는 아동은 청소년기와 성인기에 일련의 부정적인 결과를 겪게 될 위험에 처해 있다. 그럼에도 이런 역경을 겪고 있는 많은 아동은 적응유연성을 보인다(Cicchetti & Garmezy, 1993). 가정폭력과 부모의 정신장애가 함께 발생할 때는 이들 위험요인 중 어느 하나에만 노출될 때만큼 아동이 긍정적인 심리적 적응을 이룰 가능성이 있는가? 가정폭력과 부모의 정신장애에 노출된 아동은 둘 중 어느 하나의 위험요인에만 노출된 아동보다 긍정적인 심리적 적응을 이룰 가능성이 낮다. 왜냐하면 (1) 부모의 정신장애와 관련된 부적응의 유전적 위험이 있기 때문이며, (2) 부모의 정신병리와 가정폭력이 동시 발생하는 가족 안에는 심리사회적 위험요인이 많이 축적되어 있기 때문이다.

유전적 위험

가정폭력에 노출된 아동과 부모가 정신장애를 겪은 아동은 우울이나 반사회적 행동과 같은 문제 행동을 더 많이 보일 수 있다. 왜냐하면 문제 행동의 위험요인이 부모로부터 자녀에게 유전적으로 전이되기 때문이다. 아동기 우울과 반사회적 행동의 유전가능성은 둘 다 중간 정도에서 매우 높은 정도까지의 범위에 속한다(Arseneault et al., 2003; Rutter, Silberg, O'Connor, & Simonoff, 1999). 그러므로 가정폭력에 노출된 아동과 부모가 정신장애의 역사를 가진 아동은 문제 행동을 보일 가능성이 높다. 왜냐하면 (1) 유전적 소인이 문제 행동의 위험을 직접 증가시키거나, (2) 유전과 가정폭력이 문제 행동의 위험을 가법적으로 증가시키거나, (3) 가정폭력이 문제 행동의 근원적인 유전적 취약성을 악화시키거나, (4) 문제 행동의 유전적 소인이 가정폭력을 유발하기 때문이다(예, 기질적으로 어려운 자녀를 어떻게 훈육할지에 관한 부모갈등이 일어날 때, 또는 관리하기 어려운 자녀의 행동이 부모가 학대적 반응을 하게끔 자극할 때).

쌍생아 연구와 입양연구를 통해 유전적 요인이 반사회적 행동과 우울 변량의 적어도 중간 정도 이상을 설명한다는 보고가 있다(Kendler & Prescott, 1999; Rhee & Waldman, 2002; Sullivan, Neale, & Kendler, 2000). 그러나 특정 유전자를 확인하는 분자유전학 연구를 통해 유전적 변산(다형태, polymorphisms)이 장애 발생의 위험을 직접 증가시키지 않고 오히려 환경적 스트레스원에 대한 민감성에 영향을 미침으로써 장애 발생의 위험을 증가시킨다는 것이 밝혀졌다(Caspi et al., 2002, 2003). 환경적 스트레스원이 없을 때, 이러한 다형태(예, 길거나 짧은 형태의 한 유전자를 갖는 것)가 장애와 신뢰성 있는 관계를 이루지 않는데, 이는 장애에 대한 유전의 '주 효과' 가 없다는 것을 시사한다(Hamer, 2002).

최근의 연구 3개가 환경적 위험과 유전적 위험의 상호작용을 보고했다. 이 연구는 학대가 아동기와 성인기의 반사회적 행동과 우울에 미치는 효과는 그 사람의 유전적 구성에 좌우된다는 것을 보여 준다. 2,232명의 5세 쌍생아 표집에서 자료를 수집한 Jaffee와 동료(출판 중 a)는 품행장애의 유전적 위험이 높은 아동과 신체적 학대를 경험한 아동에서 품행문제가 많이 나타난다는 것을 발견하였다. 그러나 신체적 학대를 경험했을지라도 품행장애의 유전적 위험이 낮은 아동에서는 품행문제의 발병률이 높지 않았다.

유사하게 500명의 성인 남성을 대상으로 한 순행적 종단연구에서 수집한 자료를 분석한 Caspi와 동료(2002)는 반사회적 행동이 저활동성 모노아민 옥시다제 A(MAOA) 유전형을 가진 남성과 아동기 학대를 경험한 남성에서 반사회적 행동이 많이 나타난다는 것을 발견하였다. 마찬가지로 학대를 경험했을지라도 좀 더 일반적인 고활동성 MAOA 유전형을 가진 남성에게서는 반사회적 행동이 많이 나타나지 않았다. 마지막으로 Caspi와 동료(2003)는 세로토닌 전달자 유전자(5-HTTLPR)의 짧은 형태를 보유한 사람에게서만 아동기 학대가 성인기 우울을 예측하고, 이 유전자의 긴 형태를 보유한 사람에게서는 아동기 학대가 성인기 우울을 예측하지 못한다고 보고하였다. 이런 결과는 부모가 자녀에게 전달하는 것은 장애의 유전적 위험 자체가 아니라 유전적으로 영향을 받은 환경적 스트레스원에 대한 민감성임을 시사한다. 그렇다면 가정폭력과 부모의 정신병리가 동시 발생하는 가정에서 양육되는 아동은 환경적 스트레스원에 매우 민감하게 반응하는 유전적 변이를 물려받았을 가능성이 높다. 그렇기에 반사회적 행동과 우울이 발생할 더 큰 위험에 처하게 될 것이다.

비록 학대의 희생자인 아동이 반사회적 행동을 할 유전적 위험에 처할 수 있기는 하지만, 반사회적 행동에 대한 아동의 유전적 소인이 성인으로 하여금 학대를 하도록 자극할 것 같지는 않다. 위의 2,232명의 쌍생아 표집에서 학대받은 경험이 유전되지는 않았다. 이는 유전적으로 영향을 받은 아동의 어떤 특징이 성인으로 하여금 학대를 하도록 유발시키지는 않는다는 것을 보여 준다(Jaffee et al., 출판 중 b; Jaffee, Caspi, Moffitt, & Taylor, 2004).

심리사회적 위험요인의 축적

가정폭력을 겪었으며 부모가 정신장애의 역사를 지닌 아동은 학대받지 않은 아동보다 더 많은 위험요인에 노출되어 있기 때문에 긍정적인 심리적 적응을 보일 가능성이 낮다. 위험요인 각각이 아니라 여러 위험요인의 축적이 아동학대와 관련된다고 보고한 연구가 있다(Rutter, 1979). 이런 스트레스원은 가법적이거나 상호작용적인 방식으로 작용하여 아동이 부적응할 위험을 증가시킨다. 부모의 정신장애가 가정폭력의 빈도와 심각성을 악화시킨다는 몇몇 증거가 있다. 예를 들면, Holtzworth-Monroe, Meehan, Herron, Rehman과 Stuart(2003)는 정신병, 물질남용, 범죄 행위의 특징을 지니면서 남을 구타하는 사람이 3년 동안 폭력을 중단하지 않을 가능성이 가장 낮다고 보고하였다. 또한 이런 사람은 가장 심각하고 폭력을 자주 행사한다. 매맞는 여성을 위한 쉼터에서 생활하는 4~12세 아동과 그 어머니를 연구한 Hughes와 Luke(1998)는 비교적 낮은 수준의 우울과 불안 증상을 보고한 어머니가 배우자에게 언어적 공격을 비교적 덜 한다는 것을 발견했다. 그들의 자녀는 외현화 문제나 내재화 문제를 가장 적게 경험했고, 평균보다 높은 수준의 자기존중감을 보고했다. 그래서 가정폭력과 부모의 정신병리가 동시 발생하지 않는 가정에 비하여 아동이 가정폭력과 부모의 정신장애 모두에 노출된 가족에서 가정폭력이 더욱 심하고 전반적이며 지속적일 것이고, 그에 따라 아동은 결과적으로 더욱 저조한 적응을 이루게 될 것이다.

마지막으로, 시간이 흐르면서 변하는 여러 위험요인과 보호요인이 균형을 이루어서 결과적으로 적응유연성을 이룬다면(Masten & Coatsworth, 1998), 부모의 정신장애가 발병하는 과정이 어떻게 이러한 균형을 변경시킬 수 있으며, 결국 긍정적인 심리적 기능을 유지하는 아동의 능력을 어떻게 변화시키는지를 고려하는 것이 중요하다. 예를 들면, 우울은 성인기를 거치면서 재발하는 경향이 있고(Post, 1992), 부모의 우울 삽화가 나타나는 시기는 가정폭력이 발생할 가능성에 영향을 미칠 뿐만 아니라(예를 들면, 한쪽 부모가 우울 삽화를 경험할 때 배우자 폭력이 발생할 가능성이 높다) 그 부모가 자녀와 상호작용하는 방식에도 영향을 미칠 수 있다(Downey & Coyne, 1990; Goodman & Gotlib, 1999). 예를 들면, 한쪽 부모가 어떤 장애의 임상적 삽화를 경험할 때보다는 정신병리 증상을 별로 겪고 있지 않을 때, 부모 사이에서 발생하는 폭력에 자녀가 노출되지 않도록 자녀를 더 잘 보호할 수 있을 것이다.

가정폭력과 부모의 정신장애에 노출된 아동이 적응유연성을 보일지의 여부는 적응유연성의 정의에 상당히 많이 좌우된다. 적응유연성에 대해 일부 연구자는 어느 한 영역에서의 긍정적 기능으로 정의하고, 다른 연구자는 일련의 여러 영역에서 아동이 긍정적 기능을 보이는 것으로 정의한다(Luthar, Cicchetti, & Becker, 2000). 아동이 긍정적으로 기능할 것으로 기대되는 영역의 수가 증가함에 따라서 적응유연성의 비율이 감소한다는 것을 보여 준 몇몇 연구가 있다(Kaufman, Cook, Arny, Jones, & Pittinsky, 1994; McGloin & Widom, 2001). 이런 결과는 가정폭력에 노출되었고 부모가 정신장애의 역사를 가진 아동을 위해 다음과 같은 시사점을 던진다. 다수의 영역에 걸쳐서 아동이 긍정적으로 적응할 가능성은 그 아동이 노출된 비교적 많은 수의 위험요인에 의해 감소할 것이다.

요약하면, 가정폭력은 여러 변인에 의해 결정될지라도 가정폭력과 부모의 정신장애, 특히 우울장애, 반사회적 성격장애, 물질남용과의 관련성은 여러 연구를 통해 확고하게 밝혀졌다. 가정폭력과 부모의 정신병리가 하나만 발생할 때보다 함께 발생할 때 아동에게 적응유연성이 적게 나타난다. 아동이 유전을 통해 물려받은 장애 취약성은 가정폭력에 노출될 때 더욱 악화될 수 있으며, 일련의 불리한 결과를 겪게 될 위험은 그 아동이 노출된 심리사회적 위험요인의 수와 함께 증가하게 된다. 그리고 폭력과 정신장애가 동시에 발생하지 않는 가족보다 부모가 장애의 역사를 가진 가족에서 폭력이 더욱 심각하고 지속적이며 전반적일 가능성이 있다. 가정폭력의 희생자나 가해자를 대상으로 일하는 임상가는 가정폭력과 정신장애의 동시 발생이 아동의 긍정적 적응의 가능성을 위협하는 방식에 특히 유념해야 하며, 정신장애가 폭력의 원인이거나 결과가 될 수 있는 정도도 잘 알고 있어야 한다.

참고문헌 REFERENCES

Abramson, L. Y., Metalsky, G. I., & Alloy, L. B. (1989). Hopelessness depression: A theory-based subtype of depression. *Psychological Review, 96*, 358-372.

American Psychiatric Association. (2000). *Diagnostic and statistical manual of mental disorders: Text revision* (4th ed.). Washington, DC: Author.

Anderson, K. L. (2002). Perpetrator or victim? Relationships between intimate partner violence and well-being. *Journal of Marriage and the Family, 64,* 851-863.

Apple, A. E., & Holden, G. W. (1998). The co-occurrence of spouse and physical child abuse: A review and appraisal. *Journal of Family Psychology, 12,* 578-599.

Arseneault, L., Moffitt, T. E., Caspi, A., Taylor, A., Rijsdijk, F. V., Jaffee, S. R. et al. (2003). Strong genetic effects on cross-situational antisocial behavior among 5-year-old children according to mothers, teachers, examiner-observers, and twins' self-reports. *Journal of Child Psychology and Psychiatry, 44,* 832-848.

Azar, S. T. (2002). Parenting and child maltreatment. In. M. H. Bornstein (Ed.), *Handbook of parenting, Vol. 4: Social conditions and applied parenting* (pp. 361-388). Mahwah, NJ: Erlbaum.

Azar, S. T., & Twentyman, C. T. (1986). Cognitive behavioral perspectives on the assessment and treatment of child abuse. In P. C. Kendall (Ed.), *Advances in cognitive behavioral research and therapy* (Vol. 5, pp. 237-267). New York: Academic Press.

Belsky, J. (1980). Child maltreatment: An ecological integration. *American Psychologist, 35*, 320-335.

Belsky, J. (1984). The determinants of parenting: A process model. *Child Development, 55*, 83-96.

Belsky, J. (1993). Etiology of child maltreatment: A developmental ecological analysis. *Psychological Bulletin, 114,* 413-434.

Belsky, J., & Vondra, J. (1989). Lessons from child abuse: The determinants of parenting. In D. Cicchetti & V. Carlson (Eds.), *Child maltreatment: Theory and research on the causes and consequences of child abuse and neglect* (pp. 153-202). Cambridge, UK: Cambridge University Press.

Benjet, C., Azar, S. T., & Kuersten-Hogan, R. (2003). Evaluating the parental fitness of psychiatrically diagnosed individuals: Advocating a functional-contextual analysis of parenting. *Journal of Family Psychology, 17,* 238-251.

Bijue, P. E., Kurzon, M., Overpeck, M. D., & Scheidt, P. C. (1992). Parental alcohol use, problem drinking and child injuries. *Journal of the American Medical Association, 23,* 3166-3171.

Bland, R., & Orn, H. (1986). Family violence and psychiatric disorder. *Canadian Journal of Psychiatry, 31,* 129-137.

Brown, J. Cohen, P., Johnson, J. G., & Salzinger, S. (1998). A longitudinal analysis of risk factors for child maltreatment: Findings of a 17-year prospective study of officially recorded and self-reported child abuse and neglect. *Child Abuse and Neglect, 22,* 1065-1078.

Capaldi, D. M., & Clark, S. (19980. Prospective family predictors of aggression toward female partners for at-risk young men. *Developmental Psychology, 34,* 1175-1188.

Caspi, A., McCaly, J., Moffitt, T. E., Mill, J., Martin, J., Craig, I. W. et al. (2002). Role of genotype in the cycle of violence in maltreated children. *Science, 297,* 851-854.

Caspi, A., Sugden, K., Moffitt, T. E., Taylor, A., Craig, I. W., Harrington, H. et al. (2003). Influence of life stress on depression: Moderation by a polymorphism in the 5-HTT gene. *Science, 31,* 386-389.

Chaffin, M., Kelleher, K., & Hollenberg, J. (1996). Onset of physical abuse and neglect: Psychiatric, substance abuse, and social risk factors from prospective community data. *Child Abuse and Neglect, 20,* 191-203.

Children of Alcoholics Foundation Inc. (1996). *Collaboration, coordination and cooperation: Helping children affected by parental addiction and family violence.* New York: Author.

Cicchetti, D., & Garmezy, N. (1993). Prospects and promises in the study of resilience. *Development and Psychopathology, 5,* 497-502.

Cicchetti, D., & Rizley, R. (1981). Developmental perspectives on the etiology, intergenerational transmisson, and sequelae of child maltreatment. *New Directions for Child Development, 11,* 31-55.

Craig, R. J. (2003). Use of the Millon Clinical Multiaxial Inventory in the psychological assessment of domestic violence: A review. *Aggression and Violence Behavior, 8,* 235-243.

Curtis, P., & McCullough, C. (1993). The impact of alcohol and other drugs on the child welfare system. *Child Welfare, 72,* 533-542.

Danielson, K. K., Moffitt, T. E., Caspi, A., & Silva, P. A. (1998). Comorbidity between abuse of an adult and DSM-III mental disorders: Evidence from an epidemiological study. *American Journal of Psychiatry, 155,* 131-133.

De Bellis, M. D., Broussard, E. R., Herring, D. J., Wexler, S., Moritz, G., & Benitez, J. G. (2001). Psychiatric comobidity in caregivers and children involved in maltreatment: A pilot research study with policy implications. *Child Abuse and Neglect, 25,* 923-944.

Dinwiddie, S. H., & Bucholz, K. K. (1993). Psychiatric diagnoses of self-reported child abuse. *Child Abuse and Neglect, 17,* 465-476.

Dix, T. (1991). The affective organization of parenting: Adaptive and maladaptive processes. *Psychological Bulletin, 110,* 3-25.

Dixon, L., & Browne, K. (2003). The heterogeneity of spouse abuse: A review. *Aggression and Violent Behavior, 8,* 107-130.

Downey, G., & Coyne, J. C. (1990). Children of depressed parents: A integrative review. *Psychological Bulletin, 108,* 50-76.

Dutton, D. G. (1994). The origin and structure of abusive personality. *Journal of Personality Disorders, 8,* 181-191.

Dutton, D. G. (1995). Intimate abusiveness. *Clinical Psychology: Science and Practice, 2,* 207-224.

Edleson, J. L. (1999). The overlap between child maltreatment and woman battering. *Violence Women, 5,* 134-154.

Egami, Y., Ford, D., Greenfield, S., & Crum, R. (1996). Psychiatric profile and sociodemographic characteristics of adults who report physically abusing or neglecting their children. *American Journal of Psychiatry, 153,* 921-925.

Famularo, R., Kinscherff, R., & Fenton, T. (1992). Parental substance abuse and the nature of child maltreatment. *Child Abuse and Neglect, 16,* 475-483.

Famularo, R., Stone, K., Barnum, R., & Wharton, R. (1986). Alcoholism and severe child maltreatment. *American Journal of Orthopsychiatry, 56,* 481-485.

Gelles, R. (1973). Child abuse as psychopathology: A sociological critique and reformulation. *American Journal of Orthopsychiatry, 43,* 611-621.

Gleason, W. G. (1997). Psychological and social dysfunctions in bettering men: A review. *Aggression and Violent Behavior, 2,* 43-52.

Golding, J. M. (1999). Intimate partner violence as a risk factor for mental disorders: A meta-analysis. *Journal of Family Violence, 14,* 99-132.

Goodman, S. H., & Gotlib, I. H. (1999). Risk for psychopathology in the children of depressed mothers: A developmental model for understanding mechanisms of transmission. *Psychological Review, 106,* 458-490.

Hamer, D. (2002). Rethinking behavior genetics. *Science, 298,* 71-72.

Hammen, C., & Brennan, P. A. (2003). Severity, chronicity, and timing of maternal depression and risk for adolescent offspring diagnoses in a community sample. *Archives of General Psychiatry, 60*, 253-258.

Holtzworth-Monroe, A., Meehan, J. C., Herron, K., Rehman, U., & Staurt, G. L. (2000). Testing the Holtzworth-Monroe and Stuart (1994) Batterer typology. *Journal of Consulting and Clinical Psychology, 68*, 1000-1019.

Holtzworth-Monroe, A., Meehan, J. C., Herron, K., Rehman, U., & Staurt, G. L. (2003). Do subtypes of maritally violent men continue to differ over time? *Journal of Consulting and Clinical Psychology, 71*, 728-740.

Holtzworth-Monroe, A., & Stuart, G. L. (1994). Typologies of male batterers: Three subtypes and differences among them. *Psychological Bulletin, 116*, 476-497.

Hughes, H. M., & Luke, D. A. (1998). Heterogeneity in adjustment among children of battered women. In G. W. Holden, R. Geffner, & E. N. Jouriles (Eds.), *Children exposed to family violence: Theory, research, and applied issues* (pp. 185-221). Washington, DC: American Psychological Association.

Jaffee, S. R., Caspi, A., Moffitt, T. E., Didge, K. A., Rutter, M., Taylor, A. et al. (in press a). Nature x nurture: Genetic vulnerabilities interact with child maltreatment to promote behavior problems. *Development and Psychopathology.*

Jaffee, S. R., Caspi, A., Moffitt, T. E., Polo-Tomas, M., Price, T. S., & Taylor, A. (in press b). The limits of child effects: Evidence for genetically-mediated child effects on corporal punishment, but not on maltreatment. *Developmental Psychology.*

Jaffee, S. R., Caspi, A., Moffitt, T. E., & Taylor, A. (2004). Physical maltreatment victim to antisocial child: Evidence of an environmentally-mediated process. *Journal of Abnormal Psychology, 113*, 44-55.

Kadushin, A., & Martin, J. (1981). *Child abuse: An interactional event.* New York: Columbia University Press.

Kaufman, J., Cook, A., Arny, L., Jones, B., & Pittinsky, T. (1994). Problems defining resiliency: Illustrations from the study of maltreated children. *Development and Psychopathology, 6*, 215-229.

Kelley, S. J. (1992). Parenting stress and child maltreatment in drug-exposed children. *Child Abuse and Neglect, 16*, 317-328.

Kempe, C. H., Silverman, F. N., Steele, B. B., Droegemueller, W., & Silver, H. K. (1962). The battered child syndrome. *Journal of the American Medical Association, 181*, 17-24.

Kendler, K. S., & Prescott, C. A. (1999). A population-based twin study of lifetime major depression in men and women. *Archives of General Psychiatry, 56*, 39-44.

Kraemer, H. C. (2003). Current concepts of risk in psychiatric disorders. *Current Opinion in Psychiatry, 16*, 421-430.

Krueger, R. F., Caspi, A., & Moffitt, T. E. (2000). Epidemiological personology: The unifying role of personality in population-based research on problem behaviors. *Journal of Personality, 68*, 967-998.

Lung, C. T., & Daro, D. (1996). *Current trends in child abuse reporting and fatalities: The results of the 1995 annual fifty state survey*. Chicago: National Committee to Prevent Child Abuse.

Luthar, S. S., Cicchetti, D., & Becker, B. (2000). The construct of resilience: A critical evaluation and guidelines for future work. *Child Development, 71*, 543-562.

Magdol, L., Moffitt, T. E., Caspi, A., Newman, D. L., Fagan, J., & Silva, P. A. (1997). Gender differences in partner violence in a birth cohort of 21-year-olds: Bridging the gap between clinical and epidemiological approaches. *Journal of Consulting and Clinical Psychology, 65,* 68-78.

Magdol, L., Moffitt, T. E., Caspi, A., & Silva, P. A. 91998). Developmental antecedents of partner abuse: A prospective-longitudinal study. *Journal of Abnormal Psychology, 107,* 375-389.

Margolin, G., & Gordis, E. B. (2000). The effects of family and community violence on children. *Annual Review of Psychology, 51*, 445-479.

Masten, A. S., & Coatsworth, J. D. (1998). The development of competence in favorable and unfavorable environments. *American Psychologist, 53,* 205-220.

McGloin, J. M., & Widom, C. S. (2001). Resilience among abused and neglected children grown up. *Development and Psychopathology, 13*, 1021-1038.

Milner, J. S. (2003). Social information processing in high-risk and physically abusive parents. *Child Abuse and Neglect, 27,* 7-20.

Moffitt, T. E., Caspi, A., Harrington, H., & Milne, B. J. (2002). Males on the life-course-persistent and adolescence-limited antisocial pathways: Follow-up at age 26 years. *Development and Psychopathology, 14*, 179-207.

Murphy, J. M., Jellinek, M., Quinn, D., Smith, G., Poitrast, F. G., & Goshko, M. (1991). Substance abuse and serious child mistreatment: Prevalence, risk, and outcome in a court sample. *Child Abuse and Neglect, 15,* 197-211.

Newcomb, M. D., & Loeb, T. B. (1999). Poor parenting as an adult problem behavior: General deviance, deviant attitudes, inadequate family support and bonding, or just bad parents? *Journal of Family Psychology, 13,* 175-193.

Noller, P., Beach, S., & Osgarby, S. (19970. Cognitive and affective processes in marriage. In W. K. Halford & H. J. Markman (Eds.), *Clinical handbook of marriage and couples interventions* (pp. 43-71). New York: Wiley.

Parke, R., & Collmer, C. (1975). Child abuse: An interdisciplinary review. In E. M. Hetherington (Ed.), *Review of child development research* (Vol. 5, pp. 509-590).

Chicago: University of Chicago Press.

Post, R. M. (1992). Transduction of psychosocial stress into the neurobiology of recurrent affective disorder. *American Journal of Psychiatry, 149,* 999-1010.

Rennison, C. M., & Welchans, S. (2000). *Intimate partner violence.* NCJ Publication No. 178247 (pp. 1-11). Washington, DC: U. S. Department of Justice.

Rhee, S. H., & Waldman, I. D. (2002). Genetic and environmental influences on antisocial behavior: A meta-analysis of twin and adoption studies. *Psychological Bulletin, 29,* 490-529.

Robins, L. N., & Regier, D. A. (1991). *Psychiatric disorders in America: The epidemiologic catchment area study.* New York: Free Press.

Robins, R. W., Caspi, A., & Moffitt, T. E. (2002). It's not just who you're with, it's who you are: Personality and relationship experiences across multiple relationships. *Journal of Personality, 70,* 925-964.

Rutter, M. (1979). Protective factors in children's responses to stress and disadvantage. In M. W. Kent & J. E. Rolf (Eds.), *Primary prevention of psychopathology: Social competence in children* (pp. 49-74). Hanover, NH: University Press of New England.

Rutter, M., Silberg, J., O'Connor, T., & Simonoff, E. (1999). Generics and psychiatry: II Empirical research findings. *Journal of Child Psychology and Psychiatry, 40,* 19-55.

Spinetta, J., & Rigler, D. (1972). The child abusing parent: A psychological review. *Psychological Bulletin, 77,* 296-304.

Straus, M. A., Gelles, R. J., & Steinmetz, S. K. (1980). Behind closed doors. New York: Anchor Press/Doubleday. Sugarman, D. B., & Frankel, S. L. (1996). Patriarchal ideology and wife-assault: A meta-analytic review. *Journal of Family Violence, 11,* 13-40.

Sullivan, P. F., Neale, M. C., & Kendler, K. S. (2000). Genetic epidemiology of major depression: Review and meta-analysis. *American Journal of Psychiatry, 157,* 1552-1562.

Tjaden, P., & Thoennes, N. (1998). Prevalence, incidence, and consequences of violence against women: Findings from the National Violence Against Women Survey. Retrieved August 30, 2004 from .

Tolan, P. H., & Guerra, N. (1998). Societal causes of violence against children. In P. K. Trickett & C. J. Schellenbach (Eds.), *Violence against children in the family and the community* (pp. 195-209). Washington, DC: American Psychological Association.

Trickett, P. K., & Susman, E. J. (1988). Parental perceptions of child-rearing practices in physically abusive and nonabusive families. *Developmental Psychology, 24,* 270-276.

U. S. Departemtn of Health and Human Service. (2004). Child Maltreatment 2002. Retrieved August 30, 2004 from http://www.acf.hhs.gov/programs/cb/publications/cm02/.

Wasserman, D. R., & Leventhal, J. M. (1993). Maltreatment of children born to cocaineabusing mothers. *American Journal of Diseases of Children, 147,* 1324-1328.

Watson, D., Clark, L. A., & Harkness, A. R. (1994). Structures of personality and their relevance to psychopathology. *Journal of Abnormal Psychology, 103,* 18-31.

Whipple, E. E., & Webster-Stratton, C. (1991). The role of parental stress in physically abuse families. *Child Abuse and Neglect, 15,* 279-291.

제11장

아동 적응의 맥락으로서 가족

Susan M. Sheridan, John W. Eagle, & Shannon E. Dowd

가족의 역할

지난 수십 년 동안, 미국에서 가족 구조의 지평이 크게 변화해 왔다. 양친 부모가 있고 그중 한 부모는 직장에서 일하고 다른 한 부모는 자녀를 양육하는 '전통적인' 가족이 감소했고, 이제는 점차 다양한 가족 구조로 대체되고 있다. 양 부모 가정에서 살고 있는 아동 인구는 1980년에 77%에서 1990년에는 72%, 2002년에는 69%로 감소했다(U. S. Census Bureau, 2003). 편부모 가정이나 이혼 가정의 자녀는 낮은 학업성취를 이룰 위험이 크고, 학교를 중도 탈락하거나 어린 나이에 임신을 하거나 우울, 불안, 스트레스, 공격성 등 심리적 문제를 보일 가능성이 큰데, 이런 사실에도 불구하고 편부모 가정과 계부모 가정의 수는 증가하였다(Fields, Smith, Bass, & Lugaila, 2001; McLanahan & Sandefur, 1994). 편모 가정의 비율이 1960년에서 1980년 사이에 2배 이상 증가했고(Carlson, 1996), 부모가 있을 때조차 조부모가 양육자로서 더 큰 역할을 담당하고 있다(Fields, 2003).

또한 미국 가정의 문화적 · 경제적 풍토도 해를 거듭하면서 변화해 왔다. 2000년에 전체 아동의 64%가 스페인계가 아닌 백인(White, non-Hispanic)이고, 미국 거주 아동 중 적어도 4%는 외국에서 출생했고 부모 중 적어도 한 명은 외국인이고, 7%는 영어를 유창하게 말하지 못하고, 19%는 좁은 집에서 살고 있으며, 16%는 빈곤 가정에서 살고 있다(U. S. Census Bureau, 2000). 많은 수의 미국 가정이 심각한 곤경에 직면해 있다는 점에 비추어 볼 때, 아동과 가족의 적응유연성과 안녕을 모두 증진시키는 일은 중요하다 하겠다.

가족 맥락의 중요성

가족체제의 구성이 계속 변화하면서 자녀가 건강한 발달 궤도에 오르는 데 양육자가 어떤 역할을 하는지가 중요해졌다. 가족관계와 가족의 상호작용 양식은 유능성 발달과 교육적, 사회적, 행동적 기능 영역에서의 적응을 향상시키는 데 핵심을 이룬다. 가족이 아동에게 제공하는 비공식적 교육은 교실에서 성공적인 경험을 하기 위해 우선적으로 갖추어져야 할 조건이다(Adams & Christenson, 2000). 학교환경이 학생을 위한 발달과업을 설정하는 반면, 가족은 발달과업의 습득을 위한 중요한 자원으로서의 역할을 수행한다(Stevenson & Baker, 1987). 또한 부모는 자녀의 학습과 교육적 성공을 향상시키는 '가정의 교육과정' 또는 가족이 지지하는 활동에 책임을 맡는데, 이는 아동이 학교에서 교육적 발달을 이루는 데 필수적이다(Walberg, 1984). 부모는 학업지도를 하며 학업을 위한 지지를 제공하고, 효과적인 작업 습관과 교육적 활동(예, 독서)의 모델이 되고, 학업적 성장에 관심을 보이고 기대를 하여 자녀의 교육적 결과에 영향력을 행사한다(Christenson, Rounds, & Gorney, 1992; Kelleghan, Sloane, Alvarez, & Bloom, 1993; Walberg, 1984).

가족은 분명 아동 발달에 주요한 역할을 한다. 자녀의 아동기가 시작되는 때부터 성인기까지 학습 경험을 제공하는 부모는 언어적 및 사회적 자본의 제공자로 간주된다. 그런 경험은 (1) 지식의 획득을 증진시키는 생각과 활동을 자녀에게 제공하기, (2) 성별, 문화, 또래 역할의 사회화를 조력하기, (3) 목표 기준, 기대, 규칙을 수립하기, (4) 보상을 주고 칭찬하기로 이루어진다(Clark, 1988). 가족이 아동의 발달을 성공적으로 지지하는 정도는 보호요인의 영향을 받는다. 그러므로 가족의 보호적인 특징을 증진시킨다면 아동이 유능성을 키우는 데 도움이 되고 도전적인 삶의 조건을 더욱 효과적으로 다룰 수 있게 된다(Seccombe, 2002).

가족 적응유연성의 개념

적응유연성은 역경을 성공적으로 이겨 내는 과정을 말한다(Patterson, 2002b). 적응유연성에 관한 전통적 이론은 개인, 그리고 개인의 긍정적 적응과 관련된 개인적 요인(예, 성격 특성, 대처전략)에 초점을 둔다(Walsh, 1996). 그러나 적응유연성 연구는 가족과 지역사회를 포함하는 더 큰 사회적 맥락으로까지 점차 확장되었다(Patterson, 2002a; Seccombe, 2002). Patterson(2002a)은 개인적 적응유연성의 세 가지 개념을 설정했는데(Masten & Coatsworth, 1998), 이는 **가족 적응유연성**(family resilience)에도 적용 가능하다. (1) 가족 수준에서 발생하는 결과의 개념화, (2) 가족이 성공적이지 못하게 하는 위험요인의 존재, (3) 원하지 않은 결과가 발생하지 않도록 방지하는 보호요인이 그것이다.

가족 적응유연성의 개념은 가족이 지속적인 도전과 문제에 직면하도록 돕고 가족 단위를 강화시키는 주요 과정을 언급한다. 그러므로 가족 적응유연성은 가족이 모든 구성원의 적응유연성을 증진시킨다(Walsh, 1996). 가족 적응유연성 개념에 대한 여러 정의가 있지만, 일반적으로는 역경에도 불구하고 되살아나기, 이전 기능 수준으로 돌아가기, 안녕 대 병리의 관점으로 고려하기의 세 가지를 통합한다(Hawley & De Haan, 1996). 이 장에서는 가족 적응유연성을 "가족이 중대한 역경이나 위기에 노출된 이후에 유능하게 적응하고 기능할 수 있는 과정"이라고 제안한 Patterson(2002a, p. 352)의 정의를 사용한다.

적응유연성에 대한 체제적/발달적 견해

적응유연성을 이해하려면 맥락적 특징을 고려하는 생태학적 조망의 채택이 중요하다. 생태학적 접근은 가족의 특징 및 가족 단위와 기타 체계(예, 지역사회)의 **상보적 상호작용**에 관심을 둔다. Bronfenbrenner(1979)의 생태학 이론은 여러 체계의 인터페이스를 이해하는 데 개념적 기초가 된다. 이 이론은 아동의 직접적 환경 안에 존재하는 조건과 사건뿐만 아니라 가족 단위가 내포되어 있는 더 큰 성지적, 사회적, 경제적, 문화적 맥락에서 발생하는 경험이 아동 발달에 영향을 미친다고 주장한다.

또한 발달적 조망은 가족 적응유연성을 이해하는 데 필수적이다(Walsh, 1996). 가족 적응유연성을 일군의 고정된 특성이나 속성으로 보는 조망과 달리, 발달적 조망에서는 위험요인과 보호요인의 상호작용이 특정 결과를 매개하는 과정을 적응유연성으로 간주한다. 발달적 틀 안에서 한 가정이 적응하고 역경을 극복하는 능력은 시간의 경과에 따라서 여러 변인에 의해 결정되는 과정이며, 복잡하고도 변화하는 여러 조건에 대해 반응하면서 발달한다(Walsh, 1996).

생태학적, 발달적 틀 안에 내포된 적응유연성의 개념은 여러 수준에서 나타나는 지속적이며 발달하는 과정이다(Patterson, 2002b). 어떤 수준에서는 가족 단위 안에 있는 개별적인 가족 구성원의 상호작용에 초점을 두는 반면, 다른 수준에서는 가족 단위와 더 큰 생태의 상호작용을 주로 다룬다. 가족 적응유연성에 대한 이런 입장은 가족체제와 더 큰 지역사회 맥락의 연결관계를 강조하며, 적응유연성의 향상에 가족과 지역사회의 노력이 모두 중요하다고 본다.

가족의 특징과 적응유연성

가족 안에서 관계를 이루는 과정은 가족 구성원의 적응유연성을 향상시키는 데 가장 큰 영향을 미친다. 가족관계의 패턴은 가족 응집성(family cohesion)과 가족 적응성(family adaptability)의 개별적인 차원에서 구분된다. 응집성과 적응성의 수준은 가족체제 안에서 일어나는 상호작용뿐만 아니라 가족 구성원과 더 큰 지역사회 간 상호작용의 본질을 기술한다(Olson, Sprenkel, & Russell, 1979). 따라서 두 차원은 가족 역동에 대한 통찰을 제공할 뿐만 아니라 지역사회 구성원이 어떻게 가족 단위를 지지하고 강화할 것인지에 대한 시사점을 던진다.

가족 응집성

Turnbull과 Turnbull(1997)에 의하면 **가족 응집성**은 "가족 구성원이 가족체제 안에서 느끼는 독립심의 수준과 친밀한 정서적 관계" (p. 108)로 정의된다. 정서적 관계의 정도는 가족 간에 또는 가족 내에서도 유의하게 다르고 문화, 연령, 가족 구성원의 삶의 단계에 의해 영향을 받는다. 응집성은 얽힌(enmeshed, 매우 높은 수준), 연결된(connected, 중간 내지 높은 수준), 분리된(separated, 중간 내지 낮은 수준), 단절된(disengaged, 매우 낮은 수준)으로 구성된 연속선상에 존재한다(Olson, 1993). **얽힌** 상호작용 양식은 가족의 지나친 동일시가 특징적이다. 이는 곧 높은 수준의 합의를 이루게 하며 개인적 자율성이나 독립심을 제한한다. **연결된** 관계를 맺는 가족 구성원은 가족 단위 밖에서는 우정과 여가 활동의 일부를 유지하면서, 동시에 가족 구성원 간에는 정서적 친밀감과 충성심을 드러낸다. 연결된 가족은 함께 공유하는 시간을 특히 강조한다. 반면에 **분리된** 관계를 갖는 가족은 가족 밖 사람들과 더 많은 시간을 보내며, 가족 구성원과 행동이나 관심을 별로 공유하지 않는다. 이런 가족은 정서적 친밀감을 어느 정도 갖지만 책임감에 우선순위를 둔다. **단절된** 가족은 높은 자율성과 낮은 유대관계가 특징적인데, 낮은 유대관계는 가족체제에 대한 애착을 별로 갖지 않는 것을 의미한다(Olson, 1993). 응집성의 우산 아래에는 몇몇 특수한 영역이 있다. 현재 논의하고 있는 것과 특별히 관련된 하나의 영역은 정서적 유대관계(emotional bonding)인데, 이것은 가족 관여와 부모-자녀 상호작용을 포함한다(종합적인 개관을 위해서는 Walsh, 1993 참조).

가족 관여

능동적이고 정서적인 **가족 관여**(family involvement)는 적응유연성에 관련된 한 변인이다. 정서적 관여란 가족 구성원들이 서로의 활동을 가치 있게 여기며 관심을 보이는 정도를 말한다(Epstein, Bishop, Ryan, Miller, & Keitner, 1993). 가족 구성원이 서로에게 관심을 보이고 마음을 기울이는 방식과 관심의 정도를 강조한다. 그 연속선상에서 제1수준은 무관여로, 가족 구성원에 대한 관심이 전혀 없거나 마음을 전혀 쓰지 않는 상태를 나타낸다. 제2수준은 감정이 결여된 관여로, 어느 정도 관여가 있기는 하나 전형적으로 인지적인 특징을 띤다. 제3수준은 자기애적 관여로, 가족 구성원이 서로에게 관심을 보이지만 그 행동이 자기 자신을 반영하는 정도에 그치는 것을 말한다. 최적의 수준인 공감적 관여는 진정한 관심을 의미한다. 이는 가족 구성원이 가족 단위에서 오로지 서로를 위해서 관여하는 것이다. 제5수준은 과도한 관여로, 가족 구성원이 서로에게 지나칠 정도로 관여하고 있는 것을 말한다. 공생적 관여의 양식을 보이는 가족 안에서는 관심이 지나치게 극단적이어서 가족 구성원 개개인을 변별하기가 매우 어렵다(Epstein et al., 1993).

공감적 가족 관여는 아동의 적응유연성과 건강한 적응을 향상시킨다. 적극적인 가족 관여는 아동의 교육적 결과에 긍정적인 영향을 미친다. 적극적인 가족 관여를 통해서 아동은 학교에 대한 긍정적 태도를 더 많이 경험하며, 학교 출석률이 높아지고, 행동문제를 적게 일으키며, 좋은 공부 습관과 숙제 습관을 갖게 된다(Christenson & Sheridan, 2001). 더구나 가족 관여는 학생의 수행을 향상시킨다. 특히 최적의 가족 관여가 있는 조건에서 아동은 전(前) 읽기 과제에서 높은 점수를 획득하며(Hill, 2001), 읽기과제(Clark, 1988)와 산수과제(Galloway & Sheridan, 1994)에서도 높은 점수를 얻는다.

부모/양육자-자녀 상호작용

아동에게 나타나는 결과는 부모-자녀 상호작용의 정서적 측면을 통해서도 매개된다. 효과적인 애착은 아동과 양육자 사이에 이루어지는 정서적 관계로 정의할 수 있는데, 역경이 있을 때 양육자가 주변에 있을 것이라는 확신을 갖게 한다(Pianta & Walsh, 1996). 정서적 관계의 형성은 양육자 반응의 질과 양에 관련된다(Epstein et al., 1993). 온정, 양육, 아동의 요구에 대한 민감함의 특징을 가진 반응은 적응유연성과 적응적 발달을 촉진시킨다(Maccoby & Martin, 1983).

양육자 반응성(responsiveness)과 아동 기능의 관계는 수많은 발달 영역에 내포되어 있다. 관계성이 매우 높은 반응 패턴은 아동의 사회정서적 결과와 관련된다(Clark & Ladd, 2000). 특히 부모-자녀 관계성은 또래 수용(Cohn, 1990), 우정의 질(Kerns, Klepac, & Cole, 1996), 이타심과 도덕성 발달 수준(MacDonald, 1992)에 관련된다. 정서적 관계의 본질은 인지 발달과 학업성취를 위한 발판이 되기도 한다. 안정 애착을 이룬 아동은 문제해결력, 문식성 기술, 전반적 학교 적응에서 향상된 모습을 보인다(Pianta & Walsh, 1996). 반면에 불안정 애착은 학교에서의 저조한 숙달 수준과 낮은 또래관계 유능성에 관련된다(Sroufe, 1989).

가족 적응성

평생 동안 모든 가족은 구성원이 서로 관계를 맺는 방식이나 가족 단위가 지역사회 안에서 기능하는 방식을 어렵게 만드는 상황에 직면한다(Patterson, 200b). **가족 적응성** 또는 융통성은 한 가족이 규칙과 역할, 그리고 리더십을 변경시킬 수 있는 능력, 즉 가족 구성원과 가족 단위, 그리고 가족 단위와 지역사회 간 균형을 회복할 수 있는 능력을 말한다(Olson, 1993; Patterson, 2002b). 가족의 적응성은 연속선상에서 그 정도가 다른데, 엄격한(rigid, 적응성이 매우 낮은 정도), 구조화된(structured, 적응성이 낮은 정도 내지 중간 정도), 융통성 있는(flexible, 적응성이 중간 정도 내지 높은 정도), 혼란한(chaotic, 적응성이 매우 높은 정도) 정도로 나뉜다(Olson, 1993). 가족 응집성의 구인과 유사하게, 보통 정도의 적응성(예, 구조화된 또는 융통성있는)은 양극단에 있는 적응성(예, 엄격한 또는 혼란한)에 비해 더욱 건강한 가족 기능을 나타낸다.

엄격한 관계에서는 가족 중 어느 한 사람이 매우 지배적이고 대부분의 결정을 내린다. **구조화된** 관계에서는 의사결정을 내리기 전에 자녀와 상의하는 좀 더 민주적인 가족 리더십의 특징이 나타나며, 상당히 일관성 있게 그리고 가족 역할의 변화 없이 규칙을 시행한다. **융통성 있는** 관계로 묘사되는 가족의 구성원은 동등한 리더십을 가지며 민주적인 의사결정을 한다. 융통성 있는 관계 안에서 부모와 자녀는 개방된 토론을 하며, 가족 구성원은 발달 적합성에 따라서 규칙을 바꾸어 가며 역할을 서로 공유한다. **혼란한** 관계에서는 일관된 리더십이 결여되어 있다.

가족이 건강한 체제로 기능하려면 반드시 적응적이고 안정적이어야 한다. 언제 안정성을 유지하는 게 적절하며 언제 변화를 도입하는 게 적절한지를 결정할 수 있는 가족이 건강하고 기능적일 가능성이 높다(Olson, 1993). 적응적인 측면에서 성공적인 가족은 (1) 가족 구성원 개인의 사회화와 발달에 순행적이며, (2) 가족 단위를 유지하는 것이 중요하다는 것을 이해한다(Patterson, 2002a). 따라서 가족 적응성에는 두 개의 중요한 요소가 있다. 하나는 최적의 자녀양육 방식과 문제해결 방식의 채택에 관한 요소며, 다른 하나는 가족 단위 안에서 공유하는 신념체계나 가치관의 발달에 관한 요소다. 이는 가족 구성원의 상호작용 및 가족 단위와 지역사회의 관계를 가족 적응유연성의 발달에 필수적인 부분으로 간주하는 생태학적 틀과 일맥상통한다.

자녀양육 방식과 문제해결

자녀양육과 문제해결의 방식을 잘 관찰하면 가족이 적응하는 과정에 대해 통찰할 수 있다. 왜냐하면 가족 구성원이 어떻게 서로 관계를 맺는지, 그리고 시간이 지나면서 각자의 역할과 관계를 어떻게 조정하는지를 알 수 있기 때문이다. 자녀양육 방식은 “자녀에게 전달되는 자녀에 대한 태도의 집합이며, 이런 일련의 태도는 부모의 행동이 표현되는 정서적 풍토를 조성한다."(Darling & Steinberg, 1993, p. 493) Baumrind(1968)는 자녀양육 방식의 세 가지 유형을 제안했다. 첫째, **전제적**(authoritarian) 방식은 권위와 통제의 수준이 높고 행동 기준에 대한 타협이 제한된 자녀양육 방식이다. 둘째, **허용적**(permissive) 부모는 자녀가 스스로 활동과 행동 기준, 규칙을 조절하도록 허용하며 부모의 결정을 별로 강요하지 않는다. 셋째, **권위적**(authoritative) 방식은 최적의 자녀양육 방식으로 간주되는데, 자유와 책임이 균형을 이룬다. 권위적 자녀양육 방식이 적용되는 가족 안에서 구성원은 절충을 협상하고 갈등을 관리하기 위하여 문제해결 과정에 참여한다.

일차적 양육자가 채택한 자녀양육 방식과 시행은 아동의 성장과 발달에 결정적으로 중요한 역할을 한다. 권위적 양육은 자녀가 학업성취를 이루고 긍정적 또래 관계를 맺고 더 큰 책임의식을 갖는 것과 관련된다(Keith & Christenson, 1997). 마찬가지로 가족의 문제해결 방식은 아동의 적절한 대인관계 기술이나 갈등해결 기술과 관련된다(Costigan, Floyd, Harter, & McClintock, 1997). 더구나 긍정적이고 일관된 방식으로 훈육하는 자녀양육 방식은 스트레스를 겪을 때 아동이 더 큰 적응유연성을 갖는 것과 상관을 이룬다(Wyman, Cowen, Work, & Parker, 1991). 반대로 전제적이거나 허용적인 방식은 아동 발달이나 적응유연성과 덜 긍정적인 관계를 이룬다. 전제적이거나 가혹한 또는 일관성이 없는 자녀양육은 언어적 공격성과 말다툼의 증가(Bayer & Cegala, 1992; Grusec & Goodnow, 1994), 품행문제(Frick, 1993), 품행장애(Short & Shapiro, 1993)와 관련된다. 문제해결 기술이 부족한 가족은 우울(Sanders, Dadds, Johnston, & Cash, 1992), 청소년기 비행(Krinsley & Bry, 1991), 심리사회적 유능성의 감소(Leaper et al., 1989) 등 아동기 문제와 관련된다.

신념과 가치의 공유

가족 구성원이 공유하는 신념의 수립은 가족 적응성의 발달에 중요한 또 다른 요소다. 신념과 가치의 공유는 가족 적응유연성에 필수적이며, 새로운 상황, 생활사건, 위기에 대해 가족이 반응하는 독특한 양식을 강화한다(Antonovsky & Sourani, 1988; Walsh, 1996). 공유하는 신념, 가치, 기대는 문헌에서 가족 도식(family schema; McCubbin, McCubbin, & Thompson, 1993), 가족 세계관(family world-view; Patterson & Garwick, 1994), 가족 일관성(family coherence; Antonovsky,

1987; McCubbin, Thompson, Thompson, Elver, & McCubbin, 1994)과 같은 유사한 구인개념으로 등장한다.

강한 가족 도식은 한 가족 단위가 세상과 가족 단위의 상호작용을 집합적 '우리(we)' 대 '나(I)' 지향성에서 바라보는 신념을 지칭한다(McCubbin et al., 1993). 또한 강한 도식을 가진 가족은 현실적 방식으로 삶을 지각하며, 삶이 주는 어려움에 대한 완전한 해결방안을 기대하지 않는다(McCubbin et al., 1993). 가족 도식의 개념은 Patterson과 Garwick(1994)의 가족 세계관(Hawley & De Haan, 1996) 구성개념과 유사하다. 가족 세계관이란 가족이 현실세계, 환경, 세상 안에 있는 상황을 지각하는 방식을 말한다. 적응유연한 가족은 재정적 문제와 시간관리 등 가족생활의 중요한 측면에 관한 가치관을 공유한다(McCubbin & McCubbin, 1988). Antonovsky(1987)의 일관성 개념에 기초하면 가족 일관성은 가족 도식과 가족 세계관 모두에 관련된다(Hawley & De Haan, 1996). 가족 일관성은 상황의 결과가 긍정적일 것이라고 확신하는 정도를 지칭하는 가족이 공유하는 세계관으로 정의된다(McCubbin et al., 1994).

가족 적응유연성의 증진

가족이 적응유연성에 일치하는 유능성을 발달시키려면 종종 지역사회의 지원을 필요로 한다. 응집성, 정서적 상호작용, 효과적 자녀양육 방식, 가족 개입은 가족 적응유연성의 증진에 관심을 두는 전문가가 추구하는 목표다. 이 목표에 도달하려면 가족의 역량강화(이와 더불어 가족 기능의 향상)가 필수적이다. 가족이 적응유연하려면 궁극적으로 반드시 힘을 갖추고 있어야 한다. 역량강화 모형(empowerment models)은 요구를 순행적으로 확인하고, 자원을 동원하며, 개인적 능력과 장점을 발달시켜 목표에 도달하도록 가족을 지원한다. 전문가에 대한 의존성을 갖게 하며, 개인적 자원과 긍정적 신념체계를 만들어 내지 못하며, 순행적으로 개인적 요구를 평가하고 가족 자원을 동원하는 기술을 제한하는 전문가 모형(expert models)은 역량강화 모형과 대조적이다. 가족의 역량을 강화하는 절차는 '장점에 기초한 가족중심 접근'으로 가장 잘 개념화할 수 있다(Dunst, Trivette, & Deal, 1994). 이 접근은 서비스 전달의 기초가 되는 몇 가지 전제나 원칙에 바탕을 둔다(Dunst, Trivette, & Deal, 1988).

가족중심 서비스

간단히 말해서, **가족중심 서비스**는 자녀, 부모, 가족의 긍정적인 기능 향상, 시간의 경과에 따라 가족 구성원이 자신의 요구를 스스로 다룰 수 있는 가능성의 증가를 목표로 한다. 가족중심 서비스는 Dunst와 Trivette(1987)가 자세히 설명한 개입 모형에 기초를 두고 있는데, 그것은 다음 네 가지의 작동원리에 근거한다. (1) 가족이 확인한 요구에 개입 노력의 기반을 둔다. (2) 가족 자원을 동원하고 가족 능력을 증진시키기 위하여 기존의 장점과 능력을 활용한다. (3) 가족의 개인적 사회망을 지지원으로 최대한 활용한다. (4) 유능성의 획득을 촉진하는 조력 행동을 활용한다. 이 네 가지 작동원리와 가족 서비스를 위한 결과의 중요성과 관련된 다섯 번째 원리를 다음에서 간략하게 검토할 것이다. 대부분의 정보는 Dunst와 Trivette(1987), Dunst, Trivette, Davis와 Cornwell(1988), Dust 등(1994)의 초기 저서에서 발췌한 것이다.

가족이 확인한 요구에 기반을 둔 개입 노력 가족중심 서비스는 가족이야말로 가족의 가장 현저한 요구를 확인하는 최상의 위치에 있음을 인정하고, 가족이 확인한 우선순위에 따라서 제공된다. 왜냐하면 가족이 자신의 요구를 스스로 결정할 때 변화에 전념할 가능성이 가장 크기 때문이다. 적응유연성을 증진시키기 위해 전문가는 가족이 단기 및 장기 목표에 도달하는 데 필수적인 세부 목표를 결정하고 개입의 초점을 규정할 수 있도록 가족을 돕기 위한 협력적 전략을 사용한다.

참여, 자기 결정, 기술 발달을 증진시키기 위한 과정으로서 가족중심 서비스는 가족 구성원이 자신의 삶을 향상시키는 데 능동적으로 참여하도록 돕는다. 가족은 자신의 요구를 확인하며, 자신을 위해서 자원을 동원하며, 개인적 능력과 강점을 발달시켜서 스스로 결정한 목표에 도달하는 데 전념한다. 이러한 과정을 거치면서 장기적이고 일반화된 긍정적 결과를 가장 많이 성취할 수 있다.

가족 자원의 동원: 기존의 강점과 능력의 활용 가족중심 서비스의 핵심 전제는 모든 가족이 강점과 능력을 가지고 있다는 것이다. 그러나 체제적이거나 환경적인 여러 조건이 가족에게 도전적인 문제를 던질 수도 있다. 그로 인해 가족은 자신의 강점에 도달하거나 활용할 능력의 제한을 받는다. 가족 적응유연성의 증진을 위해서 가족 구성원은 스스로 결정한 목표에 도달하는 데 필요한 자신의 강점을

확인 · 접근 · 동원하고 이를 활용할 수 있게 하는 도움을 받을 수 있다(Garbarino, 1982).

사회망과 지지의 극대화 체제 안팎의 협력과 파트너십은 가족의 적응유연성을 키우는 데 필수적이다. 긍정적이고 순행적인 관계와 네트워크는 이용 가능하지만 접근 불가능하게 느껴지는 자원과 지원을 가족 구성원이 동원할 수 있도록 돕는다. '파트너십'의 개념은 가족 구성원이 요구와 목표를 확인하고, 강점과 계획을 결정하며, 프로그램과 자원을 활용함으로써 발생하는 결과를 평가할 때 동등한 파트너라는 점을 시사한다(Christenson & Sheridan, 2001; Welch & Sheridan, 1995). 그래서 서비스는 가족 '에게' 또는 가족을 '위해서' 전달되는 것이 아니라 능동적인 파트너와 참여자로서 가족 구성원과 '함께' 전달되는 것이다.

학교는 자녀가 있는 가족을 위한 필수적인 상호작용 시스템이다. 학교와 학급은 발달을 위한 중요한 맥락이며, 교사는 아동의 삶에서 의미 있는 사람이다(Pianta & Walsh, 1996; Sheridan & Gutkin, 2000). 가족과 학교의 파트너십은 한 아동의 성장 잠재력을 극대화하는 데 매우 중요하다. 가족이 다른 일차적 체계(예, 학교)와 맺는 긍정적이고 건설적인 관계는 아동의 유능성 발달을 위해서 필요한 자원을 활용하게 돕는 도구가 된다(Dunst et al., 1988).

유능성 획득을 증진시키는 조력 행동의 활용 가족중심 접근을 통해서 적응유연성을 증진시킬 때, 전문가의 역할은 능력의 발달에 초점을 둔다. 능력 키우기는 '가족이 현재 어디에 있는지'를 이해하는 것에서부터 시작한다. 가족중심 접근은 문제를 '치료' 하거나 결핍을 보충하는 전략을 사용하기보다는 가족과 아동이 유능성을 획득할 수 있게 하는 데 주력한다. '문제의 교정'에 기반을 둔 모형은 우리의 현재 관심사에 대한 제한적이며 단기적인 해결방안을 제안할 뿐이다. 가족 적응유연성을 증진시키기 위한 서비스를 제공할 때는 반드시 순행적으로 성장을 일구어 내는 행동에 관심을 두어야 한다. 강점과 장점, 기술의 발달은 자원을 일반화하고 유지하게 함으로써 미래에 겪게 될 일련의 도전적 문제를 잘 다루게끔 이끌 것으로 기대된다.

결과와 과정에 대한 관심 가족중심 서비스는 최종 결과뿐만 아니라 가속이 원하는 결과를 향해 나아가는 과정도 강조한다. 전문가가 가족을 조력하는 과정이야말로 가족중심 서비스의 초석이다. 가족 구성원이 요구를 확인하고 우선순위를 정하며, 합당한 목표를 세우고, 적절한 계획을 개발하도록 도움으로써 가족이 긍정적인 결과(예, 목표 달성)를 이루게 될 기회가 극대화된다. 더구나 현재 겪는 것과 비슷한 요구가 미래에 존재할 때, 가족 구성원은 가족에게 적합하고 실현 가능한 전략, 원하는 결과를 가져오는 전략, 새로운 지식과 기술을 제공하는 전략을 사용할 것이다.

가족중심 서비스에 관련된 여러 원리가 지난 10여 년 동안에 존재해 왔지만, 실무를 이끄는 증거에 기반을 둔 모형은 아직 널리 보급되어 있지 않다. 자문 모형은 유능성의 획득과 목표의 달성을 증진시키는 서비스에 모종의 구조를 제공한다. 문헌을 살펴보면 많은 형태의 자문이 존재하지만(Gutkin & Curtis, 1999), 행동 자문이 경험적인 지지를 가장 많이 받았다(Sheridan, Welch, & Orme, 1996). **연합 행동 자문**(conjoint behavioral consultation: CBC; Sheridan, Kratochwill, & Bergan, 1996)은 행동 자문에서 파생된 한 형태다. 그것은 아동의 요구를 다루고, 체제 간 파트너십을 개발하며, 가족의 기술을 향상시키기 위해 개발된 것이다. 이 모형이 가족 적응유연성을 증진시킬 수 있는 능력에 대해 다음에서 검토할 것이다.

연합 행동 자문

연합 행동 자문은 "부모와 교사가 책임을 맡고 있는 개인의 학업, 사회성, 행동적 요구를 다루기 위해 협력하는 일종의 구조화된 간접적 형태의 서비스 전달" (Sheridan & Kratochwill, 1992, p. 122)이다. CBC에서 부모와 교사는 가정과 학교 장면에서 아동의 요구를 협력적으로 다루기 위하여 자문인과 함께 구조화된 문제 해결 과정에 참여한다. 부모와 교사는 아동의 요구를 확인하는 데 함께 참여하고, 이러한 요구를 다루는 개입을 개발 · 시행 · 평가하는 데 공동 피자문인으로 활동한다.

생태학적 체제 조망에 기초를 둔 CBC에서 가족은 진공 상태에 존재하지 않으며, 환경 안에 있는 다양한 체제 안에서 그리고 다양한 여러 체제를 거쳐서 기능한다(Bronfenbrenner, 1977; Sheridan et al., 1996). 아동의 삶에서 가정과 학교 체제는 중요한 일차적 체제다. CBC는 아동, 가족, 학교 및 다른 체제가 양방향적이며 상보적인 영향을 주고받으며, 체제 간 관계가 아동에게 긍정적 결과를 촉진시키는 데 필수적이라는 점을 인정한다. CBC는 아동의 요구를 다루기 위하여 협력적인 방식으로 가정, 학교, 다른 지지체제를 함께 묶어서 이러한 관계를 확보한다. CBC의 과정에서 가족의 역할은 필수적이며, 가족 구성원은 문제해결 과정에 동등하게 참여한다.

CBC 서비스는 가족중심 구성개념에 필적하는 몇 가지 원칙에 기초한다(〈표 11-1〉 참조). 간접 서비스에서는 전문가가 가족이나 다른 양육자(예, 교사)와 함께 작업하지만, 궁극적으로는 가족이나 다른 양육자가 아동 대상의 프로그램과 계획을 시행하는 데 책임을 진다. 정의상 자문 모형(그리고 CBC)은 개인(가족 포함)으로 하여금 "발달 과정에 대한 개인의 통제감이나 집단의 통제감을 증가시키는 방식으로 기능을 지지하고 강화하는 유능성을 획득하게 하여 문제를 더 잘 해결하거나 요구를 더 잘 충족하거나 포부를 더 잘 성취할 수 있게"(Dunst & Trivette, 1994, p. 162) 한다. 가족중심 서비스와 마찬가지로, CBC도 내담자(그리고 가족)의 요구에 반응적이고, 가족 구성원의 유능성과 적응유연성을 발달시키며, 여러 체제의 참여와 협력을 촉진시키는 방식으로 실시된다(Dunst et al., 1994).

CBC 과정은 네 단계로 이루어지며, 협력적 방식으로 시행된다. 네 단계 중 세 단계는 부모 또는 교사 대상으로 실시하는 구조화된 면접으로 시작한다. CBC 과정은 (1) 요구 확인, (2) 요구 분석, (3) 계획 시행, (4) 계획평가(Sheridan et al., 1996)의 네 단계로 이루어진다.

첫째, **요구 확인 단계** 동안에는 가정과 학교 장면에서 아동의 요구를 확인하기 위하여 자문인이 부모나 교사와 협력하며, 피자문인은 개입의 표적을 결정한다. 또한 자문인은 부모와 교사를 도와서 여러 장면에서 표적 행동에 관한 기초선 자료를 수집하는 타당한 절차를 확인한다.

둘째, **요구 분석 단계**에서 부모와 교사는 기초선 자료를 평가하며, 아동의 행동 목표를 결정하고, 행동에 영향을 미칠 수 있는 다양한 요인에 관하여 논의한다. 또 행동의 발생에 기여하는 환경조건이나 기능적 조건에 관한 가설을 설정하고, 아동의 요구를 다루기 위하여 협력적으로 계획을 세운다.

셋째, **계획 시행 단계** 동안 부모와 교사는 가정과 학교에서 개입 절차를 시행하며, 여러 장면에서 개입이 시행되도록 지원한다. 자문인은 부모와 교사가 계획을

〈표 11-1〉 가족중심 서비스와 연합 행동 자문의 특징

가족중심 서비스의 특징 (Dunst & Trivette, 1994)	연합 행동 자문의 원칙 (Sheridan, Kratochwill, & Bergan, 1996)
도움 제공자는	자문인은
• 적극적, 반영적으로 경청한다. • 내담자가 관심사와 요구를 명료화하도록 돕는다. • 도움을 구하는 사람의 요구에 반응적으로 도움을 제공한다. • 도움을 구하는 사람의 요구평가에 일치하는 도움을 제공한다. • 요구를 충족하고, 문제를 해결하며, 포부를 달성하기 위한 유능성을 증진시킨다. • 가족 구성원이 의사결정권을 갖도록 허용한다. • 파트너십과 부모-전문가 협력을 요구 충족의 기제로 증진시킨다.	• 이해를 확실히 하기 위하여 개방형 질문과 요약을 자주 한다. • 부모의 요구에 일치하는 도움을 제공한다. • 부모의 우선순위와 무관하게 목표 행동이나 개입을 결정하지 않는다. • 가족의 환경 안에서 잘되는 것에 기초하여 자료 수집 및 개입의 전략을 개발한다. • 기존의 기술, 강점, 유능성에 초점을 둔다. • 가족이 관심사를 관리할 수 있도록 지식 획득의 기회를 만든다(예. 문제해결 접근, 자료 기반 의사결정 전략, 특정 개입). • CBC에서 배운 기술을 미래의 문제해결에 일반화하도록 격려한다. • 부모의 자기효능감과 역량강화에 초점을 둔다 • 협력적 문제해결을 촉진한다. • 가정과 학교 체제가 문제와 문제해결에 대한 공동 책임을 맡도록 장려한다. • 자녀의 요구를 충족시키기 위하여 여러 체제에서 사용될 수 있는 전략을 부모가 학습하도록 조력한다. • 체제가 긍정적이고 순행적인 방식으로 작동하게 한다. • 체제 내에 있는 문제보다는 여러 체제에 걸쳐 있는 공통된 목적에 초점을 둔다.

출처: Sheridan et al. (2004). Perceptions of helpfulness in conjoint behavioral consultation: Congruity and agreement between teachers and parents. *School Psychology Quarterly, 19*, 121-140.

확실히 이해하도록 돕고, 지원을 제공하고, 부모와 교사의 개입 노력을 강화하며, 즉각적으로 계획을 수정해야 할 필요가 있는지를 결정하기 위하여 개입을 시행하는 내내 부모 또는 교사와 친밀한 관계를 유지한다.

넷째, CBC의 마지막 단계인 **계획평가 단계** 동안 부모와 교사는 개입의 효과를 평가하고 자문의 목적이 가정과 학교 장면을 통해서 충족되었는지를 결정하기 위하여 수집된 행동 자료를 평가한다. 아동이 목표를 향해 진전하고 있는지, 그리고 가족이 그러한 진전을 유지시킬 능력이 있는지에 기초하여 개입을 지속・변경・

종료할 계획에 관하여 팀을 이루어 논의한다.

CBC의 목적

CBC 과정은 가족중심 서비스의 원칙을 작동하기 위한 논리적 체계를 제공하며, 그 목적은 이러한 중요한 원칙을 직접 논의하는 데 있다. 가족중심 서비스의 목적과 같이, CBC의 중요한 목적도 다음을 포함한다. (1) 아동에 관하여 피자문인이 가지고 있는 요구를 목표로 결정하기, (2) 관심사를 다루기 위하여 피자문인의 강점을 활용하기, (3) 파트너십을 수립하기, (4) 피자문인의 기술과 유능성을 발달시키기(Sheridan et al., 1996)다. 이러한 CBC의 목적과 가족중심 서비스의 원칙에 대해 다음에 기술한다.

아동에 대한 피자문인의 요구

CBC의 일차적 목적은 부모와 교사 또는 다른 양육자가 아동에 대해 가지고 있는 요구를 효과적으로 다루는 데 있다. 이러한 요구는 자문을 할 때 주목해야 할 초점이며, 여러 장면에서 제공되는 서비스의 기초를 이룬다. CBC 자문인은 가족의 요구에 관하여 미리 가정하지 않는다. 대신 가족에게 관심사를 표명할 기회를 주며, 양육자와 함께 목적을 결정한다. 이것이야말로 CBC의 요구 확인 단계의 핵심 목적이다.

앞서 기술했듯이, 자문인은 가족에게 자신의 요구를 기술하고 우선순위를 정할 기회를 주어서 가족의 요구가 자문에서 최대한 다루어질 수 있도록 한다. 이런 식으로 CBC에서 다루어지는 요구는 가족에게 가장 핵심적인 요구이므로 가족이 자료 수집, 계획 시행, 계획평가, 유지 및 일반화의 절차에 시간과 에너지 자원을 쏟아 부을 가능성을 증가시킨다. 또한 자문인은 개입에서 다루어질 관심사의 우선순위를 정하는 과정에서 어느 정도의 융통성을 받아들인다. 예를 들면, 자료 수집을 통해서 부모는 애초의 요구가 잘못 확인되었다는 것을 알 수 있고, CBC의 이후 과정에서 새로운 우선순위를 다시 확인할 수도 있다. 이런 융통성은 부모와 자녀의 요구를 충족시키는 데 유용하다.

비슷하게 자문인은 CBC 과정을 통해서 사용할 개입과 자료 수집의 방법을 개발하고, 가족이 자신의 문화와 환경에 잘 맞는 방법을 결정하도록 융통성 있게 도와준다. 효과적이고 실제적이며 효율적인 정보 수집의 방법, 즉 가족의 일상에 적합한 방법이 개발된다면 성공적으로 자료 수집을 할 수 있게 된다. 똑같은 원칙이 개입의 개발과 시행에도 적용된다. 가족이 아동을 위한 계획을 시행하면서 편안함을 느끼고 역량을 강화할 수 있는 가능성은 그 계획이 가족의 스케줄이나 문화에 적합할 때 상승한다.

자문인은 주로 CBC의 요구 분석 단계에서 자문의 표적 행동에 영향을 미칠 수 있는 다양한 요인을 가족이 평가하도록 격려하다. 이러한 분석은 자문 팀이 아동의 행동에 기여하는 다양한 체제적 요인(예, 아동과의 부정적 상호작용, 효과적이지 못한 일상, 자원의 부족)을 검토하게 할 것이다.

피자문인의 강점 활용

아동의 요구를 충족시키기 위하여 활용할 수 있는 교사와 가족의 유능성과 강점을 CBC 과정에서 검토하는 일은 중요하다. CBC에서 자문인은 교사가 교육적 개입과 교실 행동의 관리에 대한 전문성을 가지고 있으며, 가족은 가정환경에 관련된 전문성을 가지고 있음을 인정한다. 가족은 자문에서 아동의 요구를 다루기 위하여 사용할 수 있는 기술과 자원(예, 가정에서 제공하는 지지, 아동과 상호작용하는 실제, 발달사에 관한 지식)을 가지고 있다. 개입 개발에 기여하는 자문을 하는 과정 내내 자문인은 가족의 강점을 확인하고 더 발전시킨다. 예를 들면, 가족이 이미 매일의 일상에서 사용하고 있는 개입 절차를 자문인이 평가하고 강조한다. 가정에서 가족이 이미 가지고 있는 강점을 강조하는 것은 피자문인이 아동의 삶에 긍정적 변화를 미칠 수 있는 능력을 가지고 있음을 인정하는 것이므로 피자문인으로 하여금 자기효능감을 갖게 한다(Dunst et al., 1988).

CBC 자문인은 가족이 아동의 행동에 대처하거나 효과적으로 아동의 행동을 관리하는 데 필요한 자원을 가지고 있지 못한 것에 초점을 맞추지 않는다. 그보다는 가족이 강점과 적응유연성을 증진시키는 토대를 세우는 데 필요한 기존의 자원을 사용할 수 있도록 가족을 지지하고 허용하는 분위기를 만든다. 강점에 기반을 둔 접근은 자녀양육 기술과 자원의 부족한 면보다는 가족의 능력에 주목하는 자문을 시행한다. 가족이 가지고 있는 기존의 강점을 키우는 것은 본질적으로 '현재 상태에 있는 그대로 가족을 만나는' 것이고(Dunst et al., 1988), 아동의 요구 달성을 위해 활용할 강점을 가진 존재로 가족 구성원을 인정하는 것이다. 이런 방식으로 자문인은 피자문인의 요구와 조화를 이루는 서비스를 제공한다.

파트너십과 지지망 극대화

사회적 지지를 강화하고 체제 간 파트너십과 협력을 증진하는 일은 가족중심 서비스에서 살펴본 중요한 원칙에 해당한다(Dunst & Trivette, 1987). CBC도 가정-학교 파트너십의 수립에 초점을 두는 바로 이 원칙에 근거한다. CBC에서도 아동을 위한 상호 목적을 달성하기 위하여 가정과 학교 체제가 협력적으로 참여한다. CBC 과정은 학교와 가족이 의사결정에 동참하여 요구의 평가와 해결방안의 개발에 동등한 책임을 맡도록 한다. 마찬가지로 부모와 교사는 자료 수집의 절차와 CBC에서 개발된 개입의 시행에 적극 동참한다.

자문인, 부모, 교사가 한 팀을 이루어 아동이 지닌 요구의 본질과 정도를 확인하기 위하여 자료를 검토하고 평가한다. 자문인은 이 과정을 장려하지만, 부모와 교사가 함께 목표를 결정하고 계획을 개발 · 시행하는 것을 확실히 보장한다. 자문의 공동 목표에 관해 가정과 학교가 합의함으로써 아동의 사회적 지지체제(즉, 가정, 학교)에 있는 일차적 양육자(즉, 부모, 교사)의 파트너십을 확실히 지속할 수 있고, 그것을 통해 아동과 가족은 즉각적인 성공과 미래의 성공을 이루어 낼 수 있다.

부모와 교사의 기술과 유능성 개발 및 향상

CBC의 또 다른 중요한 목표는 유능성, 기술, 지식의 획득을 조성하는 데 있다(Dunst et al., 1994; Sheridan et al., 1996). CBC 과정은 가족이 요구를 확인하고 해결방안을 생성하는 데 참여하는 것을 지지하고 안내하여 유능성, 기술, 지식의 획득 조성이라는 목표를 성취한다. 가족의 능동적인 참여가 있을 때, 부모, 교사 및 기타 양육자가 CBC 과정의 여러 측면에 관한 필수불가결한 지식을 얻을 수 있다. 이러한 지식의 예를 들면, 아동이나 가족의 요구를 확인하고 결정하는 것의 중요성, 특정 행동의 유지에 기여하는 요인을 평가하는 것의 중요성, 가족의 강점과 자원을 동원하는 것의 중요성, 긍정적 결과를 성취하기 위하여 개입을 개발하는 것의 중요성 등이 있다.

CBC 과정을 통해 가족은 아동에 대한 관심사의 우선순위를 정하는 법을 배운다. 요구를 확인하는 동안에 자문인은 개입의 표적이 될 만한 특정 행동을 부모가 확인할 수 있도록 돕고, 그로 인해서 문제해결에 대해 더욱 집중적인 접근을 할 수 있게 된다. 마찬가지로 관심사를 모니터링하고 평가하는 상세한 전략(즉, 자료 수집과 평가의 방법)에 대한 논의를 한다. 자문과정 내내 부모와 교사는 아동에게 영향을 미칠 수 있는 환경조건에 관한 정보뿐만 아니라 시간의 경과에 따른 자료를 수집한다. 자문인은 아동의 요구를 다루는 의미 있는 개입을 개발하기 위하여 이런 정보를 부모가 사용할 수 있도록 돕는다. 유사하게 사회적으로 타당한 목표를 개발하고 진전 상황을 감독하기 위해서도 이러한 자료를 사용한다. 자문과정 동안 계속 평가가 이루어져, 부모는 자료에 기반을 둔 의사결정 과정을 이해할 수 있게 된다. 부모는 아동의 행동에 대한 주관적인 판단이 아니라 자료에 근거하여 목표 달성 여부를 결정하는 여러 전략을 배운다. 또한 팀 구성원은 행동목표를 달성하지 못했을 때 계획을 변경하는 절차도 배운다. 이런 과정을 거치면서 가족은 아동의 진전 상황과 개입의 효율성에 관한 의사결정을 내릴 때 자료 사용이 가치가 있다는 것을 배운다.

CBC 과정에 참여하면서 개발되는 기술 하나하나는 가족이 자신의 미래 요구를 충족시키기 위하여 사용할 수 있는 도구가 된다. 가족이 가지고 있는 기존의 유능성을 인정하고 기술을 강화하며 독립성을 위한 도구를 획득함으로써 역량을 강화하게 되고, 그로 인해서 가족체제 안에서 적응유연성이 지지된다.

참고문헌 REFERENCES

Adams, K. S., & Christenson, S. L. (2000). Trust and the family-school relationship: Examination of parent-teacher differences in elementary and secondary grades. *Journal of School Psychology, 38*, 477-497.

Antonovsky, A. (1987). *Unraveling the mystery of health.* San Francisco: Jossey-Bass.

Antonovsky, A., & Sourani, T. (1988). Family sense of coherence and family adaptation. *Journal of Marriage and Family Therapy, 50*, 79-92.

Baumrind, D. (1968). Authoritarian vs. authoritative parental control. *Adolescence, 3*, 255-272.

Bayer, C. L., & Cegala, D. J. (1992). Trait verbal aggressiveness and argumentativeness: Relations with parenting style. *Western Journal of Communication, 56*, 301-310.

Bronfenbrenner, U. (1977). Toward an experimental ecology of human development.

American Psychologist, 32, 513-531.

Bronfenbrenner, U. (1979). *The ecology of human development.* Cambridge, MA: Harvard University Press.

Carlson, C. (1996). Best practices in working with single-parent and step-family systems. In A. Thomas and J. Grimes (Eds.), *Best practices in school psychology III* (pp. 1097-1110). Washington, DC: National Association of School Psychologists.

Christenson, S. L., Rounds, T., & Gorbey, D. (1992). Family factors and students achievement: An avenue to increase students' success. *School Psychology Quarterly, 7*, 178-206.

Christenson, S. L., & Sheridan, S. M. (2001). *Schools and families: Creating essential connections for learning.* New York: Guilford.

Clark, R. M. (1988). Parents as providers of linguistic and social capital. *Educational Horizons, 66*, 93-95.

Clark, K. E., & Ladd, G. W. (2000). Connectedness and autonomy support in parent-child relationships: Links to children's socioemotional orientation and peer relationships. *Developmental Psychology, 36*, 485-498.

Cohn, D. A. (1990). Child-mother attachment of six-year-olds and social competence at school. *Child Development, 61*, 152-162.

Costigan, C. L., Floyd, F. J., Harter, K. S., & McClintock, J. C. (1997). Family process and adaptation to children with mental retardation: Disruption and resilience in family problem-solving interactions. *Journal of Family Psychology, 11*, 515-529.

Darling, N., & Steinberg, L. (1993). Parenting style as context: An integrative model. *Psychological Bulletin, 113*, 487-496.

Dunst, C. J., & Trivette, C. M. (1987). Enabling and empowering families: Conceptual and intervention issues. *School Psychology Review, 16*, 443-456.

Dunst, C. J., & Trivette, C. M. (1994). What is effective helping? In C. J. Dunst, C. M. Trivette & A. G. Deal (Eds.), *Supporting and strengthening families: Methods, strategies and practices* (pp. 162-170). Cambridge, MA: Brookline Books.

Dunst, C. J., Trivette, C. M., Davis, M., & Cornwell, J. (1988). Enabling and empowering families of children with health impairments. *Children's Health Care, 17*, 71-81.

Dunst, C. J., Trivette, C. M., & Deal. A. G. (1988). *Enabling and empowering families: Principles and guidelines for practice.* Cambridge, CA: Brookline.

Dunst, C. J., Trivette, C. M., & Deal. A. G. (1994). *Supporting and strengthening families: Methods, strategies and practices.* Cambridge, MA: Brookline.

Epstein, N. B., Bishop, D., Ryan, C., Miller, I., & Keitner, G. (1993). In F. Walsh (Ed.), *Normal family processes* (pp. 138-160). New York: Guilford.

Fields, J. (2003). *Children's living arrangements and characteristics: March 2002.* Current Population Reports, P20-547. Wasington, DC: U. S. Census Bureau.

Fields, J., Smith, K., Bass, L., & Lugaila, T. (2001). *A child's day: Home, school, and play (Selected indicators of child well-being).* Current Population Reports, P70-68. Washington, DC: U. S. Census Bureau.

Frick, P, J. (1993).Childhood conduct problems in a family context. *School Psychology Review, 5,* 376-385.

Galloway, J., & Sheridan, S. M. (1994). Implementing scientific practices through case studies: Examples using home-school interventions and consultation. *Journal of School Psychology, 32,* 385-413.

Garbarino, J. (1982). *Children and families in the social environment.* New York: Aldine.

Grusec, J., & Goodnow, J. J. (1994). The impact of parental discipline methods on the child's internalization of values: A reconceptualization of current points of view. *Developmental Psychology, 30,* 4-19.

Gutkin, T. B., & Curtis, M. J. (1999). School-based consultation theory and practice: The art of science and indirect service delivery. In C. R. Reynolds & T. B. Gutkin (Eds.), *The handbook of school psychology* (pp. 598-637). New York: Wiley.

Hawley, D. R., & De Hann, L. (1996). Toward a definition of family resilience: Integrating life-span and family perspectives. *Family Process, 35,* 283-298.

Hill, N. E. (2001). Parenting and academic socialization as they relate to school readiness: The roles of ethnicity and family income. *Journal of Educational Psychology, 93,* 686-697.

Keith, P. B., & Christenson, S. L. (1997). Parenting styles. In G. G. Bear, K. M. Minke, & A. Thomas (Eds.), *Children's needs II: Development, problems and alternatives* (pp. 559-566). Bethesda, MD: National Association of School Psychologist.

Kellaghan, R., Sloane, K., Alvarez, B., & Bloom, B. S. (1993). *The home environment and school learning: Promoting parental involvement in the education of children.* San Francisco: Jossey-Bass.

Kerns, K. A., Klepac, L., & Cole, A. (19960. Peer relationships and preadolescents' perception of security in the child-mother relationship. *Developmental Psychology, 32,* 457-466.

Krinsley, K. E., & Bry, B. H. (1991). Sequential analyses of adolescent, mother, and father behaviors in distressed and nondistressed families. *Child and Family Behavior Therapy, 13,* 45-62.

Leaper, C., Hauser, S. T., Kremen, A., Powers, L. I., Jacobson, A. M., Noam, G. G. et al. (1989). Adolescent-parent interactions in relation to adolescents' gender and ego development pathway: A longitudinal study. *Journal of Early Adolescence, 9,* 335-361.

Maccoby, E. E., & Martin, J. A. (1983). Socialization in the context of the family: Parent-child interaction. In E. M. Hetherington (Ed.), *Handbook of child psychology: Vol. 4, Socialization, personality, and social development* (pp. 469-546). New York: Wiley.

Masten, A., & Coatsworth, J. (1998). The development of competence in favorable and unfavorable environments. *American Psychologist, 53,* 205-220.

MacDonald, K. (1992). Warmth as a developmental construct: An evolutionary analysis. *Child Development, 63,* 753-773.

McCubbin, H. I., & McCubbin, M. A. (1988). Typologies of resilient families: Emerging roles of social class and ethnicity. *Family Relations, 37,* 247-254.

McCubbin, H. I., McCubbin, M. A., & Thompson, A. I. (1993). Resiliency in families: The role of family schema and appraisal in family adaptation to crises. In T. H. Brubaker (Ed.), *Family relations: Challenges for the future* (pp. 153-177). Newbury Park, CA: Sage.

McCubbin, H. I., McCubbin, M. A., Thompson, A. I., Elver, K. M., & McCubbin, M. A. (1994). Ethnicity, schema, and coherence: Appraisal processes for families in crisis. In H. I. McCubbin, E. A. Thompson, & J. E. Fromer (Eds.), *Sense of coherence and resiliency: Stress, coping and health* (pp. 41-67). Madison, WI: University of Wisconsin Press.

McLanahan, S., & Sandefur, G. (1994). *Growing up with a single parent: What hurts, what helps.* Cambridge, MA: Harvard University Press.

Olson, D. (1993). Circumplex model of marital and family systems: Assessing family functioning. In F. Walsh (Ed.), *Normal family processes* (pp. 104-137). New York: Guilford.

Olson, D., Sprenkle, D., & Russell, C. (1979). Circumplex model of marital and family systems: I. Cohesion and adaptability dimensions, family types, and clinical applications. *Family Process, 18,* 3-28.

Patterson, J. M. (2002a). Integrating family resilience and family stress theory. *Journal of Marriage and Family, 64,* 349-360.

Patterson, J. M. (2002b). Understanding family resilience. *Journal of Clinical Psychology, 58,* 233-246.

Patterson, J., & Garwick, A. (1994). Levels of family meaning in family stress theory. *Family Process, 33,* 287-304.

Pianta, R. C., & Walsh, D. J. (1996). *High-risk children in schools: Constructing sustaining relationships.* New York: Routledge.

Sanders, M. R., Dadds, M. R., Johnston, B. M., & Cash, R. (1992). Childhood depression and conduct disorder: I. Behavioral, affective, and cognitive aspects of family problem-solving interactions. *Journal of Abnormal Psychology, 101,* 495-504.

Seccombe, K. (2002). "Beating the odds" versus "changing the odds": Poverty, resilience, and family policy. *Journal of Marriage and Family Therapy, 64,* 384-394.

Sheridan, S. M., & Gutkin, T. B. (2000). The ecology of school psychology: Examining and changing our paradigm for the 21st century. *School Psychology Review, 29,* 485-502.

Sheridan, S. M., Erchul, W. P., Brown, M. S., Dowd, S. E., Warnes, E. D., Marti, D. C., Schemm, A. V., & Eagle, J. W. (2004). Perceptions of helpfulness in conjoint behavioral consultation: Congruity and agreement between teachers and parents. *School Psychology Quarterly, 19,* 121-140.

Sheridan, S. M., & Kratochwill, T. R. (1992). Behavioral parent-teacher consultation: Conceptual research considerations. *Journal of School Psychology, 30,* 117-139.

Sheridan, S. M., Kratochwill, T. R., & Bergan, J. R. (1996). *Conjoint behavioral consultation: A procedural manual.* New York: Plenum.

Sheridan, S. M., Welch, M., & Orme, S. F. (1996). Is consultation effective? A review of outcome research. *Remedial and Special Education, 17,* 341-354.

Short, R. J., & Shapiro, S. K. (1993). Conduct disorders: A framework for understanding and intervention in schools and communities. *School Psychology Review, 22,* 362-375.

Stevenson, D. L., & Baker, D. P. (1987). The family-school relation and the child's school performance. *Child Development, 58,* 1348-1357.

Sroufe, L. A. (1989). Pathways to adaptation and maladaptation: Psychopathology as developmental deviation. In C. Cicchetti (Ed.), *Rochester symposium on developmental psychopathology, Vol. 1, Emergence of a discipline* (pp. 13-40). Hillsdale, NJ: Erlbaum.

Turnbull, A. P., & Turnbull, H. R. (1997). *Families, professionals, and exceptionality: A special partnership.* Upper Saddle River, NJ: Prentice-Hall.

U. S. Census Bureau. (2000). *U. S. Census of Population and Housing.* Washington, DC: Author.

U. S. Census Bureau. (2003). *March current population survey.* Washington, DC: Author.

Wallberg, H. J. (1984). Families as partners in educational productivity. *Phi Delta Kappan, 65,* 397-400.

Walsh, F. (1993). Conceptualization of normal family processes. In F. Walsh (Ed.), *Normal family processes* (2nd ed., pp. 3-69). New York: Guilford.

Walsh, F. (1996). The concept of family resilience: Crisis and challenge. *Family Process, 35,* 261-281.

Welch, M., & Sheridan, S. M. (1995). *Educational partnerships: Serving students as risk*. San Antonio, TX: Harcourt Brace.

Wymen, P. A., Cowen, E. L., Work, W. C., & Parker, G. R. (1991). Developmental and family milieu correlates of resilience in urban children who have experienced major life stress. *American Journal of Community Psychology, 19*, 405-426.

제12장

학대받은 아동의 적응유연성

Shadi Houshyar & Joan Kaufman

매해 거의 100만 건에 달하는 막대한 수의 아동학대가 보고되고 있다(U. S. Department of Health and Human Services, 2001). 실제로 발생했으나 보고되지 않은 아동학대의 사례가 많고(Kaufman & Zigler, 1996) 당국의 관심 대상 밖에 있는 사례도 많은 것으로 볼 때(Wolfner & Gelles, 1993), 아동학대는 사회 전반에 펴져 있는 문제라고 하겠다. 지금까지 수행된 연구를 통해 아동학대와 관련된 몇 가지 부정적인 예후를 확인할 수 있다. 다수의 심리장애를 진단받는 비율이 증가했을 뿐만 아니라(Cicchetti & Carlson, 1989; Cicchetti & Toth, 1995; Ammerman, Cassisi, Hersen, & Van Hasselt, 1986; Egeland, Sroufe, & Erickson, 1983) 대인관계, 정서 조절, 자아 발달의 결함도 확인되었다(Beeghly & Cicchetti, 1994; Crittenden, 1992; Egeland & Sroufe, 1981; Maughan & Cicchetti, 2002). 비록 학대를 받은 모든 아동이 문제를 나타내는 것은 아니지만, 학대받은 많은 아동은 만성적인 정신병리의 과정을 경험한다. 외상후 스트레스장애(PTSD), 우울, 행동장애는 학대받은 아동(Briere, Berliner, Bulkley, Jenny, & Reid, 1996; Chu & Dill, 1990; Famularo, Kinscherff, & Fenton, 1992; Kaufman, 1991; McLeer, Callaghan, Henry, & Wallen,

1994; Pynoos, Steinberg, & Wraith, 1995)과 성인(Windle, Windle, Scheidt, & Miller, 1995)에게서 공통적으로 나타나는 정신병리다.

학대의 효과는 해롭고 장기적이므로 이 영역의 연구 수행이 필요하다. 특히 적응유연성의 틀이 학대에 관한 연구를 하는 데 도움이 된다. 적응유연성 연구는 (1) 학대받은 아동이 긍정적 적응으로 이어지는 경로를 묘사하고, (2) 가족 맥락 안에서 신체적 외상이나 방임과 같은 중대한 위험요인과 스트레스원을 경험하는 아동이 어떻게 역경을 딛고 일어서는지를 검토하기 때문이다. 적응유연성 연구는 긍정적 적응을 촉진하는 과정, 조절변인, 기제를 탐색하고, 학대의 해로운 효과를 약화시킬 것을 목적으로 하는 개입 실제를 개발하는 안내 역할을 한다.

지금까지 선구자적 역할을 한 연구자는 경험적 연구보고서와 이론논문을 발표하여 적응유연성 연구의 강력한 토대를 수립해 왔다(Cowen & Work, 1988; Cowen, Work, & Wyman, 1992, 1997; Garmezy, 1992, 1993; Garmezy, Masten, & Tellegen, 1984; Luthar, Cicchetti, & Becker, 2000; Luthar, Doernberger, & Zigler, 1993; Luthar & Zigler, 1991; Masten, 2001; Masten & Coatsworth, 1998; Masten et al., 1999; Rutter, 1990, 1995, 1996; Werner, 1992, 1993, 1995). 적응유연성 연구자의 초기 업적은 적응유연성 연구의 개념화, 시행, 보급의 측면에서 상당한 발전을 이루었다. 이와 같이 현저한 진전을 이룬 덕에 많은 연구자가 고위험 집단이 적응유연성을 이루는 데 기여하는 다수의 보호요인과 보호 기제를 규명할 수 있게 되었다.

학대받은 아동에게 나타난 긍정적 결과와 관련된 보호요인 가운데 하나는 **지지적이고 안정된 양육자**의 존재다. 애정 어린 안정된 한 명의 부모나 대리보호자가 있다는 것은 학대를 받았지만 좋은 발달적 결과를 이룬 사람과 유해한 결과를 이룬 사람을 변별하는 가장 중요한 요인이 된다(Beeghly & Cicchetti, 1994; Cicchetti & Toth, 1995; Kaufman & Henrich, 2000; Pynoos et al., 1995). 애정 어린 안정된 부모나 대리보호자는 아동이 PTSD와 우울장애를 겪을 가능성을 감소시키고(Kaufman, 1991; Pynoos et al., 1995), 행동문제의 발생 위험을 감소시키며(Newton, Litrownik, & Landsvert, 2000), 더 나은 학교성취를 이루게 한다(Cook, Fleishman, & Grimes, 1991). 또한 아동기에 학대를 받았으나 지지적인 부모나 양부모가 있었다고 보고한 성인의 교육기간은 더 길었고(Cook et al., 1991; Zimmerman, 1982), 거주 공간은 더욱 안정적이었으며(Meier, 1965), 자조력이 더 높았고(Zimmerman, 1982), 폭

al., 1999; Ladd et al., 2000 참조하라.)

초기 스트레스의 영향을 바꾸는 요인: 전 임상 연구

앞에서 검토한 다수의 연구는 생애 초기의 경험이 뇌의 구조와 기능에 심각한 영향을 미칠 수 있음을 보여 준다. 그러나 이후의 **양육환경**이 초기 스트레스의 불리한 효과를 바꿀 수 있음을 시사하는 자료가 점차 많이 보고되고 있다. 핸들링 실험을 수행하면서 Meaney 등은 핸들링을 받은 새끼 쥐의 어미 쥐와 그렇지 않은 새끼 쥐의 어미 쥐가 보이는 행동에 현저한 차이가 있음을 발견했다(Woodside, Meaney, & Jans, 미발표 관찰). 전자는 후자에 비해 새끼를 핥거나 몸을 손질해 주는 행동을 유의하게 더 많이 했다.

핸들링을 받은 쥐와 그렇지 않은 쥐가 나타내는 스트레스 반응성의 차이가 어미 행동의 차이와 관련되는지를 살펴보기 위하여, Meaney 등은 어미 행동에서 자연적으로 나타나는 차이를 보이는 어미에 의해 양육되어 성체가 된 쥐의 스트레스 반응성 지표를 검토했다(Caldji et al., 1998; Liu et al., 1997, 2000). 어떤 실험 조작도 없이 핥기와 몸단장하기 행동을 많이 한 어미에 의해 양육되어 성체가 된 쥐는 새로운 환경에서 탐색 활동을 더 많이 하고, 급성 스트레스에 대한 세포질 ACTH 반응과 코르티코스테론 반응의 감소를 보였다. 또한 그들은 해마 글루코코르티코이드 수용기 mRNA 표현의 증가를 보였으며, 코르티코이드 음성 피드백의 민감성이 향상되었고, 시상하부의 CRH mRNA 수준의 감소를 보였다. 또한 편도체의 CRH mRNA 표현이 감소했고, 편도체와 청색 반점에 있는 중추 벤조디아제핀 수용기 수가 증가했으며, 청색 반점에 있는 CRH 수용기 밀도가 감소했고, 스트레스에 의해 유발된 시상하부로부터의 NE 분비도 감소했다. 이런 결과는 핸들링을 받은 쥐에서 관찰한 결과와 일치하며, 어미가 핥고 몸을 손질하는 행동이 스트레스에 대한 반응을 매개하는 신경체계의 발달을 '프로그램' 화할 수도 있음을 시사한다(Caldji et al., 1998). 이런 결과는 모성 격리와 핸들링에 관련된 신경생물학적 변화가 초기 실험 조작에 기인한 것인지, 아니면 후에 어미 행동에서 나타나는 차이에 기인한 것인지에 관한 의문을 제기한다.

초기 실험 조작과 관련된 신경생물학적 변화를 이후 양육 경험으로 변경할 수 있는지를 결정하기 위해, 초기 핸들링이나 모성 격리 경험에 노출된 새끼 쥐를 동일 조건이나 반대 조건에 배정된 새끼 쥐의 어미에게 교차 입양(cross-fostering)시켰다(Gonzalez, Ladd, Huot, Owens, & Plotsky, 1999). 즉, 초기 실험 세트에서 핸들링을 받은 새끼 쥐는 핸들링 조건에 배정된 다른 어미에게 교차 입양되거나 모성 격리 조건에 배정된 어미에 의해 교차 양육되었다. 모성 격리 조건에 노출된 새끼 쥐에게도 비슷한 교차 입양을 실시했다. 성체가 되었을 때 검사한 결과, 모성 격리 조건에 배정된 어미 쥐에게 교차 입양된 핸들링을 받은 새끼 쥐는 신생기 동안에 모성 격리에 노출된 쥐처럼 새로운 스트레스원에 반응적이었다. 반대로 핸들링 조건에 배정된 어미 쥐가 교차 입양한 모성 격리된 새끼 쥐는 핸들링을 받은 동물과 더 비슷했다.

두 번째 실험 세트(Gonzalez et al., 1999)에서는 새끼 쥐가 멀리 떨어져 있는 동안에 모성 격리 조건에 배정된 어미 쥐에게 연령이 같은 새끼 쥐를 입양시켰다. 이런 간단한 실험 조작이 어미 쥐의 모성 행동을 정상적으로 만드는 것처럼 보였고, 모성 격리 조건에 배정되었던 새끼가 성체가 되었을 때 모성과 격리된 쥐보다는 핸들링을 받은 쥐와 더 비슷하게 보였다. 이런 결과는 출생 전 스트레스의 효과를 검토한 연구의 결과와 일치한다. 이런 종류의 실험에서 흔히 관찰되었던 HPA 축 변경을 '최적의 자녀양육' 조건에 '입양' 시킴으로써 되돌릴 수 있음이 밝혀졌다(Barbazanges et al. 1996; Maccari, Plaza, Kabbaj, Barbazanges, Simon, & Le Moal, 1995). 이런 결과는 스트레스 반응에 관여하는 생리체계를 조절하는 데 어머니-유아 간 상호작용의 상이한 요소(예, 촉각 자극)가 강력한 영향을 미친다는 증거 자료와 일치한다(Caldji et al., 1998; Kuhn & Schanberg, 1998).

전 임상 연구는 이후 양육 경험이 초기 경험의 효과를 변경시킬 수 있다는 것을 보여 주었다. 스트레스 반응성에 관한 전 임상 연구를 통해 유전적 요인이나 긴장 효과가 미치는 영향에 관한 지식을 더 잘 구축할 수 있게 되면서(Dhabhar, McEwen, & Spencer, 1997), 교차 입양 연구는 자녀양육의 조작이 유전이나 품종의 차이 때문에 나타나는 스트레스 반응성의 차이를 극복할 수 있는지에 관한 질문을 제기한다. 이 질문에 대답하기 위해 Anisman과 그 동료는 BALB/cByJ와 C57BL/6ByJ 쥐에게 초기 핸들링 경험을 제공했고, 이후 양육을 위해서 BALB/cByJ나 C57BL/6ByJ 어미 쥐에게 무작위로 배정했다(Anisman, Zaharia, Meaney, & Merali, 1998; Zaharia, Kulczycki, Shanks, Meaney, & Anisman, 1996). BALB/cByJ 쥐는 원래 스트레스 반응성이 높고, 급성 스트레스원에 대해 코르티코스테론과 뇌의 카테콜아민(NE) 반응의 상승을 보였다. 추가적으로 이런 긴장 상태에 있는 쥐는 모리스 수상 미로(Morris water-maze)에서 저조한 수행을 보였는데, 이 미로과제는 해마가 매개하는 기억과제로 발에 쇼크(예, 스트레스)를 주어 과제 수행을 더욱 악화시킨다. BALB/cByJ 쥐에게 적용한 초기 핸들링은 쥐가 성체가 되었을 때 실시한 모리스 수상 미로 검사에서 학습 손상의 감소를 가져왔고, 스트레스가 유발하는 코르티코스테론의 상승을 방지하고 과제 수행의 혼란도 예방했다. 마찬가지로 BALB/cByJ 쥐와 C57BL/6ByJ 어미 쥐의 교차 입양은 코르티코스테론 과다활동성과 수행 결핍을 예방하였다. 그러나 교차 입양과 핸들링은 시상하부, 청반, 해마 또는 전전두 피질에서 스트레스 때문에 생긴 NE 농도의 변화를 변경시키지는 못했다. 더욱 적응유연한 C57BL/6ByJ 쥐에게 행해진 초기 핸들링과 교차 입양은 미로 수행, 코르티코스테론 스트레스 반응성, 뇌의 NE에 아무런 영향을 끼치지 못했다. 스트레스 반응성에서 차이가 나는 서로 다른 두 종(반응성이 높은 종과 낮은 종)을 연구한 연구자도 유사한 결과를 보고했다(Steimer, Escorihuela, Fernandez-Teruel, & Driscoll, 1998). 핸들링과 교차 입양의 효과는 반응성이 높은 쥐에서만 발견되었다. 이러한 실험 조작은 스트레스 때문에 유발된 코르티코스테론 수준에만 영향을 미쳤고 중추 NE 측정치에는 영향을 미치지 않았다.

이러한 연구 결과는 한 개체의 스트레스 반응성을 결정하려면 **유전과 환경의 상호작용**을 더 잘 이해해야 함을 강조한다. 내재적으로 더 반응적인 종은 내재적으로 덜 반응적인 종에 비해 환경 조작의 효과에 더 반응적이고, 환경 조작이 다른 신경생물학적 체계(예, 중추 NE)보다는 일부 특정 신경생물학적 체계(예, HPA 축)에 더 큰 영향을 미친다는 것을 시사한다. 더욱 중요하게 이런 연구는 초기 스트레스와 관련된 불리한 효과가 피할 수 없는 것이 아니며, 초기 스트레스의 장기적 영향을 결정하는 데 특히 중요한 이후 양육환경의 질과 더불어 내재적 · 외재적 요인에 의해 변경될 수 있음을 시사한다.

성인 스트레스의 신경생물학적 상관변인과 외상후 스트레스장애의 유사성

외상후 스트레스장애(PTSD)는 초기 아동학대에서 발생하는 가장 공통된 결과 가운데 하나다. 그러나 앞에서 강조했듯이 PTSD는 학대의 역사와 관련된 수많은 부정적 결과 가운데 하나일 뿐이다. 스트레스의 효과에 관한 전 임상 연구는 PTSD의 병리생리학에 관한 귀중한 통찰을 제공하며, 성인에게서 나타나는 PTSD의 신경생물학적 상관변인에 관한 연구 결과를 조직하는 전략을 제공한다. 그러므로 이 절에서는 스트레스의 결과를 이해하는 데 상호교류적 연구 접근이 유용함을 분명히 밝히기 위해 성인에게서 발생하는 PTSD의 신경생물학적 상관변인에 초점을 둔다.

구체적으로 전 임상 연구에서 PTSD 성인은 초기 스트레스와 관련하여 수많은 생물학적 변화를 보였다. 예를 들면, PTSD 성인은 HPA 축에서 여러 가지 변화를 나타냈다. 구체적으로 비정상적 기저 코르티솔 분비, 뇌하수체 수준에서의 변경된 음성 피드백, 내인성 CRH 투여에 대한 반응으로 인한 ACTH의 둔감한 분비(Arborelius et al., 1999)가 대표적이다. PTSD 성인은 중추 CRH 충동의 증가도 보이는데, 이는 뇌척수액 CRH의 농도 증가로 증명할 수 있다(Baker et al., 1999; Bremner, Licinio et al., 1997). 또 중추 NE 기능의 증가는 뇌척수액 NE 농도의 상승으로 증명되고(Geracioti et al., 2001), NE 대항제인 요힘빈(yohimbine) 최음제의 투여 이후에 안와전두 피질, 전전두 피질, 측두 피질에서 활동의 변화도 관찰되었다(Bremner, Innis et al., 1997). 이오마제닐 [^{123}I] 결합의 SPECT 뇌영상촬영 평가를 통해 PTSD 성인의 전전두 피질에서 GABA/BZ 수용기 수와 결합이 감소한다는 것이 밝혀졌으며, GABA/BZ 충동의 감소도 보이는 것으로 나타났다(Bremner, Innis, Southwick, Staib, Zoghbi, & Charney, 2000).

PTSD 성인은 신경계의 구조적 변화도 보였다. 가장 많이 반복된 결과는 정상 통제집단에 비해 PTSD 환자의 해마 부피가 감소되었다는 점이고(Bremner et al., 1995, 1997; Driessen et al., 2000; Gurvits et al., 1996; Stein, Koverola, Hanna, Torchia, & McClarty, 1997; Villarreal et al., 2002; Vythilingam et al., 2002), 이러한 부피의 감소와 언어적 기억능력의 기능적 결합이 상관을 이루었다는 점이다

(Bremner et al., 1995; Bremner et al., 1997). 더욱이 뇌의 신경화학적 변화를 평가하기 위해 자기공명 분광술(magnetic resonance spectroscopy: MRS)을 사용한 연구에서는 PTSD 집단을 통제집단과 비교했을 때 해마 영역에서 NAA(*N*-acetyl-*L*-aspartic acid)와 크레아틴(creatine)이 감소했다(Freeman, Cardwell, Karson, & Komoroski, 1998; Schuff et al., 2001; Villarreal et al., 2002). NAA 감소는 보통 신경원의 손실이나 손상의 지표로 해석되는데(De Stefano, Matthews, & Arnold, 1995), 신경원의 수, 밀도, 신진대사의 손실도 관련된다(Birken & Oldendorf, 1989). 크레아틴의 감소는 고에너지 인산염 신진대사의 감소를 시사한다(Urenjak Williams, Giadian, & Noble, 1993).

PTSD 성인에게서 보고된 신경생물학적 상관변인은 초기 스트레스 경험과 관련된 신경생물학적 변화와 매우 유사하다. 이는 스트레스 반응에 관여하는 주요 피질 및 피질하 구조의 변화를 포함한다. 이 같은 변화는 PTSD 성인에게서 일관되게 관찰할 수 있다.

발달적 요인

매우 중요한 경고 하나를 덧붙이고자 한다. 그것은 이 영역에서 수행된 전 임상 연구의 결과가 아동에게 미치는 스트레스의 효과를 이해하는 데 최적의 정보를 제공할 수 있으려면 그에 앞서 중요한 발달적 이슈를 더 잘 이해해 두어야 한다는 것이다. 초기 스트레스의 신경생물학적 효과를 검토하는 전 임상 연구가 성인 PTSD의 병리적 생리에 관한 새로운 아이디어를 제공할지라도, 아동 PTSD의 신경생물학을 이해하는 데 이 문헌을 적용하는 데는 한계가 있다. 구체적으로 지금까지 PTSD 아동에 관해서는 4개의 구조적 신경영상 연구가 수행되었다(Carrion et al., 2001; De Bellis et al., 1999; De Bellis, Hall et al., 2001; De Bellis et al., 2002). 하나는 이전 연구에 참여했던 아동 중 하위 집단을 대상으로 종단적 평가를 반복한 것이다(De Bellis et al., 2001). 통제집단과 PTSD 아동 · 청소년 집단을 비교하여 해마가 위축되었다는 증거를 보고한 연구는 아직 없다(Carrion et al., 2001; De Bellis et al., 1999, 2001, 2002).

PTSD 아동 · 청소년은 해마 위축 대신에 뇌량의 내측과 미측 부위의 축소를 보인다(De Bellis et al., 1999, 2002). 마찬가지로 학대를 경험한 정신병동 입원환자도 초기 아동학대를 받지 않은 정신병 통제집단과 건강한 통제집단에 비하여 뇌량의 내측과 미측 부위의 유의한 감소를 보였다(Teicher et al., 2000). 그러나 성인 대상 연구에서는 뇌량의 측정치가 산출되지 않았다.

우리가 알기로는, 초기에 스트레스를 받은 적이 있는 사춘기 이전 인간 외 영장류를 대상으로 한 구조적 MRI 연구는 단 한 편만이 발표되었다(Sanchez, Hearn, Do, Rilling, & Herndon, 1998). 초기 스트레스에 관한 전 임상 연구의 대부분은 초기 스트레스 경험이 성체 동물의 뇌 발달에 미치는 장기적인 영향을 검토한다. 흥미롭게도 나이 어린 영장류를 대상으로 한 연구도 해마 위축의 증거를 밝혀내지 못했다. 대신 앞에서 소개한 아동·청소년 대상 연구와 일관성 있게 초기 스트레스를 겪은 어린 인간 외 영장류에서는 뇌량의 내측과 미측 부위의 감소가 보고되었다(Sanchez et al., 1998).

뇌량의 내측과 미측 부위는 대상회, 후방 측두–두정 감각연합 피질, 상부 측두구, 대상구조 후방 피질, 섬(대뇌 외측와의 바닥을 만드는 대뇌피질의 삼각형 부분), 유사해마 구조에서 나오는 대뇌반구 간 투사를 포함한다(Pandya & Seltzer, 1986). 뇌량의 내측과 미측 부위를 통해 대뇌반구 간 투사를 가진 몇몇 영역은 전전두 피질 영역과 직접 연결을 이루며, 정서의 처리와 다양한 기억기능(PTSD를 가진 사람에게서 발견되는 문제의 핵심 유형)을 매개하는 회로에 관여한다.

PTSD 아동·청소년에게서 나타나는 뇌량 변화의 독특함 때문에, 우리 연구진은 학대받은 PTSD 아동 14명과 정상 통제집단 아동 16명을 대상으로 확산 텐서 영상(diffusion tensor imaging: DTI)을 사용한 예비연구를 수행한 적이 있다(Kaufman et al., 2002). DTI는 뇌에 있는 백질관의 통합을 평가하기 위해 사용된다. PTSD 아동은 뇌량의 내측과 후방 부위의 평균 확산률이 유의하게 컸는데, 이 결과는 발달 초기에 축색의 가지치기와 분수적 이방성이 감소했을 가능성과 일치한다. 연령이 같은 통제집단과 비교하면 PTSD 아동의 수초화가 감소했을 가능성도 있다. 현재 우리는 PTSD의 병리적 생리에서 뇌량의 역할을 더 깊이 탐색하기 위하여 이러한 예비연구의 시도를 확대하는 과정 중에 있다. 학대받은 아동의 적응유연성에 관여하는 잠정적인 신경생물학적 기제를 알아내기 위하여, 우리는 외상 통제집단—정신병리는 없으나 학대받은 경력이 있는 아동—을 조사하기 시작했다.

앞으로 전 임상 연구와 임상 연구에서 발달적 틀을 활용하면 아동학대와 PTSD 및 생활주기를 거쳐 나타나는 여러 부정적 결과와 관련된 신경생물학적 기제를 더 잘 이해하는 데 도움을 받을 수 있을 것이다. 앞에서 논의했듯이, 초기 스트레스에 관한 대부분의 전 임상 연구는 이런 스트레스 경험이 성체 동물의 뇌 발달에 미치는 장기적 영향을 검토한다. 앞으로 이 분야에서 더 많은 발달연구를 수행할 필요가 있다.

초기 스트레스의 영향을 바꾸는 요인: 임상 연구

전 임상 연구에서와 같이, 임상집단을 대상으로 하는 연구는 초기 아동학대의 장기적 영향을 이해하는 데 유전과 환경의 상호작용을 검토하는 것이 중요함을 강조한다. 이 분야의 연구는 아직 예비적이고, 연구자들은 아직까지 가족 및 유전 요인과 이후의 양육환경의 질이 행동적 결과와 임상적 결과에 미치는 영향만을 주로 증명해 왔다(Caspi, McClay, Moffitt, Mill, Martin, Craig, Taylor, & Poulton, 2002; Kaufman & Henrich, 2000). 이런 요인이 신경생물학적 결과에 미치는 조절 효과는 별로 탐색되지 않았다(Kaufman et al., 1997). 그러나 전 임상 연구에서와 같이, 점차 더 많이 발표되고 있는 임상적 결과에 의하면 초기 아동학대와 관련된 불리한 효과가 불가피한 것은 아니며, 내재적 요인과 외재적 요인에 의해 조절될 수 있다. 초기 학대의 장기적 영향력을 결정짓는 데 있어서 양육환경의 질이 특히 중요하다.

임상적 시사점

앞에서 논의했듯이, PTSD 성인에서 보고된 신경생물학적 상관변인은 초기 스트레스 경험과 관련된 신경생물학적 변화와 매우 유사하다. 이러한 번역연구 접근은 성인 PTSD의 병리적 생리를 기술하고 PTSD 장애를 가진 성인을 위한 새로운 처치를 제안하는 데 매우 큰 도움이 된다. 예를 들면, 급성 스트레스원에 뒤따르는 NE 폐쇄 작동인의 실시가 스트레스원이 설치류의 장기적인 신경생물학적 변화에 미치는 효과를 감소시켰다는 결과는 급성 외상을 겪은 성인에게서 PTSD 발병을 방지하기 위해 베타 아드레날린성 NE 폐쇄인인 프로프라놀올을 처치하도록 만들었다(Pitman et al., 2002). 급성 외상 후에 성인에게 프로프라놀올을 투여하면 PTSD를 예방할 수 있다는 긍정적 결과는 예비적이기는 하지만 매우 고무적이다. 또한 전 임상 연구와 임상 연구 결과는 현재 PTSD 치료에서 그 효율성이 검증되고 있는 CRH 수용기 유형 1 길항제 약물의 개발을 이끌었다(Arborelius et al., 1999). 더욱이 선택적 세로토닌 재흡수 억제제(SSRI)로 만성적 항우울을 치료한 결과로 해마 위축을 되돌리고 성체 설치류의 신경 발생을 촉진시킬 수 있었다(Duman, Nakugawa, & Malberg, 2001; Malberg, Eisch, Nestler, & Duman, 2000). SSRI 투약은 PTSD 성인을 위한 효과적 처치로 밝혀져 왔는데, 만성적 처치가 언어적 서술기억의 결함을 향상시키고 해마 부피를 증가시켰다(Vermetten, Vythilingam, Southwick, Charney, & Bremner, 2003).

이 절에서는 아동학대를 겪은 적이 있는 아동·청소년 대상 스트레스 연구의 임상적 시사점에 주로 초점을 두었다. 우리는 현재 PTSD 아동의 약리적 처치에 관해서는 별로 알고 있지 못하다. 이 영역에서 더 많은 연구가 수행되어야 하며, 아동과 청소년 대상 연구를 진척시키려면 좀 더 발달적인 면에 초점을 둔 전 임상 연구를 수행해야 한다.

그러나 우리가 지금까지 검토한 전 임상 문헌과 임상 문헌은 안정적이고 안전하며 긍정적인 관계의 형성이 학대를 당한 적이 있는 아동에게 좋은 결과를 가져오는 데 필수적임을 강력하게 제안한다(Kaufman & Henrich, 2000). 지난 1997년 11월에 통과된 「입양 및 가족안전법(P.L. 105-89)」은 학대받은 아동을 위한 **영속적 양육자 계획**(permanency planning)의 노력을 촉진시키기 위해 제정된 것이다. 영속적 양육자 계획이란 애정으로 보살피고 법적으로 인정받으며 지속성 있는 가족을 확보하기 위해서 외상 경험이 있는 아동을 위한 개입을 체계적으로 시행하는 것을 의미한다(CWLA, 1985). 이러한 노력의 목적은 아동이 스스로 심리적 부모로 간주하는 성인이 적어도 한 명은 될 가능성을 극대화하는 데 있다(Goldstein, Solnit, Goldstein, & Freud, 1996). 이러한 노력은 가족의 재결합, 친척에게 의뢰, 입양 등을 이끌 수 있다.

아동보호 서비스 담당부서의 질적 수준이 미국 주마다 다르지만, 전국적으로 아동 학대와 유기로 증명된 사례 가운데 40%에 제공된 유일한 '서비스'는 아동학대의 보고 후 조사의 실시로 추정된다(McCurdy & Daro, 1992). 이 사례에서는 학대의 향후 위험을 감소시키거나 과거 학대의 효과를 완화시키려는 어떠한 개입도 제공되지 않았다.

또한 모든 아동복지 사례 가운데 적어도 50%가 약물남용에 관련된 것으로 추정되며, 어떤 지역에서는 거의 90%에 달하는 것으로 보고되었다(National Center on Addiction and Substance Abuse, 1999). 친부모가 약물남용의 문제를 시정하기 위한 개입을 받고 있지 않다면 자녀를 위한 적합한 애착 대상으로 선택될 수 없다.

미국의 일부 주에서는 약물남용 문제의 해결을 위한 서비스를 증가시키려고 혁신적 접근을 개발해 왔다. 내담자를 치료에 더 많이 의뢰하도록 촉진하기 위하여 아동복지 센터 안에 성인 중독 서비스 연계 직무를 포함하거나(McAlpine, Marshall, & Doran, 2001), 그 안에서 치료 서비스를 제공하는 고도로 조직화된 장소를 제공하는 가족 약물 법원을 만들고, 불순응에 대한 제재를 가하고, 더 나은 정보에 기초하여 더욱 신속하게 사례 계획에 관한 결정을 내릴 수 있도록 프로그램 진척사항을 면밀하게 감독한다(Semidei, Radel, & Nolan, 2001). 약물남용 부모를 위한 **변증법적 행동치료**[1](dialectical behavior therapy: DBT) 프로그램은 보호 서비스를 받고 있는 사례를 위해 평가해 볼 가치가 있는 추가적인 대안적 접근이 될 수 있다. DBT가 경계선 성격장애를 가진 약물남용 환자—보호 서비스 내담자(예, 초기 아동기 외상 경험, 해리 증상, 매우 불안정한 관계, 불편함을 인내하지 못하는 문제, 불안정한 정서, 충동성)에서 관찰된 핵심 문제를 많이 보이는 환자—를 위해 보통 쓰는 치료보다 더 효과적인 것으로 밝혀졌기 때문이다(Linehan et al., 1999).

학대받은 아동을 위해 영속적인 양육자와의 관계를 촉진하기 위한 몇 가지 유망한 프로그램이 있는데 좀 더 체계적인 평가를 받아야 한다(Lieberman, 2003; Zeanah et al., 2001). 영속적인 양육자가 없다면 긍정적 결과의 가능성은 유의하게 감축될 것이다.

미래 방향과 결론

적응유연성 연구자는 최근 몇 년 동안에 괄목할 만한 성장을 이루었다. 후속 연

1) 역자 주: 변증법적 행동치료는 만성적인 자살위기를 보이는 환자를 치료하기 위해서 처음 개발된 이래 경계선 성격장애, 충동적 행동장애, 중독장애, 감정조절의 어려움을 호소하는 내담자를 효과적으로 치료할 수 있는 경험과학적 기반을 갖춘 심리치료로 간주되고 있다. 치료자와 내담자의 적절한 치료적 관계의 형성과 현실 그대로의 고통과 스트레스를 받아들여 내부 통합의 구축이 치료에 필수적이다.

구를 설계하기 위해 번역적 틀을 사용하는 것은 적응유연성 연구를 더욱 풍부하게 할 것이고, 적응유연성에 관련된 심리적, 생리적, 생물학적 기제와 과정에 대한 통찰을 향상시킬 것이다. 이 장의 내용과 전 임상 연구에서 묘사된 여러 예를 통해 증명되었듯이, 생물학적 기제가 어떤 해로운 결과(예, 성장 호르몬 분비의 감소로 인한 성장의 지체, 스트레스 반응성을 변경시키는 뇌의 변화)를 초래할 때조차 심리사회적 개입은 효과적일 수 있다.

적응유연성은 위험에 처한 아동의 삶에 중요한 다수의 요인을 사회정책가와 개입자에게 알리는 데 기여하는 중요한 연구 영역이다. 아동의 건강한 발달을 증진시킬 목적을 가진 프로그램에 대한 직접적이고도 실제적인 시사점을 던진다. 후속 연구에서는 계속해서 방법론적 합의를 이루고, 더 많은 연구를 통합하며, 적응유연성을 일관성 있고 정확하게 평가하는 것이 중요하다. 이는 적응유연성 연구를 보다 효과적으로 수행하는 데 궁극적으로 기여할 것이다.

아동학대의 문제는 개인과 사회에 매우 많은 비용을 부과한다. 모든 학대받은 아동이 문제를 경험하지는 않는다는 것을 시사하는 연구가 점점 많이 보고되고 있다. 학대받은 아동의 적응유연성을 이해하는 것은 유전적 요인, 애착관계의 조절적 역할, 유전자와 환경 상호작용의 검토를 요한다. 체제 실패와 집 이외 장소에 위탁되는 반복적인 경험은 종종 학대받은 아동의 발달을 담보로 한다. 그러므로 이 문제를 다루려면 신경생물학에서부터 사회정책에 이르기까지 광범위한 주제에 초점을 두는 여러 분야의 연구와 치료 노력을 기울여야 한다.

참고문헌 REFERENCES

Ammerman, R. T., Cassisi, J. E., Hersen, M., & Van Hasselt, V. B. (1986). Consequences of physical abuse and neglect in children. *Clinical Psychology Review, 6*(4), 291-310.

An, X., Bandler, R., Ongur, D., & Price, J. L. (1998). Prefrontal cortical projections to longitudinal columns in the midbrain periaqueductal gray in macaque monkeys. *Journal of Comparative Neurology, 401*(4), 455-479.

Anisman, H., Zaharia, M. D., Meaney, M. J., & Merali, Z. (1998). Do early-life events permanently alter behavioral and hormonal responses to stressors? *International Journal of Developmental Neuroscience, 16*(3-4), 149-164.

Arborelius, L., Owens, M. J., Plotsky, P. M., & Nemeroff, C. B. (1999). The role of corticotropin-releasing factor in depression and anxiety disorders. *Journal of Endocrinology, 160*(1), 1-12.

Baker, D. G., West, S. A., Nicholson, W. E., Ekhator, N. N., Kasckow, J. W., Hill, K. K. et al. (1999). Serial CSF corticotropin-releasing hormone levels and adrenocortical activity in combat veterans with posttraumatic stress disorder. *American Journal of Psychiatry, 156*(4), 585-588.

Barbazanges, A., Vallee, M., Mayo, W., Day, J., Simon, H., Le Moal, M. et al. (1996). Early and later adoptions have different long-term effects on male rat offspring. *Journal of Neuroscience, 16*(23), 7783-7790.

Beeghly, M., & Cicchetti, D. (1994). Child maltreatment, attachment, and the self-system: Emergence of an internal state lexicon in toddlers at high social risk. *Development and Psychopathology, 6*(1), 5-30.

Bernard, J. F., & Bandler, R. (1998). Parallel circuits for emotional coping behaviour: New pieces in the puzzle. *Journal of Comparative Neurology, 401*(4), 429-436.

Briken, D. L., & Oldendorf, W. H. (1989). N-acetyl-L-aspartic acid: A literature review of a compound prominent in 1H-NMR spectroscopic studies of the brain. *Neuroscience Biohebavioral Review, 13*, 23-31.

Bremner, J. D., Innis, R. B., Ng, C. K., Staib, L. H., Salomon, R. M., Bronen, R. A. et al. (1997). Positron emission tomography measurement of cerebral metabolic correlates of yohimbine administration in combat-related posttraumatic stress disorder. *Archives General Psychiatry, 54*(3), 246-254.

Bremner, J. D., Innis, R. B., Southwick, S. M., Staib, L., Zoghbi, S., & Charney, D. S. (2000). Decreased benzodiazepine receptor binding in prefrontal cortex in combat-related posttraumatic stress disorder. *American Journal of Psychiatry, 157*(7), 1120-1126.

Bremner, J. D., Licinio, J., Darnell, A., Krystal, J. H., Owens, M. J., Southwick, S. M. et al. (1997). Elevated CSF corticotropin-releasing factor concentrations in posttraumatic stress disorder. *American Journal of Psychiatry, 154*(4), 624-629.

Bremner, J. D., Randall, P., Scott, T. M., Bronen, R. A., Seibyl, J. P., Southwick, S. M. et al. (1995). MRI-based measurement of hippocampal volume in patients with combat-related posttraumatic stress disorder. *American Journal of Psychiatry, 152*(7), 973-981.

Bremner, J. D., Randall, P., Vermetten, E., Staib, L., Bronen, R. A., & Mazure, C. (1997). Magnetic resonance imaging-based measurement of hippocampal volume in posttraumatic stress disorder related to childhood physical and sexual abuse-a preliminary report. *Biological Psychiatry, 41*(1), 23-32.

Briere, J., Berliner, L., Bulkley, J. A., Jenny, C., & Reid, T. (1996). *The APSAC handbook on child maltreatment.* Thousand Oaks, CA: Sage.

Caldji, C., Francis, D., Sharma, S., Plotsky, P. M., & Meaney, M. J. (2000). The effects of early rearing environment on the development of $GABA_A$ and central benzodiazepine receptor level and novelty-induced fearfulness in the rat. *Neuropsychopharmacology, 22*(3), 219-229.

Caldji, C., Tannenbaum, B., Sharma, S., Francis, D., Plotsky, P. M., & Meaney, M. J. (1998). Maternal care during infancy regulates the development of neural systems mediating the expression of fearfulness in the rat. *Proceedings National Academy of Science, 95*(9), 5335-5340.

Caspi, A., McClay, J., Moffitt, T. E., Mill, J., Martin, J., Craig, I. W. et al. (2002). Role of genotype in the cycle of violence in maltreated children. *Science, 297*(5582), 851-854.

Child Welfare League of America (CWLA). (1994). *Kinship care: A natural bridge.* Washington, DC: Author.

Chrousos, G. P. (1998). Stressors, stress, and meuroendocrine integration of the adaptive response. The 1997 Hans Selye Memorial Lecture. *Ann NY Academy of Science, 851,* 311-335.

Chu, J. A., & Dill, D. L. (1990). Dissociative symptoms in relation to childhood physical and sexual abuse. *American Journal of Psychiatry, 147*(7), 887-892.

Cicchetti, D., & Carlson, V. (1989). Child maltreatment: Theory and research on the causes and consequences of child abuse and neglect.

Cicchetti, D., & Toth, S. (1995). A developmental psychopathology perspective on child abuse and neglect. *Journal of the American Academy of Child and Adolescent Psychiatry, 34*(5), 541-565.

Cicchetti, D., & Tucker, D. (1994). Development and self-regulatory structures of the mind. *Development and Psychopathology, 6*(4), 533-549.

Coe, C. L., Mendoza, S. P., Smotherman, W. P., & Levine, S. (1978). Mother-infant attachment in the squirrel monkey: Adrenal response to separation. *Behavioral Biology, 22*(2), 256-263.

Cook, R., Fleishman, E., & Grimes, V. (1991). *A national evaluation of Title IV-E foster care independent living programs for youth: Phase 2, final report* (Vol. 1). Unpublished report. Westat, Inc., Rockville, MD.

Coplan, J. D., Andrews, M. W., Rosenblum, L. A., Owens, M. J., Friedman, S., Gorman, J. M. et al. (1996). Persistent elevations of cerebrospinal fluid concentrations of corticotropin-releasing factor in adult nonhuman primates exposed to early-life stressors: Implications for the pathophysiology of mood and anxiety disorders. *Proceedings of the National Academy of Science, 93*(4), 1619-1623.

Cowen, E. L., & Work, W. C. (1988). Resilient children, psychological wellness, and primary prevention. *American Journal of Community Psychology, 16*(4), 591-607.

Cowen, E. L., Work, W. C., & Wyman, P. A. (1992). Resilience among profoundly stressed urban schoolchildren. In M. Kessler, & S. E. Goldston (Eds.), *The present and future of prevention: In honor of George W. Albee. Primary prevention of psychopathology* (Vol. 15, pp. 155-168). Thousand Oaks, CA: Sage.

Cowen, E. L., Work, W. C., & Wyman, P. A. (1997). The Rochester Child Resilience Project (RCRP): Facts found, lessons learned, future directions divined. In S. S. Luthar, & J. A. Burack (Eds.), *Developmental psychopathology: Perspectives on adjustment, risk, and disorder* (pp. 527-547). New York: Oxford University Press.

Crittenden, P. M. (1992). Children's strategies for coping with adverse home environments: An interpretation using attachment theory. *Child Abuse & Neglect, 16*(3), 329-343.

De Bellis, M. D., Keshavan, M. S., Clark, D. B., Casey, B. J., Giedd, J. N., Boring, A. M. et al. (1999). Developmental traumatology. Part II: Brain development. *Biological Psychiatry, 45*(10), 1271-1284.

De Stefano, N., Matthews, P. M., & Arnold, D. L. (1995). Reversible decreases in N-acetylaspartate after acute brain injury. *Magnetic Resonance Medicine, 34,* 721-727.

Dhabhar, F. S., McEwen, B. S., & Spencer, R. L. (1997). Adaptation to prolonged or repeated stress-comparison between rat strains showing intrinsic differences in reactivity to acute stress. *Neuroendocrinology, 65*(5), 360-368.

Drevets, W. C., Ongur, D., & Price, J. L. (1998). Neuroimaging abnormalities in the subgenual prefrontal cortex: Implications for the pathophysiology of familial mood disorders. *Molecular Psychiatry, 3*(3), 220-226, 190-221.

Driessen, M., Hermann, J., Stahl, K., Zwann, M., Meier, S., Hill, A. et al. (2000). Magnetic resonance imaging volumes of the hippocampus and the amygdala in women with borderline personality disorder and early traumatization. *Archives of General Psychiatry, 57,* 1115-1122.

Duman, R. S., Nakagawa, S., & Malberg, J. (2001). Regulation of adult neurogenesis by antidepressant treatment. *Neuropsychopharmacology, 25,* 836-844.

Egeland, B., & Croufe, L. A. (1981). Developmental sequelae of maltreatment in infancy. *New Directions in Child Development, 11,* 77-92.

Egeland, B., Croufe, L. A., & Erickson, M. (1983). The developmental consequence of different patterns of maltreatment. *Child Abuse & Neglect, 7*(4), 459-469.

Famularo, R., Kinscherff, R., & Fenton, T. (1992). Psychiatric diagnoses of maltreated children: Preliminary findings *Journal of American Academy of Child Adolescent Psychiatry, 31*(5), 863-867.

Francis, D., Caldji, C., Champagne, F., Poltsky, P. M., & Meaney, M. J. (1999). The role of corticotropin-releasing factor-Norepinephrine systems in mediating the effects of early experience on the development of behavioral and endocrine responses to stress. *Biological Psychiatry, 46*(9), 1153-1166.

Francis, D., Diorio, J., Liu, D., & Meaney, M. J. (1999). Nongenomic transmission across generations of maternal behavior and stress responses in the rat. *Science, 286*(5442), 1155-1158.

Freeman, T. W., Cardwell, D., Karson, C. N., & Komoroski, R. A. (1998). In vivo proton magnetic resonance spectroscopy of the medial temporal lobes of subjects with combat-related posttraumatic stress disorder. *Magnetic Resonance Medicine, 40*(1), 66-71.

Garmezy, N. (1992). Resiliency and vulnerability to adverse developmental outcomes associated with poverty. In T. Thompson, & S. C. Hupp (Eds.), *Saving children at risk: Poverty and disabilities* (Vol. 131, pp. 45-60). Thousand Oaks, CA: Sage Focus Editions.

Garmezy, N. (1993). Vulnerability and resilience. In D. C. Funder, & R. D. Parke et al. (Eds.), *Studying lives through time: Personality and development. APA Science Volumes* (pp. 377-398). Washington, DC: American Psychological Association.

Garmezy, N., Masten, A. S., & Tellegen, A. (1984). The study of stress and competence in children: A building block for developmental psychopathology. *Child Development, 55*(1), 97-111.

Geracioti, T. D., Jr., Baker, D. G., Ekhator, N. N., West. S. A., Hill, K. K., Bruce, A. B. et al. (2001). CSF norepinephrine concentrations in posttraumatic stress disorder. *American Journal of Psychiatry, 158*(8), 1227-1230.

Gold, P. W., & Cgrousos, G. P. (2002). Organization of the stress system and its dysregulation in melancholic and atypical depression: High vs. low CRH/NE states. *Molecular Psychiatry, 7*(3), 254-275.

Goldstein, J., Solnit, A., Goldstein, S., & Freud, A. (1996). *The best interest of the child: The least detrimental alternative.* New York: Free Press.

Gonzalez, M. E., Ladd, C. O., Hout, R., Owens, M. J., & Plotsky, P. M. (1999, October 22-28). *Prevention of HPA axis changes in response to neonatal maternal separation by providing dams with foster pups during the absence of her litter* (Abstract #583.6). Paper presented at the Society for Neurosicence, Miami, FL.

Gould, E., & Cameron, H. A. (1996). Regulation of neuronal birth, migration and death in the rat dentate gyrus. *Developmental Neuroscience, 18*(1-2), 22-35.

Gould, E., Tanapat, P., Rydel, T., & Hastings, N. (2000). Regulation of hippocampal neurogenesis in adulthood. *Biological Psychiatry, 48*(8), 715-720.

Graham, Y, P., Heim, C., Goodman, S. H., Miller, A. H., & Nemeroff, C. B. (1999). The effects of neonatal stress on brain development: Implications for psychopathology.

Developmental Psychopathology, 11(3), 545-565.

Groenewegen, H. J. (1988). Organization of the afferent connections of the mediodorsal thalamic nucleus in the rat, related to the mediodorsal-prefrontal topography. *Neuroscience, 24*(2), 379-431.

Gurvits, T. V., Shenton, M. E., Hokama, H., Ohta, H., Lasko, N. B., Gilbertson, M .W. et al. (1996). Magnetic resonance imaging study of hippocampal volume in chronic, combat-related posttraumatic stress disorder. *Biological Psychiatry, 40*(11), 1091-1099.

Heim, C., & Nemeroff, C. B. (2001). The role of childhood trauma in the neurobiology of mood and anxiety disorders: Preclinical and clinical studies. *Biological Psychiatry, 49*(12), 1023-1039.

Herman, J. P., & Cullinan, W. E. (1997). Neurocircuitry of stress: Central control of the hypothalamo-pituitary-adrenocortical axis. *Trends in Neuroscience, 20*(2), 78-84.

Hofer, M. A. (1987). Early social relationships: A psychobiologist's view. *Child Development, 58*(3), 633-647.

Jezova, D., Ochedalski, T., Glickman, M., Kiss, A., & Aguilera, G. (1999). Central corticotropin-releasing hormone receptors modulate hypothalamic-pituitary-adrenocortical and sympathoadrenal activity during stress. *Neuroscience, 94*(3), 797-802.

Kaufman, J., Brimaher, B., Perel, J., Dahl, R. E., Moreci, P., Nelson, B. (1997). The corticotropin-releasing hormone challenge in depressed abused, depressed nonabused, and normal control children. *Biological Psychiatry, 42*(8), 669-679.

Kaufman, J. (1991). Depressive disorders in maltreated children. *Journal of the American Academy of Child & Adolescent Psychiatry, 30*(2), 257-265.

Kaufman, J., & Henrich, C. (2000). Exposure to violence and early childhood trauma. In C. Zeanah Jr. (Ed.), *Handbook of infant mental health* (pp. 195-207). New York: Guilford.

Kaufman, J., Plotsky, P., Nemeroff, C., & Charney, D. (2000). Effects of early adverse experience on brain structure and function: Clinical implications. *Biological Psychiatry, 48*(8), 778-790.

Kaufman, J., & Zigler, E. (1989). The intergenerational transmission of child abuse. In D. Cicchetti & V. Carlson (Eds.), *Child maltreatment: Theory and research on the causes and consequences of child abuse and neglect.* Cambridge: Cambridge University Press.

Kaufman, J., & Zigler, E. (1996). Child abuse and social policy. In E. Zegler, S., Kagan, & N. Hall (Eds.), *Children, families and government: Preparing for the twenty-first century* (pp. 233-255). New York: Cambridge University Press.

Kraemer, G. W., Ebert, M. H., Schmidt, D. E., & McKinney, W. T. (1989). A longitudinal study of the effect of different social rearing conditions on cerebrospinal fluid norepinephrine and biogenic amine metabolites in rhesus monkeys. *Neuropsychopharmacology, 2*(3), 175-189.

Krout, K. E., Jansen, A. S., & Loewy, A. D. (1998). Periaqueductal gray matter projection to the parabrachial nucleus in rat. *Journal of Comparative Neurology, 401*(4), 437-454.

Kuhn, C. M., & Schanberg, S. M. (1998). Responses to maternal separation: Mechanisms and mediators. *International Journal of Developmental Neuroscience, 16*(3-4), 261-270.

Ladd, C. O., Hout, R. L., Thrivikraman, K. V., Nemeroff, C. B., Meaney, M. J., & Plotsky, P. M. (2000). Long-term behavioral and neoruendocrine adaptations to adverse early experience. In E. Mayer & C. Saper (Eds.), *Progress in brain research: The biological basis for mind body interactions* (Vol. 122, pp. 79-101). Amsterdam: Elsevier.

Ladd, C. O., Owens, M. J., & Nemeroff, C. B. (1996). Persistent changes in corticotropin-releasing factor neuronal systems induced by maternal deprivation. *Ednocrinology, 137*(4), 1212-1218.

Levine, S., Wiener, S. G., & Coe, C. L. (1993). Temporal and social factors influencing behavioral and hormonal responses to separation in mother and infant squirrel monkeys. *Psychoneuroendocrinology, 18*(4), 297-306.

Lieberman, A. F. (2003). The treatment of attachment disorder in infancy and early childhood: Reflections from clinical intervention with later-adopted foster care children. *Attachment & Human Development, 5*(3), 279-282.

Linehan, M. M., Schmidt, H., III, Dimeff, L. A., Craft, J. C., Kanter, J., & Comtois, K. A. (1999). Dialectical behavior therapy for patients with borderline personality disorder and drug-dependence. *American Journal of Addiction, 8,* 279-292.

Liu, D., Caldji, C., Sharma, S., Poltsky, P. M., & Meaney, M. J. (2000). Influence of neonatal rearing conditions on stress-induced adrenocorticotropin responses and norepinepherine release in the hypothalamic paraventricular nucleus. *Journal of Neuroendocrinology, 12*(1), 5-12.

Liu, D., Diorio, J., Tannanbaum, B., Caldji, C., Francis, D., Freedman, A. et al. (1997). Maternal care, hippocampal glucocorticoid receptors, and hypothalamic-pituitary-adrenal responses to stress. *Science, 277*(5332), 1659-1662.

Lopez, J. F., Akil, H., & Watson, S. J. (1999). Neural circuits mediating stress. *Biological Psychiatry, 46*(11), 1461-1471.

Lythar, S. S., Cicchetti, D., & Becker, B. (2000). The construct of resilience: A critical evaluation and guidelines for future work. *Child Development, 71*(3), 543-562.

Luthar, S. S., Doernberger, C. H., & Zigler, E. (1993). Resilience is not a unidimensional construct: Insight from a prospective study of inner-city adolescents. *Development and Psychopathology, 5*(4), 703-717.

Luthar, S. S., & Zigler, E. (1991). Vulnerability and competence: A review of research on resilience in childhood. *American Journal of Orthopsychiatry, 61*(1), 6-22.

Maccari, S., Piazza, P. V., Kabbaj, M., Barbazanges, A., Simon, H., & Le Moal, M. (1995). Adoption reverses the long-term impairment in glucocorticoid feedback induced by prenatal stress, Part 1. *Journal of Neuroscience, 15*(1), 110-116.

Maier, S. F., & Watkins, L. R. (1998). Cytokines for psychologists: Implications of bidirectional immune-to-brain communication for understanding behavior, mood, and cognition. *Psychological Review, 105*(1), 83-107.

Malberg, J. E., Eisch, A. E., Nestler, E. J., & Duman, R. S. (2000). Chronic antidepressant treatment increases neurogenesis in adult rat hippocampus. *Journal of Neuroscience, 20,* 9104-9110.

Manji, H. K., Quiroz, J. A., Sporn, J., Payne, J. L., Denicoff, K., Zarate, C. A., Jr., & Charney, D. S. (2003). Enhancing neuronal plasticity and cellular resilience to develop novel, improved therapeutics for difficult-to-treat depression. *Biological Psychiatry, 53*(8), 707-742.

Masten, A. S. (2001). Ordinary magic: Resilience processes in development. *American Psychologist, 56*(3), 227-238.

Masten, A. S., & Coatsworth, J. D. (1998). The development of competence in favorable and unfavorable environments: Lessons from research on successful children. *American Psychologist, 53*(2), 205-220.

Masten, A. S., Hubbard, J. J., Gest, S. D., Tellegen, A., Garmezy, N., & Ramirez, M. (1999). Competence in the context of adversity: Pathways to resilience and maladaptation from childhood to late adolescence. *Development and Psychopahtology, 11*(1), 143-169.

Maughan, A., & Cicchetti, D. (2002). Impact of child maltreatment and interadult violence on children's emotion regulation abilities and socioemotional adjustment. *Child Development, 73*(5), 1525-1542.

McAlpine, C., Marshall, C. C., & Doran, N. H. (2001). Combining child welfare and substance abuse services: A blended model of intervention. *Child Welfare, 80,* 129-149.

McCurdy, K., & Daro, D. (1992). *Current trends in child abuse reporting and fatalities: The results of the 1992 annual fifth state survey.* Report of the National Center on Child Abuse Prevention Research. Chicago.

McEwen, B. S., & Magarinos, A. M. (2001). Stress and hippocampal plasticity: Implications for the pathophysiology of affective disorders. *Human Psychopharmacology, 16*(S1), S7-S19.

McLeer, S. V., Callaghan, M., Henry, D., & Wallen, J. (1994). Psychiatric disorders in sexually abused children. *Journal of the American Academy of Child and Adolescent*

Psychiatry, 33(3), 313-319.

Meaney, M. J., Aitken, D. H., Bhatnagar, S., & Sapolsky, R. M. (1991). Postnatal handling attenuates certain neuroendocine, anatomical, and cognitive dysfunctions associated with aging in female rats. *Neurobiology of Aging, 12*(1), 31-38.

Meaney, M. J., Bhatnagar, S., Diorio, J., Larocque, S., Francis, O'Donnell, D. et al. (1993). Molecular basis for the development of individual differences in the hypothalamic-pituitary-adrenal stress response. *Cell and Molecular Neurobiology, 13*(4), 321-347.

Meier, E. G. (1965). Current circumstances of former foster children. *Child Welfare, 44,* 196-206.

Menzaghi, F., Heinrichs, S. C., Pich, E. M., Weiss, F., & Koob, G. F. (19930. The role of limbic and hypothalamic corticotropin-releasing factor in behavioral responses to stress. *Annals of the New York Academy of Science, 697,* 142-154.

Newton, R. R., Litrownik, A. J., & Landsverk, J. A. (2000). Children and youth in foster care: Distangling the relationship between problem behaviors and number of placements. *Child Abuse Neglect, 24,* 1363-1374.

Ongur, D., An X., & Price, J. L. (1998). Prefrontal cortical projections to the hypothalamus in macaque monkeys. *Journal of Comparative Neurology, 401*(4), 480-505.

Owens, M. J., & Nemeroff, C. B. (1991). Physiology and pharmacology of corticotropin-releasing factor. *Pharmacological Review, 43*(4), 425-473.

Pacak, K., Palkovits, M., Kopin, I. J., & Goldstein, D. S. (1995). Stress-induced norepinephrine release in the hypothalamic paraventricular nucleus and pituitary-adrenocortical and sympathoadrenal activity: In vivo microdialysis studies. *Front Neuroendocrinology, 16*(2), 89-150.

Page, M. E., & Abercrombie, E. D. (1999). Discrete local application of corticotropin-releasing factor increases locus coeruleus discharge and extracellular norepinephrine in rat hippocampus. *Synapse, 33*(4), 304-313.

Pittman, R. K., Sanders, K. M., Zusman, R. M., Healy, A. R., Cheema, F., Masko, N. B. et al. (2002). Pilot study of secondary prevention of posttraumatic stress disorder with propranolol. *Biological Psychiatry, 51*(2), 189-192.

Plotsky, P. M., Cunningham, E. T., Jr., & Widmaier, E. P. (1989). Catecholaminergic modulation of corticotropin-releasing factor and adrenocorticotropin secretion. *Endocrinology Review, 10*(4), 437-458.

Plotsky, P. M., & Meaney, M. J. (1993). Early, postnatal experience alters hypothalamic corticotropin-releasing factor (CRF) mRNA, median eminence CRF content and stress-induced release in adult rats. *Brain Research and Molecular Brain Research, 18*(3), 195-200.

Pynoos, R., Steinberg, A., & Wraith, R. (1995). A developmental models of childhood traumatic stress. In D. Cicchetti & D. Cohen (Eds.), *Developmental psychopathology: Risk, disorder, and adaptation* (Vol. 2, pp. 72-95). New York: Wiley.

Rosenblum, L. A., Coplan, J. D., Friedman, S., Bassoff, T., Gorman, J. M., & Andrews, M. W. (1994). Adverse early experiences affect noradrenergic and serotonergic functioning in adult primates. *Biological Psychiatry, 35*(4), 221-227.

Rutter, M. (1990). Psychosocial resilience and protective mechanisms. In J. E. Rolf & A. S. Masten (Eds.), *Risk and protective factors in the development of psychopathology* (pp. 181-214).

Rutter, M. (1995). Psychosocial adversity: Risk, resilience and recovery. *Southern African Journal of Child & Adolescent Psychiatry, 7*(2), 75-88.

Rutter, M. (1996). Stress research: Accomplishments and tasks ahead. In Robert J. Haggerty & Lonnie R. Sherrod (Eds.), *Stress, risk, and resilience in children and adolescents: Processes, mechanisms, and interventions.* (pp. 354-385). New York: Cambridge University Press.

Saplosky, R. M. (1996). Stress, glucocorticoids, and damage to the nervous system: The current state of confusion. *Stress, 1*(1), 1-19.

Saplosky, R. M., Krey, L. C., & McEwen, B. S. (1985). Prolonged glucocorticoid exposure reduces hippocampal neuron number: Implications for aging. *Journal of Neuro-science, 5*(5), 1222-1227.

Scafidi, F., & Field, T. (1997). HIV-exposed newborns show inferior orienting and abnormal reflexes on the Brazelton scale. *Journal of Pediatric Psychology, 22*(1), 105-112.

Schanberg, S. M., & Field, T. M. (1987). Sensory deprivation stress and supplemental stimulation in the rat pup and preterm human neonate. *Child Development, 58*(6), 1431-1447.

Schuff, N., Neylan, T. C., Lenoci, M. A., Du, A. T., Weiss, .D S., Marmar, C. R. et al. (2001). Decreased hippocampal N-acetyleaspartate in the absence of atrophy in posttraumatic stress disorder. *Biological Psychiatry, 50*(12), 952-959.

Semidei, J., Radel, L. F., & Nolan, C. (2001). Substance abuse and child welfare: Clear linkages and promising responses. *Child Welfare, 80*, 109-128.

Steimer, T., Escorihuela, R. M., Fernandez-Teruel, A., & Driscoll, P. (1998). Long-term behavioural and neuroendocine changes in Roman high-(RHA/Verh) and low-(RLA-Verh) avoidance rats following neonatal handling. *International Journal of Develop-mental Neuroscience, 16*(3-4), 165-174.

Stein, M. B., Koverola, C., Hanna, C., Torchia, M. G., & McClarty, B. (1997). Hippocampal volume in women victimized by childhood sexual abuse. *Psychological Medicine, 27*(4), 951-959.

Takahashi, L. K., & Kalin, N. H. (1991). Early developmental and temporal characteristics of stress-induced secretion of pituitary-adrenal hormones in prenatally stressed rat pups. *Brain Research, 558*(1), 75-78.

Uno, H., Eisele, S., Sakai, A., Shelton, S., Baker, E., DeJesus, O. et al. (1994). Neurotoxicity of glucocrticoids in the primate brain. *Hormones and Behaviour, 28*(4), 336-348.

Urenjak, J., Williams, S. R., Giadian, D. G., & Noble, M. (1993). Proton nuclear magnetic resonance spectroscopy unambiguously identifies different neuronal cell types. *Journal of Neuroscience, 13*, 981-989.

U. S. Department of Health and Human Services. (2001). National Center on Child Abuse and Neglect. *Child maltreatment 2001: Reports from the states to the National Center on Child Abuse and Neglect Data System.* Washington, DC: U. S. Government Printing Office.

Vaidya, V. A., & Duman, R. S. (2001). Depression-emerging insights from neurobiology. *British Medical Bulletin, 57*, 61-69.

Valentino, R. J., Curtis, A. L., Page, M. E., Pavcovich, L. A., & Florin-Lechner, S. M. (1998). Activation of the locus ceruleus brain noradrenergic system during stress: Circuitry, consequences, and regulation. *Advances in Pharmacology, 42*, 781-784.

Vermetten, E. Vythilingam, M., Southwick, S. M., Charney, D. S., & Bremner, J. D. (2003). Long-term treatment with paroxetine increases verbal declarative memory and hippocampal volume in posttraumatic stress disorder. *Biological Psychiatry, 54*(7), 693-702.

Villarreal, G., Hamilton, D. A., Petropoulos, H., Driscoll, I., Rowland, L. S., Griego, J. A. et al. (2002). Reduced hippocampal volume and total white matter volume in posttraumatic stress disorder. *Biological Psychiatry, 52*(2), 119-125.

Vythilingam, M., Heim, C., Newport, J., Miller, A. H., Anderson, E., Bronen, R. et al. (2002). Childhood trauma associated with smaller hippocampal volume in women with major depression. *American Journal of Psychiatry, 159*(2), 2072-2080.

Watanabe, Y., Gould, E., & McEwen, B. S. (1992). Stress induces atrophy of apical dendrites of hippocampal CA3 pyramidal neurons. *Brain Research, 588*(2), 341-345.

Werner, E. E. (1992). The children of Kauai: Resiliency and recovery in adolescence and adulthood. *Journal of Adolescent Health, 13*(4), 262-268.

Werner, E. E. (1993). Risk, resilience, and recovery: Perspectives from the Kauai longitudinal study. *Development & Psychopathology, 5*(4), 503-515.

Werner, E. E. (1995). Resilience in development. *Current Directions in Psychological Science, 4*(3), 81-85.

Wheeden, A., Scafidi, F. A., Field, T., & Ironson, G. (1993). Massage effects on cocain-exposed preterm neonates. *Journal of Developmental & Behavioral Pediatrics, 14*(5),

318-322.

Widom, C. S. (1991). The role of placement experiences in mediating the criminal: Consequences of early childhood victimization. *American Journal of Orthopsychiatry, 61*, 195-209.

Wiener, S. G., Johnson, D. F., & Levine, S. (1987). Influence of postnatal rearing conditions on the response of squirrel monkey infants to brief perturbations in mother-infant relationships. *Physiology and Behavior, 39*(1), 21-26.

Wilson, M. A. (1996). GABA physiology: Modulation by benzodiazepines and hormones. *Critical Reviews in Neurobiology, 10*(1), 1-37.

Windle, M., Windle, R. C., Scheidt, D. M., & Miller, G. B. (1995). Physical and sexual abuse and associated mental disorders among alcoholic inpatients. *American Journal of Psychiatry, 152*(9), 1322-1328.

Wolfner, G. D., & Gelles, R. J. (1993). A profile of violence toward children: A national study. *Child Abuse and Neglect, 17*(2), 197-212.

Woolley, C. S., Gould, E., & McEwen, B. S. (1990). Exposure to excess glucocorticoids alters dendritic morphology of adult hippocampal pyramidal neurons. *Brain Research, 531*(1-2), 225-231.

Zaharia, M. D., Kulczycki, J., Shanks, N., Meaney, M. J., & Anisman, H. (1996). The effects of early postnatal stimulation on Morris water-maze acquisition in adult mice: Genetic and maternal factors. *Psychopharmacology (Berl), 128*(3), 227-239.

Zeanah, C. H., Larrieu, J. A., Heller, S. S., Valliere, J., Hinshaw-Fuselier, S., Aoki, Y. et al. (2001). Evaluation of a preventive intervention for maltreated infants and toddlers in foster care. *Journal of the American Academy of Child and Adolescent Psychiatry, 40*, 214-221.

Zimmerman, R. B. (1982). Foster care in retrospect. *Tulane Studies in Social Welfare, 14*, 7-13.

제3부 적응유연성과 아동기 장애의 관계

제13장

적응유연성과 아동기 파탄적 장애

Sam Goldstein & Richard Rider

아동기의 **파탄적 행동장애**(disruptive behavior disorders: DBD)는 주의력결핍 과잉행동장애(attention deficit hyperactivity disorder: ADHD), 적대적 반항장애(oppositional defiant disorder: ODD), 품행장애(conduct disorder: CD)로 이루어진다(APA, 2001). 이 세 장애는 정신건강 장면에서 가장 흔히 치료되는 장애며, 역학연구에 의하면 전체 아동 · 청소년의 3~16%가 이 조건 가운데 (둘 또는 그 이상이 아니라면) 적어도 한 조건의 진단 준거를 만족시킨다(Eiraldi, Power, & Nezu, 1997; Loeber, Burke, Lahey, Winters, & Zera, 2000; 개관을 위해서는 Barkley, 1998; Goldstein & Goldstein, 1998 참조). 이 장애조건은 전통적으로 **외현화 장애**(externalizing disorders)로 언급되며, 불안, 우울, 학습장애와 같은 내재화 장애(internalizing disorders)와 대조를 이룬다. 외현화 장애는 주변 환경을 파탄과 혼란에 빠뜨리고 쉽게 관찰이 된다. 내재화 장애의 증상과 손상은 외현화 장애만큼 자주 관찰되지도 않고, 내재화 장애를 가진 아동과 청소년은 환경을 파탄에 빠뜨리지도 않는다.

DBD 아동의 행동이 부모, 교사, 지역사회 전문가에게 좋지 않게 보이기 때문에 DBD 조건이 충동적, 과잉행동적, 공격적, 반항적 행동 패턴으로 구성된다는 것은 당연하다. 이러한 행동 패턴은 청소년기 후기부터 성인기 초기까지 많은 결과변인과 관련된 유의한 위험요인이다. 실제로 단 하나의 DBD만으로도 성인기 초기에 부정적인 생활 적응을 할 확률이 증가한다. DBD의 조합(예, ADHD와 CD, ODD와 CD)은 학교, 가족, 건강, 직업, 심지어 운전과 같은 일상적인 활동을 포함한 삶의 주요 영역에서 부정적 결과를 낳는다(Barkley & Gordon, 2002; Goldstein, 2002). 또한 DBD는 촉매로 작용하여 아동이 정상적으로 삶에 적응할 기회를 감소시켜서 성인기까지 일련의 불리한 결과를 발생시킨다.

ADHD와 CD를 가진 적은 수의 아동과 ODD만을 가진 많은 수의 아동은 성인기 초기로 그럭저럭 성공적으로 전환하며 비교적 잘 적응한다(Teeter-Ellison, 2002). 그래서 한 종류의 DBD를 만성적으로 나타내는 것과 같은 특정 위험요인이 불리한 결과에 유의하게 기여한다면, 그리고 현재의 DBD 치료로 증상을 관리할 수는 있지만 장기적으로 봤을 때 증상의 완화가 DBD의 성인기 결과를 유의하게 변화시키지 않는다면, 연구자와 임상가는 더 나은 결과를 예언하는 아동, 가족, 지역사회 안에 있는 여러 변인을 확인하고 이해해야 한다. 그래서 DBD 아동의 **적응유연한 과정**에 대한 연구의 관심이 지속되어 왔다. 만일 하나 또는 그 이상의 DBD를 가진 아동 가운데 청소년기 후기와 성인기 초기로 성공적으로 전환할 가능성을 가진 집단을 확인한다면, 이런 아동 대상의 연구에서 얻는 교훈은 더 많은 위험에 처해 있는 아동집단의 적응유연성을 향상시키는 사고, 감정, 행동, 경험, 태도, 기회로 치료 프로토콜을 구성할 수 있다. **발달 경로 모형**을 따르는 많은 문헌에 의하면, 특히 DBD 아동의 위험을 감소시키고 성인기 삶으로 만족스럽게 전환할 확률을 증가시키는 보호요인을 확인하기 위해서, 그리고 성인기 문제의 발생 위험을 예언하기 위해서 수많은 아동기 변인을 활용할 수 있다(개관을 위해서는 Katz, 1997 참조). 하나의 분야를 이룬 많은 DBD 연구자는 이런 보호요인을 서서히 검토하기 시작했다. 위험요인에 관해서는 알려진 것이 많이 있지만, 보호요인에 관한 자료는 당분간 제한적일 것 같다. 그러나 아동이 다른 정신장애를 겪지 않도록 격리하고 보호하는 다수의 요인은 DBD 아동에게도 영향을 미칠 가능성이 있다. 그래서 정상적인 가족을 이루며 빈곤 수준 이상에 해당하며 심각한 정신병적 문제없이 일관된 양육 스타일을 가지고 자녀가 필요로 할 때 의지할 수 있는 부모와 함께 사는 것은 DBD 아동뿐만 아니라 모든 아동의 적응유연성을 예언하는 가장 강력한 요인 가운데 하나다(개관을 위해서는 Goldstein & Goldstein, 1998 참조).

장기 추적연구에서 아동기에 ADHD나 다른 DBD 진단을 받은 청소년 중 적어도 70~80%가 하나 이상의 DBD 진단 준거를 계속적으로 충족시켰으며, 적어도 60%는 성인기 동안에 손상된 여러 증상을 보고했으나 그보다는 적은 수가 진단 준거를 충족시킨 것으로 나타났다(개관을 위해서는 Ingram, Hechtman, & Morgenstern, 1999 참조). 이들에 의하면 유병률의 감소는 DBD 진단 프로토콜의 발달적 특징에 부분적으로 기인한다. 예를 들면, ADHD를 가진 사람의 성인기 예후는 그들이 가진 증상의 심각성, 공존 병리 조건, 인지적 기능 수준, 부모의 병리나 가족 역경, 사회경제적 지위, 치료를 받은 전력과 같은 가족 상황의 영향을 받는 것처럼 보인다(Goldstein, 2002). 이들 변인은 ADHD 이외의 다른 DBD도 예언할 가능성이 있다.

결과를 예언하는 데 부정적인 현상이 없다고 기술한 문헌도 많이 있다. 예를 들면, Herrero, Hechtman과 Weiss(1994)는 여성이 여성이라는 이유로 DBD의 불리한 결과를 겪을 위험을 덜 경험할 수 있음을 증명했다. ADHD 하위 유형 가운데 특히 부주의형 아동의 경우 불리한 결과의 위험을 감소시킬 수 있다. 충동적 행동의 부재가 덜 불리한 결과를 예언하는 것처럼 보인다. 사실상 DBD의 세 가지 모두를 특징짓는 자기통제의 문제는 어린 아동기에 평가하여 초기 성인기 결과를 가장 잘 예언할 수 있는 변인이다(개관을 위해서는 Barkley, 1997 참조).

ADHD의 공통된 결과뿐만 아니라 ODD의 진단적 특징인 공격적 행동이 성인기의 불리한 결과의 발생을 예언한다(Loney, Whaley-Klahn, & Kosier, 1983). 정서적 불리함은 공격과도 높은 상관을 유지한다(Hechtman, Weiss, & Perlman, 1984). 또한 DBD 증상 가운데 어떤 것은 더욱 강력한 긍정적 또는 부정적 예언력을 가지고 있을지도 모른다. 이런 조건에 대한 알고리즘 연구가 조건의 존재뿐 아니라 결과를 예언하는 특정 증상의 존재 여부를 서서히 확인하기 시작했다(Mota & Schachar, 2000).

이 장은 DBD 개요, 진단적 증상, 정의 및 유병률을 제시한다. 또한 시간의 흐름에 따라 DBD의 획득과 악화에 기여하는 위험요인과 적응유연성 요인을 검토한다. 결론에서는 임상가를 위한 지침을 제안한다.

개요

지난 사반세기를 거치며 다수의 종단연구와 회고연구가 수행되었다. 이런 연구는 아동·청소년이 파탄적 행동의 두 차원을 보인다는 것을 증명하였다. 첫 번째 차원은 많은 어린 아동에게 나타나는 것으로 부주의, 과잉행동, 충동적 행동이 특징적이다. 이 세 가지는 처음에는 George Still(1902)에 의해서 도덕적 통제의 결함 장애로 묘사되었고 그런 묘사는 그 이후 100년 동안 계속되었다. 세 가지 행동은 가설적 원인(미세 뇌 역기능, minimal brain dysfunction) 또는 주요 증상(예, 과잉행동이나 부주의함)을 나타내는 다양한 명칭으로 묘사되었다. 그러나 이제는 이 차원이 행동장애가 아닌 왜곡된 인지기능의 하나로 더 많이 인정받고 있다(Barkley, 1997).

파탄적 행동의 두 번째 차원은 두 개의 집단으로 구분된다. 첫 번째 집단은 적대적이고 공격적인 행동군인데 두 번째 집단(내재적 행동군)과 구분되는 것으로 일관되게 밝혀졌다(Fergusson, Horwood, & Lynskey, 1994; Frick, Lahey, & Loeber, 1993). 외현적 행동군은 싸움, 불복종, 신경질, 파괴, 또래 괴롭힘, 주의 추구를 포함하지만 이들에 제한되지 않는다. 내재적 행동군은 피해자의 대항 없이 훔치는 행동, 나쁜 친구의 선택, 학교 무단결석, 가출, 거짓말, 비행 친구에 대한 충성을 포함하지만 이들에 제한되지 않는다(Achenbach, Conners, Quay, Verlhulst, & Howell, 1989; Loeber & Schmaling, 1985).

이 차원의 두 가지 측면은 전통적으로 경험의 영향을 강력하게 받는 것으로 생각되어 왔으나 유전적 취약성에도 뿌리를 두고 있음이 밝혀졌다. 구체적으로 외현적 행동은 비파괴적 행동(예, 단순히 성인의 권위에 저항하는 행동)과 파괴적 행동(예, 다른 사람에게 공격적이거나 물건을 파괴하는 행동)으로 구분될 수 있다. 내재적 행동은 피해자에게 대항하지 않는 행동(예, 물건을 훼손시키거나 파괴하는 행동)과 비파괴적 행동(예, 학교 무단결석, 가출)으로 세분된다(Lahey et al., 1999).

DBD 중에서 ADHD는 ODD나 CD와 구분된다고 일관성 있게 밝혀져 왔다(개관을 위해서는 Barkley, 1998; Goldstein & Goldstein, 1998; Hinshaw, 1987 참조). DBD는 우울이나 불안과 같은 내재화 장애와도 분명하게 구분된다. ODD와 CD는 경미한 공격성과 거짓말하기 등 많은 행동에서 중복되지만 명확하게 구분된다. CD와 비교해서 ODD의 발병시기는 더 일찍 나타난다. 10세 이전에 CD를 나타내는 아동의 예후는 그 이후에 증상을 보이는 아동에 비해 훨씬 더 심각하다(Moffitt, 1990; Patterson, DeBaryshe, & Ramsey, 1989). 비록 동시에 CD와 ODD가 발병하는 경우가 있기는 하지만, 기물 파괴(vandalism), 반복적 가출, 무단 결석, 절도, 가택 파손과 침입, 강간, 공격, 살인을 포함한 CD의 가장 심각한 증상은 일반적으로 ODD의 증상보다 나중에 나타난다.

DBD는 경미한 정도에서부터 심각한 정도에 이르는 연속선상에 놓이며, ADHD에서 시작하여 ODD와 CD로 발전한다. 비록 ADHD 아동 모두가 ODD와 CD를 갖게 되는 것은 아니지만, CD 아동의 상당수가 ADHD의 역사를 가지고 있다. 어린 아동이 CD로 발전할수록 더 부정적인 결과가 나타난다(Biederman et al., 1996; Campbell, 1991). ODD만 가진 남자 아동과 비교해 볼 때, CD를 경험하는 남자 아동은 지능검사 점수와 가정의 사회경제적 지위에서 더 낮았고 학교나 법 체계와 더 많은 갈등을 겪었다(Robins, 1991). CD 남아는 반사회적 성격을 지닌 가족사에서 가장 강력한데, 반사회적 성격의 가족사는 가족, 환경, 가족이 공유하는 유전의 조합을 반영하는 문제다.

진단적 개요

ADHD

주의력결핍 과잉행동장애(ADHD)는 비슷한 발달 수준에 있는 아동에게 전형적으로 나타나는 것보다 더 심각하고 더 빈번한 '부주의 그리고/또는 과잉행동성의 지속적인 패턴' 으로 기술된다(APA, 2001). 몇 가지 증상은 반드시 7세 이전에 나타나야 하지만, 수년 동안 일부 증상이 관찰된 이후에 진단되는 경우가 많다. 적어도 두 개 장면에서는 손상이 있어야 하고 사회적, 학업적, 직업적 관련 장면에서 발달적으로 적절한 기능을 방해받아야 한다. 손상의 평가는 ADHD 진단에서 점차 더 많은 주목을 받아 왔다(APA, 2001). ADHD는 여성집단보다는 남성집단에서 더 공통된 것인데, 이는 DSM 현장연구나 유병률 및 표현에서의 차이에 따른 것일 수도 있다(Goldstein & Gordon, 2003). ADHD는 발달적으로 부적절한,

때로는 제한된 주의 폭 그리고/또는 과잉행동 및 충동성의 특징을 갖는다.

ADHD 부주의형을 확인하려면 부주의 증상 9개 가운데 적어도 6개는 존재해야 한다. DSM-IV-TR(APA, 2001)은 이러한 증상을 중요성에 따라서 구분하지 않는다. 앞에서 언급했듯이, 알고리즘 연구에 의해 몇몇 증상은 다른 증상보다 부정적이거나 긍정적인 예언력을 더 잘 증명할 수 있음이 밝혀졌다(Mota & Schachar, 2000). 부주의 증상으로는 세부적인 것에 면밀한 주의를 기울이지 못함, 지속적인 주의의 문제, 직접 대 놓고 말할 때 듣지 않기, 과제 완수의 실패, 조직화의 어려움, 정신적 노력을 요하는 과제를 피하거나 꺼림, 물건을 잃어버림, 쉽게 산만해짐, 일상적인 활동에서 잊기 등이 있다.

ADHD 과다행동–충동성 유형을 확인하려면 과다행동–충동성 증상 9개 가운데 적어도 6개는 반드시 존재해야 한다. 과다행동 증상으로는 안절부절못함, 가만히 앉아 있기 어려움, 부적절한 활동을 보임, 여가 활동을 조용히 하지 못함, 모터가 달린 듯 행동함, 지나치게 말을 많이 함이 있다. 충동성 증상으로는 질문이 끝나기 전에 대답을 함, 차례를 기다리기 어려움, 다른 사람을 방해함이 포함된다. 실제로 충동적 행동에서 증명되듯이 효과적인 자기 훈육의 발달 실패가 ADHD라면 18개 증상 가운데 이러한 현상을 반영하는 3개가 문제일 수 있다(Barkley, 1997).

부주의 영역, 과잉행동–충동성 영역, 또는 둘 다에서 6개 또는 그 이상의 증상을 확인함으로써 진단이 내려진다. 한 사람이 ADHD 부주의형, 과잉행동–충동형, 혼합형으로 진단될 수 있다. 진단(Part D)은 사회적, 학업적, 직업적 기능에서 임상적으로 유의한 손상을 보인다는 분명한 증거가 있어야 한다는 점을 유념하는 게 중요하다.

ODD와 CD

DSM-IV-TR을 보면 **적대적 반항장애**(ODD)는 권위 대상에 대해 부정적, 반항적, 적대적이며 순종적이지 않은 행동을 반복하는 패턴으로 기술된다. 이런 행동 패턴은 적어도 6개월 동안 지속되어야 하며, 다음 증상 가운데 적어도 4개가 빈번하게 발생하는 특징을 보여야 한다. 즉, 화를 냄, 성인과 논쟁을 함, 성인의 요구나 규칙에 대한 반항 또는 순종하기를 거부함, 고의적으로 타인을 괴롭힘, 자신의 실수나 잘못을 남의 탓으로 돌림, 신경질, 화내고 원망함, 악의에 차 있거나 앙심을 품음이다. DSM-IV-TR에서 **품행장애**(CD)는 "타인의 기본적인 권리를 침해하거나 연령에 적합한 사회적 규범이나 규칙을 위반하는 반복적이고 지속적인 행동 패턴"(APA, 2001)으로 정의된다. 반면 ODD는 사회적 규범과 타인의 권리에 대한 심각한 위반 없이 단지 부정적, 적대적, 반항적 행동이 지속되는 패턴을 말한다. 그래서 ODD 아동은 성인과 논쟁을 하며, 냉정을 잃고 화를 내며, 분노를 터뜨린다. 이런 아동은 합당한 요구나 규칙에 반항하고 고의로 다른 사람을 괴롭힌다. 또한 자신의 실수를 남의 탓으로 돌리는 경향이 있다.

CD는 시간이 지나면서 발생하는 지속적인 행동을 반영한다. 타인을 공격하거나 타인의 권리를 위반하는 행동이 특징적이다. 평균 발병 연령은 여아보다 남아에서 어리다. CD가 발생할 경우, 남아는 12세까지 진단 준거를 충족시키는 반면, 여아는 14~16세가 되어야 CD 진단이 내려진다. CD 진단을 내리려면 다음 행동 가운데 3개 또는 그 이상이 12개월 동안 지속적으로 나타나야 하며, 그 가운데 적어도 하나는 지난 6개월 동안 나타나야 한다. (1) 타인을 괴롭히거나 위협하거나 협박하기, (2) 신체적 싸움을 걸기, (3) 타인에게 심각한 신체적 피해를 입힐 수 있는 무기를 사용하기, (4) 피해자와 대면하여 물건을 훔치기, (5) 타인을 신체적으로 잔인하게 대하기, (6) 동물을 신체적으로 잔인하게 대하기, (7) 타인에게 성행위 강요하기, (8) 의무를 피할 목적으로 거짓말하기, (9) 허락 없이 밤늦게 집에 들어가지 않기, (10) 피해자와 대면하지 않은 상황에서 귀중품 훔치기, (11) 심각한 손상을 입히려는 의도로 방화하기, (12) 타인의 재산을 고의로 파손하기, (13) 적어도 2회 밤에 가출하기, (14) 자주 무단 결석하기, (15) 강도짓 하기다. CD는 아동기 발병형과 청소년기 발병형의 두 가지 유형으로 분류된다. 이는 Moffitt(1993)가 확인한 분류체계에 근거한 것이다. Moffitt는 발달적 접근을 활용하여 일시적으로 반사회적 행동을 하는 사람과 지속적으로 반사회적 행동을 하는 사람을 구분했다. **평생 지속형**은 신경심리학적 비정상과 열악한 가정환경과 같은 위험요인을 갖는 반면, **청소년기 제한형**은 이런 위험요인을 갖지 않으며 이전에 반사회적 행동을 한 적이 없다.

평생 지속되는 패턴은 비행으로 소년원에 있는 청소년이 보이는 패턴과 동일한 특징을 보인다. Moffitt는 **이중 궤도 이론**(dual trajectory theory)을 검증하기 위해 뉴질랜드에 있는 1,000명 이상의 동시 출생집단을 대상으로 3~15세까지 2년에 1회 부모 보고, 교사 보고, 자기 보고를 실시하여 수집된 자료로 반사회적 행동의 추이를 검토했다. 표집의 5%가 시간의 흐름에 따른 범죄 안정성의 대략 70%를 설명했다. 이런 노력에도 불구하고 임상적 진단으로서의 CD와 법적/사회학적 기술로서의 비행을 구분하는 데 대한 합의는 아직 충분히 이루어지지 않았다.

DBD와 비행

CD와 구분되는 별개의 조건으로 **비행**을 정의하는 데 대한 합의는 별로 없다. 사실상 대부분의 전문가와 일반인은 CD, 비행, 심지어 반사회적 행동을 혼용한다. 그러나 법적인 의미에서 비행이란 법을 어기는 사람을 의미하며 성인과 청소년에게 모두 적용된다. 그러나 Tremblay(2003)는 법적인 문제에 특별하게 초점을 두는 연구에서 청소년을 기술하기 위해 '비행' 이라는 용어를 사용해야 한다고 제안했다. Tremblay는 법적 조망에서 비행 행동의 세 가지 범주를 다음과 같이 제안했다. (1) 기물 파괴하기와 피해자와 대면 상태에서 또는 대면하지 않은 상태에서 물건 훔치기, (2) 약탈적이거나 방어적인 신체적, 언어적, 간접적 공격, (3) 미성년자의 지위 범죄(예, 21세 이전의 음주)다. 항상 공격성 단독으로 비행을 예언할 수 있는 것은 아니다(Anderson, Bergman, & Magnusson, 1989). Anderson 등(1989)에 의하면 공격성이 또래 거부와 기타 문제(많은 문제가 대부분의 ADHD 청소년에게서 나타남)를 수반할 때 비행을 가장 잘 예언할 수 있다. 어린 아동집단에서는 공격성과 사회성 문제의 조합이 이후 약물남용과 구속을 예언한다(Kellam, Simon, & Ensminger, 1983). Rose, Rose와 Feldman(1989)에 의하면 초기의 반사회적 행동은 비행으로 종결되는 잘 확립된 단일 발달 경로에 더하여 더 많은 것을 예언할 수 있게 한다. 연구의 67%에서 학령전 아동집단이 나타내는 DBD의 초기 신호(예, 신경질, 반항, 과다활동)가 아동기 중기와 그 이후까지의 DBD 진단을 예언했다(Campbell & Ewing, 1990).

Moffitt와 Caspi(2001)는 평생 지속형 비행의 아동기 위험요인을 확인하려 했다. 1,000명의 연구 대상 중에서 평생 지속형 비행으로 분류된 남녀는 대부분의 위험요인에서 매우 비슷했고, 청소년기 제한형이 갖는 위험요인을 유의하게 더 많이 가지고 있었다. 평생 지속형은 아동기 위험요인 26개 가운데 21개에서 위험수준이 유의하게 더 높았다. 대조적으로 청소년기 제한형은 하나의 요인을 제외한 모든 요인에서 소년원에 간 적이 없는 비교집단 또래와 유사했다. 그래서 청소년기에 제한된 규칙 위반을 보이는 청소년은 평생 지속적으로 비행을 저지르는 사람들보다 병리적 역사, 성격문제, 읽기문제, 부모의 부적절한 자녀양육, 애착의 와해, 관계문제를 적게 갖는다. Moffitt 등(Moffitt, Caspi, Harrington, & Milne, 2002; White, Bates, & Buyske, 2001)은 청소년기 제한형과 평생 지속형의 청소년 문제를 모두 비행으로 간주했지만, 평생 지속형의 청소년 문제가 범죄자의 만성적이고 재발하는 반사회적 행동에 대한 지역사회의 인식을 더 잘 반영하는 것 같다. Moffitt의 업적을 확대한 White 등(2001)의 연구를 통해 범죄자가 범죄를 저지르지 않은 사람보다 탈억제의 정도가 더 높았고, 더 충동적이며, 부모에 대해 더 적대적이며, 상해를 피하는 정도가 더 낮고, 온전한 가족 구조를 갖는 정도가 낮은 것으로 밝혀졌다.

CD와 비행을 구분할 때는 **지속성**에도 주목해야 한다. DSM-IV-TR 현장조사 연구에 의하면 CD는 평균 3년의 지속기간을 갖는 경향이 있다. 그런데 CD 준거를 충족시키는 청소년 대부분은 그 시기 동안에 회복한다. 그래서 CD는 Moffitt의 청소년기 제한형 비행과 동일한 개념으로 간주될 수 있다. 그러나 CD 진단을 받은 것 자체가 시간의 경과에 따라서 호전되는 현상은 아니라는 점에 주목해야 한다. 8세경 부모와 교사의 보고에 의한 품행문제와 18세경 심리사회적 결과의 관계를 살펴보면 사회적 역경, 주의집중 문제, IQ의 영향력을 통제한 이후에도 18세 때 교육적 저성취, 청소년 범죄, 약물 남용/의존성, 정신건강 문제가 상승하였다(Fergusson & Lynskey, 1998). 더구나 초기 청소년기 동안 어머니의 의사소통 및 문제해결 기술과 가족변인(예, 부모의 부부 지위, 어머니의 우울한 기분, 부모갈등)은 독립적으로 그리고 상호작용하여 초기 성인기의 심각한 범죄 행위를 예언했다(Klein & Forehand, 1997).

발달 경로

DBD의 **공존 병리**는 DBD의 여러 장애가 공존하여 발생하는 경우가 가장 많으며, 그래서 다른 정신병 조건의 공존 병리보다 더 많다. 사실상 공존 병리는 다수의 파탄적 증상으로 구성된 단일 패턴에서 출발한다는 점에서 독특하다. 예를 들면, Bauermeister(1992)는 요인분석 자료를 통해 4~5세의 파탄적 증상이 난일

차원을 이룬다고 제안하였다.

ADHD

주의력결핍 과잉행동장애(ADHD)는 다른 DBD가 나타나기 이전, 즉 아동기 초기에 발달한다. ADHD 아동의 대다수는 입학 후 첫 학년 이내에 발견된다. 그들이 보이는 부주의, 과다행동, 충동성의 초기 신호는 여러 장면에서 손상을 초래하는데, 특히 사회적 관계의 문제, 자기존중감의 문제, 저성취를 야기한다(Barkley, Fischer, Edelbrock, & Smallish, 1990). 또래, 성인, 가족과의 대인관계 문제는 부적절한 사고와 감정 그리고 다른 사람에게 충동적으로 대하여 발생하는 부적절한 행동 패턴이 특징적이어서 종종 거부와 사회적 방임을 초래한다(Milich & Landau, 1981; Milich, Landau, Kilby, & Whitten, 1982). 언어 손상의 문제는 저조한 대인관계, 학업성취의 문제, 자기조절 행동 패턴의 저조한 발달에도 기여한다(Cantwell & Baker, 1977, 1989; Cantwell, Baker, & Mattison, 1981). 이런 악순환 속에서 또래에게서의 소외가 ADHD와의 조합 효과로 발생하거나 다른 역경이나 정상적 발달 경로에 미치는 ADHD의 영향 때문에 발생하여, 적절한 사회적 상호작용, 자기존중감, 대처기술, 학업 발달, 적응유연성 과정에서 발달할 기회를 감소시킨다(Brooks, 1998). ADHD 청소년 가운데 50% 이상이 학업 수행과 성취에서 어려움을 겪는다(Fischer, Barkley, Fletcher, & Smallish, 1990; Semrud-Clikeman et al., 1992). 끈기와 동기의 부족(Milch, 1994), 조직력의 결핍(Zentall, Harper, & Stormont-Spurgin, 1993), 부주의한 실수(Teeter, 1998), 불순종 행동(Weiss & Hechtman, 1993)은 모두 ADHD 아동과 청소년이 경험하는 전반적인 학업문제에 기여한다. 강의나 집단 토론에 대한 주의 집중의 부족, 독립적으로 앉아서 수행해야 하는 과제와 학교 수업에서의 문제, 공부기술의 결핍, 저조한 시험치기 기술, 조직화되어 있지 않은 공책과 책상은 ADHD 아동과 청소년이 보이는 일관된 특징이다(DuPaul & Stoner, 2003). 이로 말미암아 사회적 영역에서 다양한 부정적 결과가 발생하며(Coie, Dodge, & Coppotelli, 1982), 시험성적이 저조해지고(Nelson & Ellenberg, 1979), 작동기억의 손상을 보이며(Douglas & Benezra, 1990), 학교에서 전반적으로 저조한 성공을 보인다(DuPaul & Stoner, 2003). Teeter-Ellison(2002)이 주장했듯이, 인내를 가지고 지속하며 각성하는 능력의 부재는 특히 과제가 반복적이거나 지루할 때 교실 행동을 방해한다. 불행하게도 이런 어려움은 초기에 나타나며, 특히 교실에서 지속적인 주의, 노력, 목표지향성에 대한 기대가 있을 때 현저하다. 많은 ADHD 아동은 "또래집단만큼 수행하지 못하고 있다는 사실, 자신의 삶에서 중요한 성인의 기대를 충족시키지 못하고 있다는 사실, 그리고 또래가 자신을 좋아하지 않는다는 사실에 민감하다."(Teeter-Ellison, 2002, p. 10) 다른 연구자(Goldstein & Goldstein, 1990)도 같은 주장을 했는데, 이런 문제가 취약성을 증가시켜 ADHD 아동·청소년이 적응유연한 자질을 발달시킬 기회를 제한한다. 자신감의 상실과 확신의 결여가 학업, 사회성, 여가(예, 스포츠 활동)의 실패와 결합하여 자기존중감을 손상시키고, 우울이나 불안과 같은 문제에 대한 취약성을 증가시킨다. 초등학교 고학년까지 많은 ADHD 아동은 학습환경에서 이탈되는데, 이는 실패를 피하는 대신 부적절한 행동 패턴을 선택하여 '멍청하게' 보이기보다는 잘못된 행동을 하는 것처럼 보이기를 선호하는 수단이다(Brooks, 1991, 2001). 초등학교에서 얻는 경험은 성취, 공부, 시험치기, 조직화 기술 등 학습을 위해 필요한 기초기술을 제공하기에 많은 ADHD 아동은 고학년에 필수적인 자율성의 요구가 점점 더 증가하는 상황에 미처 준비되지 못한 채 중학교에 입학한다. 그 이후 ADHD 아동의 문제는 더욱 심각해져서 학교생활에 실패하고 학업적 저성취를 이루고 학교를 중퇴하는 등 성인기로의 성공적 전환에 중대한 위험이 증가하는 악순환으로 이어진다(Barkley et al., 1990; Barkley & Gordon, 2002).

ADHD 증상 중 특히 자기 훈육의 발달 실패는 긍정적 결과를 극적으로 감소시키고 역경에 처해 적응유연성을 보일 기회를 감소시킨다. 불행하게도 이런 패턴은 지속되며 청소년 시기에 더욱 강화된다. 청소년기 ADHD에 관한 연구에서 ADHD가 학업, 대인관계, 행동, 정서, 일상 활동의 모든 측면에 광범위한 효과를 갖는다는 증거의 증가는 가장 불안스러운 사실이다. ADHD 진단을 받은 아동의 80%가 청소년기에도 계속해서 임상적으로 유의한 증상을 보인다(Barkley et al., 1990; Biederman, Faraone, Millberger, Guite et al., 1996; Weiss & Hechtman, 1993). 초기 연구에 의하면 ADHD 아동 중 20~30%에 속하는 소수만이 통제집단과 제한된 차이를 보이는데, 이런 양상은 청소년기까지 계속된다. 20년 이상 추적한 동시대 출생집단의 70%가 ADHD뿐만 아니라 학업, 사회성, 정서에서 유의한 문제를 드러냈다(Greene, Biederman, Faraone, Sienna, & Garcia-Jones, 1997). 최근 문헌을 보면 ADHD 청소년은 청소년기 동안에 불리한 성격양식(예, 반사회적 성격장애, 경계선 성격장애)의 발달에 영향을 미치는 것처럼 보이는 공존 병리 장애를 예상보다 훨씬 더 많이 보인다. 더구나 ADHD 청소년은 사회적 장애의 신호를 보이며, 사회적 장애가 없는 남아보다 기분장애, 불안장애, 파탄적 행동장애, 약물남용의 위험이 훨씬 더 크다. ADHD 남아를 대상으로 수행한 4년 종단연구에서는 그들이 가진 사회적 장애가 저조한 사회적 결과, 물질남용, 품행장애를 포함한 정신병적 결과를 예언했다. 그러므로 ADHD 청소년의 사회적 기능을 평가하는 것이 치료에 중요하다는 결론을 내릴 수 있다. 다시 말하지만, ADHD는 결정적으로 중요하게 적응유연한 현상을 발달시킬 잠재력을 빼앗거나 제한한다. 이렇게 손상받는 능력에는 관계를 맺고 있는 다른 사람과 만족스럽고 상보적인 관계를 유지하며 학교에서 성취를 이루고 적응유연성을 촉진하기 위한 정신건강을 유지하는 능력이 포함된다(Brooks & Goldstein, 2001).

ODD와 CD

그리 놀랍지 않게도, 적대적 반항장애(ODD)와 품행장애(CD)에서는 덜 심각한 증상이 중등도 증상보다 앞서 나타나고, 중등도 증상은 더 심각한 증상보다 앞서 나타나는 경향이 있다. 유치원 이전 유아는 적대성과 경미한 공격성으로 이루어진 단일한 파탄적 행동 패턴을 보인다(Achenbach, Edelbrock, & Howell, 1987). 이는 ODD가 보통 CD의 발병에 선행한다는 발달적 견해와 일치하는 결과다. CD가 발병할 위험은 ODD가 없는 아동에 비해 ODD가 있는 아동에게서 4배나 높다(Cohen & Flory, 1998). 여러 연구자가 이런 행동 패턴의 발달 경로를 연구했는데, (1) 외현적(overt), (2) 내면적(covert), (3) 권위갈등(authority conflict)의 세 가지 병렬적인 경로를 확인했다(Kelly, Loeber, Keenan, & Zhang, 1997). **외현적 경로**에서는 작은 공격성이 신체적 싸움을 가져오며, 결국에는 폭력을 불러일으킨다. **내면적 경로**에서는 집에서 훔치기와 같은 소소한 내면적 행동이 종종 재산의 파손(예, 방화)으로 이어지며, 그다음 중등도 내지는 심각한 형태의 지위 비행과 범죄 행동의 재발로 이어진다. **권위갈등의 경로**에서는 고집스러운 행동이 반항과 권위 대상의 회피(예, 무단결석과 가출)로 진행되는 문제가 발생한다. 12세 이전에 아동은 종종 이러한 경로를 따라가지만, 유치원 이전 유아에게 나타나는 공격성 자체가 이 세 가지 중 어느 발달 경로를 따를 위험을 유의하게 증가시키는지에 관해서는 잘 알려져 있지 않다(Nagin & Tremblay, 1999).

유병률

역학연구에 DSM 증상을 적용하면 ADHD 발생률이 15%까지 이른다. 아동병원의 외래환자 평가에 의뢰된 대략 500명을 대상으로 한 연구에서는 종합적 평가에 기초하여 15%가 ADHD 진단을 받았다(McDowell & Rappaport, 1992). DSM-IV의 현장조사 연구에서 전집의 거의 9%가 ADHD의 진단적 하위 유형 가운데 적어도 하나를 만족시킨 것으로 확인되었다(Applegate et al., 1997). 세밀하게 분석하면, ADHD 유병률은 3~6%에 해당될 가능성이 높다(개관을 위해서는 Goldstein & Goldstein, 1998; Jensen & Cooper, 2002 참조). 다른 DBD뿐만 아니라 ADHD의 발병률도 사회경제적 지위가 낮은 집단에서 더 높았다. 다양한 삶의 변인이 다른 DBD뿐만 아니라 ADHD의 유병률에도 영향을 미치기 때문이다. 예를 들면, 다른 아동집단보다 입양 가족이나 위탁 가정에서 ADHD 발병률이 2배나 높았다(Molina, 1990).

연령에 따른 ODD나 CD의 유병률에 관한 일관성 있는 자료를 보고한 연구는 별로 없다. 일반 전집의 CD 발병을 추정하는 역학연구에서는 10세 집단의 3%에서부터 7세 집단의 7%에 이르기까지 발병률이 다양하다(McGee, Silva, & Williams, 1984). 기존 문헌을 검토한 Kazdin(1987)은 CD의 발병률을 4~10%로 발표하였다. 일반 전집에서 ODD의 비율도 똑같이 높았다(Anderson, Williams, McGee, & Silva, 1987). 적대적이고 부정적인 행동이 초기 아동기에서는 발달적으로 정상적일 수 있다. 비임상 집단의 부정적인 특성을 조사한 역학연구에 의하면 학령기 아동의 16~22%가 적대적이고 부정적인 행동을 한다(Loeber, Lahey, & Thomas, 1991). ODD가 3세 정도의 어린 연령에서도 나타날 수 있지만, 보통은 8세 정도에 나타나며 청소년기 이후에는 나타나지 않는다. 5~8세의 남아집단에서는 싸우고 화를 내며 불복종하며 부정적이고 신경질을 부리며 분노를 폭발하는 특징이 연령의 증가와 함께 감소한다(Werry & Quay, 1971). MacFarland, Allen과 Hunziak(1962)은 거짓말, 파괴적 행동, 부정적 행동, 성미를 부리는 행동의 발생률이 남녀 구분 없이 연령에 따라 감소한다는 것을 발견했다. 이런 문제는 초등학교 시기에 가장 크게 감소한다. Tremblay(1990)는 특히 1, 2학년 동안 남아의 적대적 행동이 감소한다고 보고했다. Anderson, Williams, McGee와 Silva(1987)는 공격적 행동에 대한 어머니의 평가를 분석한 결과, 정신병 문제의 역사가 없는 것으로 보고된 아동집단에서 5~11세에 공격적 행동이 감소한다는 것을 발표하였다. 대조적으로 동일한 집단에 대해 교사가 평가한 공격성 점수는 정신병적 문제의 역사를 가진 아동집단에서 증가하였다. 다양한 형태의 절도뿐만 아니라 알코올이나 약물의 남용과 같은 내면적인 파탄적 행동이 아동기 후기부터 청소년기까지 증가했다(Loeber, 1985). 거짓말은 모든 연령층에서 나타난다(Achenbach & Edelbrock, 1981). 진단적 준거가 변화함에 따라서 유병률도 변화한다는 것에 대해서는 의심

〈표 13-1〉 정신병 장애의 증가와 관련된 위험요인

연 구	위험요인	장애의 증가
Anderson et al.(1989) (11세)	저조한 인지능력	ADD, 복합적
	저조한 학업적 자기존중감	정서, ADD, 복합적
	저조한 일반적 자기존중감	정서, ADD, 복합적
	나쁜 건강	어떤 장애든지
	저조한 또래 사회화	복합적
	가족 역경	정서, ADD
Bird et al.(1988) (4~16세)	저조한 학업성취	행동, 우울
	저조한 가족 기능	우울
	높은 생활 스트레스	행동, 우울
Velez et al.(1989) (9~19세)	가족문제	행동
	유급	어떤 장애든지
	높은 생활 스트레스	행동, 과잉불안
Costello(1989) (7~11세)	도시 (대 교외) 거주	행동
	유급	행동
	높은 생활 스트레스	어떤 장애든지
	아버지 부재	적대적
Offord et al.(1987) (4~16세)	가족 역기능	어떤 장애든지
	유급	행동
	부모의 정신병 문제	신체화(남아의 경우만)
	부모의 체포	품행, 적대적
	만성적 정신질환	어떤 장애든지(과잉행동의 경우에만 4~11세)

ADD = 주의력결핍장애.

출처: Costello, E. J. (1989). Developments in child psychiatric epidemiology. *Journal of the American Academy of Child and Adolescent Psychiatry, 28*(Special Edition), 836-841.

의 여지가 별로 없다. 예를 들면, DSM-III와 DSM-III-R의 ADHD 준거를 비교할 때 원래 준거보다 개정된 준거로 14%나 많은 아동을 확인할 수 있었다(Lahey et al., 1990). Lahey 등(1990)은 남아가 여아에 비하여 CD의 DSM 준거를 더 잘 충족시킨다고 결론 내렸다.

오래되기는 했지만 〈표 13-1〉은 아동과 청소년이 DBD 및 기타 정신병적 진단을 받을 확률을 증가시키는 위험요인을 개관한 것이다. 이 연구 가운데 어떤 연구도 상황에 따른 문제의 가변성을 평가하지 않았지만 일관성 있는 진단적 준거를 활용했다. 더구나 낮은 인지적 기술, 약한 학업적 자기존중감, 저조한 학업성취, 유급과 같은 교육적 위험요인은 정서 및 행동 문제의 위험에 처해 있는 아동에게서 일관되게 발견되어 왔다. 이 위험요인 가운데 많은 것이 아동기 적응유연성 연구에서 취약성과 불리한 결과를 증가시키는 위험요인으로 확인되었다.

공존 병리

ADHD와 내재화 장애의 합병(예, ADHD와 불안)뿐만 아니라 ADHD와 다른 DBD의 합병(예, ADHD와 CD)을 포함하기 위하여 ADHD 하위 유형이 제안되었을 정도로 ADHD는 아동집단에서 다수의 발달장애와 정신병적 장애뿐만 아니라 다른 DBD와 동시 발병한다(Jensen, Martin, & Cantwell, 1997). ADHD는 우연을 훨씬 뛰어넘는 비율로 다른 장애와 공존한다(Seidman, Benedict, Biederman, & Bernstein, 1995). 충동성은 가족, 발달, 교육과 관련된 위험요인이 추가될 때 다른 문제의 발생 위험을 증가시키는 촉매로 작용한다.

Goldstein과 Goldstein(1998)에 의하면 어떤 사건은 ADHD가 진단될 확률을 유발하거나 증가시키는데, 여기에는 지적 기능, 생물학적 성향, 신체적 및 심리사회적 환경과 같은 개인적 특징이 포함된다. 학교나 가정에서 벌어지는 사건은 ADHD의 행동 증상을 강화하거나 감소시킨다. 일단 ADHD가 진단되면, 사회성 문제, 학교 실패, 그리고 아마도 약물의 부작용 효과로 인해 우울의 위험이 증가한다. CD의 위험은 반사회적 역할 모델의 제시(이는 결정적인 위험요인으로 밝혀졌음)뿐만 아니라 학교문제와 사회성 문제에 의해 증가한다.

Biederman, Newcorn과 Sprich(1991)는 경험적 연구를 검토하여 ADHD와

다른 장애의 공존 병리를 규명하려고 했다. 그들은 CD, ODD, 기분장애, 불안장애, 학습장애, 정신지체, 뚜렛장애, 경계선 성격장애 등 다른 장애와 ADHD의 공존 병리가 상당한 지지를 받고 있음을 제안했다. ADHD의 질은 단독으로는 크게 혐오스럽지 않다. 그러나 촉매로 작용할 수 있어서 ADHD 질과 부정적 생활사건이나 위험요인이 결합하면 ADHD 질이 부정적 생활사건을 더욱 악화시키고 아동의 현재 및 미래 기능에 더욱 나쁜 영향력을 미친다.

14~18세의 1만 5,000명 이상의 청소년으로 구성된 지역사회 표집에서, Lewinsohn, Rhode와 Seeley(1994)는 주요 정신장애 네 가지(우울, 불안, 약물남용, 파탄적 행동)를 여섯 가지 임상적 결과 측정치와 비교했다. 공존 병리가 미치는 영향은 학업문제, 정신건강 치료의 활용, 과거 자살 시도에서 가장 강력했고, 역할, 기능, 부모와의 갈등, 유의하지 않은 증상과 신체적 증상에 미치는 영향은 중간 정도였다. 공존 병리는 불안장애에 미치는 영향이 가장 컸고, 약물남용에 미치는 효과는 가장 적었다. 약물남용과 파탄적 행동은 남성집단에서 더 공통적이었고, 우울과 불안은 여성집단에서 더 많았다. 공존 병리의 효과는 정신병리에 기인하지 않았다. 다른 연구자도 주장했듯이, 임상 실제에 의뢰된 청소년기에 공존 병리의 비율이 높다.

임상에 의뢰된 전집에서 ADHD와 CD의 공존 병리는 50% 정도로 높았고, 역학 연구 표집이나 공존 병리 표집에서는 30~50%의 발병률이 보고되었다(Szatmari, Boyle, & Offord, 1989). ADHD와 더불어 공존 병리로 ODD와 CD를 가진 아동은 이차적인 파탄적 행동장애를 공존 병리로 갖지 않은 ADHD 아동에 비해 거짓말, 절도, 싸움과 같은 반사회적 행동을 더 많이 보였다(Barkley, 1998). 이렇게 조합된 공존 병리 집단에서는 또래에게 거부당할 위험이 더 컸다. 그들은 사회성 기술이 부족하기 때문에 무시당하고 공격적 행동을 하기 때문에 거부당한다. 상식적으로 생각해 보면 공존 병리 집단에서 더욱 집중적이고 지속적인 서비스가 필요할 것이다. 또한 공존 병리 집단은 이후 삶의 문제를 겪을 최대의 위험에 놓여 있다. 사실상 CD와 ADHD의 동시 발생은 ADHD를 가진 하위 집단이 겪는 중대한 성인기 문제를 설명한다. Edelbrock(1989)이 지적했듯이, ADHD 아동이 보이는 적대적이고 공격적인 행동은 ADHD 증상의 심각성보다 예후를 더 잘 예언한다. 부모의 정신병리, 부모의 부부갈등, 비효과적 자녀양육, 부모의 공격성, 부모의 반사회적 행동을 포함한 환경변인은 ADHD 진단 자체보다 ADHD 아동의 일상생활 결과를 더 잘 예언한다. 자료에 의하면 10세 이전에 공존 병리를 보이는 경우 그 예후는 10세 이후에 이차적 행동장애를 발달시키는 경우의 예후보다 훨씬 더 심각하다(McGee & Share, 1988).

문헌을 세밀하게 검토한 후, Loeber 등(1991)은 CD와 ODD가 강력하게 그리고 발달적으로 관련되지만 둘은 분명하게 다른 장애라고 주장했다. 요인분석 결과, ODD와 CD가 공변하는 별개의 집단임을 확인할 수 있었다. 그러나 특히 경미한 공격성이나 거짓말과 같은 일부 증상은 OCD와 CD 모두와 관련된다. ODD의 발병시기는 대부분의 CD 증상보다 이르다. 거의 모든 CD 아동이 ODD 역사를 가지고 있지만 모든 ODD 사례가 CD로 발전하는 것은 아니다. 흥미롭게도 일부 연구에서 ODD 아동은 부모의 정신병리와 가족 역경의 형태에서 동일하지만 그 정도가 CD 아동에 비해 덜 심한 편이다. CD의 몇 가지 증상, 특히 싸움, 집단 괴롭힘, 거짓말, 반달리즘의 발병시기를 살펴보면 일부 CD 아동은 ODD와 CD를 거의 동시에 시작하는 것처럼 보인다. 그러나 기물 파괴, 가출, 무단결석, 절도, 침입, 강간, 공격과 같이 보다 심각한 CD 증상은 ODD 증상보다 훨씬 나중에 나타난다. Biederman, Faraone, Millberger, Jetton 등(1996)은 ODD의 두 유형이 상이한 관련 변인, 과정, 결과를 갖는다는 것을 보여 주는 자료를 발표했다. 그중 한 유형은 CD의 징후인 것처럼 보이며, 다른 한 유형은 CD의 하위 증상인 것처럼 보여 이후에 CD로 발전하지 않을 것 같다. 당연히 ODD의 더 높은 위험 형태는 부정적이고 도발적이며 악의에 찬 행동으로 구성된 더 강력한 프로파일의 특징을 보인다.

DBD와 불안장애가 종종 공존 병리로 나타난다고 제안하는 문헌이 점점 더 많이 발표되고 있다. Loeber와 Keenan(1994)은 아동기와 청소년기 동안에 우연보다 상당히 높은 확률로 CD와 불안장애가 공존 병리로 나타난다는 것을 발견했다.

역학적으로 ADHD와 우울이 중복할 가능성은 우연 수준을 넘어서는데, 몇몇 연구에서는 거의 30%에 육박했다(McClelland, Rubert, Reichler, & Sylvester, 1989). 비록 일부 아동에게는 CD가 우울의 전조이지만(Capaldi, 1992), Biederman, Faraone, Mick과 Lelon(1995)은 주요 우울을 가진 의뢰된 청소년이 정신병을 공존 병리로 갖는지에 대한 의문을 제기하였다. 정신병 기관에 연속적으로 의뢰된 아동 · 청소년 424명으로 구성된 표집에서는 거의 40%가 우울장애를 가진 것으로 확인되었다. 그들은 만성적인 경로의 역사와 심각한 심리사회적 역기능을 가지고 있었다. 또한 그들에게는 CD, 불안장애, ADHD가 많이 발병하였다. 심각한 주요 우울을 가진 아동 · 청소년의 74%, 경미한 주요 우울을 가진 77%는 ADHD 진단을 받았다. 이는 정신병 통제집단의 74%가 ADHD 진단을 받았고 정상 통제 집단에서는 아무도 ADHD 진단을 받지 않은 것과 비교된다. 연구자는 증상의 발생 연령을 분석하여 주요 우울이 동시 발생하는 다른 장애의 원인이라기보다는 결과일 가능성이 높다는 가설을 설정하였다.

획득과 악화의 위험

생물학적, 심리적, 심리사회적 요인 모두가 DBD 발병의 위험요인이 된다. Burke, Loeber와 Birmaher(2002)는 유전, 세대 간 전이, 신경해부학, 신경전달물질, 전(前) 자율신경계, 출생 이전의 문제, 출생과정 중의 문제, 신경독성물질을 DBD 발병의 생물학적 위험요인으로 간주했다. 비록 결정적인 증거가 있는 것은 아니지만, 몇몇 연구에서는 유전이 DBD에 미치는 영향력이 중간 정도인 것으로 발표되었다. Eaves 등(2000)은 ODD와 CD의 취약성에서 성차 없이 유전과 높은 상관을 이룬다는 결론을 내렸다.

예를 들면, 부모의 반사회적 행동장애의 역사는 청소년기 이전에 CD가 발병하는 것과 관련된다(Lahey et al., 1998). 부모의 약물남용, 낮은 사회경제적 지위, 적대적 행동은 남아집단의 CD 발병에 주요한 역할을 하는 변인이다(Loeber, Green, Keenan, & Lahey, 1995).

생물학적 요인

전두엽의 역기능은 폭력적 행동을 할 위험을 증가시킨다(Pliszka, 1999). 편도체의 기능 손상은 사회적 단서를 읽는 데 어려움을 겪는 것과 관련되며, 편도체와 전전두 피질 영역의 연결은 부정적 정서의 억제를 돕는 기능을 한다(Davidson, Putnam, & Larson, 2000).

대뇌척수액의 세로토닌 수준이 낮은 것은 공격성과 관련된다(Clarke, Murphy, & Constantino, 1999; Kruesi et al., 1990). Moffitt, Brammer와 Caspi(1998)는 일반

전집에서 표집한 21세 남성집단의 세로토닌 대사물이 자기 보고한 1년 전 폭력과 법원 기록상의 폭력과 관련된다는 것을 발견했다. Burke 등(2002)은 세로토닌과 공격성의 연관이 신경해부학적 및 신경화학적 상호연관성, 집행 뇌기능, 행동 조절 실패의 복잡한 관계를 반영한다는 결론을 내렸다.

Pliszka(1999)는 DBD를 가진 사람이 생리적 각성의 일반적인 저하를 경험한다고 보고했다. 낮은 심장박동률은 청소년의 반사회적 행동과 관련되며(Mezzacappa, Tremblay, & Kindlon, 1997), 또 이후의 범죄를 예측하였다(Raine, Venables, & Williams, 1990).

태내에서 그리고 초기 발달 동안 독성에 노출되거나, 출생과정 중에 문제를 겪거나, 뇌 구조에 생리적 손상을 입거나, 유전적 요인을 갖는 것이 DBD의 발병에 기여한다는 증거가 있다(Burke et al., 2002). 임신 중 어머니의 흡연은 남아의 CD와 관련된다(Wakschlag et al., 1997). 임신과 출생과정 중에 생긴 합병증은 자녀의 행동문제 발생과 관련된다(Raine et al., 1990). 납과 같은 환경적 독성도 DBD의 발달에 관여한다. 11세 이전 아동의 뼈에 있는 납 수준이 높은 것은 부모와 교사가 평가한 공격성, 비행, 신체적 증상의 호소 수준이 높은 것과 관련된다(Needleman, Riess, Tobin, Biesecker, & Greenhouse, 1996).

기질, 애착, 신경심리학적 기능, 지능, 학업 수행, 사회 인지와 같은 심리적 변인 모두가 한 사람이 DBD를 발전시킬 경향성에 영향을 미치는 것으로 밝혀졌다. Sanson과 Prior(1999)는 초기 기질(특히 부정적 정서성, 강렬한 반응성, 융통성 결여)이 아동기 후기까지 외현화 행동문제를 예측하는 데 기여한다는 결론을 내렸다.

낮은 지능은 종종 DBD의 전조로 간주된다. 그러나 Loeber 등(1991)이 지적하였듯이 CD, ADHD, IQ 간의 관계에 관한 문제를 잘 이해하기는 어렵다. 더욱이 전통적으로 측정된 IQ가 낮은 성취나 학교 실패와 관련되며, 저조한 학업성취와 학교생활의 실패는 이후 반사회적 행동과 관련된다(Farrington, 1995). 그러나 높은 지능이 품행문제의 발생을 막는 것은 아니다. 정신병리적 특징, 부모의 반사회적 성격장애, 품행문제를 가진 남아의 IQ는 통제집단의 IQ와 비슷했으며, 품행문제를 가지고 있지만 정신병리도 없고 부모가 반사회적 성격을 가지고 있지 않은 남아의 IQ보다는 높았다(Christian, Frick, Hill, Tyler, & Frazer, 1997).

심리적 및 심리사회적 요인

부모 관여의 정도, 부모-자녀 갈등관리, 감독, 거칠고 비일관적인 훈육 등 자녀양육 방식에 관한 몇 가지 측면은 아동의 파탄적 행동이나 비행 행동과 상관을 이룬다(Frick, 1994; Wasserman, Miller, Pinner, & Jaramilo, 1996). 강압적 자녀양육 행동은 남아뿐만 아니라 여아의 공격적 행동도 초래하는 것 같다(Eddy, Level, & Fagot, 2001).

Fergusson, Lynskey와 Horwood(1996)는 성적 학대나 신체적 학대와 같은 거칠거나 학대적인 양육방식이 CD의 발병 위험을 유의하게 증가시킨다고 보고했다. 아동기에 학대 또는 방임을 당하는 경험은 남녀 구분 없이 이후의 반사회적 성격장애를 예언하였다(Luntz & Widom, 1994). 또한 또래관계도 DBD 증상을 잠정적으로 발병시키고 지속시키는 데 중요한 변인이다. 품행문제를 가진 것으로 확인된 아동은 변함 없이 또래에게서 거부당한다(Coie & Dodge, 1998; Coie & Lenox, 1994). 이런 또래 거부의 안정성은 공격적 반응과 관련된다(Dodge, Price, Bachorowski, & Newman, 1990). 이탈 또래와의 관계는 남아로 하여금 비행 행동을 시작하게 하는 것처럼 보인다(Elliott & Menard, 1996). 비행 또래에 노출됨으로써 이미 존재하는 비행 성향이 더욱 증가한다(Coie & Miller-Johnson, 2001).

아동의 파탄적 행동은 특히 빈곤하고 불우한 이웃에 거주하는 것과도 관련이 있다(Loeber et al., 1995). Wickström과 Loeber(2000)는 빈곤하거나 불우한 공동주택에서 사는 효과가 어떤 개인적 보호요인이든지 그 영향력을 상쇄한다는 것을 발견했다. 실직(Fergusson, Lynskey, & Horwood, 1997), 이웃의 폭력(Guerra, Huesmann, Tolan, Van Acker, & Eron, 1995), 가족의 빈곤과 아동의 공격성(Guerra et al., 1995), 낮은 사회경제적 지위와 빈곤(McLoyd, 1998)과 같은 특정 사회적 및 경제적 위험요인은 반사회적 행동과 관련된다. 마지막으로 일상생활 스트레스원에 노출된 아동의 DBD 발병 위험은 증가하며, DBD가 야기하는 상황 때문에 일상생활 스트레스원은 더 악화될 수 있다.

적응유연한 DBD 아동

적응유연성의 생물학적 기초는 아직 더 많이 연구되어야 하지만 결과를 예측하는 데 중요한 역할을 할 것 같기는 하다. 전통적으로 DBD와 관련된 긍정적 결과를 보고한 연구에서는 시간의 흐름에 따른 DBD 증상 심각도의 감소와 불리한 가족, 교육, 환경에 대한 노출의 감소에 주목해 왔음을 알 수 있다. 이제 연구자는 DBD, 특히 CD를 겪었고 청소년기를 거치면서 그리고 성인기 초기에 가끔 고통을 겪기는 하지만 성공적으로 성인기 삶으로 전환한 사람에 대해 더 많은 관심을 보이고 있다. Office of Juvenile Justice and Delinquency Prevention(2000)의 자료에서는 재활에 초점을 두며, 멘터와 개인적인 관심을 제공하며, 가장 중요하게는 아동에게 한 번 더 기회를 주는 노력이 적응유연성을 가져오는 공식의 일부분으로 증명되었다.

DBD 아동의 적응유연성 증진: 임상 실제를 위한 지침

다른 아동, 청소년, 성인은 무력감과 무망감에 압도되는 반면에 일부 아동, 청소년, 성인은 탄력적으로 회복할 수 있게 돕는 요인은 무엇인가? 일부는 자신의 경로에서 장애를 극복할 내면의 힘을 발견하면서 초기 삶의 상황에 근거해서는 전혀 예측할 수 없는 성공을 거둔다. 성공을 이룬 사람은 적응유연하다고 불린다. 역경에도 불구하고 거둔 긍정적 결과는 DBD를 포함한 다양한 아동기 문제에도 불구하고 긍정적 결과의 성취를 발견해 온 과학적 연구를 통해서도 밝혀졌다. 이어지는 여러 장에서는 적응유연성의 심리학을 발전시키고 응용하고자 한다. 이 장을 마무리하면서 임상 실제를 위한 아홉 가지 지침을 간략하게 살펴보고자 한다.

1. 아동 · 청소년이 부정적 각본을 다시 쓰기를 배우도록 돕는 전략을 개발하라. 부정적 각본은 매일 예측 가능한 부정적 결과를 가져오는 다수의 낱말이나 행동이다.
2. 아동 · 청소년에게 스트레스 관리기술을 배울 기회를 제공하라.

3. DBD 아동 · 청소년의 공감능력을 키우고 개발할 시간을 할애하라.
4. 모델링과 교수를 통해 효과적인 의사소통을 가르쳐라. 효과적인 의사소통은 이해를 하는 것과 이해를 받는 것 모두를 포함한다.
5. DBD 아동 · 청소년이 부적절감이나 2등 시민이라는 느낌을 갖지 않고 자신을 수용하도록 조력하라.
6. DBD 아동 · 청소년이 타인을 돕거나 타인을 위한 교사의 역할을 하도록 인간관계를 촉진하라.
7. DBD 아동 · 청소년이 실수를 부적절함의 신호보다는 이해하고 극복할 도전으로 생각하도록 조력하라.
8. DBD 아동 · 청소년이 성공을 경험하고 유능성 영역(다른 사람이 성공을 경험하거나 가치 있게 여기는 강점의 영역) 하나를 개발하도록 조력하라.
9. DBD 아동 · 청소년이 자기 훈육과 자기통제를 발전시키도록 인내심을 가지고 조력하라.

요약

DBD는 가장 흔하고 적대적인 아동기 증상의 총합이다. DBD 증상은 많은 아동에게 영향을 미치며, 종종 서로 조합되어 존재하고 다양한 불리한 결과를 촉발하는 촉매의 역할을 한다. DBD는 성인기에 이르기까지 적응유연한 마음태세를 갖추고 적응유연한 결과를 생성할 기회를 빼앗으면서 보호적 영향을 감소시키는 작용을 한다. 점차 더 많은 연구가 수행되면서 DBD 아동을 보호하는 요인에 대한 이해가 축적되고 있다. 적응유연성의 질과 적응유연한 마음태세를 향상시키는 전략을 임상적으로 적용하려는 노력은 DBD 아동 · 청소년이 성인기 전환과정에서 불리한 결과를 극복하는 데 도움이 된다.

참고문헌 REFERENCES

Anderson, J. C., Williams, S., McGee, R., &Silva, P. A. (1987). DSM-III disorders in preadolescent children. Prevalence in a large sample from the general population. *Archives of General Psychiatry, 44*, 69-76.

Achenbach, T. M., Conners, C. K., Quay, H. C., Verhulst, F. C., & Howell, C. T. (1989). Replication of empirically derived syndromes as a basis for taxonomy of child/ adolescent psychopatholopgy. *Journal of Abnormal Child Psychology, 17,* 299-320.

Achenbach, T. M., & Edelbrock, C. S. (1981). Behavioral problems and competencies reported by parents of normal and disturbed children aged 4 through 16. *Monographs of the Society for Research and Child Development* (Series No. 188), 46.

Achenbach, T. M., Edelbrock, C. S., & Howell, C. T. (1987). Empirically based assessment of the behavioral/emotional problems of 2- and 3-year-old children. *Journal of Abnormal Child Psychology, 15*, 629-650.

American Psychiatric Association (APA). (2001). *Diagnostic and statistical manual-4th edition, text revision.* Washington, DC: Author.

Anderson, T., Bergman, L. R., & Magnusson, D. (1989). Patterns of adjustment problems and alcohol abuse in early childhood: A prospective longitudinal study. *Development and Psychopathology, 1*, 119-131.

Applegate, B., Lahey, B. B., Hart, E. L., Biederman, J., Hynd, G. W., Barkley, R. A. et al. (1997). Validity of the age of onset criterion for ADHD. A report form the DSM-IV field trials. *Journal of the American Academy of Child and Adolescent Psychiatry, 36,* 1211-1221.

Barkley, R. A. (1997). *The nature of self-control.* New York: Guilford.

Barkley, R. A. (1998). *Attention deficit hyperactivity disorder 3rd ed.* New York: Guilford.

Barkley, R. A., Fischer, M., Edelbrock, C. S., & Smallish, L. (1990). The adolescent outcome of hyperactive children diagnosed by research criteria: I. An eight-year prospective follow-up study. *Journal of the American Academy of Child and Adolescent Psychiatry, 29,* 546-557.

Barkley, R. A., & Gordon, M. (2002). Research on comorbidity, adaptive functioning, and cognitive impairments in adults with ADHD: Implications for a clinical practice. In S. Goldstein & S. Teeter Ellison (Eds.), *Clinician's guide to adult ADHD: Assessment and intervention.* New York: Academic Press.

Bauermeister, J. J. (1992). Factor analyses of teacher ratings of attention deficit hyperactivity disorder and oppositional defiant symptoms in children aged four through thirteen years. *Journal of Clinical Child Psychology, 21*, 27-34.

Biederman, J., Faraone, S., Mick, E., & Lelon, E. (1995). Psychiatric comorbidity among referred juveniles with major depression: Fact or artifact? *Journal of the American Academy of Child and Adolescent Psychiatry, 34,* 579-590.

Biederman, J., Faraone, S., Milberger, S., Guite, J., Mick, E., Chen, L. et al. (1996). A prospective 4-year follow-up study of attention-deficit hyperactivity and related disorders. *Archives of General Psychiatry, 53,* 437-446.

Biederman, J., Faraone, S., Milberger, S., Jetton, J. G., Chen, L., Mick, E. et al. (1996). Is childhood oppositional defiant disorder a precursor to adolescent conduct disorder? Findings from a four-year follow-up study of children with ADHD. *Journal of the American Academy of Child and Adolescent Psychiatry, 35,* 1193-1204.

Biederman, J., Newcorn, J., & Sprich, S. (1991). Comorbidity of attention-deficit hyperactivity disorder with conduct, depressive, anxiety and other disorders. *American Journal of Psychiatry, 148,* 564-477.

Bird, H. R., Canino, G., Rubio-Stipec, M., Gould, M. S., Ribera, J., Sesman, M., Huertas-Goldman, S., Pagan, A., Sanchez-Lacay, A., & Moscoso, M. (1988). Estimates of the prevalence of childhood maladjustment in a community survey in Puerto Rico. *Archives of General Psychiatry, 45,* 1120-1126.

Brooks, R. (1991). *The self-esteem teacher.* Circle Pines, MN: AGS.

Brooks, R. (1998). Self-esteem: Helping your child become a confident, resilient and persistent learner. In S. Goldstein & N. Mather (Eds.), *Overcoming underachieving: An action guide to helping your child succeed in school.* New York: Wiley.

Brooks, R. (2001). The mindset of the effective educator: Strategies to promote self-esteem and resilience. In N. Mather & S. Goldstein (Eds.), *Learning disabilities and challenging behaviors: A guide to intervention and classroom management.* Baltimore: Brookes.

Brooks, R., & Goldstein, S. (2001). *Raising resilient children.* New York: Contemporary Books.

Burke, J. D., Loeber, R., & Birmaher, B. (2002). Oppositional defiant disorder and conduct disorder: A review of the past 10 years, Part II. *Journal of the American Academy of Child and Adolescent Psychiatry, 41,* 1275-1293.

Campbell, S. B. (1991). Longitudinal studies of active and aggressive pre-schoolers: Individual differences in early behavior and outcome. In D. Cicchetti & S. L. Toth (Eds.), *Rochester symposium on developmental psychopathology.* Hillsdale, NJ: Erlbaum.

Cantwell, D. P., & Baker, L. (1977). Psychiatric disorder in children with speech and language retardation. *Archives of General Psychiatry, 34,* 583-591.

Cantwell, D. P., & Baker, L. (1989). Stability and natural history of DSM-III childhood diagnoses. *Journal of the American Academy of Child and Adolescent Psychiatry,*

28, 691-700.

Cantwell, D. P., Baker, L., & Mattison, R. (1981). Prevalence, type and correlates of psychiatric disorder in 200 children with communication disorder. *Journal of Developmental and Behavioral Pediatrics, 2,* 131-136.

Capaldi, D. M. (1992). The co-occurrence of conduct problems and depressive symptoms in early adolescent boys, II: A 2-year follow-up at grade 8. *Developmental Psychology, 4,* 125-144.

Centers for Disease Control and Prevention (June 12, 2003). www.cdc.gov

Christian, R. E., Frick, P. J., Hill, N. L., Tyler, L., & Frazer, D. R. (1997). Psychopathy and conduct problems in children. II: Implications for subtyping children with conduct problems. *Journal of the American Academy of Child and Adolescent Psychiatry, 36,* 233-241.

Clark, R. A., Murphy, D. L., & Constantino, T. N. (1999). Serotonin and externalization behavior in young children. *Psychiatry Research, 86,* 29-40.

Cohen, P., & Flory, M. (1998). Issues in the disruptive behavior disorders: Attention deficit disorder without hyperactivity and the differential validity of oppositional defiant and conduct disorders. In T. A. Widiger, A. J. Frances, & H. J. Pincus (Eds.), *DSM-IV sourcebook* (Vol. 4, pp. 455-463). Washington, DC: American Psychiatric Press.

Coie, J. D., & Dodge, K. A. (1998). Aggression and anti-social behavior. In W. Damon (Series Ed.) & N. Eisenberg (Vol. Ed.), *Handbook of child psychology (5th ed., Vol. 3). Social, emotional and personality development* (pp. 779-862). New York: Wiley.

Coie, J. D., Dodge, K. A., & Coppotelli, H. (1982). Dimensions an types of social status: A cross-age perspective. *Developmental Psychology, 18,* 557-570.

Coie, J. D., & Lenox, K. F. (1994). The development of antisocial individuals. In D. C. Fowles, P. Sutker, & S. H. Goodman (Eds.), *Progress in experimental personality and psychopathology research* (pp. 45-72). New York: Springer.

Coie, J. D., & Miller-Johnson, S. (2001). Peer factors and interventions. In R. Loeber & D. P. Farrington (Eds.), *Child delinquents* (pp. 191-209). Thousand Oaks, CA: Sage.

Costello, E. J., Edelbrock, C. S., Dulcan, M. K., & Lalas, R. (1984). *Testing of the NIMH Diagnostic Interview Schedule for Children (DISC) in a clinical population: Final report* (Contract No. REP-DB-81-0027). Rockville, MD: Center for Epidemiological Studies. National Institute for Mental Health.

Davidson, R. J., Putnam, K. M., & Larson, C. L. (2000). Dysfunction in the neuro circuitry of emotion regulation as a possible preclude to violence. *Science, 289,* 591-594.

Dodge, K. A., Price, J. M., Bachorowski, J. A., & Newman, J. P. (1990). Hostile attributional biases in severely aggressive adolescents. *Journal of Abnormal Psychology, 99,* 385-392.

Douglas, V. I., & Benezra, E. (1990). Supraspan verbal memory in attention deficit disorder with hyperactivity normal and reading disabled boys. *Journal of Abnormal Child Psychology, 18,* 617-638.

DuPaul, G. J., & Stoner, G. (2003). *ADHD in the schools* (2nd ed.). New York: Guilford.

Eaves, L., Rutter, M., Silberg, J. L., Shillady, L., Maes, H., & Pickles, A. (2000). Genetic and environmental causes of covariation in interview assessments of disruptive behavior in child and adolescent twins. *Behavioral Genetics, 30,* 321-334.

Eddy, J. M., Leve, L. D., & Fagot, B. I. (2001). Corecive family processes: A replication and extension of Patterson's coercion model. *Aggressive Behavior, 27,* 14-25.

Edelbrock, C. (1989). *Childhood conduct problems: Developmental consideration and a proposed taxonomy.* Unpublished manuscript. University of Massachusetts Medical Center, Worcester.

Eiraldi, R. B., Power, T. J., & Nezu, C. M. (1997). Patterns of comorbidity associated with subtypes of attention deficit/hyperactivity disorder among six- to twelve-year-old children. *Journal of the American Academy of Child and Adolescent Psychiatry, 36,* 503-514.

Elliott, D. S., & Menard, S. (1996). Delinquent friends and delinquent behavior: Temporal and developmental patterns. In J. D. Hawkins (Ed.), *Delinquency and crime: Current theories.* New York: Cambridge University Press.

Farrington, D. P. (1995). The development of offending and antisocial behavior from childhood: Key findings from the Cambridge study in delinquent program. *Journal of Child Psychology and Psychiatry, 36,* 929-964.

Fergusson, D. M., Horwood, L. J., & Lynskey, M. T. (1994). Structure of DSM-III-R criteria for disruptive childhood behaviors: Confirmatory factor models. *Journal of the American Academy of Child and Adolescent Psychiatry, 33,* 1145-1155.

Fergusson, D. M., & Lynskey, M. T. (1998). Conduct problesm in childhood and psychosocial outcomes in young adulthood: A prospective study. *Journal of Emotional and Behavioral Disorders, 6,* 2-18.

Fergusson, D. M., Lynskey, M. T., & Horwood, L. J. (1998). Factors associated with continuity and change in disruptive behavior patterns between childhood and adolescence. *Journal of Abnormal Child Psychology, 24,* 553-553.

Fergusson, D. M., Lynskey, M. T., & Horwood, L. J. (1997). Attentional difficulties in middle childhood and psychosocial outcomes in young adulthood. *Journal of Child Psychology and Psychiatry, 38,* 633-644.

Ficher, M., Barkley, R. A., Fletcher, C. S., & Amallish, L. (1990). The adolescent outcome of hyperactive children diagnosed by research criteria: II. Academic, attentional and neuropsychological status. *Journal of Consulting and Clinical Psychology, 58,* 580-588.

Frick, P. J. (1994). Family dysfunction and the disruptive behavior disorders: A review of recent empirical findings. *Advances in Clinical Child Psychology, 16,* 203-226.

Frick, P. J., Lahey, B. B., & Loeber, R. (1993). Oppositional defiant disorder and conduct disorder: A meta-analytic review of factor analyses and cross-validation in a clinical sample. *Clinical Psychology Review, 13,* 319-340.

Goldstein, S. (2002). Continuity of ADHD in adulthood: Hypothesis and theory meet reality. In S. Goldstein & S. Teeter Ellison (Eds.), *Clinician's guide to adult ADHD: Assessment and intervention.* New York: Academic Press.

Goldstein, S., & Goldstein, M. (1990). *Understanding and managing attention deficit disorder in children.* New York: Wiley.

Goldstein, S., & Goldstein, M. (1998). *Understanding and managing attention deficit disorder in children* (2nd ed.). New York: Wiley.

Goldstein, S., & Goldstein, M. (2003). Gender issues and ADHD: Sorting fact form fiction. *The ADHD Report, 11*(4), 7-11.

Grene, R. W., Biederman, J., Faraone, S. V., Sienna, M., & Garcia-Jones, J. (1997). Adolescent outcome of boys with attention-deficit/hyperactivity disorder and social disability: Results from a four-year longitudinal follow-up study. *Journal of Consulting and Clinical Psychology, 65,* 758-767.

Guerra, N. G., Huesmann, L. R., Tolan, P. H., Van Acker, R., & Eron, L. D. (1995). Stressful events and individual beliefs as correlates of economic disadvantage and aggression among urban children. *Journal of Consulting Clinical Psychology, 63,* 518-528.

Hechtman, L. (1999). Attention-deficit/hyperactivity disorder. In M. Weiss, L. T., Hechtman, & G. Weiss (Eds.), *ADHD in adulthood: A guide to current theory, diagnosis and treatment* (pp. 17-38). Baltimore: Johns Hopkins University Press.

Hechtman, L., Weiss, G., & Perlman, T. (1984). Hyperactives as young adults: Initial predictors of adult outcome. *Journal of the American Academy of Child and Adolescent Psychiatry, 25,* 250-260.

Herrero, M. E., Hechtman, L., & Weiss, G. (1994). Children with deficits in attention, motor control and perception almost grown up: The contribution of various background factors to outcome at age sixteen years. *European Child and Adolescent Psychiatry, 3,* 1-15.

Hinshaw, S. P. (1987). On the distinction between attention deficit/hyperactivity and conduct problems/aggression in child psychopathology. *Psychological Bulletin, 101,* 443-463.

Ingram, S., Hechtman, L., & Morgenstern, G. (1999). Outcome issues and ADHD: Adolescent and adult long-term outcome. *Mental Retardation and Developmental Disabilities Research Review, 5,* 243 250.

Jensen, P. S., & Cooper, J. R. (2002). *Attention deficit hyperactivity disorder: State of the science.* Kingston, NJ: Civic Research Institute.

Jensen, P. S., Martin, D. P., & Cantwell, D. P. (1997). Comorbidity in ADHD: Implications for research practice and DSM-V. *Journal of the American Academy of Child and Adolescent Psychiatry, 36,* 1065-1079.

Kazdin, A. E. (1987). Treatment of antisocial behavior in children: Current status and future directions. *Psychological Bulletin, 102,* 187-203.

Katz, M. (1997). *On playing a poor hand well.* New York: Norton.

Kellam, S. G., Simon, M. B., & Ensminger, M. E. (1983). Antecedents in first grade of teenage substance use and psychological well-being: A ten-year community-wide perspective study. In D. F. Ricks & B. S. Dohrewend (Eds.), *Origins of psychopathology.* Cambridge, MA: Cambridge University Press.

Kelly, B. T., Loeber, R., Keenan, K., & DeLamatre, M. (1997). *Developmental pathways in boy's disruptive and delinquent behavior.* Washington, DC: U. S. Department of Justice, Office of Juvenile Justice and Delinquency Prevention.

Klein, K., & Forehand, R. (1997). Delinquency during the transition to early adulthood: Family and parenting predictors from early adolescence. *Adolescence, 32,* 61-78.

Kruesi, M. J. P., Rapoport, J. L., Hamburger, S., Hibbs, E., Potter, W. Z., Lenane, M. et al. (1990). Cerebrospinal fluid monoamine metabolites, aggression, and impulsivity in disruptive behavioral disorders of children and adolescents. *Archives of General Psychiatry, 47,* 419-426.

Lahey, B. B., Frick, P. J., Loeber, R., Tannenbaum, B. A., Van Horn, Y., & Christ, M. A. G. (1990). *Oppositional and conduct disorder: I. A meta-analytic review.* Unpublished manuscript. University of Georgia, Athens.

Lahey, B. B., Loeber, R., Quay, H. C., Applegate, B., Shaffer, D., Waldman, I. et al. (1998). Validity of DSM-IV subtypes of conduct disorder based on age of onset. *Journal of the American Academy of Child and Adolescent Psychiatry, 37,* 435-442.

Lahey, B. B., Loeber, R., Stouthamer-Loeber, M., Christ, M. A. G., Green, S., Russo, M. F. et al. (1990). Comparison of DSM-III and DSM-III-R diagnoses for prepubertal children: Changes in prevalence and validity. *Journal of the American Academy of Child and Adolescent Psychiatry, 29,* 620-626.

Lewinsohn, P. M., Rhode, P., & Seeley, J. R. (1994). Adolescent psychopathology: III. The clinical consequences of comorbidity. *Journal of the American Academy of Child and Adolescent Psychiatry, 34,* 510-519.

Loeber, R., Burke, J., Lahey, B. B., Winters, A., & Zera, M. (2000). Oppositional defiant and conduct disorder: A review of the past 10 years, Part I. *Journal of the American Academy of Child and Adolescent Psychiatry, 39,* 1468-1484.

Loeber, R., Green, S. M., Keenan, K., & Lahey, B. B. (1995). Which boys will fare worse? Early predictors of the onset of conduct disorder in a six-year longitudinal study. *Journal of the American Academy of Child and Adolescent Psychiatry, 34,* 499-509.

Loeber, R., & Keenan, K. (1994). Interaction between conduct disorder and its comorbid conditions: Effects of age and gender. *Clinical Psychology Review, 14,* 497-523.

Loeber, R., Keenan, K., Russon, M. F., Green, S. M., Lahey, B. B., & Thomas, B. (1988). Secondary data analyses for DSM-IV on the symptoms of oppositional defiant disorder and conduct disorder. In T. A. Widiger, A. J. Frances, & H. J. Pincus (Eds.), *DSM-IV sourcebook* (Vol. 4, pp. 465-490). Washington, DC: American Psychiatric Press.

Loeber, R., Keenan, K., & Zhang, Q. (19970. Boy's experimentation and persistence in developmental pathways toward serious delinquency. *Journal of Child and Family Studies, 6,* 321-357.

Loeber, R., Lahey, B. B., & Thomas, C. (1991). Diagnostic conundrum of oppositional defiant disorder and conduct disorder. *Journal of Abnormal Psychology, 100,* 379-390.

Loeber, R., & Schmaling, K. B. (1985). Empirical evidence for overt and covert patterns of antisocial conduct problems. *Journal of Abnormal Child Psychology, 100,* 379-390.

Loney, J. Whaley-Klahn, M. A., & Kosier, T. (1983). Hyperactive boys and their brothers at 21: Predictors of aggressive and antisocial outcomes. In K. T. Van Dusen & S. A. Mednick (Eds.), *Prospective studies of crime and delinquency* (pp. 181-206). Boston: Kluwer-Nijhoff.

Luntz, B. K., & Widom, C. S. (1994). Antisocial personality disorder in abused and neglected children grown up. *American Journal of Psychiatry, 151,* 670-674.

McClelland, J. M., Rubert, M. P., Reichler, R. J., & Sylvester, C. E. (1989). Attention deficit disorder in children at risk for anxiety and depression. *Journal of the American Academy of Child and Adolescent Psychiatry, 29,* 534-539.

MacFarlane, J. W., Allen, L., & Honziak, M. P. (1962). A developmental study of the behavior problems of normal children between twenty-one months and fourteen years. Berkeley: University of California Press.

McLoyd, V. C. (1998). Socioeconomic disadvantage and child development. *American Psychology, 53,* 185-204.

Milich, R. (1994). The response of children with ADHD to failure: If at first you don't succeed, do try, try again? *School Psychology Review, 23,* 11-28.

Milich, R., & Landau, S. (1981). Socialization and peer relations in the hyperactive child. In K. D. Gadow & I. Bailer (Eds.), *Advances in learning and behavior disabilities* (Vol. 1). Greenwich, CT: JAL.

Milich, R., Landau, S., Kilby, G., & Whitten, P. (1982). Preschool peer perceptions of the behavior of hyperactive and aggressive children. *Journal of Abnormal Child Psychology, 10,* 497-510.

McDowell, M. J., 7 Rappaport, L. R. (September, 1992). *Neurodevelopmental comorbidity with attention deficit hyperactivity disorder: A clinical review.* Paper presented at the 10th annual meeting of the society for Behavioral Pedicatrics, St. Louis, MO.

McGee, R., & Share, D. L. (1988). Attention deficit disorder hyperactivity and academic failure: Which comes first and what should be treated. *Journal of the American Academy of Child and Adolescent Psychiatry, 27,* 318-325.

McGee, R., Silca, P. A., & Williams, S. (1984). Behavior problems in a population of seven-year-old children: Prevalence, stability and types of disorder-A research report. *Journal of Child Psychology and Psychiatry, 25,* 251-259.

Mezzacappa, E., Tremblay, R. E., & Kindlon, D. (1997). Aniety, antisocial behavior, and heart rate regulation in adolescent males. *Journal of Child Psychology and Psychiatry, 38,* 457-469.

Moffitt, T. E. (1990). Juvenile delinquency and attention deficit disorder: Developmental self-reported delinquents. *Developmental Psychopathology, 1,* 105-118.

Moffitt, T. E. (1993). Adolescence limited and life-course-persistent to anti-social behavior: A developmental-taxonomy. *Psychological Review, 100,* 674-701.

Moffitt, T. E., Brammer, G. L, & Caspi, A. (1998). Whole blood serotonin relates to violence in edpidemiological study. *Biological Psychiatry, 43,* 446-457.

Moffitt, T. E., & Caspi, A. (2001). Childhood predictors differentiate life-course-persistent in adolescence-limited anti-social pathways among males and females. *Development and Psychopathology, 13,* 355-375.

Moffitt, T. E., Caspi, A., Harrington, H., & Milne, B. J. (2002). Males on the life-course-persistent and adolescence-limited anti-social pathways: Follow-up at age twenty-six years. *Development in Psychopathology, 14,* 179-207.

Molina, L. R. (1990). Adoptees may be at risk for hyperactivity but no one knows why. *Adopted Child, 9,* 1-2.

Mota, V. L., & Schachar, R. J. (2000). Reformulating ADHD according to signal detection theory. *Journal of the American Academy of Child and Adolescent Psychiatry, 39,* 1144-1151.

Nagin, D. S., & Tremblay, R. E. (1999). Trajectories of boys' physical aggression, opposition, and hyperactivity on the path to physically violent and nonviolent juvenile delinquency. *Child Development, 70*(5), 1181-1196.

National Household Survey of Drug Abuse. (June 12, 2003). www.health.org/pubs/nhsda

National Institute of Child Health Human Development. (June 12, 2003). www.nichd.nih.gov

National School Safety Center. (June 12, 2003). www.nssc1.org

Needleman, H. L., Riess, J. A., Tobin, M. J., Biesecker, G. E., & Greenhouse, J. B. (1996). Bone lead levels and delinquent behavior. *Journal of the American Medical Association, 275,* 363-369.

Nelson, K. B., & Ellenberg, J. H. (1979). Apgar scores and long-term neurological handicap (Abstract). *Annals of Neurology, 6,* 81-83.

Offord, D. R., Boyle, H. M., & Racine, Y. (1989). Ontario child health study: Correlates of disorder. *Journal of the American Academy of Child and Adolescent Psychiatry, 28,* 856-860.

Office of Juvenile Justice and Delinquency Prevention. (2000, May). *Second chances: Giving kinds a chance to make a better choice.* U. S. Department of Justice, Publication #NCJ181680.

Patterson, G. R., DeBaryshe, B. D., & Ramsey, E. (1989). A developmental perspective on antisocial behavior. *American Psychologist, 44,* 329-335.

Pliszka, S. R. (1999). The psychobiology of oppositional defiant disorder and conduct disorder. In H. C. Quay & A. E. Hogan (Eds.), *Handbook of disruptive behavior disorders* (pp. 371-395). New York: Kluwer Academic/Plenum.

Raine, A., Venables, P. H., & Williams, M. (1990). Relationships between central and autonomic measures of arousal at age 15 years and criminality at age 24 years. *Archives of General Psychiatry, 47,* 1060-1064.

Rose, S. L., Rose, S. A., & Feldman, J. F. (1989). Stability of behavior problems in very young children. *Development and Psychopathology, 1,* 5-19.

Rutter, M., Tizard, J., & Whitmore, K. (1970). *Education health and behavior.* London: Longmans.

Sanson, A., & Prior, M. (1999). Temperament and behavioral precursors to oppositional defiant disorder and conduct disorder. In H. C. Quay & A. E. Hogan (Eds.), *Handbook of disruptive behavior disorder* (pp. 397-417). New York: Kluwer Academic/Plenum.

Seidman, L. J., Benedict, K. B., Diederman, J., & Bernstein, J. H. (1995). Performance of children with ADHD on the Rey-Osterrieth complex figure: A pilot neuropsychology study. *Journal of Child Psychology and Psychiatry and Allied Disciplines, 36,* 1459-1473.

Semrud-Clikeman, M., Biederman, J., Sprich-Buckminister, S., Krifcher, L., Lehman, B., Faraone, S. V. et al. (1992). The incidence of ADHD and concurrent learning disabilities. *Journal of the American Academy of Child and Adolescent Psychiatry, 31,* 439-448.

Still, G. F. (1902). The Coulstonian lectures on some abnormal physical conditions in children. *Lancet, 1,* 1008-1012.

Szatmari, P., Boyle, M., & Offord, D. R. (1989). ADHD and conduct disorder: Degree of diagnostic overlap and differences among correlates. *Journal of the American Academy of Child and Adolescent Psychiatry, 28,* 865-872.

Taylor, E., Schachar, R., Thorley, G., & Wieselberg, M. (1986). Conduct disorder and hyperactivity: I. Separation of hyperactivity and antisocial conduct in British child psychiatric patients. *British Journal of Psychiatry, 149*, 760-767.

Teeter, P. A. (1998). *Interventions for ADHD: Treatment in developmental context.* New York: Guilford.

Teeter-Ellison, A. (2002). An overview of childhood and adolescent ADHD: Understanding the complexities of development into the adult years. In S. Goldstein & S. Teeter Ellison (Eds.), *Clinician's guide to adult ADHD: Assessment and intervention* (pp. 1-37). New York: Academic Press.

Trembaly, R. E. (2003). Why socialization fails: The case of the chronic physical aggression. In B. B. Lahey, T. E. Moffitt, & A. Caspi (Eds.), *Causes of conduct disorder and juvenile delinquency* (pp. 185-206). New York: Guilford.

Velez, C. N., Johnson, J., & Cohen, P. (1989). A longitudinal ananlysis of selected risk factors of childhood psychopathology. *Journal of the American Academy of Child and Adolescent Psychiatry, 29*, 782-784.

Wakschlag, L. S., Lahey, B. B., Loeber, R., Green, S. M., Gordon, R., & Leventhal, B. L. (1997). Maternal smoking during pregnancy and the risk of conduct disorder in boys. *Archives of General Psychiatry, 54,* 670-676.

Wasserman, G. A., Miler, L. S., Pinner, E., & Jaramilo, B. (1996). Parenting predictors of early conduct problems in urban, high-risk boys. *Journal of the American Academy of Child and Adolescent Psychiatry, 35,* 1227-1236.

Weiss, G., & Hechtman, L. (1993). *Hyperactive children grown up: ADHD in children, adolescent and adults* (2nd ed.). New York: Guilford.

Werry, J. S., & Quay, H. C. (1971). The prevalence of behavior symptoms in young elementary school children. *American Journal of Orthopsychiatry, 41*, 136-143.

White, H. R., Bates, M. E., & Buyske, S. (2001). Adolescence-limited versus persistent delinquency: Extending Moffitt's hypothesis into adulthood. *Journal of Abnormal Psychology, 110,* 600-609.

Wickström, P. O., & Loeber, R. (2000). Do disadvantaged neighborhoods cause well-adjusted children to become adolescent delinquents? A study of male juvenile serious offending, risk and protective factors, and neighborhood context. *Criminology, 38,* 1109-1141.

Zentall, S. S., Harper, G., & Stormont-Spurgin, M. (1993). Children with hyperactivity and their organization abilities. *Journal of Educational Research, 87,* 112-117.

제14장

무력감에서 낙관성으로

청소년 우울 치료와 예방에서 적응유연성의 역할

Karen Reivich, Jane E. Gillham,
Tara M. Chaplin, & Martin E. P. Seligman

우울, 불안과 같은 내재화 장애는 아동 · 청소년에게 가장 흔한 심리장애에 속한다. 우울과 불안의 발달에 관한 연구를 보면 정확한 인지양식과 문제해결 기술 그리고 지지적인 가족관계를 향상시킬 때 내재화 장애를 감소시킬 수 있으며, 심지어 예방도 할 수 있다. 몇 가지 인지행동 개입이 우울, 불안의 치료와 예방의 가능성을 보여 주었다. 한 예로 펜 적응유연성 프로그램(Penn Resiliency Program)을 검토할 것이다. 펜 적응유연성 프로그램과 이와 유사한 예방 개입에 포함된 대부분의 기술은 우울이나 불안에 특수한 것이 아니라 아동 · 청소년의 적응유연성을 증가시키는 데 일반적으로 유용하다. 이런 기술을 가르치고 증가시키는 개입은 아동이 청소년기와 성인기 동안에 겪을지도 모르는 다양한 문제 상황을 헤쳐 나가도록 도울 수 있다.

아동 · 청소년의 우울

어느 시점에서든지 아동의 2~3%, 청소년의 6~9%가 주요 우울장애를 겪는다(Cohen et al., 1993; Lewinsohn, Hops, Roberts, & Seeley, 1993). 청소년 5명 가운데 1명은 고등학교를 졸업할 때까지 주요 우울 삽화를 가질 것이다(Lewinsohn et al., 1993). 불안장애는 종종 우울에 선행하거나 우울과 동시에 발생하는데, 아동 · 청소년의 10~21%에서 발병한다(Kashani & Orvaschel, 1990; Romano, Tremblay, Vitaro, Zoccolillo, & Pagani, 2001). 우울의 발생률이 청소년기에 증가한다는 점은 주목할 만하다(Hankin, Abramson, Moffitt, Silva, & McGee, 1998). 이는 청소년기로의 전환이 우울에 특히 취약한 발달시기임을 시사한다. 또한 일부 연구는 우울과 불안의 비율이 지난 50여 년에 걸치면서 극적으로 증가해 왔음을 지적한다(Klerman et al., 1985; Twenge, 2000). 그래서 오늘날 젊은이는 그들의 부모나 조부모보다 우울과 불안을 겪을 가능성이 훨씬 더 높다.

우리의 연구 프로그램이 **단극성 우울**(unipolar depression)[1] 장애와 증상의 예방에 일차적으로 초점을 두고 있기 때문에 이 장에서는 내재화 장애 가운데 가장 흔한 단극성 우울을 다룰 것이다. 또한 불안 증상에 대해서도 논할 것이다. 왜냐하면 아동기에는 우울과 불안이 동시 발생하는 경우가 상당히 많고, 우울의 맥락에서 논의되는 인지행동적 위험요인과 적응유연성 요인 그리고 개입의 대부분이 불안장애와 불안 증상에도 적용될 수 있기 때문이다(Kendall, 1994).

단극성 우울은 **주요우울장애**로도 알려져 있는데, 극심한 슬픔이나 민감함; 주의집중, 수면, 식습관, 에너지 수준의 혼란; 무망감; 자살 사고의 특징을 갖는다. 아동 · 청소년에게 주요우울장애는 단순히 발달의 한 국면이 아니라 시간의 경과에 따른 안정성을 보이며 아동의 기능을 유의하게 방해하는 심각한 심리적 문제다. 우울한 아동 · 청소년은 일상생활에서 기능하는 능력이 떨어져서, 우울장애를 가진 청소년의 85~87%가 '주요한' 기능 손상을 가진 것으로 평가된다(Whitaker et al., 1990). 더구나 주요우울장애를 가진 아동 상당수가 성인기까지

1) 양극성 장애(bipolar disorder) 또는 조울(manic-depression)은 아동기에 비교적 드물고 좀 더 생물학적 기초를 두고 있으므로(Hammen & Rudolph, 2003) 이 장에서 다루지 않을 것이다.

지속적으로 우울을 보인다. 예를 들면, 주요우울장애로 치료를 받은 아동 가운데 60%가 성인기에 적어도 한 차례의 주요우울장애를 보인다(Harrington, Fudge, Rutter, Pickles, & Hill, 1990). 우울은 우울한 개인에게 고통스러울 뿐만 아니라 사회적 비용 손실도 크다. 미국에서는 주요우울장애에 매년 430억 달러를 쓰고 있는데, 이는 생산성의 손실, 때이른 죽음, 치료 비용을 포함한다(Hirschfeld et al., 1997).

우울과 관련된 문제는 우울장애의 진단 기준을 충족시키는 문제보다 더 많다. 많은 아동 · 청소년이 상승된, 그러나 임상 기준보다는 낮은 수준의 내재화 증상을 보인다. 예를 들면, 중학생 가운데 10~15%가 중등도 내지 심각한 수준에 이르는 우울 증상을 보고한다(Nolen-Hoeksema, Girgus, & Seligman, 1986). 높은 수준의 우울 증상을 가진 아동은 우울장애 아동과 동일한 종류의 문제를 경험한다(Gotlib, Lewinsohn, & Seeley, 1995). 높은 수준의 우울 증상이나 우울장애를 겪고 있는 아동 · 청소년은 학업문제와 대인관계 문제를 보일 가능성이 높다. 흡연, 약물 사용, 자살 시도의 가능성도 있다(Covey, Glassman, & Stetner, 1998; Garrison, Addy, Jackson, McKeown, & Waller, 1991). 우울에 부수적인 심각한 문제에도 불구하고 청소년기에 우울은 실제보다 적게 탐지되고 치료된다. 즉, 임상적으로 우울한 청소년의 20~25%만이 치료를 받는다(Hirschfeld et al., 1997). 우울이 심각한 문제이고 우울을 경험하는 아동 · 청소년이 많다는 점을 고려할 때, 아동 · 청소년의 우울을 확인하고 치료하며 예방하는 것은 연구의 주요 영역이 된다.

우울 발병의 인지-행동 모형

발달정신병리학자는 우울이 생물학, 인지, 정서, 대인관계의 측면에서 나타나는 여러 위험요인의 복잡한 상호작용 때문에 발병한다는 이론을 제시했다(Sroufe & Rutter, 1984). 이 장에서는 주로 우울 발병에 관여하는 인지적 요인과 행동적 요인에 주목한다. 그러나 다른 체계도 중요하며, 다른 체계와 인지적 및 행동적 체계의 상호작용도 중요하다. 예를 들면, 부모와 싸우는 대인관계적 위험이 아동의 부정적 인지양식('모두가 다 내 잘못이야. 나는 나쁜 아이야.')이나 수줍음 또는 불안한 기질과 같은 생물학적 위험요인과 상호작용하여 우울을 일으킬 수 있다.

학습된 무력감 모형(learned helplessness model)은 우울에 관한 최초의 인지행동 모형 가운데 하나다(Seligman, 1975). Seligman은 통제할 수 없는 부정적 사건에 노출된 사람이 종종 이러한 경험을 과잉 일반화하여 실제로는 통제할 수 있는 다른 상황에서도 수동적이 되는 것을 관찰하였다. 이런 사람은 무감동, 식욕 감소, 절망, 기타 임상적 우울의 여러 증상을 보였다. 통제할 수 없는 부정적 사건을 경험함으로써 무력함에 대한 기대를 하는 것 같다. 즉, 이런 사람은 자신의 삶에서 벌어지는 미래의 부정적 사건을 통제할 수 없다고 믿는다. 또한 Seligman은 무력감을 견뎌 내는 사람도 있다는 것을 관찰했다. 그들은 통제할 수 없는 부정적 사건을 겪을 때조차 끈기 있게 버텨 내며 희망을 버리지 않았다. 이런 개인차를 설명하기 위해 다른 인지행동이론이 개발되었다.

최근의 인지행동이론은 일반적으로 한 사람이 자기 자신, 이 세상, 미래를 지나치게 부정적으로 보는 경향이 행동적 대처기술의 부족과 결합하여 그 사람을 우울과 불안의 위험에 처하게 한다고 주장한다(Beck, 1976). 반대로 현실적인 사고양식과 긍정적인 대처기술은 적응유연성을 증진시키고, 내재화 문제가 발생하지 않도록 아동을 보호할 수도 있다. 왜 몇몇 사람은 역경에도 불구하고 무력감과 우울을 보이는 반면에 다른 사람은 적응유연한지를 설명하기 위해 **재구성된 학습된 무력감 모형**(reformulated learned helplessness model)이 도입되었다. 이 이론에 의하면 사람은 시간이 경과함에 따라서 자신의 삶에서 벌어지는 일련의 사건을 설명하기 위한 인지양식을 발전시킨다. 비관적 설명양식을 발전시키는 사람은 부정적 사건을 내적, 안정적, 총체적 요인에 귀인하고 긍정적 사건은 외적, 불안정한, 특수한 요인에 귀인한다(Abramson, Seligman, & Teasdale, 1978). 예를 들면, 수학시험에서 낙제한 청소년이 비관적 설명양식을 가지고 있다면 '나는 멍청하다', '나는 수학을 잘할 수 없다' 고 생각할지도 모른다. 반대로 수학시험에서 성공하면 '시험이 쉬웠기 때문에' 라고 생각할지 모른다. 이런 귀인양식이 그 청소년을 무력하게 만든다(그 학생은 실패가 계속될 것이라고 기대하며 성적을 향상시키기 위해서 자신이 할 수 있는 게 아무것도 없다고 믿게 된다). 시간이 흐르면서 다수의 사건을 설명하기 위해 이런 종류의 비관적 해석양식을 사용하다 보면 무력감이 일반화될 수 있고, 그다음에는 수동성, 무망감, 절망감이 나타난다. 수많은 연구가 성인집단과 아동집단 모두에서 비관적 설명양식이 우울과 관련 있다는 것을 보고하였다(Gladstone & Kaslow, 1995; Robins & Hayes, 1995; Sweeney, Anderson, & Bailey, 1986).

또한 다른 인지양식과 문제해결의 결함이 우울의 발달에 관련된다. 예를 들면, Quiggle, Garber, Panak과 Dodge(1992)는 우울한 아동이 **적대적 귀인 편향**을 보인다는 것을 발견했다. 즉, 다른 사람의 행동이 실제로는 모호할지라도 우울한 아동은 다른 사람의 행동을 적대적으로 보는 경향이 있다. 이런 귀인 편향은 청소년기에 자주 나타나는 우울과 품행장애의 중복을 설명하는 데 유용하다(Rhode, Lewinsohn, & Seeley, 1991). 우울한 아동은 사회적 단서를 해석하는 어려움에 더하여 사회적 상황에 대처하고 감정을 조절하는 행동기술이 부족하다(Kaslow, Brown, & Mee, 1994). 예를 들면, Altmann과 Gotlib(1988)은 우울한 4, 5학년 아동이 우울하지 않은 급우에 비하여 혼자서 보내는 시간이 더 많고 학교운동장에서 또래와 부정적 상호작용을 하는 경우가 더 많다는 것을 발견하였다. 발달적으로 아동은 성숙하고 인지적으로 더 세련되면서 우울과 관련된 인지행동 요인이 더욱 중요해진다. 초기 아동기에는 우울의 발병이 비교적 드물고 압도적인 생활사건(예, 양육자 상실, 장기간의 부적절한 양육)에 대한 반응으로 나타나는 경우가 많다(예, Spitz, 1946; Bemporad, 1994). 아동이 성장하면서 우울은 더 자주 발병하고 사건에 대한 인지적 해석도 우울에 점점 더 많이 관여한다(Garber & Flynn, 1998; Garber, Quiggle, & Shanley, 1990). 아동기 중기가 되면 비관적 설명양식은 비교적 신뢰성 있게 측정될 수 있으며, 우울 증상과 관련된다(예, Blumberg & Izard, 1985; Nolen-Hoeksema, Girgus, & Seligman, 1992). 청소년기에 추상적 사고, 자의식, 미래가능성의 사고가 증가하면서 비관적 설명양식과 무기력한 기대가 증가하고, 더 나아가 우울 증상이 심각해진다. 청소년은 사춘기와 관련된 신체적 변화, 또래관계와 가족관계의 변화, 초등학교 졸업과 중학교 진학에 따른 학교구조의 변화 등 수많은 사회적 · 생물학적 전환에 직면한다(Eccles & Midgley, 1990; Peterson & Hamburg, 1986). 이런 사건은 종종 상당한 스트레스가 되며, 청소년이 적응유연한 대처전략과 문제해결 전략을 사용할 것을 요구한다. 견고한 문제해결 기술을 확실히 갖추지 못한 채 청소년기를 맞이하는 아동은 우울을 겪을 더 큰 위험에 처하게 된다.

아동 · 청소년 우울의 인지행동치료

우울과 불안의 인지행동치료는 **인지양식**과 **문제해결 기술**을 표적으로 한다. 내담자에게 부정적인 해석을 확인할 것을 요구하며, 부정적 해석을 지지하는 증거와 반대되는 증거를 생각해 보고, 대안으로 좀 더 현실적인 해석을 하도록 가르친다. 또한 종종 내담자는 이완기법, 주장하기 기법과 같은 특수한 대처기술과 문제해결 기술을 배운다(예, Beck, Rush, Shaw, & Emery, 1979).

일부 연구를 통해 인지행동치료가 성인기 우울에 효능이 있다는 것이 증명되었다(예, Elkin et al., 1989). 최근의 연구에 의하면 인지행동치료는 아동 · 청소년의 우울 치료에도 효과적이다(개관을 위해서는 Kaslow & Thompson, 1998; Reinecke, Ryan, & Dubois, 1997을 참조). 예를 들면, Lewinsohn과 동료들은 우울한 청소년의 부정적인 자동적 사고를 감소시키고, 긍정적 행동의 참여를 증가시키고, 행동적 대처기술과 대인관계 기술을 향상시키는 데 초점을 두는 인지행동 집단치료를 개발하였다(Lewinsohn, Clarke, Hops, & Andrews, 1990; Lewinsohn, Clarke, Rohde, Hops, & Seeley, 1996). 또한 그들은 인지행동 집단치료 프로그램에 부모훈련 프로그램을 보충적으로 병행하거나 병행하지 않은 경우의 효과성을 비교했는데, 두 가지 모두 대기자 통제집단에 비해 우울을 유의하게 감소시켰다. 이와 비슷한 인지행동치료가 아동의 불안장애 치료에도 성공적인 것으로 밝혀졌다(예, Flannery-Schroeder & Kendall, 2000; Kendall, 1994; Muris, Meesters, & van Melick, 2002).

우울의 인지행동적 예방

인지행동 기법이 우울의 치료뿐만 아니라 예방에도 효과적이라는 증거가 누적되고 있다. 예를 들면, 인지행동치료를 받은 성인은 약물치료를 받은 성인에 비해 우울의 재발이 적었다(Shea et al., 1990). 추가로 몇 가지 인지행동 개입이 성인과 아동의 우울 증상이나 우울성 장애를 예방할 수 있을 거라는 희망도 있다(Gillham, Shatté, & Freres, 2000). Clarke와 동료들이 개발한 개입이 지금까지의 여러 개입

중에서 최상의 결과를 보였다(Clarke et al., 1995). 이 예방 프로그램은 우울 증상 수준이 높지만 임상 수준에는 미치지 못하는 13~18세 청소년을 대상으로 한 것인데, 이 개입에 참여한 청소년은 통제집단에 비해 우울장애를 발전시킬 가능성이 유의하게 낮았다(Clarke et al., 1995, 2001).

펜 적응유연성 프로그램

펜 적응유연성 프로그램(Penn Resiliency Program: PRP)은 우리 연구진이 어린 청소년을 위해 개발한 인지행동 개입이다. PRP는 총 12회기로 구성되며 매 회기 90분씩 진행되는 프로그램이다. 개입 전달에 관한 훈련과 슈퍼비전을 받은 학교 상담자와 교사가 진행한다. 성인용 인지행동치료(Beck, 1976; Beck et al., 1979; Ellis, 1962)와 수많은 다른 개입 프로그램 안에 포함된 여러 기법을 각색하여 사용했다. 우리는 학생이 부모의 상실이나 이혼과 같은 중대한 좌절에서 회복하도록 도울 뿐만 아니라 문제해결을 향상시키는 기술을 사용하고 일상생활의 스트레스를 침착하게 다루어 나갈 능력을 키우도록 도울 것을 강조한다. 이 절에서는 적응유연성을 증진시키고 불안과 우울을 예방하는 데 특히 중요한 PRP에 포함된 몇 가지 기법에 대해 기술한다.

우리 연구에 기초하여 그리고 더 넓게는 적응유연성 문헌에 기초하여, 우리는 전반적으로 적응유연성을 증가시키는 것처럼 보이는 개인 내 요인 또는 능력 일곱 가지를 확인했다(이 요인 전부에 대한 설명은 Reivich & Shatté, 2002 참조). 〈표 14-1〉은 PRP 기술이 그 일곱 가지 능력 각각에 어떤 영향을 미치는지를 보여 준다. 일곱 가지 능력을 간략하게 소개하면 다음과 같다. (1) **정서 조절**(그렇게 하는 것이 적절한 때 정서를 확인, 명명, 표현, 조절할 수 있는 능력), (2) **충동 통제**(주어진 상황이나 장기적 목표 달성에 도움이 되지 않는 충동을 확인하고 저항할 수 있는 능력), (3) **인과 분석**(문제의 여러 정확한 원인을 확인할 수 있는 능력), (4) **현실적 낙관성**(현실의 경계 안에서 가능한 낙관적으로 생각하기), (5) **자기효능감**(그 상황에 잘 들어맞는 대처 기술과 문제해결 기술을 확인하고 시행할 수 있는 자신의 능력에 대한 확신), (6) **공감**(다른 사람의 정서적 상태를 정확하게 확인하고 관계를 이룰 수 있는 능력), (7) **관계 추구**(어려운 시기를 거치면서 타인과의 관계를 더욱 깊게 하고 지지를 얻기 위하여 타인과 함께 있는 것을 편안해하고 기꺼이 관계를 맺으려 함)다.

PRP는 Albert Ellis(1962)가 발전시킨 **ABC 모형**에 기초한다. ABC 모형은 동일한 사건이라도 서로 다른 사람은 그 사건에 대하여 각자 독특한 신념을 갖기 때문에 그 사건에 대하여 다르게 느끼고 반응한다고 가정한다. Ellis의 모형에서 A는 촉발사건(activating event)을 의미한다. A는 우리가 경험하는 결과(consequences: C, 정서와 행동)의 직접적 원인이 아니다. Ellis에 의하면, 사건에 대한 우리의 생각과 신념(belief: B)은 사건이 우리의 행동과 정서에 미치는 효과를 매개한다. 프로그램을 통해 청소년에게 자신의 생각과 정서 · 행동의 관계를 확인하는 방법을 가르치면, 이러한 과정에서 청소년은 자신의 신념체계가 전적으로 정확하지 않을 수 있다는 것을 이해한다. ABC 연습은 부적응적 정서 반응을 일으키는 신념을 변화시키는 첫걸음이므로 불안과 우울로 고생하는 아동과 청소년에게 특히 중요하다. 일반적으로 ABC 모형은 정서 조절의 핵심 요소인 정서 인식을 갖는 데 도움이 된다. 청소년이 정서 인식의 기술을 사용함으로써 자신의 정서적 반응을 확인하고, 여러 정서를 구분하고, 자신이 느끼는 정서의 강도를 평가하는 연습을 하기 때문이다. 또한 이 기술은 다양한 일상적인 스트레스원과 역경에서 다른 사람이 경험하는 정서를 예측하고 확인하며 명명하는 법을 배우게 해서 청소년의 공감을 증진시키는 데 유용하다.

먼저 세 컷으로 이루어진 만화를 가지고 ABC 모형을 가르친다. 몇 가지 예를 들어 역경과 정서적 결과를 제시하고, 학생은 ABC 논리에 맞는 신념을 생각 풍선에 적어 넣는다. 다른 예에서는 역경과 주인공의 신념을 제시하고, 학생은 그 신념이 만들어 낼 것 같은 정서적 반응을 확인한다. 예를 들면, 어떤 만화에서 첫 번째 컷은 코치가 한 소년에게 소리를 지르는 장면을 묘사한다. 세 번째 컷은 그 소

〈표 14-1〉 PRP 기술과 적응유연성 능력

기 술	적응유연성 능력
ABC	정서 조절과 공감
설명양식	현실적 낙관성과 인과 분석
자기 논박	자기효능감
균형 잡힌 시각으로 보기	현실적 낙관성과 자기효능감
목표 설정	충동 통제
주도성과 타협	관계 추구
의사결정	자기효능감, 충동 통제, 공감

년이 매우 슬픈 감정을 느끼는 장면을 묘사한다. 학생은 그 소년이 어떤 감정을 느끼고 있는지, 그런 감정을 느끼게 하는 어떤 독백을 하는지를 제안해야 한다(예, '나는 절대로 제대로 하지 못해.' 또는 '나는 스포츠에서 아무 쓸모가 없어.'). 학생이 만화 연습지에 B와 C를 정확하게 연결 지을 수 있은 후에는 현재 문제 상황에서 자신의 독백을 확인하고 독백이 생성하는 정서와 행동을 확인하는 연습을 한다. 우리는 청소년의 B가 내면의 라디오 방송국('당신, 바로 당신만을 위해 공연하는 방송국 24/7')과 같다고 생각하는 것이 청소년 본인에게 도움이 된다는 것을 발견하였다. 특히 역경이나 스트레스를 겪는 동안에 청소년이 자신에게 말하는 것을 들을 수 있게 충분히 큰 소리를 낼 수 있도록 라디오 방송국의 볼륨을 올리라고 한다. 그렇게 함으로써 청소년은 자신의 신념이 기분과 행동에 미치는 효과뿐만 아니라 자신의 신념을 더 잘 인식하게 된다. 우리는 부정적 정서가 '나쁜' 것이 아님을 강조한다. 대신 진화론적 관점에서 부정적 정서가 건강한 삶의 한 부분이고 중요한 기능을 한다고 본다. 청소년이 어떤 정서를 지나치게 경험하는 경향이 있는지를 생각하도록 지도하며, 어떤 정서를 다른 정서보다 더 자주 경험하도록 유도하는 사고방식이 무엇인지를 확인하도록 지도한다.

ABC 기술은 특정 선행 사건 동안에 한 사람이 갖는 사고나 신념을 일견하게 한다. 이것이 유용하기는 하지만, 청소년이 자신의 삶에서 발생하는 사건에 관한 자신의 사고방식을 인식하기 시작하는 것이 중요하다. 우리가 하는 자동적 사고는 우리 자신이 지닌 정보처리 양식(또는 도식)의 영향을 받는데, 정보처리 양식(또는 도식)이 어떤 사건이든지 그 사건에 대한 우리 자신의 반응을 어느 정도는 결정한다는 것이 잘 증명되어 왔다. 우리의 목적은 청소년이 자신에게 생산적이지 않은 사고방식과 정서를 알아차리도록 돕는 데 있다. 어떤 한 중학교 1학년 남학생이 말했다. "나는 내가 얼마나 당혹스러움을 느끼는지에 대해 실제로 생각해 본 적이 없어요. 나는 아마도 모든 아동이 항상 당혹스러움을 느낀다고 생각해 왔지요. 이런 식으로 너무 많이 느낄 필요가 없을지도 모른다는 것을 이제 나는 알아차리기 시작했어요. 다른 아동이 나에 대해서 신경조차 쓰지 않을 때에도 다른 아동이 나에 대해 생각하는 것에 대해 내가 너무 많이 걱정하고 있는 것 같아요!"

양식 또는 도식의 한 예로 **설명양식**을 들 수 있는데, 이는 우리가 자신의 삶에서 경험하는 여러 사건을 설명하는 습관적이고 반성적인 방식을 말한다(Abramson et al., 1978). 청소년이 ('나 대 나 아닌' '항상 대 항상은 아닌' '모든 것 대 모든 것은 아닌' 의 용어를 사용하면서) 자신의 설명양식을 확인하도록 가르친다. 가장 중요한 것은 자신의 신념이 정확한지에 대한 의문을 제기하도록 가르치는 데 있다. 비록 비관적 설명이 무력감, 우울, 불안을 유발하는 경향이 있지만, 우리의 목표는 학생이 직면해 있는 문제의 원인과 결과에 관해 정확하게 생각하는 방식을 가르치는 데 있지 비관적 양식을 낙관적 양식으로 바꾸는 데 있지는 않다. 재귀인 훈련(reattribution training)은 구체적으로 현실적 낙관성과 인과적 분석을 표적으로 한다. 우리의 목표는 부정적 생각을 '행복한 생각' 으로 단순히 대체하는 대신, 문제의 다양한 여러 원인에 대해서 좀 더 융통성 있게 생각하도록 돕는 것이다. 사실상 우리와 함께 작업했던 청소년 가운데 일부는 지나치게 낙관적인 설명양식을 가지고 있었다. 그들은 자신의 문제에 대해 항상 다른 사람 탓을 했고, 자신이 좋아하지 않는 상황의 어떤 측면이든지 변화시킬 수 있는 완벽한 통제력을 스스로 가지고 있다고 믿고 있었다. 우리는 이렇게 매우 낙관적인 견해가 적응유연성과 문제해결을 강화하기보다는 실제로 어떻게 방해하는지를 청소년이 이해하도록 도왔다.

좀 더 정확한 신념을 만들어 내는 기술을 **자기 논박**(self-disputing)이라고 부른다. 청소년은 어떤 사건의 원인을 이해하는 여러 방식을 생성하는 설명양식의 세 가지 차원을 사용하도록 지도를 받는다. 본질적으로 우리는 청소년으로 하여금 자신의 설명양식이 그 자신을 가둔 '상자에서 나와서 생각하도록' 돕는다. 예를 들어, 청소년이 지나치게 내적인 경향이 있다면 다른 사람이나 상황이 그 문제에 어떻게 기여했는지에 관한 그럴듯한 설명을 하도록 격려한다. 비슷하게 문제의 원인이 전적으로 변화 불가능하다고 믿는 설명양식을 가지고 있다면 변화 가능하고 통제 가능하며 일시적인 원인에 초점을 두는 설명에 관해 생각해 보도록 격려한다. 청소년은 대안을 생성하는 과정에서 자신의 설명양식에 관해 알고 있는 것을 사용하는 것이 상당히 중요하다는 것을 발견했다. 자신이 정해진 패턴에 따라서 사건의 원인을 설명한다는 것을 인식하지 못할 때, 청소년이 생성한 여러 대안은 포괄적이기보다 자신의 패턴 안에 포함되어 제한적인 경향이 있다. 매우 외적인 경향이 있는 한 청소년은 '부모가 너무 엄격하기 때문에 부모와 싸운다.' 는 신념에 대한 네 가지의 대안을 만들어 낼 수 있지만, 각 대안(예, '부모가 구식이다.' '부모가 나를 이해하지 못한다.' '부모가 지나치게 통제를 한다.' 등)은 애초에 그가 가지고 있던 신념과 마찬가지로 외적이다. 이런 과정이 청소년의 양식을 확장하기보다 적지 않게 강화한다는 문제가 도사리고 있다.

여러 대안적인 신념을 생각한 후에 어떤 신념이 가장 정확한지를 결정하기 위하여, 그리고 상황에 대한 새롭고 풍부한 이해를 통해 얻을 수 있는 해결방안을 확인하기 위하여 학생은 어떻게 증거를 사용하는지를 배운다. 우리는 무망감과 우울에 연료를 공급하는 부정적 신념을 극복하기 위한 강력한 도구가 자기 논박이라는 것을 발견했다. 학생이 좀 더 효과적으로 문제를 해결할 수 있게 도와주는 기술을 배웠기 때문에 자기 논박의 과정을 통해 자기효능감이 증가할 수 있다. 우리는 프로그램 참여자에게 자주 다음과 같이 말한다. "당신이 문제의 원인을 파악할 때까지는 문제를 해결할 수 없습니다."

또한 PRP는 **균형 잡힌 시각으로 보기**(putting it in perspective) 기술을 가르치는데, 이는 신념이 선행 사건의 결과에 관한 것일 때 사용될 수 있다. 이것은 '다음에 오는 것(what next)'에 관한 신념이라고 불린다. 프로그램을 실시하다가 이 지점에 이르면 문제의 원인에 관한 신념보다는 미래에 관한 신념에 초점을 두기 시작한다. 자기 논박과 마찬가지로, 균형 잡힌 시각으로 보기는 학생이 현실적 낙관성을 더 많이 가지고 미래를 바라보도록 돕고 예상되는 부정적 사건을 다루기 위한 자기효능감을 증가시킨다. 이 기술은 우울과 불안의 위험에 처해 있는 아동·청소년에게 특히 도움이 된다. 왜냐하면 ABC를 통해 예측할 수 있듯이, 파국화(catastrophizing)는 미래에 끔찍한 일이 생길 것 같다는 비현실적 신념의 결과이기 때문이다. 쉽게 불안에 빠지는 청소년은 작은 문제도 극복할 수 없는 것처럼 보고 무시무시한 결과가 생길까 봐 두려워한다. 균형 잡힌 시각으로 보기를 통해 청소년은 역경의 결과에 관한 최악의 생각을 확인하고 나열한다. 이러한 생각을 머리 밖으로 끌어내어 종이 위에 적어 봄으로써 청소년은 자신의 신념과 거리를 두기 시작하고 두려운 사건의 가능성을 생각해 보기 시작한다. 이런 생각은 그 심각성이 점점 더 커지는 경향이 있다. 예를 들면, 학교 댄스파티에 초대받지 못한 한 학생에 관해 상상해 보자. '만일 내가 댄스파티에 가자는 요청을 받지 못한다면 모든 사람이 내 등 뒤에서 수군거릴 거야. 만일 그들 모두가 나에 관해 수군거린다면 나는 학교의 웃음거리가 될 거고, 모든 사람이 나를 놀려댈 거야. 그런 일이 생기면 접어 두고 잊을 수 없으니까 전학을 가야 하겠지. 만일 전학을 간다면 그 학교에서 나는 낯선 아이가 될 거고, 그래서 그 학교에서도 따돌림을 당할 거야!' 댄스파티에 가자는 요청을 받지 못한 것과 여러 학교에서 사회적 배척아가

되는 것의 인과관계는 극히 약하지만 각각의 관계가 연결되는 것은 좀 더 가능성이 크다. 특히 불안한 청소년의 경우에는 더욱 그렇다.

우리는 파국화의 과정을 중단시키기 위하여 아동이 애초의 역경(댄스에 가자는 요청을 받지 못한 것)만 발생했다는 조건에서 각 관계의 확률을 추정하도록 가르쳐 끔찍한 환상에서 빠져 나오도록 지도한다. 그다음 참여자에게 가능성이 없는 최상의 시나리오(예, '가장 인기 있는 남학생이 보낸 댄스파티 초대장을 우체부가 실수로 배달하지 못했다고 모든 사람이 생각할 것이다.')를 만들게 한다. 이 단계는 중요한데, 매우 어이없는 최상의 시나리오가 파국적 사고 때문에 생긴 충격을 밀쳐내도록 돕고 불안을 낮추며 긍정적 정서를 증가시키는 경향이 있기 때문이다. 그다음 단계는 가장 가능성 있는 결과에 도달하기 위하여 최악의 시나리오와 최상의 시나리오를 고정된 양끝으로 사용하는 것이다. 일단 대상 청소년이 가장 가능성 있는 결과를 확인하면, 그 결과를 다루기 위한 계획을 개발하도록 가르친다. 균형 잡힌 시각으로 보기 기술은 청소년의 불안을 감소시킬 뿐만 아니라 그들이 직면하고 있는 문제의 현실적인 결과를 다루는 전략을 개발하도록 돕는다. 그래서 낙관성과 자기효능감이 증가한다.

또한 PRP에서 우리는 **목표 설정**을 가르친다. 이 기술은 모든 청소년, 특히 자신의 미래에 대하여 비관적이거나 희망이 없는 청소년에게 중요하다. 도달할 수 있는 목표를 설정하고 그 목표에 도달하는 계획을 설정하는 방법을 배우는 청소년은 적응유연성을 죽이는 충동성과 싸우는 가치 있는 체계를 발전시킨다. PRP에서 우리는 현실적인 목표의 설정을 가르치고, 큰 계획을 실행 가능한 몇 개의 단계로 나누어서 그 큰 계획을 더 잘 관리할 수 있도록 만드는 '한 번에 한 단계' 기법을 가르친다. 또한 우리는 지연행동이나 충동성에 불을 지필 수 있는 신념이 무엇인지, 그리고 계획에서 이탈하게 만드는 신념이 무엇인지를 대상 청소년이 확인하도록 돕고, 이런 신념의 정확성과 유용성을 검증하기 위하여 자기 논박의 기술을 적용한다.

더불어 PRP는 **주장훈련**과 **협상훈련**을 포함한다. 특히 주장기술은 청소년이 자신의 관심과 요구를 유지하면서 다른 사람에게 접근하는 것에 대해 보다 희망적으로 느끼도록 도와준다. 적응유연성의 관점에서 주장성은 다른 사람이 청소년의 요구를 들어줄 가능성을 극대화하는 방식으로 다른 사람과 관계를 맺도록 도와서 외부 도움을 얻도록 한다. 우울한 청소년은 상황이 향상될 수 있는 가능성을 자주 과소평가하기 때문에 대인관계 문제에 수동적으로 반응하는 경향이 있다. PRP에서 우리는 먼저 수동성에 불을 지피는 신념(예, '그녀는 어쨌든 내 말을 귀 기울여 듣지 않을 거야.' 또는 '만일 그만두라고 말한다면 그녀는 나를 잔소리꾼으로 생각할 거야.')에 자기 논박과 균형 잡힌 시각으로 보기 기술을 적용한다. 다른 청소년은 종종 공격성에 불을 지피는 신념(예, '존경을 받는 유일한 방법은 강해지는 거야.' 또는 '내가 원하는 것을 얻기 위해서 싸우지 않는다면 아무도 내 말을 들으려 하지 않을 거야.')을 가지고 있다. 청소년이 수동적인 상호작용 방식에 의존하든 공격적인 상호작용 방식에 의존하든 관계없이, 우리의 목표는 그들로 하여금 그 전략이 얼마나 잘 작용하는지를 평가하도록 돕고 비생산적인 행동을 일으킬 수 있는 신념에 도전하도록 돕는 데 있다. 주장하기와 도움 요청하기는 역경과 외상을 다루는 데 도움이 되는 가치 있는 대처전략임이 분명하다.

비주장적인 행동을 일으키는 신념에 대해 도전장을 내도록 가르친 이후에는 주장성의 4단계 접근을 가르친다. 특히 무망감을 갖는 청소년은 이러한 기술을 배우기가 어렵기 때문에 우리는 많은 회기에 주장하기 연습을 포함시킨다. 처음에는 많은 청소년이 주장하기 연습을 꺼리지만, 연습의 횟수가 늘면서 주장성이 이 프로그램에서 배운 가장 유용하고 강력한 기술 가운데 하나임을 알게 된다. 청소년이 처음에는 꺼린다는 것을 고려할 때, 주장하기 기술을 시도하는 것에 대한 신념을 계속해서 찾아보고 이 프로그램의 기본적인 인지적 기술을 비관적인 신념에 도전할 때 사용하도록 돕는 것이 중요하다.

또한 우리는 **의사결정**과 **창의적 문제해결**을 PRP 기술의 한 부분으로 가르친다. 두 가지 기술 모두 학생의 자기효능감, 낙관성, 충동 통제, 공감을 증가시키는 작용을 한다. 주장성과 '한 번에 한 단계'와 더불어, 우리의 우선적 목표는 생산적이지 못하고 적응유연하지 않은 결정이나 해결책으로 향하게 하는 신념을 확인하는 데 있다. 일단 학생이 그런 신념의 정확성과 유용성을 평가할 수 있게 되면, 의사결정 모형과 문제해결 모형을 학생에게 제시한다. 학생이 의사결정과 문제해결에서 충동적으로 반응하지 않도록 그 과정을 천천히 거쳐 나가는 것이 중요하다. 학생이 자신의 목표를 확인하고 상황에 관한 정보를 수집하도록 지도하며, 목표에 달성하기 위한 가능한 길을 찾아 만들어 내도록 함께 작업한다. 또한 시간 조망(단기 대 장기)과 자기-타인 조망(이것이 나에게 어떤 영향을 미칠 것인가? 이것이 그 상황에 있는 다른 사람에게 어떤 영향을 미칠 것인가?)에서 잠정적인 결정 각각의 장단점을 생각해 보도록 돕는다. 자신의 결정과 해결전략이 다른 사람에게 영향을 미칠 수 있다는 데 초점을 두어, 학생이 그 상황과 관련된 다른 사람에게 공감을 할 수 있도록 돕는다. 어렵고 복잡한 상황을 다루는 능력에는 차이가 있다는 것을 보기 시작하면서부터 확신, 미래에 대한 희망, 자신의 행동에 대한 통제감이 증가한다.

펜 적응유연성 프로그램에 관해 밝혀진 것

우리가 PRP에 관한 초기 연구를 수행할 때, 우울이나 가족갈등 또는 둘 다를 평균보다 더 많이 보고한 학생을 위한 우울 예방 프로그램으로 PRP가 효과적인지를 평가했다. 프로그램에 참여했던 학생을 매칭된 통제집단과 비교한 결과, 개입을 통해 설명양식이 향상되었고 그 효과가 개입 이후 3년간 지속되었다. 또한 개입에 참여했던 집단은 추수검사가 이루어진 2년 동안 통제집단보다 더 낮은 수준의 우울 증상을 보고했으며 중간 수준 내지 심각한 수준에 이르는 우울 증상을 덜 보였다(Gillham, Reivich, Jaycox, & Seligman, 1995; Gillham & Reivich, 1999). Yu와 Seligman(2002)은 중국의 학령기 아동을 대상으로 6개월 추수검사를 통해 이와 같은 결과를 반복하였다. Roberts, Kane, Thompson, Bishop과 Hart(2003)는 우울 증상의 수준이 높은 호주 농촌 아동(11~13세)을 대상으로 이 결과가 반복되는지를 검증하였다. 이 연구에서 PRP는 표준적인 건강 커리큘럼에 비해 불안 증상을 유의하게 감소시켰지만 우울 증상을 유의하게 감소시키지는 못했다. 우리는 고위험 참여자를 위한 하나의 개입으로 PRP가 효과적인지에 대한 평가를 계속하고 있다. 또한 PRP가 **보편적 개입**(universal intervention)으로도 효과적인지를 평가하기 시작했다. 여기서 보편적 개입이란 위험 수준에 관계없이 모든 학생에게 제공되는 개입을 말한다. 이는 PRP에 포함된 인지기술과 문제해결 기술이 보다 일반적으로 적응유연성을 증가시키는 데 중요하며 대부분의 아동에게 이로울 것이라는 믿음에 기초한다. 비록 항상 일관성 있는 결과가 발표되지는 않았지만, PRP 개입이 (초기 증상의 수준이 높은 아동뿐만 아니라) 낮은 수준의 우울 증상을 가진 아동이 심각한 우울 증상으로 발전하지 않도록 예방한다는 것이 발견되었다(Gillham et al., 1995). 예를 들면, Cardemil, Reivich와 Seligman(2002)은 PRP를 도시 학생을 위한 보편적 프로그램으로 실시했는데, 도시에 사는 라틴계 학생 표집의 PRP 참여자는 통제집단보다 개입 이후에 증상을 적게 보고했다. 그러나 도시에 사는 아프리카계 미국인 표집에서는 개입집단과 통제집단 간에 유의한 차이 없이 두 집단 모두에서 우울 증상이 극적으로 감소했다. Pattison과 Lynd-Stevenson(2001)은 호주 농촌에 사는 아동을 위한 보편적 개입으로 PRP를 실시했는데, PRP 개입을 받은 집단의 우울이나 불안이 통제집단에 비하여 유의하게 감소하지 않았다. 그러나 이 연구의 표집이 매우 작았기 때문에 개입 효과를 발견할 가능성이 제한적으로 보인다. 현재 연구진은 PRP를 실시하고 그 효과성을 증진시키는 과정 중에 있다.

적응유연성 훈련에 부모를 포함시키기

PRP를 향상시키는 방법 중 하나는 개입에 부모를 포함시키는 것이다. 아동 · 청소년의 우울은 개입에 부모를 포함시킬 때 가장 잘 예방될 수 있다. 우울한 부모의 자녀는 그 자신이 우울의 문제를 가질 높은 위험에 처해 있다(Downey & Coyne, 1990). 부모의 우울과 자녀의 우울 간 연관성은 부모의 우울과 동시에 발생하거나 부모의 우울 때문에 초래되는 경향이 있지만, 우울하지 않은 부모에게도 발생하는 몇 가지 요인에 기인하는 것처럼 보인다. 우울한 부모는 자녀와 긍정적인 상호작용을 덜 한다(Field, 1984). 우울한 부모는 부정적인 해석양식과 수동적 또는 부적응적 대처기술을 보이고 또 그것을 자녀에게 모델링할 가능성이 있다. 부모가 자신의 삶에서 발생한 사건에 대해 비관적인 설명을 할 때, 자녀는 본인의 문제에 대처할 때 부모와 같은 양식의 해석 패턴을 택할 수 있다. 이런 아동은 부정적 사건이 오래 지속될 것이며 극복하기가 어렵거나 불가능할 것이라고 기대할지도 모른다. 부모가 자녀와 관련된 사건에 대해 비관적인 설명을 할 때(예, "네가 게으르기 때문에 시험을 잘 못 본 거야." 또는 "네가 게으르기 때문에 시험에 떨어진 거야."), 자녀는 그 설명을 내면화하고 앞으로의 역경을 그와 비슷한 시각으로 해석할 가능성이 있다. Garber와 Flynn(2001)은 아동의 설명양식이 부모의 설명양식, 특히 자녀와 관련된 사건에 대한 부모의 설명양식과 상관을 이룬다는 것을 발견했다.

따라서 **부모 대상 펜 적응유연성 프로그램**(Penn Resiliency Program for Parents:

PRP-P)은 다음의 두 가지 주요 목표를 위해 설계되었다. (1) (성인용으로 개작된) PRP의 핵심 기술을 부모에게 가르쳐서 부모의 전반적인 적응유연성을 증가시키고자 한다. (2) 자녀에게 기술을 효과적으로 모델링하는 방법과 PRP에서 가르치는 기술을 자녀에게 코칭하는 방법을 부모에게 가르치고자 한다. PRP-P는 회기당 90분씩 총 6회기로 진행되며, 연구진 중에서 선임 연구원이 실시하는 30시간 훈련을 통해 자격을 인정받은 학교심리사, 학교상담사, 사회사업가가 학교에서 진행한다.

여섯 회기는 두 가지 요소로 구성된다. 첫 번째 요소는 핵심 요소로 부모가 자신의 삶에서 기술을 사용하는 방법을 배우는 데 초점을 둔다. 부모는 전문적인 이슈에서 시작해서 부부문제나 부모가 직면한 특수한 문제에 이르기까지 다양한 역경을 우울의 위험에 처한 자녀와 함께 토론한다. 두 번째 요소는 자녀에게 기술을 모델링하고 코칭하는 방법을 다루는 것이다. 여기서 우리는 부모가 '가르칠 수 있는 순간' 을 알아차리도록 돕고, 청소년 자녀에게 강요하지 않으면서도 적절한 방식으로 자녀와 함께 기술을 연습하기 편해지도록 돕는 데 초점을 둔다.

PRP-P의 전반부 다섯 회기는 ABC(사고와 감정/행동의 관계), 자기 논박(부정확한 신념에 도전하기), 균형 잡힌 시각으로 보기(파괴적 신념에 도전하기), 실제 적응유연성(생산적이지 못한 신념을 실시간에 논박하기), 주장성 등 핵심적인 인지적 적응유연성 기술을 가르치는 데 할애한다. 마지막 회기에는 배운 기술을 검토하고, 가족 맥락 안에서 기술을 효과적으로 증진시키는 방법을 강화하고, 다가올 스트레스원을 확인하고 그것을 다루는 데 사용할 수 있는 기술을 확인하는 것에 집중한다.

우리는 부모와 청소년 대상 PRP 개입을 통합한 프로그램으로 소규모 예비연구를 실시했다. 중학생 44명과 그들의 부모를 개입조건과 통제조건에 무선으로 배정했다. 개입조건에 배정된 학생은 청소년 대상 펜 적응유연성 프로그램(Penn Resiliency Program for Adolescents)에 참여했고, 부모는 부모 대상 펜 적응유연성 프로그램(PRP-P)에 참여했다. 1년의 추수조사를 실시한 결과, 부모와 청소년 대상 프로그램을 조합한 조건이 우울과 불안 증상을 예방한 것으로 나타났다. 특히 불안에 관련된 결과가 더 강력했는데, 통제집단이 개입에 참여한 집단보다 중간 수준 내지 심각한 수준에 이르는 불안을 거의 5배나 더 많이 보고했다(Gillham, Reivich, Freres, Shatté, & Seligman, 2003). 이런 결과가 희망적으로 보이기는 하지만, 표집 크기가 매우 작은 예비연구였기 때문에 결과를 해석하는 데 특별히 조심해야 한다. 현재 연구진은 PRP에 추가된 요소인 PRP-P에 대한 대규모 평가를 수행하고 있는 중이다.

소수의 다른 프로그램만이 자녀양육에 관한 요소를 포함하고 우울이나 불안을 예방하려고 시도해 왔다는 점은 놀랄 만하다. 다른 프로그램의 효과 또한 긍정적이다. Beardslee와 그 동료(1997)는 부모 중 한 사람이 또는 두 사람 모두가 단극성 우울이나 양극성 우울을 겪고 있는 가족을 위한 개입을 개발했다. 이 개입의 주요 목적은 우울의 효과를 부모가 잘 이해하도록 교육시키고, 가족의 의사소통을 향상시키며, 자녀가 부모의 증상과 행동에 대해 자기 탓을 하지 않도록 돕는 데 있다. Beardslee와 동료는 가족 개입 참여자가 강의 개입 참여자에 비하여 가족 간 의사소통에서 향상되었다는 결과를 보고했다. 가족 개입에 참여한 아동은 부모의 우울을 더 많이 이해했고 전반적인 기능 수준이 더 높았다. 또 가족 개입에 참여한 아동은 강의 개입에 참여한 아동에 비해 우울 증상을 보일 가능성이 낮았다. 그러나 이 차이는 통계적으로 유의하지 않았다. 이에 더하여 Dadds와 동료(1997)도 부모요소를 포함한 인지행동적 학교 기반 개입이 아동과 청소년의 불안을 예방하는 데 효과적임을 발견했다.

논의, 한계 및 향후 방향

더욱 강력한 개입의 개발

우울과 불안을 예방하고 치료하는 심리 개입에 관한 연구를 통해 유망한 개입 몇 가지를 발견할 수 있었다. 그러나 개입 성공률은 종종 이상적인 수준에 미치지 못했다. 많은 참여자에게 효과적이기는 하지만, 인지행동치료에 참여했던 상당수의 사람이 유의한 향상을 보이지는 못했다. 예를 들면, 우울 치료에 관한 대규모 연구에서 인지행동치료를 받은 우울한 성인의 65%가 증상의 완전한 호전을 보였으나 35%는 개입이 종료된 후에도 여전히 꽤 높은 수준의 우울을 겪었다(Elkin et al., 1989). 비슷하게 적응유연성 증진 프로그램의 노력에도 불구하고 예방 프로그램에 참여했던 일부 사람은 임상적인 우울이나 불안을 겪었다. 후속 연구에서는 개입을 강화하고 개입이 더 많은 사람에게 효과적이 되도록 하는 일에 매진해야 할 것이다.

개입의 효과를 증강시킬 수 있는 한 가지 방법은 청소년이 살고 있는 세상의 여러 다른 부분을 개입의 표적으로 통합하는 일이다. 역사적으로 볼 때, 심리치료는 개별 아동이나 청소년에게 집중해 왔다. 그러나 아동의 삶은 가족과 학교, 또래 그리고 이웃 체계 안에 내포되어 있다(Bronfenbrenner, 1986). 그러므로 적응유연성이 가족체계와 더 큰 지역사회 안에서 어떻게 발달하는지를 이해하는 것이 중요하다. PRP 개입에 관해 초기에 발견된 결과를 보면 청소년 집단에 추가하여 부모에게 개입을 제공하는 것이 개입의 효과성을 증가시키는 데 효과적인 방법이 될 수 있을 것이라는 시사점을 얻을 수 있다. 또한 더욱 긍정적인 관계를 형성하고 지역사회 전체에 더 큰 희망을 조성할 목적으로 활용되고 있는 이웃 프로그램이나 학교 전체 프로그램을 통해서 더 큰 지역사회로 여러 개입을 통합하는 노력이 기울여질 수 있다.

보편적 개입과 표적 개입

예방 문헌에서 논쟁이 되었던 이슈 가운데 하나는 표적 개입(targeted interventions)과 보편적 개입의 실현가능성 및 효과성에 관한 것이다. Clarke와 동료들(1995)의 예방 프로그램이나 앞에서 논의한 우리의 PRP에 대한 초기 평가와 마찬가지로, **표적 개입**은 위험에 처한 참여자(예, 증상 수준이 높은 참여자)에게 제공된다. 대조적으로 **보편적 개입**은 위험에 무관하게 전체 집단에게 폭넓게 실시된다. 일반적으로 평균적인 참여자에게 나타나는 효과는 보편적 개입보다 표적 개입에서 더 크다. 표적 개입 참여자가 장애나 문제를 발전시킬 가능성이 더 커서 각 개인에게 변화의 여지가 더 많기 때문이다. 그러나 평균적 참여자에게 작은 효과를 주는 보편적 개입이 사회 전체의 측면에서는 더 큰 효과를 가질 수 있다(Offord, 1996).

지난 10년 동안 PRP와 같은 인지행동 개입이 보편적 개입으로 적용될 수 있다는 믿음이 있어 왔다. 이런 변화는 펜 예방 프로그램(Penn Prevention Program)에서 펜 적응유연성 프로그램(Penn Resiliency Program)으로 그 명칭을 변경한 것에도 반영된다. 모든 아동과 청소년은 그들의 삶 속에서 도전에 맞닥뜨리고 여러 가지 스트레스성 사건을 만난다. PRP와 우리 프로그램에서 다루어지는 대부분의 기술은 아동이 만나는 심각한 사건뿐만 아니라 일상적인 도전적 문제에 대응하는 데도 유용하다. 이런 인지행동 기술(예, 문제에 대하여 현실적으로 생각하기, 조망 수용하기, 하나의 문제에 대한 다양한 해결책을 고려하기, 의사결정할 때 결과를 고려하기)은 적응유연성 문헌(예, Brooks & Goldstein, 2002)에서 논의된 유능성(competence)과 중복된다. 이 기술 가운데 일부는 우울, 약물남용, 기타 부적응 행동을 감소시키거나 예방할 목적으로 설계된 문제해결 프로그램에서도 가르치는 기술이다(Caplan et al., 1992). 이런 기술을 통합하는 개입은 대부분의 학생에게 적절하게 관련되어야 하며, 다양한 긍정적인 결과와 부정적인 결과에 효과를 미칠 수 있어야 한다. 이런 광범위한 개입의 개발과 평가는 미래에 아동이 겪게 될 것이 확실한 도전적인 문제에 적응유연하게 대처하도록 준비시킬 것이다.

감사의 글

펜 적응유연성 프로젝트(Penn Resiliency Project)의 효과성에 관한 연구는 국립정신건강협회(National Institute of Mental Health[MH52270])의 연구비 지원에 의해 수행되었다. 펜실베이니아 대학이 펜 적응유연성 프로그램을 소유한다. 펜실베이니아 대학은 이 프로그램의 라이선스를 ALS(Adaptiv Learning Systems)에 일임했다. Reivich 박사와 Seligman 박사가 ALS의 주식을 보유하고 있으며 이 프로그램의 판매 수익을 얻을 수도 있다.

참고문헌 REFERENCES

Abramson, L. Y., Seligman, M. E. P., & Teasdale, J. D. (1978). Learned helplessness in humans: Critique and reformulation. *Journal of Abnormal Psychology, 87,* 49-74.

Altmann, E. O., & Gotlib, I. H. (1988). The social behavior of depressed children: An observational study. *Journal of Abnormal Child Psychology, 16,* 29-44.

Beardslee, W. R., Wright, E. J., Salt, P., Drezner, K., Gladstone, T. R. G., Versage, E. M. et al. (1997). Examination of children's responses to two preventive intervention strategies over time. *Journal of the American Academy of Child and Adolescent Psychiatry, 36,* 196-204.

Beck, A. T. (1976). *Cognitive therapy and the emotional disorders.* New York: International University Press.

Beck, A. T., Rush, J. A., Shaw, B. F., & Emery, G. (1979). *Cognitive therapy of depression.* New York: Guilford.

Bemporad, J. (1994). Dynamic and interpersonal theories of depression. In W. M. Reynolds & H. F. Johnston (Eds.), *Handbook of depression in children and adolescents. Issues in clinical child psychology* (pp. 81-95). New York: Plenum.

Blumberg, S., & Izard, C. E. (1985). Affective and cognitive characteristics of depression in 10- and 11-year-old children. *Journal of Personality and Social Psychology, 49,* 194-202.

Bronfenbrenner, U. (1986). Ecology of the family as a context for human development: Research perspectives. *Developmental Psychology, 22,* 723-742.

Brooks, R., & Goldstein, S. (2002). *Raising resilient children: Fostering strength, hope, and optimism in your child.* New York: McGraw-Hill.

Caplan, M., Weissberg, R. P., Grober, J. S., Sivo, P. J., Grady, K., & Jacoby, C. (1992). Social competence promotion with inner-city and suburban young adolescents: Effects on social adjustment and alcohol use. *Journal of Consulting and Clinical Psychology, 60,* 56-63.

Cardemil, E. V., Reivich, K. J., & Seligman, M. E. P. (2002). The prevention of depressive symptoms in inner-city middle school students. *Prevention and Treatment, 5,* n.p.

Clarke, G. N., Hawkins, W., Murphy, M., Sheener, L. B., Lewinsohn, P. M., & Seeley, J. R. (1995). Targeted prevention of unipolar depressive disorder in an at-risk sample of high school adolescents: A randomized trial of a group cognitive intervention. *Journal of the American Academy of Child and Adolescent Psychiatry, 34,* 312-321.

Clarke, G. N., Hornbrook, M., Lynch, F., Polen, M., Gale, J., Beardslee, W. et al. (2001). A randomized trial of a group cognitive intervention for preventing depression in adolescent offspring of depressed parents. *Archives of General Psychiatry, 58,* 1127-1134.

Cohen, P., Cohen, J., Kasen, S., Velez, C. N., Hartmark, C., Johnson, T. et al. (1993). An epidemiological study of disorders in late childhood and adolescence: I. Age and fender-specific prevalence. *Journal of Child Psychology and Psychiatry, 34,* 851-867.

Covey, L. S., Glassman, A. H., & Stetner, F. (1998). Cigarette smoking and major depression. *Journal of Addictive Diseases, 17,* 35-46.

Dadds, M. R., Spence, S. H., Holland, D. E., Barrett, P. M., & Laurens, K. R. (1997). Prevention and early intervention fro anxiety disorders: A controlled trial. *Journal of Consulting & Clinical Psychology, 65,* 627-635.

Doweny. G., & Coyne, J. C. (1990). Children of depressed parents: An integrative review.

Psychological Bulletin, 108(1), 50-76.

Eccles, J. S., & Midgley, C. (1990). Changes in academic motivation and self-perception during early adolescence. In R. Montemayor, G. R. Adams, & T. P. Gullotta (Eds.), *From childhood to adolescence: A transitional period? Advances in adolescent development: An annual book series* (Vol. 2, pp. 134-155). Thousand Oaks, CA: Sage.

Elkin, I., Shea, M. T., Watkins, J. T., Imber, S. D., Sotsky, S. M., Collins, J. F. et al. (1989). National Institute of Mental Health treatment of depression collaborative research program: General effectiveness of treatments. *Archives of General Psychiatry, 46,* 971-982.

Ellis, A. (1962). *Reason and emotion in psychotherapy.* New York: Lyle Stuart.

Field, T. M. (1984). Early interactions between infants and their postpartum depressed mothers. *Infant Behavior and Development, 7,* 517-522.

Flannery-Schroeder, E., & Kendall, P. C. (2000). Group and individual cognitive-behavioral treatment for youth with anxiety disorders: A randomized clinical trial. *Cognitive Therapy and Research, 24,* 251-278.

Garber, J., & Flynn, C. (1998). Origins of depressive cognitive style. In D. K. Routh & R. J. DeRubeis (Eds.), *The science of clinical psychology: Accomplishments and future directions* (pp. 53-93). Washington, DC: American Psychological Association.

Garber, J., & Flynn, C. (2001). Predictors of depressive cognitions in young adolescents. *Cognitive Theory and Research, 25,* 353-376.

Garber, J., Quiggle, N., & Shanley, N. (1990). Cognition and depression in children and adolescents. In Ingram (Ed.), *Contemporary psychological approaches to depression: Theory, research, and treatment* (pp. 87-116). New York: Plenum.

Garrison, C. Z., Addy, C. L., Jackson, K. L., McKeown, R. E., & Waller, J. L. (1991). A longitudinal study of suicidal ideation in young adolescents. *Journal of the American Academy of Child and Adolescent Psychiatry, 30,* 597-603.

Gillham, J. E., & Reivich, K. J. (1999). Prevention of depressive symptoms in school children: A research update. *Psychological Science, 10,* 461-462.

Gillham, J. E., Reivich, K. J., Freres, D. R., Shatté, A. J., & Seligman, M. E. P. (2003). *School-based prevention of depression and anxiety symptoms: Plot of a parent component to the Penn Resiliency Program.* Unpublished raw data.

Gillham, J. E., Reivich, K. J., Jaycox, L. H., & Seligman, M. E. P. (1995). Preventing depressive symptoms in schoolchildren: Two year follow-up. *Psychological Science, 6,* 343-351.

Gillham, J. E., Shatté, A. J., & Freres, D. R. (2000). Preventing depression: A review of cognitive-behavioral and family interventions. *Applied and Preventive Psychology, 7,* 63-88.

Gladstone, T. R. G., & Kaslow, N. J. (1995). Depression and attributions in children and adolescents: A meta-analytic review. *Journal of Abnormal Child Psychology, 23,* 597-606.

Gotlib, I. H., Lewinsohn, P. M., & Seeley, J. R. (1995). Symptoms versus a diagnosis of depression: Differences in psychosocial functioning. *Journal of Consulting and Clinical Psychology, 63,* 90-100.

Hankin, B. L., Abramson, L. Y., Moffitt, T. E., Silva, P. A., & McGee, R. (1998). Development of depression from preadolescence to young adulthood: Emerging gender differences in a 10-year longitudinal study. *Journal of Abnormal Psychology, 107,* 128-140.

Hammen, C., & Rudolph, K. D. (2003). Childhood mood disorders. In E. J. Mash & R. A. Barkley (Eds.), *Child psychopathology* (2nd ed., pp. 233-278). New York: Guilford.

Harrington, R., Fudge, H., Rutter, M., Pickles, A., & Hill, J. (1990). Adult outcomes of childhood and adolescent depression: Psychiatric status. *Archives of General Psychiatry, 47,* 465-473.

Hirschfeld, R., Keller, M., Panico, S., Arons, B., Barlow, D., Davidoff, F. et al. (1997). The National Depressive and Manic-Depressive Association consensus statement on the undertreatment of depression. *Journal of the American Medical Association, 277,* 333-340.

Kashani, J. H., & Orvaschel, H. (1990). A community study of anxiety in children and adolescents: Current progress and future research directions. *American Journal of Psychiatry, 147,* 313-318.

Kaslow, N. J.. Brown, R. T., & Mee, L. L. (1994). Cognitive and behavioral correlates of childhood depression: A developmental perspective. In W. M. Reynolds & H. F. Johnston (Eds.), *Handbook of depression in children and adolescents* (pp. 97-121). New York: Plenum.

Kaslow, N. J., & Thompson, M. P. (1998). Applying the criteria for empirically supported treatments to studies of psychosocial interventions for child and adolescent depression. *Journal of Clinical Child Psychology, 27,* 146-155.

Kendall, P. C. (1994). Treating anxiety disorders in children: Results of a randomized clinical trial. *Journal of Consulting and Clinical Psychology, 65,* 366-380.

Klerman, G. L., Lavori, P. W., Rice, J., Reich, T., Endicott, J., Andreasen, N. C. et al. (1985). Birth cohort trends in rates of major depressive disorder: A study of relatives of patients with affective disorder. *Archives of General Psychiatry, 42,* 689-693.

Lewinsohn, P. M., Hops, H., Roberts, R., & Seeley, J. (1993). Adolescent psychopathology: I. Prevalence and incidence of depression and the other DSM-III-R disorders in high school students. *Journal of Abnormal Psychology, 102,* 110-120.

Lewinsohn, P. M., Clarke, G. N., Hops, H., & Andrews, J. (1990). Cognitive-behavioral group treatment of depression in adolescents. *Behavior Therapy, 21,* 385-401.

Lewinsohn, P. M., Clarke, G. N., Rohde, P. Hops, H., & Seeley, J. (1996). A course in coping: A cognitive-behavioral approach to the treatment of adolescent depression. In E. D. Hibbs & P. S. Jensen (Eds.), *Psychosocial treatments for child and adolescent disorders: Empirically based strategies for clinical practice* (pp. 109-135). Washington, DC: American Psychological Association.

Muris, P., Meesters, C., & van Melick, M. (2002). Treatment of childhood anxiety disorders: A preliminary comparison between cognitive-behavioral group therapy and a psychological placebo intervention. *Journal of Behavior Therapy and Experimental Psychiatry, 33,* 143-158.

Nolen-Hoeksema, S., Girgus, J. S., & Seligman, M. E. P. (1986). *Depression in children of families in turmoil.* Unpublished manuscript, University of Pennsylvania.

Nolen-Hoeksema, S., Girgus, J. S., & Seligman, M. E. P. (1992). Predictors and consequences of childhood depressive symptoms: A five-year longitudinal study. *Journal of Abnormal Psychology, 101,* 405-422.

Offord, D. R. (1996). The state of prevention and early intervention. In R. D. Peters & R. J. McMahon (Eds.), *Preventing childhood disorders, substance abuse, and delinquency* (pp. 329-344). Thousand Oaks, CA: Sage.

Pattison, C., & Lynd-Stevenson, R. M. (2001). The prevention of depressive symptoms in children: The immediate and long-term outcomes of a school based program. *Behaviour Change, 18*(2), 92-102.

Petersen, A. C., & Hamburg, B. A. (1986). Adolescence: A developmental approach to problems and psychopathology. *Behavior Therapy, 17,* 480-499.

Quiggle, N. L., Garber, J., Panak, W. F., & Dodge, K. A. (1992). Social information processing in aggressive and depressed children. *Child Development, 63,* 1305-1320.

Reinecke, M. A., Ryan, N. E., & DuBois, D. L. (1997). Cognitive-behavioral therapy of depression and depressive symptoms during adolescence: A review and meta-analysis. *Journal of the American Academy of Child & Adolescent Psychiatry, 37*(1), 6-34.

Reivich, K. J., & Shatté, A. J. (2002). *The resilience factor.* New York: Random House-Doubleday.

Rhode, P., Lewinsohn, P., & Seeley, J. (1991). Comorbidity of unipolar depression: II. Comorbidity with other mental disorders in adolescents and adults. *Journal of Abnormal Psychology, 100,* 214-222.

Roberts, C., Kane, R., Thompson, H., Bishop, B., & Hart, B. (2003). The prevention of depressive symptoms in rural school children: A randomized controlled trial. *Journal of Consulting and Clinical Psychology, 71*, 622-628.

Robins, C. J., & Hayes, A. M. (1995). The role of casual attributions in the prediction of depression. In G. M. Buchanan & M. E. P. Seligman (Eds.), *Explanatory style* (pp. 71-97). Hillsdale, NJ: Erlbaum.

Romano, E., Tremblay, R. E., Vitaro, F., Zoccolillo, M., & Pagani, L. (2001). Prevalence of psychiatric diagnoses and the role of perceived impairment: Finding from an adolescent community sample. *Journal of Child Psychology and Psychiatry and Allied Disciplines, 42,* 451-461.

Seligman, M. E. P. (1975). *Helplessness: On depression, development, and death.* San Francisco: Freeman.

Shea, M. R., Elkin, I., Imber, S. D., Sotsky, S. M., Watkins, J., Collins, J. F. et al. (1990). Course of depressive symptoms over follow-up: Findings from the National Institute of Mental treatment of depression collaborative research program. *Archives of General Psychiatry, 49,* 782-787.

Spitz, R. (1946). Anaclitic depression. *Psychoanalytic Study of the Child, 5,* 113-117.

Sroufe, L. A., & Rutter, M. (1984). The domain of developmental psychopathology. *Child Development, 55,* 17-29.

Sweeny, P. D., Anderson, K., & Bailey, S. (1986). Attributional style in depression: A meta-analytic review. *Journal of Personality and Social Psychology, 50,* 974-991.

Twenge, J. M. (2000). The age of anxiety? Birth cohort change in anxiety and neuroticism, 1952-1993. *Journal of Personality and Social Psychology, 79,* 1007-1021.

Whitaker, A., Johnson, J., Shaffer, D., Rapoport, J. L., Kalikow, K., Walsh, B. T. et al. (1990). Uncommon troubles in young people: Prevalence estimates of selected psychiatric disorders in a nonreferred adolescent population. *Archives of General Psychiatry, 47,* 487-496.

Yu, D. L., & Seligman, M. E. P. (2002). Preventing depressive symptoms in Chinese children. *Prevention and Treatment, 5,* n.p.

제15장

학습장애 아동의 적응유연성

Nancy Mather & Nicole Ofiesh

이 장에서는 위험요인과 적응유연성이 학습장애 아동에게 미치는 영향에 대해 살펴본다. 학습장애는 일차적으로 학습의 어려움과 관련된 다양한 장애를 포괄하기 때문에 학교에 다니는 아동에게 초점을 둘 것이다. 긍정적인 학교 경험과 부정적인 학교 경험은 모두 아동의 자기 지각을 형성하며, 아동의 학업적 자기개념에 기여한다. 불행히도 학습장애를 가진 아동의 저조한 학업적 자기 지각과 자기개념은 학교에서 학업적 · 사회적 측면과 관련하여 발생하는 문제의 영향을 받는다 (Vaughn & Elbaum, 1999). 이 장의 전반부에서는 어떻게 학교 경험이 자기개념과 적응유연성을 조성하는지를 논한다. 후반부에서는 학습장애 아동이 적응유연성을 증진시키고 자기존중감과 자기가치감을 보존하도록 돕는 다양한 방법을 검토한다.

학습장애와 위험요인

학습장애 아동에게 학교환경은 부정적 경험의 위험에 처하게 하는 조건으로 가득 차 있다. 위험은 정상 발달을 방해하거나 위협하는 부정적인 또는 잠정적으로 부정적인 조건으로 정의된다(Keogh & Weisner, 1993). 여기에는 가족, 학교, 지역사회 환경의 내적 또는 외적 특징이 포함된다(Morrison & Cosden, 1997). 위험요인은 부정적 결과의 가능성을 증가시키는 위험이나 불리한 사건이다(Spekman, Herman, & Vogel, 1993). 실패의 위험에 처한 아동은 종종 단일한 위험요인보다는 만성적인 다수의 위험요인을 경험한다(Wiener, 2003). 학습장애 아동은 학습의 어려움을 겪기 때문에 특히 스트레스에 취약하며 온전한 발달을 위협하는 도전에 계속 직면하게 된다(Spekman, Goldberg, & Herman, 1993). 이런 학생은 학업적, 사회적, 행동적 기능 면에서 스스로 또래보다 덜 유능하다고 느낀다(Smith & Nagle, 1995). 본질적으로 그들은 Steele(1995)이 '능력의 오명을 쓴 집단(an ability-stigmatized group)' 이라고 묘사했던 집단을 구성한다.

학교 실패

학습장애 자체가 긍정적이거나 부정적인 결과를 예언하지는 않지만(Morrison & Cosden, 1997), 학습장애를 가진 많은 학생이 자신감과 자기가치감을 손상시키는 학교 실패의 경험을 많이 겪는다. 그들은 과제를 완수하거나 숙달하려는 노력이 실패하면 좌절감을 느낀다(Lerner, 2000). 쓰기문제를 가진 학생을 묘사하면서, Mather와 Gregg(2003)는 다음과 같은 예화를 제시했다. 어느 날 오후에 3학년을 가르치는 교사가 학생에게 좋아하는 동물을 묘사하는 글을 쓰라고 했다. 에드워드는 기린에 관한 글을 쓰기를 원했으나 기린이라는 낱말의 철자를 생각해 낼 수가 없었기 때문에 애완용 쥐에 관해 쓰기로 결정했다. 그는 몇 분 동안 생각을 하고 나서 첫 문장을 쓰려고 시도했다. 자기가 쓴 글의 내용과 모양새에 불만스러운 에드워드는 종이를 두 조각으로 찢었다. 쉬는 시간이 지나자 그는 선생님에게 테이프를 달라고 요청했다. 다시 시도해 볼 준비가 된 그는 조각 난 종이를 테이프로 붙였고, 종이 위에 [그림 15-1]처럼 "찢어서 미안합니다(Sorry I ripped it)."라

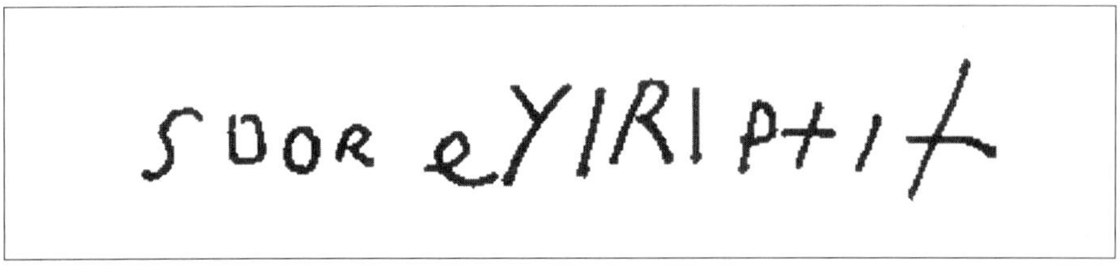

[그림 15-1] Sorry I ripped it.

고 썼다. 학업문제를 겪고 있는 아동은 종종 오해를 받는다. Lerner(2000)가 관찰했듯이, "종종 학교는 이런 학생의 결점을 허용하지 않고 교사가 그들의 어려움을 이해하지 못하는 장소다." (p. 538).

대학 신입생인 션은 자신이 학습장애를 가지고 있다는 것을 증명하고 변경(accommodations)[1]의 정당성을 제시하기 위해서 평가를 받는 동안에 자신의 학교 경험을 이야기했다(B. J. Wendling, 개인적 의사소통, 2003년 2월 1일). 션은 모든 것이 달라진 초등학교 1학년이 될 때까지는 학교를 재미있는 곳으로 묘사했다. 읽기에서 최저 집단에 배정되었지만, 그 집단조차 션에게 충분히 낮지 않아서 교사는 그만을 위한 더 낮은 새 집단을 만들었다. 그때 션은 1학년에서 유급을 당했고 가장 저조한 읽기집단의 유일한 멤버로 남게 되었다. 션은 공립학교 2학년 때 처음으로 학습장애 검사를 받았다. 비록 읽기 및 쓰기의 기초 기술과 지능 간 차이가 유의했지만, 션의 전체 지능지수가 우수한 범위에 속하므로 학교는 그 당시에는 션에게 서비스가 필요하지 않다는 결정을 내렸다.

3학년 때 교사는 션이 읽기문제를 고통스럽게 받아들이고 있다고 성적표에 기록했다. 션은 금년에 병원에서 다시 평가를 받아 발달적 난독증, 소근육 운동의 허약함, 주의 집중의 어려움, 불안과 우울의 진단을 받았다. 이에 공립학교는 서비스를 제공하기로 동의했고, 션은 중학교 2학년이 될 때까지 줄곧 도움을 받았다. 고등학교에서 상담교사는 션이 특수교육에 등록하지 않는다면 선택한 대학의 입학 허가를 받을 더 좋은 기회를 얻을 것이므로 션의 부모에게 특수교육을 더 이상 받지 말라고 독려하였다. 션은 지난 가을에 대학에 입학했으나 학업 부담으로

1) 역자 주: accommodations란 장애가 있는 학생이 교육이나 평가를 받을 때 장애 때문에 혜택을 받지 못하거나 자신의 능력과 인성에 대한 정확한 평가를 받지 못하게 될 가능성을 줄이기 위하여 교육방법, 평가방법, 시간, 장소, 자료 등을 변경하는 절차를 말한다.

인한 불안 때문에 2주 후에 중퇴를 했다. 학교를 다니는 내내 션은 뒤처지지 않으려고 노력했고 믿기 어려울 정도로 열심히 노력했지만 별로 성공하지는 못했다고 느꼈다. 심지어 지금도 션은 어떤 영역(예, 구두 언어, 수학)에서는 매우 뛰어난데 읽기와 철자 쓰기에서는 왜 그렇게 많이 힘든지를 이해하지 못하고 있다. 최근에 션은 한 아동에게 책 읽어 주기를 하면서 낱말을 어떻게 소리 내어 읽는지를 잊었다고 말했다. 때때로 가장 일반적인 낱말조차 어떻게 철자를 써야 하는지 기억하지 못했다.

션의 경우와 같이 후에 학습장애로 확인된 아동은 50%가 1학년에서 유급을 당한다(McKinney, Osborne, & Schulte, 1993). 상황이 좋아지지 않을 것이라고 믿으면서 악순환이 시작되고, 이러한 무망감은 향후 성공을 방해하는 장애가 된다(Brooks, 2001). 이 아동은 학업이나 사회적 경험의 측면에서 긍정적 강화를 받지 못하기 때문에 실패에 대한 인내가 낮고 적응유연한 사람에게 특징적인 정서적 자제력이 부족하다. 더구나 학습장애 학생은 장애가 없는 학생에 비해 학교를 다니는 동안에 우울 수준이 상승한다(Bender, Rosenkrans, & Crane, 1999).

학습장애에 관한 PBS 홈비디오 〈가장 나중에 선택되는 아이, 가장 처음에 괴롭힘을 당하는 아이(Last One Picked, First One Picked On)〉에서 Richard Lavoie는 학습장애 학생이 어떻게 적응유연성을 상실하고 더 이상 위험을 감수하려 하지 않는지를 묘사하려고 포커 칩을 예로 들어 설명하였다. 높은 성취 수준을 보이는 학생은 매일 자신감과 자기가치감을 발달시키는 데 도움이 되는 만족스러운 경험을 많이 한다. 이 학생은 자신이 성취한 것뿐만 아니라 그 성취에 대한 또래, 교사, 부모의 칭찬을 통해 수천 개의 포커 칩을 얻는다. 카드가 돌려질 때 이 학생은 수많은 내기를 걸 수 있으며, 잃을 것이 별로 없고 내줄 것은 많이 가지고 위험을 감수할 수 있다. 반대로 학습장애 학생은 종종 자기존중감의 발달을 손상시키는 부정적 경험과 거부를 매일 겪는다. 이런 학생은 작은 더미의 포커 칩을 한 손에 꼭 쥐고 있다. 게임에 참여하면 실패의 두려움과 몇 개 남지 않은 칩을 다 잃어버릴 위험이 높아질 뿐이다.

학습장애 학생은 추가적인 지원과 도움을 받아도 시간 경과에 따라서 점점 더 학업적으로 유능하다고 느끼지 않는다(Smith & Nagle, 1995). [그림 15-2]는 읽기와 철자 쓰기에서 문제를 가진 중학교 2학년 마리아가 일기에 쓴 글이다. 마리아는 3학년 때부터 도움 서비스를 받아 왔다. 그녀는 학교 자체가 스트레스이고 자

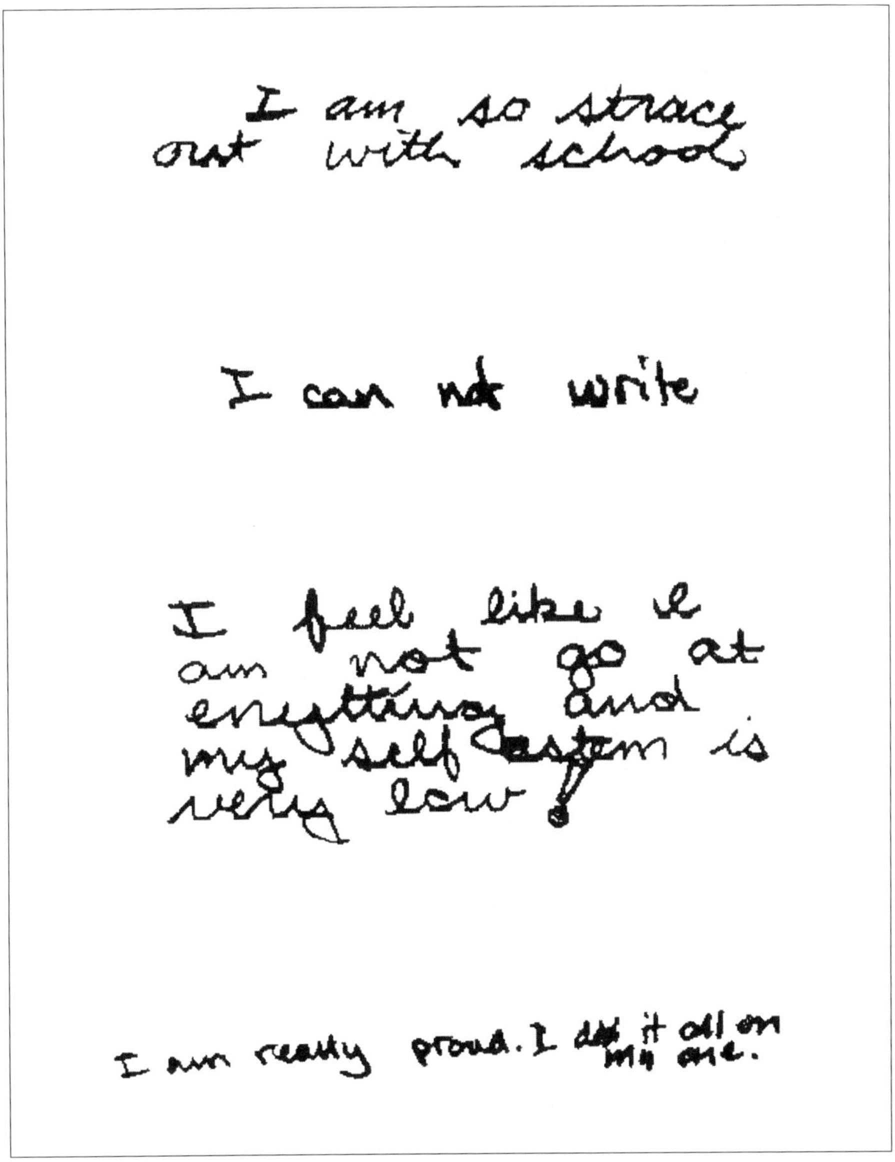

[그림 15-2] 마리아가 일기에 쓴 글

존감이 매우 낮다고 생각한다. 심지어 성인이 되어도 스트레스, 불안, 부정적 자기 개념의 문제가 계속된다(Crawford, 2002; Shessel & Reiff, 1999). 그러나 마리아의 마지막 코멘트는 마리아가 무엇인가를 독립적으로 할 수 있어서 자부심을 느낀다는 것을 보여 준다. 이런 기술이 증가하면서 적응유연한 행동도 증가한다.

저조한 읽기기술이 한 사람의 발달에 어떻게 영향을 미치는지를 논하면서 Fernald(1943)는 저조한 읽기 자체가 아닌 읽기 실패가 수반하는 정서적 콤플렉

스가 가장 큰 결점이라고 지적했다. 최근에 Stanovich(1986)가 읽기 실패의 광범위한 영향에 대해 다음과 같이 말한 것은 적절하다.

> 읽기기술의 습득이 느리게 이루어질 경우 인지적, 행동적, 동기적 결과가 발생하는데, 읽기기술의 더딘 획득은 다른 인지기술의 발달을 더디게 하고 다른 많은 학업과제의 수행을 방해한다. 간략히 말하면, 읽기가 발달하면서 읽기와 연관된 다른 인지적 과정이 읽기기술의 수준을 뒤따라 온다. 읽기와 상보적 관계에 있는 지식 기반 또한 더 이상의 발달이 억제된다. 이러한 발달적 계열성이 오래 지속되면 될수록 결함이 더욱 일반화되고 점점 더 많은 인지 및 행동 영역에 스며든다. 읽기 발달에서 또래보다 이미 뒤처져 좌절하고 실패하면서 눈물을 흘리고 있는 아홉 살 난 아동의 말을 빌려 좀 더 간단하게 그리고 슬프게 표현하면, "읽기는 우리가 하는 모든 것에 영향을 미친다." (p. 390)

불행하게도 몇몇 영역의 기능은 쉽게 과소평가되지 않는다. 읽기, 쓰기, 산술기술이 높게 평가되고 있는 사회에서 학습장애 학생은 특히 정서 문제와 학교실패에 취약하다(Morrison & Cosden, 1997; Smith & Nagle, 1995).

교사와 또래의 부정적 피드백

교사와 또래의 부정적 피드백은 분명히 자기가치감의 하락에 기여한다. 학생이 제출한 산물은 때로 학생의 최상의 업적이 아닌 노력의 부족을 암시하는 코멘트를 받게 한다. 소근육 운동이 심하게 허약한 2학년 아동 제이슨은 글씨 쓰기 연습 과제지를 받았다. 과제지를 평가한 후에 교사는 과제지 상단에 다음과 같은 코멘트를 썼다. "정성들여 쓸 것(Work carefully, please)." 이 피드백은 제이슨이 최선의 노력을 기울이지 않고 있으며 동기가 부족하다는 것을 시사한다. 비슷하게 3학년 때 제이슨이 받은 "네가 쓴 글을 읽을 수 없음(Can't read)" 이라는 코멘트는 교사가 교육적이고 긍정적인 피드백을 제공하기보다는 제이슨의 형편없는 자필에 좌절하고 있음을 보여 준다. 사람들은 그러한 코멘트에 대해 간략한 대답으로 '쓰지 못함(Can't write)' 이라고 반응할 유혹을 강하게 느낀다. 비록 교사가 좋은 의도로 피드백을 준다고 하더라도, 아동은 이런 피드백을 부정적이며 자신을 비난하는 것으로 지각한다(Brooks, 2001). 이런 피드백은 절망을 불러일으키며, 취약성을 증가시키고, 무능감과 부적절감을 갖게 한다.

일과 중에 아동은 자신의 낮은 학업적 유능성을 또래에게 보이지 않으려고 시도할지도 모른다. Veronica Crawford(2002)는 자서전에서 3학년 때 의자에 앉아 자신이 마치 읽고 있는 것처럼 가장하면서 어떻게 모욕감을 피하려 했는지를 다음과 같이 묘사했다.

> 나는 내가 무엇을 읽고 있는지도 이해할 수 없었다. 선생님이 우리에게 가르쳐 주신 것을 기억할 수도 없었다. 나는 그저 빨리 끝나기만을 원했다. 내 마음속에서 나는 안전한 장소로 도망쳤다. 그곳에서는 내가 승자이고, 그곳은 내가 할 수 있는 것을 인정받는 나만의 세상이다. 책은 이젠 그만! 눈물이 내 얼굴을 타고 흘러내릴 때도 나는 여전히 읽는 것처럼 가장했지만 진실을 알고 있었다. 나는 그것이 쓸데없는 일이라는 걸 알고 있었다(p. 71).

Smith(1989)는 학습장애 학생이 자신의 저조한 기술을 감추려고 쓰는 여러 가지 유형의 가면을 묘사했다. Veronica처럼, 학습장애 학생은 다른 학생처럼 읽을 수 없다는 것을 알아차리는 1학년이나 2학년 때 처음으로 이 가면을 쓴다.

심지어 어떤 학생은 무능함을 드러냄으로써 모욕감을 느낄 위험을 겪기보다는 과제를 하려 하지 않거나 활동에 참여하지 않으려 할 것이다. 교실에서 호명될 때, 아동의 공포와 실패에 대한 두려움은 종종 쉽게 눈에 띈다. 학교환경은 지지적이기보다는 이들이 무엇을 모르는지를 드러낸다(Brooks & Goldstein, 2001).

우리는 수업시간에 깨어 있기가 어려운, 만화 피너츠의 등장인물인 페퍼민트 패티를 기억하고 있다. 잠자고 있지 않을 때 페퍼민트 패티는 읽거나 질문에 대답하려고 하기보다는 진위형 시험의 확률 패턴을 분석하는 데 시간을 보낸다. 한번은 선생님이 페퍼민트 패티에게 교실 앞으로 나와서 흑판 위에 있는 산수문제를 하나 풀어 보라고 했다. 페퍼민트 패티는 깊이 생각에 잠기더니, "전체 교실 앞에서…… 흑판에요?"라고 물었다. 칠판으로 걸어가면서 페퍼민트 패티는 "검은색이 아닌데요?"라고 말한다. 학습문제를 가진 아동이 실수를 저지를까 봐 두려워하는 것은 교실에서 일어나는 일과 활동에 검은 그림자를 드리운다(Brooks & Goldstein, 2001).

교사가 지지적이고 이해심을 가질 때조차 학습장애 학생은 특정 과제를 숙달하는 데 어려움을 겪을 뿐만 아니라 자신의 형편없는 학업기술을 급우의 수행과 비교당하면서 종종 창피함도 느낀다. 아동은 발각될까 봐 걱정하는 사기꾼과 같은 기분을 가지며, 초기 경험 때문에 생긴 상처는 좀처럼 치유되지 않는다(Salza, 2003; Shessel & Reiff, 1999). 5학년 아동 스펜스는 운동장에서 말싸움을 하다가 도망쳐 들어오는 급우가 "좋아, 누가 도움반에 가는가 봐라. 누가 학습장애인지 봐라. 야, 넌 지진아야."라고 했던 말을 회상한다. 비록 스펜스는 이 경험을 선생님에게 털어놓았고 그 급우가 꾸중을 들었지만, 스펜스의 자존감은 이미 상처를 받은 뒤였다. 학습장애를 가진 많은 사람이 학교교육을 받는 초기에 실패를 경험한다. Spekman, Goldberg와 Herman(1993)이 관찰한 바에 의하면, "그들은 배우려는 열의를 가지고 또 성공을 기대하면서 입학하지만, 곧 학업문제와 극단적인 좌절, 남과 다르다는 느낌 또는 지체되어 있다는 느낌, 또래 배척, 낮은 자존감과 자신감으로 곤두박질친다."(p. 12)

학습장애를 가진 수많은 성인은 조롱받고 괴롭힘을 당하고 비웃음을 당하는 고통스러운 경험을 공유한다(Higgins, Raskind, Goldberg, & Herman, 2002). 자신이 남과 다르다는 생각은 결과적으로 공포심, 혼동, 분노를 초래한다. 그들은 자신이 학생 시절의 이런 오해를 외상으로 지각하면서 모욕, 정서적 불안정, 자기 의혹을 초래한다고 묘사했다(McNulty, 2003). 장애와 장애에 대한 사람들의 반응이 결합하여 개인적인 혼란과 황폐함을 조성한다(Crawford, 2002). Crawford는 실패에 대한 자신의 느낌을 다음과 같이 회상했다. "매일 실패하는 것보다 더 나쁜 것은 없다. 내 몸이 떨리고, 배 속이 불편하고, 머리는 깨질 듯이 아프고, 또 눈물을 감추려고 시선을 떨어뜨린다."(p. 71) 반복된 실패 경험에 더하여 다음의 몇 가지 요인이 적응유연성의 발달에 영향을 미친다.

학습장애의 유형과 심각성

학습장애의 유형과 심각성이 적응유연성 수준과 장기적 결과에 영향을 미치므로(Spekman, Goldberg, & Herman, 1993; Wong, 2003) 학습장애 조건의 특수한 본질과 특징을 결정하는 것이 필요하다. 현실적으로 '학습장애'라는 용어는 모호하고 묘사하기 어려울 정도로 막연하고 단지 혼란을 야기할 뿐이다. 대신 읽기장애, 쓰기장애, 산술장애, 비언어성 학습장애[1]와 같은 영역 특수한 장애를 언급하는 것이 더 정확하고(Stanovich, 1999), 이들을 구별 지어 명명하고 별개의 것으로 취급하는 것이 더 정확하다. 정확한 서술어와 특수한 명칭을 사용하면 학습문제가 전혀 포괄적이지 않고 제한적이라는 것을 전달하는 데 도움이 된다. 더구나 어떤 유형의 학습장애는 특정 위험요인을 악화시킨다. 예를 들면, 비언어성 학습장애 학생은 좋은 언어기술을 가지고 있음에도 사회성 기술이 현저하게 저조하며(Voeller, 1991), 필요한 지원을 제공할 수 있는 교사와 또래를 멀리하는 상당한 위험에 처하게 된다. 또한 학업적으로 덜 숙련된 학생과 비언어성 학습장애를 가진 학생은 덜 적응유연하며 우울과 자살의 발생률이 더 높다는 것을 시사하는 증거도 있다(Bender et al., 1999).

사회적 지지와 유능성

사회적 지지는 스트레스를 완충하는 조건으로서의 역할을 담당하므로 적응유연성의 지표로 간주할 수 있다(Robertson, Harding, & Morrison, 1998). 관계를 형성하고 유지할 능력이 부족한 학생은 삶의 도전과 위기를 해결하는 데 필요한 사회적 네트워크를 상실하는 경향이 있다. 학습장애 학생은 학업문제에 더하여 또래 수용의 문제를 경험하며 또래보다 더 많이 무시되고 거부당한다(Kuhne & Weiner, 2000). 또래 수용의 결함은 부분적으로는 학습장애 아동이 대인관계에 대해 잘 이해하지 못하기 때문에 발생하는데, 그런 이해의 부족이 교실(Kravetz, Faust, Lipshitz, & Shalhav, 1999) 또는 운동장에서 그리고 문제해결과 관련해서(Elliot & McKinnie, 1994; Vaughn & Haager, 1994) 사회적 어려움을 초래한다. 한 개인의 사회적 삶은 학업적 학습에도 영향을 미친다(Bryan, 2003).

비언어성 학습장애를 가진 4학년 학생 린지는 친구에게 수용되지 못하고 친구를 사귀지 못한 경험을 들려주었다. "다른 친구들이 옷에 묻은 음식이나 신발에 붙은 화장실 휴지를 가지고 서로 놀리며 모두 웃어 댈 때도 그들은 여전히 모두 친구예요……. 그러나 내가 한 아이에 대해 농담을 한마디 하려고 할 때는 더 이상 그들은 내 친구가 아니지요. 아무도 웃지 않아요……. 아이들은 더 이상 나를

1) 역자 주: 비언어성 학습장애(nonverbal learning disabilities)는 비언어적 의사소통에 내재되어 있으며 사회적 상호작용에서 중요한 역할을 하는 미묘한 단서(예, 슬프거나 화난 얼굴표정)를 이해하는 데 어려움을 겪고 사회성 기술이 부족한 장애를 의미함.

좋아하지 않는 것 같아요."

일부 학생에게 사회적 유능성의 문제는 사회적 단서를 읽고 언어를 이해하며 사용하지 못하는 어려움에서 발생할 수 있다(Robertson et al., 1998). 비언어성 학습장애 학생과 마찬가지로 언어적 측면에서 학습장애를 가진 학생도 보통 학교에서 소외와 또래갈등 그리고 학교 중도 탈락의 위험에 처해 있다(Morrison & D'Incau, 1997; Voeller, 1991).

특수교사인 마틴은 자신이 맡은 1학년 학생 랄프(언어 기반 학습장애를 가진 것으로 진단됨)가 학기 초에 "시험지 '위' 에 이름을 쓰세요(Write your name at the 'top' of the paper)."라는 지시를 듣고도 시험지 앞면 아무데나 자기 이름을 쓰는 것을 관찰했다. 랄프의 이런 행동과 그가 또래의 행동을 모델링하지 않는 것을 이해할 수 없었던 마틴은 랄프에게 시험지의 아래가 어디인지를 짚어 보라고 했다. 랄프는 시험지를 뒤집어서 뒤페이지를 가리켰다. 다행히 마틴은 매우 지지적인 교사여서 시험지의 어디에 이름을 써야 하는지를 곧바로 랄프에게 보여 주었다.

흥미롭게도 몇몇 연구에 의하면 사회적 지지의 수준이 낮음에도 불구하고 학습장애 학생은 교사나 또래가 학습장애인 자신을 보는 견해가 긍정적이라고 느끼는 경향이 있다(Morrison, 1985; Robertson et al., 1998). 이같이 실제 사건과 지각된 사건 간의 차이는 장애 자체의 결과이거나(Palombo, 2001) 단순한 대처기제일 수 있다(Robertson et al., 1998). 또는 그것은 학습장애 학생이 장애의 본질을 이해하도록 도와서 부모, 교사, 전문가가 증진시키려는 적응유연성의 증거가 될지도 모른다(Kloomok & Cosden, 1994; Palombo, 2001).

젠더

학습장애를 가진 남아와 여아가 모두 사회적 어려움을 겪을 수 있지만, 사회적 실패에 대한 아동의 반응과 발달하는 보호요인에서는 젠더가 주요한 역할을 한다(Settle & Milich, 1999; Wong, 2003). 남아에게 영향을 미치는 위험요인과 보호요인에 관해서 더 많은 연구가 수행되어 왔지만(Morrison & Cosden, 1997), 일부 연구는 위험요인과 적응유연성에 있어서 남아와 여아의 차이를 기술했다. 성인기로 성공적으로 전환하기 위하여, 개인 내 특징(예: 기질, 자기개념)은 아동기 장애를 가진 여성에게 더욱 중요한 반면, 가족이나 지역사회에서 받는 외부 지지원은 남성의 삶에 더 큰 영향을 미친다(Werner, 1993, 1999). 현재 젠더 이슈와 학습장애의 심각성에 관해 더 많은 연구가 필요하다(Wong, 2003).

적응유연성 증진전략

다행스럽게도 학습장애를 가진 많은 사람은 일단 성인기와 노동 인력에 들어서면 성공을 이루며 자신감을 찾는다. 종단연구에서 Werner(1999)는 10~18세 의 학습장애 아동의 1/4만이 학업적 지위와 사회적 지위에서 상승했으나, 32세가 될 때까지는 3/4이 향상되었고 일, 결혼, 가족생활의 요구에 성공적으로 적응한다는 것을 밝혔다. 이런 결과는 학습장애를 가진 많은 사람이 인생에서 성공할 수 있지만, 성공의 가능성은 그들이 일단 학업의 세계를 떠나야 증가한다는 것을 시사한다. 이렇게 수많은 사람이 긍정적인 성인기를 맞이한다는 사실은 환경적 요인이 강력한 역할을 한다는 것을 단적으로 보여 준다(Wong, 2003). 많은 학습장애 성인이 스스로 배우는 혁신적인 방법을 발견하고, 그래서 학습할 능력이 학습장애 성인에게도 항상 존재한다는 것을 증명하고 있다. 그렇지만 아마도 이런 사람을 가르치는 방법에 관해 알려진 바는 없을 것이다(Reiff, Gerber, & Ginsberg, 1993). 많은 학습장애 성인이 성공적 경험을 한다는 결과는 여러 위험요인을 가진 채 양육된 아동이 일단 학교를 떠나면서 긍정적인 성인기 결과를 성취할 수 있다는 것을 암시한다.

그렇다면 학교에서 아동이 성공할 수 있도록 우리가 할 수 있는 방법은 무엇인가? 학습장애 아동이 역경에서 탄력적으로 회복하여 이겨 내는 **적응유연성**, 즉 스트레스 요인과 위험에 관련된 부정적인 결과에서 회복할 수 있는 능력을 함양하도록 돕는 **보호요인**이 있다(Bender et al., 1999). 보호요인은 긍정적 결과의 가능성을 증가시키는 삶의 상황이나 생활사건이다(Keogh & Weisner, 1993). 다음에서는 학습장애 아동의 긍정적 결과를 증가시키는 보호요인 몇 가지에 대해 논의할 것이다.

자기이해와 수용의 증진

위기를 극복하는 데 중요한 요인 하나는 자기 이해, 수용, 자신의 삶에 대한 통제감이다. 학습장애를 가졌지만 성공적인 삶을 사는 성인에 대한 연구에서 Gerber, Ginsberg와 Reiff(1992)는 자신의 삶에 대한 통제감을 갖는 것이 가장 중요한 요인이라는 것을 발견했다. 성취 가능한 현실적인 목표를 세우는 것은 자신의 삶에 대한 통제력을 가질 수 있는 한 방법이다. 목표를 이루어 내는 능력은 자기 지식과 자기 지각의 정확성에 영향을 받는다. 사실상 주된 문제는 장애가 아니라 장애와 함께 살고 장애를 극복하면서 겪게 되는 다양한 도전적인 문제에 맞서는 능력이다(Gerber & Ginsberg, 1990). 자신의 능력에 대해 더 많이 이해하는 사람은 필요할 때 도움을 구하기 때문에 성인기 삶에 성공적으로 적응할 수 있으며, 자신의 강점을 실현하는 교육적 또는 직업적 기회를 발견할 수 있다(Cosden, 2001).

이런 이해 없이 학습장애 학생은 외적 통제 소재를 가지고 있거나 혹은 학업적 수행결과를 자신의 생각과 행동 밖에 있는 원인에 귀인하는 존재로 묘사되어 왔다(Borkowski, Carr, Rellinger, & Pressley, 1990). 학습장애 학생은 종종 자신의 학업적 성공을 운이나 너무 쉬운 과제와 같은 외적 요인에 귀인한다. 산수 학습장애를 가진 4학년 남학생 앤디는 몇 번의 시도와 재교육을 받고 나서 두 자릿수 곱셈문제를 정확하게 풀었다. 정확한 절차를 강화하기 위해서 앤디의 선생님은 어떻게 문제를 풀었는지 앤디에게 물었는데, 다음과 같은 그의 대답을 들었다. "아, 네, 선생님! 오늘은 제 행운의 날인 것 같아요!"

내적 통제 소재가 적응유연성에 기여한다는 것이 연구를 통해 밝혀졌으므로(Blocker & Copeland, 1994; Wyman, Cowen, Work, & Kerley, 1993), 교사와 부모는 아동의 노력과 노력의 긍정적 결과가 이루는 관계를 분명하게 알려 주고 지지해 주어야 한다. "와, 너 정말 잘했다."라고 말하는 대신, "그 전략이 너에게 얼마나 유용하게 쓰였는지 이제 알겠니?" "귀 기울여 듣고 나를 주시하고 있구나." "숙제 가져오는 걸 기억하고 있었구나." "네가 도움을 요청하면 이 문제를 이해할 수 있다는 걸 이젠 알겠지?"와 같은 코멘트가 필요하다. 구제척인 칭찬은 아동으로 하여금 어떤 행동이 선호되고 기대되는지를 정확하게 알게 한다(Smith, 2003).

한 연구에서 학습장애를 가진 대학생과 학습장애가 없는 대학생이 적응유연성,

스트레스, 성취 욕구에서는 유의하게 다르지만 통제 소재에서는 그렇지 않다는 것이 밝혀졌다(Hall, Spruill, & Webster, 2002). 대학교에 성공적으로 입학한 학습장애를 가진 학생에 관한 이런 결과를 보면 학생에게 자신이 가진 장애의 특징, 장애가 자신의 삶에 영향을 미치는 방식, 문제에 대처할 수 있는 방법을 가르쳐야 한다는 것을 알 수 있다. 20년간 종단연구에서 학습장애를 가진 사람의 삶을 추적 조사한 Higgins(2002)는 가장 성공한 사람은 자신의 학습장애를 받아들이고 자신의 장단점에 관해서 말할 수 있는 사람이라는 것을 발견했다. 장애에 대한 이해와 자기 수용은 불안을 낮추는 보호요인을 형성하며 수용을 위한 기반을 제공한다(Morrison & Cosden, 1997; Vogel, Hruby, & Adelman, 1993).

상담자와 치료자는 학습장애 아동의 자기 이해가 증가하도록 도울 수 있다. Palombo(2001)는 학습장애 아동을 성공적으로 치료하려면 학습장애가 아동에게 미치는 효과를 이해하고, 장애가 초래한 생각이나 행동을 장애에 대한 반응이 초래한 생각이나 행동과 구분할 수 있어야 한다고 권고했다. 예를 들면, 아동이 부모나 교사의 요구나 지시에 순응하지 않는 것이 학습장애의 공통된 특징인 지시를 이해하거나 따르는 데서의 어려움 때문인지, 아니면 외부 사건 때문에 생긴 우울의 결과인지를 치료자는 구분할 수 있어야 한다. 종종 부모와 교사는 이 아동의 생각이 심리적 요인 때문에 동기화되기보다는 생리학적으로 이루어지는 것이라고 인식하지 않기 때문에 아동에 대해 오해한다. 이 점을 예시하기 위하여 Palombo는 다음과 같은 예를 들었다. "간단히 말해서, '하지 않으려 한다(she won't)' 와 '할 수 없다(she can't)' 를 구분하지 못한다. 난독증을 가진 한 아동은 배우기를 원하지 않아서 읽기를 배우는 데 실패하는 것이 아니라 배울 수 없기 때문에 실패하는 것이다." (p. 7)

덧붙여 Smith(1989)는 많은 학습장애 학생이 무능력을 숨기려고 공통적으로 쓰고 있는 가면(즉, 무기력한 것처럼 보이게 하는 가면, 자신을 보이지 않게 만드는 가면, 광대처럼 보이게 하는 가면, 피해자처럼 보이게 하는 가면)을 교사가 인식해야 한다고 촉구한다. 그들은 자신이 학습에 어려움을 겪고 있는 이유를 이해하고 자신이 멍청하지 않다는 것을 알아차릴 때 가면을 벗고 문제를 해결하게 된다.

학생과 학습장애에 관해 토론하고 학생에게 학습장애를 설명하면서, 부모와 교사는 개방적이고 정직하며 지지적인 태도를 유지해야 한다(Miller & Fritz, 1998). Hall 등(2002)이 수행한 대학생 대상 연구에서와 같이, Gerber 등(1992)은 성공적인 성인은 자신의 학습장애를 이해하고 수용한다는 것을 발견했다. 그들은 성공하기를 원했고 성취할 수 있는 목표를 설정했으며 자신의 학습장애에 직면했다(Gerber & Ginsberg, 1990). 자신의 강점과 약점을 이해하는 것에 더하여, 그들은 자신을 학습장애가 있는 존재 이상으로 지각해야 한다(Bender et al., 1999). 성공적인 성인은 장애 자체가 자신을 더욱 강하고 적응유연하며 자기실현적으로 만드는 보호요인으로 기능할 수 있도록 자신의 학습장애를 긍정적인 시각으로 재조명할 수 있다(Gerber, Reiff, & Ginsberg, 1996; Shessel & Reiff, 1999).

지지적 성인의 역할

지지적인 성인이나 멘터는 신뢰를 높일 수 있고 학습장애 아동의 자존감을 지지한다(Bender et al., 1999; Brooks, 2001; Werner, 1993, 1999; Wong, 2003). 종종 학교환경에서 교사는 아동을 위한 보호요인의 역할을 담당한다. Segal(1988)은 적응유연한 아동이 갖는 특징을 다음과 같이 묘사했다.

> 전 세계 여러 나라에서 수행된 연구에서 연구자는 불우한 처지에 있는 아동이 무거운 역경을 이겨 낼 수 있게 하는 수많은 요인을 선별했다. 하나의 요인은 카리스마 있는 한 성인의 삶에 있는 것으로 밝혀졌는데, 아동이 동일시할 수 있고 강점을 끌어내 거둘 수 있는 사람이다. 그리고 놀랄 만큼 많은 사례에서 그 성인은 다름 아닌 교사라는 것이 밝혀졌다(p. 2).

학습장애를 가진 성공한 사람은 자신을 무조건 수용하고 '미래를 향하는 출입문'과 같은 멘터의 역할을 하는 사람을 적어도 한 명은 자신의 삶에서 가지고 있다(Werner, 1993; Wong, 2003).

Hallowell(2003)은 자신이 1학년 때 읽기 배우기를 얼마나 힘들어했는지를 회상했다. 단어를 발음하려고 시도할 때 엘드리지 선생님이 자신을 보호하듯 팔로 감싸안아 주었고 읽기 배우기에 대한 두려움을 떨쳐 주었다. 이제 심리치료사가 된 Hallowell은 엘드리지의 팔이 가진 힘과 그것이 자신의 발달에 미친 효과를 여전히 기억하고 있다. "엘드리지 선생님의 팔이 없었다면 아무것도 가능하지 못했을 것이다. 엘드리지 선생님의 팔은 1학년 이후로 줄곧 나를 안고 있었다. 이제 엘드리지 선생님은 천국에 계시지만, 내가 이 글을 쓰는 순간에도 아마도 구름 위에 기대어 앉으셔서 계속해서 나를 돕고 계시고 팔로 나를 보호하고 계실 것이다. 나는 거의 매일 감사를 드린다." (p. 7)

교사는 매일의 만남을 통해 학생의 학업적 요구뿐만 아니라 정서적 요구를 들어줄 수 있기 때문에 적응유연성을 증진시키는 데 중요한 역할을 한다(Segal, 1988; Werner, 1993). 그래서 교사는 모든 학생이 성공할 수 있는 학교 풍토를 조성하여 학생의 마음과 영혼에 가까이 다가가 위험요인을 상쇄할 힘을 가지고 있다(Brooks, 2001). 교사는 학생의 자기존중감과 유능성을 향상시키는 긍정적인 경험을 제공하고, 그것을 통해 학생의 적응유연성을 증진시킨다(Brooks, 1991; Rutter, 1985). 교사는 학생이 실수를 저지르는 것을 두려워하지 않도록 가르치며, 실수가 배우는 과정의 일부임을 이해하도록 돕는다(Brooks & Goldstein, 2001). 긍정적인 학교 경험에서 얻는 장기적인 교육적 혜택은 구체적으로 학생에게 무엇을 가르쳤는가가 아니라 학습에 대한 학생의 태도와 자기존중감에서 비롯된다(Rutter, 1985).

부모의 지지는 아동이 자신에 대한 건강한 생각을 갖도록 돕는 또 다른 주요한 요인이다(Cosden, Brown, & Elliott, 2002). 부모와 보호자는 학교에서 아동을 위한 옹호자 역할을 할 수 있으며 정서적 지지를 제공할 수 있다(Wiener, 2003). 학습장애를 가진 사람 중에 긍정적인 성인으로 성장한 사람은 정서적 안정성을 북돋워 주는 가정환경에서 성장한 사람이다(Hechtman, 1991). 더욱이 부모가 강점을 인정할 뿐만 아니라 학업적 한계를 수용하는 자세는 학습장애가 야기하는 스트레스를 줄일 수 있다(Morrison & Cosden, 1997). 그러므로 학습장애의 부정적 영향을 감소시킬 일련의 보호요인을 만들어 내려면 부모, 교사, 소아과 의사, 치료사, 심리학자가 공동으로 노력해야 한다(Werner, 1999). 배려심 있는 부모와 교사는 아동의 자기존중감을 유지하는 데 도움을 준다.

학교 기반 집중 개입의 제공

학교 장면에서 교사와 행정가는 아동의 심리적, 학업적, 사회적 안녕을 목표로 할 필요가 있다는 것을 인정한다. 개입연구 64개를 메타분석한 Elbaum과 Vaughn (2001)은 효과적인 개입의 유형이 학년 수준에 따라 다르다는 것을 발견했다. 초등학교에서 가장 효과적인 개입은 상당한 시간과 강도가 필요한 학업 수행의 향상을 직접 겨냥한다. 중학교와 고등학교에서는 상담 개입이 더욱 효과적이다. 일반적으로 개입은 초등학생이나 고등학생보다 중학생에게 더욱 효과적이다. 긍정적 영향을 미치는 정도는 개입의 깊이와 폭뿐만 아니라 서비스의 유형과 질에 좌우된다(Spekman, Goldberg, & Herman, 1993). Vogel 등(1993)은 학습장애를 가졌으나 성공한 성인은 장기간 일대일의 수업을 받았다는 것을 발견하였다.

불행하게도 많은 학습장애 학생은 차별화된 교수를 받지 못하고 있으며, 실패가 계속되면서 자신의 학업적 유능성에 대한 지각이 축소된다. Schumm, Moody와 Vaughn(2000)은 3학년 교사와 학습장애 학생을 인터뷰했는데, 전반적으로 교사는 학생의 수행 수준에 관계없이 학급에 있는 전체 학생에게 동일한 자료를 가르치는 전체 학급 교수를 실시한다고 보고했다. 모든 학생이 제 학년에 배정된 자료 안에 있는 낱말을 읽을 수 있는 것이 아닌데도 그 자료를 읽을 수 있을 것이라는 기대를 받았다. 더구나 학습장애 학생은 낱말 분석 기술을 향상시키는 수업을 받지도 않았다. 어느 한 교사는 낱말 분석을 가르치는 것에 대하여 다음과 같이 강렬한 반대의 목소리를 냈다. "학생이 3학년이 될 때쯤이면 그런 기술을 가지고 있어야 해요." (p. 483) 차별화되지 않은 교수를 받으면서 그리고 읽기에 있어서 최소한의 직접 교수를 받으면서 학습장애 학생은 학업적으로 별 향상을 이루지 못하고 읽기에 대한 태도도 부정적이 된다. 일반교육 배치와 달리, 특수교육 프로그램 배치를 초래하는 확인과정은 학습장애 학생의 자기개념에 부정적인 영향을 미치지 않는 것처럼 보이는데, 적어도 저학년에서는 그렇다(Vaughn, Haager, Hogan, & Kouzekanani, 1992).

학생의 학습 격차에 접근하려면 학생이 학업에서 가능한 한 많은 진전을 이루도록 교사가 도와야 한다. 이는 학습문제를 겪는 학생이 급우와 똑같은 교육 자료를 사용하도록 내버려 두어서는 결코 이루어질 수 없다. 학습문제를 가진 아동이 개별화 교육계획(individualized educational plan: IEP)을 가지고 있을 때조차 그들의 학업적 어려움은 만성적이다(Sorensen et al., 2003). 학습장애 학생은 차별화되고 세밀하게 설계된 교육 계획이 필요하다. 비록 학습장애 학생도 다른 학생과 마찬가지로 동등하게 대우받아야 마땅하지만, 그들에게 제공하는 교수의 유형은 학습장애가 없는 학생이 제공받는 교수의 유형과 상당히 다를 것이다. 간략히 말해, 읽기에서 뒤처진 학생이 또래와 똑같은 책을 가지고 있다면 자신의 읽기능력에 대해 좋은 기분을 느낄지 모르지만, 장기적으로는 그들의 기술이 향상되지 않을 경우 학업적 유능성에 대한 긍정적인 자기 지각의 기반을 갖추지 못하게 될 것이다(Vaughn & Elbaum, 1999).

학습장애 학생은 자신의 특수한 요구에 초점을 두는 집중적이고 명시적인 교수가 필요하다(Schumm et al., 2000). 우수한 특수교육을 받아도 학습문제를 가진 아동은 평생 동안 남아 있는 근본적인 신경 발달적 위험 때문에 학업적 기술에서 극히 미미한 발전을 이룰 수 있을 뿐이다(Sorensen et al., 2003). 그들을 위한 학업적 개입에 더해 다른 여러 목표도 존재한다. 어떤 학생에게 있어 교육적 개입은 행동문제를 교정하거나(McKinney, Osborne, & Schulte, 1993) 사회적 지위를 상승시키거나 유지하도록 돕는 사회적 개입이 목표가 되어야 한다(Kuhne & Wiener, 2000). 심각한 정보처리 결함이나 주의력 문제를 가진 학생을 위해서는 환경을 조정해야 적응을 증진시킬 수 있다(Morrison & Cosden, 1997). 구조화되어 있고 명시적인 수업방법에 더하여 또래교수와 협동학습과 같은 연습의 시행은 학업적 진보를 이룰 수 있게 하며, 학생의 자기개념을 증가시킨다(Erlbaum & Vaughn, 2001). 그러나 협동학습이 학습장애 학생의 학업성취의 효율성을 증가시키는지에 관해 현재까지 밝혀진 결과에는 일관성이 없고, 또래가 매개한 다른 접근법이나 개별화된 접근법이 더 긍정적인 결과를 가져올 수 있다(McMaster & Fuchs, 2002).

전국 종단 전환 연구(National Longitudinal Transition Study: NLTS)의 결과는 장애를 가진 학생의 고등학교 중퇴율이 증가 추세에 있으며 일반 집단보다 유의하게 높다는 것을 보여 준다. 이 보고서는 학교가 학생의 수행에 중요하다는 것을 강조한다(U. S. Office of Education, 1992, p. 87). NLTS 연구 팀은 장애 학생에게 더 나은 학교 결과를 이루게 하는 것과 관련된 요인을 다음과 같인 확인했다.

- 전체 학생 수가 500명 이하인 학교에 다니는 학생은 500~1,000명의 학교를 다니는 학생에 비해 학교를 중퇴할 가능성이 유의하게 낮다.
- 일상적으로 교사에게 주류화(mainstreaming)에 관한 연수훈련을 제공한다고 보고한 학교에 다니는 학생은 교과목에서 낙제할 가능성이 유의하게 높았다. 이러한 결과에 대한 한 가지 가능한 설명은 주류화된 학생을 받아들이기를 꺼리거나 주류화된 학생의 요구를 수용하기 위해 교수방법을 변경하는 데 도움이 필요한 일반교육 교사가 있는 학교에서 연수훈련이 제공되었다는 것이

다. 주류화 학생을 일반교육 교사가 기꺼이 효과적으로 수용하는 학교에 비하여 교사가 연수훈련이 필요한 환경에서의 특수교육 프로그램에 있는 학생은 잘하지 못할지도 모른다. 그러므로 연수훈련은 불필요했다(Wagner, 1990).

- 학년 대부분의 시간에 직업훈련을 받았던 학생은 학교를 중퇴할 가능성이 유의하게 낮았다.
- 일반교육을 전혀 받지 않는 학생은 일반교육 교과목에 등록했던 학생보다 교과목에 낙제할 가능성이 유의하게 낮았다.
- 튜터, 책 읽어 주는 사람, 통역 등의 도움을 받지 못한 학생보다 이런 서비스를 받은 학생의 중도 탈락률이 낮았다(Wagner, 1990, pp. 26-27).

한 가지 사실은 분명하다. 학교에 다닐 때 학습장애 학생은 강력한 지원체계가 필요하다. 이런 지원체계는 (1) 실패를 최소한으로 유지함으로써, (2) 비학업적 재능과 다른 유능성을 인정함으로써, (3) 수행목표보다는 학습목표를 강조함으로써 자기개념과 자기 가치를 유지시키는 데 도움이 될 수 있다(Lerner, 2000). 최종 산물(수행목표)이 부분적으로 완전하거나 부정확할 때조차 학습목표는 노력에 대한 보상을 제공한다. 사회적 생활과 지위는 학교학습에 영향을 미칠 수 있기에(Bryan, 2003), 학습장애 아동이 확실히 성공하게 하려면 그들의 낮은 자기가치감과 자기효능감을 반드시 고려해야 한다.

최적의 배치 선정

NLTS 연구에서 언급했듯이, 학습장애 학생은 학업적 노력을 지지하고 성취를 격려하는 사회적 환경이 필요하다(Elbaum & Vaughn, 2001). 비록 학습장애 아동을 위한 가장 적합한 서비스 전달체계에 관한 논쟁이 계속되고 있기는 하지만, 자기개념과 교육적 배치(예, 일반교육, 도움반, 특수학급)에 관한 결과에는 일관성이 없고 다른 배치에 비해 특정 배치를 명백하게 더 선호하는 것도 아니다(Elbaum, 2002). Elbaum에 의하면 어떤 연구에서는 더 제한적인 장면에 있는 학생의 자기개념이 더 높았고, 다른 연구에서는 덜 제한적인 장면에 있는 학생의 자기개념이 더 높았으며, 또 다른 연구에서는 차이가 없었다. 학생의 연령도 학급 배치의 유형에 대한 학생의 반응에 영향을 미칠 수 있다. Howard와 Tryon(2002)은 일반학급이나 특수학급에 배치된 학습장애 청소년 표집에서 우울 증상의 관계를 연구했다. 그들의 자기 평정이 배치 유형 간에 다르지 않았지만, 상담교사는 일반학급에 배치된 학습장애 학생을 특수학급에 있는 학습장애 학생보다 더 우울하다고 평가했다. 이런 결과는 교사와 또래의 부정적인 피드백이 통합 장면에 더욱 만연해 있으며 장애에 대한 민감성이 특수학급 장면보다 통합 장면에서 덜하다는 것을 시사한다.

아동이 도움반에서 서비스를 받든지 일반학급에서 서비스를 받든지 간에 학습이 잘 이루어지려면 학생을 안전한 학업적 환경에 배치해야 한다(Brooks, 2001). 학교 팀이 교육적 배치에 관한 의사결정을 내릴 때는 학생의 학업적, 사회적, 정서적 요구뿐만 아니라 학생 자신의 선호를 고려해야 한다(Elbaum, 2002). 학습장애를 가진 학생은 학급 안에서 특수교육 서비스가 전달되는 것보다 도움반 서비스나 풀아웃 프로그램을 선호한다는 증거가 있다(Jenkins & Heinen, 1989; Le Mare & de la Ronde, 2000). 배치에 관계없이, 학교환경은 모든 아동에게 호의적이며 지지적이고 발달적으로 적합해야 한다(Bryan, 2003).

비학업적 영역의 성취 인정

적응유연성을 증진시키는 또 다른 방식은 전통적인 학교 교과목 이외의 수행 영역에서 긍정적인 발달을 지원하는 일이다(Werner, 1999). Harter(1985)의 **다차원적 자기개념 모형**은 다음과 같은 자기 지각의 여섯 가지 영역을 포함한다. 즉, 학업적 자기개념, 사회적 자기개념, 운동적 자기개념, 신체적 자기개념, 행동적 자기개념 그리고 전반적 자기 가치다. 비록 학습장애 학생이 또래보다 저조한 학업적 자기개념을 가지고 있지만, 다른 영역에서 이루는 성공적인 성취는 저조한 학업적 자기 지각을 상쇄하고 자기존중감을 유지하는 데 도움이 된다(Smith & Nagle, 1995; Vaughn & Elbaum, 1999). 어떤 삶의 영역에서든지 성공의 경험은 자기존중감과 자기효능감을 높인다(Rutter, 1985). 학습장애 학생은 종종 스포츠, 예술, 테크놀로지와 같은 비학업적 영역에서 성공하기도 한다.

Mary Perfitt-Nelson(2002)은 리스트서브에 쓴 메일에서 예술가나 음악가, 운동선수 또는 수학자가 커리큘럼, 규칙, 자료, 검사를 개발한다면 학교가 얼마나 다를지에 대하여 다음과 같이 언급하였다.

> 우리는 만나서 학생에 대해서 토론하고, 그들이 우리의 환경 안에서 어떻게 잘 지내고 있는지에 대해서 논의한다. 만일 그들이 뛰어나지 않다면 환경이 학생의 강점을 지지하지 않고 있다고 생각할 사람은 우리 중에 별로 없을 것이다. 환경을 변화시키는 일이 필요할지라도 별로 고려하지 않는다. 교육청은 기술 교과를 없앴다. 우리에게는 실패율이 놀랄 만한 대학 진학 트랙의 한 유형으로 남겨졌다. 그러나 각 학생은 특정 영역의 전문가일 수 있다. 우리는 누군가 다른 사람을 위해 설계된 장소 안에서 12년을 소비하면서 수학자와 음악가가 자신의 길을 찾도록 돕는 것이 중요하다.

Salza(2003) 또한 비슷한 정서를 표현했다. 학교 성공을 위해 필요한 기술이 삶의 성공을 위해 필요한 기술과 똑같다고 부정확하게 가정하기 때문에 난독증을 가진 성인이 성공하는 삶이 종종 어떻게 뜻밖의 예외가 되는지를 다음과 같이 예시하였다.

> 알을 낳으려고 모래밭에서 무겁게 움직이고 있는 거대한 초록색 바다거북을 생각해 보라. 그 거북이는 모래밭에서 자신의 몸을 무거운 듯 일으켜서 자신을 덮고 있는 땅에서 1인치씩 나아가려고 힘들여 고생한다. 거북이는 어색하고 허약하며 장애가 있으며 잘 적응하지 못할 것같이 보인다. 이번에는 바다에서 수영을 하고 있는 똑같은 초록색 바다거북을 생각해 보라. 그 거북이는 힘 있고 우아하게 수영을 하며, 깊이 다이빙하며, 오랫동안 물 아래 머물러 있으며 거의 건조한 상태나 다름없이 물 위에 있을 수 있다. 학교는 적어도 아동에게 우리가 학교라고 부르는 땅 조각을 그들이 고생하며 헤쳐 나가면서 자신이 향하고 있는 바다의 어렴풋한 기미라도 줄 수 있고 또 그렇게 해야 한다(p. 27).

그러므로 학습장애를 가진 개개인의 독특한 재능을 찾아보고 인정하며, 성공적인 학교 수행이 성공적인 삶의 결과를 보장하거나 부정하는 것이 아님을 그들에게 상기시키는 일이 중요하다. 많은 사람이 학습장애를 가지고 있음에도 불구하고 성공적인 삶을 살고 있다. 그들은 자신과 삶에 대한 긍정적인 태도를 가지고 있다. Werner(1993)는 긍정적인 기질이 후기 청소년기의 부정적인 결과를 감소시키지 않았지만 32세까지 긍정적인 적응을 예언한다는 것을 발견하였다.

학업적 영역의 성취 인정

많은 학습장애 학생에게 문제는 제한적이거나 영역 특수적이다. 예를 들면, 한 학생은 읽기를 못해서 고생할 수 있지만 수학이나 과학에서는 다른 학생을 뛰어넘을 수 있다. 또는 어떤 학생은 열심히 읽기를 하지만 철자 쓰기에는 큰 어려움을 겪을 수 있다. 특정 인지적 · 언어적 기제가 서로 다르게 기능하기 때문에 학습장애 학생은 학업적 과제에서 어려움을 겪어도 다른 영역에서는 어려움을 겪지 않을 수 있다. 예를 들면, 음운 인식에 약점을 가진 어떤 학생은 낱말 분석과 철자 쓰기 과제에서도 어려움을 보일 것이지만 (읽기가 관련되지 않는다면) 산수 과제에서는 어려움을 보이지 않을 것이다.

한 가지 중요하게 고려해야 할 점은 학습장애 학생이 똑같은 자료와 절차를 사용하는 또래와 함께 교육받을 수 있는 특정 학업 영역을 확인하는 일이다(Miller & Fritz, 1998). 단순히 같은 책을 가지고 있다는 것과 똑같이 그 책을 사용하고 그 책에서 이득을 얻는 것은 같지 않다. 학생은 주어진 책을 읽을 수 있어야 하며 그 책을 통해 배울 수 있어야 한다. 그러므로 학습장애 학생에게는 영역 특수적인 학업적 강점을 확인하고 그에 맞추어 커리큘럼 자료를 적절하게 일치시키는 일이 중요하다. 자신의 장애가 제한적이며 전반적인 기능에 영향을 미치지 않는다고 보는 아동과 성인은 긍정적인 자기존중감을 가질 가능성이 높다(Cosden, 2001; Rothman & Cosden, 1995). 수행 수준에 관계없이, 학습장애 학생은 현실적인 성취를 경험해야 한다(Brooks, 2001). Vail(2003)은 자기존중감이 밖에서 안으로 발달하는 것이 아니라 안에서 밖으로 발달하는 것이라고 지적했다. 또한 유능성은 확신을 가져오며, 확신은 동기를 증가시키고 진정한 자기존중을 초래한다.

결론

종종 혼동 속에서 생존과 성취를 추구하고 있는 학생에게 효과적인 교수를 제공하려면 일반교육 교사와 특수교육 교사가 협동해야 한다(Masters, Mori, & Mori, 1993). 교사가 학생에게 수업에 참여해야 하는 강력한 이유를 알려 주고 학생의 실패 경험을 최소화한다면 많은 학습장애 학생을 살아남게 할 수 있을 뿐만 아니라 성공적으로 성장하게 할 수도 있을 것이다(Sabornie & deBettencourt, 1997). Miller와 Fritz(1998)는 학생에게 "네가 기억하는 선생님 한 분에 관해 말해 보렴." 하고 물었을 때 호의적으로 회상할 수 있는 바로 그 한 사람이 되어야 한다고 교사를 격려한다.

잘 기능하는 학교는 아동의 발달과 성취를 돕는 보호요인의 역할을 한다(Keogh & Weisner, 1993; Rutter, 1978). 학교는 모든 학생에게 효과적이고 우호적이며 지지적이고 발달적으로 적합해야 한다(Bryan, 2003). 이를 위해서 모든 교육자가 비전을 공유하며 계획을 설정해야 한다. 우리는 이상한 나라의 앨리스가 교차로에 다가오면서 어떤 길로 가야 하는지를 물었을 때 체셔 고양이가 앨리스에게 했던 조언을 기억한다. 고양이는 물었다. "어디로 가고 있는 거니?" 앨리스가 대답했다. "모르겠어." 그러자 고양이가 대답했다. "어디로 가고 있는지 모를 때는 어떤 길이든지 괜찮아."

우리는 명백하고 엄격하며 정밀하게 생각해야 한다(Donahue & Pearl, 2003). 우리는 어디로 가고 있는지를 알아야 하며, 학습장애 아동을 위한 커리큘럼을 계획하고 활동을 선정하며 늘 경계하고 있어야 한다. Brooks(2001)는 효과적인 교육자의 공통된 마음가짐을 다음과 같이 매우 적절하게 묘사했다.

> 우리는 공감적이 되어서, 우리가 대우받기를 원하는 똑같은 방식으로 학생을 대우해서, 미소를 지을 약간의 시간을 찾아 학생이 편안하게 느끼게 해서, 학생이 성공적으로 학습할 수 있는 방식으로 가르쳐서, 비난하는 어떤 말이나 행동이라도 하지 않으려고 주의해서, 실패와 창피함의 두려움을 최소화해서, 학생을 격려해서, 그리고 학생의 강점을 알아차려서 이것을 성취할 수 있다(p. 20).

이것이 우리가 추구해야 할 길이다. 그것은 효과적인 교수, 지지, 공감으로 포장된 길이다.

참고문헌 REFERENCES

Bender, W. N., Rosenkrans, C. B., & Crane, M. K. (1999). Stress, depression, and suicide among students with learning disabilities: Assessing the risk. *Learning Disability*

Quarterly, 22, 143-156.

Blocker, L. S., & Copeland, E. P. (1994, April-May). Determinants of resilience in high-stressed youth. *High School Journal,* 286-293.

Borkowski, J. G., Carr, M., Rellinger, L., & Pressley, M. (1990). Self-regulated cognition: Interdependence of metacognition, attributions, and self-esteem. In B. Jones & L. Idol (Eds.), *Dimensions of thinking and cognitive instruction* (pp. 53-92). Hillsdale, NJ: Erlbaum.

Brooks, R. B. (1991). *The self-esteem teacher.* Loveland, OH: Trehaus Communications.

Brooks, R. B. (2001). Fostering motivation, hope, and resilience in children with learning disorders. *Annals of Dyslexia, 51,* 9-20.

Brooks, R. B., & Goldstein, S. (2001). *Raising resilient children: Fostering strength, hope, and optimism in your child.* Lincolnwood, IL: Contemporary Books.

Bryan, T. (2003). The applicability of the risk and resilience model to social problems of students with learning disabilities: Response to Bernice Wong. *Learning Disabilities Research and Practice, 18,* 94-98.

Cosden, M. (2001). Risk and resilience for substance abuse among adolescents and adults with LD. *Journal of Learning Disabilities, 34,* 352-358.

Cosden, M., Brown, C., & Elliott, K. (2002). Development of self-understanding and self-esteem in children and adults with learning disabilities. In B. Y. L. Wong & M. Donahue (Eds.), *Social dimensions of learning disabilities* (pp. 33-51). Mahwah, NJ: Erlbaum.

Crawford, V. (2002). *Embracing the monster: Overcoming the challenges of hidden disabilities.* Baltimore: Paul Brookes.

Donahue, M. L., & Pearl, R. (2003). Studying social development and learning disabilities in not for the faint-hearted: Comments on the risk/resilience framework. *Learning Disabilities Research and Practice, 18,* 90-93.

Elbaum, B. (2002). The self-concept of students with learning disabilities: A meta-analysis of comparisons across different placements. *Learning Disabilities Research and Practice, 17,* 216-226.

Elbaum, B., & Vaughn, S. (2001). School-based interventions to enhance the self-concept of students with learning disabilities: A meta-analysis. *Elementary School Journal, 101,* 303-329.

Elliot, S., & McKinnie, D. (1994). Relationships and differences among social skills, proeblms behaviors, and academic competence for mainstreamed learning-disabled and nonhandicapped students. *Canadian Journal of School Psychology, 10,* 1-14.

Fernald, G. (1943). *Remedial techniques in basic school subjects.* New York: McGraw-Hill.

Gerber, P. J., & Ginsberg, R. J. (1990). Identifying alterable patterns of success in highly successful adults with learning disabilities. Washington, DC: OSERS: National Institute for Disability and Rehabilitation Research.

Gerber, P. J., Ginsberg, R. J., & Reiff, H. B. (1992). Identifying alterable patterns in employment success in highly successful adults with learning disabilities. *Journal of Learning Disabilities, 25*, 475-487.

Gerber, P. J., Reiff, H. B., & Ginsberg, R. (1996). Reframing the learning disabilities experience. *Journal of Learning Disabilities, 29*, 98-101.

Hall, C. W., Spruill, K. L., & Webster, R. E. (2002). Motivational and attitudinal factors of college students with and without learning disabilities. *Learning Disabilities Quarterly, 25,* 79-86.

Hallowell, E. M. (2003). Life and death and reading words. *Perspectives, 29*(3), 6-7.

Harter, S. (1985). *Manual for the self-perception profile for children.* Denver: University of Denver.

Hechtman, L. (1991). Resilience and vulnerability in long-term outcomes of attention deficit hyperactivity disorders. *Canadian Journal of Psychiatry, 36,* 415-421.

Higgins, E. L., Raskind, M. H., Goldberg, R. J., & Herman, K. L. (2002). *Learning Disability Quarterly, 25,* 3-18.

Howard, K. A., & Tryon, G. S. (2002). Depressive symptoms in and type of classroom placement for adolescents with LD. *Journal of Learning Disabilities, 35*, 186-190.

Jenkins, J. R., & Heinen, A. (1989). Students' preferences for service delivery: Pull-out, in-class, or integrated models. *Exceptional Children, 55*, 516-523.

Keogh, B. K., & Weisner, T. (1993). An ecocultural perspective on risk and protective factors in children's development: Implications for learning disabilities. *Learning Disabilities Research & Practice, 8*, 3-10.

Kloomok, S., & Cosden, M. (1994). Self-concept in children with learning disabilities: The relationship between global self-concept, academic "discounting," nonacademic self-concept, and perceived social support. *Learning Disability Quarterly, 17,* 140-153.

Kravetz, S., Faust, M., Lipshitz, S., & Shalhav, S. (1999). LD, inter personal understanding, and social behavior in the classroom. *Journal of Learning Disabilities, 32*, 248-255.

Kuhne, M., & Wiener, J. (2000). Stability of social status of children without and without learning disabilities. *Learning Disability Quarterly, 23,* 64-75.

Le Mare, L., & de la Ronde, M. (2000). Links among social status, service delivery modem and service delivery preference in LD, low-achieving, and normally achieving elementary-aged children. *Learning Disability Quarterly, 23,* 52-62.

Lerner, J. W. (2000). *Learning disabilities: Theories, diagnosis, and teaching strategies.* Boston: Houghton Mifflin.

Masters, L. F., Mori, B. A., & Mori, A. A. (1993). *Teaching students with mild learning and behavior problems: Methods, materials, strategies.* Austin, TX: PRO-ED.

Mather, N., & Gregg, N. (2003). "I can rite.": Informal assessment of written language. In S. Vaughn & K. L. Briggs (Eds.), *Reading in the classroom: Systems for observing teaching and learning* (pp. 179-219). Baltimore: Brookes.

McKinney, J. D., Osborne, S. S., & Schulte, A. C. (1993). Academic consequences of learning disability: Longitudinal prediction of outcomes at 11 years of age. *Learning Disability Research and Practice, 8,* 19-27.

McMaster, K. N., & Fuchs, D. (2002). Effects of cooperative learning on the academic achievement of students with learning disabilities: An update of Tateyama-Sniezek's review. *Learning Disabilities Research and Practice, 17,* 107-117.

McNulty, M. A. (2003). Dyslexia and the life course. *Journal of Learning Disabilities, 36,* 363-381.

Miller, M., & Fritz, M. F. (1998). A demonstration of resilience. *Intervention in School and Clinic, 33,* 265-271.

Morrison, G. M. (1985). Differences in teacher perceptions and student self-perceptions for learning disabled and nonhandicapped learners in regular and special education settings. *Learning Disabilities Quarterly, 1,* 32-41.

Morrison, G. M., & Cosden, M. A. (1997). Risk, resilience, and adjustment of individuals with learning disabilities. *Learning Disability Quarterly, 20,* 43-60.

Morrison, G. M., & D'Incau, B. (1997). The web of zero tolerance: Characteristics of students who are recommended for expulsion from school. *Education and Treatment of Children, 20,* 316-335.

Palombo, J. (2001). *Learning disorders and disorders of the self.* New York: Norton.

Perfitt-Nelson, M. (2002, December 16). "G," Sam makes sense. Message posted to http://IAPCHC@yahoogroups.com.

Reiff, H. B., Gerner, P. J., & Ginsberg, R. (1993). Definitions of learning disabilities from adults with learning disabilities: The insiders' perspectives. *Learning Disability Quarterly, 16,* 114-125.

Robertson, L. M., Harding, M., & Morrison, G. (1998). A comparison of risk and resilience indicators among Latino/a? students: Differences between students identified as at-risk, learning disabled, speech impaired, and not at-risk. *Education and Treatment of Children, 21,* 333-354.

Rothman, H. R., & Cosden, M. (1995). The relationship between self-perception of a learning disability and achievement, self-concept and social support. *Learning Disability Quarterly, 18,* 203-212.

Rutter, M. (1978). Early sources of security and competence. In J. S. Bruner & A. Garten (Eds.), *Human journal of development* (pp. 49-74). London: Clarendon.

Rutter, M. (1985). Resilience in the face of adversity: Protective factors and resistance to psychiatric disorder. *British Journal of Psychiatry, 147,* 598-611.

Sabornie, E. J., & deBettencourt, L. U. (1997). *Teaching students with mild disabilities at the secondary level.* Upper Saddle River, NJ: Prentice-Hall.

Salza, L. (2003). Struggling to learn in school: Confessions of a lunch-pail school head. *Perspectives: The International Dyslexia Association, 29*(2), 26-27.

Schumm, J. S., Moody, S. W., & Vaughn, S. (2000). Grouping for reading instruction: Does one size fit all? *Journal of Learning Disabilities, 33,* 477-488.

Segal, J. (1988). Teachers have enormous power in affecting a child's self-esteem. *Brown University Child Behavior and Development Newsletter, 4,* 1-3.

Settle, S. A., & Milich, R. (1999). Social persistence following failure in boys and girls with LD. *Journal of Learning Disabilities, 32,* 201-212.

Shessel, I., & Reiff, H. B. (1999). Experiences of adults with learning disabilities: Positive and negative impacts and outcomes. *Learning Disability Quarterly, 22,* 305-316.

Smith, D. S., & Nagle, R. J. (1995). Self-perceptions and social comparisons among children with LD. *Journal of Learning Disabilities, 28,* 364-371.

Smith, S. L. (1989, April). The masks students wear. *Instructor, 27-28,* 31-32.

Smith, S. L. (2003). What do parents of children with learning disabilities, ADHD, and related disorders deal with? *LDA Newsbriefs, 38*(4), 3-8, 16.

Sorensen, L. G., Forbes, P. W., Bernstein, J. H., Weiler, M. D., Mitchell, W. M., & Waber, D. P. (2003). Psychosocial adjustment over a two-year period in children referred for learning problems: Risk, resilience, and adaptation. *Learning Disabilities Research and Practice, 18,* 10-24.

Spekman, N. J., Goldberg, R. J., & Herman, K. L. (1993). An exploration of risk and resilience in the lives of individuals with learning disabilities. *Learning Disabilities Research and Practice, 8,* 11-18.

Spekman, N. J., Herman, K. L., & Vogel, S. A. (1993). Risk and resilience in individuals with learning disabilities: A challenge to the field. *Learning Disabilities Research and Practice, 8,* 59-65.

Stanovich, K. E. (1986). Matthew effects in reading: Some consequences of individual differences in the acquisition of literacy. *Reading Research Quarterly, 21,* 360-407.

Stanovich, K. E. (1999). The sociopsychometrics of learning disabilities. *Journal of Learning Disabilities, 32,* 350-361.

Steele, C. M. (1995). Stereotype threat and intellectual test performance of African Americans. *Journal of Personality and Social Psychology, 69,* 797-811.

U. S. Office of Education. (1992). *Fourteenth annual report to Congress on the implementation of the Individuals with Disabilities Act.* Washington, DC: Author.

Vail, P. L. (2003). Ten tenets for parents. *Perspectives, 29*(3), 22.

Vaughn, S., & Elbaum, B. (1999). The self-concept and friendships of students with learning disabilities: A developmental perspective. In R. Gallimore, L. P. Bernheimer, D. L. MacMillan, D. L. Speece, & S. Vaughn (Eds.), *Developmental perspectives on children with high-incidence disabilities* (pp. 15-31). Mahwah, NJ: Erlbaum.

Vaughn, S., & Haager, D. (1994). Social competence as a multifaceted construct: How do students with learning disabilities fare? *Learning Disability Quarterly, 12,* 253-266.

Vaughn, S., Haager, D., Hogan, A., & Kouzekanani, K. (1992). Self-concept and peer acceptance in students with learning disabilities: A four- to five-year prospective study. *Journal of Educational Psychology, 84,* 43-50.

Voeller, K. K. S. (1991). Social-emotional learning disabilities. *Psychiatric Annals, 21,* 735-741.

Vogel, S. A., Hruby, P. J., & Adelman, P. B. (1993). Educational and psychological factors in successful and unsuccessful college students with learning disabilities. *Learning Disabilities Research and Practice, 8,* 35-43.

Wagner, M. (1990). *The school programs and school performance of secondary students classified as learning disabled: Findings from the national longitudinal transition study of special education students.* Menlo Park, CA: SRI International.

Werner, E. E. (1993). Risk and resilience in individuals with learning disabilities: Lessons learned from the Kauai longitudinal study. *Learning Disabilities Research and Practice, 8,* 28-34.

Werner, E. E. (1999). Risk and protective factors in the lives of children with high-incidence disabilities. In R. Gallimore, L. P. Bernheimer, D. L. MacMillan, D. L Speece, & S. Vaughn (Eds.), *Developmental perspectives on children with high-incidence disabilities* (pp. 15-31). Mahwah, NJ: Erlbaum.

Wiener, J. (2003). Resilience and multiple risks: A response to Bernice Wong. *Learning Disabilities Research and Practice, 18,* 77-81.

Wong, B. Y. L. (2003). General and specific issues for researchers' consideration in applying the risk and resilience framework to the social domain of learning disabilities. *Learning Disabilities Research and Practice, 18,* 68-76.

Wyman, P. A., Cowen, E. L., Work, W. C., & Kerley, J. H. (1993). The role of children's future expectations in self-esteem functioning and adjustment to life stress: A prospective study of urban at-risk children. *Development and Psychopathology, 5,* 649-661.

제16장

적응유연성과 자기통제의 손상

Wai Chen & Eric Taylor

서론

자기통제와 ADHD

자기통제(self-control)는 발달심리학에서 널리 알려진 개념이다. 신경 인지 수준에서 자극에 대한 반응성을 유기체가 스스로 통제하거나 통제하지 못하는 문제는 주의 · 집행 기능에 관한 연구와 주의력 결핍에서 다루는 핵심 주제다(예, Taylor, 1995). 행동 통제는 더욱 복잡한 개념이다. 활동을 계획적이며 규칙 지배적으로 조직할 수 있다는 것은 많은 장점을 갖게 하고, 인류 진화의 측면에서는 중대한 획득이다. 정서 통제는 즉각적인 정서 반응을 조절하며 열정적으로보다는 의지적으로 반응하는 것이 적응적이라는 생각과 관련된다.

자기통제와 그 결핍은 매우 다양한 정신병리 증상을 설명하는 데 설득력 있는 개념이다. 손상된 자기통제는 통제하기 어렵거나 바람직하지 않은 행동—과다행동, 주의력 결핍, 도박이나 폭식증 또는 방화광과 같은 충동장애, 약물남용, 적대적 반항장애, 품행장애, 뚜렛장애의 복합형 틱—과 함께 존재하는 거의 모든 장애의 위험요인으로 간주될 수 있다(Strayhorn, 2002a). 또는 이런 장애의 일부분이나 장애의 결과로도 간주될 수 있다. 자신을 통제할 수 있는 능력은 심지어 그보다 더 다양한 장애에서 보호요인으로 고려된다. 왜냐하면 약물남용과 같은 더 큰 발달적 위험을 피하기 위해 자기통제를 사용할 수 있기 때문이기도 하며, 자기 자신을 통제하는 능력은 인지치료 등 일부 치료의 성공에 필수조건이기 때문이기도 하다(Strayhorn, 2002b).

그러나 아이디어의 폭넓은 사용은 한 가지 문제를 낳는다. 한 아이디어가 많은 종류의 문제에 적용된다면 그것을 설명적 개념으로 간주해서는 안 되고 오히려 다소 불특정한 묘사어로 간주할 수 있다. 여기에는 확실히 순환성의 이슈가 있다. 만일 바람직하지 않은 행동의 존재가 저조한 행동적 자기통제에 필요한 유일한 증거라면 바람직하지 않은 그 행동을 설명하기 위해서 행동의 증거를 사용해서는 안 된다. 이는 행동장애의 원인에 관한 이론을 구성한다. 이런 경우에 바람직하지 않은 행동의 존재에 대한 독립적인 증거가 필수적이다. 그래서 조작적 정의를 내리기가 어렵다. 어떤 행위가 의지에 의해 야기된다면 의지의 원인은 무엇인가?

자기통제가 원인으로 간주될 때, 손상된 자기통제는 다른 원인과 경쟁해야 한다. 교실에서 소란스럽게 행동하는 아동을 생각해 보라. 어떤 아동은 이런 행동을 계획적으로 의지에 따라 할지도 모른다. 예를 들면, 아동은 교사를 기쁘게 하기보다는 또래를 감동시키기를 더 좋아할지도 모른다. 유감스럽기는 하나 이런 행동은 통제되지 않은 것이 아니다. 이는 조직화의 부족이라기보다는 다른 종류의 조직화다. 다른 사람은 이 아동이 중대한 기대를 위반하고 있는지를 전혀 모를 수도 있다. 아동의 자기중심성이 너무 커서 다른 사람의 반응에 무관하게 자신이 하고 싶은 것을 따를 뿐이다. 또 어떤 아동은 다른 사람의 반응에 대해 깊이 생각하면서 덜 제멋대로 행동하여 자신의 관심을 더 잘 만족시킬 수 있다는 것을 알고는 있다. 그러나 숙고할 시간, 이해한 것을 행동으로 옮길 시간을 들이지 않거나 들일 수 없다. 후자의 아동을 '자기통제가 결여된' '충동적인' 또는 '억제가 결여된' 사람으로 묘사할 수 있다. 그러나 이것은 행동의 조작적 정의가 아니고, 오히려 현재의 마음 상태 그리고 또 다른 가능한 마음 상태에 관한 추론에 기초한 것이다.

이 장에서는 손상된 자기통제, 즉 과잉활동성(overactivity)과 충동성(impulsiveness)에 대한 증거로 간주될 수 있는 가장 명백하게 조작적인 행동에 주목할 것이다. 이 협소한 조작적 정의에서 주의력결핍 과잉행동장애(ADHD)는 고전적 패러다임을 반영한다. ADHD는 연령에 적합하지 않은 수준의 부주의, 과잉행동, 충동성이 초기 아동기부터 중기 아동기 사이에 발병하는 특징을 보인다. 관찰연구에서 발견된 이런 행동이 기술될 것이고, 자기 조직에 관여하는 뇌 구조 기능의 변경을 시사하는 신경 인지적 기초에 관한 많은 문헌을 간략하게 개관할 것이다. 그다음 결과로 나타나는 행동 변화가 사실상 그 이후의 심리적 적응의 위험요인이 된다는 의미로 성과연구를 검토할 것이다. 이로써 처치를 통해 성취할 수 있는 요인과 위험에도 불구하고 적응유연성을 증진시킬 수 있는 요인을 고려할 수 있을 것이다.

ADHD의 핵심 문제

ADHD를 진단하려면 그 증상과 손상이 지속적으로 여러 장면에서 광범위하게 나타나야 한다. **부주의**(inattentiveness)는 과제나 장난감에 소요하는 시간의 감소, 핵심적으로 주어진 과제에서 벗어나는 빈도의 증가, 여러 활동 간 빠른 이동과 변화를 말한다(Dienske, de Jonge, & Sanders-Woudstra, 1985; Milich, Loney, & Landau, 1982). **과활동성**(overactivity)은 운동의 과도함을 의미하는데, 이는 단순히 충동성이나 부주의로 환원될 수 없다(Porrino et al., 1983). **충동성**(impulsivity)은 숙고하지 않고 행동하는 것을 의미하며, 지나치게 빠른 반응성, 감각 추구, 즉각적인 보상에 대한 과도한 끌림, 기다리기를 싫어함, 미리 계획하지 못함으로 개념화할 수 있다. DSM-IV에서 ADHD는 (1) 부주의 우세형, (2) 과잉행동-충동성 우세형, (3) 복합형의 세 가지 하위 유형으로 구분된다. 세 번째 유형은 유럽의 과잉운동증(hyperkinetic disorder) 진단과 전반적 과잉행동 증후군에 필적할 만하다. ADHD는 학습장애, 교육적 실패, 손상된 사회적 기능, 관계문제, 취업 실패, 비행뿐만 아니라 품행장애, 약물남용, 성격장애, 기분장애를 포함한 다수의 정신병리가 발생할 위험이 증가하는 장애조건이다.

ADHD의 신경심리적 상관변인

ADHD 연구 분야에서는 **반응 억제**와 **자기통제**의 결함이 정신병리의 핵심이라는 가설이 관심을 받아 왔다. 외현적인 부주의와 산만함이 ADHD에서 관찰된 현저한 특징일지라도 신경심리적 상관변인에 관한 연구는 선택적 주의의 결함이나 주의 여과의 결함을 찾아내지 못했다. 이는 ADHD가 감각적 입력의 결함이나 원하지 않는 정보를 가려내지 못하는 결함이 아니라 오히려 반응 산물의 결함이라는 것을 보여 준다. 다시 말해, ADHD는 주의력 장애라기보다는 억제의 장애며 부적응적인 반응 패턴의 장애다.

반응 조직화의 변화에 대한 몇몇 이론적 설명이 있다. 문제를 가장 가깝게 표현하기 위해 경쟁을 하는 이론적 설명으로는 (1) 반응억제이론(Barkley, 1997), (2) 지연혐오이론(Sonuga-Barke, Taylor, Sembi, & Smith, 1992; Sonuga-Barke, Taylor, & Heptinstall, 1992), (3) 상태조절이론(Van der Meere, 2002), (4) 작동기억 결함이론(Castellanos & Tannock, 2002), (5) 인지적 에너지 이론(Sergeant, 2000), (6) 시간성(시간의 지각) 결함이론이 있다. 최근에는 반응억제 이론과 지연혐오이론을 결합한 이중 경로 모형(dual pathway model)이 제안되었다(Sonuga-Barke, 2003).

반응억제이론(response inhibition theory)은 원치 않는 산물을 억제하지 못하는 손상이 ADHD의 핵심 결함임을 주장한다. 예를 들면, 우세한 반응을 억제하지 못하거나, 확립된 지속적인 반응 패턴을 보류하지 못하거나(그럼으로써 결정을 지연함), 이러한 지연시기 동안 외부의 무관한 사건의 방해나 간섭에서 보호하지 못하는 결함이 있다. 이런 것은 자기통제를 포함한 집행기능의 이차적인 손상을 야기한다.

상태조절이론(state regulation theory)은 맥락적 요인을 더 강조한다. ADHD 아동이 어떤 과제에서 저조한 수행을 하는 것은 에너지, 각성, 활성화, 노력이 최적이 아닌 상태에 있음을 반영한다. 예를 들어, 보상을 주거나 좀 더 신속한 사건 비율을 도입하면 ADHD 아동의 수행을 통제집단 아동의 수준까지 끌어올릴 수 있도록 ADHD 아동의 상태를 최적화할 수 있다. 이 이론은 ADHD 피험자의 반응에서 관찰된 변화나 비일관성을 설명한다. 보상조건 아래서 그리고 자극이 빨리 제시되는 조건 아래서 수행이 향상되듯이, 자극 제시의 상이한 실험 상황에서는

ADHD 피험자의 반응에서 관찰되는 변화의 정도가 바뀐다.

지연혐오이론(delay arersion theory)은 충동적인, 그러므로 통제가 안 된 행동이 반응을 보류하지 못하는 무능력에서 생기는 것이 아니라 동기의 변화, 즉 기다리는 것에 대한 심한 혐오와 지연행동을 꺼리는 마음에서 생기는 것이라고 주장한다. 맥락의 영향은 이 이론에서 더욱 강력한데, 만일 지연 특징을 통제하면—아동 자신이 무엇을 선택했든지 기다려야 한다면—ADHD 아동이 충동성을 보이지 않는 실험 상황을 구성하는 것이 가능하기 때문이다.

요약하면, 지금까지의 인지적 연구로부터 우리는 억제에 관한 결정을 내리는 방식의 변경이 아니라 억제적 통제의 결핍을 다루고 있다고 가정할 수 없다. 어떤 생각이든지 적합할 수 있다. 그것들은 상호 배타적이지 않다. 사실상 그들은 서로를 발생시킬 수 있다. 억제 결함은 아동이 지연을 혐오하게 만들 수 있는데, 그들이 지연 상황에서 실패를 수없이 경험해 왔기 때문이다. 억제 혐오는 지연이 관여하는 상황을 아동이 경험하지 못하게 할 것이고, 그러므로 억제의 기술을 학습하지 못하게 할 것이다. 실로 우리는 반응억제이론과 지연혐오이론이 충동적 행동에 대한 단독 설명이 되려고 경쟁하고 있다고 생각하지 않는다. 오히려 두 이론은 충동성에 이르는 두 가지 가능한 경로를 묘사한다. 두 경로는 ADHD 아동을 두 개의 하위 유형으로 구분하게 하거나 동일한 개인이 여러 문제를 갖는다고 보게 한다. Taylor(1999)가 제시한 의지적 통제 모형에서 두 이론은 계획된 의도적인 반응—무엇을 할 것인가에 대한 집행 계획과 결정을 내리는 것, 의도를 계획으로 정교화하는 것, 다른 계획보다도 어떤 하나의 계획을 선택하는 것, 대립되는 다른 계획을 억제하는 것—이 형성되는 상이한 단계에서의 차이를 나타낸다.

억제 통제에서 나타나는 이런 모든 비정상성은 뇌의 미세 구조와 신진대사의 유전적 변화를 직접 따른다. 부적절한 반응의 억제에 관여하는 뇌 구조(예, 우뇌 전두 영역과 선조체 영역)에는 도파민과 도파민 수용기가 많이 있다. 시냅스 전달의 효율성이 유전에 의해 감소되면 이 뇌 구조의 활동성이 손상될 수 있다. 그러나 이런 가정은 너무나 간단해서 이 직접 통로가 주요한 단 하나의 통로여야만 한다. 그렇지만 심리적 환경과의 상호작용도 고려해야 한다. 과다행동에 미치는 강력한 유전적 영향이 있기는 하지만, 인지적 비정상성에 관여하는 것으로 추정되는 유전에 관해서는 알려진 바가 많지 않다. 경험이 단순한 과정과 복잡한 과정 모두에 영향을 미칠지라도, 어떻게 해서 학습과 동기가 복잡한 과정을 변경시킬 수 있는지를 살펴보는 것이 아마도 더 쉬운 일일 것이다. 억제하기로 한 결정—즉, 우세한 반응이나 즉각적 만족을 가져오는 것으로 알려진 반응을 보류하기로 한 결정—은 부분적으로는 유기체의 과거력에 의해 결정되어야 한다. 예를 들면, 지연된 강화물이 실제로는 절대로 주어지지 않을 것이라는 생각에 대한 지지를 받은 아동은 (충동적인 부모의 자녀와 마찬가지로) 기다리기를 선호하는 양식을 발달시키지 않을 수 있다. 비슷하게 어느 하나의 문제에 대한 생각과 분석을 질질 끌어 지연하기로 한 결정은 과거에 성공을 해서 보상을 받아 온 바로 그것을 행하는 정도에 의해 조건화되거나 양육자의 반응에 의해 조건화될 가능성이 있다. 이론적으로는 이런 설명이 인지적이며 자기 교수적인 개입방법을 가능하게 한다. 그러나 실제로 이런 방법의 임상적 가치는 아직 증명되지 않았다.

적응유연성, 성과연구 및 방법론적 이슈

Taylor, Chadwick, Heptinstall과 Danckaerts(1996)는 대규모 지역사회 조사에서 부모와 교사 평정을 통해 전반적 과잉행동이 있는 것으로 확인된 7~8세 아동을 대상으로 추적연구를 실시했다. 9년 후 대상 아동이 17세가 되었을 때, 아동기 증상의 부모 보고(Parent Account of Childhood Symptoms: PACS) 평정체계를 사용한 상세한 면접과 부모 평정으로 재평가를 실시했다. 품행장애 문제가 동시에 발생한 아동을 포함하고 정서장애 문제를 보이는 아동을 제외한 이후에도 과잉행동은 여전히 이후 부적응의 위험요인이었다. 문제를 겪고 있는 아동의 거의 반수가 정신병 진단을 받았고, 더 많은 수는 지속적인 과잉행동, 폭력 및 기타 품행 문제, 사회성 및 또래 관계 문제 등을 보였다. 과잉행동이 만성적이고 쇠약하게 하는 장애이지만, 흥미롭게도 소수의 아동은 질병을 피한 것처럼 장애를 벗어나 심각하게 위태롭지 않은 성인 초기를 맞이했다. 달리 표현하자면, 전반적 과잉행동이 있는 경우에도 적응유연성이 존재한다. 그러나 ADHD 아동의 적응유연성이 연구의 주요 초점은 아니었다.

적응유연성 분야에서 초기 역경과 결핍에 노출된 아동을 대상으로 수많은 연구를 수행하였다. 연구자는 이후 생활에 잘 적응하는 상태를 예측하는 여러 변인을 적응유연성의 지표로 검토했다. 비슷한 예언변인을 ADHD 아동에게도 적용할 수 있는 것으로 추정되지만, 직접적이고 엄격한 경험적 증거는 여전히 부족하다.

더구나 경험적 연구는 때때로 직관적 지식에 어긋나는 결과, 즉 우리가 논리적으로 예측할 수 있는 것과는 반대되는 결과를 도출할 수 있다. 이 주제는 Hechtman (1991)의 개관논문과 이 책에서 Werner가 집필한 7장에서 논의하였다. 지금은 ADHD 아동이나 과잉행동 아동을 대상으로 한 대규모 적응유연성 연구가 수행되지 않는다는 점을 강조하는 것이 중요하다. 혼란을 피하기 위해 그 연구 결과를 이 장에서 검토하지 않을 것이다. 그러나 과잉행동 피험자나 ADHD 피험자를 대상으로 이런 이슈를 다룬 연구를 이 장에 포함하였다.

ADHD 심리치료에서 결핍이나 약점에 기반을 둔 모형에 기초한 적응유연성의 전통적 개념에 도전하는 새로운 동향이 나타났다(Brooks & Goldstein, 2001). **결핍이나 약점에 기초한 모형**에서 장애는 증상, 비정상, 결함, 약점을 포함하는 것으로 간주되고, 적응유연성은 증상을 감소시켜서 결과를 향상시키는 요인으로 개념화된다. **강점에 기반을 둔 모형**은 장애에도 불구하고 기술, 강점, 유능성의 발달을 강조한다(Brooks & Goldstein, 2001). 본질적으로 이 새로운 접근은 '장애(disabilities)'와 '능력(abilities)'을 구분하고, 조건과 관련된 '능력'과 '재능(talents)'의 발달을 옹호한다. 또한 전통적인 패러다임과 대조적으로 새 패러다임에서는 '강점'이 적응유연성을 증진하고 '증상'의 부정적인 영향을 최소화할 수 있음을 가정한다.

그러나 새 패러다임의 효능성을 평가하는 실질적인 개입 시도는 아직 없다. 즉, 감소하는 증상이 없는데 능력의 발달이나 ADHD 관련 강점의 발달을 증진시키는 것이 ADHD의 예후를 향상시키는지를 검증한 시도가 이루어지지 않았다. 그러므로 이 장에서는 다음에 관해 발표된 증거를 검토할 것이다. 즉, (1) 조건의 자연적인 역사와 그것이 적응유연성에 던지는 시사점, (2) ADHD에서 적응유연성의 예측변인과 불리한 결과의 예측변인, (3) 처치 반응의 예측변인, (4) 증상 감소가 없는 상황에서의 강점 강조가 ADHD 아동의 적응유연성을 증진시키는지의 여부다.

이를 검토하기에 앞서 이 분야에서 발표된 증거를 평가하는 방법에 관한 몇 가지 이슈에 관심을 기울이고자 한다. ADHD에 관한 연구 증거는 크게 다음 두 집단에서 얻은 것이다. 하나는 (차원적 척도상에서) 과잉행동을 가진 피험자를 대상으로 수행한 것이며, 다른 하나는 (범주적 정의에 의해서) ADHD나 이에 필적할 만한 진단을 받은 피험자를 대상으로 수행한 것이다. 후자에 해당하는 범주는 임상가나 타당화된 진단도구를 사용하는 연구자가 진단한 임상적 장애(여기에서는 ADHD)를 가진 아동으로 이루어졌다. 이들은 보통의 경우에 전문 클리닉을 거쳐 확인된다. 반면 과잉행동 피험자는 종종 지역사회 표집에서 선발되고, 활동성(이에 더하여 부주의가 추가되거나 제외됨)의 수준에 따라서 분류된다. 이런 과잉행동을 하는 것으로 지각된 피험자는 연속적 차원의 양극단을 나타내지만, 그들이 반드시 ADHD의 임상적 장애를 가지고 있다고 볼 수는 없다.

ADHD 아동에 관한 연구는 종종 의뢰 편향에 좌우된다. 즉, 의사에게 의뢰된 아동은 공격성이나 품행 문제처럼 성인에게 문제를 일으키는 더욱 심각한 증상이나 공존 병리 조건을 가질 수도 있는데, 이는 남아에게서 더욱 흔히 나타난다. 더구나 연구 결과에 의하면 통제집단이나 비교집단이 잘 선별되었는지, 모집단을 대표하는 표집인지에 의해 크게 영향을 받는다. 비교집단이 지나치게 일치하면 두 집단의 차이를 과소 탐지하게 되고, 덜 일치하면 두 집단 간에 차이가 없는데도 차이를 허위로 탐지할 수 있다.

반면 과잉행동을 차원적 스펙트럼의 극단으로 간주하는 연구에서는 보통 지역사회 표집을 대상으로 한다. 지역사회 표집은 선별 편향에 덜 좌우된다. 그러나 수집된 자료의 질은 상세함과 정확성에서 떨어진다. 이런 자료는 종종 짧은 시간 동안의 행동을 기록하며, 정상성과 장애를 변별하는 훈련을 받지 않은 부모나 교사가 작성하는 평정척도 측정치에 의존해야 하는 한계를 갖는다. 그러므로 이렇게 수집된 정보는 피험자를 잘못 분류하게 만드는 측정 오차, 평정자 편향, 정보 편향에 취약하다. 더구나 이런 분석에서는 '정상'과 '비정상'의 구분점이 임의로 규정될 수 있는데, 예를 들면 상위 5%, 10%, 20%, 25%를 구분점으로 택한다. 이처럼 다양한 이유 때문에 한 아동이 장애의 한 사례로 분류될 수 있다. 자료가 수집되는 바로 그 시점에 해당 아동이 증상을 보이거나, 정상성의 상위 극단에 속하지만 장애의 낮은 경계선 아래 수준에서 행동을 하는 경우에는 지나치게 엄격한 부모가 그 아동을 과대평가할 수 있다. 때때로 동시대 출생집단의 크기가 너무 작아서 장애의 준거를 충족시키는 적절한 수의 아동을 표집할 수가 없고, 그래서 장애의 진짜 효과를 확인할 만한 통계적 검증력이 부족한 경우도 있다. 이런 연구의 결과가 ADHD에도 관련되는지 조심스럽게 다루어 보아야 한다.

과잉행동과 ADHD의 자연적 결과

과잉행동 지역사회 표집에서 얻은 증거

진단도 치료도 받지 않은 장애가 어떤 자연적인 경과를 보이는지는 역학적으로 확인된 지역사회 표집, 즉 동시대 출생집단처럼 의뢰되지 않은 사람을 대상으로 한 대규모 종단연구에서 추론될 수 있다. 이런 종단적 역학연구는 수행하기가 어렵고 비용이 많이 들며, 보통은 다른 목적을 위해 설계된 동시대 출생집단 연구에서 보고된다. 과잉행동은 종종 ADHD의 정확성과 구체성이 부족한 대리 측정치에 근거하여 분류될 수 있다. 주요 연구는 더니든, 크라이스트처치, 라이트섬, 동런던(Taylor, Chadwick, Heptinstall, & Danckaerts, 1996) 그리고 케임브리지의 5개 동시대 출생집단에서 나온 것이다.

Fergusson(1997)은 발달의 상이한 시점에서 부모 평정척도와 교사 평정척도를 통해 확인한 크라이스트처치 동시대 출생집단을 분석했다. Fergusson은 자료분석을 할 때 일단 동시에 존재하는 품행문제를 조정하여 과잉행동/부주의 행동과 이후의 위반 행동 간의 상관이 유의하지 않다는 것을 발견했다. 그는 과잉행동/부주의 행동이 품행장애와 이전에 이미 관련되기 때문에 위험요인으로 보일 뿐, 품행장애가 진짜 위험요인이라고 제안했다. 그러나 과잉행동은 교육적 저성취를 예측하기 때문에 과잉행동의 부정적 결과를 결코 사소하다고 볼 수 없다. 더구나 이 두 가지 조건 간에는 매우 강력한 상관이 존재한다. Moffitt(1990)는 더니든 동시대 출생집단을 분석하여 다른 결론에 도달했다. 5세의 초기 공격적 행동을 통계적으로 통제해도 과잉행동이 청소년기의 반사회적 행동을 예측했기 때문이다.

이 결과는 Farrington이 아동기 부주의/과잉행동이 이후 범죄 결과에 미치는 효과를 평가하기 위해 재분석했던 케임브리지 동시대 출생집단에서도 입증되었다(Farrington, Loeger, & van Kammen, 1990). 런던에 있는 노동자계층 지역에서 남아 411명을 표집하여 8세, 10세, 14세, 16세, 18세, 21세, 25세에 추적조사를 실시했다. Farrington은 부주의/과잉행동이 이후의 범죄를 예측하며, 특히 25세 이전 어린 나이에 범죄를 저지르거나 여러 범죄를 중복해서 저지르는 경우에는 부주의/과잉행동이 품행문제와 부분적으로 독립적임을 발견하였다. 그의 분석에 의하면 과잉행동과 품행문제는 별개의 문제이지만 비행을 예측하는 중복된 변인임을 알 수 있다.

단지 소수의 연구만이 장애 사례에 근거하여 자연적인 내력에 관한 결론을 내렸다. Schachar 등(1981)은 라이트섬 종단 역학연구를 재분석하여, 과잉행동이 여러 상황과 여러 정보원에 걸쳐 전반적이라면 9~14세에 심리적 이탈의 지속성을 강력하게 예측한다고 결론 내렸다. 그러나 여러 사례의 초기 유층화는 다른 장애 유형에서도 연구되었고, 그래서 과잉행동의 사례는 공존 병리를 보일 가능성이 있다. 그러므로 과잉행동이 구체적인 위험변인이어서가 아니라 심리적 혼란의 고조된 심각성을 나타내는 지표이기 때문에 결과적으로 이러한 예측에 귀착될 가능성이 있다.

동런던의 동시대 출생집단 연구는 먼저 일차적으로 선별된 피험자 중에서 고위험 피험자와 일정 비율의 저위험 피험자에 대한 세밀한 평가를 하는 2단계 과정을 거쳐 대도시 지역사회 표집에서 진단적 증후군을 묘사해 냈다. 이렇게 하면 클리닉 의뢰 편향에 좌우되지 않은 표집에서 추출한 피험자를 대상으로 임상적 세밀성을 유지하면서 연구할 수 있다. Taylor 등(1996)은 기초선에서 공존하는 품행 증상을 고려한 이후에도 초기 과잉행동이 이후 품행문제, 폭력, 내현적인 반사회적 행동을 예측한다는 것을 발견했다.

지역사회 표집에서 얻은 증거는 과잉행동이 저조한 학업성취에서부터 반사회적 행동, 폭력, 외현적 및 내현적 품행문제에 이르기까지 다양한 부적응과 관련된다는 것을 시사한다. 이제 우리는 ADHD의 증후군 진단이나 ADHD에 상응하는 진단을 받은 표집에서 얻은 결과에 비추어 그들이 도달한 결과와 시사점을 검토할 수 있다.

ADHD 진단을 받은 표집에서 얻은 증거

ADHD 아동이 안절부절못함, 과잉행동, 충동적 행동, 부주의 문제를 지속적으로 갖는다는 것은 ADHD 아동에 관한 일련의 후속 연구에서 일관되게 밝혀진 결과다. ADHD의 자연적인 내력에 관한 많은 자료는 뉴욕(Gittelman, Mannuzza), 몬트리올(Weiss, Hechtman, Milroy), 위스콘신(Barkley, 1997; Fischer, Barkley, Smallish, & Fletcher), 캘리포니아(Lambert), 동런던(Taylor et al., 1996) 그리고 스웨덴(Rasmussen, Gillberg)의 6개 주요 동시대 출생집단 표집에서 수집된 것이다(괄호 안은 대표 저자임). 단기간 추적조사를 한 후속연구는 하버드(Biederman, Mick, & Faraone, 2000), 피츠버그(Molina & Pelham, 2003), 포틀랜드(Satterfield, Swanson, Schell, & Lee, 1994) 그리고 아이오와(Loney, Kramer, & Milich, 1981)에서 표집한 또 다른 동시대 출생 임상집단에 근거한 것이다. 동런던 집단과 스웨덴 집단은 선별된 역학 표집을 통해 확인되고 진단받은 집단이라는 점에서 독특하다. 다른 집단은 임상 환자로 구성되어 있으므로 선별 편향에 영향을 받는다.

뉴욕 집단에서 Gittelman 등은 과잉행동 남아 101명을 청소년기와 성인기까지 순행적으로 추적하는 후속 연구에서 매치된 정상 통제집단과 비교했다. 피험자 대부분(100명 가운데 68명)이 초기 청소년기에 여전히 ADHD를 겪고 있었고, 27%는 품행문제를, 20%는 다수의 유죄 판결을 받았다(Gittelman et al., 1985; Mannuzza, Klein, Konig, & Gismpino, 1989). Gittelman 등은 청소년기의 품행문제와 비행의 이후 위험을 가장 잘 예측하는 변인은 초기 아동기의 과잉행동 기초선 수준이 아닌 **과잉행동의 지속성**임을 확인했다. 이러한 결과는 과잉행동 증상의 만성적 지속이 부적응 결과의 주요 위험요인임을 시사한다(Gittelman et al., 1985). 성인기에는 4%만이 ADHD 진단 준거를 여전히 충족시켰지만, 더 많은 수의 과잉행동 피험자는 반사회적 성격장애와 알코올 이외의 약물남용을 보였다(Mannuzza, Klein, Bessler, Malloy, & LaPadula, 1998). 그들의 진단이 지속되는 비율이 낮은 것은 아마도 성인에 대한 진단적 역치가 다르기 때문에 나타난 가공 효과나 높은 소실률에 기인한 것 같다. 추수조사를 거부하거나 추수조사에서 소실된 사람이 문제를 더 많이 가지고 있다는 것은 이미 잘 알려져 있다.

몬트리올 집단에서 Weiss, Minde, Werry, Douglas와 Nemeth(1971)는 연령, 성별, IQ, 사회계층에서 매치한 통제집단과 임상에 의뢰된 과잉행동 피험자 91명을 비교했다. 5년 후의 추수조사에서 통제집단에 비해 과잉행동 청소년의 자기존중감이 낮았고 학업문제는 많았다. 그들 대부분에서 과잉행동의 정도는 낮았지만 계속해서 산만하고 충동적이며 정서적으로 미숙했다. 또한 과잉행동 피험자의 25%는 비행 행동을 보였다. Akeman, Dykman과 Peters(1977)도 비슷한 결과를 보고했다. 정상 통제집단과 학업문제를 가진 다른 비교집단의 과잉행동 피험자를 비교했을 때, 과잉행동 피험자가 더욱 적대적이고 비행 행동을 더 많이 보였고 자기존중감은 더 낮았다. Satterfield 등(1994)은 매치된 통제집단과 비교했을 때 과잉행동 피험자가 중죄(강도, 절도, 무장 공격)를 범하고 검거율이 5배나 높다는 것을 발견했다.

Weiss, Hechtman, Perlman, Hopkins와 Werner(1979)는 몬트리올 집단이 대략 19세가 된 10~12년 추수조사에서 매치된 정상 통제집단에 비해 교육 수준이 낮았고, 자동차 사고를 더 많이 일으켰으며, 다른 지역으로 더 많이 이사했다는 것을 밝혔다. 과잉행동 피험자는 친구를 적게 사귀었고, 교육 연수가 적었으며, 유급을 더 많이 당했으며, 성적이 더 낮았다. 또한 법정에 소환되는 일이 더 많았고, 비의료 약물을 더 자주 사용했다. 그리고 성격문제를 더 많이 가지고 있었는데, '충동적' 유형과 '미성숙-의존적' 유형이 가장 많았다. 그들은 인지양식 검사에서 충동적인 것으로 나타났다. 그들은 연구를 위한 면대면 면접 동안에 안절부절못하는 느낌을 갖는다고 보고했으며, 안절부절못함을 나타내는 신호를 더 많이 보였다. 동일한 집단이 20대 초반이 된 15년 추수조사(Weiss et al., 1985)에서는 과잉행동 피험자의 66%가 ADHD 장애 증상 가운데 적어도 하나를 가지고 있었고, 23%는 반사회적 성격장애를 가지고 있었다. 더욱이 그들은 자살 시도를 더 많이 했다.

Hechtman, Weiss, Perlman과 Tuck(1981)에 의하면 이후 결과에는 세 가지 범주가 있다. 첫 번째 집단은 상당히 정상적인 결과를 보였다. 두 번째 집단은 주의문제, 사회성 문제, 정서문제, 충동문제를 지속적으로 보였으며, 성인이 되었을 때 계속해서 일, 대인관계, 낮은 자기존중감, 충동적 행동, 성마름, 불안, 정서 불안정의 문제를 보였다. 성인 초기에 해당하는 사람은 대부분 이 집단에 속했다. 세 번째 집단은 약물이나 알코올의 심한 의존, 자살문제를 병행한 심한 우울, 반사회적 성격병리를 포함한 좀 더 심각한 정신병적 문제를 가진 사람으로 이루어졌다. Hechtman 등이 20년 전에 발표한 마지막 결과는 최근 다른 연구를 통해서 반복되었다.

최근에 수행된 추수연구는 반사회적 성격장애의 예측변인을 확인할 목적으로 더욱 확대된 분석을 시도했다. Fischer 등(2002)은 위스콘신 ADHD 집단을 대상으로 한 추수연구에서(이제 그들은 20대 초반임) 정신병적 장애와 성격장애에 관한 자기보고식 조사를 실시하여 정신병적 병리의 수많은 예측변인을 검토했다. 과잉행동 집단의 대략 21%가 반사회적 성격장애에 해당되었는데, 이는 통제집단과 비교할 때 5배나 많다. 이런 결과는 뉴욕(ADHD 집단의 27% 대 통제집단의 8%), 몬트리올(23% 대 2.3%), 스웨덴(18% 대 2.1%)에서 수행된 선행 연구의 결과와 일치한다. 이 결과는 모두 아동기의 과잉행동이 성인기의 반사회적 성격장애에 취약하게 만든다는 것을 시사한다. 그러나 Fischer의 연구는 심지어 아동기 증상을 공변인으로 통제한 이후에도 반사회적 성격장애 발생 위험의 상승이 10대 품행문제(승산비 또는 오즈비[odds ratio: OR]=1.56, 95% 신뢰구간 1.20-2.02)에 의해서뿐만 아니라 아동기 품행문제의 심각성(승산비=4.54, 95% 신뢰구간 1.44-14.31)에 의해서도 상당히 많은 영향을 받는다는 것을 증명함으로써 결과를 더욱 확대하였다. 이런 결과는 과잉행동과 품행문제가 공존 병리로 나타나는 경우가 둘 중 하나의 문제만 발생할 때보다 성인기의 반사회적 결과에 더 큰 위험을 초래한다는 Lynam(1996)의 견해를 지지했다. 또 다른 흥미로운 결과는 히스테리 성격장애와 수동-공격적 성격장애가 유의하게 많은 수를 차지했는데(각 성격장애에서 12%와 18%), 이런 성격장애는 아동기 품행문제 때문에 발병하는 것은 아니었다. 그러나 상승한 경계선 성격장애(14%)는 10대 품행장애와 관련된다(승산비=1.32, 95% 신뢰구간 1.05-1.66). 주요 우울은 통제집단보다 과잉행동 집단에서 유의하게 더 많았는데, 특히 반사회적 성격장애가 있거나(승산비=3.59) 경계선 성격장애가 있을 때(승산비=5.56) 그러했다. 이 연구에서는 약물남용의 증가에 관한 증거를 발견하지 못했다.

약물남용 위험의 증가에 관한 연구에는 일관성이 없다. 몇몇 연구를 통해서 뉴욕의 통제집단에 비해 ADHD 집단에서 알코올이나 약물 사용의 비율이 18세 때 16% 대 3%로 높았고(Gittelman, Mannuzza, Shenker, & Bonagura, 1985), 24세 때 12% 대 4%였으며(Mannuzza, Klein, Bessler, Malloy, & LaPadula, 1998), 26세 때 16% 대 4%였음이 밝혀졌다(Mannuzza, Klein, Bessler, Malloy, & LaPadula, 1883). 스웨덴 표집에서는 알코올 남용장애만이 24% 대 4%로 ADHD 집단에서 더 자주 발생했다(Rasmussen & Gillberg, 2000). 몬트리올 표집에서는 '지난 5년 동안의 마약 사용' (14% 대 4%), '비의료 약물 사용' (74% 대 55%), '비의료 약물 판매' (18% 대 5%)에서 볼 수 있듯이 ADHD 집단과 통제집단 간에 유의한 차이가 나타났지만, '마리화나, 각성제, 진정 · 최면제의 사용' 에서는 유의한 차이가 나타나지 않았다(Weiss et al., 1979). Fischer(2002)의 연구에서는 과잉행동 집단의 43%가 약물장애였는데, 다른 연구에서 조사된 통제집단의 약물장애 비율보다 높은 수치다. 그러나 이 수치는 정상 통제집단(31%)과 유의하게 다르지 않았다. 이런 결과는 통제집단의 물질 사용 비율이 높고 미국 전체 집단에 물질남용이 전반적으로 만연해 있는 경향을 반영하여 과잉행동 집단이 약물장애에 걸릴 상대적인 위험의 증가가 야기되지 않았기 때문으로 해석되었다(Fischer et al., 2002). 과잉행동 피험자는 불법 약물에 노출되고 그것을 주변에서 얻을 수 있기 때문에 물질을 남용할 위험이 높은데, 이는 그들이 사는 시대, 나라, 도시 또는 지역과 관련될 가능성이 있다. 그러므로 결과로서 물질남용의 발생률은 연구마다 다르다.

Molina와 Pelham(2003)은 ADHD 아동 142명을 ADHD가 아닌 동일 연령 통제집단 100명과 비교하여 청소년기(13~18세)까지 추적한 추수연구에서 물질 사용의 관련 변인과 예측변인을 평가했다. 과잉행동 피험자는 알코올, 담배, 불법 약물을 사용하는 정도가 높았다. Molina와 Pelham은 다음 세 가지의 물질 사용 관련 변인을 확인했다. 첫째, 아동기의 부주의 증상의 심각성이 이후 다수 물질의 사용을 예측했다. 둘째, 아동기의 ODD와 CD 증상은 이후 불법 약물의 사용을 예측했다. 셋째, 지속적인 ADHD와 청소년 품행문제는 물질 사용의 상승과 상관을 이루었다. 이런 결과는 적대적/품행 문제와 부주의 증상의 심각성이 향후 약물 사용 위험의 증가를 매개한다는 것을 시사한다.

Lynskey와 Hall(2001)은 ADHD에서 물질남용을 매개하는 주요 변인이 품행문제라고 주장했다. 다른 말로 하면, 품행장애가 없을 때는 ADHD 남성의 물질사용 문제의 발생 위험이 증가하지 않는다. 그러나 Biederman, Wilens, Mick, Faraone과 Spencer(1998)는 ADHD가 공존 병리 조건에 관계없이 물질남용에 관련된다는 것을 밝혀냈다. 임상에 의뢰된 ADHD 성인 표집을 대상으로 한 Biederman 등의 연구에서, ADHD 피험자의 경우 정신활성 물질사용 장애(psychoactive substance use disorder: PSUD)의 위험이 2배 높았고 알코올 사용 장애가 약물사용 장애로 발전할 가능성도 높았다(위험비 = 3.8). 사교나 기분전환을 이유로 약물을 사용했던 사람보다 정신병리(예, ADHD 증상과 병리)를 이유로 약물을 사용했던 사람이 약물에 노출된 이후에 약물 의존과 남용으로 발전할 가능성이 높았고 약물을 끊을 가능성은 낮았다. ADHD 성인을 대상으로 한 또 다른 연구에서는 과잉행동을 하지 않는 약물 사용자보다 과잉행동 피험자의 **관해**[1] 속도가 느렸고, PSUD의 지속

1) 역자 주: 관해(remission)는 질병이나 장애의 증상이 감소 또는 소실되는 것을 의미한다. 질병이나 장애의 증상이 완전히 소멸되는 것은 완전관해(full remission), 질병이나 장애의 증상이 완화되었지만 일부 증상이 남아 있는 것은 부분관해(partial remission)라고 한다.

기간이 길고 회복도 더뎠다(Wilens et al., 1998). 최근 Flory, Milich, Lynam, Leukefeld와 Clayton(2003)은 ADHD와 CD 증상이 상호작용하여 습관성 마약 사용과 의존 증상뿐만 아니라 마리화나 의존 증상을 예측한다고 보고했다. 그들은 ADHD와 CD 각각의 단독 병리보다 공존 병리에서 물질남용의 위험이 더 크다는 결론을 내렸다.

전반적으로 물질남용에 이르는 세 가지 경로가 있다는 것이 연구를 통해 밝혀졌다. 첫째는 품행문제이고, 둘째는 ADHD의 핵심 병리이며, 셋째는 공존 병리로서 ADHD와 품행문제의 독특한 상호작용이다. 지속적인 ADHD가 CD, ADHD 가족력, 심리사회적 역경과 높은 상관을 이루기 때문에, 이런 결과는 ADHD의 유전적 영향을 많이 받고 환경적 취약함도 많이 겪은 하위 집단이 위험에 처할 가능성이 가장 높고, 그러므로 적응유연할 가능성이 가장 낮다는 것을 시사한다.

요약

앞에서 검토한 종단연구에서 도출한 몇 가지 주제는 다음과 같다. 첫째, ADHD는 양호한 조건이 아니며 중대한 심리적, 사회적, 정서적 병리를 가진 만성적 장애다. 둘째, 대부분의 경우 ADHD의 주요 증상이나 부차적 증상이 지속될 것이며, 더 심각한 병리가 없는 경우에도 청소년기와 성인기에 심각한 학업적, 사회적, 정서적 문제를 겪을 것이다. 셋째, 특정 패턴이 유해한 경로를 더 많이 나타낸다(증상의 지속성, 품행문제와 공격성의 존재, 청소년기와 성인기 초기의 물질남용과 성격문제의 출현). 품행문제와 ADHD의 공존은 이후 삶에서 심각한 부적응을 가져오는 가장 강력한 위험요인인 듯하다. 이 결과는 다음을 시사한다. (1) ADHD 증상을 적절히 통제하고(증상의 지속성을 감소시키고), (2) 공격성을 통제하고 품행문제를 가져오는 요인을 통제하여 적응유연성을 향상시킬 수 있다.

ADHD의 적응유연성과 불리한 결과의 예측변인

개관 논문에서 Hechtman(1991)은 (ADHD 피험자는 아니지만) 고위험 아동의 적응유연성과 관련된 일련의 요인을 검토했고, 단일 사례 보고서에서 이 요인을

ADHD와 관련지었다. 검토된 요인 중에는 아동의 특징(건강, 기질, IQ, 자율성, 심리적 변인), 가족의 특징(사회경제적 지위, 온정과 지지, 가족 크기), 더 큰 지역사회의 특징이 있다.

(ADHD 피험자는 아니지만) 고위험 아동에 관한 연구를 통해 적응유연한 아동이 더 건강하다는 증거가 제시되었다. 적응유연한 아동은 태내에서, 출산과정 중에 그리고 유아기에도 건강문제를 더 적게 겪었다. 그들의 기질은 더욱 활동적이고 더욱 적응적이며 사회적으로 더욱 반응적이고 양육자와 환경에서 더욱 긍정적인 반응을 유발한다. 위안과 만족을 찾을 수 있는 능력도 더 많다. 또한 충동적이기보다는 반성적인 인지양식을 가지고 있고 자신의 감정을 적절하게 통제할 수 있다. 좀 더 발달한 자조능력, 더 많은 문제해결 능력, 언어 발달과 의사소통 기술을 가진 아동만큼, IQ가 높은 아동도 힘든 상황에서 더 잘 견뎌 낼 수 있다. 적응유연한 아동은 자율성, 내적 통제 소재, 더 긍정적인 자기존중감을 가지고 있다. 그들의 자아 강도와 대처기술은 더욱 뛰어나다. 다른 사람에게 도움을 요청할 수 있으며, 일반적으로 자기 자신과 자신의 미래에 대해 더욱 낙관적이며, 더욱 뛰어난 공감능력과 좋은 또래관계 및 유머감각을 보인다.

보호적인 가족 특징은 철저한 지도감독, 더 높은 사회적 지위, 정서적 표현, 개방적 의사소통, 독립성을 격려하는 따뜻하고 일관되며 지지적인 가족 분위기를 포함한다. 부모의 정신건강과 신체건강은 긍정적인 환경의 유무와 관련된다. 확대가족, 친구, 학교, 교회의 네트워크에 있는 긍정적인 요인이 가정에는 없는 지지를 제공할 수 있으며 보호를 베풀 수 있다.

Hechtman은 ADHD 피험자를 대상으로 한 사례연구에서 적응유연한 피험자가 높은 IQ, 좋은 유머감각, 매력을 가지고 있다고 보고했다. 피험자의 가족은 중산층이고, 안정적이며, 애정적이며, 지지적이었다. 그의 삶에는 그를 믿어 주었던 중요한 인물이 있었다. 과잉행동, 안절부절못함, 충동성, 부적절하게 말이 많은 증상이 지속되어 고등교육과 직업에서 중대한 손상과 퇴보를 경험했음에도 불구하고, 피험자는 초기 성인기에 성공적으로 잘 대처했다. 명백한 방법론적 한계를 지닌 단일 사례 보고이지만 고위험 아동의 적응유연성을 예측하는 비슷한 변인이 ADHD 피험자에게도 적용될 수 있음을 시사한다.

고위험 아동의 적응유연성을 예측하는 광범위하게 다양한 변인이 ADHD 피험자에게도 적용되는지를 체계적으로 검토한 ADHD 연구는 없다. 그럼에도 발표된 증거를 검토해 보면 아동, 가족, 환경 요인이 ADHD의 적응유연성에 영향을 미칠 수 있음이 시사된다. 아동과 관련된 좋은 예측변인은 (1) 출산과정 중 합병증의 부재, (2) 높은 기초선 IQ, 학업 · 정서 · 사회적 기능, (3) 아동기 기질, 좌절에 대한 인내, 정서적 안정성, (4) 처치에 대한 반응으로 나타나는 증상 궤도의 중단이나 증상의 감소, (5) 낮은 기초선 증상, (6) 낮은 기초선 공격적 증상과 품행장애 증상을 포함한다. 이 모든 변인이 더 좋은 이후 적응을 예측한다. 가족과 환경에 관련된 좋은 변인으로는 (1) 낮은 가족갈등, (2) 부모의 낮은 부정적 정서 표현, (3) 높은 사회경제적 지위, (4) 가족 구성원의 정서적 건강과 가정 및 자녀양육 방식의 정서적 풍토, (5) 부모의 지도감독과 통제, (6) 주거 지역에의 거주가 있다. 이런 변인이 약물에의 노출, 이탈 또래와의 교류, 범죄 활동의 위험을 조절하는 듯하다.

Weiss 등(1971)은 초기에 IQ가 높고 과잉행동 및 산만성 점수가 낮은 아동이 청소년기에 학업성취를 잘 이룬다는 것을 발견했다. 더구나 중대한 반사회적 행동을 하는 과잉행동 청소년의 1/4이 공격 행동의 초기 평정에서 높은 점수를 받았다. 이 결과는 초기의 공격성이 청소년기의 공격성과 반사회적 행동을 예측한다는 것을 증명한 Loney 등(1981)에 의해서도 반복되었다.

Loney는 아이오와 아동정신병원에 의뢰된 아동 가운데 과잉운동 · 미세뇌역기능 증후군의 진단을 받은 2~12세 아동 124명을 표집했다. 12~18세까지 추적하는 추수조사에서는 (1) 증상 결과, (2) 비행 행동, (3) 학업성취의 세 가지 영역의 결과를 측정하였다. 결과 측정치의 전체 변산을 설명하는 비율을 나타내는 것으로 변환될 수 있는 중다 상관 제곱(SMC)으로 예측변인의 효과 크기를 표현하는 중다 회귀분석을 실시했다.

증상 결과 영역에서는 별도의 변인, 즉 (1) 청소년의 과잉행동과 부주의, (2) 공격성, (3) 추수조사에서 나타난 부정적 효과를 검토하였다. 청소년 과잉행동 점수는 어머니의 평정으로 산출한 것인데, 3개의 예측변인(부모의 사회경제적 지위, 기초선 공격성, 출생과정 중 합병증 내력)이 결과 측정치의 20%를 설명하였다. 흥미롭게도 기초선 과잉행동 점수는 이후의 과잉행동 증상을 예측하지 못했다. 발병 연령은 부주의 변산의 5%를 예측했다. 청소년의 부정적 효과는 약물치료에 대한 반응과 부모 통제로 미약하게나마 예측할 수 있었으며, 통합 효과 크기는 9%였다.

비행 결과 영역에서는 공격성/범죄 및 불법 약물 사용을 검토했다. 재산에 대한 범죄 행위는 도심 지역 거주, 가족 크기, 기초선 공격성으로 예측할 수 있었고, 통합 효과 크기는 37%였다. 사람에 대한 범죄 행위는 부모 통제, 신경학적 징후의 존재, 기초선 공격성으로 예측하였고, 통합 효과 크기는 36%였다. 불법 약물의 연루는 기초선 공격성, 의뢰 연령, 도심 지역 거주, 약물치료에 대한 부정적 반응으로 예측하였고, 통합 효과 크기는 40%였다.

학업성취 영역에서는 읽기, 산수, 철자 쓰기 능력을 검토했다. 읽기 점수는 과거의 읽기 수준과 약물치료에 대한 반응으로 예측하였고, 통합 효과 크기는 63%였다. 산수기술은 과거의 학업능력, 처치에 대한 반응, 가족 크기, 어머니 적대성, 읽기능력, 출산 중 합병증으로 예측하였고, 통합 효과 크기는 69%였다. 그리고 철자 쓰기는 과거 학업능력, 어머니 통제, 과잉행동, 가족 크기로 예측하였고, 통합 효과 크기는 79%였다.

이런 결과를 다른 방식으로 표현하면, Loney 등이 밝힌 결과는 처치에 대한 반응(증상의 감소)이 이후의 약물 사용 위험을 낮추고 학업성취를 향상시켜서 적응유연성을 증진시킨다는 것을 시사한다. 부모 통제는 학업기술을 증강시키고 부정적 효과를 감소시킴으로써 적응유연성을 가져온다. 그러나 출산 중 합병증은 공격성, 과잉행동의 지속, 낮은 학업기술을 예측한다. 도심 지역 거주는 약물 사용, 재산에 대한 범죄 행위의 위험을 증가시키고, 가족 크기가 큰 것은 재산에 대한 범죄 행위의 위험을 증가시키고 이후의 학업성취를 감소시킨다. 기초선 품행문제 및 공격성 문제의 부재가 결과를 향상시키는 것과 비슷한 방식으로, 재산에 대한 범죄 행위와 저조한 학업성취의 부재는 적응유연성을 향상시킬 것이다.

최근에 출판된 123명의 과잉행동 아동을 대상으로 한 순행연구도 이와 비슷한 예측변인을 검토했다(Fischer, Barkley, Fletcher, & Smallish, 1993). 긍정적 예언변인으로는 아동기의 인지적 및 학업적 유능성이 청소년기의 학업기술을 예측했고, 부모의 개인적 유능성이 청소년기의 사회적 유능성을 예측했다. 부정적 예언변인으로는 기초선에서의 가족 스트레스가 품행문제를 예측했고, 부모의 반사회적 경향과 아동기의 충동성-과잉행동성의 심각성이 결합된 효과가 이후 적대적 반항 행동을 예측했다. 아동의 반항성은 이후 시기의 검거를 예언했으나, 과잉행동은 그렇지 못했다. 전반적으로 이 연구는 단일 예언변인이 모든 영역을 망라하지 않는다는 것을 시사한다.

10~12년 후 몬트리올 집단에 대한 추수조사에서(Weiss et al., 1979), 대략 20세

가 된 과잉행동 피험자에게 아동기 동안에 자신에게 가장 큰 도움이 된 것이 무엇인지를 물었다. 가장 공통된 반응은 주요 성인과의 긍정적 관계였다. 예를 들면, 아동이 결국에는 성공하리라 믿어 주는 부모(거의 항상 어머니가 언급됨) 또는 실패 경향을 변화시키는 교사가 이에 해당된다. 또 다른 반응은 자신이 특별한 재능을 가지고 있음을 발견하는 것이다. 사태를 더 나쁘게 만드는 것에 대해 물었을 때는 가족의 싸움(보통 과잉행동 피험자와 관련된 싸움), 다르다는 느낌(열등하다거나 바보 같다는 느낌), 비난받는 것이 가장 공통된 반응이었다. 통제집단보다 과잉행동 집단에서 자신의 아동기를 불행하다고 평가한 사람이 많았다. 그러나 연구자는 이런 요인과 결과의 상관을 보고하지 않았다.

Weiss 등(1984)은 이후에 발표한 연구에서 성인기 초기의 결과를 예측하는 일련의 다양한 아동기 변인을 검토했다. 연구에 포함된 결과 측정치는 (1) 정서적 적응, (2) 학업적 수행, (3) 경찰에 연루됨, (4) 자동차 사고, (5) 물질 및 알코올 남용이었다. 기초선의 개인적 특징(예, IQ, 공격성, 정서적 안정성, 좌절에 대한 낮은 인내)과 가족 관련 특징(예, 사회경제적 지위, 자녀양육 방식, 가정의 정서적 분위기, 부모의 정신건강)이 성공적인 성인기 결과를 예측하는 유의한 변인으로 확인되었다.

Rutter 등(1997)은 가족 측정치 가운데 부모의 부정적 정서 표현이 과잉행동 아동의 반사회적 행동 발달에 미치는 효과를 연구했다. 부정적 정서 표현은 아동에 대한 거부적이고 적대적인 태도뿐만 아니라 비난, 불인정, 부정적 귀인을 말한다. 이렇게 부정적으로 표현된 정서는 정서적 온정과는 별도의 정서로 부호화된다. 원래 정서적 과잉개입(emotional overinvolvement: EOI)은 성인을 대상으로 하는 캠버웰 가족면담(Camberwell Family Interview)에서 '표현된 정서'의 한 요소로 개념화되었다. 그러나 의존성은 아동의 연령에 적합한 구인개념이므로 아동기와 관련된 부정적 측면으로 측정한 타당성이 의문스럽다. 그래서 정서적 과잉개입은 표현된 정서에 관한 대부분의 아동기 연구에서 다루어지지 않는 주제다.

Rutter 등(1997)은 지역사회 역학 표집에서 전반적 과잉행동을 가진 것으로 확인된 피험자를 대상으로 종단적 추적연구를 수행하여 표현된 정서가 파탄적 행동에 미치는 효과를 검증했다. 과잉행동 아동 중에서 부모의 부정적 표현 정서의 수준이 높은 경우, 그 수준이 낮은 경우에 비해 추수조사에서 더 높은 수준의 반사회적 행동과 파탄적 행동을 보였다. 같은 연구에서 부정적인 부모-자녀 관계의 병리적 효과가 과잉행동을 하지 않는 피험자에게도 나타났다. 비록 그 효과가 덜 현저했지만, 부모의 부정적 정서 표현 수준이 높은 비과잉행동 아동의 반사회적 행동과 파탄적 행동의 비율도 높았다. 그렇지만 그 비율은 과잉행동 집단에 비해 낮았다. 이런 결과는 표현된 정서와 반사회적/파탄적 행동 간에 인과관계가 있을 수 있음을 시사한다.

요약하면, 과잉행동 피험자의 향후 결과를 예측하는 변인을 탐색한 연구의 결과에 근거하여 아동, 가족, 환경 요인 모두가 이후 적응유연성과 부적응에 영향을 미친다는 것을 알 수 있다. 이제는 적응유연성과 발달 궤도에 관한 이슈를 검토하고자 한다.

발달 궤도와 적응유연성: 증상이 완화되거나 지속되는 삶의 과정 및 증상 지속자의 기능 정상화의 효과와 예측변인

ADHD 임상 표집에 관한 순행연구에서 Biederman, Faraone, Milberger, Curtis, Chen, Marrs 등(1996)은 시간의 경과에 따른 장애 또는 증상의 중지율과 지속율을 검토하여 ADHD가 중지되거나 지속되는 삶의 과정을 예측하는 변인을 확인했다. 표집은 IQ가 80 이상이고 핵가족에서 양 친부모와 함께 사는 6~17세 백인 남자 아동으로 구성되었다. 4년 후 추수연구에서 표집의 85%가 지속적으로 증상을 보였고, 단지 15%만이 증상이 완화되었다. 높은 지속률은 그들이 사용했던 지속(persistence)이라는 개념의 정의가 광범위했기 때문인 듯하다. ADHD가 일시적인 장애였던 15% 피험자 가운데 반수는 아동기에, 나머지 반수는 청소년기에 증상의 완화를 보였다. 지속성의 예측변인으로는 가족력, ADHD의 심각성, 심리사회적 역경, 품행장애나 기분장애 또는 불안장애와의 공존 병리가 포함되었다. 가족력이 ADHD의 지속에 영향을 미쳤는데, 45%는 ADHD 증상이 지속된 사람이고, 33%는 이후에 증상이 소멸된 사람이며, 10%는 초기에 증상이 소멸된 사람이다. 또한 ADHD가 지속적인 형태는 가족력에서도 달랐다(34% 대 11% 대 10%). 증상이 지속된 사람에게는 친족관계가 더 강력한 효과를 미쳤는데, 이는 유전적 영향력이 더욱 크다는 것을 시사하는 것으로 보인다. 또 증상을 지속적으로 보이는 사람은 심리사회적 역경의 지표인 높은 수준의 가족갈등을 겪었다. 피험자 자신의 특징에서도 달랐다. 기초선과 추수조사 모두에서 지속자의 부주의 증상과 과잉행동 증상이 더 심각했고 기능 손상의 수준이 더 높았다. 지속자는 적대적 반항장애 증상과 우울 및 불안 문제를 더 많이 보였다. 한편 기초선에서 측정한 지속자의 IQ가 더 낮았지만 그 차이는 통계적 유의 수준에 도달하지 않았다(109.2 대 110.8 대 111.7; $p=.063$). 지속자의 전반적 기능평가[2] 점수는 기초선(47 대 53 대 53; $p=.0001$)과 추수조사(52 대 60 대 64; $p=.0001$)에서 모두 유의하게 낮았다. 전체적으로 지속자는 가족갈등에 더 많이 노출되었고, ADHD 가족력이 더 강력했으며, 기초선과 추수조사 모두에서 ADHD에 따른 더욱 심각한 영향과 손상을 받았다. 달리 표현하면, 적응유연성(더 좋게 기능하고 손상에서 벗어나는 것)은 증상이 완화되는 삶, 즉 관해의 경로와 관련되며, 이런 삶의 경로는 기초선에서 평가한 낮은 증상 수준, 좋은 적응, 가족력과 가족갈등의 부재로 예측할 수 있었다.

Chen과 Simonoff가 부모 평정척도와 교사 평정척도로 평가한 영국의 동시대 출생집단에 대한 최근의 미발표 연구에서는 과잉행동이 품행문제에 선행하는 효과가 비교적 약하고 비지속적이며, 중간 정도의 용량-반응 효과[3]를 보이고(노출의 길이를 용량으로 간주), 과잉행동이 품행문제의 발달에 매우 강력한 근접 효과를 갖는다는 것이 밝혀졌다. 이 결과는 과잉행동이 초기 아동기에 단순히 존재하는 것보다는 그것이 유지되고 만성적 경과를 거치는 것이 뒤따라 일어나는 합병증을 수반하는 품행문제를 초래한다는 생각을 지지한다. 똑같은 연구에서 과잉행동이 감소하는 삶의 궤도가 16세에 품행문제가 발생하지 않도록 보호하는 것으로 밝혀졌다. 더구나 추수 종단연구에서는 짧은 시간 동안 과잉행동에 노출될수록 16세 때 품행문제가 발생할 위험이 감소하는 것으로 밝혀졌다. 이는 과잉행동 증상의 단기적 과정과 불연속성이 품행문제의 감소와 품행문제로 인해 발생하는 부정적 결과의 감소에 관련된다는 것을 의미한다. 그러나 처치와 치료를 통한 증상의 감소가 동일한 혜택을 가져올지는 분명치 않다.

지속성의 정의와 관련하여, Biederman 등(2000)은 연령이 증가하면서 증상과

2) 역자 주: 전반적 기능평가, 즉 GAF(global assessment of functioning)는 DSM의 다축 평가체계에서 제5축을 지칭한다. 제5축은 개인의 전반적인 기능에 대한 임상가의 판단을 보고하기 위한 것으로, GAF 척도를 사용한다. GAF 척도는 0(불충분한 정보)에서 100(증상 없음)까지의 점수로 구성되며, 기능의 10개 범주로 나뉜다.

3) 역자 주: 용량-반응 효과(dose-response effect)는 스트레스원 또는 화학약품에 노출된 정도에 따라서 유기체에 나타나는 변화를 말한다. 즉, 상이한 수준의 스트레스원, 약품, 방사선과 그것에 대한 유기체의 반응 수준의 관계로 정의 내린다.

손상의 패턴이 변화한다는 것을 확인했다. 부주의 증상의 완화를 보이는 피험자는 과잉행동이나 충동성 증상의 완화를 보이는 피험자에 비해 적었다. 피험자의 관해율은 어떤 정의를 사용했느냐에 따라서 상당히 다르다(예, 증상의 완화에서는 최고로 높지만 기능의 완화에서는 최저로 낮을 수 있음). 이는 DSM-III-R에서 ADHD의 진단을 받은 남아 106명에 대한 초기의 종단적 추적연구에서도 지지를 받았다(Hart, Lahey, Loeber, Applegate, & Frick, 1995). 연령이 증가하면서 과잉행동-충동성 증상은 감소했지만 부주의 증상은 감소하지 않았다. 부주의는 1차 평가에서부터 2차 평가에 이를 때까지만 감소했고, 그 이후에는 모든 연령의 남아에게서 안정된 상태로 지속되었다. 과잉행동-충동성 증상의 감소율은 어떤 처치를 얼마나 받는지에 무관했다. 더구나 추수연구에서 여전히 ADHD 진단 준거를 충족시켰던 남아는 추수연구에서 더 이상 ADHD 준거를 충족시키지 않았던 남아에 비해 기초선에서 과잉행동-충동성이 유의하게 더 많았고 품행장애를 보일 가능성이 더 높았다. 이런 결과는 아동기 ADHD의 형태가 이질적이며, 어떤 하위 유형의 증상이 감소하는 궤도를 통과하더라도 다른 하위 유형의 증상은 지속되는 궤도를 통과할 수도 있다는 것을 시사한다.

지금까지는 ADHD가 지속되는 궤도에 관련된 부적응과 ADHD가 소멸하는 궤도에 관련된 적응유연성을 검토했다. 이제는 증상이 지속되는데도 적응유연성을 예측하는 변인이 무엇인지에 대한 흥미 있는 질문을 제기한다. 즉, 지속적인 ADHD에도 불구하고 적응유연성이 존재할 수 있는가? 그렇다면 그런 사람은 누구인가? DSM-III-R 준거에 따라서 ADHD를 진단받은 남자 아동 중 그 증상을 지속적으로 겪고 있는 85명으로 임상 표집을 구성한 추적연구에서, Biederman, Mick과 Faraone(1998)은 ADHD 아동이 겪는 증후군의 지속성과 기능적 결과를 구분해 내려고 했다. 청소년기 중기까지 순행적으로 피험자를 추적하여 ADHD가 아닌 남아 68명과 비교했다. 세 가지 영역의 기능(학교, 사회성, 정서)을 기초선과 추수단계에서 기록했다. 추수단계에서 지속적인 ADHD 표집을 세 집단으로 분류했다. 첫째, 20%는 모든 영역에서 저조한 기능을 보였다. 둘째, 30%는 잘 기능했다. 셋째, 60%는 중간 정도의 결과를 이루었다. 충동성은 기능의 정상화 가능성을 감소시켰다(기능의 정상화에서 승산비=0.7, 95% 신뢰구간 0.5-0.9). 즉, 지속적인 ADHD 피험자 가운데 충동성 수준이 높은 피험자는 기능의 손상이 더 심했다. 마찬가지로 정신병적 합병증(승산비=0.3, 95% 신뢰구간 0.1-0.7), 어머니의 정신병리(승산비 = 0.3, 95% 신뢰구간 0.1-0.8), 형제자매 수(승산비=0.5, 95% 신뢰구간 0.3-0.9)는 저조한 적응을 예측했다. 학습문제는 학교 기능의 정상화를 손상시켰다(승산비=0.15, 95% 신뢰구간 0.05-0.53). 그런데 그 반대도 사실이어서 ADHD 증상이 지속됨에도 불구하고 이러한 위험요인의 부재가 기능의 향상과 관계 있는 것으로 나타났다. 더구나 어느 한 영역에서 기능이 향상되면 눈덩이처럼 불어나서 다른 영역에서의 기능이 향상될 가능성도 높아졌다. 또한 기초선 기능이 좋을 때 추수조사 단계에서 기능이 정상화되었다. 기초선에서의 좋은 정서적 기능은 정서적 기능의 정상화(승산비=5.6, 95% 신뢰구간 2.2-14.6)와 학교 관련 기능의 정상화(승산비=2.4, 95% 신뢰구간 1.01-5.8)를, 기초선 단계에서의 좋은 사회적 기능은 추수단계에서 정서적 기능의 정상화(승산비=3.1, 95% 신뢰구간 1.05-9.3)를, 그리고 기초선 단계에서 학교 관련 기능은 추수단계에서 학교 관련 기능의 정상화(승산비=3.6, 95% 신뢰구간 1.4-9.1)를 예측했다. 요약하면, 기초선 단계에서의 좋은 기능과 부정적인 예측변인의 부재는 ADHD의 지속성에도 불구하고 적응유연성을 가져온다. 이는 기능의 정상화와 ADHD 증후군의 지속성이 부분적으로는 독립적임을 시사한다.

유전의 영향: 유전-환경 상호작용

ADHD 분야에서는 유전-환경 상호작용이 적응유연성의 조절에 미치는 효과를 증명하는 증거가 발표되지 않았다. 따라서 이 분야는 ADHD 연구의 새로운 관심 영역이 될 것으로 예상할 수 있다. 최근에 발표된 두 개의 연구는 ADHD가 아닌 피험자가 아동기 학대와 생활 스트레스를 겪은 이후에 적응유연성을 이루는 데 유전적 요인이 영향을 미칠 수 있음을 밝혔다.

Caspi, Sugden, Moffitt, Taylor, Craig, Harrington 등(2003)은 학대받은 어떤 아동은 반사회적 행동을 발전시키지만 학대받은 다른 아동은 반사회적 행동을 보이지 않는 이유를 설명하는 데 유전이 기여하는 역할을 연구했다. 신경전달물질의 대사를 담당하는 효소 모노아민 옥시다제 A(MAOA)를 부호화하는 유전자의 기능적 다형태성이 학대의 효과를 조절하는 것으로 밝혀졌다. (뇌 안에서 이 효소의 증가된 수준과 관련된) 높은 수준의 MAOA 표현을 제공하는 유전형을 가진 피험자는 아동기 학대를 겪은 이후에 반사회적 문제를 발전시킬 가능성이 낮았다.

낮은 수준의 MAOA 표현을 제공하는 유전자를 가진 피험자는 반사회적 행동을 할 위험이 높았다. 이런 결과는 MAOA 표현의 높은 수준과 관련된 유전형이 아동기 학대에 노출된 이후에 적응유연성을 이루게 할 수 있다는 것을 시사한다. 또한 이 결과는 유전형이 아동의 환경적 자극에 대한 민감성을 조절할 수 있다는 초기 증거가 된다.

동일한 집단을 대상으로 한 두 번째 연구에서 Caspi, Sugden, Moffitt, Taylor, Craig, Harrington 등(2003)은 왜 스트레스 경험이 어떤 사람에게는 우울을 가져오지만 다른 사람에게는 그렇지 않는지를 조사했다. 그들은 대표적인 동시대 출생집단을 대상으로 순행적 종단연구를 수행하여 세로토닌 전달(5-HTT) 유전자의 촉진자 영역에서 기능적 다형태성의 조절 효과를 조사했다. 이 유전자는 두 가지 공통된 변이를 갖는데, 하나는 짧은 형태이고 다른 하나는 긴 형태(또는 대립유전자 형질)다. 5-HTT 촉진자 다형태성의 짧은 대립유전자 형질의 동형접합이거나 이형 접합(각각 하나 또는 두 개의 복제를 지닌)인 사람이 긴 대립유전자 형질에서 동형 접합인 사람보다 스트레스성 생활사건에 노출된 이후에 우울 증상, 진단 가능한 우울, 자살 경향을 더 많이 보인다는 것이 밝혀졌다. 또한 이 연구는 환경적 자극에 대한 개인의 반응과 적응유연성이 그 개인의 유전적 구성에 의해 조절될 수 있다는 초기 증거를 제공한다.

ADHD 분야에서는 가족력과 집합체의 분석을 통해 제시된 대로 ADHD와 CD 공존 병리가 병인론적으로 별개의 장애일 것이라는 초기 증거가 발표되었다(Faraone, Biederman, Jetton, & Tsuang, 1997; Thaper, Harrington, & McGuffin, 2001). 또한 성인 ADHD는 아동 ADHD에 비해 더욱 강력한 가족 관련 병인론적 위험요인을 지니며 더욱 동질적인 조건일 수 있다는 증거도 있다(Biederman, Faraone, Mick, Spencer, Wilens, Kiely et al., 1995). 아동기 형태에서는 지속적인 하위 유형과 비지속적인 하위 유형이 있음직하다. 이 둘은 아마도 상이한 유전적 영향과 환경적 영향에 의해 매개되는 듯하다. 일시적 ADHD는 더 나은 예후와 관련되는 반면, ADHD 지속형과 ADHD/CD 공존 병리형은 모두 더 큰 부적응과 관련된다. 만일 유전적 요인이 이처럼 다양한 유형의 임상적 표현형과 관련된다는 것을 증명하면 ADHD에도 불구하고 적응유연성을 이루는 것과 ADHD에 대한 취약성을 발전시키는 것에 미치는 유전적 영향력을 확인하게 될 것이다. 머지않아 유전연구와 유전자-환경 상호작용 연구가 적응유연성을 가능하게 하는 생물학적 하위 구조와 환경적 하위 구조에 대한 흥미로운 통찰을 제시할지도 모른다.

적응유연성, 치료 및 MTA에서 얻은 교훈

여기에서는 처치와 약물치료가 증상의 감소와 행동의 '정상화' 측면에 미치는 효과를 검토한다. 특히 ADHD의 **다중양식 처치**(multimodal treatment: MTA) 연구에서 최근 발표된 결과를 요약한다. MTA에 관한 개관논문(Jensen, Hinshaw, Swanson et al., 2001)과 MTA에서 공존 병리의 효과에 관한 논문(Jensen, Hinshaw, Kraemer et al., 2001)을 참고할 수 있다.

부주의 증상과 과잉행동 증상에 대한 신경자극제 처치의 효율성과 효과성을 보고하는 200개 이상의 연구가 발표되었다. 더욱 흥미롭게도 신경자극제가 집행기능, 충동성, 공격성, 품행문제에 미치는 효과와 부모의 부정적인 정서 표현에 미치는 영향을 검토한 다른 연구도 있다.

실험실 장면과 자연적 장면 모두에서 신경자극제가 공격성과 충동성을 감소시키는 데 효과적임이 밝혀졌다. 공격성과 충동성이 감소하여 사회적 기능과 대인관계 기능이 향상되는 것은 자연적 연구에서 확증되었다. 즉, 신경자극제의 효과는 주의력에만 제한되지 않고 정서적 및 사회적 처리과정에도 영향을 미치며, 과잉행동 아동을 또래 사이에서 인기 없게 만드는 파탄적이고 방해가 되며 공격적인 행동을 교정할 수도 있다. 품행장애를 가지고 있는 비과잉행동 아동을 대상으로 한 연구(Klein, Abikoff, Klass, Ganeles, Seese, & Pollack, 1997)에서는 신경자극제 처치에 따라서 품행 증상이 향상되었다는 보고가 있다. 이는 비과잉행동 증상에 미치는 신경자극제의 효과를 입증한다.

신경자극제가 가족 내 사회적 기능에 미치는 긍정적 효과도 입증되었다. 이중맹검 교차처치 연구(a double-blinded crossover treatment study)를 수행한 Schachar, Taylor, Wieselberg, Thorley와 Rutter(1987)는 메틸페니데이트 처치에 반응하는 아동의 가족 기능과 가족관계가 향상되었음을 발견했다. 구체적으로 형제자매간 부정적 대립이 감소했고 부모의 부정적 정서 표현도 감소했다. 신경자극제 처치를 받는 동안에 과잉행동 증상이 50% 또는 그 이상 감소한 것을 처치 반응으로 정의했다. 피험자가 어떤 처치를 받았는지, 어느 정도나 처치에 반응하는지에 대해 알지 못하는 평정자가 어머니의 온정, 비난, 부모와의 접촉, 부모의 대처, 형제자매의 긍정적/부정적 대립의 측정치를 수집했다. 메틸페니데이트는 어머니 온정 표현의 증가, 비난의 감소, 어머니와 자녀 간 접촉의 증가, 아동과 형제자매 간 부정적 대립의 감소와 유의한 상관을 이루었다.

만일 처치를 통해 증상을 통제하여 사회적, 대인관계적, 인지적 기능을 향상시킬 수 있다면 가장 효과적인 처치 형태를 확인하는 일이 중요하다. 이에 MTA 연구는 상이한 처치양식의 효과를 비교했다.

ADHD 증상

MTA에서 피험자는 ① 지역사회 보살핌(CC), ② 집중적 행동치료(Beh), ③ 최신 약물치료(Med), ④ 행동치료와 약물치료의 병행(Comb)의 네 가지 집단으로 무선 배정되었다. 처음에 발표된 주요 결과에 의하면 행동치료와 약물치료의 병행과 단독 약물치료가 행동치료와 지역사회 보살핌에 비해 ADHD 핵심 증상의 감소에 더욱 효과적이다(즉, Comb~Med > Beh~CC, 효과 크기[ES] 0.50−0.60). 행동치료와 약물치료를 병행한 아동의 90%와 약물치료를 받은 아동의 88%는 연구의 종료 시점에서 ADHD의 전체 진단 준거를 더 이상 충족하지 않았다. 최근에 수행된 두 가지 2차 분석(하나는 총합 결과 측정치를 사용했고 다른 하나는 범주적 결과 측정치를 사용했음)에서는 초기 결과에 더하여 행동치료와 약물치료의 병행이 약물치료 단독 실시에 비해 유의하게 우수하다는 결과가 보고되었다(즉, Comb > Beh~CC, ES = 0.70; Comb > Med, ED = 0.28).

Med와 CC의 차이는 주목할 만하다. 흥미롭게도 CC 피험자의 2/3도 약물을 복용했다는 것이다. 그러나 사회에서 투약하는 것과 프로토콜에 따라 투약하는 것 간에는 약물관리에서 중요한 차이를 보인다. Med 집단 피험자는 28일에 걸쳐 처음의 적정 투약량을 제시받았다. 그 후 매월 검사를 받으면서 약물 복용량을 조정하거나 약물을 바꾸었다. 처방을 내리는 임상가는 매월 검사를 하기에 앞서 교사를 만났다. 처음의 적정 투약 이후 약물을 조정하는 것은 보통 있는 일이고, 대략 30%의 아동만이 14개월의 시험기간이 종료될 때까지 처음의 정해진 적정 투약을 그대로 받고 있었다. 이것이 의미하는 바는 대략 70%의 아동이 최적의 처치 반응을 얻기 위해서 지속적인 모니터링과 투약 조정이 필요하다는 것이다. 흥미롭게도 대부분의 투약 조정은 약물 복용량을 높이는 방향으로 이루어졌는데, 특히 적정 이후 약물 복용량이 낮거나 중간 정도에서 시작한 아동의 경우에 그렇다. Med 피험자는 매일 3회 약물을 복용했으며, CC 피험자에 비해 평균적인 매일 약물 복용량이 높았고(하루 총 복용량 평균=32.8mg), 연평균 12회 내원했다. 반면에 CC 피험자는 매일 2회 약물을 복용했고, 매일 복용량 평균이 낮았고(하루 총 복용량 평균=18.7mg), 연평균 2.3회 내원했다. 약물 복용량에 대한 처음의 조정에 이어 엄격하게 모니터링하고 시간이 지나도 약물 처치에 대한 반응을 유지하고 부작용을 피하도록 조심스럽게 조정한 효과적인 복용량을 처방하면 신경자극제의 효과성을 현저하게 향상시킬 것으로 보인다.

ADHD가 아닌 증상

MTA 연구는 ADHD가 아닌 결과 측정치도 검토했다. 여기에는 부모-자녀 관계, 교사가 평정한 사회성 기술, 불안/우울 증상, 적대적 반항 증상, 학업 성취와 기능이 포함되었다. 다음 결과 측정치에서 Comb는 Med에 비해 작지만 통계적으로 유의한 우수성을 보였다. 즉, (1) 학업적 기능, (2) WIAT[4] 읽기 점수, (3) 내재화 증상의 통제, (4) 적대적 반항 증상(ES 범위: 0.26~0.28)이다. 또한 부모-자녀 관계의 향상에서도 Comb가 CC보다 우수했다. Med는 Comb와 CC 중간에 위치하지만 Comb나 CC와 통계적으로 유의하게 다르지 않았다. 그러나 유의하지 않은 차이를 '차이가 없음' 으로 간주해서는 안 된다. 왜냐하면 MTA는 0.4 또는 그 이상의 효과 크기(ES)를 탐지하기 위해 80%의 검증력을 갖도록 설계되었기 때문이다. 그래서 효과 크기가 0.4보다 작은 차이는 탐지될 가능성이 낮다.

조절변인

처치 반응의 확률을 변경시키는 요인을 **조절변인**(moderators)이라고 한다. MTA가 확인한 조절변인으로는 (1) 공존 병리로서 불안장애와 공존 병리의 패턴, (2) 부모의 사회경제적 지위와 교육적 배경, (3) 공존 병리 지위가 있다. 이런 조절변인은 무선화에 앞서 존재하므로 연구 결과에 미치는 영향은 무선화 과정에 의해 보호된다. 조절변인은 '**매개변인**(mediators)' 과 구분해야 한다. 매개변인은 무선화 과정 이후에 발생하는 요인으로 임상기관 내원, 순응성, 처치의 준

4) 역자 주: WIAT는 Wechsler Individual Achievement Test의 약어로 읽기, 산수, 철자, 쓰기 등 학업성취도를 평가하는 개인용 검사다.

수, 치료자와의 치료적 동맹관계 등이 있다. 그러므로 매개변인은 무선화 과정에 의해 보호되지 않는다.

불안을 공존 병리로 가지고 있는 아동은 Beh에 반응할 가능성이 더 높다. 즉 Beh는 1차 분석에서 나타난 것보다 더 효과적인 것으로 보인다. 첫째, Beh는 CC와 다르고 Med와 수렴한다. 둘째, Comb 처치는 Med와 다르며 더욱 효과적이다. 처치 효과의 차이는 다음의 결과 측정치에서 현저하게 드러났다. 즉, (1) 부모가 보고한 과잉행동과 부주의, (2) 부모-자녀 관계, (3) 교사가 평가한 사회성 기술이다. 불안 증상을 가진 아동은 생물학적으로 더 민감하기 때문에 조건화에 대해 좀 더 반응적인 듯하다. 피험자 가운데 대략 33%가 단순공포를 제외하고는 불안장애의 DSM-III-R 준거를 만족시켰다. 불안의 조절 효과가 있다는 것은 피험자를 치료할 때 심리사회적 처치를 포함시킬 것을 지지한다. 이런 긍정적 효과는 부모가 보고한 파탄적 행동, 내재화 증상, 부주의 결과 측정치에서도 확인할 수 있다(March et al., 2000).

가족의 사회경제적 지위(SES)는 부모의 교육과 부모의 직업이라는 2개의 독립된 측정치로 구분된다. SES의 조절 효과에 기인한 1차적 결과(Comb~Med > Beh~CC)에서 이탈된 주요 사항은 파탄적 행동 증상, 부주의 증상, 과잉행동 증상에 있다. 다른 세 가지 처치 모두에 비해 Comb는 SES가 낮은 가족의 과잉행동 증상과 부주의 증상을 감소시키는 데 효과적이다(Comb > Med~Beh~CC). 이런 결과에 대한 하나의 설명은 다음과 같다. 유복한 배경 출신 아동의 적대적 반항장애(ODD) 증상은 아마도 생물학적으로 결정된 것이며, 반면에 불우한 배경 출신 아동에게 나타나는 똑같은 증상은 부모의 부적절한 자녀양육에 더 많이 기인한다. 따라서 SES가 낮은 가족에서 부모의 자녀양육 기술을 교정할 때 다른 가족집단에서보다 더욱 괄목할 만한 효과를 보일 것이다. 둘째, ADHD 핵심 증상은 행동치료에 저항적일 수 있어서 고학력 배경을 가진 부모는 행동치료 프로그램을 더 효과적으로 시행해야 한다. 그러므로 처치를 추천할 때, 임상가는 문제 증상과 가족 관련 특징을 확인해야 하며, 그에 따라 적절한 개입 계획을 세워야 한다(Rieppi, Greenhill, Ford, Chuang, Wes, & Davies, 2002).

마지막으로 공존 병리 조건의 존재가 처치 반응을 조절한다. Jensen, Hinshaw 등(2001)은 CD 지위에 상관없이 ADHD와 함께 불안 증상(ANX)이 공존할 때 행동치료에 대한 반응의 가능성이 증가한다는 것을 발견했다. ANX 지위는 적대적 반항장애/품행장애 증상(ODD/CD)의 유무에 관계없이 ADHD 아동에게 이롭다. 불안의 존재는 현재의 ODD/CD를 개선하는 효과를 준다(ADHD + ANX + ODD/CD 대 ADHD + ODD/CD). 처치에 대한 반응을 예측하는 단순한 규칙은 ADHD + ANX 피험자가 세 가지 처치(행동치료 단독, 약물치료 단독, 약물치료와 행동치료의 병행) 가운데 어느 것에든지 반응할 가능성이 있다는 것이다. 다른 말로 하면, 모든 개입이 ADHD + ANX 피험자에게 효과적일 가능성이 있다는 뜻이다. 대조적으로 ADHD만 가지고 있는 피험자와 ADHD와 ODD/CD를 공존 병리로 가지고 있는 피험자는 보통 약물치료를 포함한 개입에 대해서만 반응을 했다. 즉, 이 두 집단은 약물치료가 특별히 필요한 것처럼 보였고, 행동 치료의 단독 시행은 필요하지 않은 것으로 보였다. 그러나 ADHD에 더해서 ANX를 가지며 여기에 ODD/CD를 추가로 가진 이중공존 병리 집단에게는 약물치료와 행동치료의 병행이 다른 어떤 치료보다 상당히 더 큰 장점을 가지고 있다.

요약하면, MTA 연구는 최신의 약물만을 처방하여 관리하는 개입이 흔히 하는 약물관리와 행동관리의 병행보다 더욱 효과적임을 확인했다. 병행치료의 추가적인 혜택은 이중공존 병리(ADHD + ANX + ODD/CD)를 가진 아동, 심각한 ODD/CD 증상을 가지고 있으며 낮은 SES 배경 출신의 아동 등 특별한 사례에만 해당된다. 공존 병리로 불안장애를 가진 아동에게는 첫 번째 처치로 행동관리를 쓸 수 있다. 그들이 높은 SES 배경 출신이며, 부주의 증상과 과잉행동 증상을 개선할 목적을 가지고 있다면 특히 그러하다. 행동치료 단독 시행은 ADHD만을 가진 아동, ADHD와 CD를 함께 가진 아동에게는 효과적이지 않다(그러나 물론 일부 가족은 행동치료에 따른 부정적 효과의 가능성이 낮을 것으로 알고 있기 때문에 행동치료 대안을 더 좋아할 수도 있다). 그러므로 대상 아동의 심리사회적 및 임상적 프로파일에 적합하도록 처치 계획을 세워야 한다. 모든 ADHD 하위 유형에 보편적인 혜택을 줄 단일한 처치전략은 없기 때문이다.

적응유연성, 신경자극제 처치 및 추후 약물남용

200개 이상의 무선 임상실험 자료를 살펴보면 신경자극제는 ADHD 아동과 성인에게 효과적인 처치다. 그러나 ADHD 아동에게 신경자극제를 처치할 때 추후 성인기의 흡연과 니코틴 및 코카인 의존성의 위험이 증가하였다(Lambert &

Hartsough, 1998). 이 연구의 결과는 미디어의 관심을 상당히 많이 받았고, 인생 초기에 신경자극제 약물에 노출되면 추후 약물남용과 의존성을 갖게 되는지에 대한 대중의 관심을 불러일으켰다.

그러나 이 연구는 그런 관계를 보고한 유일한 연구다. 12개의 다른 연구는 ADHD 아동에게 처치한 신경자극제가 성인기에 물질을 실험하거나 사용하거나 의존 또는 남용하는 위험을 증가시켰다는 증거를 찾지 못했다. Wilens, Faraone, Biederman과 Gunawardene(2003)은 더 큰 규모로 수행된 6개 연구를 메타분석했는데, 그중 2개는 청소년기에 추적조사를 실시했고, 4개는 초기 성인기에 추적조사를 실시했다. 약물 처치를 받은 피험자 674명과 약물 처치를 받지 않은 피험자 360명을 분석에 포함했다. 무선 효과 메타분석을 사용한 승산비의 조합 추정치에 의하면, 아동기에 신경자극제 처치에 노출되지 않았던 피험자보다 아동기에 신경자극제 처치에 노출되었던 피험자의 물질사용 장애(SUD) 발생 위험이 1.9배 감소하였다(95% 신뢰구간=1.1-3.6). 연령 효과에 의하면 성인기에 추적조사가 이루어진 연구(승산비 1.4)에 비해 청소년기에 추적조사가 이루어진 연구(승산비 5.8)에서 더 큰 보호 효과가 나타났다. 추적기간을 성인기까지 확대하면 약물 실험에 대한 노출과 약물남용의 가능성을 증가시켰을 것이다. 이런 결과는 초기 성인기에 신경자극제 처치에서 중도 탈락하는 비율이 높은 것에 기인한다. 신경자극제 처치에서 중도 탈락하면 위험에서 보호를 받지 못한다. 그러나 약물치료에 노출되는 지속기간에 관한 자료가 없으며, 이 가설을 검증하기 위해 더 이상의 많은 분석이 이루어지지 않았다. 또 다른 설명은 약물치료를 받는 아동과 청소년은 부모의 감독을 받는 경우가 많으므로 결과적으로 분석에 혼동을 주었을지도 모른다는 것이다.

더구나 Lambert 등의 연구에는 방법론적으로 중대한 문제가 남아 있다. Lambert 등은 신경자극제 처치가 초기 성인기에 약물을 사용할 위험을 증가시켰다고 보고했다. 특히 더 어린 시기에 신경자극제 처치에 노출되는 것이 니코틴이나 코카인의 남용과 직선적인 관계를 이루었고, 마찬가지의 경향성이 알코올 남용에도 나타났다. 그러나 기초선 특징에 있어 약물 처치를 받은 피험자와 약물 처치를 받지 않은 피험자 간 차이는 유의했다. 구체적으로 약물 처치를 받은 집단에서 품행장애가 더 많았다. 순행적 연구에 의하면 품행장애는 ADHD 피험자의 물질사용 장애를 발병시키는 주요 위험요인으로 일관성 있게 확인되었다. 그러므로 그들의 분석에서 품행장애는 주요한 혼동변인으로서 허위관계를 만들어 낼 가능성이 있다.

전반적으로 아동기에 ADHD를 치료하기 위한 신경자극제 처치와 청소년기와 성인기의 약물남용 간에는 유해한 관계가 없다는 것이 증명되었다. 메타분석에서 도출하여 합산한 추정치에서 얻은 증거도 신경자극제 처치가 이후 물질남용의 위험을 감소시키고, 그래서 결국은 적응유연성을 이룬다는 것을 시사하였다.

결론

문헌 검토에 의하면, 적응유연성은 아동, 가족, 환경의 특징과 관련된다. 공격성, 낮은 좌절인내, ADHD 증상의 심각성과 지속성은 아동이 이후에 부적응할 위험을 증가시킨다. 도심 지역 거주, 저조한 부모의 통제, 높은 수준의 표현된 정서, 부모의 정신병리도 위험을 증가시킨다. ADHD와 품행문제의 공존은 이후의 반사회적 행동, 사회적 기능의 손상, 직업적 기능의 손상, 물질남용, 반사회적 성격장애, 관련된 기분문제와 같은 부정적인 결과를 예측하는 강력한 변인이다. 높은 지능지수, 정서적 안정성, 최소 한도의 기능 손상, 지지적인 성인이 있는 좋은 가족 배경과 같은 긍정적인 특징 모두가 적응유연성을 이루게 한다. 과잉행동 증상 궤도의 중단, 처치에 대한 반응으로 증상의 감소는 더 좋은 결과를 예측한다. 비록 경미한 수준의 ADHD를 가진 아동의 조기관리에 행동수정과 행동 개입이 타당한 이유를 가질지라도, 약물치료 없이 행동수정이나 행동 치료를 단독 실시하는 것은 증상이 심각한 아동에게는 그리 효과적이지 않다. 행동수정의 단독 시행은 취학전 아동, 불안 증상을 가진 아동 또는 부모의 교육적 배경이 높은 아동에게 유용하고, 공존 병리를 가진 아동과 불리한 가정환경에 사는 아동에게는 약물치료를 병행하는 것이 바람직하다. 인지행동 모형에 근거하여 강점과 기술을 발달시키는 노력만으로는 아동이 사회적 손상을 겪지 않도록 보호해 줄 것 같지 않다. 적응유연성에 기여하는 유전과 환경의 역할에 관한 연구 관심이 확대될 것이고, 개입에서 무엇을 표적으로 해야 하는지에 관한 새로운 아이디어를 생성해 낼 것이다.

참고문헌 REFERENCES

Akeman, P., Dykman, & R., Peters, J. (1977). Teenage status of hyperactive and non hyperactive learning disabled boys. *AM J Orthopsychiatry, 47*, 577-596.

Barkley, R. (1997). *ADHD and the nature of self-control.* New York and London: Guilford.

Biederman, J., Faraone, S. V., Mick, E., Spencer, T., Wilens, T., Kiely, K., Guite, J., Ablon, J. S., Reed, E., Warburton, R. (1995). High risk for attention deficit hyperactivity disorder among children of parents with childhood onset of the disorder: a pilot study. *Am J Psychiatry, 152*(3), 431-435.

Biederman, J., Faraone, S., Milberger, S., Curtis, S., Chen, I., Marrs, A. et al. (1996). Predictors of persistence and remission of ADHD into adolescence: results from a four-year prospective follow-up study. *J Am Acad Child Adolesc Psychiatry, 35*(3), 343-351.

Biderman, J., Mick, E., & Faraone, S. V. (1998). Normalized functioning in youths with persistent attention-deficit/hyperactivity disorder. *J Pediatr, 133*(4), 544-551.

Biderman, J., Mick, E., & Faraone, S. V. (2000). Age-dependent decline of symptoms of attention deficit hyperactivity disorder: Impact of remission definition and symptom type. *Am J Psychiatry, 157*(5), 816-818.

Biderman, J., Wilens, T. E., Mick, E., Faraone, S. V., Spencer, T. (1998). Does attention-deficit hyperactivity disorder impact the developmental course of drug and alcohol abuse and dependence? *Biol Psychiatry, 44*(4), 269-273.

Brooks, R., & Goldstein, S. (2001). *Raising resilient children.* New York: Contemporary Books.

Caspi, A., McClay, I., Moffitt, T. E., Mill, J., Martin, I., Craig, I. W. et al. (2002). Role of genotype in the cycle of violence maltreated children. *Science, 297*(5582), 851-854.

Caspi, A., Sugden, K., Moffitt, T. E., Taylor, A., Craig, I. W., Harrington, H. et al. (2003). Influence of life stress on depression: moderation by a polymorphism in the 5-HTT gene. *Science, 301*(5631), 386-389.

Castellanos, F. X., & Tannock, R. (2002). Neuroscience of attention-deficit/hyperactivity disorder: The search for endophenotupes. *Nat Rev Neurosci, 3*(8), 617-618.

Dienske, H., de Jonge, G., & Sanders-Woudstra, J. A. R. (1985). Quantitative criteria for attention and activity in child psychiatric patients. *J Child Psychology and Psychiatry, 26*, 895-916.

Farrington, D., Loeger, R., & van Kammen, W. M. (1990). Long-term criminal outcomes of hyperactivity-impulsivity-attention deficit and conduct problems in childhood. In L. Robinson & M. Rutter (Eds.), *Straight and devious pathways from childhood and adulthood* (pp. 72-73). Cambridge: Cambridge University Press.

Faraone, S. V., Biederman, J., Jetton, J. G., & Tsuang, M. T. (1997). Attention deficit disorder and conduct disorder: longitudinal evidence for a familial subtype. *Psychol Med. 27*(2), 291-300.

Fergusson, D. M., Lynskey, M. T., & Horwood, L. J. (1997). Attentional difficulties in middle childhood and psychosocial outcomes in young adulthood. *J Child Psychol Psychiatry, 38*(6), 633-644.

Fischer, M., Barkley, R. A., Fletcher, K. E., & Smallish, L. (1993). The adolescent outcome of hyperactive children: Predictors of psychiatric, academic, social, and emotional adjustment. *J Am Acad Child Adolesc Psychiatry, 32*(2), 324-332.

Fischer, M., Barkley, R. A., Smallish, L., & Fletcher, K. E. (2002). Young adult follow-up of hyperactive children: Self-reported psychiatric disorders, comorbidity, and the role of childhood conduct problems and teen. *CD J Abnormal Child Psych, 30*(5), 464-475.

Flory, K., Milich, R., Lynam, D. R., Leukefeld, C., Clayton, R. (2003). Relation between childhood disruptive behavior disorders and substance use and dependence symptoms in young adulthood: Individuals with symptoms of attention-deficit/ hyperactivity disorder and conduct disorder are uniquely at risk. *Psychol Addict Behav, 17*(2), 151-158.

Gittelman, R., Mannuzza, S., Shenker, R., & Bongura, N. (1985). Hyperactive boys almost grown-up. I. Psychiatric status. *Arch Gen Psychiatry, 42*(10), 937-947.

Goldstein & Brooks. (2003, June). Risk, resilience and ADHD: Changing the lives of challenged children, http://www.advisor.com/goldstein_risk_resilience_adhd.htm.

Hart, E. L., Lahey, B. B., Loeber, R., Applegate, B., & Frick, P. J. (1995). Developmental change in attention-deficit hyperactivity disorder in boys: a four-year longitudinal study. *J Abnormal Child Psychol, 23*(6), 729-749.

Hazell, P. L., Lewin, T. J., McDowell, M. J., & Walton, J. M. (1999). Factors associated with medium-term response to psychostimulant medication. *J Paediatr Child Health, 35*(3), 264-268.

Hechtman, L. (1991). Resilience and vulnerability in long term outcome of attention deficit hyperactive disorder. *Can J Psychiatry, 36*(6), 415-421.

Heachtman, L., Weiss, G., & Perlman, T. et al. (1981). Hyperactives as young adults: Various clinical outcomes. *Adolesc Psychiatry, 9*, 295-306.

Jensen, P. S., & Copper, J. R. (2002). *Attention deficit hyperactivity disorder: State of the science*. Kingston, NJ: Civic Research Institute.

Jensen, P. S., Hinshaw, S. P., Swanson, J. M., Greenhill, L. L., Conners, C. K., Arnold, L. E. et al. (2001). Findings from the NIMH multimodal treatment study of ADHD (MTA): Implications and applications for primary care providers. *J Dev Behav Pediatr, 22*(1), 60-73.

Klein, R. G., Abikoff, H., Klass, E., Ganeles, D., Seese, L. M., & Pollack, S. (1997). Clinical efficacy of methylphenidate in conduct disorder with and without attention deficit hyperactivity disorder. *Arch Gen Psychiatry, 54*(12), 1073-1080.

Lambert, N. M., & Hartsough, C. S. (1998). Prospective study of tobacco smoking and substance dependencies among samples of ADHD and non-ADHD participants . *J Learn Disabil, 31*(6), 533-544.

Loney, J., Kramer, J., & Milich, R. (1981). The hyperkinetic child grows up: Predictors of symptoms, delinquency and achievement at follow-up. In K. Gadow & J. Loney (Eds.), Psychosocial aspects of drug treatment for hyperactivity. AAAS Selected Symposium.

Lynam, D. R. (1996). Early identification of chronic offenders: Who is the fledgling psychopath? *Psychol Bull, 120*(2), 209-234.

Lynskey, M. T., & Hall, W. (2001). Attention deficit hyperactivity disorder and substance use disorders: Is there a causal link? *Addiction, 96*(6), 815-822.

Lynskey, M. T., & Fergusson, D. M. (1995). Childhood conduct problems, attention deficit behaviors, and adolescent alcohol, tobacco, and illicit drug use. *J Abnorm Child Psychol, 23*(3), 281-302.

Mannuzza, S., Klien, R. G., & Moulton, J. L. III. (2002). Young adult outcome of children with "situational" hyperactivity: A prospective, controlled follow-up study. *J Abnorm Child Psychol, 30*(2), 191-198.

Mannuzza, S., Klien, R. G., Bessler, A., Mallony, P., & LaPadula, M. (1998). Adult psychiatric status of hyperactive boys grown up. *Am J Psychiatry, 155*(4), 493-498.

Mannuzza, S., Klien, R. G., Bessler, A., Mallony, P., & LaPadula, M. (1993). Adult outcome of hyperactive boys. Educational achievement, occupational rank, and psychiatric status. *Arch Gen Psychiatry, 50*(7), 565-576.

March, J. S., Swanson, J. M., Arnold, L. E. et al. (2000). Anxiety as a predictor and outcome variable in the multimodal treatment study of children with ADHD (MTA). *J Abnorm Child Psychol, 28*(6), 527-541.

Milich, R., Loney, J., & Landau, S. (1982). The independent dimensions of hyperactivity and aggression: A validation with playroom observation data. *J Abnorm Psychol, 91*, 183-198.

Moffitt, T. E. (1990). Juvenile delinquency and attention deficit disorder: Boys' developmental trajectories from age 3 to 15. *Child Dev, 61*, 893-910.

Molina, B. S., & Pelham, W. E. Jr. (2003). Childhood predictors of adolescent substance use in a longitudinal study of children with ADHD. *J Abnorm Psychol, 112*(3), 497-507.

MTA Cooperative Group. (1999). A 14-month randomized clinical trial of treatment strategies for attention-deficit/hyperactivity disorder. Multimodal Treatment Study of Children with ADHD. *Arch Gen Psychiatry, 56*, 1073-1086.

Porrino, L. J., Rapoport, J. L., Behar, D., Sceery, W., Ismond, D., & Bunney, W. E. (1983). A naturalistic assessment of the motor activity of hyperactive boys: I. Comparison with normal controls. *Arch Gen Psychiatry, 40,* 681-687.

Rasmussen, P., Gillberg, C. (2000). Natural outcome of ADHD with developmental coordination disorder at age 22 years: a controlled, longitudinal, community-based study. *J Am Acad Child Adolesc Psychiatry, 39*(11), 1424-1431.

Rieppi, R., Greenhill, L. L., Ford, R. E., Chuang, S., Wes, M., Davies, M. et al. (2002). Socioeconomic status as a moderator of ADHD treatment outcomes. *J Am Acad Child Adolesc Psychiatry, 41*(3), 269-277.

Rutter, M., Maughan, B., Meyer, J., Pickles, A., Silberg, J., Simonoff, E., & Taylor, E. (1997). Heterogeneity of antisocial behavior: Causes, continuities, and consequences. *Nebraska Symposium on Motivation, 44,* 45-118.

Santosh, P. J., & Taylor, E. (2000). Stimulant drugs: *Eur Child Adolesc Psychiatry, 9*(Suppl. 1), 127-143.

Sergeant, J. (2000). The cognitive-energetic model: An empirical approach to attention-deficit hyperactivity disorder, *Neurosc and Biobehav, 24,* 7-12.

Satterfield, J., Swanson, J., Schell, A., & Lee, F. (1994). Prediction of antisocial behavior in attention-deficit hyperactivity disorder boys from aggression/defiance scores. *J Am Acad Child Adolesc Psychiatry, 33*(2), 185-190.

Schachar, R., Rutter, M., & Smith, A. (1981). The characteristics of situationally and pervasively hyperactive children: Implications for syndrome definition. *J Child Psychol Psychiatry, 22*(4), 375-392.

Schachar, R., Taylor, E., Wieselberg, M., Thorley, G., & Rutter, M. (1987). Changes in family function and relationships in children who respond to methylphenidate. *J Amer Acad Child Adol Psychiat, 26*(5), 728-732.

Sonuga-Barke, E. J. (2003). The dual pathway model of AD/HD: An elaboration of neuro-developmental characteristics. *Neurosci Biobehav Rev, 27*(7), 593-560.

Sonuga-Barke, E. J., Taylor, E., Sembi, S., & Smith, J. (19920. Hyperactivity and delay aversion-I. The effect of delay on choice. *J Child Psychol Psychiatry, 33*(2), 387-398.

Sonuga-Barke, E. J., Taylor, E., & Heptinstall, E. (1992). Hyperactivity and delay aversion-II. The effect of self versus externally imposed stimulus presentation periods on memory. *J Child Psychol Psychiatry, 33*(2), 399-409.

Strayhorn, J. M. Jr. (2002a). Self-control: Theory and research. *J Am Acad Child Adolesc Psychiatry, 41*(1), 7-16.

Strayhorn, J. M. Jr. (2002b). Self-control: Toward systematic training programs. *J Am Acad Child Adolesc Psychiatry, 41*(1), 17-27.

Taylor, E. (1995). Dysfunctions of attention. In D. Cicchetti & D. J. Cohen (Eds.),

Developmental psychopathology, Vol. 2: Risk, disorder, and adaptation (pp. 243-273). New York: Wiley.

Taylor, E. (1999). Disorders of volition in childhood. In C. Williams & A. Sims (Eds.), *Disorders of volition and action in psychiatry* (pp. 229-247). London: Gaskell.

Taylor, E., Chadwick, O., Heptinstall, E., & Danckaerts, M. (1996). Hyperactivity and conduct problems as risk factors for adolescent development. *J Am Acad Child Adolesc Psychiatry, 35,* 1213-1226.

Thaper, A., Harrington, R., & McGuffin, P. (2001). Examining the comorbidity of ADHD-related behaviours and conduct problems using a twin study design. *Br J. psychiatry, 179,* 224-229.

Van der Meere, J. J. (2002). The role of attention in hyperactivity disorders. In S. Sandberg (Ed.), *Hyperactivity and attention disorders of childhood* (pp. 162-171). Cambridge: Cambridge University Press.

Wilens, T. E., Faraone, S. V., Biederman, J., & Gunawardene, S. (2003). Does stimulant therapy of attention-deficit/hyperactivity disorder beget later substance abuse? A meta-analytic review of the literature. *Pediatrics, 111*(1), 179-185.

Weiss, G., Hechtman, L., Perlman, T., Hopkins, J., & Werner, A. (1979). Hyperactives as young adults: A controlled prospective ten-year follow-up of 75 children. *Arch Gen Psychiatry, 36,* 675-681.

Weiss, G., Minde, K., Werry, S. J., Douglas, V., & Neneth, E. (1971). The hyperactive child. Ⅶ: Five-year follow-up. *Arch Gen Psychiatry, 24,* 409-414.

Weiss, G., Hechtman, L., Milroy, T. et al. (1985). Psychiatric status of hyperactive as adults: A controlled prospective 15 year follow-up of 63 hyperactive children. *J Am Acad Child Psychiatry, 23,* 211-220.

제4부 아동의 미래 만들기

제17장

긍정적 적응, 적응유연성 및 발달자산 모형

Arturo Sesma, Jr., Marc Mannes, & Peter C. Scales

지금 그리고 앞으로 부적응할 위험에 처해 있다고 생각되는 아동 가운데 병리의 징후를 별로 또는 전혀 보이지 않고 높은 수준의 유능성을 보이는 상당수의 아동을 '발견한' Garmezy, Rutter, Werner와 그 밖의 다른 학자의 초기 업적에 뿌리를 두고 적응에 대한 이해가 발전해 왔다(Garmezy, 1974; Rutter, 1979; Werner & Smith, 1982). 이런 아동의 삶에는 어떤 차이점이 있는지를 연구하여 고위험 맥락에 사는 아동의 긍정적 발달과 관련된 변인을 기술할 수 있게 되었고, 여러 생태체계에 걸쳐 나타나는 다수의 인과적 효과를 설명하는 복잡한 과정 모형으로 발전할 수 있게 되었다(Masten, 1999a). 이런 계통의 연구에서 도출된 위대한 공헌 두 가지는 다음과 같다. 첫째, 위험, 병리, 처치를 주로 다루었던 지배적인 모형과 더불어 긍정적 적응과 유능성에 관한 연구도 수행해야 한다는 입장을 주장하게 되었다. 둘째, 역경의 조건에서 나타나는 적응적 발달 궤도와 부적응적 발달 궤도의 근간이 되는 기제를 밝히는 데 주목하게 되었다(Garmezy, 1974; Rutter, 1979; Masten, 2001). 이런 진보는 현행 개입과 예방 실무에 도움이 되었다(Rolf & Johnson, 1999).

아동 · 청소년의 건강한 발달을 촉진하는 일련의 요인에 대해 관심을 갖게 되면서 개인과 지역사회의 강점, 자원, 긍정적 경험에 주목하는 새로운 모형을 개발하는 것이 가능해졌다(Benson & Pittman, 2001). 긍정적 발달이라는 더 큰 범주 아래서, 그리고 적응유연성과 위험요인 및 보호요인에 관한 수십 년의 연구에서 얻은 지식을 가지고, 이 새로운 모형은 아동 · 청소년을 위한 최적의 결과가 무엇인지 개념화하고 그것을 측정하며 증진시키는 새로운 방법을 모색하고 있다(Connell, Gambone, & Smith, 2001; Eccles & Gootman, 2002; Pittman, Irby, & Ferber, 2001).

여러 모형 가운데 하나는 서치 인스티튜트(Search Institute)의 **발달자산 모형**(developmental asset framework)이다. 지난 10년 동안 서치 인스티튜트는 발달적 자원, 최적의 발달, 지역사회 동원 간 관계를 검토하는 이론적 및 경험적 연구를 활발히 수행해 왔다(Benson, 2003). 주요 목표는 "지역사회의 비형식적이고 자연적이며 비실용적인 역량"(Benson & Saito, 2001, p. 146)의 성장가능성과 발달적 의미를 탐색하는 학제 간 연구와 응용연구의 체제를 수립하는 데 있다.

이 장에서는 발달자산 모형을 기술하고, 발달자산 모형과 적응유연성 모형 모두에 현저한 세 가지 차원을 언급하면서 이 두 접근의 관계를 묘사한다. 세 가지 차원은 (1) 긍정적 발달과 적응을 증진시키는 것으로 여겨지는 요인의 분류, (2) 긍정적 발달 결과를 결정하거나 규정하는 데 사용하는 준거, (3) 아동 · 청소년의 발달을 증진시키는 전략과 기제다. 이들 차원에서 여러 적응유연성 모형이 비슷하거나 차이가 나는 점을 설명한다. 적응유연성은 하나의 동질적 연구 영역이 아니라 모형, 용어, 가정에서 상이하다는 입장에 따라서 발달자산 모형을 기술하기 위한 배경 맥락을 제공할 목적으로 광범위한 주제를 끌어들여 논할 것이다.

긍정적 발달의 촉진자: 발달자산 모형

발달자산 모형은 아동 · 청소년의 **긍정적 발달**(positive youth development: PYD)이라는 급속도로 발전하고 있는 분야의 한 부분이다. PYD는 대체로 다음의 특징을 공유하는 수많은 접근을 포괄하는 용어다(Hamilton, Hamilton, & Pittman, 2003 참조).

- **발달에 대한 강점 기반 접근**(a strength-based approach to development): 문제 행동과 관련된 변인보다는 최적의 (성공적인) 발달을 촉진하는 요소를 강조한다. 강점 기반 모형의 반대는 위험 모형 또는 결핍 모형인데, 이 모형은 문제 행동을 강조하며 문제 행동을 감소시키거나 예방하는 방법을 강조한다.
- **다수의 부문에 걸쳐 있는 다수의 작동인**(multiple agents across multiple sectors): 아동은 가족, 학교, 이웃 안에서 그리고 여러 관계의 맥락 안에서 발달한다. 발달을 기술하고자 하는 모형은 무엇이든지 발달이 진행되는 다양한 장면을 반영해야 한다.
- **관계에의 주목**(focus on relationships): 긍정적 발달은 아동 · 청소년이 의도적이며 의미 있는 관계—아동 · 청소년을 이해하고, 아동 · 청소년의 의견을 물어보며, 아동 · 청소년이 발언권을 가지고 있고 기여할 것이 있음을 인정하는—를 맺고 있느냐에 좌우된다.
- **긍정적 발달을 증진시키는 것은 일상적이며 평범하게 발생하는 일이다**(facilitating positive development is an everyday, commonplace occurrence): 아동 · 청소년의 발달을 증진시키는 일은 전문가나 실무자만의 영역이 아니라 지역사회 내의 모든 사람이 아동 · 청소년의 삶에 역할과 책임감을 다하는 일이다.

서치 인스티튜트가 이 네 가지 요소를 밝히려 했던 시도는 아동 · 청소년이 다양한 **발달자산**(developmental assets)을 어떻게 경험하는지에 관해 연구했던 우리의 업적에 기초한다. 발달자산은 아동 · 청소년이 경험하는 다양한 결과를 향상시키는 것으로 알려져 있으며, 모든 아동 · 청소년에게 유사하게 작동하는 것으로 가정되는 상호 관련된 경험, 관계, 기술, 가치의 집합으로 정의된다(Benson, Leffert, Scales, & Blyth, 1998; Scales & Leffert, 1999). 발달자산 가운데 40개가 확인되었는데, 그것은 관계, 지지, 조절, 자율, 유능성과 같은 주요한 발달적 사회화의 과정을 밝히는 데 뿌리를 두고 있는 '강점에 기반을 둔' 긍정적인 아동 · 청소년 발달에 관한 광범위한 개념화를 반영한다(Barber & Olsen, 1997; Benson, Scales, & Mannes, 2002; Scales & Leffert, 1999).

그러나 이런 발달과정은 아동의 안녕에 미치는 다수의 상호작용하는 영향에 비추어 이해해야 한다. 성공적 발달은 여러 지지적 생태환경과 끊임없이 교류하는 개인의 함수라는 Bronfenbrenner(1979)의 생각을 차용하여 **자산체계**(asset framework)라는 개념을 만들었다. 추가적으로 위험요인과 보호요인의 '공유된 인과관계(shared causation)' 와 누적적 본질에 관한 Jessor(1993), Sameroff, Seifer와 Bartko(1997)의 연구를 통해 발달과 발달자산에 관해 알게 되었다. 그러므로 자산체계가 갖는 주요 목적 가운데 하나는 발달적 강점에 관한 이론과 연구를 조성하기 위하여 단기간 및 장기간의 긍정적 결과에 관련된 변인과 이를 예측하는 변인을 확인하는 데 있다. 이런 노력의 핵심은 상호작용하면서 많은 층을 이루고 있는 지역사회가 아동 · 청소년 발달에 미치는 효과를 검증하는 데 있다.

보호요인을 열거하는 다양한 목록(Eccles & Gootman, 2002; Hawkins, Catalano, & Miller, 1992; Masten, 2001; Masten & Reed, 2002; Werner & Smith, 1993)과 마찬가지로, 자산체계는 외적 변인과 내적 변인으로 이루어진다(〈표 17-1〉 참조). 외적 자산(즉, 건강을 증진하는 환경 특징)은 (1) 지지, (2) 역량강화, (3) 경계와 기대, (4) 시간의 건설적 사용의 네 가지 범주로 분류된다. 내적 자산(즉, 아동 · 청소년이 자신의 행동을 이끌기 위해 사용하는 기술과 유능성)은 (1) 학습에 대한 몰입, (2) 긍정적 가치, (3) 사회적 유능성, (4) 긍정적 정체감의 네 가지 범주로 구분된다. 200만 명 이상의 6~12학년 학생을 포함한 서치 인스티튜트의 여러 연구(Benson, Scales, Leffert, & Roehlkepartain, 1999; Leffert et al., 1998; Scales, Benson, Leffert, & Blyth, 2000)는 청소년 발달(Scales & Leffert, 1999) 및 아동기 중기 발달(Scales, Sesma, & Bolstrom, 2004)에 관한 경험적 연구에서 밝혀진 바를 폭넓게 통합하였다. 그 결과, 발달자산이 학생으로 하여금 고위험 행동을 피하고 번영을 이루는 데(다른 사람을 돕고 역경을 극복하며 학교에서 성공을 이루는 것을 포함) 기여한다는 수많은 긍정적인 결론을 도출했다.

긍정적 발달에 관한 개념적 연구와 경험적 연구에 발달자산 모형이 중요하기도 하지만 이 모형은 매우 실용적인 목적을 위해 설계되었다. 그러므로 발달자산 모형의 두 번째 목적은 아동 · 청소년을 위한 지역사회 동원과 활동의 촉매로 작용할 수 있는, 즉 긍정적 발달에 쉽게 접근할 수 있게 하는 언어를 생성하는 데 있다. 이는 매우 중요한 일이다. 발달자산은 지역사회 안에 있는 사람이 어느 정도의 통제력을 갖는 관계, 환경, 규범, 유능성이 반영되도록 특별하게 선택되었다(Benson et al., 2002). Scales와 Leffert(1999)는 다음과 같이 표현했다.

〈표 17-1〉 발달자산 모형

외적 자산	지지	1. 가족의 지지: 가족생활이 사랑과 지지를 많이 제공함
		2. 가족의 긍정적 의사소통: 아동 · 청소년과 그 부모가 긍정적으로 의사소통하며, 자녀는 부모의 충고와 조언을 기꺼이 얻으려 함
		3. 다른 성인과의 관계: 아동 · 청소년이 3명 또는 그 이상의 부모 외 다른 성인의 지지를 받음
		4. 애정 어린 이웃: 아동 · 청소년이 애정 어린 이웃을 경험함
		5. 애정 어린 학교 풍토: 학교가 애정 어리고 격려하는 환경을 제공함
		6. 학교교육에 대한 부모 개입: 부모는 자녀가 학교에서 성공하도록 돕는 데 적극적으로 개입함
	역량강화	7. 지역사회의 아동 · 청소년 가치 인정: 지역사회 성인이 아동 · 청소년의 가치를 인정한다고 지각함
		8. 자원으로서의 아동 · 청소년: 지역사회 안에서 유용한 역할이 아동 · 청소년에게 주어짐
		9. 다른 사람을 위한 봉사: 아동 · 청소년이 매주 1, 2시간 지역사회 안에서 봉사활동을 함
		10. 안전: 아동 · 청소년이 가정, 학교, 지역사회에서 안전하다고 느낌
	경계와 기대	11. 가족 경계: 가족이 명백한 규칙과 귀결을 가지고 있으며 아동 · 청소년의 행방을 감독함
		12. 학교 경계: 학교가 명백한 규칙과 귀결을 제공함
		13. 이웃 경계: 이웃이 아동 · 청소년의 행동을 감독할 책임을 짐
		14. 성인 역할 모델: 부모와 기타 성인이 긍정적이며 책임감 있는 행동의 모범을 보임
		15. 긍정적 또래 영향: 아동 · 청소년의 가장 친한 친구가 책임감 있는 행동의 모범을 보임
		16. 높은 기대: 부모와 교사가 아동 · 청소년의 높은 성취를 격려함
	시간의 건설적 사용	17. 창의적 활동: 아동 · 청소년이 음악, 연극, 기타 예술 분야에서 매주 3시간 또는 그 이상의 레슨을 받거나 연습을 함
		18. 아동 · 청소년 프로그램: 아동 · 청소년이 학교나 지역사회에 있는 스포츠, 클럽, 기관에서 매주 3시간 또는 그 이상의 시간을 보냄
		19. 종교적 지역사회: 아동 · 청소년이 매주 1시간 또는 그 이상 종교기관에서 활동을 하는 데 시간을 보냄
		20. 가정에서의 시간: 아동 · 청소년이 매주 이틀 또는 그 이하로 '특별히 하는 일 없이' 친구와 집 밖에서 밤을 샘
내적 자산	학습에 대한 몰입	21. 성취 동기: 아동 · 청소년이 학교에서 잘하도록 동기를 부여받음
		22. 학교 몰입: 아동 · 청소년이 학습에 적극적으로 몰입함
		23. 숙제: 아동 · 청소년이 주중 매일 적어도 1시간은 숙제를 한다고 보고함
		24. 학교에 대한 애착: 아동 · 청소년이 학교에 애착을 느낌
		25. 즐거움을 위한 독서: 아동 · 청소년이 매주 3시간 또는 그 이상 즐거움을 위해서 독서를 함
	긍정적 가치	26. 애정과 배려: 아동 · 청소년이 다른 사람을 돕는 일에 높은 가치를 부여함
		27. 평등과 사회 정의: 아동 · 청소년이 평등을 증진시키고 기아와 빈곤을 감소시키는 데 높은 가치를 부여함
		28. 온전: 아동 · 청소년이 자신의 확신에 따라서 행동하고 자신의 신념을 옹호함
		29. 정직: 아동 · 청소년이 '쉽지 않을 때조차 진실을 말함'
		30. 책임: 아동 · 청소년이 개인적 책임을 수용하고 맡음
		31. 자제: 아동 · 청소년이 성적으로 활발하지 않고 알코올이나 약물을 사용하지 않는 것이 중요하다고 믿음

내적 자산	사회적 유능성	32. 계획과 의사결정: 아동 · 청소년이 사전에 계획을 하고 선택을 하는 방법을 알고 있음
		33. 개인 간 유능성: 아동 · 청소년이 공감, 민감함, 우정기술을 가지고 있음
		34. 문화적 유능성: 아동 · 청소년이 서로 다른 문화 · 인종 · 민족 배경 출신 사람에 대한 지식을 가지고 있으며 편안함을 느낌
		35. 저항기술: 아동 · 청소년이 부정적 또래 압력과 위험한 상황에 저항할 수 있음
		36. 평화적인 갈등 해결: 아동 · 청소년이 비폭력적으로 갈등을 해결하려 함
	긍정적 정체감	37. 개인적 힘: 아동 · 청소년이 '자신에게 일어나는 일'을 통제할 수 있다고 느낌
		38. 자기존중감: 아동 · 청소년이 높은 자기존중감을 가지고 있다고 보고함
		39. 목적의식: 아동 · 청소년이 삶의 목적을 가지고 있다고 보고함
		40. 개인적 실패에 대한 긍정적 견해: 아동 · 청소년이 자신의 개인적 실패에 대하여 낙관적임

> 계획기술과 의사결정 기술을 증진시키는 잘 설계된 경험을 모든 사람이 아동 · 청소년에게 제공할 수 있지는 않지만 아동 · 청소년과 대화를 나누고 그들의 부모가 주변에 없을 때 그들을 감독하고 보호하며 그들이 도움을 요구할 때 도움을 줄 수 있다. 아동 · 청소년이 가치를 인정받고 지지받는다고 느끼도록 모든 사람이 도울 수 있다(p. 13).

서치 인스티튜트에서 수행한 많은 연구와 업무는 지역사회 구성원이 아동 · 청소년과 의도적인 관계에 참여하도록 그들을 동원하는 방법 등 다양한 경험의 중요성을 집중적으로 조명한다.

발달자산과 결과의 관계

자산 모형의 기본 가정은 아동 · 청소년이 긍정적인 경험을 많이 할수록 발달적으로 성공할 가능성이 높다는 것이다. 서치 인스티튜트 및 다른 여러 기관이 수행한 다수의 연구는 상대적으로 더 많은 자산을 보고하는 아동 · 청소년이 위험 행동을 덜 하고 긍정적이며 사회적으로 건설적인 행동을 더 많이 할 가능성이 높다는 것을 일관되게 보여 준다(Scales et al., 2000; Taylor et al., 2002). 예를 들면, 31~40개의 자산을 가진 아동 · 청소년의 3%만이 알코올 사용을 보고한 것과 대조적으로, 0~10개의 자산을 가진 아동 · 청소년의 50%는 알코올 사용을 보고하여 17배의 위험비를 보였다. 반대로 31~40개의 자산을 가진 아동 · 청소년의 89%는 문화적 다양성을 가치 있게 여기고 그것을 인정한다고 보고한 반면, 0~10개의 자산을 가진 아동 · 청소년의 경우는 34%만이 그렇다고 보고했다. 비슷하게 자산이 부족한 아동 · 청소년의 32%는 조기에 성행위를 하는 것으로 보고했지만, 자산이 풍부한 아동 · 청소년의 경우는 3%만이 그러했다. 또 자산이 부족한 아동 · 청소년의 8%만이 학교에서 대체로 A학점을 받은 것과 달리, 자산이 풍부한 아동 · 청소년의 경우는 49%가 대체로 A학점을 받았다(Search Institute, 2001). 자산의 누적적 효과를 검증하는 다변량 분석에 의하면 어머니의 교육 수준, 성적, 젠더와 같은 인구학적 변인의 영향력을 넘어서서 자산의 합산 개수가 위험 행동의 종합 지표 변산의 57%를 설명했으며(Leffert et al., 1998), 긍정적 행동 지표 변산의 47~54%를 설명했다(Scales et al., 2000). 표집을 인종 · 민족과 사회경제적 지위(SES) 수준으로 분류했을 때에도 비슷한 누적적 효과가 나타났다(Sesma & Roehlkepartain, 2003).

누적적 자산 기울기(a cumulative asset gradient)는 이러한 효과를 보여 주는 또 다른 방법이다. [그림 17-1]은 아동 · 청소년이 경험하는 자산 수의 함수로 나타나는 고위험 행동 패턴(예, 문제성 알코올 사용, 반사회적 행동)의 평균 수와 성공적인 번영 결과(예, 가치 다양성, 학교에서의 성공, 리더십의 발현 등)를 그래프로 나타낸 것이다. 이런 선형함수는 더 자주 인용되는 **누적적 위험 그래프**(cumulative risk graph)를 반영하기도 한다. 이 그래프에서는 위험요인이 x축에 놓인다. 누적적 위험 개념은 다음 두 가지 일관된 결과를 통해 도출되었다. 하나는 여러 위험요인이 종종 동시에 발생한다는 것이고, 다른 하나는 많은 수의 위험요인이 누적되어 발달의 진행을 방해한다는 것이다(Belsky & Fearon, 2002; Sameroff & Fiese, 2000). 이런 선형함수는 여러 연령층, 젠더, 인종 · 민족, SES 수준, 문화권에서 입증되어 왔기 때문에 선형함수를 조절하는 요인은 별로 없다(Keating & Hertzman, 1999). 누적적 위험 효과에서 도출된 결과가 시사하는 바는 자산의 위력이 여러 맥락에 걸쳐 누적적으로 축적되는 효과를 보인다는 데 있다. 이에 대한 유추는 적응유연성 연구자가 위험요인에 관해 논의할 때 경고했던 바를 반영한다. 발달을 향상시키는 데 '가장 중요한' 단 하나의 자산이나 단 하나의 자산 집합이란 있을 수 없다. '마법의 총알(magic bullet)' 과 같은 자산을 찾으려는 시도는 긍정적 발달의 다중 결말론 가정에 위배되며 유익한 결과를 만들어 내지 못할 것이다(Masten, 1999b; Scales & Leffert, 1999).

비록 대부분의 연구에서 자산과 아동 · 청소년의 긍정적 결과 간에는 특정 시기 관계(point-in-time connections)가 있는 것으로 나타났나. 그러나 일부 연구에

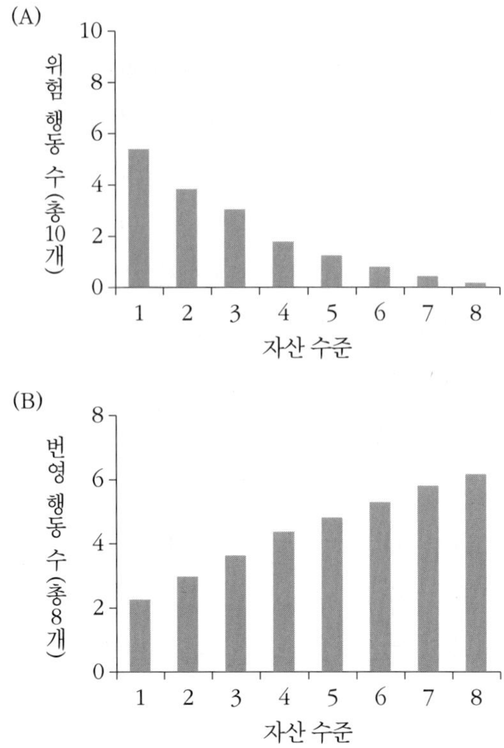

[그림 17-1] 누적적 자산 기울기

(A) 누적적 자산의 함수로서 아동·청소년이 보고한 위험 행동의 수; (B) 누적적 자산의 함수로서 아동·청소년이 보고한 번영 행동의 수(자산 수준에서 각 점수는 자산 5개의 증가를 나타냄; 1=자산 수 0~5개, 2=자산 수 6~10개 등).

출처: Search Institute, 미발간 자료.

서는 특정 시기에 가지고 있는 자산과 1년 또는 그 이후에 발생하는 결과 간 관계도 밝혀졌다. 자산 정도(또는 다수의 자산을 연구한다면 자산 수)와 특정 군집의 자산은 시간 경과에 따라 결과와 관련된다. 예를 들면, Scales와 Roehlkepartain (2003)은 아동·청소년이 7~9학년이었던 1998년에 보고한 자산의 수준이 0~10, 11~20, 21~30, 31~40으로 증가함에 따라서 그들이 10~12학년이 되는 3년 후에 평균 평점(grade point average: GPA)이 유의하게 상승하였음을 발견했다. 또한 이러한 결과는 1차 시기의 GPA가 통제될 때에도 지지되었다. GPA는 시간 경과에 따라서 매우 안정적인 경향이 있기 때문에, 즉 모든 연구에서 이전 성적이 이후 성적을 가장 잘 예측하는 단일 변인이기 때문에 이 결과는 매우 중요한 의미를 지닌다. 더구나 특정 연도에 가진 자산은 동일 연도의 성적과 강력한 관계를 이루었다. 이런 결과는 초기 자산의 수준이 이후의 학업 수행에 유의한 독자적 기여를 한다는 가설을 지지한다. Taylor와 그 동료들(2002)은 갱 활동에 참여했던 아동 · 청소년과 지역사회 단체의 활동에 참여했던 통제집단을 대상으로 1년 간격을 두고 자산과 긍정적 기능을 측정했다. 갱 활동에 참여했던 아동 · 청소년 집단과 지역사회 단체 활동에 참여했던 아동 · 청소년 집단 모두에서 1년이라는 시간 간격 동안 자산의 증가에 따라 긍정적 기능의 변화가 정적인 상관을 이루었다.

발달자산과 적응유연성 구성개념

발달자산과 보호요인 간에는 근본적인 차이가 있다. 보호요인은 위험의 맥락에서만 작동하는 변인이며(Rutter, 2000), 자산은 조절변인(예, 위험/역경, 젠더, SES 등)에 관계없이 작동하는 변인으로 추측된다. 그렇지만 적응유연성 구성개념의 용어를 더욱 명료화하려는 시도는 이러한 차이를 모호하게 만든다(Luthar, Cicchetti, & Becker, 2000). 위험, 조절적 속성, 유능성 결과 간의 상호작용을 더 정확하게 이해하기 위해 '보호-안정화(protective-stabilizing)' '취약성(vulnerability)' 과 같은 용어가 적응유연성 어휘로 추가되었다(Luthar et al., 2000). 이처럼 차별화된 구성개념을 사용하면서, 발달자산은 보호요인(Luthar et al., 2000), 촉진요인(Sameroff, 1999), 자산(Masten & Reed, 2002)과 매우 밀접하게 관련되는 것처럼 보인다. 이 모든 구성개념의 핵심 요소는 위험 지위에 무관하게 발달에 긍정적인 영향을 직접 미친다는 것이다. 발달자산 가운데 일부는 위험 효과와 상호작용하거나 위험 효과를 조절할 것 같지만(즉, 실제로는 보호-향상 요인 또는 보호-안정화 요인의 특징을 갖는다), 적어도 다음 두 가지 이유 때문에 일부 적응유연성 연구자가 약술한 자산과 위험의 복잡한 상호작용을 가정하지 않는다.

첫째, 일반적으로 각각의 자산에 관한 많은 연구는 상이한 아동 · 청소년 집단에서도 예측 유용성이 비슷하다는 것을 보여 준다(Benson et al., 2002; Scales & Leffert, 1999). 둘째, 지역사회에 관한 우리의 연구에 의하면 관심의 대상을 취약한 아동 · 청소년에서 모든 아동 · 청소년으로 옮기면 성인 개개인이 의도적 활동에 더 많이 참여하며 더욱 활동적인 것으로 나타났다. 고위험 아동 · 청소년과 취약한 아동 · 청소년에게 초점을 맞추는 것은 아동 · 청소년 발달이 전문가(임상가, 프로그램 시행자, 사회복지사)의 책임이라는 믿음을 강화하는 효과를 가지며, 이는 시민의 관심을 낮추는 부수적인 효과를 만든다(Benson et al., 1998). 물론 이것이 ADHD나 빈곤 등 오로지 위험에만 해당되는 요인과 자산이 어떻게 상호작용하는지를 검토하지 못하게 방해하는 것은 아니다(Stouthamer-Loeber et al., 1993). 위험요인 및 다른 자산과 더불어 발달자산의 조절 효과에 관한 연구가 현재 수행 중에 있다. 더구나 대부분의 발달자산은 Sameroff(1999)와 Rutter(2000)가 '차원적 요인(dimensional factors)'으로 칭한 것과 Stouthamer-Loeber와 동료들(1993)이 '보호 효과 더하기 위험 효과(protective plus risk effects)'로 칭한 것으로 구분된다. 이 요인은 특정 스펙트럼에 따라서 위험요인이 될 수도 있고 보호요인이 될 수도 있다. 예를 들면, 자산 가운데 하나는 가족의 지지인데, 이것은 그 구성개념의 긍정적 극단을 강조하는 방식으로 정의된다. 그러나 다른 연구자는 동일한 총체적 구성개념(가족 기능의 측면)을 사용할 수 있으며, 부정적 극단(가족 지지의 결여, 높은 가족갈등)에 주목하면서 그것을 위험요인으로 칭하기도 한다. 한 사람의 이론적 모형이 (구성개념의 차원성을 잊지 않는 한) 관련된 구성개념을 어떻게 정의할 것인지를 결정해야 한다면, 이것은 그렇게 큰 문제인 것처럼 보이지 않는다. 그렇지만 그 효과는 보호요인을 증가시키든 위험요인을 감소시키든 동일한 것처럼 보인다(Sameroff, Bartko, Baldwin, Baldwin, & Seifer, 1999).

유능성 지표: 번영

자산과 적응유연성 모형에 관련된 두 번째 차원은 각 모형이 유능성이나 긍정적 발달을 어떻게 조작적으로 정의하느냐를 언급한다. Masten과 Curtis(2000)는 '발달단계에 현저한 과업(stage-salient tasks)'이라는 개념을 사용하여, "특정 문화적, 역사적 맥락 안에서 특정 연령의 사람에게 기대되는 발달과업의 적응적 성공"(p. 533)을 **유능성**으로 정의했다. 다른 적응유연성 연구자는 유능성을 정신병리나 문제의 부재로 정의했으며, 또 다른 연구자는 발달단계에 현저한 과업과 증상의 부재를 모두 통합한 결과 준거를 사용했다(Masten, 2001). Luthar 등(2000)은 결과의 선정이 스트레스 유형과 심각성, 그리고 현재의 위험요인과 결과 간 개념적 관계를 따라야 한다는 주장을 했다. 그럼으로써 적응유연성을 결정하기 위해 사용하는 준거(criteria)와 기준(standards)을 정교화하고자 했다. 그들은 위험 수준이 낮거나 중간 정도일 때는 결과 준거가 이론적으로 관련된 영역에서 우수한 기능에 해당되어야 한다고 제안했다. 하나의 결과를 결정하기 위한 이 준거—우수하거나 최적의 기능—는 발달적 번영의 의미를 정의하려는 서치 인스티튜트의 최근 업적에 가장 가깝다(Scales & Benson, 2004). 현재 **번영**(thriving)[1]의 개념은 여전히 발전하는 중에 있다. 아래에 지금까지 여러 명의 연구자가 가졌던 생각을 요약한다.

단지 정상적이거나 적절한 발달이 아니라 최적의 성공적인 발달 또는 번영을 정의하는 것이 무엇인지에 대해 관심이 나타나기 시작했다. 지난 50년 동안 심리학을 이끌어 왔던 병리와 결핍이 아니라 인간의 행복, 낙관성, 실현에 초점을 두는 **긍정심리학**(positive psychology)이라는 새로운 학문이 출현했다(Seligman & Csikszentmihalyi, 2000). Erikson의 인생주기 모형의 긍정적 측면과 긍정심리학, 적응유연성, 긍정적 아동 · 청소년 발달, 발달자산의 핵심 원리를 통합하는 노력은 강점에 기반을 둔 아동 · 청소년 연구와 실제가 향후 수십 년 동안 전개될 수 있는 좀 더 종합적인 무대를 제공할 것이다.

발달체계가 인간 번영의 구성개념에 주목하는 것은 Maslow가 자기실현이론에서 제시한 개인의 최대 실현이라는 개념을 반영한다. 그러나 번영의 개념은 개인적 실현의 한 요소로서뿐만 아니라 사람들이 살고 있고 아동조차 중요한 공헌을 하고 있는 더 큰 지역사회의 도덕적 에토스와 복잡하게 얽혀 있다. 다른 말로 하면, 아동이 번영할 때 그들은 단순히 개인으로서 잘하고 있는 것이 아니라 그들이 속해 있는 집단, 이웃, 공동체, 사회를 통해 실현되는 공동의 선에 의미 있는 방식으로 관계를 맺고 있으며 기여한다(Lerner, Brentano, Dowling, & Anderson, 2002).

1) 번영(thriving)은 결과로도 과정으로도 간주될 수 있다. 이 장은 특정 시기에 아동 · 청소년의 긍정적 발달 결과를 한 번 측정한 값으로서의 번영에 주목한다. 그러나 번영은 특정 시기에 측정한 최적의 결과를 반복하게 하는 생태환경과 오랜 시간에 걸쳐 재귀적으로 인과관계를 이루는 발달과정으로도 이해된다. 이런 의미에서 번영은 지지적인 사회환경을 아동 · 청소년이 구성하는 데 좋게도 나쁘게도 급진적으로 영향을 미칠 수 있는—아동 중기에는 급속하게 확대되는 또래관계를 성공적으로 조종하고 헤쳐 나가는 것, 청소년 초기에는 중대한 인지적 성숙을 이루는 것과 같은—특정 발달단계에 독특하거나 좀 더 현저한 과정을 반영한다.

발달자산과 번영 지표의 차이

번영의 개념은 병리의 상대적 부재뿐만 아니라 건강한, 심지어는 최적의 발달을 나타내는 더욱 명백한 지표를 포함한다. 발달자산과 번영 지표의 두 개념은 아동·청소년 삶의 강점에 초점을 맞춘다. 이런 점에서 발달자산과 번영 지표에는 개념적 유사성이 존재한다. 하지만 두 개념 사이에는 중요한 차이도 있다.

첫째, 번영이 최적의 발달 결과를 의미하며 단지 적절한 유능한 기능만을 나타내지 않는다는 점이 중요하다. 번영 지표는 단극적 구성개념이다. 즉, 여기에서 정의된 의미대로라면 번영의 부재가 반드시 부정적인 것은 아니다. 그 사람은 다양한 결과에서 여전히 적절한 발달을 경험하고 기본적인 유능성을 성취하고 있을지도 모른다. 대조적으로 지금까지 발표된 연구 결과에 나타난 대로라면 발달자산이 없거나 낮은 것은 청소년의 저조한 발달적 결과와 관련된다(Benson et al., 1999).

둘째, 자산은 성공의 기반으로 개념화되지만, 번영 지표는 성공의 징조(signs) 또는 표지(markers)로 간주된다. 시간이 경과하면서 누적적으로 경험되는 발달자산은 번영 지표로 표현할 수 있는 최적의 발달 결과를 예언하거나 최적의 발달 결과에 기여하는 변인이다. 만일 자산을 성공의 기반으로 개념화한다면 다음의 질문이 제기될 수 있다. 무엇을 세운단 말인가? 번영 지표는 자산이 아동·청소년으로 하여금 무엇을 세우도록 돕는 그 무엇을 나타낸다. 자산을 경험하는 것은 그러한 번영 결과에 쉽게 도달하는 조건을 규정한다.

셋째, 자산과 번영의 중요한 차이는 자산보다는 번영이 아동·청소년의 행동을 통해 더 많이 반영된다는 데 있다(비록 번영만이 배타적으로 그런 것은 아니지만). 대조적으로 대부분의 발달자산은 아동·청소년의 환경 내의 타인이 제공하는 것(예, 가족의 지지, 애정 어린 이웃) 또는 주관적이고 내적인 자기 지각, 태도, 가치(예, 목적의식, 책임에 대한 가치감)로 개념화될 수 있다.

어느 정도는 개인이 '번영'을 주관적으로 판단할 수 있다. 예를 들면, 행복하고 정서적으로 개방적이며 사회적으로 관대하지만 부와 권력을 얻는 경로를 추구하지 않기로 선택할 자율성을 행사했기 때문에 얻을 수 있는 만큼의 부와 권력을 지니고 있지 않은 사람을 누가 번영하고 있지 않은 사람이라고 말할 수 있겠는가? 아마도 그들은 부와 권력의 추구가 멋진 결혼생활을 유지하고 자녀나 다른 아동과 많은 시간을 보내고 취미나 자원봉사 활동을 심층적으로 추구하는 등 더 큰 가치를 두는 다른 웰빙의 결과와 충돌할지도 모르기 때문에 부와 권력을 얻는 경로를 추구하지 않았을 것이다.

그럼에도 번영은 내적 만족뿐만 아니라 삶의 한 차원에서 드러나는 수월성이나 실질적인 긍정적 성장을 제안한다. 다른 사람과 비교하거나 그 '결과'에서 자신이 과거에 이룬 수준과 비교하여 번영을 측정할 수도 있다. 번영을 자신이 이룬 '개인적 최선(personal best)'의 형태로 간주하는 준거가 없다면 번영의 개념은 엘리트에 해당될 수도 있다. 대신 증명해 보일 수 있는 수월성 또는 상당한 긍정적 성장을 의미하는 번영의 이중 개념에서 본다면 모든 사람이 번영할 수 있다. 덧붙여 일부 사람은 어떤 영역에서는 다른 사람보다 더 많이 번영할 수도 있다.

청소년의 번영 지표

청소년의 위험 감수 행동과 부정적 행동에 관한 문헌이 무수히 많고 적절한 발달이나 유능성에 관한 문헌이 상당수 있는 것과 비교해 볼 때, 무엇이 청소년기의 번영을 구성하는지에 관한 연구는 상대적으로 부족하다. 대중과 연구자 모두가 청소년의 부정적 행동을 명명하고 줄이는 데 주력하거나, 기껏해야 어떻게 하면 청소년에게 적절하거나 유능한 기능을 향상시킬 수 있는지에 관심을 둔다(Benson, 1997; Scales, 2001; Scales et al., 2003). 번영의 영역에 대한 논의는 이제 막 시작했고, 대부분은 미지의 상태에 있다. 그래서 무엇이 청소년의 '번영'을 구성하는지에 대한 대중과 과학의 합의는 청소년기에 줄여야 할 위험 행동의 집합이 무엇인지에 관해 합의했던 것보다 더 어렵다.[2)]

확실히 이런 상대적 어려움은 위험에 관한 생각보다는 '번영'에 관한 개념이

2) *Journal of Adolescent Research*의 특별호 2권은 최근에 등장한 예외다. 하나는 '청소년기의 긍정적 측면'에 주목했고(Adams, 2001), 다른 하나는 아동 · 청소년 정책이 부정적 결과만큼 긍정적 결과에도 주목할 것을 요구한다(Pittman, Diversi, & Ferber, 2002). 예를 들면, Child Trends, Inc.와 시카고 대학의 Chapin Hall Center는 그런 목적을 위해서 미국 보건부와 협력하여 아동 · 청소년 발달의 긍정적 지표를 제안하기 위해 2002년에 주지사 회담을 주최하였다. 만일 이런 지표가 주정부 수준의 자료 수집에 추가된다면 아동, 청소년, 가족을 위한 정책과 프로그램에 관한 결정을 내리는 데 더 나은 정보를 제공할 수 있을 것이나. 그러나 아동 · 청소년의 부정적이거나 단지 적절한 행동만을 측정하는 것을 넘어서는 연구나 정책 발의의 예는 많지 않다.

도덕적 세계관에 더 깊이 뿌리박혀 있고 문화적으로 더 맥락화되어 있다는 데 기인한다(Scales & Benson, 2004). 예를 들면, 아동 · 청소년의 폭력이나 흡연은 분명하게 그들에게 유해하며 심지어 그들을 죽일 수도 있다. 이런 효과는 아동 · 청소년의 문화적 배경이나 도덕적 입장에 관계없이 감지된다. 그러나 개인을 드러내지 않으면서 집단의 조화를 이루는 것을 더욱 가치 있게 여기는 특정 문화나 도덕적 입장에서는 리더십 능력이나 개인적 성공이 그리 높게 평가받지 못할 수도 있다. 그래서 어떤 번영 지표의 분류는 위험이나 기본적 유능성의 분류보다 보편성이 적은 특정 도덕적 및 문화적 체계를 반드시 반영한다.

또한 번영의 정의는 연령에 따라서 달라져야 한다. 연구의 주요 초점이 청소년기에 있지만, 유용한 번영체계는 특정 발달단계에 독특한 구성개념뿐만 아니라 초기 단계에서부터 지속적인 구성개념을 포함해야 한다. 예를 들면, 의미 있는 이성친구와 관계맺기와 같이 발달적으로 청소년기에 적합하지만 아동기 중기에는 적합하지 않은 번영 지표가 있다. 동시에 청소년기에 타당한 듯한 몇몇 번영 지표는 아동기 중기에 발달적으로 적합한 지표와 근본적으로 동일하다. 능동적으로 타인을 돕는 행동이 그에 속하는 예다. 즉, '타인 돕기' 지표를 측정하기 위해 사용할 수 있는 구체적인 여러 문항은 아동기 중기와 청소년기에서 다를 수 있지만 번영의 지표로서 친사회적 행동의 본질은 다르지 않다. 예를 들면, 청소년은 번영의 지표로서 공식적인 자원봉사 활동을 더 많이 하지만, 어린 아동은 친구나 이웃을 돕는 비공식적인 활동을 더 많이 할 것이다.

서치 인스티튜트는 학교에서의 성공, 타인 조력, 다양성 가치 인정, 리더십, 역경의 극복, 신체건강 유지 그리고 만족 지연이라는 청소년의 번영 지표 7개를 제시했다. 이 7개 지표는 다음 두 가지 이유 때문에 선정되었다. 첫째, 이들 지표는 근접한 그리고 원거리에 있는 수많은 긍정적인 신체적, 사회정서적, 심리적, 인지적 결과와 관련되며, 이러한 긍정적 관련성이 성별, 인종, 민족, 사회경제적 배경에서 다양한 아동 · 청소년에게 두루 발생한다는 것이 많은 연구를 통해 시사되었기 때문이다(개관을 위해서는 Scales & Leffert, 1999 참조). 둘째, 이들 번영 지표는 문화적 배경에 관계없이 모든 청소년에게 중요한 것으로 간주되는 수많은 발달과업을 청소년이 적어도 적절하게 그리고 아마도 우수하게 성취해 왔음을 나타내기 때문이다. 이러한 지표는 지적 능력과 소속감의 발달, 위험을 최소화하면서 자신의 세계를 탐색하고 확대할 수 있는 능력, 도전과 어려움에도 불구하고 꾸준히 지속하며 성공할 수 있는 능력을 포함한다(상세한 내용은 Scales et al., 2000 참조). 이 번영 지표는 Takanishi, Mortimer와 McGourthy(1997)가 긍정적인 청소년 발달의 주요한 준거로 규정한 것, 즉 '성인의 역할과 책임을 다하기 위한 사회적 역량의 도달'로 규정한 것을 충족시킨다. 이러한 폭넓은 준거로는 교육받은 생산적인 노동자 되기, 건강한 스타일을 유지할 수 있는 사람 되기, 애정 어린 가족 구성원 되기, 다양한 사회에 시민으로 참여하기가 있다.

긍정적 발달의 촉진: 발달에 관심을 갖는 지역사회

마지막 차원은 긍정적 발달이나 적응이 이루어지는 방식과 관련된다. 적응유연성의 입장에서 보면, 적응유연성의 증진을 위한 지배적인 전달체계는 이상적으로 위험요인을 감소시키고 보호요인을 증가시키는 과학 기반 개입 및 예방 프로그램을 통해서 이루어진다(Rolf & Johnson, 1999). 이 목표를 달성하기 위해 Masten과 Reed(2002)는 **적응유연성 증진의 3유형론**을 제안했는데, 여기에는 위험요인과 스트레스원을 예방하거나 감소시키는 전략, 자원이나 자산의 수와 질을 향상시키는 전략, 기본적인 인간의 적응체계(예, 인지적 기능, 애착관계)를 강화하는 전략이 포함된다. 예방과 개입 프로그램은 적응유연성과 긍정적 발달을 더욱 향상시키기 위해 여러 맥락에서 다수의 위험요인과 보호요인을 표적으로 하는데 종종 인상적인 결과를 남기기도 했다(Catalano, Berglund, Ryan, Lonczak, & Hawkins, 2002; Weissberg & Greenberg, 1998).

발달자산의 입장에서는 이러한 예방과 개입 프로그램이 중요하지만 아동 · 청소년의 건강한 결과를 증진시키는 유일한 전략이 될 수는 없다. 프로그램만으로는 아동 · 청소년에게 필요한 모든 종류의 지원과 기회 그리고 관계를 제공할 수 없기 때문이다. 모든 아동 · 청소년의 긍정적 발달을 유지하고 지지하는 요인을 증진시키기 위하여 그들의 삶에 있는 여러 맥락을 증강시키는 보다 광범위한 전략이 요구된다(Benson & Saito, 2001; Connell et al., 2001; Villaruel, Perkins, Borden, & Keith, 2003).

'발달에 관심을 갖는 지역사회'의 개념을 통해서 이처럼 폭넓은 접근을 생각해 낼 수 있다. 지역사회에 대한 이런 개념화는 서로 보강하는 행동 방침—이 모든 행동 방침은 지역사회를 아동 · 청소년 발달 증진의 장소로 만들고자 하는 의도를 가짐—을 찾는 전략에 뿌리를 둔다. 지역사회 변화 모형에 관해 우리가 수행한 연구와 이 구성 틀을 사용한 수백 개의 지역사회 발의를 관찰한 결과, 발달에 많은 관심을 갖는 장소, 즉 지역사회 내 아동 · 청소년의 건강한 발달을 증진시키려는 의도를 더 많이 가진 장소로 지역사회를 변형시킬 수 있는 5개 요소를 확인하였다(〈표 17-2〉 참조).

이런 다측면적 접근의 첫 번째 핵심 전략은 아동 · 청소년을 동원하고 활용하는 것, 그래서 그들 스스로가 지역사회의 활동에 참여하도록 하는 것에 있다. 이는 아동 · 청소년을 자신이 속한 환경의 자원과 공헌자로 간주하는 긍정적 입장을 반영한다(Eccles & Gootman, 2002; Lerner et al., 2002; Whitlock & Hamilton, 2003).

두 번째 전략은 지역사회의 다양한 영역, 즉 학교, 가족, 신앙단체, 이웃, 청소년 단체 등 아동 · 청소년의 발달을 증진시킬 수 있는 기관, 단체, 장면을 활성화하는 것이다. 아동 · 청소년의 긍정적 발달을 둘러싼 지역사회의 여러 장면을 모아서 재편성함으로써 지역사회 안에서 아동 · 청소년이 가치 있게 다루어진다는 메시지와 경험을 그들에게 제공한다(Scales et al., 2003).

세 번째 전략은 성인을 포함시키는 것이다. 여기서 성인의 역할은 지역사회의 여러 영역에 영향을 미칠 수 있는 시민, 지도자, 구성원, 의사결정자로서의 공식적인 역할뿐만 아니라 자신의 언행으로 청소년의 자산을 증진시킬 수 있는 역할도 포함한다. 멘터가 된다는 것은 그러한 참여를 공식적으로 예시하지만 비공식적인 상호작용도 중요하다(Lopez & McKnight, 2002). 많은 성인이 아동 · 청소년을 존중하고 이해하며 아동 · 청소년을 더 잘 알려고 적극적으로 추구할 때, 지역사회는 아동 · 청소년을 더욱 환영하며 그들의 성장을 더욱 증진시킬 수 있게 된다.

네 번째 전략은 지역사회의 활동을 촉진하고 유지하려면 영향력 있는 시민의 결정이 필요하다.

마지막으로 발달에 관심을 갖는 지역사회의 요소는 효과적인 프로그램이다. 앞에서 언급했듯이, 프로그램은 부적응적인 발달 궤도를 중대하게 변경시키는 잠재력을 가지고 있다. 그러나 여러 예방 프로그램을 검토한 보고서에서 종종 드러났듯이, 아동 · 청소년이 살고 있는 환경을 의미 있게 변화시키지 못한다면 프로그램의 장단기 효과가 대수롭지 않다는 증거도 있다(Eccles & Gootman, 2002). 실로 이런 증거는 다음과 같은 흥미로운 가설을 제기한다. 4개 요소의 특징을 가진

〈표 17-2〉 발달에 관심을 가진 지역사회를 위한 서치 인스티튜트의 다섯 가지 행동전략

1. 성인을 참여시키라

가정과 이웃에서 강점을 증진시키는 아동 · 청소년과의 지속적인 관계를 발달시키는 데 세상의 모든 성인이 참여하게 하라.

- 아동 · 청소년은 그들의 삶 속에서 자신을 인정해 주고 승인해 주며 관계를 맺는 성인이 필요하다. 전문가뿐만 아니라 이러한 일을 하면서 급여를 받지 않는 성인에게서 인정을 받고 관계를 형성해야 한다.
- 부모가 아동의 삶에서 중추적인 역할을 한다고 본다면 부모를 자산 증진자로 참여시키고 이미 부모가 자산을 증진시키는 많은 방식을 인정해 주는 것이 특히 중요하다.

2. 아동 · 청소년을 동원하라

자산 증진자로서 그리고 변화 발동자로서 아동 · 청소년의 힘을 사용하기 위해 아동 · 청소년을 동원하라.

- 많은 아동 · 청소년은 성인이 자신을 가치 절하하고 있다고 느낀다. 또한 아동 · 청소년 대부분은 지역사회가 자신을 위해 유용한 역할을 하지 않고 있다고 보고한다. 아동 · 청소년이 관련되어 있는 모든 장면에서 그들의 의견과 조언을 추구하고, 그들과 함께 의사결정을 내리며, 자산을 증진시키려는 모든 노력에서 그들을 책임감 있고 유능한 협력자로 간주하는 것이 일종의 규범이 되어야 한다.
- 또한 아동 · 청소년이 자신, 또래, 자신보다 나이 어린 아동을 위한 자산을 증진시킬 수 있는 힘을 개발하도록 돕는 것도 중요하다.

3. 지역사회의 모든 부문을 활성화하라

학교, 의회, 아동 · 청소년, 기업, 인간 복지, 건강보호 기관과 같은 지역사회 내 모든 부문이 자산을 증진시키는 문화를 창출하고 아동 · 청소년의 건강한 발달에 완전하게 기여하도록 활성화하라.

- 아동 · 청소년은 고객, 피고용인, 환자, 그리고 참여자다. 그들은 성인과 같은 방식으로 지역사회의 구성원으로 포함된다. 지역사회의 모든 부문은 아동 · 청소년과 접촉하는 방식을 검토하고 그들의 건강한 발달을 지지할 수 있는 방식을 찾아낼 기회를 가지고 있다.

4. 프로그램을 활성화하라

프로그램이 더 풍부한 자산이 되고 모든 아동 · 청소년에게 활용 가능하고 접근 가능하도록 활성화하고 확대하고 보강하라.

- 비록 매일 비공식적인 상호작용을 통해서 많은 자산 증진이 이루어지고 있을지라도, 지역사회 전체를 통해서 아동 · 청소년이 참여하는 프로그램은 반드시 자산 증진의 의도를 더 많이 가져야 한다. 이 장면에서 훈련과 기술적 지원 그리고 네트워킹의 기회가 제공되어야 한다.

5. 시민의 결정에 영향을 미치라

의사결정자와 의견 주창자가 지역사회와 사회의 긍정적 변형을 지지하는 데 재정, 미디어, 정책 자원을 투입하도록 영향을 미치라.

- 지역사회의 전반적인 정책과 메시지 그리고 우선순위는 아동 · 청소년에 대한 일반 대중의 인식을 조성할 뿐만 아니라 개인, 조직 · 단체, 부문이 자산 증진을 지속적으로 우선순위에 두도록 동기화하고 지지할 수도 있다.

지역사회 안에서 프로그램을 시행하면 프로그램의 증명된 효과가 증가하는가? 발달에 영향을 미치려는 단지 계획된 또는 의도적인 노력으로서의 프로그램 모형을 넘어서 우리가 생각하기 시작할 때, 그리고 지역사회가 아동 · 청소년을 위해 하나가 되어 할 수 있는 강력한 역할을 우리가 인정하기 시작할 때, 비로소 이러한 질문이 제기될 수 있다.

이 모형에서 분명하게 밝혀야 할 것은 프로그램이 많은 아동 · 청소년 집단을 통틀어 긍정적 발달을 조성하기에 충분하지 않을 뿐더러, 아동 · 청소년만이 변화의 표적이 될 수 없다는 것—성인이 아동 · 청소년보다 더 많이는 아니지만 비슷한 정도로 이러한 일에 관여하고 있음—을 우리가 가정하고 있다는 것이다. 성인이 아동 · 청소년의 삶에 중요한 역할을 할 잠재력을 가지고 있다고 믿지 않는다면 이 장에서 기술한 수많은 업적은 일어날 수 없다. 그래서 우리의 업적에 기초하면, 아동 · 청소년에 대한 성인의 태도, 인식, 행동에 영향을 미치는 데 초점을 두고 있는 정도로 아동 · 청소년의 행동을 고치거나 변화시키는 데 초점을 두고 있지 않다고 가정할 수 있다(Benson, 1997).

지역사회의 전반적인 자산 증진 노력을 시작하고 유지하는 방법에 관한 단일 모형은 없다. 우리는 지역사회가 각각의 독특한 강점과 역사를 가지고 있고 지역사회의 전반적인 자산 증진 노력을 계획하고 시행하려고 이미 시도해 봤다고 믿는다. 그러나 다음의 역동은 반드시 필요하다고 생각한다.

- 공유하는 비전의 조성: 자산이 풍부한 지역사회를 만들려면 지역사회 구성원이 공유하는 비전을 분명히 세우고 생생하게 간직하게 하라. 모든 아동 · 청소년을 위한 자산 기반을 증가시키는 데 지역사회 전체가 주목하고 공유하는 비전을 발달시키라. 하나의 새로운 아이디어나 프로그램으로는 이런 목표의 달성을 성급하게 추진하거나 실행할 수 없다는 것을 깨달으라. 오히려 장기간의 헌신과 전념, 조화를 이루는 다수의 변화, 그리고 당신의 노력을 유지시킬 비전에 대한 열망이 필요할 것이다.
- 옹호자 모집과 네트워크 형성: 비전을 세상에 알리고 실현하는 데 도움이 될 만한 열정을 가진 사람과 관계를 형성하라. 이런 옹호자가 서로 배우고 지지하고 감명을 주고받을 기회를 만들라.
- 소통: 정보를 나누고, 발표를 하고, 자산 증진과 지역의 노력에 관해 인식하도

록 미디어를 활용하라. 아동·청소년이 경험하는 것을 당신이 있는 지역사회와 공유하라. 아동·청소년을 포함한 모든 지역사회 구성원의 자산 증식 능력을 강조하라.

- 능력의 강화: 개인과 단체가 자산을 증진시키려고 기울이는 노력을 지원하는 훈련, 기술적 지원, 코칭, 도구나 기타 자원을 공급하거나 촉진시키라.
- 반성, 학습, 축하: 현재의 진보와 도전적 문제에 대해 깊이 있게 생각하고 그것을 바탕으로 배우라. 많은 사람, 장소, 프로그램이 이미 자산을 증진하고 있다. 지역사회 안에서 이루어지고 있는 기존의 그리고 새로운 자산 증진 노력을 강조하고 경의를 표하라.
- 관리와 조정: 필요한 대로 일정, 예산 및 다른 행정적 업무를 관리하고 조정하라.

자산을 증진시키는 지역사회는 긍정적 발달에 대한 이해를 공유하면서 행동을 취하기 위하여 사람, 조직, 기관, 체계를 동원하고 활용한다. 궁극적으로 한 지역사회 내의 발달적 하부 구조를 재건축하고 강화하는 것은 전문가가 운영하는 프로그램이 아니다. 지역사회 전체의 공통된 목표의식을 형성하는 것은 바로 시대의 동향이다. 시대의 동향은 같은 팀에 소속된 거주자와 지도자가 같은 방향으로 움직이게 하며, 모든 거주자가 지역사회 구성원이 됨으로써 아동·청소년의 긍정적 발달을 향상시킬 문화를 형성한다.

결론

이 장에서 검토한 내용에서 알 수 있듯이, 발달자산 모형과 적응유연성 모형 간에는 일치하는 부분이 상당히 많다. 두 접근 모두 적응적 기능과 최적의 발달을 도모할 가능성이 있는 수많은 생태환경에 걸쳐서 존재하는 수많은 발달적 자양분이 무엇인지를 규명한다. 마찬가지로 두 접근은 아동·청소년에게 긍정적인 발달적 결과가 어떻게 구성되는지에 관한 보충적인 개념을 제공한다. 두 접근은 건강한 행동과 태도를 촉진시키기 위한 기제로서 프로그램의 의의를 인정한다.

발달자산 모형은 실용주의적 접근과는 다르기 때문에, 우리가 수행한 연구의 범위와 함의는 더욱 광범위하다. 우리가 수행한 연구는 예방과 개입의 노력에 전적으로 의존하는 데서 벗어나 아동 · 청소년의 건강한 발달을 위해 지역사회 내 개인과 체제를 의도적으로 동원하고 참여하게 하는 방향으로 이루어졌다. 분석 단위로서 '지역사회'는 통제된 프로그램 설계보다 훨씬 덜 좌지우지되며 지역사회 전체가 아동 · 청소년의 건강과 안녕에 미치는 의도적 효과의 역할을 검토하는 연구가 미흡하기에 우리의 연구 과제는 간단한 것이 아니다. 지역사회 동원에 관한 이런 논의는 표적을 두고 시행하는 프로그램의 효과를 대체하려는 의도를 결코 가지고 있지 않다. 발달에 관심을 갖는 지역사회가 갖추어야 할 필요한 하나의 요소는 강력하고 효과적인 프로그램이며, 이런 프로그램이 긍정적 아동 · 청소년 발달에 대한 여러 접근을 뛰어나게 보충한다는 것이 바로 이 자산 모형이 던지는 하나의 시사점이다(Catalano, Hawkins, Berglund, Pollard, & Arthur, 2002; Resnick, 2000; Whitlock & Hamilton, 2003).

그럼에도 Bronfenbrenner와 Morris(1998)가 지적했듯이 "인류가 그들의 삶을 영위하고 있는 일상적인 환경 안에서…… 혼돈의 증가가 심리적 성장에 필요한 관계와 활동의 형성과 안정성을…… 방해하고 위태롭게 한다(p. 1022)면" 아동 · 청소년의 긍정적 발달의 깃발 아래 환경의 구조와 의도성을 구축하려는 이런 작업은 아동 · 청소년의 발달적 결과를 증가시키는 데 유망할 것이다.

참고문헌 REFERENCES

Adams, G. R. (2001). Positive aspects of adolescence-part II. *Journal of Adolescent Research, 16,* 427-428.

Barber, B. K., & Olsen, J. A. (1997). Socialization in context: Connection, regulation, and autonomy in the family, school, and neighborhood, and with peers. *Journal of Adolescent Research, 12,* 287-315.

Belsky, J., & Fearon, R. M. P. (2002). Infant-mother attachment security, contextual risk, and early development: A moderational analysis. *Development and Psychopathology, 14,* 293-310.

Benson, P. L. (1997). *All kids are our kids: What communities must do to raise caring and responsible children and adolescents.* San Francisco: Jossey-Bass.

Benson, P. L. (2003). Developmental assets and asset-building community: Conceptual and empirical foundations. In R. M. Lerner & P. L. Benson (Eds.), *Developmental assets and asset-building communities* (pp. 19-43). New York: Kluwer Academic/ Plenum.

Benson, P. L., & Leffert, N., Scales, P. C., & Blyth, D. A. (1998). Beyond the "village" rhetoric: Creating healthy communities for children and adolescents. *Applied Developmental Science, 2,* 138-159.

Benson, P. L., & Pittman, K. J. (2001). *Trends in youth development: Visions, realities and challenges.* Boston: Kluwer Academic.

Benson, P. L., & Saito, R. N. (20010. The scientific foundations of youth development. In P. L. Benson & K. J. Pittman (Eds.), *Trends in youth development: Visions, realities, and challenges* (pp. 135-154). Norwell, MA: Kluwer Academic.

Benson, P. L., Scales, P. C., Leffert, N., & Roehlkepartain, E. R. (1999). *A fragile foundation: The state of developmental assets among American youth.* Minneapolis: Search Institute.

Benson, P. L., Scales, P. C., & Mannes, M. (2002). Developmental strengths and their sources: Implications for the study and practice of community building. In R. M. Lerner, F. Jacobs, & D. Wertlieb (Eds.), *Handbook of applied developmental science, Vol. 1: Applying developmental science for youth and families: Historical and theoretical foundations* (pp. 369-406). Newbury Park, CA: Sage.

Bronfenbrenner, U. (1979). *The ecology of human development: Experiments by nature and design.* Cambridge, MA: Harvard University Press.

Bronfenbrenner, U., & Morris, P. A. (1998). The ecology of developmental processes. In W. Damon (Series Ed.), & R. M. Lerner (Vol. Ed.), *Handbook of child psychology: Vol. 1. Theoretical models of human development* (5th ed., pp. 993-1028). New York: Wiley.

Catalano, R. F., Berglund, M. L., Ryan, J. A. M., Lonczak, H. S., & Hawkins, J. D. (2002). Positive youth development in the United States: Research findings on evaluations of positive youth development programs. *Prevention and Treatment, 5.*

Catalano, R. F., Hawkins, J. D., Berglund, M. L., Pollard, J. A., & Arthur, M. W. (2002). Prevention science and positive youth development: Competitive or cooperative frameworks? *Journal of Adolescent Health, 31,* 230-239.

Connell, J. P., Gambone, M. A., & Smith, T. J. (2001). In P. L. Benson & K. J. Pittman (Eds.), *Trends in youth development: Visions, realities, and challenges* (pp. 291-307). Boston: Kluwer Academic.

Eccles, J. S., & Gootman, J. A. (Eds.). (2002). *Community programs to promote youth development.* Washington, DC: National Academy Press.

Gamerzy, N. (1974). The study of competence in children at risk for severe psychopathology. In E. J. Anthony & C. Koupernik (Eds.), *The child in his family: Vol. 3. Children as psychiatric risk* (pp. 77-97). New York: Wiley.

Hamilton, S. F., Hamilton, M. A., & Pittman, K. J. (2003). Principles for youth development. In S. F. Hamilton & M. A. Hamilton (Eds.), *The youth development handbook: Coming of age in American Communities* (pp. 3-22). Thousand Oaks, CA: Sage.

Hawkins, J. D., Catalano, R. F., & Miller, J. Y. (1992). Risk and protective factors for alcohol and other drug problems in adolescence and early adulthood: Implications for substance abuse prevention. *Psychological Bulletin, 112,* 64-105.

Jessor, R. (1993). Successful adolescent development among youth in high-risk settings. *American Psychological Bulletin, 48,* 2117-2126.

Keating, D., & Hertzman, C. (Eds.). (1999). *Developmental health and the wealth of nations: Social, biological, and educational dynamics.* New York: Guilford.

Leffert, N., Benson, P. L., Scales, P. C., Sharma, A. R., Drake, D. R., & Blyth, D. A. (1998). Developmental assets: Measurement and prediction of risk behaviors among adolescents. *Applied Developmental Science, 2,* 209-230.

Lerner, R. M., Brentano, C., Dowling, E. M., & Anderson, P. M. (2002). Positive youth development: Thriving as the basis of personhood and civil society. In R. M. Lerenr, C. S. Taylor, & A. van Eye (Eds.), *New directions for youth development: Pathways to positive development among diverse youth, No. 95* (pp. 5-33). San Francisco: Jossey-Bass.

Lopez, S. J., & McKnight, C. G. (2002). Moving in a positive direction: Toward increasing the utility of positive youth development efforts. *Prevention & Treatment, 5.*

Luthar, S. S., Cicchetti, D., & Becker, B. (2000). The construct of resilience: A critical evaluation and guidelines for future work. *Child Development, 71,* 543-562.

Masten, A. S. (1999a). The promise and perils of resilience research as a guide to preventive interventions. In M. D. Glantz & J. L. Johnson (Eds.), *Resilience and development: Positive life adaptations* (pp. 251-257). New York: Plenum.

Masten, A. S. (1999b). Resilience comes of age: Reflections on the past and outlook for the next generation of research. In M. D. Glantz & J. L. Johnson (Eds.), *Resilience and development: Positive life adaptations* (pp. 282-296). New York: Plenum.

Masten, A. S. (2001). Ordinary magic: Resilience processes in development. *American Psychologist, 56,* 227-238.

Masten, A. S., & Curtis, W. J. (2000). Integrating competence and psychopathology: Pathways toward a comprehensive science of adaptation in development. *Development and Psychopathology, 12,* 529-550.

Masten, A. S., & Reed, M. G. J. (2002). Resilience in development. In C. R. Snyder & S. J. Lopez (Eds.), *Handbook of positive psychology* (pp. 74-88). New York: Oxford

University Press.

Pittman, K., Diversi, M., & Ferber, T. (2002). Social policy supports for adolescence in the twenty-first century: Framing questions. *Journal of Research on Adolescence, 12,* 149-158.

Pittman, K. J., Irby, M., & Ferber, T. (2001). Unfinished business: Further reflections on a decade of promoting youth development. In P. L. Benson & K. J. Pittman (Eds.), *Trends in youth development: Visions, realities, and challenges* (pp. 3-50). Boston: Kluwer Academic.

Resnick, M. D. (2000). Protective factors, resiliency, and healthy youth development. *Adolescent Medicine: State of the Art Review, 11*(1), 157-164.

Rolf, J. E., & Johnson, J. L. (1999). Opening doors to resilience intervention for prevention research. In M. D. Glantz & J. L. Johnson (Eds.), *Resilience and development: Positive life adaptations* (pp. 229-249). New York: Plenum.

Rutter, M. (1979). Protective factors in children's responses to stress and disadvantage. In M. W. Kent & J. E. Rolf (Eds.), *Primary prevention of psychopathology: Vol. 3. Social competence in children* (pp. 49-74). Hanover, NH: University Press of New England.

Rutter, M. (2000). Resilience reconsidered: Conceptual considerations, empirical findings, and policy implications. In J. P. Shonkoff & S. J. Meisels (Eds.), *Handbook of early childhood intervention* (2nd ed., pp. 651-682). New York: Cambridge University Press.

Sameroff, A. J. (1999). Ecological perspectives on developmental risk. In J. D. Osofsky & H. E. Fitzgerald (Eds.), *WAIMH handbook of infant mental health: Vol. 4. Infant mental health groups at risk* (pp. 223-248). New York: Wiley.

Sameroff, A. J., Bartko, W. T., Baldwin, A., Baldwin, C., & Seifer, R. (1999). Family and social influences on the development of child competence. In M. Lewis & C. Feiring (Eds.), *Families, risk, and competence* (pp. 161-186). Mahwah, NJ: Erlbaum.

Sameroff, A. J., & Fiese, B. H. (2000). Transactional regulation: The developmental ecology of early intervention. In J. P. Shonkoff & S. J. Meisels (Eds.), *Handbook of early childhood intervention* (2nd ed., pp. 135-159). New York: Cambridge University Press.

Sameroff, A. J., Seifer, R., & Bartko, W. T. (1997). Environmental perspectives on adaptation during childhood and adolescence. In S. S. Luthar, J. A. Burack, D. Ciccetti, & J. R. Weisz (Eds.), *Developmental psychopathology: Perspectives on adjustment, risk, and disorder* (pp. 507-526). New York: Cambridge University Press.

Scales, P. C. (2001). The public image of adolescents. *Society, 38,* 64-70.

Scales, P. C., & Benson, P. L. (2004). Thriving in adolescence. In R. M. Lerner (Ed.), *Applied developmental science encyclopedia.* Thousand Oaks, CA: Sage.

Scales, P. C., Benson, P. L., Leffert, N., & Blyth, D. A. (2000). Contribution of developmental assets to the prediction of thriving among adolescents. *Applied Developmental Science, 4,* 27-46.

Scales, P. C., Benson, P. L., Mannes, M., Roehlkepartain, E. C., Hintz, N. R., & Sullivan, T. K. (2003). Other people's kids: Social expectations and American adults' involvement with children and adolescents. New York: Kluwer/Plenum.

Scales, P. C., & Leffert, N. (1999). *Developmental assets: A synthesis of the scientific research on adolescent development.* Minneapolis: Search Institute.

Scales, P. C., & Roehlkepartain, E. C. (2003). Boosting student achievement: New research on the power of developmental assets, *Search Institute Insight & Evidence, 1*(1), 1-10. Avaliable from www.search-institute.org/research/Insights.

Scales, P. C., Sesma, A., Jr., & Bolstrom, B. (2004). *Coming into their own: How developmental assets promote positive growth in middle childhood.* Minneapolis: Search Institute.

Search Institute. (2001). *Developmental assets: A profile of your youth.* Minneapolis: Author.

Seligman, M. E. P., & Cskiszentmihalyi, M. (2000). *Positive psychology: An introduction. American Psychologist, 55,* 5-14 (special issue on Happiness, Excellence, and Optimal Humans Functioning).

Sesma, A., Jr., & Roehlkepartain, E. C. (2003). Unique strengths, shared strengths: Developmental assets among youth of color. *Search Institute Insights & Evidence, 1*(2), 1-13. Avaliable from www.search-institute.org/research/Insights.

Stouthamer-Loeber, M., Loeber, R., Farrington, D. P., Zhang, Q., van Kammen, W., & Maguin, E. (1993). The double edge of protective and risk factors for delinquency: Interrelations and developmental patterns. *Development and Psychopathology, 5,* 683-701.

Takanishi, R., Mortimer, A. M., & McGourthy, T. J. (1997). Positive indicators of adolescent development: Redressing the negative image of American adolescents. In R. M. Hauser, B. V. Brown, & W. R. Prosser (Eds.), *Indicators of children's well-being* (pp. 428-441). New York: Russell Sage Foundation.

Taylor, C. S., Lerner, R. M., von Eye, A., Balsano, A. B., Dowling, E. M., Anderson, P. M. et al. (2002). Individual and ecological assets and positive developmental trajectories among gang and community-based organization youth. In *New directions for youth development: Pathways to positive development among diverse youth, No. 95* (pp. 57-72). San Francisco: Jossey-Bass.

Villaruel, F. A., Perkins, D. F., Borden, L. M., & Keith, J. G. (2003). *Community youth development: Programs, policies, and practices.* Thousand Oaks, CA: Sage.

Werner, E. E., & Smith, R. S. (1982). *Vulnerable but invincible: A study of resilient children.* New York: McGraw-Hill.

Werner, E. E., & Smith, R. S. (1993). *Overcoming the odds: High risk children from birth to adulthood.* New York: Cornell University Press.

Weissberg, R. P., & Greenberg, M. T. (1998). School and community competence enhancement and prevention programs. In W. Damon (Series. Ed.) & I. E. Siefel & K. A. Renninger (Vol. Eds.), *Handbook of child psychology* (5th ed., Vol. 5, pp. 877-954). New York: Wiley.

Whitlock, J. L., & Hamilton, S. F. (2003). The role of youth surveys in community youth development initiatives. *Applied Developmental Science, 7,* 39-51.

제18장
자녀양육의 파워

Robert B. Brooks

나는 20년 이상 아동의 희망, 자기존중감, 낙관성을 기르는 데 부모가 미치는 영향력을 검토하는 일에 주력해 왔다(Brooks, 1999; Brooks & Goldstein, 2001, 2003). 이 장에서는 부모가 자녀의 적응유연한 마음자세와 생활양식을 강화하기 위해 매일 취할 수 있는 구체적인 단계를 검토한다. 적응유연한 마음자세의 특징과 이를 강화하는 전략을 기술하기에 앞서 우선 다음 두 가지 질문을 제기해 보아야 한다. 적응유연성 개념은 무엇을 의미하는가? 부모는 자녀의 적응유연성 발달에 정말로 중요한 영향을 미치는가?

적응유연성이란 무엇인가

적응유연성은 스트레스와 압력을 효과적으로 다룰 수 있는 능력, 일상적인 도전에 대처할 수 있는 능력, 좌절 · 실수 · 외상 · 역경에서 회복할 수 있는 능력, 명백하고 현실적인 목표를 세울 수 있는 능력, 다른 사람과 편하게 상호작용할 수 있는 능력, 자신과 타인을 존중하고 존엄성을 인정할 수 있는 능력과 같은 여러 능력으로 이해될 수 있다(Brooks & Goldstein, 2001).

과학 분야에서는 적응유연성과 관련하여 외상과 고난을 극복한 아동·청소년을 주로 연구해 왔다(Beardslee & Podorefsky, 1988; Brooks, 1994; Hechtman, 1991; Herrenkohl, Herrenkohl, & Egolf, 1994; Masten, Best, & Garmezy, 1990; Rutter, 1985; Werner & Smith, 1992). 그러나 일부 연구자 및 임상가는 다음과 같은 중요한 문제를 제기했다. 적응유연한 아동으로 간주되려면 반드시 역경을 겪어야 하는가? 적응유연성은 역경에서 탄력적으로 회복할 수 있는 능력을 나타내는가, 아니면 역경 때문에 야기되는가? (이 이슈에 관한 사려 깊은 논의는 3장 참조).

Sam Goldstein과 나는 적응유연성 개념이 역경을 경험했던 아동에게만 제한되지 않고 모든 아동에게 적용될 수 있도록 확대되어야 한다고 믿는다(Brooks & Goldstein, 2001, 2003). 모든 아동은 발달하는 과정 중에 도전과 스트레스를 겪으며, 심지어 한 시점에서 위험에 처해 있는 것으로 분류되지 않았던 아동이 갑자기 고위험 범주에 놓이게 될 수도 있다. 이렇게 고위험 분류로 갑작스럽게 전환된 경우는 9·11 테러의 결과로 부모나 사랑하는 사람을 잃은 수백 명의 아동에게 극적으로 많이 나타났다. 적응유연성의 양성은 아동이 역경의 짐을 지고 있건 아니건 모든 아동을 양육하는 과정에 필수적인 요소로 간주되어야 한다.

또한 다른 정신건강 전문가는 적응유연성의 정의나 범위를 확대하여 적응유연성이 역경에서의 회복을 넘어서는 개념이라고 주장했다. Reivich와 Shatte (2002)는 모든 사람에게 적응유연성이 필요하다는 주장을 하면서 다음과 같이 기술했다.

> 적응유연성은 역경과 외상을 겪을 때 건강하고 생산적인 방식으로 반응하는 능력이다. 그것은 일상적인 삶의 스트레스를 관리하는 데 필수적이다. 우리는 적응유연성의 여러 기술이 좌절에서 회복하는 데 중요하듯이, 동일한 기술이 한 사람의 삶을 폭넓게 하고 풍요롭게 하는 데도 마찬가지로 중요하다는 것을 깨닫게 되었다(p. 20).

적응유연성에 대한 더욱 포괄적인 정의, 즉 **모든** 아동·청소년을 아우르는 정의는 아동이 미래의 삶에서 성공과 만족을 이루도록 준비시키는 데 필수적인 자녀양육의 실제를 고려하고 채택할 것을 촉구한다. 부모와 자녀의 상호작용에 관한 원리는 사려, 확신, 목적, 책임, 공감, 희망을 가지고 삶의 도전에 맞서 나갈 능력을 강화해야 한다는 것이다. 이런 자질은 적응유연성의 개념 안에 포함될 수 있다. 이 장의 뒷부분에서 상세하게 기술하겠지만, 적응유연한 마음자세의 발달은 한 아동이 경험하는 역경의 수보다는 양육자가 그 아동에게 강화하는 특정 기술과 긍정적 태도에 뿌리를 둔다.

부모는 아동의 발달과 적응유연성에 중요한 영향을 미치는가

부모가 아동의 발달에 깊은 영향을 미친다고 믿는 많은 사람은 왜 이런 질문을 제기해야 하는지 의아하게 여길지도 모른다. 그러나 많은 사람이 믿고 있는 것만큼 그 대답은 분명하지 않다(Goldstein & Brooks, 2003). 최근에 개발되어 정교하게 만들어진 과학적 도구는 유전이 성인의 성격, 적응, 인지 및 행동 패턴에 미치는 중대한 영향을 강조해 왔다. 결과적으로 일부 연구자는 부모가 자녀의 발달에 영향을 미치는 정도에 대한 물음을 제기했다(Harris, 1998; Pinker, 2002).

Harris(1998)는 그녀의 저서 『환경에 관한 가정(*The Nurture Assumption*)』에서 가정 밖의 확대된 환경, 특히 또래의 영향이 인간의 행동 특성에서 나타나는 비유전적 차이의 많은 부분을 설명한다는 증거를 제시했다. 비록 일부 사람은 아동발달 분야에서 Harris의 공헌을 찬양했지만, 그녀의 결론을 부모가 자녀의 삶에서 중요하지 않다는 암시로 해석한 전문가는 그녀를 대대적으로 비난했다(Pinker, 2002).

그러나 Harris의 주장을 부모의 영향력을 무시한 것으로 해석하기보다는 오히려 부모가 자녀의 현재와 궁극적으로 미래의 삶에 미치는 영향을 더 정확하게 이해해야 한다는 것으로 해석해야 한다. Pinker(2002)는 함께 또는 따로 양육된 일란성 쌍생아와 이란성 쌍생아에 관한 수많은 연구 결과를 인용하면서 부모가 중요하지 않은 것은 아니라고 주장했다. 다만 오랜 기간을 거치면 부모의 행동이 아동의 지능이나 성격에 유의한 영향을 미치지 않는 것처럼 보일 뿐이라는 것이다. 반대로 Siegel(1999)은 양육자에 대한 아동의 애착 및 양육자와 아동이 맺는 관계가 정신건강과 적응을 결정하는 중요한 요인이라는 주장을 폈다.

이 장에서는 통계적 공식으로 봤을 때는 부모의 영향을 받아서 아동에게 나타나는 성격 특질이 이전에 가정했던 것보다는 훨씬 적을지라도 한 아동이 학교에서 성공하는지, 만족스러운 또래관계를 발전시키는지, 발달적 또는 행동적 장애를 극복하는지 등 일상생활을 결정짓는 데는 중요한 차이를 나타낸다는 입장을 채택하고 있다. 부모는 자녀의 삶에 막대한 영향력을 미친다. 특정 양육방식이 지능 발달이나 성격 발달에 최소한의 역할을 한다는 자료가 도덕적, 윤리적, 인간적 방식으로 자녀를 양육해야 할 부모의 책임을 면제해 주지는 않는다. 매일의 부모-자녀 관계의 질이 아동의 행동과 적응에 지극히 중요한 영향을 미친다. Sheridan, Dowd와 Eagle이 이 책의 10장에서 주목했듯이 아동의 적응유연성과 건강한 적응의 발달은 공감적인 가족관계의 실제를 통해 향상된다.

부적절하거나 모욕적이거나 학대적인 부모의 행동이 자녀에게 미치는 영향에 대한 논란의 여지는 당연히 부모의 행동이 긍정적이거나 온화한 경우에 비해 적다. 예를 들면, 이 책의 9장에서 Jaffe는 정신장애의 역사가 있거나 폭력적이고 학대적인 행동을 일삼는 부모가 아동의 정서적 안녕과 적응유연성에 미치는 처참한 효과를 강조했다. Kumpfer와 Alvarado(2003)는 부모 행동의 중요성을 다음과 같이 강조하였다.

> 한 아동이 발달의 문제를 일으킬 가능성은 보호요인이나 적응유연성 요인에 비하여 가족갈등, 부모-자녀 유대관계의 결여, 혼란, 비효과적인 양육, 스트레스원, 부모의 우울 등과 같은 위험요인이 증가함에 따라서 급증한다. 그러므로 가족의 보호 기제와 개인의 적응유연성 과정은 위험요인 감소에 추가해서 중점적으로 다루어져야 한다……. 적응유연성 연구는 아동이 꿈을 가지고 목표와 인생의 목적을 발전시킬 수 있도록 돕는 데 부모의 지지가 주요 보호요인임을 시사한다(p. 458).

Pinker(2002)가 기록했듯이, "자녀양육은 무엇보다도 윤리적 책임으로 간주된다. 부모가 자녀를 때리고 모욕을 주고 박탈하고 방치하는 것은 나쁘다. 그런 행동은 크고 강한 사람이 작고 힘없는 사람에게 하기에는 끔찍한 것이기 때문이다." (p. 398) 비슷하게 Harris(1998)는 다음과 같이 기술했다. "만일 도덕적 의무가 당신이 자녀에게 상냥하게 대하는 충분히 좋은 이유라고 생각하지 않는다면 이것을 시도해 보라. 당신이 늙었을 때 당신의 자녀가 당신에게 친절할 수 있도록 당신의 자녀가 어렸을 때 상냥하게 대하라." (p. 342).

Pinker(2002)는 다음과 같이 진술하면서 자녀양육의 도덕적 차원을 신랄하게 꼬집었다.

> 어린 시절에 부모가 자신에게 가한 잔인함을 떠올리면서 아직도 분노로 치를 떨고 있는, 그러나 잘 기능하고 있는 성인이 있다. 자식의 행복을 위해서 친절을 베풀고 희생을 했지만 정작 부모는 오랫동안 잊고 있었던 친절과 희생을 회상하는 사적인 순간에 눈물을 짓는 사람도 있다. 만일 다른 이유가 없다면 부모는 자녀가 그런 기억을 가지고 잘 자라도록 키워야 한다(p. 399).

아동 발달의 복잡성 때문에 아동 발달에서 '부모가 차지하는 몫'을 퍼센트 또는 특정 수치로 매길 수는 없다. 이 책의 4장에서 Deater-Deckard, Ivy와 Smith가 현명하게 관찰했듯이, 이제는 유전이냐, 환경이냐, 유전 또는 환경이 어느 정도나 중요하냐의 문제가 아니다. 중요한 문제는 유전과 환경이 어떻게 상호작용하여 적응유연한 아동과 성인을 만들어 내느냐다. 그리고 그들은 다음과 같은 결론을 내렸다.

> 적응유연성은 아동의 속성(예, 기질, 인지능력)과 환경(지지적 양육, 풍부한 학습이 이루어지는 학급)에서의 개인차를 포함하는 발달과정이다. 이런 개인차에 기본이 되는 유전적 영향과 환경적 영향은 상관을 이루며, 아동 간 차이와 시간의 흐름에 따른 아동 내 차이를 만들어 내기 위해 상호작용한다……. 유전-환경 교류는 효과의 측면에서 확률적이며 교류와 효과는 유전자나 환경의 변화와 함께 변할 수 있다는 것을 과학자와 실무자는 반드시 깨달아야 한다.

비록 연구자와 임상가는 특정 양육방식이 특정 영역에서 아동에게 영향을 미치는 정도에 대하여 갑론을박하지만, 부모가 자녀의 일상적인 삶이나 미래의 삶에 중요한 영향을 미친다는 데 대해서는 모두가 동의한다. 우리도 이러한 주장에 동의하며, 아동에게 해가 되는 자녀양육 방식뿐만 아니라 점차 더욱 복잡하고 어려워지는 세상을 관리하는 데 필요한 기술, 긍정적 견해, 스트레스 내구력을 갖게 하는 데 도움을 주는 자녀양육 방식이 무엇인지를 확인하는 것이 중요하다고 믿는다. 아동이 행복을 경험하고, 학교에서 성공을 이루며, 자신의 삶에 만족을 느끼게 하는 일관성 있는 양육방식을 탐색해야 한다. 만일 이런 목표를 실현하려면, 아동은 매일 자신이 겪는 도전적인 문제와 압력을 유능하고 성공적으로 다룰 수 있는 내면의 힘을 키워야 한다(Brooks & Goldstein, 2001).

적응유연한 마음자세의 특징

적응유연한 아동은 도전적 어려움에 성공적으로 대처하지 못하는 아동이 가지고 있지 않는, 자신과 세상을 바라보는 독특한 자질과 방식을 가지고 있다. 아동이 자신에 관해 가정하는 것 자체는 행동과 기술의 발달에 영향을 미치고, 그다음에는 행동과 기술이 가정(assumption)에 영향을 미쳐 역동적인 과정이 계속 작동한다. 이러한 가정을 마음자세(mindset)라고 한다(Brooks & Goldstein, 2001).

적응유연한 마음자세의 특징을 이해하면 부모가 자녀의 내면의 힘과 낙관성을 기르기 위한 목표를 세울 수 있다. 목표를 충실히 지키는 부모는 자녀와 상호작용함으로써 적응유연한 마음자세를 강화할 수 있다. 비록 특정 상황의 결과가 중요할지라도, 각 이슈나 문제를 처리해 나가는 과정을 통해 배우는 교훈은 더 필수적이다. 이렇게 얻은 지식은 적응유연성이 싹을 트고 번창하는 데 필요한 영양분이 된다.

적응유연한 아동이 가진 마음자세는 다음과 같이 특수한 여러 기술과 관련된 수많은 주목할 만한 특징을 포함한다.

- 적응유연한 아동은 특별하고 존중받는다고 느낀다.
- 적응유연한 아동은 스스로 현실적인 목표와 기대의 설정을 배웠다.
- 적응유연한 아동은 문제해결 능력과 건전한 의사결정 능력을 가지고 있다고 믿으며, 그래서 실수, 좌절, 방해물을 피해야 할 스트레스원으로보다는 직면해야 할 도전으로 생각한다.
- 적응유연한 아동은 성장을 이루게 하며 자멸적이지 않은 효과적인 대처전략을 사용한다. 자신의 약점과 취약성을 인식하고 있으며 그것을 부정하지 않는다. 그것을 변할 수 없는 약점으로보다는 향상을 요구하는 영역으로 간주한다.

- 적응유연한 아동은 자신의 강점과 재능을 인정하고 즐긴다.
- 적응유연한 아동의 자기개념은 강점과 유능성의 이미지로 채워져 있다.
- 적응유연한 아동은 타인과 함께 있을 때 편안해하고, 또래나 성인에 대해 똑같이 효과적인 대인기술을 발달시킨다. 그러므로 편안하고 적절한 방식으로 자신에게 필요한 지지를 제공할 수 있는 성인에게서 지원과 양육을 추구할 수 있다.
- 적응유연한 아동은 자신이 별로 또는 전혀 영향력을 행사하지 못하는 요인보다는 자신이 통제할 수 있는 삶의 측면을 규정할 수 있으며, 그런 것에 자신의 에너지와 관심을 쏟을 수 있다.

이런 마음자세와 이에 관련된 기술을 아동이 가질 수 있도록 양육하는 과정을 통해 부모는 자신의 마음자세와 신념 그리고 행동을 검토해 보아야 한다. 이제 우리는 몇 가지 사례를 가지고 이 과정을 촉진시키기 위한 목표를 검토할 것이다.

자녀의 적응유연성을 기르는 양육

다음은 Brooks와 Goldstein(2001, 2003)이 제안한 열 가지 목표다. 이 목표는 아동에게 적응유연한 마음자세와 생활양식을 강화하기 위한 비계(scaffolding)를 설정한다. 아동에게 스포츠를 코칭하거나, 숙제를 도와주거나, 예술 프로젝트에 관심을 갖게 하거나, 어떤 것에 책임을 지도록 요청하거나, 실수를 저질렀을 때 도와주거나, 함께 나누도록 가르치거나, 훈육하거나, 부모와 기타 양육자가 아동과 갖는 모든 상호작용에 관련된다. 이런 목표를 적용할 수 있는 구체적인 통로는 아동마다 또는 상황마다 다를 수 있지만 목표 자체는 일정하다.

공감하기

어떤 관계에서든지 **공감**이 기본이다. 간단하게 정의하면, 공감이란 자녀를 양육하면서 부모가 자녀의 눈으로 세상을 보기 위해 자녀의 입장에 설 수 있는 능력을 말한다. 공감은 자녀가 하는 것에 부모가 동의한다는 의미를 시사하지 않는다.

대신 공감은 부모가 자녀의 입장을 존중하고 타당하다고 인정한다는 의미를 시사한다. 일상적으로 공감을 모델로 보여 주는 성인과 상호작용하는 아동은 공감을 쉽게 발달시킨다. 실제로는 공감이 약하고 모호할 때 많은 부모는 보통 자신이 공감적이라고 믿는다. 경험에 의하면 우리가 아동에게 요구하는 것을 아동이 할 때, 우리의 기대를 충족시킬 때, 따뜻하고 사랑스러울 때, 우리는 공감적으로 되기 쉽다. 우리는 아동에게 기분이 상하거나 화가 나거나 실망할 때 자신이 얼마나 공감적인지를 검증할 수 있다. 이런 감정을 느낄 때, 많은 부모는 실제로 적응유연성의 발달에 역행하는 말 또는 행동을 할 것이다. 공감을 강하게 하기 위해서 부모는 몇 가지 주요한 질문을 명심해야 하는데, 다음 질문은 임상 실습과 워크숍에서 내가 자주 제기하는 것이다.

- 내가 내 아이에게 말하거나 행동한 것을 누군가가 나에게 말하거나 행하면 나는 어떤 기분을 느낄까?
- 내 아이에게 말하거나 행동할 때 나는 아이가 나를 경청하도록 만드는 방식으로 행동하고 있는가?
- 내 아이가 내가 희망하는 방식으로 나를 묘사하게 촉구하는 방식으로 나는 행동하는가?
- 내 아이가 실제로 나를 어떻게 묘사할까? 내 아이가 실제로 나를 묘사하는 방식은 아이가 나를 묘사하기를 내가 희망하는 방식과 얼마나 가까운가?

이런 질문에 대한 생각이 효과적인 양육에 필수적이지만, 부모가 좌절하거나 분노할 때 그것은 자주 무시된다. 이는 다음 두 가지 사례에서 분명하게 나타난다.

칸[1] 부부는 중학교 1학년인 아들 존이 숙제를 끝내는 데 왜 그렇게 많은 문제를 겪는지 이해하기가 어렵다. 존은 우수한 운동선수이지만 읽기를 배우는 데는 오랫동안 어려움을 겪고 있다. 존의 부모는 그가 학교 활동에 흥미가 부족하다고 생각하면서 게으르지만 정신을 차려 전념하면 해낼 수 있을 것이라고 믿었다. 그래서 종종 화를 내면서 칸 부부는 존에게 좀 더 열심히 하라고 다그쳤고, 원하는 대학에서 입학 허가를 받지 못하면 얼마나 끔찍한 기분이 들 것인지를 상기시켰다.

1) 이 장 전체에서 가명을 사용하였다.

좋은 의도였을지라도, 칸 부부는 존에게 좀 더 열심히 하라고 말했을 때 존이 그 말을 어떻게 듣고 받아들일지를 생각해 보지 않았다. 좀 더 열심히 노력하라는 말을 반복해서 듣는 수많은 아동 · 청소년은 이런 말을 도움이 되거나 격려하는 말로 해석하지 않고 오히려 더 많이 좌절하게 하는 비난조의 말로 해석한다. 그래서 칸 부부가 던진 말은 존의 동기를 높이려 했던 그들의 원래 목적과는 반대로 작용했다. 만일 칸 부부가 직장에서 업무처리에 어려움을 겪고 있는데 상사가 좀 더 열심히 하라고 다그치면 어떤 기분이 들까 생각해 봤다면 이런 말을 하지 않았을지도 모른다.

칸 부부는 존의 입장에 서 보고 방어성을 낮추고 협동성을 높이는 방식으로 그와 의사소통할 수 있다는 것을 배웠다. 그들은 잔소리하기를 원하지 않으면서 실제로는 잔소리를 한다는 것을 깨닫게 되었다고 존에게 말했다. 또한 존이 강점을 많이 가지고 있지만 읽기와 같이 어려운 영역이 있다는 것을 알고 있다고도 말했다. 공감적으로 되면서 칸 부부는 존에게 어떤 도움을 원하는지를 묻고, 비난조의 태도를 문제해결의 틀로 바꾸었다. 이렇게 더욱 긍정적인 접근은 존이 학교에서 겪는 어려움을 좀 더 쉽게 인정하게 했고 기꺼이 개인지도를 받게 했다.

한편 샐리는 수줍음이 많은 8세 아동이다. 가족이나 친구와 마주칠 때 부모인 카터 부부는 샐리에게 인사하라고 자주 부추긴다. 그러나 어렸을 때부터 샐리의 기질은 새로운 상황에서 불안하고 두렵고 쉽게 당황하게 만들었다. 사람들이 집을 방문한다는 것을 미리 알지 못했을 때 샐리는 엄마 뒤에서 숨을 곳을 찾는다. 카터 부부는 둘 다 외향적이어서 샐리의 조심성과 두려움을 이해할 수 없다. 특히 그들은 스스로를 지지적이고 사랑하는 부모로 보기에 더욱 그러했다. 카터 부부는 샐리가 마음을 좀 놓으면 덜 수줍어할 수 있을 텐데 하고 느꼈다.

카터 부부는 샐리의 행동 때문에 점점 더 좌절했고 심지어 창피함을 느꼈다. 그들은 샐리의 행동 때문에 그녀가 다른 사람에게 인사를 하지 못하면 외롭게 친구 하나 없이 지내게 될 거라고 훈계했다. 학교가 파한 후에 카터 부부는 샐리에게 같은 반 아동 중에 누구에게라도 말을 걸려고 시도해 보았는지를 자주 물었다. 이런 종류의 코멘트는 예상과는 다른 결과를 초래해서 샐리를 더욱 불안하게 만들었다.

카터 부부는 딸이 좀 더 외향적이기를 바랐지만, 샐리는 기질적으로 신중한 태도를 타고났기에 다른 사람에게 인사하라는 말만으로는 그 기질을 극복하기 어렵다는 것을 이해하지 못했다. 매번 샐리에게 상기시키는 그런 말이 그녀를 더 불편하고 심하게 걱정하게 만들었을 뿐만 아니라 그녀와의 따뜻하고 지지적인 관계를 위태롭게 했다는 것을 발견하였다.

부모상담 시간에 카터 부부는 샐리가 덜 수줍어하도록 도울 수 있다는 것을 배웠다. 그러나 처음에는 자신의 행동과 말이 딸에게 어떻게 영향을 미칠 수 있을까에 대해 깊이 생각해야만 했다. '만일 내가 수줍음이 심하다면 내가 샐리에게 하는 말을 누군가가 나에게 하기를 나는 과연 원할까?' '샐리가 다른 사람과 더 편안하게 지내는 데 도움이 되거나 방해가 되는 말을 내가 샐리에게 하고 있는 건 아닐까?' 본질적으로 이런 의문은 카터 부부가 좀 더 공감적인 자세를 취하게 하는 데 도움이 되었다. 카터 부부는 수줍음이 있는 사람에게 덜 수줍어지도록 노력하라고 말하는 것은 종종 비난조로 들릴 뿐 격려로 받아들여지지 않는다는 것을 배웠다.

카터 부부는 모르는 사람에게 인사하는 것이 쉽지 않다는 것을 알게 되었다고 샐리에게 알려 줬고, 그것은 다른 많은 아동에게도 쉽지 않을 것이라는 말도 덧붙였다. 그들은 샐리와 협력해서 그녀가 다른 사람에게 인사하는 것을 덜 어렵게 하는 일련의 단계를 생각해 낼 수 있다고 말했다. 이런 코멘트는 샐리의 경험을 강조하고 정당하게 여기며, '우리는 너를 도우려는 거지 비난하려는 게 아니다.' 라는 느낌을 전달하는 데 도움이 되었다. 마지막으로 카터 부부는 샐리에게 말했다. "어렸을 때는 남에게 인사하는 게 어려웠던 많은 아동이 나이가 들면서 쉽게 할 수 있다는 것을 점차 알게 된단다." 이 마지막 진술은 현실적인 희망을 전달한다. 희망은 적응유연한 마음자세의 기본 특징이다.

공감하기는 카터 부부가 비난하지 않는 방식으로 그리고 샐리의 적응유연성을 키우는 과정에서 샐리와 의사소통을 할 수 있게 했다.

효과적으로 의사소통하고 적극적으로 경청하기

공감은 부모가 자녀와 의사소통하는 방식과 밀접하게 관련되어 있다. 의사소통은 단순히 우리가 다른 사람과 말하는 방법이 아니다. **효과적인 의사소통**은 **적극적으로 경청**하고, 아동이 말하려는 것을 이해하고 확인한다. 더불어 아동의 이야기를 중단시키지 않으면서, 어떻게 감정을 느껴야만 한다고 지적하지 않으면서, 조롱하지 않으면서, 그리고 '언제나' 또는 '절대로' 같은 절대적 단어를 지나치게 비판적이고 고압적으로 사용하는 것(예, 넌 전혀 도움이 안 되는 아이구나! 넌 언제나 무례하게 행동하지!)을 피하면서 힘겨루기를 하지 않는 방식으로 이루어진다.

적응유연한 아동은 자신의 느낌과 생각을 효과적으로 의사소통하는 능력을 보여 준다. 이런 과정 중에 부모는 중요한 모델로 기여한다. 10세 된 마이클이 혼자서 라디오 장비를 완성하겠다고 큰소리치더니 결국 끝내지 못했다. 마이클의 아버지 버튼 씨는 화를 내며 호통을 쳤다. "작동하지 않을 거라고 내가 말했잖아. 넌 사용 설명서를 주의 깊게 읽을 만한 인내심도 없지." 버튼 씨가 전달하려는 메시지는 마이클의 장점보다는 단점에 주목하여 비난하는 어조를 포함하기 때문에 적응유연한 마음자세를 발달하지 못하게 한다. 그것은 도움이나 희망을 주지 못하는 메시지다.

Covey(1989)는 효과적인 사람의 특징을 묘사하면서 우리가 이해받기 전에 먼저 이해하고자 해야 한다고 주장했다. 그는 우리가 자신의 의견을 표현하기 이전에 다른 사람이 어떤 메시지를 전달하고 있는지를 적극적으로 경청하고 숙고하여 공감을 연습해야 한다는 주장을 폈다. 효과적인 의사소통은 적응유연성과 관련된 수많은 행동, 예를 들면 대인관계 기술, 공감, 문제해결 및 의사결정 능력에 포함된다.

우리의 삶에서 효과적인 의사소통이 중요하기 때문에 나는 치료활동을 하거나 워크숍을 진행하면서 부모에게 자녀와 상호작용할 때 다음의 질문을 생각해 보라고 권한다.

- 내 메시지는 존중을 전달하며 가르치는가?
- 나는 자녀에게 현실적인 기대를 촉진하는가?
- 나는 자녀가 문제해결하는 방법을 배우도록 도와주는가?
- 나는 공감과 동정을 가르치는가?
- 나는 자기훈육과 자기통제를 증진하고 있는가?
- 나는 자녀가 나를 원망하기보다 나를 통해 배울 수 있게 하는 방식으로 한계와 귀결을 설정하고 있는가?
- 나는 자녀가 말하는 것을 진심으로 듣고 확인하고 있는가?
- 내가 자녀의 의견을 가치 있게 여기고 있다는 것을 자녀가 알고 있는가?

- 자녀가 나에게 얼마나 특별한지를 자녀가 알고 있는가?
- 나는 실수와 장애가 배우고 성장하는 과정의 한 부분이라는 것을 자녀가 이해하도록 돕고 있는가?
- 나는 나 자신의 실수를 지적당했을 때 자녀에게 인정하고 사과하는 것이 편한가?

부모가 이런 질문을 염두에 둔다면 적응유연한 마음자세를 기르는 방식으로 자녀와 의사소통할 수 있다. 그러나 베를린 부부와 13세인 딸 제니퍼의 가족상담 회기에서 분명하게 드러났듯이, 이런 질문을 염두에 두기란 항상 쉬운 일만은 아니다. 베를린 부부는 제니퍼가 슬퍼하고 만사에 비관적인 태도를 가지고 있기 때문에 자문을 구했다.

처음 회기에서 제니퍼는 "전 많이 슬프고 불행해요."라고 말했다.

제니퍼의 어머니는 즉시 반발했다. "네가 이렇게 느낄 아무런 이유가 없잖아. 우리 가족은 서로를 사랑하고 네가 원하는 것을 언제나 해 주었잖니."

제니퍼의 표현은 슬픔을 암시했고, 또 어머니의 말에 대한 분노를 암시했다. 제니퍼의 어머니가 제니퍼를 안심시키려고 그렇게 말했을지는 몰라도 그런 말은 의사소통을 깨뜨리기만 했을 뿐이다. 사람들은 자신이 어떻게 느껴야 한다거나 어떻게 느껴서는 안 된다는 말을 듣기를 원하지 않는다. 누군가가 자신이 우울하다고 말한다면 그 사람은 우울하다고 느낄 아무런 이유가 없다는 말을 듣기를 원하지 않는 것과 같다.

제니퍼의 어머니는 뭐라고 말하는 것이 좋았을까? 확인하기(validation)를 가장 먼저 하는 것이 좋다. 부모는 자녀가 말하는 것을 먼저 확인해야 한다. 확인하기란 다른 사람의 말에 당신이 동의한다는 것을 뜻하지 않는다. 대신 다른 사람이 말하는 것을 당신이 '듣고 있다는 것'을 그 사람에게 전달하는 것을 의미한다. 제니퍼의 어머니가 이렇게 말했다면 어땠을까? "제니퍼야, 네가 요즘 우울해하고 있다는 것을 나도 알고 있어. 왜 그런지 확실히 모르겠지만……. 네가 우리한테 말해 주어서 엄마는 정말 기쁘구나. 그래서 네 기분이 좋아지는 데 도움이 되는 것이 무엇인지, 그리고 아빠하고 엄마가 너를 도와줄 수 있는 방법이 무엇인지를 찾아서 시도해 보려고 브룩 박사님과 면담을 하고 있는 거란다." 만일 부모의 이런 메시지가 공감과 확인 그리고 지지로 충만하다면 적응유연성을 키우는 분위기는 일단 만들어진 셈이다.

부정적인 각본 바꾸기

선의의 부모는 어떤 접근방법이 비효과적이라고 증명되었을 때조차 몇 주, 몇 달 혹은 몇 년이고 변함 없이 자녀에게 그 접근방법을 적용한다. 한 예로 부모가 자녀에게 자기 방은 스스로 치우는 거라고 몇 년 동안 상기시켰다(잔소리했다). 그러나 자녀는 그 말을 듣지 않았다. 왜 성공적이지 못한 똑같은 메시지를 몇 년 동안 반복해서 사용했는지 부모에게 묻자, 그들은 "우리가 자주 애들에게 말하면 언젠가는 결국 말을 듣고 배울 거라고 생각했어요."라고 대답했다.

이런 부모의 추측과 비슷하게, 많은 부모는 변화해야 할 존재는 자신이 아닌 자녀라고 믿는다. 일부는 자신의 접근방법을 바꾸면 '아이에게 지는 것'과 같다고 믿으면서 자녀가 부모의 약점을 이용할 것이라고 걱정한다. 어떤 어머니는 "아들애가 맡은 집안일을 잊어버리고 하지 않아서 계속 상기시키고 싸운답니다. 그러나 내가 물러설 수는 없지요. 그러면 아이가 절대로 책임감을 배우지 못할 테니까요." 어머니가 계속한 그 잔소리는 그녀가 깨닫지도 못한 채 예상 밖의 결과를 초래했다. 즉, 그것은 집안에 긴장을 가져왔을 뿐, 아들이 스스로 자신의 책임감을 갖게 하기보다는 아들에게 기대하는 행동을 상기시키기 위해 항상 주변에 머물면서 그의 책임감 부족을 강화한 것이다.

적응유연한 마음자세를 가진 부모는 합당한 만큼의 시간 동안 말하거나 행한 것이 먹히지 않을 경우, 만일 자녀가 부모의 각본(script)을 변화시키려 한다면 부모가 스스로 자신의 각본을 반드시 변화시켜야 한다는 것을 깨닫는다. 이런 입장은 자녀에게 지거나 자녀가 책임감 맡기에 실패한다는 것을 뜻하지 않는다. 그것은 쓸모없고 비생산적인 힘겨루기에 얽히지 않게 우리가 다른 방식으로 할 수도 있는 것을 생각하는 통찰과 용기를 가져야 한다는 것을 암시한다. 또한 문제를 해결할 수 있는 대안적인 방식이 있다는 것을 자녀에게 가르치는 데도 도움이 되며, 자녀가 어려운 상황을 다루는 융통성과 책임감을 배우는 데도 도움이 된다.

또 다른 예로, 로웰 씨는 부정적 각본에 사로잡혀 있다. 특히 12세인 아들 지미에 대해 그렇다. 매일 로웰 씨가 귀가하면서 가장 먼저 지미에게 묻는 질문은 "너 숙제는 다 한 거니? 집안일은 했어?"이다. 숙제나 집안일을 하지 않았을 때조차 지미는 '아버지가 괴롭히지 못하게 하려고' 재빨리 "했어요."라고 대답했다. 여러 해를 거치면서 로웰 씨와 지미의 관계는 점점 더 나빠졌다. 지미는 아버지가 학업성적과 집안일에 대해서만 관심을 갖는다고 느꼈다. 로웰 씨는 지미가 '게으르다' 고 느꼈고, 지미가 좀 더 책임감을 가지려면 매일 '가축 몰듯 막대로 모는 자극' 이 필요하다고 느꼈다.

여러 상담 회기를 거치면서, 로웰 씨는 자신이 지미에게 반복하는 말은 자신이 지미의 나이 또래였을 때 자신의 아버지가 했던 말이라는 것을 깨닫게 되었다. 로웰 씨는 "나를 별로 칭찬해 주지 않았고 내 잘못은 빠뜨리지 않고 즉시 지적하셨던 지배적인 내 아버지를 내가 보듯이 지미도 나를 그렇게 봐야 해요."라고 밝혔다.

로웰 씨는 슬픔에 차서, "왜 우리 부모가 우리 자신에게 한 것을, 우리가 좋아하지 않았던 똑같은 것을 내가 내 아이에게 하는 걸까요?"라고 물었다. 이런 질문은 자주 제기되는 질문이다. 비록 이 질문에 대한 대답은 사람마다 어느 정도 다를 수 있지만, 기본적인 이슈는 비록 우리 부모가 가졌던 각본에 우리가 행복하지 않았을지라도 부모의 각본을 받아들이면서 쉽게 습관의 피조물이 되었다는 데 있다. 우리는 우리가 배워 온 것을 연습한다.

그러나 부모는 이런 비효과적이고 비생산적인 각본을 따라야 할 운명에 처해 있지는 않다. 부모가 비효과적이고 비생산적인 각본의 존재를 깨닫기만 한다면 다른 각본을 따르는 것을 생각해 볼 수 있다. 로웰 씨는 새로운 통찰로 무장했고, 더 이상 귀가하는 지미를 숙제나 집안일에 대한 질문으로 맞이하지 않았다. 대신 그림 그리기나 농구와 같은 지미가 하는 다양한 활동에 두루 관심을 보였다. 로웰 씨와 지미는 근처 박물관에서 하는 예술 강좌에 함께 등록했고 규칙적으로 함께 농구를 했다. 칸 부부가 존에게 사용했던 방법이나 카터 부부가 샐리에게 사용했던 방법과 비슷하게, 로웰 씨 또한 지미가 변해야 한다면 성인인 자신이 먼저 변해야 한다는 것을 깨달았다.

아동이 특별하고 존중받고 있다고 느끼도록 사랑하기

적응유연성의 기반은 아동이 귀하고 선하다고 믿는 적어도 한 명의 성인(희망하건대, 여러 명)의 존재에 있다. 심리학자 Julius Segal(1988)은 아동의 '강점을 끌어내 모을 수 있는' 성인, 즉 '카리스마 있는 성인' 이 바로 그 사람이라고 주장했다.

단 한 사람이라도 아동으로 하여금 더욱 생산적이고 성공적이며 만족스러운 삶을 찾아가도록 만드는 힘을 가지고 있다는 것을 과소평가해서는 안 된다.

카리스마 있는 성인의 개념을 유념하는 부모는 매일 저녁 이런 질문을 던진다. '오늘 내가 말하거나 행한 것 때문에 내 아이가 더 강한 사람이나 덜 강한 사람이 되는가?' 버튼 씨의 아들 마이클이 라디오 세트를 완성시키지 못하고 쩔쩔맬 때 버튼 씨가 마이클에게 소리를 지른 경우나 샐리가 급우와 대화를 시작했는지 매일 카터 부부가 샐리에게 물어보는 경우는 확실히 자녀의 정서적 안녕을 감소시키는 행동이다. 마이클이나 샐리는 모두 부모의 말과 질문으로 압도당할 때 힘을 기를 수 없을 것이다.

다음에 좀 더 상세하게 논할 **무조건적 사랑**은 카리스마 있는 성인이 아동에게 주는 없어서는 안 될 중요한 특징이다. 아동이 안전함, 자기존중감, 자기존엄성을 발달시키려면 아동이 성취한 무엇 때문이 아니라 아동 존재 자체 때문에 사랑을 보이는 사람이 아동의 삶 속에 있어야 한다. 그런 사람이 없다면 적응유연한 마음자세를 발달시키고 강하게 만들기는 어렵다.

언젠가 성인을 대상으로 어렸을 때 부모가 카리스마 있는 성인처럼 보였던 좋았던 때를 회상하라고 요청했다. 가장 공통된 기억은 혼자서 부모와 즐거운 무엇인가를 했던 것이었다. 한 남성은 자신의 아버지가 '전적으로 관심'을 기울였던 때를 묘사했다. 그는 "주변에 아무도 없을 때 아버지가 정말로 내 말을 귀 기울여 들어주셨고, 우리는 모든 것에 대해서 함께 이야기를 나눌 수 있었어요. 그렇지만 누나와 남동생이 주변에 있을 때는 그렇게 하기가 힘들었지요."라고 회상했다.

비슷하게 한 여성은 "나는 어머니나 아버지가 나에게 책을 읽어 주셨던 취침시간을 좋아했어요. 어머니가 내게 책을 읽어 주실 때, 아버지는 내 남동생에게 책을 읽어 주셨어요. 그리고 아버지가 내게 책을 읽어 주신다면 어머니는 남동생에게 책을 읽어 주셨지요."라고 말했다. 그녀는 미소를 지으며 "오해하지는 마세요. 나는 남동생을 사랑하고, 가족으로서 우리는 함께 무엇인가를 즐겨했어요. 그렇지만 내가 혼자서 부모님하고 함께 뭔가를 할 때 부모님과 가장 가까운 친밀감을 느낀다고 생각해요. 남편과 나도 오늘 아이들에게 똑같은 일을 한답니다."

이들의 말을 통해 가슴에 사무치도록 표현된 '특별한 시간'의 힘은 다른 수많은 성인도 회상한 것이다. 부모가 자녀의 삶 속에서 이런 특별한 시간을 만들어 줄 것을 추천하는 바다. 어린 아동의 부모는 이렇게 말할지도 모른다. "내가 네게 책을 읽어 주거나 함께 노는 시간은 너무나도 특별한 시간이어서 전화벨 소리가 울려도 받지 않을 거야." 한 어린 아동은 "난 부모님이 나를 사랑한다는 것을 알아요. 나와 함께 놀 때 부모님은 전화를 받지 않고 대신 응답기가 답하도록 내버려 두지요."

아동이 어머니나 아버지와 단독으로 보내는 시간은 부모에게서 단독 관심을 받으려고 형제끼리 갖는 라이벌 의식과 경쟁심을 줄이는 데 도움이 될 것이다. 여섯 명의 자녀를 둔 어느 부모가 워크숍에서 질문했다. "전 아이가 여섯인데 각각의 아이와 특별한 시간을 갖는다는 게 가능할까요?" 물론 자녀가 둘일 때보다 여섯일 때 특별한 시간을 갖기가 더 어렵지만, 그래도 가능하다고 대답할 수 있다. 이럴 때는 좀 더 많은 요령이 필요하다. 그러나 이런 특별한 시간을 가짐으로써 부모가 보기에 자녀가 스스로를 특별하다고 느끼게 된다면 일정을 조정하는 고생은 노력할 만한 가치가 있다. Pinker(2002)가 조언했듯이, "단지 바로 그런 이유 때문에 자녀가 그런 특별한 기억을 가슴에 간직하며 성장하도록 부모가 자녀를 잘 다루어야 할 것이다."(p. 399)

아동은 자신의 생일이나 명절, 처음 가는 유소년 리그 게임 또는 학예회에 부모가 참석할 수 있을지에 매우 예민하다. 오늘날 급속도로 변하는 세상 속에서 많은 부모는 오랜 시간 일을 하고 출장을 간다. 그래서 자녀의 특별한 순간을 놓치기가 쉽다. 그러나 이것은 최소한으로 해야 한다. 한 성인 내담자는 자신이 5세부터 12세가 될 때까지 두 번의 생일을 제외하고는 아버지가 자신의 생일을 잊고 지나쳐 버렸다고 회상했다. "아버지가 일 때문에 출장을 가셔야 했다는 것을 잘 알고 있었어요. 그렇지만 아버지도 내 생일이 언제란 걸 알고 계셨죠. 아버지가 내 생일에 나와 함께 보내려고 출장 일정을 조정할 수도 있었다고 생각해요." 이어서 그는 눈물을 흘리면서 말했다. "당신 아버지가 당신의 생일을 잊고 지나친다면 당신은 사랑받고 있다고 느끼지 못할 게 뻔하지요. 게다가 아버지는 전화 거는 것도 잊으셨어요."

자녀 하나하나와 단독으로 함께 보내는 시간은 소속감과 사랑을 만들어 내는 가족 활동을 방해하지 않는다. 저녁식사와 명절, 게임, 지역사회 행사 참여, 함께 이야기를 나누며 산보하기 등은 자녀에게 사랑을 전달하고 모든 부모의 눈과 가슴에서 자녀가 특별한 존재라고 느끼게 만들 좋은 기회가 된다.

아동을 있는 그대로 수용하고 현실적 기대와 목표를 세우도록 돕기

부모의 과제 가운데 가장 어렵지만 보람 있는 것은 우리가 되기를 원하는 대로가 아니라 **있는 그대로** 자녀를 받아들이는 것이다. 자녀가 태어나기도 전에 부모는 각 자녀의 독특한 기질에 비추어 볼 때 비현실적일지도 모르는 기대를 갖는다. Chess와 Thomas(1987)는 신생아의 기질적 차이를 측정한 선구자로서 어떤 아동은 소위 쉬운 기질을 가지고 태어나며 다른 아동은 신중하거나 수줍은 기질을, 또 다른 아동은 어려운 기질을 가지고 태어난다는 것을 관찰했다.

Harris(1998)에 의하면 자녀의 선천적인 기질은 성격과 행동을 결정짓는 강력한 요인인데, 이에 대해 부모가 잘 모르면 자녀와 만족스러운 관계를 갖기 어렵고 적응유연한 마음자세의 발생을 방해하는 말이나 행동을 하기가 쉽다. 이런 역동은 카터 부부가 처음에 딸 샐리의 수줍어하는 언행을 대했던 방식에서 확연히 드러났다. 기본적으로 카터 부부는 샐리의 신중하고 내성적인 성향이 쉽게 극복될 수 있을 것이라고 생각하여 샐리에게 친구 사귀기를 권했다. 카터 부부는 샐리가 외향적이 되기를 얼마나 원하는지, 친구를 많이 사귀기를 얼마나 원하는지 이해하지 못했다. 그러나 샐리의 기질에 비추어 보면 그녀가 외향적이 되고 친구를 많이 사귀기란 힘든 일이었다. 부모가 공감을 보여 주고 샐리를 도우려 한다는 소원을 전해 주었을 때, 샐리는 비로소 자신이 받아들여진다고 느낄 수 있었다.

또 다른 예는 10세 된 칼에 관한 것이다. 칼은 아침에 꾸물거리느라고 종종 학교버스를 놓친다. 그래서 토머스 부부는 운전을 해서 아들 칼을 등교시켜야만 하게 되었다. 이웃 사람은 칼을 태워다 주지 말라고 하며 학교에 태워다 주면 오히려 그의 지각을 강화할 뿐이라고 제안했다. 토머스 부부는 이웃의 충고를 받아들였고, 학교버스가 도착했을 때 칼이 학교 갈 준비를 다 하지 못했다면 차를 태워 주지 않을 것이고 결석하게 될 것이라고 말했다. 그러나 매우 절망스럽게도 다음 날 칼은 너무나 동요하여 등교 준비를 하지 못했다. 토머스 부부는 다음에 뭘 해야 할지 혼란스러웠고, 아들의 무책임 때문에 아들에게 점점 더 크게 화를 냈다. 정각에 등교 준비를 하게 만들기 위해서, 토머스 부부는 칼이 늦으면 즐겨 하던 많은 활동을 하지 못하도록 제약을 부과하기로 결정했다. 불행하게도 이 결정은 원하는 결과를 얻지 못한 채 실패로 끝나 버렸다.

칼의 부모는 칼이 무책임하기 때문이 아니라 움직임이 둔하고 산만하며 자주 다른 활동에 주의를 빼앗기기 때문이라는 점을 알지 못했다. 소리 지르고 벌주는 대신, 이것이 아들의 독특한 방식이라는 점을 받아들이고 정각에 준비를 마치는 데 도움이 되는 것에 대해 아들과 함께 상의하는 것이 더욱 효과적일 것이다. 책임감 발달이라는 목표에서도 볼 수 있듯이, 기회가 주어지기만 하면 나이 어린 아동조차 그들이 부딪히는 문제에 대한 건전한 해결을 제안할 수 있다.

나아가 학교와 협력하여 칼의 동기를 높이고 책임을 맡는 일을 주어서 그가 더딘 기질에도 불구하고 정시에 준비하는 방법을 생각하는 데 긍정적 인센티브를 제공할 수 있다. 나는 자주 이런 전략을 쓴다. 규칙적으로 지각하는 한 아동에게 학교에서 '지각 모니터' 의 일을 주었다. 이 역할은 아동 자신이 일찍 등교하여 지각한 학생을 기록하는 일이었다. 결국 그 아동은 자신이 책임 맡은 일을 좋아했고 새로운 목표를 가지고 정시에 등교했다.

아동을 있는 그대로 수용하고 서로 다른 기질을 이해하는 일은 우리가 부적절하고 수용할 수 없는 행동을 저지른 것에 대해 변명해야 한다는 것을 시사하지는 않는다. 오히려 우리가 그런 행동을 이해하고 아동의 자기존중감과 존엄성을 해치지 않는 방식으로 그 행동을 수정하도록 돕기를 원한다는 것을 시사한다. 그리고 그들에게 현실적인 목표와 기대를 설정한다는 것을 의미한다. 다행스럽게도 지난 10~15년 동안 아동의 기질과 학습양식에 대해 부모와 교사가 이해하고 수용하며 효과적으로 반응하도록 돕는 출판물이 많이 발표되었다(Carey, 1997; Keogh, 2003; Kurcinka, 1991; Levine, 2002, 2003; Sachs, 2001).

아동의 유능성 분야를 찾아내 기르고 성공을 경험하도록 돕기

적응유연한 아동은 자신이 직면하고 있는 문제를 부정하지 않는다. 문제를 부정하면 그것을 극복하지 못한다. 그러나 적응유연한 아동은 문제를 인정하고 직면하는 것에 더해 자신의 강점을 확인하고 활용할 수 있다. 불행하게도 자기 자신과 자신의 능력에 대해 좋지 않게 생각하는 수많은 아동은 희망을 갖지 못한다. 많은 부모가 종종 보고하듯이, 자녀는 부모가 주는 긍정적인 코멘트를 귀 기울여 듣지 않는다. 그런데 이것이 바로 부모가 좌절하고 긍정적 피드백을 적게 하도록 만드는 원인이 된다.

자기가치감이 부족할 때 자녀는 긍정적 피드백을 덜 받아들인다는 것을 부모가 깨닫는 것이 중요하다. 부모는 계속해서 긍정적 피드백을 주어야 한다. 그러나 부모는 진정한 자기존중, 희망, 적응유연성이란 아동과 중요한 타인이 중요하게 여기는 삶 속에서 아동이 경험한 성공에 기초한다는 것을 반드시 깨달아야 한다. 즉, 부모는 자녀의 '**유능성 분야**'를 확인하고 강화해야 한다. 모든 아동은 유능성 분야 또는 강점 영역을 가지고 있다. 우리는 아동의 약점을 지나치게 강조하기보다는 유능성 분야와 강점을 길러내야 한다.

한 아동을 평가하는 동안에 나는 부모에게 자녀가 잘 하는 분야가 무엇인지를 꼭 묻는다. 그리고 아동에게도 똑같은 질문을 던진다. "너는 네가 뭘 잘한다고 생각하니?" "넌 너의 강점이 무엇이라고 생각하니?" 이에 대해 "몰라요."라고 대답하는 아동에게는 이렇게 응답한다. "괜찮아, 천천히 시간을 들여야 우리가 무엇을 잘하는지 생각해 볼 수 있단다. 그런데 그런 걸 생각해 보는 게 중요하단다." 만일 아동의 낙관적인 태도를 더욱 강화하려면 강점에 스포트라이트를 비추고 아동이 자신의 강점을 분명하게 밝히도록 조력하는 일이 대단히 중요하다.

이미 논의했듯이, 자녀의 유능성 분야가 중요하다는 것을 부모가 과소평가하는 것은 수용과 관련된 문제다. 한 예로 13세인 조지는 학습문제로 어려움을 겪고 있었다. 부모나 16세인 누나 린다와 달리, 조지는 학업이나 신체 운동에서 재능이 없었다. 평가가 진행되는 도중에 조지의 부모인 화이트 부부에게 조지의 유능성 분야가 무엇인지를 물었다. 화이트 부부는 "말씀드리기가 좀 난처한데요. 우리가 생각하기에 조지가 하는 일은 13세의 남자 아이가 시간을 쏟아부어 할 만한 활동이 아니라고 생각해요."라고 대답했다. 마침내 조지의 아버지는 말했다. "조지는 화단을 가꾸고 화초를 보살피는 일을 좋아해요. 만일 조지가 학교에서 잘한다면, 그리고 다른 활동도 한다면 괜찮겠죠. 어떻게 13세의 남자 아이가 화초에 그렇게 관심을 가질 수 있을까요?"

비록 처음에는 부모가 조지의 강점을 가치 있게 여기지 않을지라도 조지의 관심사와 흥미에 대한 부모의 그런 반응에 잘못이 있다고 밝혀내기보다는 조지의 강점을 확인하고 증진시키는 것이 중요하다는 것을 이해하도록 돕는 것이 지극히 중요하다. 아동이 적응유연하려면 다른 사람이 존중하는 적어도 한두 영역에서 숙련된 기술을 가지고 있다고 느낄 수 있어야 한다.

임상가와 교육자는 반드시 아동이 지닌 강점의 목록을 가지고 개입 및 교육 계획을 세워야 하고, 다른 사람이 칭찬하는 강점을 강화하고 증명하는 데 사용할 수 있는 전략을 포함해야 한다. 한 아동이 가진 강점을 다른 사람이 볼 수 없고 지지할 수 없다면 무슨 쓸모가 있겠는가?

10대 소녀 로리는 또래친구와 어울려 지내는 데 어려움을 겪고 있지만, 나이 어린 아동은 그녀를 좋아한다. 부모는 로리를 마을의 '피리 부는 사람(pied piper)'[2]으로 묘사했다. 로리는 이런 강점을 가지고 있었기에 베이비시터로 일하기 시작했다. 로리는 아이 돌보는 일에 책임을 맡으면서 자신감을 갖게 되었고, 또래친구에게 접근하는 자신의 방식을 기꺼이 검토하고 변화시킬 수 있게 되었다. 이로써 그녀는 더 잘 수용될 수 있었다. 비슷하게 10세인 브라이언은 읽기문제를 가진 남자 아이로 공예, 특히 만화를 그리는 솜씨가 뛰어났다. 브라이언의 부모와 교사는 그가 그린 만화를 집과 학교에 전시했다. 이런 시도는 브라이언의 자존감을 고양시켰고, 브라이언을 읽기문제를 가진 학생으로만 규정하지 않으면서 강점도 가지고 있다는 것을 구체적으로 전달하였다.

아동이 자신의 유능성 분야를 발견할 때는 자신에게 문제였던 영역에 더욱 적극적으로 직면하게 된다. 그러므로 성인은 이런 유능성 분야를 알아내고 증진시키는 데 민감해야만 한다.

아동이 실수를 학습의 경험으로 인식하도록 돕기

적응유연한 아동과 적응유연하지 않은 아동이 실수를 보는 방식에는 중대한 차이가 있다. 적응유연한 아동은 실수를 학습의 기회로 보는 경향이 있는 반면, 희망이 없는 아동은 종종 실수를 자신이 실패자라는 것을 나타내는 징표로 경험한다. 이런 비관적인 견해에 대한 반응으로 그들은 부적절감을 갖고 종종 자신의 문제를 다른 사람 탓으로 돌리면서 도전에서 벗어나려고 도망친다. 자녀를 적응유연한 사람으로 키우려면 자녀가 어렸을 때부터 실수에 대해 건강한 태도를 형성하도록 부모가 도와야 한다.

아동이 실수에 반응하는 방식을 통해서 자기존중감과 적응유연성을 측정할 수 있다. 예를 들면, 리틀 야구 리그 게임에서 두 아동이 타석에 들어설 때마다 삼진

2) 역자 주: 피리를 불어 마을의 쥐 떼를 퇴치했으나 약속했던 사례금을 받지 못해 다시 피리를 불어서 마을 아이들을 불러내어 산 속에 가두었다는 동화 속 인물

아웃을 당했다. 한 아동은 게임이 끝난 후 코치에게 가서 말했다. "제가 계속 삼진 아웃을 당하고 있어요. 제가 뭘 잘못하고 있는지 알 수 있게 좀 도와주실 수 있나요?" 이런 반응은 이 아동이 적응유연한 마음자세, 즉 자신의 실수(삼진 아웃)를 감소시키는 데 도움이 되는 성인이 주변에 있다는 믿음을 가지고 있음을 시사한다.

한편 적응유연하지 않은 다른 한 아동은 야구 방망이를 땅바닥에 내팽개치면서 심판에게 소리를 쳤다. "눈이 멀었군, 멀었어! 당신 눈이 멀지 않고서야 이럴 순 없지. 난 삼진 아웃이 아니라고!" 부모가 매우 당황스럽게도, 이 아동은 눈물을 흘리면서 야구장을 뛰쳐나와 계속해서 삼진 아웃당한 것을 심판 탓으로 돌렸다. 이 아동은 자신이 향상될 수도 있다는 것을 믿지 않았기에 다른 사람에게 잘못을 돌려 자신의 무망감을 극복하고자 했다.

부모는 자녀가 실수와 패배에 대해 좀 더 건설적인 태도를 갖도록 도울 수 있다. 이 과제를 촉진시킬 수 있는 다음 질문에 대해 자녀가 어떤 대답을 할지 부모에게 생각해 볼 것을 권유한다.

- 부모님이 실수를 저지르셨을 때, 또 뭔가 일이 제대로 되지 않을 때 어떻게 행동하시니?
- 네가 실수를 저질렀을 때 부모님은 너에게 어떤 말이나 행동을 하시니?

첫 번째 질문에서 부모는 실수를 다루는 중요한 모델의 역할을 한다. 부모가 효과적으로 실수를 다루는 행동을 자녀가 관찰하면 자녀도 실수를 효과적으로 다루는 법을 더 쉽게 배우게 된다. 그러나 실수를 했을 때 부모가 다른 사람 탓을 하거나 매우 심하게 화를 내거나 좌절하거나 과제를 회피하려고 변명을 늘어놓는 것을 자녀가 관찰한다면 실수에 대해 자기 패배적인 태도를 갖게 될 가능성이 높다. 반대로 부모가 실수를 학습의 기회로 삼는 것을 목격하는 자녀는 그와 똑같이 할 가능성이 높다.

두 번째 질문도 부모가 신중하게 고려해야 할 질문이다. 수많은 선의의 부모가 자녀의 실수에 대해 노심초사하거나 좌절한다. 이런 감정 때문에 부모는 자녀가 실패에서 배우기보다는 실패를 두려워하게 만드는 말을 하거나 행동을 할지도 모른다. 예를 들면, 부모의 좌절은 다음과 같은 말로 이어질 수 있다. "너 도대체 머리를 쓰기나 한 거니?" "넌 행동하기 전에 생각이란 걸 전혀 안 하지?" "그게 제대로 안 될 거라고 말했잖아!" 이런 말은 자녀의 존엄성과 자기존중감을 깎아내린다.

아무도 실수나 실패하는 것을 좋아하지 않는다. 그러나 부모는 자녀가 실수했을 때를 가르침의 시간으로 활용할 수 있다. 성공의 가능성을 높이기 위해서 다음에는 어떤 다른 것을 할 수 있을지에 대해 자녀와 토론할 수도 있다. 공감을 활용하여 부모는 자신이 듣기를 원하지 않았던 말을 자녀에게 하지 않을 수 있다(예를 들어, 배우자가 당신에게 "너 도대체 머리를 쓰기나 한 거야?"라고 했다면 이 말이 도움이 된다고 느끼는 사람이 얼마나 많을까?).

또한 부모는 자녀에게 현실적인 기대를 가져야 한다. 너무 높지도 너무 낮지도 않은 기대를 세워야 한다. 기대를 너무 높게 설정하면 자녀는 계속해서 실수를 경험할 것이고, 자신이 부모에게 실망스러운 존재라고 느낄 것이다. 기대를 너무 낮게 설정하면 자녀가 좌절과 실패를 관리하는 법을 배울 수 있는 자신의 능력을 검증할 기회를 빼앗을 수 있다. 또한 부모가 자녀에게 매우 낮은 기대를 가지면 자녀가 능력이 없다는 메시지를 전달하게 된다.

만일 부모가 자녀의 적응유연한 마음자세를 증진시키려 한다면, 부모 스스로 자신의 말과 행동을 통해 실수를 하더라도 그것에서 배울 수 있다는 신념을 전해야 한다. 실수를 저지르고 모욕을 당한다는 두려움이야말로 학습을 방해하는 가장 큰 장애물 가운데 하나다. 두려움은 적응유연한 생활양식과 양립될 수 없는 것이다.

아동에게 공헌할 기회를 주어 책임감, 연민, 사회적 양심을 발달시키기

부모는 자녀가 책임 있는 태도, 배려, 연민을 갖게 할 수 있는 일이 무엇인지를 종종 묻는다. 책임감을 기르는 가장 효과적인 방법 가운데 하나는 아동에게 다른 사람을 돕는 기회를 주는 것이다. 아동이 다른 사람을 돕고 책임 있는 행동을 할 때, 부모는 그런 자녀에 대한 믿음, 다양한 과제를 다룰 수 있는 자녀의 능력에 대한 믿음을 전달한다. 그리고 다시 이런 과제에 관여함으로써 적응유연한 마음자세가 갖는 몇 가지 중요한 특징—공감, 자신의 행동이 미치는 긍정적 영향력에 대한 만족감, 자신이 유능성을 갖는 분야가 드러남에 따라서 더욱 확신에 찬 조망, 문제해결 기술의 사용—을 강화할 수 있다.

부모는 자녀에게 주는 최초의 책임을 '집안 허드렛일'이라고 말한다. 그러나 대부분의 아동과 성인은 집안 허드렛일을 하는 데 긴장감을 느끼지 않는다. 반면 거의 모든 아동은 어렸을 때부터 다른 사람을 돕는 일에 동기부여되어 있는 것처럼 보인다. 성인을 대상으로 자존감과 동기를 높였던 자신의 학교 경험에 대해 생각해 보거나 학교에서 가장 좋았던 한순간에 대해 글을 써 보라고 요구하는 연구에서 이런 '돕기 충동'이 있다는 주장이 지지되었다(Brooks, 1991). 다른 사람을 도우라는 요청을 받았던 것(예, 나이 어린 아동의 학습 지도하기, 학교 담장 칠하기, 필름 영사기 작동하기, 우유와 빨대 나누어 주기)이 가장 빈번하게 인용되는 기억이었다.

책임과 연민의 가르침이 중요하다는 것을 강조하기 위해, 나는 보통 자녀가 다음의 질문에 대해 어떻게 대답하는지를 부모에게 묻는다.

- 부모님은 어떤 식으로 책임감을 보여 주시니?
- 부모님이 책임감 없는 행동을 하신 것을 본 적이 있니?
- 지난 몇 달 동안에 부모님이 자원봉사 활동을 하신 적이 있니?
- 지난 몇 달 동안에 너와 부모님이 함께 자원봉사 활동을 한 적이 있니?

부모는 자녀에게 "네가 맡은 집안일을 하는 거 잊으면 안 돼."라고 말하기보다 가능한 한 자주 "엄마는 네 도움이 필요해."라고 말해야 한다. 또한 기아 돕기나 AIDS 돕기 걷기대회 또는 구호음식 모으기와 같은 자원봉사 활동에 자녀를 참여시키는 부모는 그것이 자존감과 적응유연성을 증진시킨다는 점을 높이 평가한다. 책임과 연민은 부모의 강의를 통해서가 아니라 아동이 돕는 역할을 수행하고 '자비로운 가족', 즉 연민과 나눔의 활동에 참여하는 가족의 일원이 되는 기회를 통해서 향상된다.

아동에게 문제해결과 의사결정을 하도록 가르치기

자존감이 높고 적응유연성을 지닌 아동은 자신이 자기 운명의 주인이며, 자신이 통제할 수 있는 것과 자신의 통제를 벗어나는 것을 결정할 수 있다고 믿는다. 이런 통제감을 구성하는 필수 요소는 문제가 발생할 때 해결하고 결정을 내릴 수 있는 자신의 능력에 대한 믿음이다. 적응유연한 아동은 문제를 분명하게 규정하고, 여러 해결책을 고려하며, 가장 적절하다고 판단되는 것을 시도하고, 결과로부터 배울 수 있다(Shure, 1996; 이 책의 22장 참조).

만일 부모가 자녀에게 이런 문제해결 태도를 강화하고자 한다면, 자녀에게 무엇을 하라고 쉴 새 없이 말하는 것을 그만두어야 한다. 대신 자녀가 서로 다른 가능한 해결책을 고려하도록 격려하는 것이 더 이롭다. 이 과정을 촉진시키기 위해서 매주 또는 격주로 가족모임 시간을 만들어 가족이 직면하고 있는 문제에 대해 토론하고 해결책을 고려할 수 있다.

9세인 제인이 울면서 학교에서 귀가해 친구들이 자기와 앉기를 거부했고 같이 있고 싶지 않다는 말을 했다고 흐느끼면서 엄마에게 털어놨다. 제인은 혼란스럽고 고통스러웠으며, 엄마에게 무엇을 해야 할지를 물었다. 제인의 어머니 존스 부인은 "다른 아이들이 너와 놀기를 원하지 않는다면 너도 개네들과 놀고 싶지 않다고 말했어야지!" 라고 다짜고짜 대답했다. 때로 이런 조언이 적절할지 몰라도, 존스 부인은 즉각적으로 제인에게 무엇을 하라고 말을 했지만 가능한 해결책을 논의하는 데 제인을 참여시키지 않음으로써 그녀가 문제해결 기술을 습득할 기회를 빼앗아 버렸다.

또 다른 예를 들면, 배리와 그의 형 렌은 끊임없이 말다툼을 했다. 그들의 부모인 스턴 부부에 의하면 배리와 렌은 자동차 앞좌석에 누가 탈 건지, 누가 컴퓨터를 쓸 건지 등의 모든 것에 대해 말다툼을 했다. 부모는 렌이 형이니까 더 많이 참아야 한다고 자주 일러 주었다. 스턴 부부는 렌이 부모의 지시를 따르지 않으면 벌을 받을 것이라고 경고했다. 렌은 자신이 부당한 대우를 받고 있다는 데 화가 났고 쓸쓸한 기분이 들었다고 반응했다. 결국 부모는 두 아들과 마주 앉아서 그들의 싸움이 가족에 미치는 부정적인 영향에 대해 이야기를 나누었고, 각 문제에 대한 가능한 여러 해결책을 생각하고 최선의 해결책을 선택해 보라고 요청했다. 스턴 부부가 매우 놀랍게도, 두 소년은 간단한 규칙에 근거하여 주목할 만한 해결책을 제안했다. 그들은 컴퓨터를 30분씩 번갈아 사용하고 교대로 앞좌석에 앉기로 결정했다.

Shure(1996)가 발견했듯이, 취학전 아동조차 선택하고 문제를 해결하는 효과적이고 현실적인 방법을 개발하도록 도움을 받을 수 있다. 아동이 부모의 도움을 받으며 자신의 행동 계획을 처음으로 만들어 낼 때 소유의식과 통제감을 강화할 수 있으며, 이에 따라 적응유연성도 증진시킬 수 있다.

자기 훈육과 자기 가치를 증진시키는 방식으로 훈육하기

훈육가가 되는 것은 자녀의 적응유연성을 기르는 부모가 취할 가장 중요한 역할 가운데 하나다. 이 역할에서 부모는 훈육(discipline)이 제자(disciple)와 관련된 단어이므로 가르침의 과정이라는 점을 반드시 기억해야 한다. 아동을 훈육하는 방식이 자존감, 자제, 적응유연성을 강화할 수도 손상시킬 수도 있기 때문이다.

효과적인 훈육의 주요 목표 가운데 두 가지는 다음과 같다. 첫째, 아동이 규칙, 한계, 귀결을 이해하고 규정지을 수 있는 안전하고 편안한 환경을 보장하는 것이다. 둘째, 아동이 이런 규칙을 구체화하고 부모가 없을 때도 규칙을 적용하도록 자기 훈육과 자기통제를 강화하는 것이다. 일관성 있고 분명한 규칙의 부재와 귀결의 부재는 종종 무질서를 가져오며, 자녀로 하여금 부모가 자녀에 대해 무관심하다고 느끼게 한다. 반면 부모가 가혹하고 임의적이라면, 부모가 고함을 치거나 매를 드는 데 의존한다면, 아동은 자기 훈육보다는 원망을 배울 가능성이 크다.

긍정적이고 효과적인 훈육기법을 활용하기 위해 부모가 따를 수 있는 몇 가지 주요 원칙이 있다. 부모가 자녀를 양육하고 적응유연성을 함양하는 데 훈육이 중요한 역할을 하므로 이에 대해 상세하게 기술한다.

예방을 연습하라

부모가 자녀와 상호작용할 때는 특히 문제가 발생한 후에 반응적 훈육을 하기보다는 문제가 발생하기 전에 예방을 하는 것이 매우 중요하다. 예를 들면, 과잉행동 남자 아동이 더 이상 오래 앉아 있을 수 없을 때 식탁에서 그만 일어나도 되는지 허락을 받는다면 가족 안에서 훈육문제는 최소화된다. 이런 접근은 자녀에게 고함을 치고 벌을 주는 등 부모가 이전에 사용했던 방법보다 훨씬 더 효과적이다. 처벌적 분위기를 제거하면 아동은 자기통제를 더 많이 배우게 된다. 또 다른 가정에서 한 남자 아동이 자기 방에 야간 등을 켜 놓고 침대 곁에 부모 사진을 놓아두는 것을 미리 허락받는다면 더 이상 취침시간에 짜증을 내지 않을 것이다(방에 야간 등을 켜거나 침대 머리맡에 부모의 사진을 놓는 것은 그가 악몽을 다루기 위해 생각해 낸 아이디어였다).

부모가 한 팀으로 활동하라

양 부모가 모두 있는 가정에서는 양 부모가 자신이 사용하는 훈육뿐만 아니라 자녀에게 거는 기대를 스스로 검토할 시간을 따로 마련하는 것이 중요하다. 이혼한 부모도 이런 대화를 할 수 있다. 비록 양 부모가 서로 똑같을 수 없으며 또 똑같아서도 안 되지만, 부모는 공동의 목표와 훈육방식을 추구해야 한다. 여기에 협상과 타협이 필요하다. 이런 협상은 자녀가 없는 비공개적인 자리에서 이루어져야 한다.

일관성을 유지하되 경직되지는 말라

아동의 행동은 가끔 일관성을 유지하는 것을 매우 어려운 과제로 만든다. 어떤 아동은 과거의 경험에 비추어 부모보다 자신이 더 오래 버틸 수 있으며, 투덜거리고 울거나 화를 내면 결국 부모가 항복할 것이라고 믿는다. 만일 수용 가능한 행동에 대한 지침과 귀결을 정했다면 부모가 그것을 지키는 것이 중요하다. 그러나 일관성이 엄격성 또는 융통적이지 않음과 동의어가 아니라는 것을 기억해야 한다. 자녀가 청소년기에 도달하면 주말에는 좀 더 늦게 귀가해도 좋다고 허용하는 것과 같이 규칙과 귀결에 대해 사려 깊은 변경을 하는 것이 가능하다고 보는 것이 훈육에 대한 일관성 있는 접근이다. 변경이 필요하다면 자녀가 그 이유를 이해하고 의견을 제안할 수 있도록 그에 대해 자녀와 함께 상의해야 한다.

자신의 전쟁터를 신중하게 선택하라

부모는 하루 종일 자녀를 타이르고 훈육한다. 어떤 행동이 훈육할 만하고 어떤 행동이 책임감과 적응유연성을 키우는 데 적절하지 않은지 부모 스스로 물어보는 것이 중요하다. 안전에 관한 행동은 즉각적인 관심을 받아야 마땅하다. 그 외의 행동은 가정의 특정 가치관과 기대를 따를 것이다. 만일 수많은 행동 때문에 자녀가 벌을 받는다면, 만일 자녀가 무엇을 해야 할지를 부모가 끊임없이 자녀에게 독단적으로 타이른다면 훈육의 긍정적 효과는 빛을 잃을 것이다.

가능한 한 자연적 귀결과 논리적 귀결을 활용하라

아동은 자신의 행동이 결과를 가져온다는 것을 배워야 한다. 그러한 결과가 가혹하지 않고, 임의적이지 않으며, 부모와 자녀가 함께 협의하여 결정한 것이라면 가장 좋다. 자연적 귀결과 논리적 귀결에 뿌리를 둔 훈육은 매우 효과적일 수 있다. 자연적 귀결은 부모가 그 결과를 강제로 집행할 필요 없이 아동의 행동에서 자연스럽게 초래되는 결과다. 예를 들면, 아동이 자전거를 차고에 제대로 보관하지 않아 도둑맞은 결과가 발생한다면 그것은 자연적 귀결이다. 논리적 귀결이 때로는 자연적 귀결과 중복되지만, 논리적 귀결은 자녀의 행동에 대한 반응으로 부모가 취하는 어떤 행위를 포함한다. 만일 부모가 자전거를 도둑맞은 그 아동이 새 자전거를 사기 위해서 부모에게 돈을 요구할 때 새 자전거 값을 지불하기 위해 필요한 돈을 버는 방법을 아동이 생각해 내도록 돕는 것은 논리적 귀결에 해당된다.

긍정적 피드백과 격려가 종종 가장 강력한 형태의 훈육이라는 점을 명심하라

훈육에 관해 내가 제시한 질문의 대부분이 부정적 결과나 처벌에 초점을 둔 것이지만, 훈육을 통해 긍정적 피드백과 격려의 영향력을 제대로 평가하고 이해하는 것 또한 중요하다. 부모는 '자녀가 올바른 행동을 할 때 관심을 가져야 하며' 자녀가 올바른 행동을 하는 때를 알려 줘야 한다. 자녀는 부모의 관심을 갈구한다. 부정적 행동보다는 긍정적 행동에 주의와 관심을 주는 것이 더 큰 의미를 가진다. 제때 제공되는 긍정적 피드백 그리고 격려와 사랑의 표현은 별표나 스티커보다 아동의 자존감과 적응유연성에 더 큰 가치를 부여한다. 아동은 사랑받으며 이해받는다고 느낄 때 그리고 격려와 지지를 받을 때 부정적 행동을 덜 할 것이다.

결론

부모 한 사람이 한 아동의 발달에 얼마나 큰 영향을 미치는지를 정확하게 말해 줄 수 있는 연구는 없을지도 모른다. 그러나 우리는 그 비율이 어느 정도든지 부모가 자녀와 매일 상호작용하는 것이 자녀가 영위할 삶의 질을 결정하는 데 중요하다는 것을 잘 알고 있다. 부모는 자녀에게 카리스마 있는 성인으로서 작용할 수 있다. 부모는 적응유연한 마음자세의 특징을 이해하고 자녀에게 강화시켜서, 자녀에 대한 믿음을 가져서, 무조건적인 사랑을 주어서, 그리고 자녀가 유능성을 가질 수 있는 분야를 확인하고 자기존중감과 존엄성을 강화할 기회를 제공해서 카리스마 있는 성인으로서의 역할을 다할 수 있다. 적응유연성의 증신은 부모가 자

녀에게 제공할 수 있는 평생의 선물로 그 가치를 따질 수 없다. 적응유연성의 증진은 부모가 다음 세대에 전해 주는 유산의 일부다.

참고문헌 REFERENCES

Beardslee, W. R., & Podorefsky, D. (1988). Resilient adolescents whose parents have serous affective and other psychiatric disorders: Importance of self-understanding and relationships. *American Journal of Psychiatry, 145,* 63-69.

Brooks, R. (1991). *The self-esteem teacher.* Loveland, OH: Treehaus Communications.

Brooks, R. (1994). Children at risk: Fostering hope and resilience. *American Journal of Orthopsychiatry, 64,* 545-553.

Brooks, R. (1998). Parenting a child with learning disabilities: Strategies for fostering self-esteem, motivation, and resilience. In T. Citro (Ed.), *The experts speak: Parenting a child with learning disabilities* (pp. 25-45). Waltham, MA: Learning Disabilities Association of Massachusetts.

Brooks, R., & Goldstein, S. (2001). *Raising resilient children: Fostering strength, hope, and optimism in your child.* New York: Contemporary Books.

Brooks, R., & Goldstein, S. (2003). *Nurturing resilience in our children. Answers to the most important parenting questions.* New York: Contemporary Books.

Carey, W. B. (1997). *Understanding your child's temperament.* New York: Macmillan.

Chess, S., & Thomas, A. (1987). *Know your child.* New York: Basic Books.

Covey, S. (1989). *The seven habits of highly effective people.* New York: Simon & Schuster.

Goldstein, S., & Brooks, R. (2003, June). Does it matter how we raise our children? Retrieved from www.samgoldstein.com and www.drrobertbrooks.com.

Harris, J. R. (1998). *The nurture assumption: Why children turn out the way that they do.* New York: Free Press.

Hechtman, L. (1991). Resilience and vulnerability in long term outcome of attention deficit disorder. *Canadian Journal of Psychiatry, 36,* 415-421.

Herrenkohl, E. C., Herrenkohl, R. C., & Egolf, B. (1994). Resilient early school-age children from maltreating homes: Outcomes in late adolescence. *American Journal of Orthopsychiatry, 64,* 301-309.

Koegh, B. K. (2003). *Temperament in the classroom: Understanding individual differences.* Baltimore: Brookes.

Kumpfer, K. L., & Alavrado, R. (2003). Family-strengthening approaches for the prevention of youth problem behaviors. *American Psychologist, 58*, 457-465.

Kurcinka, M. S. (1991). *Raising your spirited child.* New York: HarperCollins.

Levine, M. D. (2002). *A mind at a time.* New York: Simon & Schuster.

Levine, M. D. (2003). *The myth of laziness.* New York: Simon & Schuster.

Masten, A. S., Best, K. M., & Garmezy, N. (1990). Resilience and development: Contributions from the study of children who overcome adversity. *Development and Psychopathology, 2*, 425-444.

Pinker, S. (2002). *The blank slate: The modern denial of human nature.* New York: Viking.

Reivich, K., & Shatte, A. (2002). *The resilience factor.* New York: Broadway Books.

Rutter, M. (1985). Resilience in the face of adversity: Protective factors and resistance to psychiatric disorders. *British Journal of Psychiatry, 147*, 598-611.

Sachs, B. E. (2001). *The good enough child: How to have an imperfect family and be perfectly satisfied.* New York: HarperCollins.

Segal, J. (1988). Teachers have enormous power in affecting a child's self-esteem. *Brown University Child Behavior and Development Newsletter, 4*, 1-3.

Shure, M. B. (1996). *Raising a thinking child.* New York: Pocket Books.

Siegel, D. S. (1999). *The developing mind: How relationships and the brain interact to shape who we are.* New York: Guilford Press.

Werner, E. E., & Smith, R. S. (1992). *Overcoming the odds: High risk children from birth to adulthood.* Ithaca, NY: Cornell University Press.

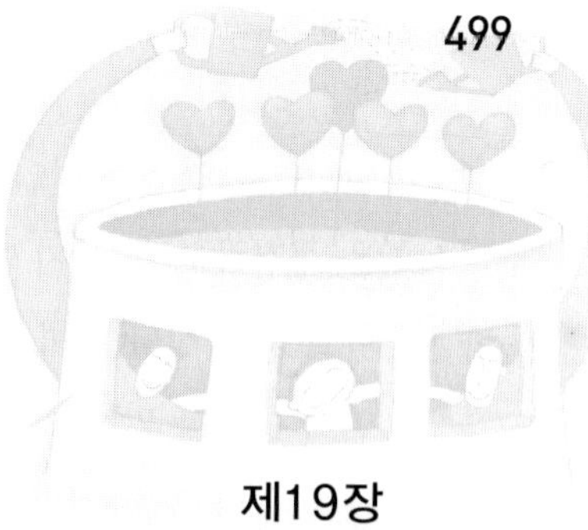

제19장 교육 기회의 증진

Maurice J. Elias, Sarah Parker, & Jennifer L. Rosenblatt

교육이야말로 인간에 근원을 둔 모든 다른 장치를 넘어서 인간의 조건을 평등하게 하는 위대한 장치며, 사회라는 기계의 균형을 이루게 하는 바퀴다.

—Horace Mann이 1848년 매사추세츠 교육위원회에 제출한 연간 보고서 중

동등한 교육 기회의 제공은 미국의 공교육 체제를 이루는 철학적 기틀이다. 비록 지난 수십 년 동안 이 목표를 지향하는 중대한 진보가 이루어지기는 했지만, 교육의 질은 여러 사회계층에서 여전히 상이하다. 이런 불공평을 일으키는 요인은 대부분 열악한 교육환경에서 발견된다. 예를 들면, 학습을 이유로 학생과 교사에게 부담을 지우는 수많은 상황적 변인, 교사의 스트레스, 학업에 대한 낮은 기대, 학생과의 손상된 관계 그리고 환경의 불안정성, 학업성취와 건강 행동을 저하시키는 문화 풍토가 있다. 정책 발의를 통해 이런 문제를 제거하려고 노력했지만, 미국의 공교육은 여전히 Mann의 비전에 미치지 못하고 있다.

오랫동안 시행한 여러 교육적 개입전략은 학생에게 성공할 기회를 주기 위해

위의 부정적 상황변인을 감소 또는 제거하는 데 초점을 두어 왔다. 약물사용 정책을 개정하고 갱 방지 발의를 시행하는 등 환경을 표적으로 하는 개입전략과 함께 학교 기반 상담 서비스와 건강 증진 및 또래 괴롭힘 예방 커리큘럼을 제공하여 개인에 초점을 맞추거나 환경에 대한 개인의 반응에 초점을 맞추는 개입전략을 시행해 왔다. 제한적인 일부 위험에만 초점을 맞추는 프로그램은 낮은 사회경제적 및 교육적 맥락 안에 공존하는 다양한 체제 세력을 적절히 다루지 못하기 때문에 미미한 효과 그리고/또는 일관성 없는 효과를 가져왔다(Jessor, 1993).

그럼에도 불구하고 Mann은 안타까운 이상을 제시했다. 교육은 개인이 직접 통제할 수 없는 상황의 해로운 효과를 상쇄한다는 것이다. 사실 인간의 사회 구조에 고유한 것으로 역사적으로 묘사된 불공평을 학교가 감소시킬 수 있다는 믿음이 오랫동안 교육적 개입을 활성화해 왔다. 이러한 불공평을 사람과 환경의 역동적 상호작용으로 간주하는 현재의 견해에 비추어 볼 때, 종합적이고 조화를 이루며 발달적 연계성을 지닌 **학교 기반 예방**의 발의는 큰 가능성을 가지고 있다. 학교 기반 예방 발의는 개인에게 직접 영향을 끼칠 뿐만 아니라 개인이 기능하는 맥락도 향상시킬 수 있다(Weissberg & Elias, 1993). 그러므로 학교는 아동·청소년이 적응유연한 결과를 성취하도록 돕는 데 중대한 영향을 미칠 수 있다.

적응유연성 개념

적응유연성 구인을 둘러싼 미해결의 복잡한 개념적 이슈를 먼저 논하지 않은 채 적응유연성에 관한 논의를 시작하는 것은 불가능하다. Norman Garmezy가 50여 년 전에 적응유연성 개념을 소개한 이래(Rolf, 1999), 수많은 경험주의자가 이 용어를 채택해 자신의 연구에 적용했다. 그러나 적응유연성 용어는 종종 다양하게 활용되고 있다(Glantz & Johnson, 1999; Greene & Conrad, 2002). 요즘 이 문제를 다루는 상당히 많은 이론문헌이 발표되어 적응유연성 개념의 궁극적 유용성에 관한 논쟁을 가속화하고 있다(Glantz & Johnson, 1999). 이 구인의 경제성과 완전성에 도전하는 문제가 많고 또 타당할지라도(예, Kaplan, 1999), 수많은 연구자는 이처럼 강력한 발견적 가치를 지닌 개념을 포기하지 않으려 한다(Luthar, Cicchetti, & Becker, 2000).

매우 미묘한 뉘앙스를 지닌 논쟁을 본격적으로 시작하는 것은 이 장의 범위를 벗어난다. 복잡하고 난해한 이론적 논의의 뒤에는 개념에 의미를 부여하는 구체적인 응용을 위태롭게 할 정도의 추상화로 이끄는 위험이 도사리고 있다. 이론적 논의가 생산적이려면 주기적으로 실제적 응용에서 그 근거를 다시 찾아야 한다. 이런 견해는 이 장이 있어야 하는 근본적 이유가 된다. 여기에서는 사회경제적 지위(SES)가 낮은 지역사회에 교육적 개입을 알리는 제한된 주제 안에서 적응유연성 구인이 유용한지에 초점을 둔다. 이를 위해 논의의 초반에 이처럼 특별한 개입을 개발하는 데 적응유연성 구인의 유용성을 극대화하는 실제적이고 실용적인 정의의 구축에 초점을 둘 것이다. 구체적으로 현재 이 개념의 가치에 대한 평가는 다음의 두 가지 준거를 중심으로 구조화된다. (1) 적응유연성 구인은 현존하는(그리고 아마도 더욱 경제적인) 여러 구인에 부가가치를 창출해야 한다. (2) 적응유연성 개념은 개입설계를 알려 주어야 한다.

보호과정으로서의 적응유연성

초반의 예비적 수준에서 볼 때, 적응유연성에 대한 몇몇 정의는 이런 준거를 충족시키는 좋은 후보다. 가장 단순한 정의는 위험과 보호 모형에서의 '보호과정(protective processes)'과 적응유연성 용어를 개념적으로 동등한 것으로 간주한다. '보호과정' 개념은 자원이 부족한 지역사회 안에서 교육적 개입을 설계하는 데 확실히 중요하다. 이런 과정을 확인하려는 움직임으로 말미암아 도전적인 어려운 환경에 사는 사람의 삶의 과정을 바라보는 방식에 중요한 전환이 일어났다(Garmezy, 1985). 연구자는 부정적 결과를 예방하는 데만 초점을 맞추기보다 '적응유연하다고' 자주 명명했던 적응적인 결과와 관련된 과정을 강화하는 데까지 주목하고 개입 노력을 확장했다. 그리하여 상이한 유형의 보호 세력을 확인하고 연구하게 되었다. 예를 들어, Luthar(1991)는 다음의 두 가지 유형을 확인했다. 첫째, **보호과정**은 스트레스원의 유해한 효과를 상쇄한다(예, 학교 전환기 동안 학생에게 또래 멘디 제공하기, 초·중등학교를 거쳐 진급함에 따라 아동이 점점 더 많이 해야 할 숙제를 관리하는 데 사용할 수 있는 명시적 접근을 부모에게 제공하기). 둘째, 소위 **보호-증진 과정**(protective-enhancing processes)은 아동이 스트레스원을 더 잘 관리할 수 있도록 아동의 유능성을 증진한다(이 장에서 나중에 기술할 사회-정서적 기술, 보호자의 성추행을 다루는 방법을 아동에게 가르치기 등이 포함된다.). 전자는 환경 특징을 변화시켜 스트레스원이 아동에게 미치는 효과를 조절한다. 후자는 아동이 도전적인 어려움을 다룰 수 있는 능력을 변화시켜 해로움을 조절한다.

이런 아이디어의 근간을 이루는 기본 전제는 부정적 세력을 제거할 수 없을 것 같을 때조차 개입에 이르는 길은 존재한다는 것이다. 그런데 이 기본 전제는 대부분의 지역사회 기반 노력이 행사하는 직접적 영향권을 벗어난 거시적 수준에서 아동이 직면하는 수많은 부정적 세력(예, 인종차별주의, 빈곤)에 대한 교육적 개입을 실시하는 수단이 된다. 이런 식으로 적응유연성을 '보호과정'으로 정의하면 어떤 개입을 해야 할지를 알려 줄 수 있다는 준거를 만족시킨다. 그러나 이 정의는 첫 번째 준거(기존의 다른 구인에 가치를 더해 줘야 한다.)에서는 견고하지 않다. 위험과 보호에 관련된 여러 모형이 중요하다는 것은 잘 알려져 있지만, 이들 모형에 적응유연성이라는 이름을 붙여서 얻는 이득은 별로 없는 듯하다. 비교적 잘 이해할 수 있고 분명하게 규정할 수 있는 구인에 불필요하고 모순 있는 용어를 적용하는 것은 오히려 막대한 불편과 불이익을 초래할 뿐이다.

보호와 위험의 상호작용으로서 적응유연성

결핍에 기초하여 몇몇 이론가는 적응유연성과 보호과정을 동등하게 보는 관행에 이의를 제기했다. 적응유연성과 보호과정을 동등한 것으로 간주하면 잠정적으로 독특하며 강력한 예언력을 지닌 적응유연성 개념을 위험과 보호 과정 각각의 확률을 겨루는 묘사로 강등시킨다고 주장했다(Kaplan, 1999). 그런 묘사는 개입전략이 특정 위험을 표적으로 하기 위해 어떤 기제를 사용할 수 있는지를 규명하지 않기 때문에 개입전략의 근거가 되는 이론을 명료화하거나 확장하는 데 기여하는 바가 별로 없다. 요약하면, 연구자나 교육자는 어떤 종류의 과정이 일반적으로 대부분의 사람에게 도움이 되는지를 잘 묘사할지라도 부정적인 결과를 겪게 될 가능성이 가장 높은 사람을 가장 잘 돕는 방법에 대해서는 여전히 분명하게 이해하고 있지 못하는 것 같다.

위험과 보호의 여러 모형 간 단절은 적응유연성의 가치가 가장 크다고 주장할 수 있는 좋은 기회를 제공한다. 위험과 보호 과정의 여러 모형은 이론상 특정 결과가 발생할 확률에서 서로 다른 정도의 영향을 미치는 개인적 특징과 환경적 특징을 제시한다. 이는 주로 상관연구를 통해 확인되었다. 이 모형은 기술력(descriptive power)을 지니기는 하지만 증명된 인과 기제가 없기 때문에 그것을 개입에 적용할 수는 없다. 적응유연성에 관한 매력적인 견해는 적응유연성을 상호교류적이며 3차원적인(사람, 환경, 시간) 이론 틀로 규정하여 적응유연성을 약점을 교정하는 수단으로 간주한다. 이 모형에서는 적응적 결과를 촉진시키기 위해 시간의 흐름에 따라 사람과 환경 안에서 위험과정이 미치는 효과를 특정 보호요인이 조절하는 과정으로 적응유연성을 언급한다. 이렇게 적응유연성을 구성하는 방식은 위험과정에 직접 작용함으로써 위험과정의 크기를 경감시켜 결과에 영향을 미치는 보호과정을 포함하지 않으며, 또 위험의 유무에 관계없이 결과에 획일적으로 영향을 미치는 보호과정을 포함하지도 않는다. 대신 적응유연성은 위험과 보호 과정의 **상호작용**을 포함한다. 이런 식으로 적응유연성은 특정 영역의 위험을 개선하는 것으로 특정 보호과정을 규정할 수 있는 상당한 정보적 가치를 제공할 수도 있다.

그러나 적응유연성의 상호교류 모형은 두 가지 중대한 도전을 받아 왔다. Luthar와 Cushing(1999)이 윤곽을 잡았던 첫 번째 도전은 통계적인 문제다. 적응유연한 사람들을 식별하기 위해 상호작용 항에 의존할 때, 상호작용이 나타내는 사람들의 실제 수를 구체적으로 지적할 수 없을 뿐더러 상호작용 항과 관련된 효과 크기가 작은 편이어서 결과를 반복할 수 없는 경우가 자주 발생한다. 둘째, 위험과 보호 과정의 상호작용에 기초한 적응유연성의 여러 모형은 또 다른 도전에 직면해 있다. 모형이 얼마나 상세한지와 관계없이 더 이상 개선될 수 없다는 것이다. Kaplan(1999)은 적응유연한 사람이 취약한 또래와 동일한 방식으로 위험에 처하지 않을 것이라고 확신에 찬 주장을 했다. 대신 이 분야에는 위험이 다른 요인과 결합하여 작동하는 방법에 관한 불충분한 예언 모형이 있다는 이유만으로 적응유연한 사람을 적응유연성 모형에 포함시켰다.

이런 문제의 예를 하나 들면 다음과 같다. 혼란한 학교(위험요인)에 다니지만 강력한 내적 통제 소재와 사회적 문제해결 기술(보호요인)을 가진 사람에게서 다수의 적응유연한 결과가 발견되었다. 그러나 그들은 위험에 처한 적이 전혀 없기 때문에 실제로 적응유연하지 않다고 주장할 수 있다. 많은 연구자는 이러한 상황을 설명하기 위해 원거리 위험요인과 근거리 위험요인의 차이를 인용했다. 가까운 또는 직접적인 위험과정에 대한 이해가 부족하기 때문에 보호과정이 있는 것과 위험이 없는 것을 구분하지 못하는 모형을 만들게 된다는 주장이 제기되었다. 그러므로 이 예는 적응유연성 현상보다는 오히려 적절한 통제 소재와 문제해결 기술의 소유 현상을 묘사한 것이다. 더구나 그러한 특징이 부족한 사람이 혼란한 학교환경과 상호작용하는 어떤 개인적 또는 환경적 특징을 가지고 있어서 적응유연하다는 결과가 후속 연구에서 밝혀지기는 했지만, 적응유연성이 아니라 그 모형의 예언력 부족이 그들의 성공을 설명한다고 주장할 수 있다(Kaplan, 1999).

개념적 대체어[1]로서의 적응유연성

앞의 주장을 상술했던 1999년 저서에서 Kaplan은 적응유연성이 한때 유용했으나 지금은 시대에 뒤떨어진 구인이라는 결론을 내렸다. 사실 인성으로서 또는 일관성 있는 과정으로서의 적응유연성 개념은 면밀한 검토를 견뎌 낼 수 없다. 적응유연성의 모든 개별 사례에 공통된 확실하며 관찰 가능하고 명백한 특징은 없다. 적응유연성은 착오—예언 모형에서의 실패—며, 착오의 잠정적 원인은 무수히 많다(Kaplan, 1999). 그 원인은 한 아동의 광범위한 사회적 맥락에서부터 결과를 측정하는 바로 그 순간에 존재하는 환경의 미세한 특징, 또는 광범위한 맥락과 미세한 환경 특징 사이에 있는 여러 요인의 조합에 이르기까지 다양하다. 위험에 처한 사람을 구분 지어 별개의 적응유연성 범주로 나누기보다는 위험에 처한 모든 사람에게 적용되는 하나의 세련된 예언 모형 안에 착오를 설명하는 여러 변인을 포함시킬 때 이런 착오를 설명하는 변인을 규명하는 연구의 이론적 및 실제적 유용성이 더 크다. 이런 식으로 적응유연성은 특수한 현상 자체로보다는 오히려 더 정확한 예언 모형을 개발하는 데 유용한 개념적 도구로 간주된다. 개념적 도구는 하나의 대체어로 기능할 것이다. 개념적 도구는 예언 모형이 실패한 어느 한 집단을 두드러지게 강조하면서 그 실패를 설명할지도 모르지만, 아직 발견되지 않은 일군의 변인에 관한 모형에서는 어느 정도 위치를 확보할 것이다.

본질적으로 Kaplan의 주장은 적응유연성 구인의 유용성 범위를 개념화하는 데

1) 역자 주: placeholder는 구체적 의미를 가진 어떤 용어를 대신하는 용어 또는 직접 언급하기 어려운 가치나 이름을 대신하는 말이다. 수학이나 논리학과 같은 형식적 언어를 다루는 분야에서 그것은 더 신중하고 정확하게 정의된 개념으로 대체된다. 이 책에서는 '대체어'라고 번역했음을 밝혀 둔다.

있어 대체어 견해와 일치한다. Kaplan의 주장과 대체어 견해 간의 차이는 유용성의 만료에 있다. Kaplan은 적응유연성을 예언의 실패와 정교하게 만들어야 하는 예언 모형을 강조하는 데 역사적으로 기여해 온 개념으로 간주하지만 이런 기능은 폭넓은 개념적 수준에서 작용하며, 이로써 적응유연성의 유용성은 종료된다고 주장한다. 반면에 적응유연성은 기대하지 않았던 결과를 검토하게 하고, 그런 결과를 설명할 변인에 관한 모형에서 한 위치를 점유함으로써 각각의 예언 모형을 정교화하는 과정에 지속적으로 응용될 가능성을 가지고 있다. 그래서 적응유연성은 새 모형의 개발뿐만 아니라 구 모형의 계속적인 정교화에도 유용하다. 이 과정은 완벽한 예언을 산출하는 모형에서는 종료되지 않겠지만, 그 목표를 지향하는 일련의 점진적 접근을 통해 모형을 정교화할 수 있다(그리고 정교화되어야 한다.). 이 과정에서 각 단계는 적응유연한 결과의 예를 검토함으로써, 그리고 새로운 예언변인의 정체를 알려 주는 체계적인 차이를 찾기 위해 적응유연한 결과의 예를 분석함으로써 촉진될 수 있다.

[그림 19-1]에서 제시했듯이, 적응유연성을 대체어로 개념화하는 것은 위험에 처한 것으로 여겨지는 아동 · 청소년을 위한 교육적 개입을 설계하는 데 가장 큰 실제적 유용성을 제공한다. 그렇게 해서 적응유용성 용어를 정의하기 위한 두 번째 준거를 충족시킬 수 있다. 예언 모형의 정교함은 분명히 이 과제의 핵심인데, 개입 대상의 정확한 식별을 돕고 개입에서 다루어져야 하는 특수한 위험과정과 보호과정의 발견을 돕는 데 중요하다. 적응유연성 구인은 정교화 과정에 추가하여 부가가치 준거도 충족시킨다.

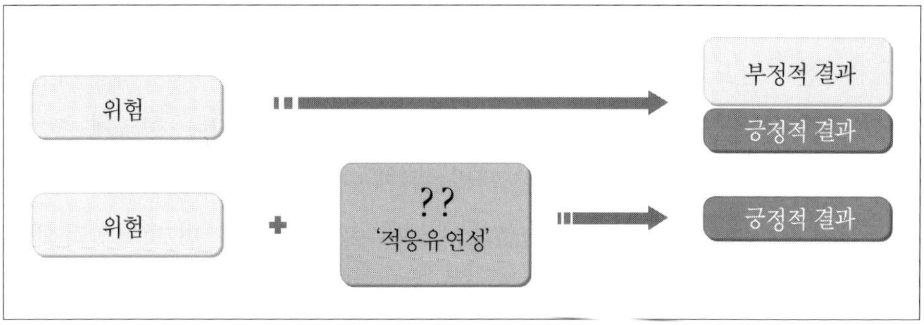

[그림 19-1] 대체어 개념으로서의 적응유연성

남아 있는 개념적 난제

이 정의로 모든 개념적 난제를 해결할 수 있는 것은 아니다. 여전히 연구자는 교육환경 안에서조차 무엇이 긍정적 결과를 구성하는지 결정할 때 주관적인 판단을 내려야 한다. 주관적 판단은 문화적 · 시간적으로 편향된 연구자의 조망, 관심의 대상인 전체 집단에서 작용하는 주요 요인을 간과할지도 모르는 조망에 필연적으로 좌우된다. 그러나 특정 장면, 즉 현재 논의 중에 있는 도심 지역에 있고 사회경제적 지위가 낮은 교육기관에서 적응유연성 구인을 고려하는 것은 이런 편향을 감소시킨다(Kaplan, 1999). 비록 학업의 완수와 성취가 지배적인 문화가 가치 있게 여기고 있다는 이유만으로 '긍정적인' 결과로 간주되고 있으나, 그럼에도 그것은 교육체계와 교육체계 참여자에 의해 동조되고 있다. 아마 틀림없이 공교육 체계에 참여하는 가족은 어느 정도 정해진 수준의 기술을 축적하고 학위를 취득하기 위해 일정 정도의 학교교육을 받아서 성취할 수 있는 것에 대해 학교와 불문율의 사회계약을 체결할 것이다. 이런 '계약'의 활용은 **교육적 적응유연성** 모형에서 긍정적 결과를 구성하는 것이 무엇인지를 객관적으로 묘사하는 데 도움이 된다.

교육 장면 안에서 적응유연성에 초점을 두는 것은 연구자로 하여금 적응유연성 연구가 직면하고 있는 또 다른 공통된 비난을 피할 수 있게 해 준다. 연구의 통계적 요구조건과 논리적 요구조건의 조화를 이루기 위해, 적응유연성 연구자는 종종 긍정적 결과를 좁은 의미로 정의하여 한 사람이 성공할 수 있는 삶의 수많은 측면을 인정하지 못한다. 이는 적응유연한 결과를 성취하지 못한 사람이 성공했던 중요한 영역을 무시하는 적응유연성 모형을 도출하게 한다. 예를 들면, 가족을 부양하기 위해 학교를 중퇴한 학생은 학업적 결과에만 초점을 두는 모형에서는 적응유연한 사람으로 간주되지 않을 것이다. 교육적 적응유연성 모형이 유치원부터 고등학교 3학년까지의 교육적 경험에만 초점을 두기 때문이다. 이렇게 초점을 제한하는 교육적 적응유연성 모형은 광범위하게 수용되고 있는 맥락 특유의 '긍정적 적응'의 정의(예, 졸업, 성적, 표준화 검사 점수)를 사용한다. 반면 학업적 맥락에서 최적의 기능에 도달하지 못한 사람도 삶의 다른 영역에서는 여전히 최적의 기능에 도달할 수 있다.

전반적으로 교육적 적응유연성의 틀 안에서 작업을 하면 적응유연성의 위험 중 일부를 제거하는 반면에 그 혜택 중 많은 것을 계속 유지할 수 있게 된다. 이렇게 초점을 맞추는 범위를 제한하여, 우리는 낮은 SES의 도심 지역에 살면서 유치원부터 고등학교 3학년까지 교육 경험을 받는 동안 이룬 학업성취(평점, 표준화 검사 점수, 학업 수행에 대한 교사평정, 학교교육 이수 수준을 포함)를 교육적 적응유연성의 과정에서 긍정적 적응의 측정치로 활용할 것이다.

개입의 설계

우리가 적응유연성을 대체어 개념으로 채택한 것은 이 개념이 예언 모형을 정교화할 수 있고 개입을 설계할 수 있는 분명한 구조를 지시할 수 있다는 데 기인한다. 적응유연성에 대한 이런 해석을 통해 우리는 다음 네 단계 접근에 이른다.

1. 위험의 원거리 작동인을 확인하라: 동등한 교육 기회의 제공이 우리의 큰 목표라는 점에서 우리는 단일 위험요인(낮은 SES 학교에 다니는 것)과 이에 관련된 단일 결과(저조한 학업성취)를 확인하는 것에서 출발한다.
2. 적응유연성의 예를 확인하라: 그다음 단계에서 우리는 처음의 예언적 관계를 좌절시켰던 학생과 불리한 학교 장면에도 불구하고 학업적 성공을 이루었던 학생을 확인해야 한다.
3. 적응유연성의 예를 변별하는 체계적인 차이를 찾으라: 아마도 이런 차이는 위험과정 없음, 보호과정 있음 또는 일군의 상호작용 과정으로 가장 잘 개념화된다. 위험 없음과 보호 있음을 조작적으로 구분하기는 어렵지만, 그 구분은 희한하게 실용적 중요성을 가지고 있다. 다음 절에서 제시되듯이, 우리는 사회·정서적 기술이 고위험 상황에서 학업적으로 성공하는 학생을 체계적으로 변별하는 일군의 보호과정을 구성하는 요소임을 제안했다.
4. 개입을 위한 최선의 선택을 확인하라: 적응유연성의 여러 예와 관련된 과정에 관한 이론적 이해가 정립되면, 개입가는 이러한 결과의 시사점을 평가하는 데 실용적 입장을 취해야 한다. 특정 위험과정을 감소시키거나 특정 보호과정을 강화시키는 상대적 실현가능성에 관한 결정을 내려야 한다. 특히 자원이 부족한 지역사회에서는 효과성(efficacy)과 효율성(efficiency) 간에 최적의 균형을 이루는 개입을 설계하는 것이 필수적이다.

사회 · 정서적 학습

이 장의 나머지 부분에서는 이전에 제시한 틀을 교육 기회의 균등이라는 특별한 관심에 적용한다. 지금 이 시점에서 위험의 원거리 작동인으로 확인한 것은 SES가 낮은 교육 장면이다. 그런 환경에 있는 학생은 분명히 저조한 학업적 결과를 이루게 될 고위험에 처해 있다(Elias et al., 1997). 그러나 이런 위험과 결과의 관계는 예언(prediction)을 제공하나 예후(prognosis)를 알려 주지는 않는다. 어떤 학생은 예외적이어서 어려운 학교환경에도 불구하고 학업적 성공에 이르는 길을 찾아낸다. **교육적 적응유연성 패러다임**은 우리가 규칙을 변화시킬 방도를 찾기 위해 이런 예외를 추구하게 한다.

그다음 단계에서는 이런 학생이 또래와 어떤 식으로 다른지를 검토한다. 점차 많은 연구에 의하면 어려운 환경에서 학업적 성공에 도달하는 학생을 구분해 내는 주요한 요인은 **사회 · 정서적 기술**이다. 적응유연성은 학업적 성공의 다양한 실례를 수용할 수 있는 예언 모형에 여러 변인을 포함할 여지를 제공하며, 사회 · 정서적 학습은 그런 변인 가운데 하나다([그림 19-2] 참조).

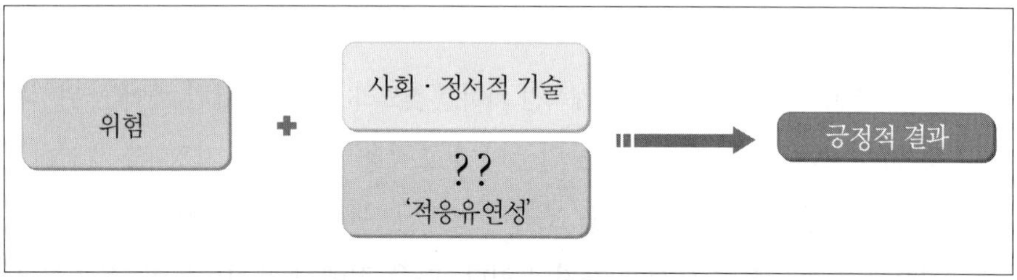

[그림 19-2] 적응유연성 설명변인으로서 사회 · 정서적 학습의 이론 모형

사회 · 정서적 학습의 정의

학생들이 각자 고유한 지식과 인지전략을 가지고 학교에 오듯이, 그들은 자신만의 독특한 사회 · 정서적 기술도 가지고 온다. 가정과 지역사회에서 상호작용을 거치며 이런 기술을 발달시키는데, **사회 · 정서적 학습**(social and emotional learning: SEL) 프로그램을 통해 학교환경에서도 새로운 전략을 학습할 수 있다. 이

런 시도는 넓게는 사회적 유능성의 발달을 목표로 한다. **사회적 유능성**은 "인지, 정서, 행동을 통합할 수 있으며, 어떤 구체적인 사회적 과제와 긍정적인 발달 결과를 성취할 수 있는 능력…… [그것은] 문화, 이웃, 상황의 맥락에서 기능적 의미를 갖는 핵심 기술, 태도, 능력 및 감정의 집합이다"(Elias, Kress, & Neft, 2003, p. 1023). 간략히 말하면, SEL 개입은 학생들로 하여금 자신이 처한 사회적 맥락에 대한 최적의 정서적 처리와 반응을 하게 하는 지식과 기술을 획득하도록 돕는다. 자기 인식, 자기 관리, 사회적 인식, 관계기술, 의사결정을 표적으로 삼는 유능성이다(CASEL, 2003a).

적응유연성 예언변인으로서의 SEL

SEL 기술이 적응유연성의 예를 설명하는 중요한 변인이라는 주장은 다음 두 가지 수준에서 경험적 지지를 받아야 한다. 첫 번째 수준에서 SEL 기술은 적응유연성 예를 더욱 전형적인 학업적 결과와 신뢰성 있게 구분할 수 있다는 것을 증명해야 한다. 이런 연구는 필연적으로 상관연구이므로 인과관계를 추론하는 데는 한계가 있다. 인과관계는 두 번째 수준의 연구에서 더 잘 검토될 수 있다. 개입평가는 목표 기술에 대한 실험적 통제를 허용하며, 그로 인해 모형 설정을 위한 더욱 강력한 증거를 제공할 수 있다.

첫 번째 수준에서 수많은 연구를 통해 SEL 기술(또는 이와 밀접하게 관련된 구인)이 학업적 적응유연성의 예와 관련되어 있다는 것이 밝혀졌다. 예를 들면, 학교에서의 성취와 긍정적인 사회 · 정서적 기술 간의 관계가 확인되었다(Caprara, Barbarabelli, Pastorelli, Bandura, & Zimbardo, 2000; DiPerna & Elliott, 1999; Feshbach & Feshbach, 1987; Hayes, Ben-Avie, & Ensign, 2003; Masten et al., 1999). 또한 사회 · 정서적 기술과 높은 표준화 검사 점수의 관계에 관한 연구도 수행되었다(Malecki & Elliott, 2002; Welsh, Parke, Widaman, & O'Neil, 2001; Wentzel, 1993). 대조적으로 반사회적 행동은 종종 저조한 학업 수행과 함께 발생한다(Hawkins, Farrington, & Catalano, 1998; Masten et al., 1999).

SEL 개입 연구

이런 상관관계에 관한 연구 결과는 고무적이지만 SEL 기술이 적응유연성 사례에서 어떤 구체적인 역할을 하는지에 대해서는 확실히 알려 주는 바가 없다. 그러나 개입평가의 연구는 이런 상관관계에서의 인과 패턴을 명료화하는 데 도움이 된다. SEL 기술에 대한 진실험 조작이 논리적으로 불가능하지만, 개입연구는 실험집단에게 SEL을 개발할 기회를 제공하여 실험적 조작에 가깝게 만든다. 또한 잘 설계된 연구는 기술 획득의 성공 여부를 검토하기 위해 SEL 측정치를 사용한다. 비록 실험집단에서 어떤 차이가 나타난다고 하더라도 그 차이를 만들어 낸 정확한 기제에 대해 확실하게 결론 내릴 수는 없지만 실험연구의 방법은 인과관계에 대한 확실성을 최대화하는 데 가장 과학적인 결론을 제공한다.

이를 위해 최근에 학교 기반 예방 프로그램을 분석하는 연구가 많이 수행되었다. 학교 성공과 관련된 부적응 행동을 포함하여 여러 유형의 부적응 행동을 감소시키는 데 일부 프로그램이 효과적이라는 일관된 결과가 발표되었다(예, Durlak, 1995; Elias et al., 1985; Gottfredson, 2001; Mrazek & Haggerty, 1994; SEL과 학업적 결과의 향상 간 관계의 증거에 대한 개관은 Zins et al., 2004 참조). 이런 결과는 SEL 프로그램의 시행에 대한 경험적 정당성을 제시하지만 증명된 효과성에 대한 이론적 설명은 별로 제시하지 않는다. 이 장의 나머지 부분에서 우리는 왜 SEL 개입이 효과적인지에 관한 주장, SEL 개입의 실행 기제, SEL 시행의 주요 장점에 초점을 맞출 것이다. 이런 논의는 경험적이라기보다는 이론적이고 발견적이라는 것을 유념해야 한다. 이 영역에서 향후 수행될 연구가 추구할 목표 가운데 하나는 SEL 개입의 성공에 기초가 되는 구체적인 과정을 묘사하는 연구의 설계다.

교육적 적응유연성을 설명하는 변인이라면 어떤 것이든지 궁극적으로 **개인**, **환경**, **시간**의 3차원 간 역동적 상호작용에 좌우될 것이라는 가정이 현재의 논의에서 지배적이다. 원래 이 세 가지 차원은 상호 결정된다. 그래서 다른 두 개 없이 하나를 검토하는 것은 별 의미가 없다. 그러므로 교육적 적응유연성의 유망한 작동인에 관한 이런 논의는 그 작동인 또한 3차원적 성격을 지닌다고 가정한다. 학교 기반 SEL 프로그램은 여러 위험에 공통된 기제를 상쇄하고, 교육적 적응유연성의 세 차원(학생 자신, 학생의 교육적 및 사회적 환경, 시간의 흐름에 따른 두 차원의 상호작용)에 있는 보호 자원을 촉진시킨다.

교육적 적응유연성을 증명해 보이는 학생이 학업적 결과에 대한 부정적 영향을 받지 않도록 완충하는 기제를 더욱 분명하게 이해하려면 빈곤과 관련된 광범위한 위험과정을 교육적 맥락 안의 더욱 근거리에 있는 위험 작동인으로 분해하는 작업이 필요하다. 다음의 여러 절에서 이런 기제를 확인할 것이다. 그 기제는 빈곤과 최적 수준 이하의 학업성취 간 관계를 매개하는 것으로 가정된다. 이 논의는 교육 개혁, 적응유연성, 교육적 적응유연성 분야의 문헌을 검토하여 발췌한 위험의 여러 범주를 다룬다. 부유한 학교보다는 SES가 낮은 학교에서 이론적으로나 경험적으로 더 많이 발견된 과정이 선택되었다. 이 과정은 SES가 낮은 지역사회의 저조한 학업적 결과와 연관되며, 이론적으로나 경험적으로 SES와 학업적 결과의 관계를 매개하는 변인으로 증명되었다. 다음에서 기술할 위험 범주는 이론적으로나 경험적으로 동일한 더 큰 과정의 요소가 되는 여러 기제를 함께 묶어서 만든 것이다. 이 방법을 통해 개입을 위한 폭넓은 기제를 다음과 같이 제안한다. 그것은 학생-교사 역동에 영향을 미치는 요인(즉, 교사의 스트레스와 좌절, 학업에 대한 낮은 기대, 교사-학생 간 손상된 관계)과 학생-지역사회 역동에 영향을 미치는 요인(즉, 생태학적 불안정성, 학교 문화와 지역사회 문화의 단절)이다. 다음 절에서는 SEL 개입이 각각의 위험과 상호작용하며 그것을 개선하는 여러 과정을 제시하고, 그에 대한 이론적 지지와 관련 연구의 증거를 함께 제시할 것이다.

학생-교사 상호작용

학생과 교사 및 학교행정가가 상호작용하는 방식은 학생의 학습에 매우 큰 영향을 미친다(Wang, Haertel, & Walberg, 1997). SES와 수행 수준이 낮은 학교의 정서적 풍토는 교사에게 영향을 미치고, 궁극적으로 학생의 학업적 결과를 손상시킬 수 있다. 특히 정서적 풍토는 높은 수준의 교사 스트레스와 낮은 학업적 기대를 통해 학생에게 영향을 미치는데, 둘 다 낮은 SES 교육환경 안에서 더욱 공통적이다(Peng & Lee, 1994). 이러한 요인은 교사가 학생을 긍정적인 방식으로 지지하고 동기화하는 데 시간과 에너지를 쏟지 못하게 하여 학생의 성취를 방해한다. [그림 19-3]에서 알 수 있듯이, 이런 상호작용을 통해 부족한 교사-학생 관계와 저조한 학업 수행이 초래되며, 둘 다 다시 교사의 스트레스와 낮은 학업적 기대를 지속시키는 악순환을 반복한다.

이런 악순환은 SES가 낮은 학교에서 특히 문제되는데, 교사-학생의 긍정적 관계가 부정적 학업 결과의 발생에서 고위험 학생을 보호하기 때문이나(Esposito,

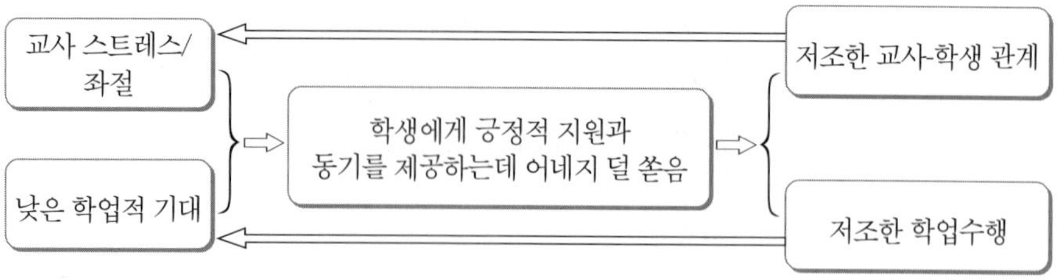

[그림 19-3] 고위험 학교 장면에서의 상보적 영향

1999). 몇몇 연구에 의하면 교사-학생의 긍정적 관계가 소수민족 학생에게 특별히 보호적 가치를 지닐 수 있음이 시사되었다(Meehan, Hughes, & Cavell, 2003; Wang, Haertel, & Walberg, 1997). 불행하게도 우월한 또래에 비해 소수민족 학생은 교사와 강력한 관계를 적게 맺고 있다. 앞에서 그리고 [그림 19-3]에서 불리한 학교구(school district) 안에 있는 영향요인을 확인할 수 있다. 교직원 사이에는 관심 이탈이 만연해 있으며, 학생은 성인과 강력한 관계를 형성하기 위한 대인관계 기술과 자기조절 기술이 부족하며, 교사-학생 관계보다는 일상적인 문제에 학생과 교사의 에너지를 많이 소모시키는 요인이 포함되었다.

SEL 개입은 교사 스트레스와 낮은 기대가 불충분한 학생-교사 관계를 가져오고, 이것이 낮은 학업 수행의 문제를 가져오는 악순환을 다음 두 가지 방식으로 개선한다. (1) 교사로 하여금 자신의 스트레스를 관리하고, 낮은 기대가 학생 행동에 작용하는 역할에 대해 이해하도록 돕기 위한 전문가 개발을 실시한다. (2) 학생이 어려운 학업과제를 지속적으로 끈기를 가지고 해결하고 교사에게 많은 지지를 얻어 낼 수 있는 방식으로 자신의 행동을 변화시키도록 격려한다. 이런 행동 기제에 관해서는 다음에서 더 상세하게 논의할 것이다.

저조한 교사-학생 관계

교사 효과

학교환경이 혼란스럽지 않다면 교사는 학생을 긍정적인 방식으로 교육하고 동기를 끌어올리는 데 노력을 기울이지만 학교환경이 혼란스러울 때에는 그 노력을 학생의 문제 행동과 개인적 안전에 관한 걱정으로 전환해야 한다. 이런 학교환경 때문에 야기된 스트레스와 좌절은 교사가 학생에게나 교사 본연의 업무에 전념하는 수준을 감소시키며, 궁극적으로는 소진(burnout)에 이르게 할 수 있다. 교사의 경력 연수와 학생의 성취 간에 정적 상관이 밝혀졌는데, 이는 도시에 있는 SES가 낮은 학교에서는 경험이 많은 교사를 계속 고용할 수 없어서 학생의 교육적 경험에 특히 해로울 수 있다는 것을 시사한다(Glass, 2002).

SEL 프로그램은 전문성 개발을 통해 교사의 스트레스 관리를 목표로 한다. 경험적 지지를 받은 SEL 프로그램을 통해 교사에게 제공되는 오리엔테이션과 훈련은 교사가 학생에게서 촉진시키고자 하는 정서 조절과 사회적 문제해결 기술을 교사 스스로 습득하도록 돕는다. 이런 기술은 교사의 역할을 수행할 때 종종 야기되는 스트레스와 부담을 더 잘 관리하도록 돕고, 교사의 업무 효능감과 만족도를 높일 수 있다(CASEL, 2003a). 최상의 SEL 프로그램은 프로그램의 시행에 앞서 전문성 개발, 내부와 외부 인력이 프로그램 시행을 관찰할 수 있는 도구, 교사를 위한 피드백과 코칭을 제공한다(CASEL, 2003b). 이런 식으로 교사는 교실 안에서 긍정적이고 생산적인 분위기를 형성하고 계속 유지하는 새롭고도 더욱 효과적인 방법을 사용할 수 있는 능력을 얻는다.

수많은 SEL 프로그램은 교사에게 지지를 제공하는데, 이러한 것을 포함하는 포괄적인 전문성 개발 프로그램으로는 반응적 교실(Responsive Classroom; Northeast Foundation for Children)이 있다. 이 프로그램은 사회·정서적 기술 수업을 덜 강조하는 반면, 프로그램의 목표 달성을 돕는 다음 여섯 가지 관습을 활용하는 교수 전략 변경을 더욱 강조한다. 여섯 가지 관습은 학급조직, 조회, 규칙과 귀결, 학업적 선택, 지도된 발견, 가족의 의사소통이다. 이런 전략은 교사가 긍정적인 방식으로 학급을 관리하도록 돕고 교사의 좌절과 불안을 감소시키는 데 도움이 된다. 또한 교사와 학생이 더욱 개방적이며 효과적인 관계를 형성하도록 돕고 교사의 스트레스를 감소시킨다. 반응적 교실의 전문성 개발은 워크숍, 여름집중 프로그램, 개별 현장 자문, 새로운 프로그램의 시행과 기존 커리큘럼 간의 통합을 돕는 종합적 지침을 제공한다(CASEL, 2003b).

학생 효과

SEL 개입은 교사의 스트레스와 좌절 수준을 감소시켜서 교사와 학생의 관계를 향상시키는 것과 더불어 또래관계에서 성인과의 관계로 일반화할 수 있는 사회적 문제해결 기술을 명시적으로 가르친다. 이 기술은 학생이 교사에게서 긍정적이고 지지적인 행동을 이끌어 낼 가능성을 높인다. 자신과 타인의 감정을 인식하고 반응을 조절하며 행동에 관한 바람직한 결정을 내리도록 돕는 일차적인 사회·정서적 기술을 습득한 학생은 교사와 좀 더 효과적이며 개방적으로 의사소통할 수 있게 된다. 예를 들어, 배려의 학교공동체 프로그램(Caring School Community Program)은 교사-학생 관계를 강력하게 만드는 수많은 전략을 사용한다. 이런 전략은 학생과 교사가 의사소통 기술과 관계관리 기술을 배우고 연습하는 학급회의를 정규적으로 시행하여 획득할 수 있다. 학급회의 시간을 이용해서 문제를 토의하고, 학급 활동을 계획하며, 학급과 관련된 결정을 내리고, 학급 행사에 대해 생각해 본다. 학생이 자신의 의견을 편안한 마음으로 표현하며, 학급 공동체에 기여하는 구성원으로서 존중받는다고 느끼는 환경을 조성하는 데 강조를 둔다.

SEL 프로그램은 긍정적이고 효과적인 학급관리 기법을 교사에게 알려 주어 학급 풍토를 극적으로 향상시킬 수 있다. 이런 기법은 교사의 스트레스를 감소시키며 교수-학습 과정을 산만하게 만드는 요인을 제거한다. 또한 SEL 프로그램은 교사와 학생이 갈등과 정서적 스트레스에 관해 개방적이고 효과적으로 의사소통할 수 있는 방식을 학습하도록 돕는다. 이런 기술을 학급에 적용하면 교사와 학생의 관계가 더욱 향상되며, 교사는 학생을 더 잘 동기화할 수 있고 수업과 관련된 정보를 더 잘 전달할 수 있다.

낮은 학업적 기대

교사의 기대가 학생의 실제 사전 성취 수준과 어느 정도나 일치하는지에 무관하게, 교사의 기대는 학생의 학업적 결과에 강력한 영향을 미칠 수 있다는 것이 많은 연구를 통해 입증되었다(Good, 1981; Rosenthal & Jacobson, 1968; Rosenthal & Rubin, 1978; Wang & Haertel, 1995). 최근 연구는 도시 표집을 대상으로 이런 결과를 반복 입증하였다(Gill & Reynolds, 1999; Kuklinski & Weinstein, 2001). 일부 자료에 의하면 교사는 낮은 SES의 소수민족 아동과 청소년에게 낮은 기대를 갖는 경향이 있다. Murdock(1999)은 교사가 학생의 장기적인 성공에 대해 어느 정도나 기대한다고 생각하는지를 학생에게 묻고, 사회경제적 집단(소득 수준이 낮음 대 소득 수준이 높음) 및 민족집단(아프리카계 미국인 대 백인 미국인) 간 차이를 검증하였다. 소득 수준이 높은 백인 미국인 학생에 비하여, 소득 수준이 낮은 아프리카계 미국인 학생은 자신에 대한 교사의 기대를 유의하게 더 낮게 지각했다. 이런 불공평에 대한 몇 가지 잠정적 설명이 있다. 첫째, 낮은 기대는 소수민족과 낮은 SES 집단 구성원에 대해 교사가 가진 고정관념의 산물일 수 있다. 둘째, 지배 문화의 가치체계에 기초한 교육 구조 안에서 학생을 관찰한다는 사실이 교사의 지각에 영향을 미칠 수 있다(예, Murdock, 1999). 셋째, 인종과 경제적 지위가 학업적 어려움의 중대한 위험요인이라면 교사는 자신의 실제 경험에 근거한 기대를 형성하고 있을 뿐일지도 모른다.

교사 효과

SEL 프로그램은 직 · 간접적으로 교사의 부정적 기대를 표적으로 한다. 좀 더 직접적인 접근은 SEL 목표, 목표의 성취과정, 효과성을 지지하는 연구를 명백히 설명하는 전문성 개발로 구성된다. 이 과정은 모든 학생이 학습할 잠재력을 가지고 있다는 것, 즉 낮은 학업적 기대와는 대조적인 현상을 보여 준다. 또한 이런 훈련은 교사가 학생에 대한 기대를 인식하고 그 기대를 전달하는 방식을 변경할 수 있도록 돕는 구체적인 전략을 제공한다. 예를 들면, 기술, 기회 및 인정(Skills, Opportunities, and Recognition: SOAR) 프로그램은 교사가 분명한 표준을 개발하고 이를 학생에게 소통할 수 있도록 돕는다. 추가적으로 교사는 각 학생의 개별적인 강점 영역을 적극적으로 탐색하고, 확인된 강점에 기초하여 학생을 인정하도록 격려받는다. SOAR 기법은 낮은 학업적 기대를 직접 공략하여 그것이 학생에게 전달될 가능성을 줄인다.

또한 낮은 학업적 기대를 수정하는 데 있어 비교적 덜 직접적인 SEL 프로그램 접근은 학생의 수행을 보강하는 것이다. 이에 대해서는 다음 절에서 논의할 것이다. 경험적 지지를 받은 수많은 SEL 프로그램은 학업 수행을 향상시켰다. 이런 변화를 목격하면서 교사는 자신이 가진 낮은 기대가 지지받지 못하는 증거를 보게 되는 것이다. 앞의 [그림 19-3]에서 묘사했듯이, 만일 교사가 그런 증거를 보고 학생에게 더 높은 교육적 기대를 전달한다면 학업 수행이 더욱 향상될 것이다. 그 다음 기대의 상승과 수행의 상승이 함께 이루는 사이클을 통해, 교사가 갖는 점점 더 높아지는 학업적 기대를 학생이 점점 더 잘 충족시키므로 학생에 대한 교사의 높은 학업적 기대가 유지될 수 있다.

학생 효과

SEL 프로그램은 학업적 과제 및 기타 여러 과제와 관련된 상위인지와 자기효능감을 증진시킨다. 이 기술은 학생, 특히 역사적으로 불리한 집단의 학생이 낮은 학업적 기대에도 불구하고 인정받고 끈기 있게 노력하도록 돕는다. 예를 들면, 하이/스코프(High/Scope) 교육 프로그램은 자기 확신, 사회적 유능성, 할 수 있다는 태도의 증진을 목표로 한다(High/Scope Educational Research Foundation, 2003). 하이/스코프 프로그램에 참여했던 유치원생부터 초등학교 3학년생까지의 처치집단은 두 통제집단에 비하여 25개의 학업적 지표 중 18개에서 유의한 향상을 보였고, 더 강력한 결과는 SES가 낮은 학생집단에서 나타났다(Schweinhart & Smith, 2001).

지역사회-학생 상호작용

학교 밖 환경의 특징은 학교 안에서 학생이 이루는 성취에 중대한 영향을 미칠 수 있다(Leventhal & Brooks-Gunn, 2000). 이는 유리한 지역사회에서나 낙후한 지역사회에서나 매한가지다. 유리한 지역사회의 외적 특징은 학생성취에 긍정적 영향을 미치는 경향이 있다. 예를 들면, 경제적 부는 가족생활을 안정적으로 만드는 데 기여하며, 이는 학생이 학급에 있을 때 학습 자료에 주의를 집중하도록 촉진시킨다. 고등교육을 성공적으로 수행하고 졸업하는 것이 중요하다는 학교의 가치를 지역사회가 공유한다면 학생의 학업성취는 향상된다. 건강에 관한 정보나 자원에 쉽게 접근할 수 있고 얻을 수 있는 것 또한 부유한 지역사회의 특징이다. 이러한 특징은 학생이 건강과 관련하여 더 나은 선택을 하게 하며 나쁜 선택을 할 때 발생하는 결과를 줄일 수 있다. 즉, 건강 행동이 학생의 성취에 미치는 부정적 영향을 감소시킨다. 마찬가지로 불리한 지역사회가 가진 많은 특징은 학생의 학업성취에 해로운 역할을 한다. 이런 해로운 역할에 대해서, 그리고 SEL이 그것을 어떻게 변화시킬 수 있는지에 대해서 다음에 상세하게 논의할 것이다.

환경적 불안정성

환경적 불안정성과 전환에 관련된 수많은 요인이 학업적 어려움의 위험을 증가시키는 것으로 밝혀졌다. 가족의 불안정성과 이혼(Masten, Best, & Garmezy, 1991; Wang & Gordon, 1994), 빈번한 이사(Lash & Kirkpatrick, 1994; Scanlon & Devine, 2001; Straits, 1987; Temple & Reynolds, 1999), 중학교 진학(예, Elias, Gara, & Ubriaco, 1985)은 모두 저조한 학업 수행이나 증가된 학교 행동문제 발생률과 관련된다.

당연히 SES가 낮은 지역사회에 사는 아동이 부유한 환경에 사는 또래보다 환경적 불안정성을 더 많이 경험하는 경향이 있다. 불우한 가족은 편모 가정인 경우가 많다. 불리한 가족에 사는 편모는 관계 파트너와 불안정한 경험을 더 많이 하게 되고, 이런 불안정한 경험 때문에 가족 구성과 거주지가 자주 변한다. 또한 빈곤한 가족은 일반적으로 거주지를 더 자주 바꾸기 때문에(Kerbow, 1996), 자녀가 여러 차례 전학을 하게 만든다.

환경적 불안정성으로 인해 발생하는 위험은 가법적인(additive) 경향이 있다. 즉, 한 학생이 동시에 더 많은 변화를 경험할수록 그 학생의 학업적 쇠퇴는 더욱 커진다(Simmons, Burgeson, Carlton-Ford, & Blyth, 1987). 그러나 학교가 SES가 낮고 매우 불안정한 환경에 소재할지라도 안정된 학교환경을 조성하면 학업 수행을 증가시킬 수 있다는 논리적 추론이 가능하고 연구가 이를 지지한다. 즉, 가족의 전환이 아동에게 미치는 장기적인 영향력을 검토한 연구에서 구조화되어 있으며 안전하고 예측 가능한 학교환경이 이혼 가정의 아동을 열악한 환경의 영향에서 보호하는 완충 역할을 한다는 것이 밝혀졌다(Hetherington, 1989).

그러므로 개입전략은 학교환경의 안정성과 예측가능성의 증가를 목표로 삼아야 한다. SEL 프로그램은 학교환경에 공존하는 수많은 별개의 훈육정책과 심리교육 활동을 통합하는 조화롭고 일관성 있는 틀을 제공하여 그 목표를 달성한다. SEL에서는 전문성 개발을 통해 학생이 일군의 일관성 있는 행동 기대, 학급관리 전략, 교과 외 지원(예, 멘터링, 정서적 건강 집단)을 전체 학교, 학년, 교실에서 경험하는 협동적이며 상호 강화하는 학습환경을 만들어 내도록 교사를 지원한다(Elias et al., 1997). 이런 일관성은 학년 간 전환과 학교 간 전환을 수월하게 한다.

SEL 프로그램은 일관성 있는 교육환경을 직접 조성하여 환경적 불안정성을 불식시킬 뿐만 아니라 불안정한 환경의 부정적 영향을 완충하는 기술을 학생이 습득하도록 조력하여 그들이 직면하고 있는 위험을 개선한다. 사회적 문제해결 기술을 지원할 목적으로 설계된 학교 기반 개입에 대해 직접 평가한 결과, 프로그램 참여가 중학교 진학과 더불어 흔히 나타나는 학업 수행의 감퇴를 완화시켰음이 밝혀졌다(Elias et al., 1985). 이 연구는 사회 · 정서적 유능성이 학업에 미치는 불안정한 환경의 해로운 효과에서 아동을 보호하는 것이 가능함을 시사한다.

두 개의 SEL 프로그램에는 학교구가 전교를 대상으로 환경적 일관성을 지원하는 동시에 높은 학업성취를 이루도록 돕는 특별한 자료가 포함되어 있다. 라이온스-퀘스트 '기술' 커리큘럼(Lions Clubs International Foundation, 2003)과 배려의 공동체(Community of Caring) 프로그램(Community of Caring, 2004)이 그것이다.

라이온스-퀘스트 프로그램은 사회 · 정서적 기술, 긍정적 건강 행동, 봉사학습을 목표로 하며, 교사, 학생, 부모로 구성된 위원회가 교육환경을 모니터링한다(CASEL, 2003b). 또한 이 프로그램은 여러 학년에 거쳐 지속되며, 전교를 대상으로 하는 프로그램과 훈육전략 그리고 프로그램 일관성을 높이기 위한 교직원의 전문성 개발을 포함한다. 백인, 동양인, 아프리카계 미국인 학생을 대상으로 시행되어 온 라이온스-퀘스트 프로그램에 관한 미발표 연구에 의하면, 프로그램에 참여한 학생의 사회성 기술 수준은 통제집단보다 높았고, 교사 보고에 의한 행동문제가 적었으며, 전체 평균 평점과 수학 및 영어 성적이 높았다(CASEL, 2003b).

배려의 공동체 프로그램은 다섯 가지의 가치(배려, 책임, 존중, 신뢰, 가족)를 장려하는 전체 지역사회 대상의 접근을 통해 건강 행동과 학업성취의 향상을 목표로 한다(Community of Caring, 2004). 이 커리큘럼은 학교 전체를 대상으로 시행할 수 있도록 돕는 추가 자료를 제공하며(CASEL, 2003b), 교직원을 위한 현장 전문성 개발을 포함한다. 백인, 동양인, 아프리카계 미국인 학생에게서 수집한 다양한 자료에서는 이 프로그램에 참여했던 학생의 학업적 및 행동적 결과가 향상되었다(Community of Caring, 2004).

SEL 프로그램을 통해 조성된 일관성 있는 학교환경은 수많은 불리한 아동 · 청소년이 경험하는 환경적 불안정성의 부정적 효과 일부를 상쇄한다. 구조화된 장면과 일관성 있는 관리 및 훈육 기법은 SEL 커리큘럼이 장려하는 것이다. 이 기법은 학년 간 또는 학교 간 전환이 원활하게 이루어지게 하며, 학생이 삶의 다른 부분에서 혼란에 빠져 있을 때 안정감과 예측가능성을 유지할 수 있도록 돕는다. 또한 학생은 강렬한 정서와 새로운 상황을 더 잘 관리할 수 있게 해 주는 기술을 학습한다. 학생은 스트레스를 관리하고 새로운 규칙에 적응하는 데 소모할 에너지를 학습에 전념할 수 있게 된다. 이 프로그램을 시행한 전체 학교와 학교구의 학업적 결과가 향상된 사실은 이런 주장을 지지한다.

학교와 지역사회의 단절

학교 안 문화와 학교 밖 문화의 부조화는 저조한 학업 수행을 가져오는 위험과정 중 하나다(Roosa, Dumka, Gonzales, & Knight, 2002; Tharp, 1989; Wang, Haertel, & Walberg, 1997). 학교 안에서 지지하는 가치가 학생의 지역사회, 가족, 또래가 학교 밖에서 조성하는 가치와 일치하지 않을 때, 학생은 학업적 목표를 확인하고 성취하는 데 어려움을 겪는다(Roosa et al., 2002; Tharp, 1989). 이는 학업성취의 감소와 무단결석 및 중퇴율의 증가에 기여할 수 있다(Connell, Spencer, & Aber, 1994). 그러므로 SEL 프로그램은 아동 · 청소년의 긍정적 발달을 증진시키는 방식으로 교육환경 밖에 있는 문화와 학교 문화를 조화롭게 정렬시키려고 노력한다. 이 목표를 지향하는 SEL 프로그램에 관한 연구를 검토한 Greenberg 등(2003)이 확인한 주요 전략 세 가지 중 두 가지는 학교환경을 지역사회와 가족환경에 정렬시키는 것을 포함한다. 더욱이 아동의 가족과 학교를 연결하고 학교와 더 큰 지역사회를 연결하는 개입이 교육적 적응유연성을 증진시키며(Wang & Haertel, 1987; Borman & Rachuba, 2001; Reynolds, 1999), 효과를 더 오래 지속시킨다(Epstein, Salinas, & Simon, 1996; Haynes & Comer, 1996; Walberg, 1984).

학교-지역사회 파트너십

SEL 프로그램은 다양한 방식으로 학교와 가족 및 지역사회의 단절을 메운다. 하나의 전략은 학교-지역사회 파트너십이나 학교-가족 파트너십을 통해서 직접 협력과 동맹을 향상시키는 것이다(Greenberg, Domotrovich, & Bumbarger, 2001). 특히 봉사학습과 가족을 찾아가는 시도가 지역사회와 가족, 지역사회와 학교 간 단절을 메우는 데 효과적이다. 예를 들면, 라이온스-퀘스트 프로그램(Lions Clubs International Foundation, 2003)은 학교-지역사회 파트너십을 통한 **증거 기**

반 개입(evidence-based interventions: EBI)[1]과 **발달적으로 적합한 개입**을 유치원부터 고등학교 3학년까지 제공한다. 가족의 가치와 아동이 다니는 학교의 가치가 서로 잘 맞도록 조정하기 위해, 학생이 보호자와 함께 완성하는 숙제와 부모를 위한 기술 증진 워크숍을 프로그램에 포함한다. 라이온스-퀘스트 프로그램은 활동의 기술(Skills for Action)로 불리는 고등학교 커리큘럼을 통해 지역사회 문화를 다룬다. 이 커리큘럼은 주변 지역사회에서의 봉사학습을 포함하며, '긍정적 지역사회 가치의 획득' 과 공감을 증가시키고, 다양한 집단과 함께 일하고 관계를 맺을 수 있는 능력을 증진시키는 성과를 이루어 냈다(Lions Clubs International Foundation, 2003). 이 프로그램이 중도 탈락의 위험도 감소시켰다는 사실은 교육적 적응유연성에 관한 논의에서 더 중요한 결과다.

또한 배려의 학교공동체 프로그램(Caring School Community; Child Development Project)도 아동이 기능하는 모든 환경 수준에서 응집력 있는 문화를 조성하기 위한 구체적인 전략을 가지고 있다. 교실에서는 학급회의를 통해, 학교 안에서는 버디 프로그램을 통해, 가족 안에서는 대화 프롬프트를 통해, 그리고 지역사회 전체에서는 학교-지역사회 프로그램을 통해 이루어진다. 이 프로그램에 참여한 초등학생은 학교를 공동체로 지각하는 정도와 학교에 대한 선호도가 더 높았다. 심지어 학생이 중학교로 진학한 이후에도 프로그램을 받지 않은 학생에 비하여 더 강렬한 공동체 정서를 유지했고, 여전히 학교를 좋아했으며, 교사에 대한 믿음이 더 커졌다고 보고했다(Battistich, 2001).

폭력, 섹스, 물질 사용의 문화에 도전하기

도시에 있는 불우한 수많은 공동체는 대인 간 문제의 폭력적 해결책을 조장하고 섹스와 물질 사용을 미화하는 하위 문화와 경쟁하고 있다. 이 하위 문화는 공

1) 역자 주: 이는 효과성에 대한 강력한 증거를 가진 개입임. 이에 대한 비판(예, 무선임상 시행에 대한 지나친 의존, 연구에서 실제로의 일반화 부족, 실제 장면에서 빈번히 발견되는 공존 병리나 복잡한 이슈를 다루지 못함, 매뉴얼처럼 제작된 개입 프로그램의 인위성, 효과성의 엄격한 기준 때문에 효과성이 입증된 개입이 부족한 점)도 있으나 응용심리학 분야에서는 이론 탐구, 경험적 연구, 현장 실무를 촉진한다는 이유로 증거 기반 개입을 추구함.
출처: Stoiber, K. C., Lewis-Snyder, G., & Miller, M. A. (2005). Potential advantages and disadvantages of evidence-based interventions. In Steven W. Lee, *Encyclopedia of school psychology* (pp. 198-199). Thousand Oaks, CA: Sage.

동체 안에 있는 교육기관으로 자주 유입되어 아동 · 청소년의 학업성취와 건강한 발달 그리고 친사회적 행동을 손상시킨다(U. S. Department of Health and Human Services, 2001). 약물남용(McCluskey, Krohn, Lizotte, & Rodriguez, 2002), 알코올 남용(McCluskey et al., 2002), 흡연(Newcomb et al., 2002), 피임을 하지 않은 성행위(성병, 원하지 않는 임신, 또는 어린 나이에 임신을 초래하는 성행위; McGee & Newcomb, 1992) 등 건강하지 못한 다양한 행동은 저조한 학업성취나 학교 중퇴의 위험요인으로 밝혀졌다. 이는 성적, 검사 점수, 졸업으로 평가된 학업성취의 감소와 폭넓게 관련되며, SES가 낮은 지역사회 안에서 더 많이 발생하는 경향이 있다. 이런 건강하지 못한 선택은 폭력과도 연관되는데, 아동 · 청소년 사망의 73%가 행동적 원인(사고, 타살, 자살)에 기인하며, 알코올과 불법 물질이 종종 이런 행동적 원인에 관여한다. 더구나 폭력의 가치를 인정하는 문화는 공격자에게뿐만 아니라 공격자 주변에 있는 사람에게도 위험을 불러일으킨다. 그래서 신체적 · 정서적으로 파괴적인 사람으로 이루어진 소규모 집단이 전체 학교에 훨씬 더 큰 부정적 효과를 미칠 수 있다.

연구에 의하면 도심 지역 학교를 다니는 아동은 학년이 올라갈수록 공격성이 증가하고 있다. 창의적 갈등해결 프로그램(Resolving Conflict Creatively Program: RCCP)과 같은 경험적으로 지지된 SEL 프로그램은 이 과정을 감속시키며, 사실상 정지시킨다. SEL 프로그램은 건강한 의사결정을 향상시키며 높은 수준의 공격적 행동(예, 또래 괴롭힘, 갱과의 연루)과 낮은 수준의 반사회적 행동(예, 대인 간 공격, 절도)을 감소시키는 종합적이고 다중 양식적인 폭력 예방 및 건강 증진 모듈을 통해서 폭력 행동과 건강하지 못한 행동을 직접 표적으로 삼는다. SEL 프로그램은 다섯 가지 공통적으로 확인된 **사회 · 정서적 유능성**을 증진시켜 그 목표를 달성한다. 그 다섯 가지 사회 · 정서적 유능성은 수많은 SEL 프로그램의 핵심을 이룬다(CASEL, 2003a). **자기 인식**(자신의 감정을 알아차리는 것), **사회적 인식**(타인의 감정을 알아차리는 것), **자기 관리**(절제적이고 생산적이며 친사회적인 방식으로 자신의 감정을 따르는 것), **관계관리**(타인의 행동에 대해 침착하고 건설적으로 반응하는 것), **의사결정**(단기목표보다는 장기목표에 초점을 두는 것)의 기술을 지원하여, 학교와 지역사회에서 건강하지 못한 선택을 하게 하거나 폭력에 이르게 하는 스트레스성 대인간 상황을 단계적으로 축소시킨다. 약물 및 알코올의 사용, 임신, 건강문제, 폭력적 상호작용의 감소는 학생과 교사가 이런 문제와 그것이 초래하는 정서적 효과(예,

불안, 분노, 슬픔)를 관리하는 데 에너지와 시간을 덜 쏟게 한다. 이제는 행정가, 교사, 학생이 그런 목표에서 벗어날 수 있는 시간을 가르치고 배우는 과제에 활용할 수 있다. 그럼으로써 학생에게 긍정적인 교육적 결과가 발생하도록 장려할 수 있다.

많은 SEL 프로그램은 폭력 예방을 일차적 목표로 삼고, 그 목표를 달성하기 위하여 상이한 여러 기법을 사용한다. 예를 들면, 나는 문제해결을 할 수 있어요(I Can Problem Solve: ICPS; 이전은 Interpersonal Cognitive Problem Solving) 커리큘럼(Shure, 1992a, 1992b, 1992c)은 폭력을 감소시키기 위한 다섯 가지 주요 **문제해결 기술**(수단-결과 생각하기, 찬반의 가중치 부여하기, 대안적 해결방안 생각하기, 귀결에 대해 생각하기, 공감하기)에 초점을 둔다. 이러한 기술은 문제해결 기술을 증가시켰고, 학급 안팎에서 긍정적 관계와 친사회적 행동을 증진시켰으며, 그 효과가 4년 동안 지속되었다. 또 평화의 작용(Peace Works)은 적응유연성 이론과 연구에 기초한 프로그램으로, 학습환경, 학생의 사회적 유능성, 문제 행동의 감소의 세 가지 차원에서 다중 양식적 개입을 실시하며 폭력을 예방한다. 이 프로그램은 싸움을 감소시켰음이 밝혀졌다(Diekmann, 2004). 비슷하게 세컨드 스텝(Second Step) 커리큘럼(Committee for Children)의 실시도 학생의 중립적 및 긍정적 행동의 빈도와 사회성 기술에 대한 이해를 증가시킨 것으로 밝혀졌다. 교사 보고에 의하면 이 프로그램의 시행이 학급관리에 도움이 되었고, 학급에서 파탄적이고 공격적인 행동을 감소시켰다(Grossman et al., 1997).

폭력적 행동을 감소시키는 사회적 기술, 정서적 기술, 의사결정 기술은 아동·청소년의 건강한 선택도 지지한다. 몸에 대해 알기(Know Your Body; American Health Foundation) 프로그램은 일반적인 건강 행동을 목표로 하는데, 자기존중, 의사결정, 소통, 목표 설정, 스트레스 관리의 다섯 가지 영역에서 레슨을 제공한다. 평가연구에 의하면 이 프로그램은 흡연율을 감소시켰으며 건강 행동을 향상시켰다. 10대 건강교육 모듈(Teenage Health Teaching Modules; Education Development Center)은 약물 예방, 건강한 성 발달, 일반적인 건강 증진을 넘어서는 종합적 프로그램으로 유명하며 학업기술, 시민의식, 폭력 예방을 목표로 한다(CASEL, 2003b). 고등학생 대상 연구에 의하면 이 프로그램은 인스턴트 식품의 소비, 흡연, 불법 약물 및 알코올의 사용을 감소시킨 것으로 밝혀졌다(CASEL, 2003b). 그러나 중학교에서 이 프로그램의 효과를 검증한 미발표 연구의 결과는 그보다 덜 결정적이다(CASEL, 2003b).

일반적으로 SEL 프로그램은 학교 밖 지역사회에 있는 부정적 세력의 효과를 감소시키거나 조절한다. 이를 통해 아동·청소년의 긍정적인 학업적 결과를 지원한다. 학생이 기능하는 맥락의 가치에 반응적이며 안전하고 예측 가능한 교육환경을 제공하여, 더욱 효율적으로 학업적 주제에 에너지를 더 많이 쏟도록 학교가 도울 수 있다. SEL 프로그램은 체제 변화를 통해 이런 목표를 교사가 달성할 수 있도록 돕는 통일된 틀을 제공한다.

교육적 적응유연성 모형의 시행

도시에 소재하고 SES가 낮은 학교환경에 고유한 여러 위험을 극복하도록 돕는 데 특별히 광범위한 개입이 바로 SEL 프로그램이라는 것이 지금까지 수행된 여러 연구를 통해 밝혀졌다. SEL 프로그램은 한 학교구 안의 여러 학년에 걸쳐서 그리고 여러 학교에서 원래 설계된 대로 시행되는 정도에 따라서 발달 이정표의 성취를 방해하는 위험과정의 만성적 특징을 개선하는 데 특히 효과적일 수 있다(Gore & Eckenrode, 1994). 그러나 이 장에서 기술한 프로그램이 교육 기회를 증진시키고 적응유연한 결과를 향상시킬 수 있는 역량은 대부분 프로그램이 시행되는 수준에 따라 좌우된다(Greenberg et al., 2003). 이는 SEL 연구자와 지지자가 해결해야 할 가장 절박한 이슈로 시행의 장애물과 관련된다. 이 프로그램의 긍정적 효과를 실현하는 데 필요한 체제 변화의 범위와 정도를 규정하는 일은 거의 모든 학교구에게 도전적인 일이다. 특히 재정적, 인적, 물리적 자원이 제한된 학교구에게는 더욱 어렵다. 한 학교구 내의 여러 교사, 학년, 학교, 학업교과에 걸쳐서 하나의 SEL 프로그램을 시행하고, 차후에 평가하기 위한 조직적 자원을 동원하고 동기를 부여하기란 매우 어려운 일이다. 다행스럽게도 그러한 시도를 성취하기 위한 최선의 실무에 관한 개요를 제시한 수많은 자원이 있다. 그중 추천할 만한 자원을 부록 A에 제시한다.

성공적인 시행의 기초는 강력한 경험적 타당성을 지닌 SEL 프로그램의 선택에 있다. 현재 그 효과가 입증된 프로그램이 많이 있다. 학업, 사회성 및 정서 학습을 위한 협력기구(Collaborative for Academic, Social, and Emotional Learning: CASEL)

가 만든 지침인 『안전과 건강(*Safe and Sound*)』(2003a)은 널리 이용 가능한 SEL 프로그램의 효과를 평가한다. 이 장에서 언급한 모든 커리큘럼은 CASEL이 프로그램의 질과 효과성의 증거에 근거하여 '엄선한' 21개 프로그램에 속한다. 이 프로그램의 목록은 부록 B에 제시되어 있다.

그러나 그런 프로그램을 선정하는 일이 필요하기는 해도 **효과적인 시행**을 위해서는 여전히 불충분하다. 연구는 심지어 경험적으로 타당화된 프로그램이 '시행 검사필' (즉, 시행이 보증된 것)이 아니며 또 그렇게 될 수도 없다는 것을 분명하게 보여 준다(Gager & Elias, 1997). 그렇지만 종합적 SEL 프로그램을 수립하는 데 도전과 어려움이 있다고 해서 연구자들이 그 과업을 단념할 필요는 없다. 학교라는 지위 자체는 학생을 위한 기회를 구축할 독특한 능력을 학교에 부여한다. 특정 지역 안에 있는 모든 아동을 교육시켜야 할 의무를 지닌 기관으로서 학교는 그 구성요소에 대해 유례 없이 광범위한 영향을 미칠 수 있다. 지역사회 안에서 종종 존중받는 중요한 기관으로서 학교는 수많은 생태학적 수준(학생, 부모와 가족, 이웃, 더 넓은 공공사회)의 표준을 설정하고 긍정적인 영향을 발휘할 수 있다. 이에 더해서 시간이 흐르면서 학교가 학생에게 여러 발달단계와 발달 이정표에 걸쳐 폭넓게 영향을 미칠 수 있는 능력은 학교가 체제적이고 종합적인 변화의 원천이 될 것이라는 큰 기약을 하게 한다. 학교가 사회 변화를 효율적이며 강력하게 시행할 수 있는 잠재력은 경험적으로 타당화된 SEL 프로그램을 선택하고 그 완전한 시행을 위해 필요한 자원을 할당할 추진력을 학교행정가에게 제공한다.

제한점과 후속 연구의 방향

학업적 성공과 관련된 위험과 보호 요인에 관한 모든 연구는 교육 분야에서 현재 수행하고 있는 상관연구 방법의 한계를 지닌다. 이 장에서 논의했던 모든 위험요인이 낮은 SES와 학업문제에 관련될지라도 그것을 원인으로 제시하는 것은 경험적 주장으로보다는 이론적 주장으로 간주해야 한다. 교육적 적응유연성 연구는 빈곤과 저조한 학업적 결과를 연결 짓는 기제에 대한 엄격하고 경험적인 기반을 둔 이해를 구축해야 한다. 그러나 SEL 프로그램은 학업성취를 증가시킨다는 것이 반복적으로 알려져 있으며, 아동 · 청소년의 학업성취를 방해하는 수많은 위험요인을 개선한다.

더구나 연구설계와 통계 분석은 자료가 갖는 중앙집중 경향의 경로를 따르지 않는 여러 사례를 검토하는 데 초점을 맞추지 않는다. 적응유연성에 대한 상호교류 접근을 최선의 방식으로 적용한다면 법칙 정립적이며 변인에 기초한 흔한 방법을 보충하기 위해 개별 기술적이며 개인에 기초한 방법을 더 많이 사용해야 할 것이다. 적응유연성 패러다임은 더 큰 설명력을 향해 나아가는 일련의 순차적 접근에서, 예언 모형의 예외가 우리로 하여금 모형을 계속 정교화하라고 주지시키는 연구의 틀을 제공한다.

SES가 낮은 지역사회에서 성장하고 있는 요즘의 아동 · 청소년은 너무나도 많고 만연해 있는 도전과 어려움에 직면해 있어서 그들이 살아 있는 동안에 그것들을 효과적으로 근절시킬 수가 없다. 교육적 적응유연성 패러다임은 이러한 현실이 부정적 결과를 결정할 필요는 없다고 주장한다. 이런 위험의 구조적 작동인을 감소시키려는 노력이 폭넓고 지속적으로 기울여져야 한다. 그러는 동안에 SEL은 불리한 교육환경 안에 있는 수많은 위험의 구조적 작동인이 초래하는 부정적 효과를 개선하여 더욱 즉각적으로 실현 가능한 접근을 추가로 제시할 것이다. 실질적으로 SEL 프로그램은 교육환경 자체를 표적으로 하여, 그리고 학생이 독특한 도전과 어려움에 직면하게 하는 내적 자원을 육성하여 교육적 기회를 증진시키는 수단이 된다.

참고문헌 REFERENCES

Battistich, V. (2001). Effects of an elementary school intervention on students' "connectedness" to school and social adjustment during middle school. In J. Brown (Chair), *Resilience education: Theoretical, interactive and empirical applications*. Symposium conducted at the annual meeting of the American Educational Research Association, Seattle.

Borman, G. D., & Rachuba, L. T. (2001). *Academic success among poor and minority students: An analysis of competing models of school effects*. Baltimore: Center for Research on the Education of Students Placed at Risk.

Caprara, G, V., Barbaranelli, C., Pastorelli, C., Bandura, A., & Zimbardo, P. G. (2000). Prosocial foundations of children's academic achievement. *Psychological Science, 11,*

302-306.

Child Development Project. (2004). Research data. Retrieved September 21, 2004, from http://www.devsfu.org/cdp/research.html.

Collaborative for Academic, Social, and Emotional Learning (CASEL). (2003a). *Safe and Sound: An educational leader's guide to evidence-based social and emotional learning (SEL) programs.* Chicago: Author.

Collaborative for Academic, Social, and Emotional Learning (CASEL). (2003b). *Program descriptions: A companion to Safe and Sound: An educational leader's guide to evidence-based social and emotional learning (SEL) programs.* Chicago: Author.

Community of Caring, Inc. (2004). Results and research. Retrieved September, 21, 2004, from http://www.community of caring.org/beta/AboutC ofC/resultsandresearch.html.

Connell, J. P., Spencer, M. B., & Aber, J. L. (1994). Educational risk and resilience in African-American youth: Context, self, action, and outcomes in school. *Child Development, 65*, 493-506.

Diekmann, C. H. (2004). Research-based effectiveness of the Peace Education Foundation Model. Miami: Peace Education Foundation. Available: http://www.peaceeducation.com/whoarewe/whitepapers/faq.pdf.

DiPerna, J. C., & Elliott, S. N. (1999). Development and vulnerability of the academic competence evaluation scales. *Journal of Psychosocial Assessment, 17,* 207-225.

Durlak, J. A. (1995). *School-based prevention programs for children and adolescents.* California: Sage Publications.

Educators for Social Responsibility. (2004). About the Resolving Conflict Creatively Program. Retrieved September 21, 2004 from http://www.esrnational.org/about_rccp.html.

Elias, M. J., Gara, M., & Ubriaco, M. (1985). Sources of stress and support in children's transition to middle school: An empirical analysis. *Journal of Clinical Child Psychology, 14,* 112-118.

Elias, M. J., Kress, J. S., & Neft, D. (2003). Social and emotional learning, adolescence. In T. P. Gullotta & M. Bloom (Eds.), *Encyclopedia of primary prevention and health promotion* (pp. 1023-1028). New York: Kluwer Academic/Plenum.

Elias, M. J., Zins, J. E., Weissberg, R. P., Frey, K. S., Greenberg, M. T., Haynes, N. M. et al. (1997). *Promoting social and emotional learning: Guidelines for educators.* Alexandria, VA: Association for Supervision and Curriculum Development.

Epstein, J. L., Salinas, K. C., & Simon, B. S. (1996). *Effects of the Teacher Involve Parents in Schoolwork (TIPS) language arts interactive homework process in the middle grades.* Paper presented at the annual meeting on the American Educational Research

Association, New York.

Esposito, C. (1999). Learning in urban blight: School climate and its effect on the school performance of urban, minority, low-income children. *School Psychology Review, 28,* 365-377.

Feshbach, N. D., & Fechbach, S. (1987). Affective processes and academic achievement. *Child Development, 58,* 1335-1347.

Gager, P. J., & Elias, M. J. (1997). Implementing prevention programs in high-risk environments: Application of the resiliency paradigm. *American Journal of Orthopsychiatry, 67,* 363-373.

Garmezy, N. (1985). Stress-resistant children: The search for protective factors. In J. E. Stevenson (Ed.), Recent research in developmental psychopathology. *Journal of Child Psychology and Psychiatry Book Supplement No. 4* (pp. 213-233). Oxford, Eng.: Pergamon.

Gill, S., & Reynolds, A. J. (1999). Educational expectations and school achievement of urban African American children. *Journal of School Psychology, 37,* 403-424.

Glantz, M. D., & Johnson, J. L. (Eds.). (1999). *Resilience and development: Positive life adaptations.* New York: Kluwer Academic/Plenum.

Glass, G. V. (2002). Teacher characteristics. In A. Molnar (Ed.), *School reform proposals: The research evidence.* Avaliable: http://www.asu.edu/educ/epsl/EPRU/documents/EPRU%202002-101/Chapter%2008-Glass-Final.pdf.

Good, T. L. (1981). Teacher expectations and student perceptions: A decade of research. *Educational Leadership, 38,* 415-422.

Gore, S., & Eckenrode, J. (1994). Context and process in research on risk and resilience. In R. J. Haggerty, L. R. Sherrod, N., Garmezy, & M. Rutter (Eds.), *Stress, risk, and resilience in children and adolescents: Processes, mechanisms, and interventions.* New York: Cambridge University Press.

Greenberg, M. T., Domitrovich, C. E., & Baumbarger, B. (2001). The prevention of mental disorders in school-aged children: Current state of the field. *Prevention and Treatment, 4.* Available: http://journals.apa.org/prevention/volume4.

Greenberg, M. T., Weissberg, R. P., Utne O'Brien, M., Zins, J. E., Feredericks, L., Resnik, H. et al. (2003). Enhancing school-based prevention and youth development through coordinated social, emotional, and academic learning. *American Psychologist, 58*(6-7), 466-474.

Greene, R. R., & Conrad, A. P. (2002). Basic assumptions and terms. In R. R. Greene (Ed.), *Resiliency: An integrated approach to practice, policy, and research* (pp. 29-62). Washington, DC: National Association of Social Workers Press.

Grossman, D. C., Neckerman, H. J., Koepsell, T. D., Liu, P. X., Ashner, K.N., Frey, K., &

Rivara, F. P. (1997). Effectiveness of a violence prevention curriculum among children in elementary school: A randomized controlled trial. *Journal of the American Medical Association, 277,* 1605-1611.

Hawkins, J. D., Farrington, D. P., & Catalano, R. F. (1998). Reducing violence through the schools. In D. S. Elliott, B. A. Hamburg, & K. R. Williams (Eds.), *Violence in American schools: A new perspective* (pp. 188-216). New York: Cambridge University Press.

Haynes, N. M., Ben-Avie, M., & Ensign, J. (2003). *How social and emotional development add up: Getting results in math and science education.* New York: Teachers College Press.

Haynes, N. M., & Comer, J. P. (1996). Integrating schools, families, and communities through successful school reform: The school development programs. *School Psychology Review, 25,* 501-506.

Hetherington, E. M. (1989). Coping with family transitions: Winners, losers, and survivors. *Child Development, 60,* 1-14.

High/Scope Educational Research Foundation. (2003). Elementary approach: Fundamental goals and purposes. Retrieved August 23, 2003, from http://www.highscope.org/EducationalPrograms/Elementary/fundamentalgoals.htm.

Jessor, R. (1993). Successful adolescent development among youth in high-risk Settings. *American Psychologist, 48,* 117-126.

Kaplan, H. B. (1999). Toward an understanding of resilience: A critical review of definitions and models. In M. D. Glantz & J. L. Johnson (Eds.), *Resilience and development: Positive life adaptations* (pp. 17-38). New York: Kluwer Academic/Plenum.

Kerbow, D. (1996). Patterns of urban student mobility and local school reform. *Journal of Education for Students Placed at Risk, 1,* 147-169.

Kuklinski, M. R., & Weinstein, R. S. (2001). Classroom and developmental differences in a path model of educator expectancy effects. *Child Development, 72,* 1554-1578.

Lash, A. A., & Kirkpatrick, S. L. (1994). Interrupted lessons: Teacher views of transfer student education. *American Educational Research Journal, 31,* 813-843.

Leventhal, T., & Brooks-Gunn, J. (2000). The neighborhoods they live in: The effects of neighborhood residence on child and adolescent outcomes. *Psychological Bulletin, 126,* 309-337.

Lions Clubs International Foundation. (2003). *Lions Quest Evaluation Report.* Retrieved August23, 2003, from http://www.lions-quest.org/content/OurPrograms/EvaluationReport/evalreport.html.

Luthar, S. S. (1991). Vulnerability and resilience: A study of high-risk adolescents. *Child Development, 62,* 600-616.

Luthar, S. S., Cicchetti, D., & Becker, B. (2000). The construct of resilience: A critical evaluation and guidelines for future work. *Child Development, 71,* 543-562.

Luthar, S. S., & Cushing, G. (1999). Measurement issues in the empirical study of resilience. In M. D. Glantz & J. L. Johnson (Eds.), *Resilience and development: Positive life adaptations* (pp. 129-160). New York: Kluwer Academic/Plenum.

Malecki, C. K., & Elliot, S. N. (2002). Children's social behaviors as predictors of academic achievement: A longitudinal analysis. *School Psychology Quarterly, 17,* 1-23.

Masten, A. S., Best, K. M., & Garmezy, N. (1990). Resilience and development: Contributions from the study of children who overcome adversity. *Development & Psychopathology, 2,* 425-444.

Masten, A. S., Hubbard, J. J., Gest, S. D., Tellegen, A., Garmezy, N., & Rameriez, M. (1999). Competence in the context in adversity: Pathways to resilience and maladaptation from childhood to late adolescence. *Developmental and Psychopathology, 11,* 143-169.

McCluskey, C. P., Krohn, M. D., Lizotte, A. J., & Rodriguez, M. L. (2002). Early substance use and school achievement: An examination of Latino, White, and African American youth. *Journal of Drug Issues, 32,* 921-943.

McGee, L., & Newcomb, M. D. (1992). General deviance syndrome: Expanded hierarchical evaluations at four ages from early adolescence to adulthood. *Journal of Consulting and Clinical Psychology, 60,* 766-776.

Meehan, B. T., Hughes, J. N., & Cavell, T. A. (2003). Educator-student relationships as compensatory resources for aggressive children. *Child Development, 74,* 1145-1157.

Mrazek, P. J., & Haggerty, R. J. (Eds.). (1994). Reducing risks for mental disorders: Frontiers for preventive interventional research. Washington, DC: National Academy Press.

Newcomb, M. D., Abbott, R. D., Catalano, R. F., Hawkins, J. D., Battin-Pearson, S., & Hill, K. (2002). Mediational and deviance theories of late high school failure: Process roles of structural strains, academic competence, and general versus specific problem behaviors. *Journal of Counseling Psychology, 49,* 172-186.

Murdock, T. B. (1999). The social context of risk: Status and motivational predictors of alienation in middle school. *Journal of Educational Psychology, 91,* 62-75.

Peng, S. S., & Lee, R. M. (1994). Educational experiences and needs of middle school students in poverty. In K. K. Wong & M. C. Wang (Eds.), *Rethinking policy for at-risk students* (pp. 49-64). Berkeley, CA: McCutchan.

Reynolds, A. J. (1999). Educational success in high-risk settings: Contributions of the Chicago Longitudinal Study. *Journal of School Psychology, 37,* 345-354.

Rolf, J. E. (1999). Resilience: An interview with Norman Garmezy. In M. D. Glantz & J. L.

Johnson (Eds.), *Resilience and development: Positive life adaptations* (pp. 5-14). New York: Kluwer Academic/Plenum.

Roosa, M. W., Dumka, L. E., Gonzales, N . A., & Knight, G. P. (2002). Cultural/ethnic issues and the prevention scientist in the 21st century. Prevention and Treatment, 5. Avaliable: http://journals.apa.org/prevention/volume5/pre0050005a.html.

Rosenthal, R., & Jacobson, L. (1968). *Pygmalion in the classroom: Teacher expectation and pupil's intellectual development.* New York: Holt, Rinehart & Winston, Inc.

Rosenthal, R., & Rubin, D. B. (1978). Interpersonal expectancies effects: The first 345 studies. *Behavioral & Brain Sciences, 1,* 377-415.

Rutter, M. (1987). Psychosocial resilience and protective mechanisms. *American Journal of Orthopsychiatry, 57,* 316-331.

Scanlon, E., & Devine, K. (2001). Residential mobility and youth well-being: Research, policy, and practice issues. *Journal of Sociology and Social Welfare, 28,* 119-138.

Schweinhart, L. J., & Smith, C. (2001). *Effects of recent high/scope early elementary curriculum support on school achievement and reducing discipline referrals.* Retrieved August 23, 2003, from http://www.highscope.org/Research/nwrelappeal.htm.

Shure, M. B. (1992a). *I can problems solve: An interpersonal cognitive problem-solving program, intermediate elementary grades.* Illinois: Research Press.

Shure, M. B. (1992b). *I can problem solve: An interpersonal cognitive problem-solving program: Kindergarten & primary grades.* Illinois: Research Press.

Shure, M. B. (1992c). *I can problem solve: An interpersonal cognitive problem-solving program: Preschool.* Illinois: Research Press.

Simmons, R. G., Burgeson, R., Carlton-Ford, S., & Blyth, D. A. (1987). The impact of cumulative change in early adolescence. *Child Development, 58,* 1220-1234.

Temple, J. A., & Reynolds, A. J. (1999). School mobility and achievement: Longitudinal findings from an urban cohort. *Journal of School Psychology, 37,* 355-377.

Tharp, R. G. (1989). Psychocultural variables and constants: Effects on teaching and learning in schools. *American Psychologist, 44,* 349-359.

U. S. Department of Health and Human Services. (2001). *Youth violence: A report of the Surgeon General.* Rockville, MD: U. S. Department of Health and Human Services, Substance Abuse and Mental Health Services Administration, Center for Mental Health Services, National Institutes of Health, National Institute of Mental Health.

Walberg, H. J. (1984). Families as partners in educational productivity. *Phi Delta Kappan, 65,* 397-400.

Wang, M. C., & Haertel, G. D. (1987). Educational resilience. In M. C. Wang, M. C. Reynolds, & H. J. Walberg (Eds.), *Handbook of special education: Research and practice.* New York: Pergamon.

Wang, M. C., & Gordon, E. W. (Eds.). (1994). *Educational resilience in inner-city American: challenges and prospects.* New Jersey: L. Erlbaum Associates.

Wang, M. C., & Haertel, G. D. (1995). Educational resilience. In M. C. Wang, M. C. Reynolds, & H. J. Walberg (Eds.), *Handbook of special and remedial education: Research and practice* (pp. 159-200). New York: Elsevier Science.

Wang, M. C., Haertel, G. D., & Walberg, H. J. (1997). Fostering educational resilience in inner-city schools. In H. J. Walberg, O. Reyes, & W. P. Weissberg (Eds.), *Children and youth: interdisciplinary perspectives* (pp. 119-140). California: Sage Publications.

Welsh, M., Parke, R. D., Widaman, K., & O'Neil, R. (2001). Linkage between children's social and academic competence: A longitudinal analysis. *Journal of School Psychology, 39,* 463-481.

Weissberg, R. P., & Elias, M. J. (1993). Enhancing young people's social competence and health behavior: An important challenge for educators, scientists, policy makers, and funders. *Applied and Preventive Psychology: Current Scientific Perspectives, 3,* 179-190.

Wentzel, K. R. (1993). Does being good make the grade? Social behavior and academic competence in middle school. *Journal of Educational Psychology, 85,* 357-364.

Zins, J. E., Booldworth, M. R., Weissberg, R. P., & Walberg, H. J. (2004). The scientific base linking social and emotional learning to school success (pp. 3-22). In J. E. Zins, R. P. Weissberg, M. L. Wang, & H. J. Walberg (Eds.), *Building academic success on social and emotional learning: What does the research say?* New York: Teachers College Press.

부록 A: SEL 프로그램 시행 자원

Cohen, J. (Ed.). (2001). *Caring classrooms/Intelligent schools: The social emotional education of young children (Social and Emotional Learning, 2).* New York: Educator's College Press.

Cohen, J. (Ed.). *Educating minds and hearts: Social emotional learning and the passage into adolescence.* New York: Educator's College Press, Alexandria, VA: Association fro Supervision and Curriculum Development.

Elias, M., Friedlander, B., & Tobias, S. (2001). *Engaging the resistant child through computers: A manual to facilitate social & emotional learning.* New York: Dude Publishing.

Elias, M. J., Zins, J. E., Graczyk, P. A., & Weissberg, R. P. (2003). Implementation, sustainability, and scaling up of social-emotional and academic innovations in public schools. *School Psychology Review, 32,* 303-319.

Elias, M. J., Zins, J. E., Weissberg, R. P., Frey, K. S., Greenberg, M. T., Haynes, N. M. et al. (1997). *Promoting social and emotional learning: guidelines for educators.* Alexandria, VA: Association for Supervision and Curriculum Development.

Novick, B., Kress, J. S., & Elisa., M. J. (2002). *Building learning communities with character: How to integrate academic, social, and emotional learning.* Alexandria, VA: Association for Supervision and Curriculum Development.

Pasi, R. J. (2001). *Higher expectations: Promoting social emotional learning and academic achievement in your school.* New York: Teachers College Press.

Weissberg, R. P., Gullotta, T. P., Hampton, R. L., Ryan, B. A., & Adams, G. R. (Eds.). (1997). *Establishing preventive services.* Thousands Oaks, CA: Sage.

부록 B: CASEL이 엄선한 SEL 프로그램(CASEL, 2003a에서 수정)

Caring School Community (Child Development Project)
  www.devstu.org/cdp/index.html

Community of Caring (Growing Up Caring)
  www.communityofcaring.org

High/Scope Educational Approach for Preschool and Primary Grades
  www.highscope.org

I Can Problem Solve (ICPS)
  www.thinkingchild.com/icps.htm

Know Tour Body
  www.kendallhunt.com

Learning for Life
  www.learning-for-life.org

Lions-Quest ("Skills" series)
  www.lions-quest.org

Michigan Model for Comprehensive Health Education
  www.emc.cmich.edu/mm/default.htm

PATHS (Promoting Alternative Thinking Strategies)
  www.channing-bete.com/prositiveyouth/pages/PATHS/PATHA.html

Peace Works (Peace Education Foundation)
  www.peaceeducation.com

Productive Conflict Resolution Program: A Whole School Approach www.schoolmediationcenter.org/programs/whole/whole.htm

Project ACHIEVE

www.projectachieve.info

Reach Out to Schools: Social Competency Program (Open Circle Curriculum)

www.open-circle.org

Resolve Conflict Creatively Program (RCCP)

www.esrnational.org/es/rccp/htm

Responsive Classroom

www.responsiveclassroom.org

Second Step

www.cfchildren/org/ssf/ssf/sgindex

Skills, Opportunities, and Recognition (SOAR)

www.channing-bete.com/positiveyouth/pages/SOAR/SOAR.html

Social Decision Making and Problem Solving Program

http://www.findyouthinfo.gov/cf_pages/programdetail.cfm?id=677

Teenage Health Teaching Modules

www.thtm.org

Tribes TLC

www.tribes.com

Voices Reading Program:

www.voicespublishing.com/index.html

www.naschools.org/uploadedfiles/Voices%20of%20Love%20and%20Freedom.pdf

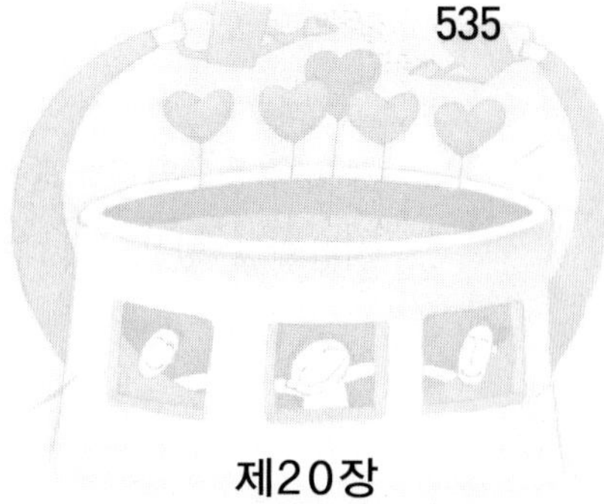

제20장

모든 아동의 적응유연성 증진

공중보건 접근

Emily B. Winslow, Irwin N. Sandler, & Sharlene A. Wolchik

이 장[1]에서는 적응유연성 연구에서 파생된 개념을 전체 대중의 정신건강을 향상시키는 **공중보건 접근**(public health approach)과 통합하여 모든 아동의 적응유연성 증진에 관하여 논하고자 한다. 적응유연성과 공중보건 개념에 대한 검토에서 시작하여 건강의 증진과 역기능의 예방을 위한 폭넓은 틀 안에서 공중보건 접근이 어떻게 통합될 수 있는지를 기술하고자 한다. 그다음 이 틀의 여러 구성요소를 성공적으로 시행해 온 증거 기반의 예방 개입 및 정책의 예를 제시한다. 우리는 적응유연성의 증진에 초점을 맞춘다. 그러므로 그 틀이 임상적 수준의 역기능을 가진 아동을 위한 개입에 쉽게 확대될 수 있을지라도 우리의 논의와 개입 예의 범위를 정신건강 장애의 진단을 받지 않은 아동을 위한 자원을 조성하기 위해 설계한 개입에 한정한다. 마지막으로 적응유연성을 증진시킬 지역사회 내 자원을 조성하는 과정 중에 계획 수립자를 돕는 데 쓸 수 있는 도구의 예를 제시하고, 더

1) 이 연구는 National Institute of Mental Health(NIMH)의 NRSA 기관 훈련 기금(5T32MH018387-15)의 지원을 받았다.

불어 적응유연성을 증진시킬 자원을 조성하기 위해 계획 수립자가 그 틀을 어떻게 사용할 수 있을지에 대한 개요를 제시한다.

적응유연성 개념

우리는 **적응유연성**을 "중대하게 불리한 조건 아래서 아동이 긍정적인 발달 결과를 성취하며 부정적인 결과를 피하는 것"(Wyman, Sandler, Wolchik, & Nelson, 2000, p. 133)으로 정의한다. 이 정의에서는 역경, 긍정적 결과, 역경의 조건에서 긍정적 결과의 성취에 대한 책임을 맡는 자원의 세 가지 개념이 핵심적이다.

역경

역경은 기본적 욕구와 목표의 만족이 위협을 당하거나 연령에 적합한 발달과업의 성취가 방해를 받는 환경과 아동의 관계로 개념화된다(Sandler, 2001). 역경은 개인, 가족, 지역사회-조직의 영역에서 발생한다. 개인적 영역에서의 역경은 질병, 상해, 학대와 같은 경험을 포함하는데, 이는 아동과 환경의 관계를 위태롭게 한다. 가족 영역에서의 역경은 아동의 안녕을 위협하는 가족 구조의 변화(예, 이혼, 사망)나 가족 기능의 변화(예, 갈등)를 포함한다. 지역사회-조직 영역에서의 역경은 기본적 욕구에 대한 아동의 만족과 발달과업의 성취를 감소시키는 지역사회의 특징(예, 빈곤, 혼란) 또는 사회기관의 특징(예, 학교폭력)을 포함한다.

아동기에 역경에 노출되는 것과 아동기 및 성인기에 다양한 정신건강 문제와 사회적 적응문제가 발달하는 것 사이의 관계는 잘 입증되었다(Grant et al., 2003; Kessler, Davis, & Kendler, 1997; Sandler, Ayres, Suter, Schultz, & Twohey, 2003). 예를 들면, 건강관리기구(HMO) 가입자 9,508명에 관한 연구에 기초하여 Felitti와 동료들(1998)은 아동기에 4개 또는 그 이상의 역경에 노출되면 성인기에 알코올중독, 약물남용, 우울, 자살 시도의 위험이 4~12배 증가한다고 주장했다. 비슷하게 Furstenberg, Cook, Eccles, Elder와 Sameroff(1999)는 8개 또는 그 이상의 역경에 노출된 아동이 부정적 정신건강 결과를 겪게 될 확률이 3개 또는 그 이하의 역경에 노출된 아동보다 5.7배나 높았다고 보고하였다. 아동기에 부모의 이혼

(Amato, 2001), 빈곤(Duncan & Brooks-Gunn, 2000), 부모의 정신장애(Seifer & Dickstein, 2000), 폭력이나 학대에의 노출(Margolin & Gordis, 2000), 상실(Lutzke, Ayres, & Barr, 1997)과 같은 특별한 역경에 노출되는 것과 정신건강 문제 및 사회적 적응문제의 발생 간에는 일관성 있는 관계가 있다는 것이 연구를 통해 밝혀졌다.

자원

적응유연성 연구는 역경에도 불구하고 아동이 긍정적 결과를 이루고 부정적 결과를 피하게 하는 **자원**을 확인하는 데 주목한다(Wyman et al., 2000). 긍정적 결과와 부정적 결과는 서로 관련이 있으며, 발달과업을 성공적으로 성취하는 것과 정서 · 행동 문제 및 정신장애를 겪지 않는 것을 포함한다. 개인, 가족, 지역사회-조직 영역에서의 자원은 효과적인 적응과정을 향상시키거나 역경에의 노출을 감소시킴으로써 긍정적 결과를 촉진시킨다(Sandler, 2001). 개인 자원은 높은 인지능력, 정서 조절, 효과적 대처 노력과 같은 인지 · 정서 · 행동적 기술을 포함한다. 가족 영역에서의 중요한 보호자원은 온정, 반응성, 효과적 훈육, 효과적 대처를 위한 지지에서 특징적인 자녀양육을 포함한다. 지역사회-조직에서의 자원은 양질의 학교, 친사회적 이웃, 지지를 제공하거나 역경의 발생에서 아동을 보호하는 공식적 또는 비공식적 체계(예, 종교기관, 청소년 단체, 조직화된 스포츠, 지역사회 자원봉사 집단, 음악이나 예술 또는 연극과 같은 특별한 재능을 개발하는 집단, 확대가족 구성원과의 관계)에 포함되는 기회의 획득을 말한다.

공중보건 접근

적응유연성 조망은 역경에 처한 개인이나 가족에게 건강한 결과를 증진시켜 주는 자원과 보호과정을 서술하는 데 초점을 둔다. 대조적으로 **예방에 대한 공중보건 접근**은 전체 대중집단 수준의 행동, 환경적 요인, 전체 집단에서 장애의 발생률(새로운 사례 수)을 감소시키고 건강한 결과를 증가시키기 위한 과정을 어떻게 변화시킬지에 초점을 둔다(Rose, 1992). 공중보건 모형은 개인차(즉, 역경, 자원, 문제의 다양한 수준)를 다루는 동시에 전체 집단의 결과에 효과적으로 영향을 미치기 위하여 여러 개입 수준을 통합한다. 여기에는 지역사회의 모든 구성원에게 혜택을 주기 위한 **보편적**(universal) 프로그램, 특정 역경에 노출되어 위험에 처한 사람을 대상으로 하는 **선별적**(selective) 프로그램, 그리고 준임상적인 증후군을 나타내는 사람을 대상으로 특별한 치료를 제공하는 **지시적**(indicated) 프로그램이 있다.

보편적 프로그램

보편적 정신건강 예방 프로그램은 개별 위험에 근거하여 확인되지 않는 일반 대중이나 전체 집단에게 제공하는 프로그램이다(IOM, 1994). 이 프로그램은 위험 지위(risk status)에 관계없이 모든 사람을 위한 잠정적 혜택이 비용과 잠정적 위험보다 높기 때문에 일반 대중을 위해 의심할 여지 없이 지지될 수 있다. 하나의 전체 집단에 있는 모든 개인을 포함시키는 것을 정당화하기 위해, 그리고 혜택-비용의 비율을 극대화하기 위해, 보편적 예방 프로그램은 모든 사람에게 전달될 수 있어야 하며, 개인당 비용이 적게 들어야 하며, 전체 집단에게 효과적으로 수용될 수 있어야 하며, 손상을 입힐 가능성이 없어야 한다(Gordon, 1987; IOM, 1994).

보편적 예방 프로그램은 여러 가지 혜택을 제공한다. 대중의 인식을 증가시키고, 더욱 집중적인 예방 노력을 보급하고 이에 대한 지원을 제공하며, 대상 프로그램에 참여하는 사람에 대한 오명을 줄이고, 다른 통로를 통해 던진 메시지와 일치하는 메시지를 강화하는 등 다중 수준의 전략체계 안에서 통합될 때 특히 그렇다(Offord, 2000; Stormshak, Kaminski, & Goodman, 2002). 예를 들면, 보편적 개입 노력이 긍정적 자녀양육의 중요성을 강조하고 자녀양육 기술의 적극적 향상이 가진 가치를 증진시키는 데 효과적이라면, 집중적인 자녀양육 기술 개입에 참여하는 부모는 오명을 쓰기보다는 지역사회의 지원을 받고 있다고 느낄 수도 있다(Sanders, Turner, & Markie-Dadds, 2002). 보편적 프로그램은 또한 전체 집단(예, 학교, 건강 시스템)에 이바지하는 지역사회 기구나 조직에 통합될 수 있어서 전체 집단에게 혜택을 주는 정책이나 문화적 관습(예, 학교에 대한 부모의 관여)을 향상시킬 수 있다. 더구나 보편적 프로그램은 많은 사람을 대상으로 하기 때문에 각 개인이 받는 혜택은 비교적 작을 수 있지만 전체 집단 수준에서는 큰 효과를 만들어 낼 가능성이 있다(Offord, 2000; Rose, 1992).

선별적 프로그램

선별적 예방 개입은 하나 또는 그 이상의 역경(예, 부모의 정신질환)에 노출되어 정신장애 발병 위험이 일반 집단보다 유의하게 높은 특정 개인 또는 하위 집단, 그리고 문제가 있는 기능에 대한 개별평가에 근거하기보다는 표지변인(marker variable)에 근거하여 식별될 수 있는 특정 개인 또는 하위 집단을 표적으로 하는 예방개입이다(IOM, 1994). 선별적 프로그램은 일반 집단의 모든 구성원에게 전달되지는 않는다. 그렇지만 특히 부모의 이혼과 같이 어떤 역경이 만연해 있다면 선별적 개입이라도 많은 개인을 대상으로 할 수 있다. 그러므로 선별적 프로그램은 개인당 적당한 비용을 초과해서는 안 되며, 치료에 의한 잠정적인 위험이 낮아야 한다(IOM, 1994).

선별적 예방 프로그램은 보편적 노력을 보충하는 중요한 서비스를 제공할 수 있다. 이 프로그램은 서비스에 대한 요구 수준이 평균보다 높은 사람에게 추가 자원을 제공하는 효율적인 방식이다(Offord, 2000). 더욱이 특정 하위 집단을 대상으로 함으로써 그들이 지닌 독특한 요구(즉, 일반 대중과 공유하지 않는 요구)에 잘 맞는 서비스를 제공할 수 있다. 예를 들면, 부모의 이혼, 사망, 학대와 같은 외상적 사건을 경험하는 아동은 그러한 특정 역경에 긍정적으로 적응하도록 설계된 보호자나 아동 또는 보호자와 아동 모두를 대상으로 하는 특별한 예방 서비스의 혜택을 받을 수 있다.

지시적 프로그램

지시적 예방 개입은 아동이나 가족의 기능을 개별 평가한 결과에 근거하여 준임상적(subclinical) 수준의 정신건강 증후군을 보이는 아동이나 역경(예, 갈등을 많이 겪으며 이루어진 이혼)에 적응하는 데 문제를 경험하고 있는 가족을 표적으로 한다(IOM, 1994). 예를 들면, 아동의 파탄적 행동 수준이 높다는 부모 보고나 교사 보고에 근거하여 행동관리 프로그램에 참여할 아동을 선별할 수 있다. 지시적 프로그램의 일차적 목표는 증후군을 감소시키고, 심각성이 더 진행되는 것을 막아서 새로운 정신장애나 다른 심각한 결과의 발병을 감소시키는 데 있다. 지시적 예방 프로그램은 종종 다수의 요소(예, 부모교육과 학교 기반 행동관리의 병행)를 포함하거나 개별적 접근(예, 정신건강 카운슬러와의 개별상담 회기)을 하거나 또는 둘을 포함한 프로그램으로 그 집중적인 정도가 보통에서 매우 철저한 수준에까지 이른다. 선별적 개입 프로그램과 비슷하게, 지시적 개입은 가장 큰 위험에 처해 있는 가족과 아동에게 심각한 문제가 발생하는 것을 예방하기 위해 (보편적 수준을 넘어서는) 추가적인 자원을 제공하는 효율적인 방법을 제공한다.

모든 아동의 적응유연성 증진을 위한 틀

앞에서 설명했듯이, 공중보건 접근은 지역사회 안에서 동시에 시행하여 각각의 개별적 역할과 상호 강화하는 역할을 완수하는 다수의 개입 수준을 통합하는 개념틀이다. 이 틀 안에서는 전체 집단에 있는 모든 아동과 가족이 보편적 서비스에 접근할 수 있다. 역경에 노출된 적이 있는지의 여부에 근거하여 식별된 여러 하위 집단은 보편적 서비스뿐만 아니라 특수화된 선택적 개입도 제공받는다. 준임상적 수준의 증후군을 경험하는 사람은 보편적 프로그램과 지시적 프로그램을 모두 제공받을 텐데, 이 프로그램은 증상을 감소시키고 심각성의 진행을 역전시킬 수 있도록 설계된 다수의 개입요소를 포함한다. 소수의 가족은 선별적 서비스와 지시적 서비스를 받을 자격이 되며 세 수준 모두의 개입을 받을 수 있다.

적응유연성 견해에서 볼 때, 이런 다중 수준의 틀은 하나의 전체 집단에 속한 구성원이 역경에 노출된 다양한 수준과 그들이 보호 자원을 활용할 수 있는 다양한 수준을 모두 고려한다. 〈표 20-1〉은 적응유연성 과정을 증진시키기 위한 다수 영역의 개입이 보편적, 선별적, 지시적 개입의 분류 안에 어떻게 포함되는지를 보여준다. 각 수준에서 개입은 역경에 직면해 있는 아동에게 나타날 수 있는 적응유연한 결과와 관련된 개인적 자원, 가족 관련 자원, 지역사회-조직의 자원을 조성한다. 이런 자원은 적응유연성을 조성하려는 목적에 따라 의도적으로 설계된 개입을 통해 증진될 수 있기에 '조성된 적응유연성 자원(constructed resilience resources)'이라고 불린다. 〈표 20-1〉에서 각 가로 행에 있는 3개의 세로 칸을 보면 특정 영역에서 자원을 조성하기 위해 사용할 수 있는 다양한 개입을 확인할 수 있다. 예를 들면, 자녀양육의 향상을 목적으로 하는 프로그램은 전체 집단을 위해서뿐만 아니라 특정 스트레스원이나 초기 수준의 문제를 경험하고 있는 사람을 위해서도

〈표 20-1〉 다수 영역과 수준에서 적응유연성 자원을 조성하기 위한 전략

자원 영역	개입 수준		
	보편적	선별적	지시적
아동	스트레스 대처, 문제해결, 정서 조절, 잠정적 문제 상황(예, 또래갈등) 관리를 위한 아동의 강점을 증진시키기	명백한 스트레스원(예, 부모의 이혼)을 경험하고 있는 아동에게 대처기술을 가르치고 정보를 제공하기	문제나 기술 결핍이 심한 아동에게 기술(예, 스트레스의 인지적 평가)을 가르치기
가족	아동이 미래 역경을 피할 수 있게 하거나 아동의 효과적 대처능력을 강화하는 자녀양육 방식을 증진시키기	명백한 역경(예, 빈곤)에 노출된 아동을 위해 효과적인 자녀양육을 증진시키기	진행 중인 문제(예, 아동의 외현화 행동)를 상쇄하기 위해 자녀양육 기술을 가르치기
지역사회-조직	역경의 발생을 감소시키거나 규범적 사건(예, 중학교 진학)에 모든 아동이 효과적으로 적응하도록 지지를 제공하는 지역사회 또는 조직적 변화를 증진시키기	위험(예, 이혼 가정)에 처한 하위 집단의 건강한 적응을 증진시키기 위하여 기존 조직(예, 법원)의 생태를 바꾸기, 명백한 역경(예, 부모의 사망)에 노출된 아동을 위한 서비스를 제공하기 위하여 새로운 조직을 설립하기	준임상적 수준의 문제를 경험하는 아동의 효과적 대처능력을 증가시키거나 미래 역경에의 노출을 예방하기 위해 그들을 더욱 효과적으로 관리할 수 있는 지역사회 구조를 개발하기

개발될 수 있다. 한편 〈표 20-1〉의 각 세로 칸에 있는 개입 전략을 자원 영역별로 살펴보면 하나의 특정 집단에서 적응유연성을 증진시키기 위해 다수 영역에 해당하는 자원을 어떻게 조성할 수 있을지를 알 수 있다. 예를 들면, 정신건강을 촉진하고 장애를 예방하는 자원을 조성하기 위해 지역사회 전체에서 아동, 가족, 조직을 서로 보완하는 프로그램을 개발할 수 있다.

보편적 프로그램은 전체 집단에서 역경이 발생하는 것을 감소시키거나 역경이 발생할 때 건강한 적응을 증진시키는 기술을 촉진함으로써 적응유연성을 증진시키는 자원을 조성한다. 보편적 개입은 **아동**의 능력(예, 대처기술, 학업 유능성), **가족**의 유능성(예, 부모의 온정, 효과적 훈육, 의사소통), **조직**적 자원(예, 학습 구조, 커리큘럼, 또래 구조, 학교정책, 이웃의 역량강화)을 향상시키도록 설계될 수 있다. 선별적 프로그램은 명백한 역경에 대한 효과적 적응을 증진시키기 위한 자원(예, 부모의 이혼에 대처하는 **아동**의 기술, 빈곤에 찌든 **가족**을 위한 자녀양육 기술, 대도시 중심부의 저소득층 지역에 거주하는 청소년이 고등학교 진학을 성공적으로 할 수 있도록 **지역사회-학교** 파트너십의 조성).

지시적 프로그램은 역경을 겪고 난 후 정신건강 문제를 보이는 사람의 적응과정을 향상시키기 위한 자원(예, 준임상 수준의 우울 증상을 경험하고 있는 **청소년**을 위한 긍정적 사고기술, 적대적 아동이 있는 **가족**을 위한 부모의 행동관리 기술, 비행 청소년을 정학이나 구류보다는 개입으로 의뢰하는 법원의 **조직**적 절차)을 조성한다. 다음 절에서 우리는 아동, 가족, 지역사회-조직의 영역에서 자원을 조성하는 보편적, 선별적, 지시적 개입전략을 통해 아동의 안녕 상태를 증진시키는 데 더 효과적인 것으로 검증된 프로그램을 예시할 것이다.

아동 영역 자원의 조성

보편적 프로그램

아동 자원을 조성하기 위해 개발한 보편적 개입은 기술과 강점의 증진이 발달과업의 성공적 성취를 장려함으로써 (현재와 미래) 역경의 조건에 아동이 효과적으로 적응하도록 도울 것이며 미래 역경의 가능성을 감소시킬 것이라는 이론에 기초한다(Sandler, 2001). 일반 대중을 위한 몇몇 예방 개입이 아동 영역 자원을 조성함으로써 아동의 안녕에 영향을 끼쳤다. 여기에는 문제해결, 대처, 정서 조절, 공감, 충동 조절과 같은 기술을 가르치는 프로그램이 포함된다(개관을 위해서는 Greenberg, Domitrovich, & Bumbarger, 2001; Tobler et al., 2000; Wilson, Gottfredson, & Najaka, 2001 참조).

예를 들면, 대안적 사고전략 증진 커리큘럼(Promoting Alternative Thinking Strategies: PATHS)은 초등학교 다년 커리큘럼으로 정서 상태에 관한 지식, 정서 조절 기술, 문제해결 기술, 사회성 기술에 관한 50개 이상의 레슨을 통해 아동의 사회·정서적 유능성을 증진시킬 목적으로 개발되었다(CPPRG, 1990; Greenberg, Kusche, Cook, & Quamma, 1995). 무선통제 시행에 의하면, 학교가 PATHS를 지원하고 교사가 PATHS를 잘 실시할 경우 역경 수준이 높은 지역에 거주하는 아동을 포함한 다수 집단의 인지적 기술을 육성하고 사회적, 정서적, 행동적 유능성을 성공적으로 증진시킬 수 있다(CPPRG, 1999; Kam, Greenberg, & Walls, 2003).

선별적 프로그램

전체 집단 내의 모든 개인을 대상으로 하는 보편적 개입과는 달리, 선별적 예방 프로그램은 명백한 특정 역경에 직면하고 있는 하위 집단을 위해 자원을 증진시키는 노력을 기울인다. 아동 영역에서의 선별적 개입은 보통 부모의 이혼(Pedro-Carroll, 1997; Stolberg & Mahler, 1994), 부모의 사망(Sandler et al., & Twohey, 2003), 외상(Enright & Carr, 2002)과 같은 역경 때문에 발생한 도전적인 문제를 효과적으로 다루는 데 필요한 대처기술을 강화하거나 사회적 불이익과 같은 역경이 주는 해로운 효과를 상쇄하는 인지적 기술을 향상시키는 데 초점을 맞춘다.

예를 들면, 이혼가정 아동개입 프로젝트(Children of Divorce Intervention Project: CODIP)는 12회기로 구성되어 있으며, 부모가 이혼한 학령기 아동을 위한 집단 개입이다. 이 프로젝트에서 아동은 정서를 확인하고 적절히 표현하며, 효과적으로 대처하고, 이혼과 관련된 오해를 재구조화하며, 자신과 가족에 대한 긍정적 지각을 갖도록 도움을 받는다(Pedro-Carroll, 1997; Pedro-Carroll & Cowen, 1985). Pedro-Carroll(1997)은 개입을 받지 않은 집단에 비해 CODIP에 참여한 아동의 대처기술과 문제해결 기술이 향상되었으며 유능성 수준이 증가했다는 것을 발견하였다.

지시적 프로그램

지시적 예방 프로그램은 정신건강 문제를 경험하고 있지만 정신건강 진단 준거를 충족시키지는 않는 사람의 요구를 충족시키기 위하여 개발된다. 아동 영역에서의 지시적 예방 프로그램은 보통 감정을 확인하고 분노를 통제하며 왜곡된 인지에 도전하는 기술을 아동에게 가르친다. 이 접근은 내재화 증상을 경험하는 아동·청소년의 역기능을 감소시키는 데 유리하지만(예, Clarke et al., 1995, 2001; Kiselica, Baker, Thomas, & Reedy, 1994), 외현화 문제를 보이는 아동·청소년에게는 그다지 성공적이지 못하다(Greenberg et al., 2001; Webster-Stratton & Taylor, 2001).

예를 들면, 스트레스 대처하기 강좌(Coping with Stress course; Clarke et al., 1995)는 15회기로 구성된 학교 기반 집단 예방 프로그램이다. 정서장애 진단 준거를 만족시키지는 않지만 우울 증상이 상승한 고등학교 학생을 대상으로 단극성 우울장애의 발생을 예방할 목적으로 개발되었다. 이 개입은 고위험 청소년이 새로운 대처 기제를 학습할 수 있도록 조력하면 정서장애의 위험요인을 상쇄할 수 있는 면역을 기를 수 있을 것이라는 이론에 근거하였다. 이 예방 개입은 만화, 역할놀이, 집단 토론을 활용하여 부정적 사고를 확인하고 그에 도전하는 방법을 청소년에게 가르친다. 무선통제 시행에서 Clarke와 그 동료들(1995)은 12개월 후의 추수검사에서 평가된 정서장애(주요 우울장애나 기분부전증)의 발생률이 개입을 받지 않은 학생(25.7%)보다 개입을 받은 학생(14.5%)에서 유의하게 낮았다고 보고했다. 또한 최근에 Clarke와 동료들(2001)은 스트레스 대처하기 강좌가 임상적 우울 진단을 받은 부모의 청소년 자녀 가운데 그 자신도 우울 증상을 가진 청소년에게 효과적인 지시적 프로그램임을 증명하였다.

가족 영역 자원의 조성

보편적 프로그램

가족 영역에서 보편적 예방 프로그램은 보통 아동이 유능성을 증진시키고 역기능을 예방할 효과적인 대처기술과 자기조절 기술을 학습하도록 돕기 위한 자녀양육 방법과 의사소통 양식을 향상시키는 데 초점을 둔다. 몇몇 보편적 가족 기반 프로그램이 가족 자원을 조성하고, 아동의 유능성을 증가시키며, 물질남용과 기타 아동·청소년 정신건강 문제의 가능성을 감소시키는 것으로 밝혀졌다(Lochman & van den Steenhoven, 2002).

예를 들면, Spoth, Redmond와 Shin(1998, 2001)은 두 개의 가족 기반 예방 프로그램—5회기로 구성된 약물 없는 시대를 위한 준비(Preparing for the Drug Free Years: PDFY)와 7회기로 구성된 아이오와 가족강화 프로그램(Iowa Strengthening Families Program: ISFP)—의 효과를 검증했다. 이 두 프로그램은 부모-자녀 간 긍정적 관여와 의사소통, 효과적 부모관리와 같은 가족 자원을 조성하기 위하여 개발되었다. 그러나 PDFY가 주로 부모에게 개입한다면, ISFP는 대부분의 회기에서 부모와 자녀를 모두 포함한다. 농어촌 가정의 6학년 아동을 대상으로 한 무선통제 평가의 결과, ISFP와 PDFY 모두 사후검사에서 부모-자녀 온정과 효과적 훈육을 상승시켰다(Spoth et al., 1998). 고등학교 1학년까지 계속된 장기 추수연구에서, 가족이 이 프로그램에 참여했던 아동·청소년은 비교집단의 청소년에 비해 청소년기에 물질 사용을 덜 시작하거나 덜 증가하는 것으로 나타났다(Spoth et al., 2001). 두 프로그램이 모두 경험적 지지를 받기는 했지만, 최근 혜택-비용 분석의 결과를 보면 ISFP가 PDFY보다 비용 효과적이었다. 구체적으로 ISFP의 혜택-비용 비율은 투자한 1달러 대비 9.60달러였고 PDFY의 경우는 투자한 1달러 대비 5.85달러였다(Spoth, Guyll, & Day, 2002).

선별적 프로그램

가족 기반의 선별적 개입은 부모나 가족을 대상으로 기술훈련을 실시하여 미숙아 출생, 부모 이혼, 사망, 학대, 빈곤, 낮은 사회경제적 지위와 같은 역경의 조건을 상쇄하기 위한 자원을 증진시킨다. 몇몇 가족 기반 선별적 예방 프로그램은 아동과 청소년의 안녕에 영향을 미치는 것으로 알려져 있다(Lange & Carr, 2002; Lochman & van den Steenhoven, 2002; O' Sullivan & Carr, 2002; Webster-Stratton & Taylor, 2001). 예를 들면, Olds(2002)는 사회적으로 불리한 조건에 있는 어머니를 대상으로 출산 전 건강 관련 행동, 민감하고 유능한 양육관리, 어머니 생애과정에서의 의사결정(예, 향후 임신시기)을 향상시킬 목적으로 설계된 집중적인 간호사 방문 프로그램을 3회 무선통제 시행으로 실시했다. 처음의 2회 시행에서는 어머니와 자녀 모두에게 장기적인 다양한 효과가 유의한 것으로 나타났다. 구체적으로 출산 이전 및 자녀의 출생 후 2년에 걸쳐 자택 방문 서비스를 받았던 어머니의 청소년 자녀는 체포를 당하거나 유죄 판결을 받거나 알코올을 사용한 비율이 낮았다. 처음에 다수의 사회적 역경(예, 결혼을 하지 않음, 낮은 수입, 낮은 교육 수준)에 처한 어머니는 세 가지 역경 가운데 하나만 가진 어머니에 비해 유의하게 강력한 효과를 보였다. 혜택-비용 분석에서는 등록 시 결혼을 하지 않았고 수입이 낮았던 어머니에게 간호사 방문 서비스를 제공하기 위해 투자했던 1달러당 4달러의 순이익이 생긴 것으로 드러났다. 반면 결혼을 했으며 사회경제적 지위가 높았던 어머니 집단에서는 정부나 사회의 순이익이 나타나지 않았다.

또한 Wolchik과 동료들은 다수의 역경에 처해 있는 가족이 이혼한 어머니를 위한 자녀양육 프로그램인 새출발 프로그램(New Beginnings Program: NBP)을 통해 가장 큰 혜택을 받았음을 발견했다(Dawson-McClure, Sandler, Wolchik, & Millsap, 2004; Wolchik et al., 2002). NBP는 모자관계의 향상, 효과적 훈육의 증대, 부자 접촉의 증진, 자녀의 부모갈등과 부정적 이혼사건에의 노출 감소를 목적으로 학령기 아동이 있는 이혼 가정을 위해 개발한 것이다(Wolchik et al., 2000; Wolchik, West, Westover, & Sandler, 1993). NBP에서 실시한 두 번의 무선통제 시행에서는 이 프로그램이 부정적 사건의 노출을 성공적으로 감소시켰으며, 모자관계의 질, 효과적 훈육, 방문 변경의 자발성을 포함하여 몇 가지 가족 자원을 보강한 것으로 나타났다(Wolchik et al., 1993, 2000).

두 번째 실험적 시행을 개입 이후 6년 동안 장기간 추적했는데, 자녀가 15~18세가 되었을 때 통제집단에 비해 정신건강 문제와 물질남용 문제를 적게 보이는 등 다양한 혜택이 지속적으로 나타났다(Wolchik et al., 2002). 이 프로그램에서 가장 큰 장기적 혜택을 보인 아동은 (외현화 행동과 가족 역경의 위험 지표에 근거해) 이후에 아동 정신건강 문제가 발병할 위험이 높은 상태로 확인되어 NBP에 들어온 아동이었다(Dawson-McClure et al., 2004). 단일 스트레스원보다는 다수의 역경에 노출된 아동이 정신건강 문제를 발생시킬 더 큰 위험에 놓여 있다. 그렇기에 이런 아동이야말로 다수의 역경이 미치는 부정적 효과를 감소시키기 위한 자원을 증진시키는 선별적 예방 프로그램이 가장 많이 필요하다(Sandler et al., 2003).

지시적 프로그램

내재화 문제를 위한 지시적 프로그램이 아동 자원을 조성함으로써 증상을 성공적으로 완화할 수 있었던 것과는 대조적으로, 준임상 수준의 외현화 문제를 보이는 아동을 위한 효과적인 지시적 프로그램은 보통 부모 개인 또는 부모집단을 대상으로 행동관리 훈련을 실시한다(Greenberg et al., 2001; Lochman & van den Steenhoven, 2002; Webster-Stratton & Taylor, 2001 참조). 한 예로 매우 좋은 시절 BASIC(Incredible Years BASIC) 프로그램(Webster-Stratton, 2001)은 14회기로 구성된 집단용 부모훈련 개입이다. 이 개입에서는 아동이 주도하는 놀이시간, 효과적인 명령, 친사회적 행동의 칭찬, 문제 행동에 대한 비폭력적 귀결(예, 타임아웃, 자연적 귀결, 논리적 귀결)과 같은 효과적인 자녀양육 방법을 가르칠 목적으로 부모-자녀 상호작용을 비디오로 찍고 집단 토론을 실시한다. 외현화 품행문제를 보이는 아동을 위한 지시적 예방 프로그램으로(Webster-Stratton & Hammond, 1997), 그리고 품행장애나 적대적 반항장애 진단을 받은 아동을 위한 치료 프로그램으로(예, Webster-Stratton, 1994) 실시된 여러 무선실험 시행에서, 매우 좋은 시절 BASIC 프로그램은 외현화 문제의 감소에 효과적임이 증명되었다.

지역사회-조직 영역 자원의 조성

보편적 프로그램

지역사회나 조직의 영역에서 자원을 조성하는 데 초점을 두는 보편적 예방 프로그램은 아동이 사는 거시환경의 변화하는 양상이 미래 역경의 발생 가능성을 줄이고 스트레스원을 효과적으로 관리할 수 있도록 돕는 지원을 모든 아동에게 제공할 것이라는 이론에 근거한다(Sandler, 2001). 조직 기반의 보편적 프로그램은 지역사회 안에서 건강한 행동을 더 많이 할 수 있도록 시민을 교육시키고 동원하며(Wandersman & Florin, 2003), 학교환경이 학생에게 더 지지적이 되도록 바꾸며(Battistich, Schaps, Watson, & Solomon, 1996; Felner, Favazza, Shim, Brand, Gu, & Noonan, 2001; Flannery et al., 2003; Olweus, 1993), 학생의 바람직하지 않은 행동을 감소시키는 학급관리 전략을 향상시킬 목적으로 개발되었다(Embry, 2002).

예를 들면, 착한 행동 게임(Good Behavior Game: GBG)은 학급 기반으로 실시하는 행동관리 개입이다. 이는 잘못된 행동이 발생했을 때 미소, 낄낄거림, 웃음, 지목하기와 같은 또래의 반응에 의해 강화되어 교실 안에서 학생의 파탄적 행동이 지속된다는 가정에 기초한다. 그러므로 부정적 행동을 억제하는 보상을 집단 기반으로 제공하면 부정적 행동에 대한 강화를 감소시킬 수 있다는 이론에 기초한다(Embry, 2002). GBG 개입은 교사가 설정한 부적응 행동 기준을 초과하지 않는 학생 팀을 교사가 긍정적으로 강화하는 게임으로 제시된다. GBG는 학년 내내 주기적으로 실시되는데, 매우 예측 가능한 절차와 즉각적인 보상제도로 시작하여 지연된 강화를 예측하기 어려운 시기와 장소에서 제공하는 방식으로 전개된다(Kellam, Ling, Merisca, Brown, & Ialongo, 1998). 미국 볼티모어의 19개 공립학교에 재학 중인 1학년 학생에게 대단위로 무선 예방 시행을 실시한 Dolan과 동료들(1993)은 추수검사에서 통제집단에 비해 개입집단의 공격성이 남녀 모두에서 유의하게 감소했음을 밝혔다. 교사가 평정한 공격성에 대한 개입 효과가 기초선 공격성 수준이 높았던 남자 아동에게는 5년 후에도 유지되었다(Kellam, Rebok, Ialongo, & Mayer, 1994). GBG 개입은 교실 생태가 전반적으로 덜 공격적이 되도록 변화시켜 공격적인 남아의 행동을 개선시킨 것으로 보인다(Kellam et al., 1998).

학교 개혁은 조직 영역에서 이루어지는 보편적 예방의 또 다른 예다. 재구조화 프로그램은 중학교나 고등학교로 진학하는 과정 중에 있는 청소년의 적응문제를 감소시킬 목적으로 개발되었다. 상급학교 진학과정에서 성적이 떨어지고 자기존중감이 낮아지며 심리적 불편이 높아지는 등 다수의 부정적 결과가 발생할 위험이 증가하며, 그 이후에 우울과 학업문제가 심화되는 문제를 겪게 될 더 큰 위험에 놓인다(Seidman, Aber, & French, 2003). 발달 이론가는 이러한 부정적 효과가 자율성, 정체감 형성, 또래 및 성인과의 친밀한 유대관계를 원하는 청소년의 요구와 학교환경의 불일치 때문이라고 주장한다(Eccles et al., 1993). 학교전환 환경 프로젝트(School Transition Environment Project: STEP)는 초등학교의 모든 학년을 함께 거쳐 가도록 아동을 소집단으로 구성하거나 한 명의 성인을 카운슬러, 조언자 또는 가족의 연락 담당자로 배정하여, 고위험 전환기 동안에 학교 맥락이 학생의 요구를 더 잘 충족시킬 수 있도록 개혁하기 위하여 설계되었다(Felner, Brand, Adan, Mulhall et al., 1993). 그래서 이 프로그램은 고등학교에서의 경험을 통해 또래와 성인에게서 더 많은 사회적 지지를 받을 수 있도록 개혁한다. 프로그램을 평가한 결과, STEP 프로그램을 경험했던 학생은 일상적인 고등학교 전환을 경험했던 무선 표집 학생에 비해 정서적으로 더 잘 적응했고, 더 높은 성적을 받았으며, 학교 출석을 더 잘 했고, 고등학교 3학년까지 학교를 중퇴하는 비율이 더 낮은 것으로 나타났다(Felner et al., 1993).

선별적 프로그램

사회는 빈곤, 부모의 이혼, 가족과의 사별, 신체질환과 같은 스트레스성 생활사건을 경험하는 아동과 가족을 위한 기관, 정책, 관습을 만든다. 예를 들면, 가정법원은 가족이 이혼을 하고 법적 문제(예, 부모의 권리와 책임)와 재산 분할의 방법을 해결할 수 있는 기관 구조를 제공한다. 대안적 정책과 관습이 부모갈등, 부모와의 접촉 상실, 경제적 곤경과 같은 이혼 이후 스트레스에 대한 아동의 노출과 이혼 이후 아동의 적응의 질에 중대한 영향을 미칠 수 있다. 결과적으로 법원은 갈등을 감소시키고(예, 분쟁 조정), 아동이 부모와 맺는 관계를 증가시키고(예, 공동양육권), 이혼 이후 부모의 기능을 강화하는 대안적 관습(예, 자녀양육 프로그램의 의무화)을 개발하는 데 있어 예방적이며 적극적인 조치를 취한다(Braver, Hipke, Ellman, & Sandler, 2003).

이혼 이후의 자녀양육권은 아동의 적응과 관련된 것으로 경험적 연구를 통해 드러났는데, 이는 조직 영역의 정책에 속하는 한 예다. 특히 Bauserman(2002)은 최근 공동양육권과 단독양육권에 따른 아동의 적응 수준을 비교하는 33개의 연구를 메타분석했다. 비록 효과 크기가 작은 경향이 있었지만, 가족에게 단독양육권보다는 공동양육권이 부여되었을 때 가족관계가 더 좋았고, 아동은 더 높은 자기존중감을 보였으며, 정서적, 행동적 및 이혼 특유의 영역에서 더 높은 수준의 적응을 보였다. 단독양육권을 부여받은 부모에 비해 공동양육권을 부여받은 부모가 이혼 전후에 갈등 상태를 덜 겪었을지라도, 공동양육권을 부여받은 가정의 아동이 더 잘 적응한 현상을 부모갈등으로는 설명할 수 없었다.

순행적 종단연구에서 부모관계, 부모의 자녀양육, 부모의 적응, 아동의 적응, 인구학적 변인을 포함한 다수의 이혼 이전 선별요인을 통제한 이후에도 양육권의 결정은 아동의 이후 적응을 잘 예측했다. 가족을 서로 다른 양육권 조건에 무선적으로 배정하지 못했기 때문에 이런 집단연구를 통해서는 인과관계를 추론할 수는 없다. 그러나 이 결과는 대다수의 가족을 위해 공동양육권을 선호하는 법률적 추정이 부모의 이혼을 경험하는 아동의 적응유연성을 증진시키는 데 도움이 될 수 있다는 것을 시사한다(Gunnoe & Braver, 2001).

지시적 프로그램

이미 문제 행동이 발현한 아동 · 청소년의 적응을 향상시키기 위한 조직적 개입은 그것을 다루기 위해 설계된 정책이나 사회 구조를 표적으로 한다. 이 개입은 앞으로 역경이 발생할 가능성을 감소시키거나 적응유연성을 증진시키기 위한 자원을 준비하여 문제를 감소시키거나 문제가 더 심각해지는 것을 예방할 수 있다는 이론에 근거한다. 예를 들면, 임신한 청소년을 위한 학교정책(Schellenbach, Leadbeater, & Moore, 2003), 비행 청소년을 위한 법원의 방침(Davidson, Redner, Amdur, & Mitchell, 1990), 또는 심한 갈등을 거친 이혼을 다루는 법원의 방침(Johnston & Roseby, 1997)이 있다.

문제 행동을 다루기 위한 정책과 조직적 구조가 도처에 널려 있을지라도, 그것이 역경, 적응유연성 자원, 문제성이 있는 결과에 미치는 효과에 대한 경험적 검증은 별로 이루어지지 않았다. 소년범 교화 프로그램(Juvenile Offender Diversion Program; Davidson et al., 1990)은 행동문제를 경험하고 있는 아동의 적응유연성을 증진시킬 목적으로 조직 영역에서 실시하고 제대로 평가를 거친 프로그램이다. 이 프로그램은 사회적 이름 붙이기가 비행의 향후 경로, 그리고 청소년 범법자가 지역사회 안에서 친사회적 역할에 적응하는 유능성을 지원하기 위하여 지역사회 자원을 동원하는 노력의 가치에 미치는 유해한 효과에 관한 이론적 주장에 기초한다. 이 프로그램은 비행에 연루되었으나 소년범 제도에서는 아직 공식적으로 선고받지 않을 것으로 법 시행기관이 확인한 청소년을 표적으로 한다. 비행 청소년의 사회 적응을 향상시키기 위해 사법체계에 의뢰하는 대신 법적 지원, 가족 개입, 행동 개입에 참여시켰다. 다수의 무선실험 시행이 이 프로그램의 효율성을 증명했다. 예를 들면, 한 연구에서는 청소년을 여섯 가지 조건 가운데 하나에 배정했다. 세 가지 조건은 법원에서 일하지 않는 학생 자원봉사자가 전달하는 것이었는데, 법적 지원과 행동계약의 병행, 가족에 초점을 둔 개입, 또는 학생 자원봉사자와의 공감적 관계를 통한 유능한 적응을 향상시켰다. 네 번째 조건은 법정 인력이 법적 지원과 행동계약 개입을 병행하여 전달한다. 다섯 번째 조건은 주로 레크리에이션 활동을 하면서 관심을 보여 주는 위약 통제집단이었다. 여섯 번째 조건은 소년법정에서 일상적으로 취해지는 처치였다. 법정에서 흔히 제공받은 처치보다 소년범 사법체계 밖에서 제공받은 세 가지 조건에서 재범률이 감소했다(Davidson, Redner, Blakeley, Mitchell, & Ernshoff, 1987). 이 결과는 청소년을 법정체계 밖에 두는 것이 사회적 이름 붙이기의 부정적 효과를 줄일 수 있으며, 적응을 지원하기 위한 상이한 유형의 개입이 비교적 똑같은 긍정적 효과를 가질 수 있다는 증거를 제시하였다.

다수 영역과 수준의 자원 조성

앞에서 설명했듯이, 다양한 예방 개입이 아동, 가족, 조직 영역에서 보편적, 선별적, 지시적 개입 접근을 활용하여 적응유연성을 증진시키고 역기능을 예방할 수 있음이 경험적으로 증명되었다. 〈표 20-1〉의 9개 셀 각각에 해당하는 효율적 개입이 확인되었다. 적응유연성을 증진시키려는 단일 노력이 각각의 셀에 기술될 수 있지만, 모든 아동의 적응유연성을 증진시키는 일은 역경, 자원, 요구에서 서로 다른 아동의 개인차를 다루기 위하여 여러 영역(매트릭스의 가로 행)과 수준(매트릭스의 세로 열)에 걸쳐 여러 개입을 조합하는 노력의 조정이 필요하다. 증거 기반의 몇 가지 예방 프로그램은 적응유연성을 증진시키고 역기능을 예방하기 위해 여러 영역 그리고/또는 여러 수준에 걸쳐 개입을 조합해서 시행해 왔다(CPPRG, 2002; Hawkins, Guo, Hill, Battin-Pearson, & Abbott, 2001; Metropolitan Area Child Study Research Group, 2002; Reid, Eddy, Fetrow, & Stoolmiller, 1999; Sanders et al., 2002; Vitaro, Brendgen, Tremblay, 2001; Weikart & Schweinhart, 1997).

예를 들면, 시애틀 사회성 발달 프로젝트(Seattle Social Development Project: SSDP)는 지역사회-학교의 역경에 노출된 학생(예, 시애틀의 범죄 발생률이 높은 지역의 공립 초등학교에 다니는 아동)에게 보편적 개입을 제공하고, 그 효과를 평가한 연구다(Hawkins, Catalano, Kosterman, Abbott, & Hill, 1999). 비무선통제 시행에서 완전한 개입, 늦은 개입, 무개입의 세 조건을 비교했다. 완전한 개입 조건에서는 1학년부터 6학년까지 서비스가 제공되었고 아동, 가족, 조직 영역에서 개입이 이루어졌다. 아동을 위한 사회적 유능성 훈련, 부모를 위한 자녀양육 교실, 매년 교사훈련을 포함하였다. 늦은 개입은 완전한 개입과 동일한 서비스를 5학년과 6학년에서만 제공했다.

SSDP의 장기추적 연구에서 완전한 개입을 받은 아동은 통제집단보다 적응유연한 학업적 결과를 더 많이 보였으나 늦은 개입을 받은 아동은 그렇지 않았다(Hawkins et al., 2001). 완전한 개입에 참여했던 아동은 청소년기와 초기 성인기에 학교에서의 문제 행동, 폭력 비행, 음주 과다, 위험한 성행위를 유의하게 덜 했고, 완전한 개입에 참여한 여성은 통제집단 여성에 비해 임신을 덜 하였다

(Hawkins et al., 1999; Lonczak, Abbott, Hawkins, Kosterman, & Catalano, 2002).

SSDP와 같이 다수 영역에 걸쳐 자원을 조성하는 개입과는 대조적으로, 3P (Triple P)—긍정적 자녀양육 프로그램(Positive Parenting Program; Sanders et al., 2002)—은 다수의 개입 수준에 걸쳐 특정 자원(예: 효과적인 자녀양육)을 향상시키는 프로그램의 한 예다. 3P 모형은 하나의 지역사회 안에 있는 개별 가족은 긍정적인 자녀양육을 촉진시키기 위해 필요한 지지와 도움의 정도에서 서로 다르다는 원리에 기초한다. 3P는 단일 프로그램이라기보다는 미디어 기반 보편적 자녀양육 프로그램에서부터 짧은 비디오 기반 선별적 프로그램, 더욱 집중적인 집단 기반 지시적 개입에 이르기까지 강도 면에서 다양한 다섯 가지 개입 수준이 하나의 체계를 이룬다. 다수의 무선통제 시행을 3P의 개입 수준 대부분에 시행하여 효과적인 자녀양육과 아동의 친사회적 행동을 증진시키는 데 효율적이라는 증거가 제시되었다(Sanders et al., 2002).

과학을 실제에 응용하기

스트레스 상황에서 아동의 적응유연성을 증진시키는 데 효과적인 예방 프로그램이 점차 더 많아지고 있다. 이들 프로그램은 다음의 두 가지 주요 특징을 공유한다. 첫째, 스트레스 상황에 있는 아동을 위한 적응유연한 결과와 관련된 개인 자원, 가족 자원, 지역사회-조직 자원을 증진시킨다. 둘째, 통제가 잘 이루어진 평가연구에서 자원을 보강하며 문제성 있는 결과를 예방하고 적응유연성을 증진시키는 데 효과적인 것으로 밝혀졌다. 통제가 잘 이루어진 평가를 통한 지지적인 증거가 없다면, 프로그램은 증명된 혜택이 아닌 약속어음을 제공할 뿐이다. 불행하게도 많은 지역사회가 증거 기반의 프로그램을 채택하지 않고 있고, 대신 잘 포장되어 있으나 적절한 평가를 받지 않은 개입에 의존하고 있다(Backer, 2000; Ennett et al., 2003). 다음에서 우리는 자원을 증진시키는 증거 기반 개입을 효과적으로 사용하기 위해 지역사회가 씨름해야 할 주요 이슈와 도전적 난제 가운데 몇 가지를 검토하고자 한다. 또한 지역사회가 아동과 가족의 요구를 확인하고 그들을 위한 적응유연성 증진에 활용할 수 있는 프로그램을 선정하는 데 도움이 되는 접근에 대해 논할 것이다.

요구평가

지역사회가 처음에 직면하는 중요한 난제는 전체 집단의 요구와 자원을 평가하는 것이다(Wandersman, Imm, Chinman, & Kaftarian, 2000). 이 과정은 문제를 규정하고 지역사회가 성취하기를 희망하는 특정 목표를 설정하는 데 매우 중요하다. 지역사회에 널리 퍼진 역경, 자원, 문제에 관한 역학 자료를 수집하는 일도 이 과정에 포함되는데, 이런 자료는 목표 설정과 개입전략 선정을 위해 사용할 수 있다. 역경, 자원, 문제는 지역사회 구성원의 지각(예, 아동 보고와 성인 보고)과 보존자료(예, 인구조사자료, 법정자료, 학교기록)를 포함한 다수의 자원을 활용함으로써 확인된다(Wandersman et al., 2000).

지역사회 지도자는 요구평가 방법에 대해 잘 알지 못할 가능성이 있기 때문에 몇몇 기관은 그들을 안내하기 위한 도구와 서비스를 개발해 왔다(Whitlock & Hamilton, 2003). 예를 들면, 서치 인스티튜트[2]는 지역사회 지도자가 '발달자산' (연구에 기반을 둔 보호자원)이 지역사회에 있는지의 여부를 확인하도록 돕기 위한 조사를 실시했다(Scales & Leffert, 1999). '학생생활 프로파일: 태도 및 행동(Profiles of Student Life: Attitudes and Behaviors)' 조사는 156개 문항으로 구성된 질문지로, 초등학교 6학년부터 고등학교 3학년에 이르기까지 학급에서 50분 동안 학생을 대상으로 실시한다. 이 조사는 학생의 가족과 지역사회에 있는 외적 자원 20개(예, 성인과의 양육적인 관계, 지지적인 기관, 풍요로움의 기회, 집합적 아동 모니터링)와 내적 자원 20개(예, 학습에 대한 학생의 전념, 친사회적 가치, 사회성 기술, 긍정적 자아정체감)의 가용성을 평가한다. 또한 이 조사는 학생의 인구학적 배경, 고위험 행동, 적응유연성 지표(예, 학업적 성공)와 발달적 결함(예, 학대받은 역사)에 관한 정보도 수집한다. 행정관리 이슈에 관한 전화 자문, 실시 요강, 학생조사 양식, 컴퓨터 채점과 분석, 조사 결과의 요약 보고서, 지역사회가 아동의 긍정적 결과 증진을 위한 자산조성 전략 개발의 노력을 동원하는 데 도움이 되는 자원은 서치 인스티튜트가 제공하는 유료 서비스다.

배려의 공동체(Communities That Care: CTC)[3]는 건강한 행동을 증강하고 부정

2) Search Institute Website: http://www.search-institute.org/surveys.

3) CTC Website: http://www.channing-bete.com/positiveyouth/pages/CTC/CTC.html와 http://www.communitiesthatcare.org.uk.

적 정신건강 결과를 예방하는 전략을 지역사회가 고안하도록 돕기 위해 개발한 유료 서비스다(Hawkins, Catalano, & Arthur, 2002). CTC는 과학 기반의 예방전략을 계획 · 시행하는 전 과정을 지역사회 지도자에게 안내하는 종합적이고 구조화된 체계로 다음의 예방전략을 포함한다. (1) 지역사회가 CTC를 활용할 준비가 되었는지 평가하기, (2) 예방과학과 CTC 원리를 주요 관계자와 지역사회 구성원에게 소개하기, (3) CTC를 실행하기 위한 지역사회 예방 위원회 결성하기, (4) 지역사회에 고유한 위험요인과 보호요인, 청소년 물질 사용, 기타 건강문제 및 행동문제에 관한 자료 수집하기, (5) 행동 계획을 설정하기 위해 평가 자료 활용하기, (6) 지역사회에 고유한 위험요인을 감소시키고 보호과정을 향상시키는 데 효과적인 것으로 밝혀진 과학 기반 예방전략 선정하기, (7) 선정한 예방전략 시행하기, (8) 시행의 성공 여부를 모니터링하고 평가하기다.

요구평가 단계 동안, CTC 지역사회 위원회는 네 개 영역(지역사회, 학교, 가족, 또래-개인)에 걸쳐 위험 행동(예, 약물 사용, 비행), 역경, 자원을 측정하기 위한 학생조사의 결과와 보관 자료(예, 인구조사)에 기초하여 지역사회가 지닌 강점과 난제의 프로파일을 작성한다(Hawkins et al., 2002). 또한 지역사회 내 여러 지역에 역경과 자원이 어떻게 분포되어 있는지를 상세히 보여 주는 지역사회 지도를 만들어 고위험 이웃을 위해 위원회가 노력을 기울일 수 있게 한다.

일부 연구는 서치 인스티튜트(Leffert et al., 1998)와 CTC(Arthur, Hawkins, Pollard, Catalano, & Baglioni, 2002)가 개발한 평가도구의 신뢰도와 타당도를 지지했고, 두 시스템은 모두 현장 검증되었다. 그렇지만 이 서비스를 사용하는 지역사회에서 정신건강의 증진에 기여하는 과학 기반 예방전략의 시행을 촉진하는 데 이러한 접근이 효과적인지를 검토하기 위한 무선통제 시행은 아직 실시되지 않았다. Whitlock과 Hamilton(2003)은 여기에서 기술한 것을 포함하여 하나 또는 그 이상의 아동조사 접근을 사용한 뉴욕 공동체의 대표자 면접에 기초한 비형식적 연구를 수행했다. 이 접근의 성공적 시행은 지역사회에서 폭넓게 구입하고 시행하며 참여하는지, 그리고 지역사회 합동위원회가 융통성 있는 역할과 행동을 하는지에 좌우된다. 그러므로 지역사회가 증거 기반 예방 프로그램을 성공적으로 시행하도록 돕기 위하여 설계된 요구평가 서비스가 전체 집단에 미치는 영향력은 아직 확정된 바가 없다. 그럼에도 불구하고 이 접근은 개입이 어떤 역경, 자원, 문제를 표적으로 삼아야 하는지를 결정하는 데 지역사회가 과학적 방법을 사용하도록 조력하는 방법을 제시한다.

예방전략의 선정

요구평가와 목표 설정을 하고 난 다음에는 목표를 충족시키기 위한 최선의 개입전략을 선정해야 한다(Wandersman et al., 2000). 여러 영역에 걸쳐서 역경을 상쇄하고 자원을 조성하는 증거 기반의 보편적, 선별적, 지시적 예방 프로그램을 혼합한 **다중 수준 접근**은 전체 집단을 대상으로 적응유연성을 증진시키며 지역사회 내 개개인의 다양한 요구를 충족시키는 효율적인 방법을 제공할 가능성이 있다(Hawkins et al., 2002; Sanders et al., 2002; Sheeber, Biglan, Metzler, & Taylor, 2002). 이 장에서 제시한 개념적 틀은 적절한 개입전략을 선정하는 과정을 안내하는 데 도움이 된다. 지역사회 지도자는 지역사회에 만연한 다양한 역경을 상쇄하기 위한 선별적 개입을 선택하고, 그 지역에서 부족한 자원을 보강하기 위한 다중 수준 전략을 선정하며, 지역사회 안의 특정 문제(예, 물질 사용, 정신장애)를 다루기 위한 지시적 프로그램과 보편적 프로그램을 선정하기 위하여 그 지역의 역경, 문제, 자원에 관해 수집한 자료를 사용할 수 있다.

그러나 지역사회 지도자는 지역사회의 요구를 충족시키는 프로그램을 효과적으로 선택하기 위하여 특정 자원을 조성하고 특정 역경을 상쇄하며 특정 적응문제를 감소시키는 것으로 알려진 프로그램에 관한 간략한 정보도 가지고 있어야 한다. 지역사회와 실무자에게 이런 유형의 정보를 제공할 필요성을 인식한 다수의 연방정부 기구는 효과적인 프로그램 목록을 포함한 등록부, 프로그램을 효과적으로 시행할 수 있는 조건에 관한 상세한 사항 및 예방 프로그램의 확인을 안내하는 효과성의 원칙을 개발하였다. 이런 일을 하는 연방정부 부서로는 약물남용 예방센터의 약물남용과 정신건강 서비스(Substance Abuse and Mental Health Service [SAMHSA] Center for Substance Abuse Prevention [CSAP]),[4] 소년범죄 및 비행예방국(Office of Juvenile Justice and Delinquency Prevention [OJJDP]),[5] 미국 교육부의 안전하고 약물 없는 학교 프로그램(U. S. Department of Education Safe

4) SAMHSA CSAP Website: http://preventionpathways.samhsa.gov.

5) OJJDP Website: http://www.strengtheningfamilies.org.

and Drug-Free Schools Program [SDFSP])[6)]이 있다. 예를 들면, CSAP의 예방경로(Prevention Pathways)의 웹사이트에서는 방법론적으로 엄격한 평가를 거쳐 효과적인 것으로 밝혀진 예방 프로그램의 소개와 다양한 온라인 자원을 제공한다. 모범적인 프로그램의 개입 수준(보편적, 선별적, 지시적), 사용된 개입전략, 서비스를 제공받는 표적 대상, 영향을 받은 주요 결과, 비용 추정치, 프로그램 개발자 연락처가 제시되어 있다.

시행과 평가

증거 기반 프로그램을 선정한다고 해서 지역사회에서 그 프로그램의 성공적 시행을 보장하지는 않는다. 증거 기반 프로그램을 선정할 경우에도 종종 자연적인 서비스 전달체계에서 잘 시행되지 않는 때가 있다(Greenberg et al., 2003). 지역사회 장면에서 증거 기반 프로그램이 원래 프로그램 모형과 동일한 효과가 있는지를 결정하기 위해서는 **시행 충실성**(fidelity of implementation)을 확인한다(Mayer & Davidson, 2000). 그러므로 프로그램 패키지에 상세한 매뉴얼, 훈련 프로그램, 기술 지원, 시행의 모니터링 절차(개입 충실성을 증진시키기 위한 것)를 포함시켜야 한다(Hays, Rebchook, & Kegeles, 2003; Kegeles et al., 2000; Torrey et al., 2001).

개입 패키지의 특징에 더해서 내담자의 특징, 제공자의 선호, 조직의 여러 이슈는 시행의 질과 그리고 오랜 시간에 걸쳐 개입이 지속될 것인지에 영향을 미친다(Backer, 2000; Mayer & Davidson, 2000; Sobell, 1996). 그래서 프로그램 목표에 대한 인식과 관심, 적절한 자격증과 문화적 유능성을 지닌 인력, 프로그램을 지원하기 위한 적절한 자원, 강력한 조직 리더십과 같은 다수의 특징에 기초하여, 지역사회는 각 조직이 프로그램을 성공적으로 시행할 가능성을 확보하는 것이 중요하다(Price, 2002; Wandersman et al., 2000). 이에 더하여 지역사회 장면에서 실시되는 증거 기반 예방 프로그램의 효과성을 높이기 위해 시행단계를 분명하게 규정하고 계획하며(예, 일정표, 책임 맡은 업무분장), 개입 계획, 시행, 프로그램 결과에 관한 정보를 체계적으로 평가하고 피드백하는 데 지속적인 질 향상의 전략을

6) U. S. Department of Education SDFSP Website: http://www.ed.gov/admins/lead/safety/exemplary01/index.html.

사용해야 한다(Wandersman et al., 2000).

결론

이 장에서는 모든 아동의 적응유연성을 증진시키고 정신건강 문제를 예방하려는 노력을 이끄는 공중보건 접근과 적응유연성 개념을 통합한 개념틀을 제시했다. 하나의 전체 집단 안에 있는 개개인은 다양한 수준의 역경, 자원, 문제를 가지고 있다. 보편적, 선별적, 지시적 예방 프로그램을 조합하는 다중 영역, 다중 수준 접근은 이처럼 다양한 요구를 다룰 수 있고, 집단 수준의 정신건강에 동시에 영향을 미치는 효율적이며 효과적인 방법을 제시한다. 다양한 보편적, 선별적, 지시적 개입은 엄밀한 검증 절차를 거쳤으며, 적응유연성을 증진시키고 정신건강 문제를 예방하기 위해 여러 수준에 걸친 자원을 조성하는 것으로 밝혀졌다. 불행하게도 대부분의 지역사회는 증거 기반 프로그램을 시행하지 않았다. 이는 지역사회 지도자가 요구평가를 시행하고, 효과적인 프로그램을 선정하며, 프로그램을 충실하게 시행하고, 프로그램이 아동에게 미친 영향력을 평가하는 방법을 개발하는 것이 중요하다는 사실을 강조한다. 모든 아동의 적응유연성을 증진시키는 일은 지역사회가 증진시켜야 할 아동 유능성과 예방해야 할 문제에 관련된 특정 목표를 확인하고, 그 목표를 위협하는 역경과 목표의 달성을 촉진하는 자원을 평가하고, 여러 영역과 개입 수준에 걸쳐 자원을 조성하는 증거 기반 예방 프로그램의 조화로운 조합의 시행을 요구한다.

참고문헌 REFERENCES

Amato, P. (2001). Children of divorce in the 1990s: An update of the Amato and Keith (1991) meta-analysis. *Journal of Family Psychology, 15*(3), 355-370.

Arthur, M., Hawkins, J. D., Pollard, J. Catalano, R., & Baglioni, A. (2002). Measuring risk and protective factors for substance use, delinquency, and other adolescent problem behaviors: The communities that care youth survey. *Evaluation Review, 26*(6), 575-601.

Backer, T. (2000). The failure of success: Challenges of disseminating effective substance abuse prevention programs. *Journal of Community Psychology, 28*(3), 363-373.

Battistich, V., Schaps, E., Watson, M., & Solomon, D. (1996). Prevention effects of the Child Development Project: Early Findings from an ongoing multisite demonstration trial. *Journal of Adolescent Research, 11*, 12-35.

Bauserman, R. (2002). Child adjustment in joint-custody versus sole-custody arrangements: A meta-analytic review. *Journal of Family Psychology, 16*(1), 91-102.

Braver, S. L., Hiper, K. N., Ellman, I. M., & Sandler, I. N. (2003). Strengths-building public policy for children of divorce. In K. Maton, C. J. Schellenbach, B. J. Leadbeater, & A. L. Solarz (Eds.), *Investing in children, youth, families and communities: Strengths-based research and policy* (pp. 53-73). Washington, DC: American Psychological Association.

Clarke, G., Hawkins, W., Murphy, M., Sheeber, L., Lewinsohn, P., & Seeley, J. (1995). Targeted prevention of unipolar depressive disorder in an at-risk sample of high school adolescents: A randomized trial of a group cognitive intervention. *Journal of the American Academy of Child and Adolescent Psychiatry, 34*(3), 312-321.

Clarke, G., Hornbrook, M., Lynch, F., Polen, M., Gale, J., Beardslee, W. et al. (2001). A randomized trial of a group cognitive intervention for preventing depression in adolescent offspring of depressed parents. *Archives of General Psychiatry, 58*, 1127-1134.

Conduct Problems Prevention Research Group (CPPRG). (1999). Initial impact of the Fast Track prevention trial for conduct problems: II. Classroom effects. *Journal of Consulting and Clinical Psychology, 67*(5), 648-657.

Conduct Problems Prevention Research Group (CPPRG). (2002). Evaluation of the first 3 years of the Fast Track prevention trial with children at high risk for adolescent conduct problems. *Journal of Abnormal Child Psychology, 30*(1), 19-35.

Davidson, W., Render, R., Amdur, R., & Mitchell, C. (1990). *Alternative treatments for troubled youth: The case of diversion from the justice system*. New York: Plenum.

Davidson, W., Render, R., Blakely, C., Mitchell, C., & Ernshoff, J. (1987). Division of juvenile offenders: An experimental comparison. *Journal of Consulting and Clinical Psychology, 55*(1), 68-75.

Dawson-McClure, S., Sandler, I., Wolchik, S., & Millsap, R. (2004). Risk as a moderate of the effects of prevention programs for children divorce: A six-year longitudinal study. *Journal of Abnormal Child Psychology, 32*(2), 175-190.

Dolan, L., Kellam, S., Brown, C., Werthamer-Larsson, L., Rebok, G., Mayer, L. et al. (1993). The short-term impact of two classroom-based preventive interventions on aggressive and shy behaviors and poor achievement. *Journal of Applied Development Psychology, 14,* 317-345.

Duncan, G., & Brooks-Gunn, J. (2000). Family poverty, welfare reform, and child development. *Child Development, 71*(1), 188-196.

Eccles, J. S., Midgley, C., Wigfield, A., Buchanan, C. M., Reuman, D., Flanagan, C. et al. (1993). The impact of stage-environment fit on young adolescents' experiences in schools and families. *American Psychologist, 48,* 90-101.

Ennett, S., Ringwalt, C., Thorne, J., Rohrbach, L., Vincus, A., Simons-Rudolph, A. et al. (2003). A comparison of current practice in school-based substance use prevention programs with meta-analysis findings. *Prevention Science, 4*(1), 1-14.

Enright, S., & Carr, A. (2002). Prevention of post-traumatic adjustment problems in children and adolescents. In A. Carr (Ed.), *Prevention: Works with children and adolescents?* (pp. 314-335). New York: Brunner-Routledge.

Felitti, V., Anda, R., Nordenberg, D., Williamson, D., Spitz, A., Edwards, V. et al. (1998). Relationship of childhood abuse and household dysfunction to many of the leading causes of death in adults: The Adverse Childhood Experiences (ACE) study. *American Journal of Preventive Medicine, 14*(4), 245-258.

Felner, R. D., Brand, S., Adan, A. M., Mulhall, P. F., Flowers, N., Sartain, B., & DuBois, D. (1993). Restructuring the ecology of the school as an approach to prevention during school transitions: Longitudinal follow-up and extensions of the School Transitional Environment Project (STEP). *Prevention in Human Services, 10*(2), 103-136.

Felner, R., Favazza, A., Shim, M., Brand, S., Gu, K., & Noonan, N. (2001). Whole school improvement and restructuring as prevention and promotion: Lessons from STEP and the Project on High Performance Learning Communities. *Journal of School Psychology, 39*(2), 177-202.

Flannery, D., Vazsonyi, A., Liau, A., Guo, S., Powell, K., Atha, H. et al. (2003). Initial behavior outcomes for the Peace Builders universal school-based violence prevention program. *Developmental Psychology, 39*(2), 292-308.

Furstenberg, F., Cook, T., Eccles, J., Elder, G., & Sameroff, A. (1999). *Managing to make it: Urban families and adolescent success.* Chicago: University of Chicago Press.

Gordon, R. (1987). An operational classification of disease prevention. In J. Steinberg & M. Silverman (Eds.), *Preventing mental disorders* (pp. 20-26). Rockville, MD: U. S. Department of Health and Human Services.

Grant, K., Compas, B., Stuhlmacher, A., Thurn, A., McMahon, S., & Halpert, J. (2003). Stressors and child and adolescents psychopathology: Moving from makers to mechanisms of risk. *Psychological Bulletin, 129*(3), 447-466.

Greenberg, M., Domitrovich, C., & Bumbarger, B. (2001). The prevention of mental disorders in school-aged children: Current state of the field. *Prevention and Treatment, 4*(1), 1-62.

Greenberg, M., Kusche, C., Cook, E., & Quamma, J. (1995). Promoting emotional competence in school-aged children: The effects of the PATHS curriculum. *Development and Psychopathology, 7*(1), 117-136.

Greenberg, M., Weissberg, R., O'Brien, M., Zins, J., Fredericks, L., Resnik, H. et al. (2003). Enhancing school-based prevention and youth development through coordinated social, emotional and academic learning. *American Psychologist, 58*(6-7), 466-474.

Gunnoe, M. L., & Braver, S. (2001). The effects of joint legal custody on mothers, fathers, and children controlling for factors that predispose a sole maternal versus joint legal award. *Law and Human Behavior, 25*(1), 25-43.

Hawkins, J., Catalano, R., & Arthur, M. (2002). Promoting science-based prevention in communities. *Addictive Behaviors, 27,* 951-976.

Hawkins, J., Catalano, R., Kosterman, R., Abbott, R., & Hill, K. (1999). Preventing adolescent health-risk behaviors by strengthening protection during childhood. *Archives of Pediatrics and Adolescent Medicine, 153,* 226-234.

Hawkins, J., Guo, J., Hill, K., Battin-Pearson, S., & Abbott, R. (2001). Long-term effects of the Seattle social development intervention on school bonding trajectories. *Applied Developmental Science, 5*(4), 225-236.

Hays, R., Rebchook, G., & Kegeles, S. (2003). The Mpowerment project: Community-building with young gay and bisexual men to prevent HIV. *American Journal of Community Psychology, 31*(3-4), 301-312.

Institute of Medicine (IMO). (1994). *Reducing risks for mental disorders: Frontiers for preventive intervention research.* Washington, DC: National Academy Press.

Johnson, J., & Roseby, V. (1997). *In the name of the child: A developmental approach to understanding and helping children of conflict and violent divorce.* New York: Free Press.

Kam, C., Greenberg, M., & Walls, C. (2003). Examining the role of implementation quality in school-based prevention using the PATHS curriculum. *Prevention Science, 4*(1), 55-63.

Kegeles, S. M., Rebchook, G. M., Hays, R. B., Terry, M. A., O'Donnell, L., Leonard, N. R. et al. (2000). From science to application: The development of an intervention package. *AIDS Education and Prevention, 12,* 62-74.

Kellam, S., Ling, X., Merisca, R., Brown, C. H., & Ialongo, N. (1998). The effects of the level of aggression in the first grade classroom on the course and malleability of aggressive behavior into middle school. *Development and Psychopathology, 10,* 165-185.

Kellam, S., Rebok, G., Ialongo, N., & Mayer, L. (1994). The course and malleability of aggressive behavior from early first grade into middle school: Results of a developmental epidemiologically-based preventive trial. *Journal of Child Psychology and Psychiatry, 35,* 359-382.

Kessler, R., Davis, C., & Kendler, K. (1997). Childhood adversity and adult psychiatric disorder in the US National Comorbidity Survey. *Psychological Medicine, 27*(5), 1101-1119.

Kiselica, M., Baker, S., Thomas, R., & Reedy, S. (1994). Effects of stress inoculation training on anxiety, stress, and academic performance among adolescents. *Journal of Counseling Psychology, 41*(3), 335-342.

Lange, G., & Carr, A. (2002). Prevention of cognitive delay in socially disadvantaged children. In A. Carr (Ed.), *Prevention: What works with children and adolescents?* (pp. 41-63). New York: Brunner-Routledge.

Leffert, N., Benson, P., Scales, P., Sharma, A., Drake, D., & Blyth, D. (1998). Developmental assets: Measurement and prediction of risk behaviors among adolescents. *Applied Developmental Science, 2*(4), 209-230.

Lochman, J., & van den Steenhoven, A. (2002). Family-based approaches to substance abuse prevention. *Journal of Primary Prevention, 23*(1), 49-114.

Lonczak, H., Abbott, R., Hawkins, J., Kosterman, R., & Catalano, R. (2002). Effects of the Seattle social development project on sexual behavior, pregnancy, birth, and STD outcomes by age 21. *Archives of Pediatrics and Adolescent Medicine, 156,* 438-447.

Lutzke, J., Ayers, T., Sandler, I., & Barr, A. (1997). Risks and interventions for the parentally bereaved child. In S. Wolchik & I. Sandler (Eds.), *Handbook of children's scoping: Linking theory and intervention issues in clinical psychology* (pp. 215-243). New York: Plenum.

Margolin, G., & Gordis, E. (2000). The effects of family and community violence on children. *Annual Review of Psychology, 51,* 445-479.

Mayer, J., & Davidson, W. (2000). Dissemination of innovation as social change. In J. Rappaport & E. Siedman (Eds.), *Handbook of community psychology* (pp. 421-443). Dordrecht, Netherlands: Kluwer Academic.

Metropolitan Area Child Study Research Group. (2002). A cognitive-ecological approach to preventing aggression in urban settings: Intial outcomes for high-risk children. *Journal of Consulting and Clinical Psychology, 70*(1), 179-194.

Offord, D. (2000). Selection of levels of prevention. *Addictive Behaviors, 25*(6), 833-842.

Olds, D. (2002). Prenatal and infancy home visiting by nurses: From randomized trial to community replication. *Prevention Science, 3*(3), 153-172.

Olweus, D. (1993). *Bullying in schools: What we know and what we can do*. Oxford: Blackwell.

O'Sullivan, A., & Carr, A. (2002). Prevention of developmental delay in low birth weight infants. In A. Carr (Ed.), *Prevention: What works with children and adolescents?* (pp. 17-40). New York: Brunner-Routledge.

Pedro-Carroll, J. (1997). The children of divorce intervention program: Fostering resilient outcomes for school-aged children. In G. Albee & T. Gullotta (Eds.), *Primary prevention works. Issues in children's and families' lives* (Vol. 6, pp. 213-238). Thousand Oaks, CA: Sage.

Pedro-Carroll, J., & Cowen, E. (1985). The children of divorce intervention program: An investigation of the efficacy of a school-based prevention program. *Journal of Consulting and Clinical Psychology, 53*(5), 603-611.

Price, R. (2002, May). *A tale of three community collaborations: Winning new jobs in China, Finland, and California*. Paper presented at tenth annual meeting of the Society for Prevention Research, Seattle, WA.

Reid, J., Eddy, J., Fetrow, R., & Stoolmiller, M. (1999). Description and immediate impacts of a preventive intervention for conduct problems. *American Journal of Community Psychology, 27,* 483-517.

Rose, G. (1992). Strategies of prevention: The individual and the population. In M. Marmot & P. Elliott (Eds.), *Coronary heart disease edpidemiology: From aetiology to public health* (pp. 311-324). New York: Oxford University Press.

Sanders, M., Turner, K., & Markie-Dadds, C. (2002). The development and dissemination of the Triple P-Positive Parenting Program: A multilevel, evidence-based system of parenting and family support. *Prevention Science, 3*(3), 173-189.

Sandler, I. (2001). Quality and ecology of adversity as common mechanisms of risk and resilience. *American Journal of Community Psychology, 29*(1), 19-61.

Sandler, I., Ayers, T., Suter, A., Schultz, A., & Twohey, J. (2003). Adversities, strengths and public policy. In K. Maton, C. Schellenbach, B. Leadbeater, & A. Solarz (Eds.), *Investing in children, youth, families, and communities: Strengths-based research and policy*. Washington, DC: American Psychological Association.

Scales, P., & Leffert, N. (1999). *Developmental assets: A synthesis of the scientific research on adolescent development*. Minneapolis: Search Institute.

Schellenbach, C., Leadbeater, B., & Moore, K. (2003). Enhancing the developmental outcomes of adolescent parents and their children. In J. Maton, C., Schellenbach, B. Leadbeater, & A. Solarz (Eds.), *Investing in children, youth, families, and communities: Strengths-based research and policy*. Washington, DC: American Psychological Association.

Seidman, E., Aber, J. L., & French, S. E. (2003). The organization of schooling and adolescent development. In K. Maton, C. J. Schellenbach, & A. L. Solarz (Eds.), *Investing in children, youth, families, and communities: Strengths-based research and policy* (pp. 233-251). Washington, DC: American Psychological Association.

Seifer, R., & Dickstein, S. (2000). Parental mental illness and infant development. In C. Zeanah (Ed.), *Handbook of infant mental health* (2nd ed., pp. 145-160). New York: Guilford.

Sheeber, L., Biglan, A., Metzler, C., & Taylor, T. (2002). Promoting effective parenting practices. In L. Jason & D. Glenwick (Eds.), *Innovative strategies for promoting health and mental health across the life span* (pp. 63-84). New York: Springer.

Sobell, L. (1996). Bridging the gap between scientist and practitioners: The challenge before us. *Behavior Therapy, 27*(3), 297-320.

Spoth, R., Guyll, M., & Day, S. (2002). Universal family-focused interventions in alcohol-use disorder prevention: Cost-effectiveness and cost-benefit analyses of two interventions. *Journal of Studies on Alcohol, 63*, 219-228.

Spoth, R., Redmond, C., & Shin, C. (1998). Direct and indirect latent-variable parenting outcomes of two universal family-focused preventive interventions: Extending a public health-oriented research base. *Journal of Consulting and Clinical Psychology, 66*, 385-399.

Spoth, R., Redmond, C., & Shin, C. (2001). Randomized trial of brief family interventions for general populations: Adolescent substance use outcomes 4 years following baseline. *Journal of Consulting and Clinical Psychology, 69*(4), 627-642.

Stolberg, A., & Mahler, J. (1994). Enhancing treatment gains in a school-based intervention for children of divorce through skill training, parental involvement, and transfer procedures. *Journal of Consulting and Clinical Psychology, 62*(1), 147-156.

Stormshak, E., Kaminski, R., & Goodman, M. (2002). Enhancing the parenting skills of Head Start families during the transition to kindergarten. *Prevention Science, 3*(3), 223-234.

Tobler, N., Roona, M., Ochshorn, P., Marshall, D., Streke, A., & Stackpole, K. (2000). School-based adolescent drug prevention programs: 1998 meta-analysis. *Journal of Primary Prevention, 20*(4), 275-336.

Torrey, W., Drake, R., Dixon, L., Burns, B., Flynn, L., Rush, A. J. et al. (2001). Implementing evidence-based practices for persons with severe mental illness. *Psychiatric Services, 52*(1), 45-50.

Vitaro, F., Brendgen, M., & Tremblay, R. (2001). Preventive intervention: Assessing its effects on the trajectories of delinquency and testing for mediational processes. *Applied Developmental Science, 5*(4), 201-213.

Wandersman, A., & Florin, P. (2003). Community interventions and effective prevention. *American Psychologist, 58*(6-7), 441-448.

Wandersman, A., Imm, P., Chinman, M., & Kaftarian, S. (2000). Getting to outcomes: A results-based approach to accountability. *Evaluation and Program Planning, 23*, 389-395.

Webster-Stratton, C. (1994). Advancing videotape parent training: A comparison study. *Journal of Consulting and Clinical Psychology, 62*(3), 583-593.

Webster-Stratton, C. (2001). The incredible years: Parents, teachers, and children training series. *Residential Treatment for Children and Youth, 18*(3), 31-45.

Webster-Stratton, C., & Hammond, M. (1997). Treating children with early-onset conduct problems: A comparison of child and parent raining interventions. *Journal of Consulting and Clinical Psychology, 65*(1), 93-109.

Webster-Stratton, C., & Taylor, T. (2001). Nipping early risk factors in the bud: Preventing substance abuse, delinquency, and violence in adolescence through interventions targeted at young children (0-8 years). *Prevention Science, 2*(3), 165-192.

Weikart, D., & Schweinhart, L. (1997). High/Scope Perry preschool program. In G. Albee & T. Gullotta (Eds.), *Primary prevention works. Issues in children's and families' lives* (Vol. 6, pp. 146-166). Thousand Oaks, CA: Sage.

Whitlock, J., & Hamilton, S. (2003). The role of youth surveys in community youth development initiatives. *Applied Developmental Science, 7*(1), 39-51.

Wilson, D., Gottfredson, D., & Najaka, S. (2001). School-based prevention of problem behaviors: A meta-analysis. *Journal of Quantitative Criminology, 17*(3), 247-272.

Wolchik, S., Sandler, I., & Millsap, R., Plummer, B., Greene, S., Anderson, E. et al. (2002). Six-year follow-up of preventive interventions for children of divorce: A randomized controlled trial. *JAMA, 288*(15), 1874-1881.

Wolchik, S., West, S., Sandler, I., Tein, J., Coatsworth, D., Lengua, L. et al. (2000). An experimental evaluation of theory-based mother and mother-child programs for children of divorce. *Journal of Consulting and Clinical Psychology, 68*(5), 843-856.

Wolchik, S., West, S., Westover, S., & Sandler, I. (1993). The children of divorce parenting intervention: Outcome evaluation of an empirically based program. *American Journal of Community Psychology, 21*(3), 293-331.

Wyman, P., Sandler, I., Wolchik, S., & Nelson, K. (2000). Resilience as cumulative competence promotion and stress protection: Theory and intervention. In D. Cicchetti, J. Rappaport, I. Sandler, & R. Weissberg (Eds.), *The promotion of wellness in children and adolescents* (pp. 133-184). Washington, DC: Child Welfare League of America.

제21장

학교폭력 예방을 통한 적응유연성

Jennifer Taub & Melissa Pearrow

가족을 제외하면, 학교는 어떤 다른 기관보다도 오늘의 아동 · 청소년과
내일의 성인의 적응유연성을 증진시키는 환경과 조건을 더 많이 제공할 수 있다.

—Henderson & Milstein, 1996, p. 2

이 책에서 학교에 초점을 두는 원고 청탁을 받았을 때 우리는 아동 · 청소년의 사회성 문제와 정서적 문제를 예방하기 위한 학교 기반의 수많은 프로그램에 관한 훌륭한 책과 논문을 생각했다. 실로 학교 기반의 정신건강 클리닉과 약물 및 알코올 예방 프로그램, 흉기 감소 프로그램, 학교-지역사회 파트너십, 학교 기반 가족지원 서비스와 같은 프로그램 모두(이보다 더 많겠지만)가 학생의 사회적 안녕과 정서적 안녕을 목표로 하고 있다. 그 가운데 많은 프로그램이 폭넓게 말해서 적응유연성을 증진시키기 위한 것이라고 할 수 있다.

학교 전체를 대상으로 하는 폭력 예방의 이슈를 다루면서 문제를 가진 것으로 확인된 학생을 표적으로 하는 프로그램, 임상 또는 정신건강에 초점을 두는 프로그램, 2차 또는 3차 예방에 초점을 두는 프로그램에 관해서는 다시 논의하지 않을 것이다. 물론 우리는 이런 프로그램을 강력하게 지지하며 그것이 학교에서 중요한 역할을 한다고 믿는다. 또한 그것은 직접적 또는 간접적으로 학생의 적응유연성과 관련된 요인을 증진시킬 뿐만 아니라 학교 안에서 폭력과 관련된 요인을 감소시키는 데도 기여한다.

확인된 문제를 가진 학생을 표적으로 하는 프로그램은 웰니스를 증진시키는 적응유연성 모형보다는 임상적으로 증상을 감소시키는 데 더 많은 초점을 두고 있다(Cowen, 1994). 이런 프로그램은 보통 전체 학생집단 중에서 소수의 학생을 표적으로 한다. 미국 교육부(2001)는 1% 미만의 학생이 「1997년 장애인교육법(Individuals with Disabilities Education Act of 1997)」(IDEA)에서 서비스 수혜 자격에 해당하는 정서적 혼란을 가진 것으로 확인된다고 추정하였다. **전교 대상**(school-wide) 개입에 주목하면서 우리는 Durlak과 Wells(1997)가 "정신건강 기능을 증진시키려는 노력뿐만 아니라 현재 정상적인 집단에서 적응문제가 앞으로 발생할 가능성을 감소시키기 위하여 의도적으로 설계된 개입"(p. 117)으로 정의하는 **1차 예방**의 입장을 취할 것이다. 이런 개입은 문제 행동을 하거나 하지 않는 학생 모두에게 제공된다.

이 장에서는 학교환경에서 시행하며 사회적 및 정서적 유능성을 증진시키고 폭력 행동을 감소시킬 목적으로 특별히 고안된 학교 기반 프로그램과 학급 기반 프로그램에 폭넓게 초점을 맞출 것이다. 그래서 문제 행동을 보이는 것으로 이미 확인된 개인만을 표적으로 하는 치료와 전략(2차 예방)은 다루지 않을 것이다. 이 장에서는 전체 학교집단을 표적으로 하는 **보편적** (전교 대상) 프로그램과 1차 예방 프로그램을 중점적으로 논의할 것이다. 우리가 생각하기에는 적응유연성에 초점을 두려면 폭력의 전반적인 발생을 감소시키기 위해 모든 아동의 사회적 유능성을 향상시키고 스트레스에 대한 강인한 대처를 증진시키는 노력을 기울여야 한다. 학교 장면에서 시행하는 그런 '보편적' 프로그램의 중요성을 탐색할 것이며, 어떻게 이런 프로그램이 아동과 청소년의 일상적인 활동을 통해 적응유연성을 증진시키는지를 살펴볼 것이다. 더불어 경험적으로 타당화된 폭력 예방 프로그램을 검토할 것이며, 프로그램의 효과성을 검증하기 위해 필요한 전략을 살펴볼 것이다. 폭력 예방 프로그램의 개발과 연구에 대한 요구와 향후 나아갈 방향도 강조할 것이다.

적응유연성 정의

적응유연성은 변화와 스트레스 사건에 대하여 건강하고 융통성 있게 적응할 수 있는 능력으로 정의되어 왔다. Handerson과 Milstein(1996)은 적응유연성이란 성인과 아동이 자신의 삶에서 겪는 스트레스, 외상, 위험에서 회복하는 방식이라고 했다. 연구에서 적응유연성은 다수의 위험요인에 노출될 때조차 도전적인 난제에 성공적으로 반응하고 성공적인 결과를 성취하는 아동 · 청소년의 특징으로 간주되기도 한다(예, Hawkins, Catalano, & Miller, 1992; Masten, Best, & Garmezy, 1990; Rutter, 1985; Werner, 1989). 국립과학학술원(National Academy of Sciences; Reiss & Roth, 1993)은 적응유연성을 위험에 처하여 문제 행동을 택하지 않도록 아동을 보호하는 패턴으로 정의했다. 한편 Huizinga, Loeber와 Thornberry(1995)는 가족이나 지역사회 환경의 변화와 같은 환경적 스트레스원에 대한 적응적 반응을 포함한다고 제안했다.

학교가 적응유연성을 증진시키려면 적응유연한 아동의 특징을 세심하게 살펴봐야 한다. 앞의 여러 장에서 폭넓게 검토되었듯이, 아동의 적응유연성과 관련된 보호요인에는 두 가지 일반적 유형이 있다. 하나는 내적 보호요인군이고 다른 하나는 외적 보호요인군이다. 내적 보호요인군에는 충동 조절, 의사결정, 사회적 문제해결, 타인과 긍정적 관계를 형성할 수 있는 능력 등 개인 안에 존재하는 요소가 포함된다(Henderson & Milstein, 1996). 외적 보호요인군은 분명한 경계, 한계, 규범, 규칙을 설정 · 시행하며 타인과 지지적이고 애정 어린 관계를 조성하며 이타주의와 협동의 가치를 소유하는 특징을 지닌 가족, 학교, 지역사회를 포함한다(Henderson & Milstein, 1996). 적응유연성을 증진시키기 위해 설계한 전교 대상 프로그램은 그 자체로서 학생 (개인) 수준에서 작용하여 내적 요인을 증강하는 기제를 활용한다. 이런 프로그램은 갈등 해결이나 사회적 문제해결과 같은 기술을 학생에게 가르친다. 또래중재 프로그램을 도입하거나 학교의 훈육정책을 변화시키는 것과 같은 환경적 변화를 시행하여 외적 (학교) 요인을 향상시킬 수도 있다.

1차 예방

오늘날 미국 사회가 직면하고 있는 가장 심각한 건강문제와 사회문제 가운데 일부는 부분적으로 아동 · 청소년기에 수립된 행동 패턴 때문에 야기된 것이다(Kolbe, Collins, & Cortese, 1997). 1차 예방은 "병리가 생기기 이전에 질병의 원인을 차단하거나 질병의 과정을 변경시키기 위해 질병의 시작에 앞서 취하는 행동으로 정의된다."(Goldstein, 1985, p. 454) 1차 예방 프로그램은 필연적으로 질병이나 증상의 완화를 표적으로 하지 않기 때문에 임상적이라기보다는 **교육적**이다.

Reiss와 Price(1996)는 예방 프로그램이 효과적이려면 개입이 반드시 발달 수준에 맞아야 하며 개인과 환경의 측면을 포함해야 한다고 주장했다. 효과적인 예방 프로그램으로는 흡연, 알코올 및 약물 남용을 표적으로 하는 프로그램이 있는데, 이런 프로그램은 삶의 초기에 종합적 교육을 시작할 것을 요구한다(Reiss & Price, 1996). 폭력 예방 프로그램이 지난 20여 년 동안에 개발된 비교적 새로운 것이지만, 프로그램에 관한 대부분의 연구는 청소년을 대상으로 도심의 저소득층 거주 지역에서 시행되었다.

연구를 통해 나이가 어린 아동을 대상으로 하는 것이 예방을 위해 특히 중요하다는 것이 밝혀졌다(Campbell, 2002). 이후 공격성과 관련된 바람직하지 않은 수많은 행동과 이를 수반하는 태도가 청소년기 훨씬 이전에 명백하게 드러나기 때문이다. 예를 들면, 대규모 조사연구에서 초등학교 3학년부터 5학년까지의 아동 중 15%가 조사 실시 기간 1주일 전에 훈육문제로 교무실에 불려갔으며, 13%는 싸움을 걸었고, 27%는 폭력을 행사했으며, 12%는 총이나 칼로 위협했음이 밝혀졌다(Embry, Flannery, Vazsonyi, Powell, & Atha, 1996). 그들이 중학교에 진학할 즈음이 되면 다수가 공격적이거나 위험하거나 남을 괴롭히는 행동을 한다(Bosworth, Espelage, DuBay, Dahlberg, & Daytner, 1996).

Flannery와 Williams(1999)는 청소년 한 명에 투자하는 자원이 아동 초기에 투자한 개입 비용에 비해 크기 때문에 초기에 개입을 시작해야 한다고 주장한다. 더구나 중학교와 고등학교 재학생을 표적으로 하는 폭력 예방 프로그램은 성공할 가능성이 크지 않다(Johnson & Johnson, 1995; Petersen, Pietrzak, & Speaker, 1998). 폭력 예방의 주요 연구자를 대상으로 실시한 인터뷰에 의하면, 폭력 예방 프로그램은 초등학교 저학년에서 시작해야 하며 초등학교 시기 동안에 강화해야 한다(Dusenbury, Falco, Lake, Brannigan, & Bosworth, 1997). 1차 예방 프로그램에 대한 메타분석 결과, 나이가 많은 (구체적 조작기) 아동과 청소년이 아니라 나이가 더 어린 (전조작기) 아동을 대상으로 하는 프로그램이 더욱 효과적임이 밝혀졌다(Durlak & Wells, 1997).

학교의 중요성

학교는 대다수의 아동과 가족에게 영향을 미칠 수 있는 가장 큰 환경체계다. 학교에서는 또래관계에서부터 문제해결에 이르는 다수의 논제를 표적으로 하는 지역사회 기반 개입을 실시할 수 있고, 치료 서비스를 그다지 많이 요구하지는 않는 내재화 장애를 가진 아동에게도 접근할 수 있다. 학교는 정신건강 치료를 받는다는 오명을 줄이며, 동시에 아동이 상당히 많은 시간을 보내는 장면에서 직접 관찰하고 개입할 기회를 제공한다. 미국 공중위생국의 정신건강에 관한 보고서(U. S. Department of Health and Human Services, 1999)에서는 치료가 필요한 아동과 청소년 가운데 대략 70%가 정신건강 서비스를 받지 않고 있으며, 정신건강 서비스를 받는 아동에게 학교는 일차적인 주요 제공자라는 결론을 내렸다(Hoagwood & Erwin, 1997).

학교는 많은 환경적 위험에 처해 있는 아동이 구조와 성공을 찾을 수 있는 피난처가 될 수 있다(Doll, 1999). 학교는 사회적 적응의 영역에서 아동의 발달을 증진시키는 장소로 특히 적합하다. 학교 기반의 사회적 유능성 증진 컨소시엄(Consortium on the School-Based Promotion of Social Competence, 1996)은 학교가 학생들의 유능성과 건강한 행동 패턴을 향상시키는 다양한 활동이 발생하는 주요 장면이 되어야 한다고 주장한다.

Weissberg, Caplan과 Sivo(1989)는 전통적인 개인중심 개입에서 활용하는 노력이나 다른 지역사회 기관을 통한 노력에 비해 기술을 개발하고 일반화시키며 더욱 효과적으로 시행할 수 있는 자연적인 장면(교실, 운동장 등) 안에서 사회적 유능성을 증진시켜야 한다고 주장한다. 더구나 아동 · 청소년을 위한 주정부와 연방정부의 재정적 지원이 학교에 가장 많이 제공되기 때문에 학교는 예방 프로그램을 시행하기에 적합한 장소다. 예를 들면, 1999년에 매세추세츠 주는 교육부를 통해 36억 달러를 지원받아 교육 시스템을 통해 아동에게 서비스를 제공했다(Massachusetts Board of Education, 2000). 아동과 청소년에게 서비스를 제공하는 다른 주정부 지원기관이나 연방정부 지원기관 중에서 이에 필적할 만한 재정적 지원을 받은 경우는 없었다.

학교 효과성에 관한 연구에 의하면 학교는 아동의 발달에 주요한 효과를 미친다(Johnson, Schwartz, Livingston, & Slate, 2000). 교육 시스템은 "학령기 아동의 심리적, 사회적, 신체적 건강을 증진시키기 위하여 활용할 수 있는 가장 효율적이고 체계적인 수단"(Weissberg, Caplan, & Harwood, 1991, p. 833)을 제공한다. 강력한 리더십, 학업과 행동에 대한 높고 일관된 기대, 소속감의 창출은 효과적인 학교에 강력하게 기여하는 요인이다(Johnson et al., 2000). 또한 Weissberg 등(1989)은 학교가 아동기 대부분에 걸쳐 정기적이고 일관되게 접근 가능하며, 대부분의 부모와 보호자에게도 그렇다는 점에 주목했다. 생태학 모형에 근거할 때 학교는 아동의 삶 중에서 미시체계 수준에 해당하며, 아동과 가족 그리고 지역사회에 영향을 미치는 '최적의' 장소다(Rutter, Maughan, Mortimore, Ousten, & Smith, 1979; Short & Talley, 1997; Teddlie & Stringfield, 1993).

Weissberg 등(1989)은 폭력적이거나 공격적인 행동을 다루는 개인중심 프로그램과 생태 환경 지향 프로그램을 구분했다. 생태 환경 지향 프로그램은 개인중심 접근이 초점을 두는 기술교육뿐만 아니라 그 기술을 사용할 수 있는 의미 있는 실생활의 기회와 효과적인 기술의 적용을 강화하는 구조의 형성을 강조한다(Bronfenbrenner, 1995).

생태학 모형에 따르면 폭력적이고 공격적인 행동의 발달을 적극적으로 예방하기 위해서는 **다체계적 개입**(multisystemic interventions)이 필요하다. 학교 기반의 사회적 유능성 컨소시엄(1996)은 다수의 효과적인 학교 기반의 사회적 유능성 증진 프로그램에 필요한 일련의 요인을 목록으로 작성했다. 이들은 커리큘럼과 수업설계 요인, 학교와 체제 전반의 요인, 학교 풍토와 규범조직 요인 그리고 지역사회 요인을 망라한다.

만일 개입을 반드시 조기에 시작해야 하며 개입의 여러 수준을 포함해야 한다는 것이 연구를 통해 제안된다면, 사회적으로 만연한 병폐를 다루는 데 도움이 되기 위해서는 어디서부터 시작해야 할까? Pianta와 Walsh(1998)는 적응유연성이란

다면적이고 개인을 둘러싼 상이한 맥락에 있는 수많은 요인과 연결되어 있다는 점을 지적한다. 학교는 아동이 발달하는 동안에 아동과 관련된 여러 기관 가운데 하나이므로 이런 개입을 시작할 만한 논리적으로 가장 합당한 장면이다. 학교는 지역사회의 지원을 받아서 생태 환경 체계 안에서 일어나는 변화를 지지할 수 있다.

학교폭력

역경에 처해서도 적응유연한 발달을 이루는 현상에 대한 연구는 비교적 새롭다(Doll & Lyon, 1998). 현재 연구는 개인의 특징과 직접적인 지지체계(예, 가족)의 특징에 주로 초점을 둔다. 가족은 아동의 일차적 지지체계이지만, 결정적 발달시기 동안에 교회나 이웃 또는 지역사회 등 다른 체계도 지지를 제공할 수 있다. 불행하게도 역경에 직면해 있는 아동의 적응유연한 발달을 향상시킬 수 있는 많은 체계변인에 관한 경험적 연구가 별로 많지 않다. 그런 의미에서 폭력에의 노출은 아동이 직면하는 역경 가운데 하나라는 점이 의미심장하다.

폭력은 미국에서 가장 심각한 공중보건 문제 가운데 하나가 되었다(Koop & Lundberg, 1992). 공립학교에서 폭력은 유행병처럼 폭발적으로 발생하고 있어서(Price & Everett, 1997), 많은 아동이 이런 도전에 대처할 기술을 가지고 있어야 한다. 전국 조사에서는 학교폭력의 정도가 크게 증가해 왔음이 밝혀졌다(Pietrzak, Petersen, & Speaker, 1998). 1940년대 학생 사이에서 일어났던 훈육문제, 예를 들면 떠들거나 껌을 씹거나 소음을 내거나 복도에서 뛰거나 새치기를 하거나 단정하지 못한 옷을 입는 것은 오늘날 학교에서 훈육 관련 제재를 가하는 행동에 비교해 볼 때 양호한 편이다(Osofsky & Osofsky, 2001).

공격적 행동의 초기 지표에 관해 우리는 무엇을 알고 있는가? 초등학교 시기에는 다른 아이를 쿡쿡 찌르거나 밀기, 부정적이고 반항적으로 행동하기(Spivack & Cianci, 1987), 다른 사람이 말하는 중간에 끼어들어 방해하거나 자기 생각을 불쑥 말하기와 같이 자기중심적 언어 반응을 보이는 것(Dodge, Pettit, McClaskey, & Brown, 1986)이 나중에 나타날 공격적이고 충동적인 행동을 경고하는 초기 표시 가운데 일부임이 확인되었다. 그런데 이런 아동은 또래에게서 무시당하거나 또래 괴롭힘의 피해자가 될 가능성이 높다(Coie, Dodge, & Kupersmidt, 1990).

학령기 아동의 25~30%가 일반적인 행동문제를 보이는 것으로 추정된다(Cowen et al., 1975). 1년 동안에 대략 20%의 아동·청소년이 정신건강 문제를 경험하지만, 그들 가운데 20~25%만이 적절한 처치를 받는다(U. S. Department of Health and Human Services, 1999). 지역사회 연구에 의하면 일반적인 전체 집단에서 4~17%의 아동이 심각한 정서적 혼란(serious emotional disturbance)의 준거를 충족시키며(Costello, Messer, Bird, Cohen, & Reinherz, 1998), 학령기 집단의 대략 10%가 DSM-III-R 진단을 받을 만한 것으로 밝혀졌다(Angold, Costello, Farmer, Burns, & Erkanli, 1999). 이 조사를 통해 학령기에 문제 행동의 발생률이 높지만 그 문제에 대한 요구가 충족되지 못한 경우가 많다는 것이 증명되었다. 콜럼바인 고등학교나 다른 학교에서 발생한 비극은 학교에서 폭력 예방 프로그램이 절실히 필요하다는 것을 강조한다. 아동·청소년의 사회·정서적 문제를 예방할 목적으로 개발된 수많은 학교 기반 프로그램에 관한 훌륭한 책과 논문이 많이 있다(Comer, 1980; Cowen et al., 1996; Farrington, 2002; Reiss & Roth, 1993). (일부이기는 하지만) 학교 기반 정신건강 클리닉, 약물 및 알코올 예방 프로그램, 학교-지역사회 파트너십, 학교 기반 가족지원 서비스는 모두 아동의 사회·정서적 안녕을 위한 것이며, 그 가운데 많은 프로그램이 적응유연성 증진을 목표로 한다. 이런 프로그램을 상세하게 살펴보는 것은 이 장의 범위를 넘어선다.

공립학교는 미국에서 대다수의 아동이 입학할 수 있는 접근성을 가지지만, 폭력문제를 다루는 데 있어 공립학교가 어떤 역할을 하고 있는지는 불분명하다. 주정부와 연방정부의 여러 부서가 학생과 교사에게 크게 부담이 되는 시험, 즉 고부담 시험(high-stakes testing)[1]을 통해 학업에 대한 압박을 높이면서, 폭력문제를 다루는 데 학교가 담당하는 역할은 덜 분명해졌다. 이런 학업적 압박에도 불구하고 최근의 폭력 예방 연구는 폭력 예방 활동에 참여하는 것이 표준화 학업성취도 검사의 점수를 높이며(Twemlow, Fonagy, Sacco, Gies, Evans, & Ewbank, 2001), 정학에서부터 양호실에서의 타임아웃에 이르기까지 학업 발달에 영향을 미치는 다양한 문제를 감소시킨다는 것을 증명하였다(예, Farrington, 2002; Hausman, Pierce, & Briggs, 1996; Krug, Dahlberg, Brener, Ryan, & Powell, 1997).

1) 역자 주: high-stakes testing은 합격 또는 불합격에 따라 피험자에게 직접적으로 중요한 결과가 발생하는 고부담 시험을 말한다. 예를 들면, 그 시험에 합격한 사람만이 고등학교 졸업장을 받거나 대학에 입학할 수 있거나 학위를 수여받거나 면허 또는 자격증을 취득할 수 있다.

폭력을 아동의 개인적인 문제로만 간주한다면 바로 그 아동만을 개입하는 것이 쉬울 것이다. 그러나 이러한 조치는 아동·청소년의 폭력적 행동이 사회적으로 증가하고 있는 현상을 설명하지 못한다. 반대로 다수 체계의 맥락 안에서 개인을 고려하는 **생태학적 입장**(Bronfenbrenner, 1977)에서 폭력을 바라본다면 학교와 지역사회가 폭력적 행동과 공격적 행동의 발달을 예방하고 개입하는 데 독특하고도 중요한 역할을 맡을 수 있다. 최근 연구에 의하면 생태학적 입장에서 프로그램을 시행하는 것이 중요한데, 그런 입장은 더 큰 학교환경의 맥락 안에서 개인이 폭력에 대한 대안을 만들어 낼 수 있음을 지지한다(Dusenbury et al., 1997; Weissberg, Caplan, & Harwood, 1991).

아동·청소년의 폭력에 대한 염려가 커지면서 전국적으로 학교에서 수많은 폭력 예방 프로그램을 개발하고 시행하기에 이르렀다. 대다수의 프로그램은 청소년에게 초점을 맞추지만, 어린 아동을 표적으로 하는 프로그램의 수가 증가하고 있다. 나이가 어린 아동에게 초점을 맞추는 것이 예방의 측면에서 봤을 때는 특히 중요하다. 이후에 나타날 공격성과 관련된 수많은 바람직하지 못한 행동과 그런 행동을 수반하는 태도가 청소년기 시작 오래전에 이미 나타나기 때문이다.

공격적인 아동은 사회성 기술에 대한 지식이 부족하고 사회성 문제에 부딪힐 때 충동적으로 반응하는 경향이 있다(Dodge et al., 1986). 이런 아동에게는 사회성 기술에 대한 지식을 증가시키고, 사회적 행동을 향상시키며, 사회적 행동의 감퇴를 예방하는 프로그램이 효과적이다(예: Catalano, Berglund, Ryan, Lonczak, & Hawkins, 2002; Durlak & Wells, 1997; Leff, Power, Manz, Costigan, & Nabors, 2001). 성공적인 학교 기반 개입에 관해 최근에 발표된 증거에 근거하여 학업, 사회성 및 정서 학습을 위한 협력기구(CASEL) 연구자는 유아부터 고등학생까지의 모든 연령대에서 학교 기반 예방 프로그램의 실시를 권장한다(Greenberg et al., 2003).

예방 프로그램의 기제

학교폭력의 예방을 위한 두 가지의 주요한 기제가 있다. 첫 번째 기제는 친사회적 행동, 사회적 유능성, 적응유연성 관련 기타 요인을 증진시키는 등 보호요인을 향상시킴으로써 적응유연성을 증진시키는 것이다. 두 번째 기제는 위험, 폭력과 관련된 행동, 폭력과 관련된 행동의 선행조건을 감소시킴으로써 이루어진다. 각각의 기제에는 내적 수준과 외적 수준이 있다. 내적 수준에는 학생중심 프로그램이 있고, 정서 표현, 갈등 해결, 분노관리를 가르치는 것과 같은 개인에 기반을 둔 개입이 포함된다. 외적 수준에는 환경중심 또는 학교중심 프로그램이 있으며, 학생의 소란스러운 행동에 대한 제재를 변경하거나 또래중재 프로그램을 시행하거나 교사의 학급조직을 돕는 프로그램을 실시하는 등의 개입을 포함한다.

1차 예방 프로그램에 대한 종합적 메타분석을 시도한 Durlak과 Wells(1997)는 전반적으로 학교중심 프로그램이 작지만 의미 있는 효과 크기(평균 ES=.35)를 갖고, 학생중심 프로그램의 효과 크기(평균 ES=.25~.93)는 학생의 연령과 개입양식에 따라서 작은 효과 크기부터 큰 효과 크기까지 이른다고 발표하였다. 그들은 만 2~7세의 어린 아동을 대상으로 하는 프로그램이 주로 정서교육을 포함하건(평균 ES=.70) 대인 간 문제해결에 주목하건(평균 ES=.93) 간에 가장 큰 효과 크기를 갖는다는 결과를 보고하였다. 만 7세 이상을 대상으로 하는 학생중심 프로그램은 학교중심 프로그램에서 봤던 것과 비슷하게 효과 크기(평균 ES=.24~.36)가 작았다. 자기통제나 사회적 유능성에 초점을 맞춘 프로그램은 인지-행동 방법이나 행동교수 방법을 활용하는데, 이 프로그램도 메타분석에서 작지만 유의한 긍정적 결과를 보였다(Wilson, Gottfredson, & Najaka, 2001).

비록 전교 대상 폭력예방 프로그램 가운데 일부는 위험을 감소시키거나 보호요인을 향상시키는 것 가운데 어느 하나에만 초점을 두지만, 수많은 전교 대상 폭력예방 프로그램은 둘 다에 주력한다. 대부분의 프로그램은 일차적 기제로, 학생에게 인지적 기술과 정서적 기술 모두를 직접 교수하는 내적 수준을 지향한다. 폭력 관련 행동을 감소시키는 것보다는 사회적 유능성을 향상시키는 것이 더 쉽다(예, Hudley & Graham, 1993; Slaby & Guerra, 1988; Taub, 2002). 그러므로 새로운 친사회적 기술을 반사회적, 폭력적 또는 공격적 행동 대신에 사용할 수 있도록 먼저 학습해야 한다.

프로그램 개관

수많은 프로그램이 폭력적인 학생의 행동을 감소시키기 위하여 학교에서 시행되어 왔다. 그 가운데 많은 프로그램이 문제 행동을 보이는 아동을 표적으로 하므로 **2차 예방**이라고 할 수 있다. 다음에서는 예방과 적응유연성에 초점을 두고 전체 학교를 대상으로 시행하도록 설계된 프로그램을 소개한다. 일부 프로그램은 최근의 가장 강력한 연구에 기반을 두고 있다. 학교 장면에서 활동하는 이들을 돕기 위하여 프로그램 실시에 필요한 자료, 비용, 훈련에 관한 최근 정보를 제공한다. 프로그램은 알파벳 순으로 제시된다.

좋은 행동 게임

좋은 행동 게임(Good Behavior Game: GBG)은 수업시간 동안 과제에 집중하는 적절한 행동을 보이는 아동에게 보상을 제공하는 학급 행동 관리의 한 접근 방식이다. 학급을 두 팀으로 나누고, 팀 구성원 가운데 한 명이 부적절한 행동을 보일 때 그 팀에게 점수를 부과한다. 매일 게임이 끝날 때는 가장 적은 점수를 받은 팀이 집단 보상을 얻는다. 만일 두 팀이 사전에 결정한 수준 이하의 점수를 유지한다면 두 팀이 보상을 나누어 갖는다(Barrish, Saunders, & Wold, 1969). 이 게임의 가장 효과적인 요소는 학급을 팀으로 구분하는 것과 게임에 이긴 팀의 결과를 게임에 이긴 데 대한 보상으로 변경할 수 있는 것이다(Harris & Sherman, 1973). 서로 다른 학년 수준, 학생 유형, 장면에 걸쳐서 GBG를 대략 20회 반복했으며 몇몇 프로그램에서는 장기 추수조사가 이루어졌는데, 약물 사용이나 심각한 반사회적 행동이 감소했을 뿐만 아니라 충동적이고 소란스러운 행동에도 강력하고 일관성 있는 영향을 보였다(Embry, 2002).

자료

GBG를 시행하는 데는 어떠한 비용과 특수한 자료도 필요하지 않다. 교사는 자신이 가르치는 학급 안에서 외부 지원이나 도움을 받지 않고도 이 프로그램을 시행할 수 있다. 볼티모어 예방 프로그램이 개발한 GBG 매뉴얼은 웹사이트

(http://www.bpp.jhu.edu/publish/Manuals/gbg.pdf)를 통해 구할 수 있다.

또래 괴롭힘 예방

폭력예방을 위한 청사진 시리즈(Blueprints for Violence Prevention series; Olweus, Limber, & Mihalic, 1999)에서 모델 프로그램으로 추천된 또래 괴롭힘 예방(Olweus Bullying Prevention) 프로그램에 참여했던 남녀 아동의 또래 괴롭힘 가해와 피해의 빈도가 상당히 많이 감소했다. 구체적으로 2년 이상 동안 42개 학교에서 초기 평가를 시행한 결과, 또래 괴롭힘 가해와 피해 문제의 빈도가 50~70% 감소하였다(Olweus, 1997). 추가 평가에서는 학생이 보고한 반달리즘, 싸움, 절도, 무단결석과 같은 일반적인 반사회적 행동의 빈도가 유의하게 감소했고, 질서와 훈육의 향상, 더욱 긍정적인 사회적 관계, 학교공부와 학교에 대한 더욱 긍정적인 태도를 반영한 학급의 '사회적 풍토'가 유의하게 향상되었음이 밝혀졌다(Olweus et al., 1999). 이 프로그램은 학생 수준의 접근과 학교 수준의 접근을 모두 활용하는데, 학교 풍토, 또래를 괴롭히는 행동의 기회와 그에 대한 보상 구조, 학교 안에서의 규칙 위반에 대한 제재와 같은 환경적 변화를 포함한다.

자료

이 프로그램을 실시하려면 프로그램 코디네이터가 있어야 하며, 학교 또래 괴롭힘을 평가하기 위한 질문지와 컴퓨터 프로그램 구입비 200달러, 학급 자료 비용의 충당을 위한 교사 1인당 대략 65달러가 있어야 한다. 프로그램 시행의 선행조건으로 또래 괴롭힘 예방 조정위원회(Bullying Prevention Coordinating Committee)를 수립해야 한다. 교사와 요원의 훈련시간은 반일에서 하루 정도며, 여기에 1년 동안 매주 교사 모임이 진행되어야 한다. 위원회 구성원은 자격을 갖춘 훈련가에게 하루 반의 추가 훈련을 받아야 한다. 프로그램에 관한 추가 정보나 주문에 관한 정보는 웹사이트(http://virtual.clemson.edu/groups/ncrj/pdfs/bullying_fact_sheet2.pdf http://www.colorado.edu/cspv/blueprints/model/BPPmaterials.html)를 방문하면 된다.

대안적 사고전략 증진

대안적 사고전략 증진 커리큘럼(Promoting Alternative Thinking Strategies: PATHS)은 학급 기반 개입을 통한 정서적 및 사회적 유능성 증진과 공격성과 행동 문제의 감소에 초점을 맞춘 학생 수준의 프로그램이다. 이 접근은 인지행동 교육과 정서적 교육을 병행한다(Greenberg, Kusché, & Mihalic, 1998). PATHS는 미국 약물남용 및 정신건강 서비스 행정부서(Substance Abuse and Mental Health Services Administration: SAMHSA)가 모델 프로그램으로 선정하였고, 질병통제 및 예방센터(Centers for Disease Control and Prevention)가 최선의 실무(best practices)로 선정했다. 그리고 미국 교육부와 공중위생국의 청소년 폭력에 관한 보고서가 '유망한 프로그램(promising program)'으로 지명했고, 폭력 예방을 위한 청사진 시리즈에도 포함된 프로그램이다(Greenberg et al., 1998). PATHS 커리큘럼은 학생의 정서적 이해와 대인 간 문제해결 기술에 긍정적인 영향을 미친 프로그램으로 평가받았다(Greenberg & Kusché, 1996). Leff와 동료들(2001)이 검토한 바에 따르면, 다른 프로그램(Families and Schools Together: FAST)과 병행 실시하고 그 효과를 평가한 결과에 근거해 볼 때 PATHS 프로그램은 '아마 효능 있는 프로그램(possibly efficacious program)'에 해당한다. Leff 등(2001)은 두 프로그램의 조합이 초등학생의 공격성, 과잉행동, 충동적 행동을 감소시키는 데 긍정적 영향을 미친다고 보고했다.

자료

유치원에서 6학년까지 아동을 위한 도구는 600~700달러 정도다. 매년 학생 1인당 15~45달러가 소요되는 자료도 필요하다. 학교에서 이미 PATHS에 관한 훈련을 받은 교직원이 있는 경우에는 비용이 적게 들고, 프로그램을 전달하기 위한 PATHS 코디네이터를 고용해야 하는 학교에서는 비용이 많이 든다. 프로그램에 관한 추가 정보나 주문에 관한 정보는 출판사(Channing Bete Company)의 웹사이트(http://www.channingbete.com/positiveyouth/pages/PATHS/PATHS.html)를 통해 얻을 수 있다.

피스빌더스

피스빌더스(PeaceBuilders)는 아동의 사회적 유능성을 향상시키고 공격적 행동을 감소시킬 목적으로 간단한 규칙과 활동을 학생과 교직원에게 가르쳐서 학교 풍토를 변경시키는 초등학교 기반의 폭력 예방 프로그램이다. 학교환경 안에서 학생, 교사, 행정직원 간에 일어나는 일상적인 상호작용을 통해 피스빌더스를 진행할 수 있도록 다양한 활동을 제작했다. 학생, 교사, 행정직원은 모두 공통의 언어를 배우며, 긍정적 행동, 긍정적 행동의 신호가 되는 환경적 단서, 긍정적 행동을 연습할 기회, 긍정적 행동을 한 것에 대한 보상에 관한 모형을 제공받는다(Embry et al., 1996). 비교 현장이 있는 8개 학교에서 시행된 연구에서는 교사가 보고한 학생의 사회적 유능성이 유치원부터 초등학교 2학년까지 유의하게 상승했다. 그리고 아동이 자기 보고한 '평화 건설' 행동은 유치원부터 초등학교 5학년까지 상승했으며, 공격적 행동은 초등학교 3학년부터 5학년까지 감소하였다(Flannery et al., 2003).

자료

자료 비용은 초등학생 1인당 8달러가 소요되며, 학생용 자료와 교사용 자료를 포함한다. 또한 훈련 유형에 따라 비용이 다르지만, 대략 1,500달러 이상의 훈련 비용이 필요하다. 이 비용은 4명까지 '훈련가를 훈련시키는' 과정을 포함한다. 훈련과 자료 패키지는 학교나 교육구의 요구에 맞도록 제작될 수 있다. 자료는 웹사이트(www.PeaceBuilders.com)를 통해 구입할 수 있다.

피스메이커 프로젝트

피스메이커 프로젝트(Peacemakers Project)는 초등학교 4학년에서 중학교 2학년까지의 학생에게 맞도록 제작되었으며, 1차 예방과 2차 예방의 요소를 모두 포함한다. 1차 예방요소는 학급에서 교사가 전달하며, 심리교육적 커리큘럼과 프로그램 내용을 학교환경에 끼워 넣는 절차로 진행된다. 2차 예방요소는 이미 훈육문제를 가지고 있는 학생을 표적으로 하여 학교상담사가 전달한다. 도시 공립학교의 비교집단을 포함한 대규모 연구에서 평가한 7개 변인 가운데 6개에서 이 커리큘럼이 유의한 긍정적인 효과를 가진 것으로 나타났다(Shapiro, Burgoon, Welker, & Clough, 2002). 긍정적 효과로는 심리사회적 기술에 대한 지식의 증가, 자기 보고된 공격성의 감소, 교사가 보고한 공격성의 감소가 포함된다. 통제집단과 비교해 볼 때, 개입을 실시한 학교에서 공격성과 관련된 훈육사건이 41% 감소했고, 폭력적 행동 때문에 정학을 받은 경우는 67% 감소했다(Shapiro et al., 2002).

자료

프로그램 시행에 소요되는 총 비용은 학생 1인당 11달러로 추정된다. 지도자용 지침은 169달러이고, 학생용 핸드북은 9달러다. 훈련과 자료 구입에 관한 정보는 출판사(Applewood Centers)의 웹사이트(http://www.applewoodcenters.org/Frames/peacemakers.htm)를 통해 확인할 수 있다. 행동 문제를 가진 아동과 일해 본 경험이 있는 상담자의 경우 특별한 훈련이 필요하지 않다. 교사는 학급요소에 관한 6시간의 훈련을 받을 것이 권장된다.

창의적 갈등해결 프로그램

창의적 갈등해결 프로그램(Resolving Conflict Creatively Program: RCCP)은 K-12 학급용 커리큘럼과 학생이 이끄는 개입 프로그램을 포함한다. 그러므로 이 프로그램은 학생 수준의 요소와 환경 수준의 요소 모두를 포함한다. RCCP는 건설적 문제해결, 조망 수용, 비용-혜택 분석, 의사결정, 협상을 통한 갈등 해결과 집단 간 관계를 가르치는 데 초점을 둔다(DeJong, 1994). 또한 교사, 행정직원, 부모를 위한 훈련요소를 포함한다(Lantieri, DeJong, & Dutrey, 1996). 11개 초등학교에서 RCCP를 평가한 결과, RCCP 수업을 별로 받지 않거나 전혀 받지 않은 학생보다 RCCP 수업을 받은 학생의 유능성 관련 과정이 유지되었고 공격성 관련 과정의 상승은 더 천천히 나타났다(Aber, Jones, Brown, Chaudry, & Samples, 1998).

자료

RCCP를 실시하려면 훈련가 1인당 매일 1,200달러가 소요되는 개별화된 훈련을 받아야 한다. 훈련은 3~5일간 지속되며, 한 명의 훈련가가 30명을 훈련시킬 수 있다. 대부분의 자료는 훈련에 포함되어 있지만, 권당 30달러짜리 교사 프로그램 책자와 권당 12달러짜리 훈련가 매뉴얼(훈련가 각자가 소장할 것을 추천함)은 제외된다. 이 자료는 RCCP 훈련을 받지 않으면 얻을 수 없다. '훈련가를 훈련시키는' 훈련을 받을 수 있다. 이 프로그램의 시행과 훈련, 자료에 관한 추가적인 정보는 웹사이트(www.esrnational.org)를 통해 얻을 수 있다.

평화적이며 긍정적으로 반응하기

평화적이며 긍정적으로 반응하기(Responding in Peaceful and Positive Ways: RIPP) 프로그램은 폭력 예방을 위한 구체적인 기술을 학급에서 1년 내내 가르치는, 학생 수준, 사회 인지적, 문제해결 모형의 활용을 조합한 6학년 학생 대상의 보편적 폭력 예방 프로그램이다. 또한 RIPP은 전교 대상 또래중재 프로그램을 사용한다. 이 프로그램은 사회-인지학습 이론에 근거를 두며, 비폭력적 대안을 증진시켜 폭력과 관련된 위험요인을 감소시키기 위한 것이다. Perry와 Jessor(1985)의 건강증진 모형에 따라서 대인 간 속성과 행동 및 환경적 요인의 영향을 표적으로 한다. 이 프로그램을 무선 선별된 학급에서 시행하고 평가한 결과, 통제집단에 비해 RIPP 참가자 집단에서 폭력 행동으로 인한 훈육 관련 위반 사례가 적었고, 또래 중재를 더 자주 사용했고, 싸움과 관련된 부상이 감소한 것으로 나타났다. 정학의 감소는 남학생의 경우 12개월 후의 추수평가까지 유지되었다(여학생에게는 해당되지 않음). 프로그램이 폭력 행동에 미친 영향은 사전검사에서 문제 행동 수준이 최고에 달했던 학생에게서 더욱 분명하게 드러났다(Farrell, Meyer, & White, 2001). RIPP 커리큘럼을 중학교 1학년 학급에 확대 시행해 본 결과, RIPP-7에 참가했던 학생은 중학교 2학년 동안 폭력적 행동으로 훈육 규정을 위반하는 사례가 훨씬 적었다(Farrell, Meyer, Sullivan, & Kung, 2003). 개발자가 이 프로그램을 중학교 2학년까지 확대 실시하기는 했지만, 그 효과에 관한 결과 자료는 아직 얻을 수 없다.

자료

RIPP 커리큘럼을 시행하려면 학교마다 폭력예방 전담 지도자를 고용하고 훈련해야 한다. 이 지도자는 커리큘럼을 가르치고 또래 중재 프로그램을 조정하는 책임을 맡는다. 시행에 앞서 8일간 집중훈련을 받아야 하며, 참가자당 600달러가 소요된다. 45달러짜리 RIPP 자료도 구입하는 것이 좋다. 추가적인 정보를 얻으려면 웹사이트(http://www.has.vcu.edu/RIPP/)를 이용하면 된다.

세컨드 스텝

세컨드 스텝(Second Step) 프로그램은 Shure와 Spivack(1978)의 업적에 기초하여 제작된 것으로, 학생의 조망 수용, 사회적 문제해결, 충동 통제, 분노관리의 기술을 발달시켜 사회적 유능성의 향상을 목적으로 한다(Beland, 1992). 이 프로그램은 유치원에서 중학교 2학년까지 전체 학교를 대상으로 실시되는데, 몇몇 통제연구를 통해 초등학교에서 효과성을 지닌 것으로 증명되었다. 세컨드 스텝 커리큘럼은 미국 약물남용 및 정신건강 서비스 행정부서(SAMHSA)가 모델 프로그램으로 선정한 프로그램으로, 전국 효과적 예방 프로그램 등록부(National Registry of Effective Prevention Programs)에 포함되었다. 도시와 교외 지역에서 수행한 예비연구에 의하면 세컨드 스텝에 참가한 개입집단 아동의 조망 수용과 사회적 문제해결 능력이 통제집단에 비해 유의하게 향상하였다(Sylvester & Frey, 1994). 그러나 이 연구는 개입 이후에 행동에서 나타나는 변화를 평가하지는 않았다. 세컨드 스텝을 실시한 6개 학교를 대상으로 대규모 무선통제 시행이 이루어졌다. 특히 운동장과 학교식당에서 관찰한 초등학교 2, 3학년 학생의 공격적 행동이 중간 정도 감소했고, 중립적 행동과 친사회적 행동이 증가했다(Grossman et al., 1997). 농어촌 지역에 거주하는 초등학교 3학년에서 6학년까지의 학생을 대상으로 이 프로그램을 실시하여 평가한 다른 연구에서는 독립적 행동 관찰의 결과 또래와의 적절한 상호작용이 유의하게 향상되었고, 비교 장면의 학생에 비해 학교에서 교사가 평정한 사회적 유능성과 반사회적 행동이 유의하게 개선되었다(Taub, 2002). 세컨드 스텝은 2001년 프로그램 개관에서 유망한 '보편적'(전교 대상) 학교 기반의 폭력 예방 프로그램으로 선정되었다(Leff et al., 2001).

자료

프로그램 세트는 아동위원회(Committee for Children)를 통해 구입할 수 있다. 가격은 학년당 대략 140달러며(여러 학년의 자료를 한꺼번에 구입하면 비용이 다소 절감됨), 한 세트로 2개 학급까지 사용할 수 있다. 또한 이 프로그램을 시행하려면

3일간 훈련을 받아야 하며 499달러의 비용이 소요되는데 미국 내 여러 도시에서 훈련이 제공되고 있다. '훈련가를 훈련시키는' 훈련에 참여한 사람은 학교로 돌아와 다른 인력을 훈련시킬 수 있다. 이 프로그램을 시행하기 위해 교사를 훈련시키는 데는 추가로 7시간이 소요된다.

결론

아동의 적응유연성을 증진시키고 폭력적이며 사회적으로 부적절한 행동을 감소시키는 사회·정서적 유능성의 발달을 돕는 학교 기반의 좋은 보편적 프로그램이 많이 있다. 이 장에서 검토한 프로그램이 가져온 긍정적 결과와 관련된 요인 가운데 하나는 전체 학교 공동체 안에서 긍정적이며 건강한 대인 간 상호작용을 위해 공유하는 언어와 기술을 가르치는 것이다. 공유하는 언어는 학생, 교사와 교직원을 포함한 모든 당사자가 긍정적이고 효과적으로 의사소통하게 하고, 사회적 상호작용을 향상시키며, 대인 간 갈등을 감소시키고, 적응유연성을 촉진시킨다.

프로그램 검토를 통해 예증했듯이, 일단 학교가 프로그램의 시행과 훈련에 관심을 가지면 구매가격이 적당한 프로그램 중에 선택할 프로그램이 많이 있다. 프로그램을 실시하여 특히 학생의 행동을 관리하는 데 소요될 교사와 교직원의 시간을 줄이고 교실 수업에 더 많은 시간을 쓸 수 있다면, 그리고 교무실에 불려 가거나 방과 후 학교에 남거나 정학을 당하는 대신에 교실에서 학생이 보내는 시간을 증가시킬 수 있다면, 장기적으로 봤을 때 이 프로그램은 시간 효율적이며 비용 효과적이다.

1차 예방 프로그램은 연령이 더 어린 아동을 대상으로 할 때 효과적임을 기억해야 한다(Durlak & Wells, 1997). 유아원에서부터 초등학교 저학년에 이르는 아동은 인지 기반의 사회적 문제해결 기술을 향상시키는 개입뿐만 아니라 감정의 인식과 표현을 증가시키는 개입을 통해 가장 큰 혜택을 받을 것이다. 그런 개입은 적응유연성을 향상시키며 공격성과 폭력을 감소시킬 가능성이 가장 높다. 비록 종단 자료가 많지 않지만, 학령기 초반에 종합적 개입을 하면 그 이후 학년을 대비하는 강력한 기반으로 작용할 건강한 대인 간 상호작용 레퍼토리를 수립하는 데 도움이 될 것이다.

이 영역에서 더 많은 연구를 수행해야 한다는 요구가 일반적이다. 민족과 언어적 배경이 다양한 아동을 대상으로 예방 프로그램을 실시하는 후속 연구에 대한 요구도 있다. 저자 중 한 사람은 아시아계 학생이 거의 반이나 되는 어느 한 초등학교 학급에서 세컨드 스텝 프로그램(Committee for Children, 1992)을 활용한 경험을 가지고 있다. 감정의 표현을 억제하는 문화적 규범(Sue & Sue, 1999)이 프로그램에 핵심적인 역할연습과 모델링 활동에 영향을 미쳤다. 이런 종류의 경험이 축적되면서 예방과 개입 전략을 효과적으로 훈련하고 사용할 수 있는 맥락과 생태학적 변인을 확인해야 할 필요성이 강조되었다.

또한 학령기 아동에게 실시한 보편적 1차 폭력 예방 프로그램의 지속적인 효과를 명료화하려면 장기 종단연구를 시행해야 할 것이다. 장기 종단연구를 적절하게 시행하려면 연방정부와 주정부의 해당 부서가 단기 결과보다는 장기 결과의 검토에 주력하는 연구와 프로그램 평가를 지원해야 한다. 더불어 발달의 여러 측면을 다루려면 교육, 정신건강, 공중보건 분야 간의 효과적인 협력이 이루어져야 할 것이다. 장기 종단연구는 다음 이슈 가운데 몇 가지에 제한되지는 않지만 다음을 포함할 것으로 기대된다. 저학년 때 참여한 경험이 이후 학년의 훈육 위반에 영향을 미치는가? 프로그램 참여가 청소년 재판 소환율이나 정신건강 문제를 감소시키는가? 나이가 더 어린 아동(유아원 아동)에게 이 프로그램을 시행하면 다른 효과가 나타나는가? 교사변인이 프로그램의 시행에 기여하는가? 우리는 여러 동료 연구자가 이러한 질문을 포함하여 전교 대상 폭력예방 프로그램의 효과에 관련된 다른 많은 질문을 탐색하고 있으며 또 앞으로도 계속해서 탐색할 것이라고 믿는다.

참고문헌 REFERENCES

Aber, L. J., Jones, S. M., Brown, J. L., Chaudry, N., & Samples, F. (1998). Resolving conflict creatively: Evaluating the developmental effects of a school-based violence prevention program in neighborhood and classroom context. *Development and Psychopathology, 10*(2), 187-213.

Angold, A., Costello, E. J., Farmer, E. M. Z., Burns, B. J., & Erkanli, A. (1999). Impaired but undiagnosed. *Journal of the American Academy of Child and Adolescent Psychiatry, 38*(2), 129-137.

Barrich, H. H., Saunders, M., & Wold, M. M. (1969). Good behavior fame: Effects of individual contingencies for group consequences on disruptive behavior in a classroom. *Journal of Applied Behavior Analysis, 2*, 119-124.

Beland, K. (1992). *Second Step: A violence prevention curriculum for grades 1-5,* Revised. Seattle, WA: Committee for Children.

Bosworth, K., Espelage, D., DuBay, T., Dahlberg, L. L., & Daytner, G. (1996). Using multimedia to teach conflict-resolution skills to young adolescents. *American Journal of Preventive Medicine, 12*(5, Suppl.), 65-74.

Bronfenbrenner, U. (1977). Toward an experimental ecology of human development. *American Psychologist, 32*, 513-531.

Bronfenbrenner, U. (1995). The bioecological model form a life course perspective: Reflections of a participant observer. In P. Moen, G. H., Elder, Jr., & K. Luscher (Eds.), *Examining lives in context: Perspectives on the ecology of human development* (pp. 599-618). Washington, DC: American Psychological Association.

Campbell, S. B. (2002). *Behavior problems in preschool children.* New York: Guilford.

Catalano, R. F., Berglund, M. L., Ryan, J. A. M., Lonczak, H. S., & Hawkins, J. D. (2002). Positive youth development in the United States: Research findings on evaluations of positive youth development programs. *Prevention and Treatment, 5,* Retrieved from http://journals.apa.org/prevention/volume5/pre0050015a.html. January 8, 2003.

Coie, J. D., Dodge, K. A., & Kupersmidt, J. (1990). Peer group behavior and social status. In S. R. Asher & J. D. Coie (Eds.), *Peer rejection in childhood. Cambridge studies in social and emotional development* (pp. 17-59). New York: Cambridge University Press.

Comer, J. P. (1980). *School power: Implications of an intervention project. Understanding and preventing Violence* (Vol 1). New York: Free Press.

Committee for Children. (1992). *Second step: A violence prevention curriculum.* Seattle, WA: Author.

Consortium on the School-Based Promotion of Social Competence. (1996). The school-based promotion of social competence: Theory, research, practice, and policy. In R. J. Haggerty, L. R. Sherrod, N. Garmezy, & M. Rutter (Eds.), *Stress, risk, and resilience in children and adolescents* (pp. 268-316). Cambridge, UK: Cambridge University Press.

Costello, E. J., Messer, S. C., Bird, H. R., Cohen, P., & Reinherz, H. (1998). The prevalence of serious emotional disturbance: A re-analysis of community studies. *Journal of Child and Family Studies, 7*(4), 411-432.

Cowen, E. L. (1994). The enhancement of psychological wellness: Challenges and opportunities. *American Journal of Community Psychology, 22,* 149-179.

Cowen, E. L., Hightower, A. D., Pedro-Carroll, J. L., Work, W. C., Wyman, P. A., & Haffey, W. G. (1996). *School-based prevention for children at risk: The primary mental health project.* Washington, DC: American Psychological Association.

Cowen, E., Trost, L., Lorion, R., Door, E., Izzo, B. L., & Isaacson, J. (1975). Evaluation of a preventively oriented, school based mental health program. *Psychology in the Schools, 12*(2), 161-166.

DeJong, W. (1994). *Building the peace: The resolving conflict creatively program.* Washington, DC: U. S. Department of Justice, National Institute of Justice.

Dodge, K. A., Pettit, G. S., McClaskey, C. L., & Brown, M. M. (1986). Social competence in children. *Monographs of the Research in Child Development, 51* (Serial No. 213).

Doll, B. (1999, August). *Making schools resilient: A case for social environments as therapy.* A Division 16 Presidential Address delivered at the annual convention of the American Psychological Association, Boston.

Doll, B., & Lyon, M. (1998). Risk and resilience: Implications for the practice of school psychology. *School Psychology Review, 27,* 348-363.

Durlak, J. A., & Wells, A. M. (1997). Primary prevention mental health programs for children and adolescents: A meta-analytic review. *American Journal of Community Psychology, 25*(2), 115-152.

Dusenbury, L., Falco, M., Lake, A., Brannigan, R., & Bosworth, K. (1997). Nine critical elements of promising violence prevention programs. *Journal of School Health, 67,* 409-414.

Embry, D. (2002). The Good Behavior Game: A best practice candidate as a universal behavior vaccine. *Clinical Child and Family Psychology Review, 5*(4), 273-297.

Embry, D., Flannery, D. J., Vazsonyi, A. T., Powell, K. E., & Atha, H. (1996). PeaceBuilders: A theoretically driven, school-based model ofr early violence prevention. *American Journal of Preventive Medicine, 12*(5, Suppl.), 91-100.

Farrell, A. D., Meyer, A. L., Sullivan, T. N., & Kung, E. M. (2003). Evaluation of the responding in peaceful and positive ways (RIPP) seventh grade violence prevention curriculum. *Journal of Child and Family Studies, 12*(1), 101-120.

Farrell, A. D., Meyer, A. L., & White, K. (2001). Evaluation of the Responding in Peaceful and Positive Ways (RIPP): A school-based prevention program reducing violence among urban adolescents. *Journal of Clinical Child Psychology, 30*(4), 451-463.

Farrington, D. P. (2003). The effectiveness of school-based violence prevention programs. *Archives of Pediatric and Adolescent Medicine, 156,* 748-749.

Flannery, D. J., Vazsonyi, A. T., Liau, A. K., Guo, S., Powell, K. E., Atha, H. et al. (2003). Initial behavior outcomes for the PeaceBuilders universal school-based violence prevention program. *Developmental Psychology, 39*(2), 292-308.

Flannery, D. J., & Williams, L. (1999). Effective youth violence prevention. In T. P. Gullotta & S. J. McElhaney (Eds.), *Violence in homes and communities: Prevention, intervention, and treatment* (pp. 207-244). Thousand Oaks, CA: Sage.

Goldstein, S. E. (1985). Primary prevention: Historical perspectives and a blueprint for action. *American Psychology, 41,* 453-460.

Greenberg, M. T., & Kusché, C. A. (1996). *The PATHS Project: A preventive intervention for children.* Final report to the National Institute for Health. Washington, DC: National Institute of Health.

Greenberg, M. T., Kusché, C., & Mihalic, S. F. (1998). *Blueprints for violence prevention, Book Ten: Promoting Alternative Thinking Strategies (PATHS).* Boulder, CO: Center for the Study and Prevention of Violence.

Greenberg, M. T., Weissberg, R. P., O'Brein, M. U., Zins, J. E., Fredericks, L., Resnik, H. et al. (2003). Enhancing school-based prevention and youth development through coordinated social, emotional and academic learning. *American Psychologist, 58,* 466-474.

Grossman, D. C., Neckerman, H. J., Koepsell, T. D., Liu, P. Y., Asher, K. N., Beland, K. et al. (1997). Effectiveness of a violence prevention program among children in elementary school: A randomized controlled trial. *JAMA, 277*(20), 1605-1611.

Harris, V. W., & Sherman, J. A. (1973). Use and analysis of the "good behavior game" to reduce disruptive classroom behavior. *Journal of Applied Behavior Analysis, 6*(3), 405-417.

Hausman, A., Pierce, G., & Briggs, L. (1996). Evaluation of comprehensive violence prevention education: Effects on students behavior. *Journal of Adolescent Health, 19,* 104-110.

Hawkins, J. D., Catalano, R. F., & Miller, J. Y. (1992). Risk and protective factors for alcohol and other drug problems. *Psychological Bulletin, 112*(1), 64-105.

Henderson, N., & Milstein, M. M. (1996). *Resiliency in school: Making it happen for students and educators.* Thousand Oaks, CA: Corwin.

Hoagwood, K., & Erwin, H. D. (1997). Effectiveness of school-based mental health services for children: A 10-year research review. *Journal of Child and Family Studies, 6*(4), 435-451.

Hudley, C., & Graham, S. (1993). An attributional intervention to reduce peer-directed aggression among African-American boys. *Child Development, 64,* 124-138.

Huizinga, D., Loeber, R., & Thornberry, T. P. (1995). *Urban delinquency and substance abuse.* Research Summary. Rockville, MD: Juvenile Justice Clearinghouse.

Johnson, D., & Johnson, T. (1995). Why violence prevention programs don't work-and what does. *Educational Leadership, 52*(5), 63-68.

Johnson, J. P., Schwartz, R. A., Linvingston, M., & Slate, J. R. (2000). What makes a good elementary school? A critical examination. *Journal of Educational Research, 93,* 339-348.

Kolbe, L. J., Collins, J., & Cortese, P. (1997). Building the capacity of schools to improve the health of the nation: A call for assistance from psychologists. *American Psychologist, 52,* 256-265.

Koop, C. E., & Lundberg, G. D. (1992). Violence in America: A public health emergency. *Journal of the American Medical Association, 267,* 3075-3076.

Krug, E. G., Dahlberg, L. L., Brener, N. D., Ryan, G. W., & Powell, K. E. (1997). The impact of an elementary school-based violence program on visits to the school nurse. *American Journal of Preventive Medicine, 13,* 459-463.

Lantieri, L., DeJong, W., & Dutrey, J. (1996). Waging peace in our schools: The Resolving Conflict Creatively Program. In A. M. Hoffman (Ed.), *Schools, violence, and society* (pp. 241-251). Westport, CT: Praeger.

Leff, S. S., Power, T. J., Manz, P. H., Costigan, T. E., & Nabors, L. A. (2001). School-based aggression prevention programs for young children: Current status and implications for violence prevention. School Psychology Review, 30(3), 344-362.

Massachusetts Board of Education. (2000). *Board of Education: The 1999 annual report.* Malden, MA: Commonwealth of Massachusetts Department of Education.

Masten, A. S., Best, K., & Garmezy, N. (1990). Resilience and development: Contribution from the study of children who overcome adversity. *Development and Psychopathology, 2,* 425-444.

Olweus, D. (1997). Bully/victim problems in school: Knowledge base and an effective intervention program. *Irish Journal of Psychology, 18*(2), 170-190.

Olweus, D., Limber, S., & Mihalic, S. F. (1999). *Blueprints for violence prevention, Book Nine: Bullying Prevention Program.* Boulder, CO: Center for the Study and Prevention of Violence.

Osofsky, H. J., & Osofsky, J. D. (2001). Violent and aggressive behaviors in youth: A mental health and prevention perspective. *Psychiatry, 64,* 285-295.

Perry, C. L., & Jessor, R. (1985). The concept of health promotion and the prevention of adolescent drug abuse. *Health Education Quarterly, 12*(2), 169-184.

Peterson, G. J., Pietrzak, D., & Speaker, K. M. (1998). The enemy within: A national study on school violence and prevention. *Urban Education, 33,* 331-359.

Pianta, R. C., & Walsh, D. J. (1998). Applying the construct of resilience in schools: Cautions from a developmental systems perspective. *School Psychology Review, 27,* 407-417.

Pietzak, D., Petersen, G., & Speaker, K. M. (1998). Perceptions of school violence by elementary and middle school personnel. *Professional School Counseling, 1*(4), 23-29.

Price, J. H., & Everett, S. A. (1997). Teachers' perceptions of violence in the public schools: The MetLife survey. *American Journal of Health Behavior, 21,* 178-186.

Reiss, D., & Price, R. H. (1996). National research agenda for prevention research: The National Institute of Mental Health Report. *American Psychologist, 51,* 1109-1115.

Reiss, A. J., & Roth, J. A. (Eds.). (1993). *Understanding and preventing violence* (Vol. 1). Washington, DC: National Academy of Science.

Rutter, M. (1985). Resilience in the face of adversity: Protective factors and resistance to psychiatric disorders. *British Journal of Psychiatry, 147,* 598-611.

Rutter, M., Maughan, B., Mortimore, P., Ousten, J., & Smith, A. (1979). *Fifteen thousand hours: Secondary schools and their effects on children.* Cambridge, MA: Harvard University Press.

Shapiro, J. P., Burgoon, J. D., Welker, C. J., & Clough, J. B. (2002). Evaluation of the Peacemakers program: School-based violence prevention for students in grades four though eight. *Psychology in the Schools, 39*(1), 87-100.

Short, R. J., & Talley, R. C. (1997). Rethinking psychology and the schools: Implications of recent national policy. *American Psychologist, 52,* 234-240.

Shure, M. B., & Spivack, G. (1978). *Problem-solving techniques in child rearing.* San Francisco: Jossey-Baass.

Slaby, R. G., & Guerra, N. G. (1998). Cognitive mediators of aggression in adolescent offenders: 1. Assessment. *Developmental Psychology, 24,* 580-588.

Spivack, G., & Cianci, N. (1987). High-risk early behavior pattern and later delinquency. In J. D. Burchard & S. N. Burchard (Eds.), *Prevention of delinquent behavior. Vermont conference on the primary prevention of psychopathology* (Vol. 10, pp. 44-74). Beverly Hills, CA: Sage.

Sue, D. W., & Sue, D. (1999). *Counseling the culturally different: Theory and practice* (2nd ed.). Wiley.

Sylvester, L., & Frey, K. (1997). *Summary of "Second Step" program evaluations (all grade levels).* Seattle, WA: Committee for Children.

Taub, J. (2002). Evaluation of the Second Step: violence prevention program in a rural elementary school. *School Psychology Review, 31*(2), 186-200.

Teddlie, C., & Stringfield, S. (1993). *Schools make a difference.* New York: Teachers College Press.

Twemlow, S. W., Fonagy, P., Sacco, F. C., Gies, M. L., Evans, R., & Ewbank, R. (2001). Creating a peaceful school learning environment: A controlled study of an elementary school intervention to reduce violence. *American Journal of Psychiatry, 158,* 808-810.

U. S. Department of Education. (2001). *Twenty-third annual report to Congress on the implementation of the Individuals with Disabilities Education Act.* Washington, DC: Author.

U. S. Department of Health and Human Services. (1999). *Mental health: A report of the surgeon general.* Rockville, MD: U. S. Department of Health and Human Services, Substance Abuse and Mental Health Services Administration, Center for Mental Health Services, National Institutes of Health, National Institutes of Mental Health.

Weissberg, R. P., Caplan, M., & Harwood, R. L. (1991). Promoting competent young people in competence-enhancing environments: A systems-based perspective on primary prevention. *Journal of Consulting and Clinical Psychology, 59,* 830-841.

Weissberg, R. P., Caplan, M. Z., & Sivo, P. J. (1989). A new conceptual framework for establishing school-based social competence promotion programs. In L. A. Bond & B. E. Compas (Eds.), *Primary prevention and promotion in the schools. Primary prevention of psychopathology* (Vol. 12, pp. 255-296). Beverly Hills, CA: Sage.

Werner, E. E. (1989). High-risk children in young adulthood: A longitudinal study from birth to 32 years. *American Journal of Orthopsychiatry, 59,* 72-81.

Wilson, D. B., Gottfredson, D. C., & Najaka, S. S. (2001). School-based prevention of problem behaviors: A meta-analysis. *Journal of Quantitative Criminology, 17*(3), 247-272.

제22장

효과적 사고를 통한 적응유연성 과정의 증진

Myrna B. Shure & Bonnie Aberson

임상가, 부모, 교사 및 기타 보호자가 아동의 사회적 적응과 대인 간 유능성에 영향을 미치는 위치에 있다는 것을 의심할 사람은 아무도 없다. 그러나 우리가 이 과정의 미세한 부분을 철저하게 파악하고 있는지를 고민해 볼 이유는 있다. 예를 들면, 어떤 가족은 적응할 수 없는 가족이 처해 있는 환경과 매우 비슷한 환경에도 적절하게 적응한다. 심지어 매우 빈곤한 가족 중 많은 가족이 일상적인 생활에서 극복하기 어려운 고통을 경험하고 있지만, 그중 어떤 가족은 다른 가족보다 더 잘 대처할 수 있고 그들의 자녀는 건강하게 기능한다.

이 장에서는 George Spivack이 Myrna Shure와 함께 개발한 **대인 간 인지적 문제해결 접근**에 대해 기술할 것이다. 이 접근은 스트레스에 대한 보호, 즉 이겨 내기 어려운 고난과 좌절, 심지어 생의 실패까지도 대처할 수 있도록 돕는 적응유연성의 유의한 매개변인인 보호에 대해 설명한다. 첫째, 사회적으로 적응하며 인간관계에서 유능한 아동과 일반학급에 있지만 충동성이나 억제와 같은 고위험 행동을 다양한 정도로 보이는 아동에 관해 논의할 것이다. 잘 적응하고 있는 아동과 고위험 아동이 매일 보통 일어나는 갈등 상황에서 적응유연성을 발달시키는 데 문제해결 접근이 어떻게 유용한지를 예시할 것이다. 이 장의 첫 번째 저자인 Shure의 통제된 경험적 연구의 노력을 임상가가 어떻게 실제에 옮길 수 있었는지의 사례를 보여 주기 위해서, 두 번째 저자 Aberson이 임상적 및 신경학적 장애로 진단받은 아동과 작업하면서 보고한 일화를 소개할 것이다.

전통적으로 교육자와 임상가는 정서적 긴장을 완화시킬 수 있다면 아동이 올바르게 생각하기가 더 쉬울 것이라고 믿는다. 그러나 우리는 바르게 생각할 수 있다면 정서적 긴장을 완화하기가 더 쉬울 것이라고 믿는 것이 더 합당하다고 본다. 리처드가 가지고 노는 장난감 자동차를 가지고 놀기를 원하는 4세의 재커리에 대해 생각해 보자. 리처드가 재커리의 요구를 거절할 때, 재커리는 스트레스 때문에 혼란에 빠져 새로운 문제를 일으키지 않았다. 재커리가 다른 대안을 생각할 수 있는 능력을 가지고 있기 때문에 융통성을 발휘할 수 있는 기회를 만들 수 있었고, 이로 인해서 재커리는 다른 전략을 쓸 수 있었기 때문이다. "내가 그 장난감 자동차를 가지고 놀 수 있게 네가 허락하면, 바로 돌려줄게." 리처드는 아무런 대답도 하지 않았다. 재커리는 리처드에게 물었다. "내가 왜 그 장난감 자동차를 가지고 놀 수 없는 거지?" 리처드가 대답했다. "왜냐하면 내가 그 장난감 자동차가 필요하기 때문이야. 나는 바위를 끌어당기고 있거든." 재커리가 잠시 후에 재빨리 제안을 했다. "내가 너랑 같이 바위를 끌어당길게." 이에 리처드는 "좋아."라고 답했다. 그리고 둘은 그 장난감 자동차를 가지고 함께 놀았다.

재커리의 선생님은 문제가 이런 방식으로 해결된 것에 동의하지 않을지도 모른다. 즉, 리처드는 이미 자기 차례를 썼기 때문에 재커리가 원했을 때 그 장난감 자동차를 가지고 놀 수 있게 했어야 한다고 생각할지도 모른다. 그러나 재커리는 함께 끌어당기는 것에 만족했다. 두 아이는 불만족과 좌절로 끝내는 대신에 서로에게 따뜻하게 대답했고 자신들이 내린 결정에 대해 만족해했다. 재커리는 원래 자신이 가졌던 소원인 장난감 자동차에 대해 생각할 수 있었고, 저항에 부딪혔을 때 그 문제를 해결하는 대안(요청하기, 빨리 되돌려 준다고 약속하기, 함께 놀자고 제안하기)을 생각해 낼 수 있었다. 재커리는 다른 아동의 기분을 이해할 수 있었고, 다른 아동의 기분을 파악해서 성공적으로 끝낼 수 있는 해결방안을 생각해 냈다. 다른 훌륭한 문제해결자처럼 재커리도 리처드를 때리거나 밀치거나 장난감 자동차를 그냥 가지고 가 버리는 것에 대해 신중하게 생각할 수 있었고, 그 행동이 가져올 결과를 예상할 수 있었다. 그러나 가장 중요한 것은 다른 대안을 생각해 낼 수 있는 재커리의 능력이 좌절과 실패를 경험하지 못하게 막았다는 것이다. 재커리는 회복할 수 있었고, 너무 빨리 포기할 필요도 없었다. 그가 자기 문제를 해결하는 여러 방법을 가지고 있었기 때문에 아마도 이것이 가능했었던 것 같다.

이제 사라에 대해 살펴보자. 사라는 자기 언니에게 언니의 인형을 가지고 놀게 해 달라고 요청했고, 재커리처럼 그것을 가질 수 없다는 대답을 들었다. 언니가 인형을 사라가 가지고 놀도록 허락하게 만들 다른 방법을 사라가 생각해 낼 수 있을까? 생각해 낼 수 없다면 사라는 언니에게 실망할 것이고, 공격적으로 대하거나 아마도 뒤로 물러나서 완전히 그 문제를 회피할 수도 있을 것이다. 사라는 좌절에 대한 충동적 반작용으로서가 아니라 때리는 것이 인형을 얻을 수 있는 유일한 방법이라고 결정하고는 언니를 때렸을지도 모른다. 그렇다면 사라가 언니를 때리는 행동이 가져올 잠정적인 결과에 대해 생각했는지, 그리고 그런 생각이 때리기로 한 사라의 결정에 영향을 미쳤는지의 새로운 질문을 제기할 수 있다. 사라는 언니가 자기를 때릴 수도 있고 자기에게 관심을 갖게 만들지 못할 수도 있다는 것을 예상했을지도 모른다. 그러나 어쨌든 사라가 먼저 언니를 때렸다. 아마도 그 밖의 다른 뭔가를 생각해 낼 수 없었던 것 같다. 그런데 사라의 언니가 먼저 인형을 가지고 놀고 난 후에 사라가 가지고 놀도록 해 주겠다고 말했을 때, 사라는 기다리는 동안에 할 다른 것을 생각했다. 이것은 중요한 대처전략이다. 사라는 참을성을 잃거나 분을 터뜨리거나 언니를 때리거나 포기하지 않으면서 기다릴 수 있었다.

자신이 원하지만 가지고 있지 않은 것을 얻기 위해서 협상을 하는 데 그다지 성공적이지 못한 아동과 비교해 볼 때, 재커리와 사라가 가지고 있는 것은 무엇일까? 재커리와 사라는 전형적인 대인 간 문제를 해결하는 여러 방법을 생각해 낼 수 있었고, 자신이 원하는 것을 다른 아동이 원하는 것과 조화롭게 통합시킬 수 있었다. 그리고 하나의 해결책을 실행하면 다음에 어떤 일이 벌어질지를 예측할 수 있는 능력도 가지고 있었다.

문제해결과 적응유연성

Arend, Gove와 Sroufe(1979)는 대인 간 관계에서 발생하는 문제에 대해 여러 가지 해결방안을 생각해 낼 수 있는 5세 아동은 "특히 문제 상황에서 융통성과 끈기와 기지를 가지고 반응할 수 있는 능력"(p. 951)으로 정의되는 자아탄력성을 가질 가능성이 높다는 것을 발견했다. 그들은 계속해서 말했다. "아마도 전형적이거나 개인이 더 좋아하는 통제 수준 또는 역치를 가지고 있는 것 같다. 자아 유연(ego-resilient)하다는 것은 선호하는 통제 수준을 상황에 적절한 방식으로 조절할 수 있는 능력이 있음을 시사한다." 반대로 자아 허약(ego-brittle)하다는 것은 "융통성이 없음을 시사한다. 즉 변화하는 상황의 요구에 반응하는 능력이 없고 새로움이나 스트레스에 처해서 혼란에 빠지는 경향이 있음을 의미한다." 자아 허약한 사람은 "충동적이거나 경직된 행동이 분명히 부적절한 상황에서조차 충동적이거나 경직될 것이다." 대인 간 문제를 해결할 수 있는 여러 방법을 자신의 사고 레퍼토리 안에 활용 가능하도록 가지고 있다는 것은 그 융통성과 기지를 가지고 있음을 의미하며, 이것이 바로 자아 유연한 사람을 만들어 낸다. 실패에 직면하여 융통성 있게 회복할 수 있는 것에 더하여, Brooks와 Goldstein(2001)은 적응유연한 아동이 "현실적인 목표와 기대를 스스로 설정하는 법을 배운다는 것을 관찰했다. 이 아동은 문제해결 및 의사결정 능력을 발달시켜 왔으며, 그렇기에 실수와 곤경 그리고 장애물을 피해야 할 스트레스원이 아닌 직면해야 할 도전으로 볼 것이다. 그들은 또래나 성인과 똑같이 효과적인 대인 간 기술을 발달시켜 왔다."(p. 5)

공감적이며 문제해결을 잘하는 아동은 일이 제대로 풀리지 않을 때 더 많은 친구를 사귀며 덜 좌절하기 때문에 효과적인 대인 간 기술을 발달시킨다. Brooks와 Goldstein이 지적했듯이, 부모는 공감적이거나, 효과적으로 의사소통하거나, 자녀에게 문제해결과 의사결정을 가르치거나, 자기 훈육과 자기 가치를 증진시키는 방식으로 훈육하여 자녀를 도울 수 있다. 부정적인 결과가 아닌 긍정적 결과를 가진 행동을 스스로 계획할 수 있는 아동은 자신의 삶에 의해서 통제당하는 대신 자신의 삶을 더 잘 통제할 수 있다.

적응유연성을 증진시키는 문제해결 기술

George Spivack과 Myrna Shure는 4~5세 정도의 어린 아동을 대상으로 다음 두 가지 문제에 대한 해결대안을 생각해 내는 능력을 측정했다. 하나는 다른 아동이 가지고 있는 장난감을 가지고 싶어 하는 문제이고, 다른 하나는 엄마가 귀중하게 여기는 물건을 깨뜨린 후에 어떻게 엄마가 화를 내지 않도록 할 것인가의 문제다. 유아용 대인 간 문제해결(Preschool Interpersonal Problem Solving: PIPS) 검사(Shure & Spivack, 1974)를 실시하여 유아원에 다닐 만큼 아직 어린 아동을 유능한 문제해결자와 저조한 문제해결자로 구별할 수 있었다. 다른 아이가 가지고 있는 장난감을 가지고 놀 기회를 얻기 위해, 저조한 문제해결자는 '물어본다', '그 물건을 낚아챈다', '그 아이를 때린다', '선생님께 말한다' 를 생각해 냈다. 유능한 문제해결자도 이런 해결방안을 생각해 냈다. 하지만 그에 더해서 '차례를 정해 번갈아 가지고 논다', '바로 돌려줄게라고 말한다', '그 아이에게 너의 친구가 되어 줄 거라고 말한다' 와 같은 대안도 생각해 냈고, '장난감에 그 아이의 이름을 적어서 그게 그 아이의 것이라고 알게 해 준다', '그 아이 혼자 노는 것보다 나와 함께 노는 것이 더 재미있을 거라고 말한다' 와 같이 창의적인 대안을 내기도 했다. 비록 유능한 문제해결자도 저조한 문제해결자처럼 '그냥 가져간다' 와 같은 대안을 생각했으나, '그 아이가 그것을 다 가지고 놀 때까지 기다린다' 와 같은 제안도 했다. 놀랍게도 '그 아이가 보지 않을 때까지 기다렸다가 가져간다' 는 대안도 말했다. 저조한 문제해결자는 화분을 깨뜨린 것에 대해 '미안하다고 말한다', '다시는 안 그럴게요', '고쳐 놓을게요' 와 같은 정도의 대안을 생각해 냈지만, 유능한 문제해결자는 '엄마가 좋아하는 색깔로 칠한다', '엄마가 좋아하는 꽃을 꽂아 놓는다', '잠든 척해서 엄마가 때릴 수 없게 한다', '엄마한테 마실 것을 가져다 드려서 엄마의 기분을 풀어 드린다' 와 같은 대안을 추가했다.

Shure, Spivack과 Jaeger(1971)는 저조한 문제해결자에 비해 유능한 문제해결자는 신체적으로나 정서적으로 덜 공격적이며, 제 뜻대로 일이 되지 않을 때 크게 화내지 않으며, 자기 차례를 기다리고 물건을 공유할 줄 알며, 고통에 처한 또래를 더 잘 알아차리며, 더 많은 급우가 따른다는 것을 발견했다. 또한 유능한 문제해결자는 교실에서 소심하거나 다른 아동의 놀이에 끼어드는 것을 두려워하는 등의 억제된 행동을 덜 보였다. 다른 연구자는 저소득층과 중산층 집단 모두에서 저조한 ICPS 기술이 낮은 수준의 긍정적인 친사회적 행동과 높은 수준의 충동적이고 억제된 행동에 자연스럽게 연관된다는 것을 발견하였으며, 유아원 시기부터 청소년기까지 아동·청소년의 적응을 위한 대인 간 인지적 문제해결(ICPS)의 효능성을 확인하였다(이 연구의 전반적인 개관은 Spivack & Shure, 1982 참조). 또한 종단연구에서도 밝혀졌듯이 폭력, 약물남용, 위험한 성행위, 우울이나 자살을 포함한 어떤 형태든지 정신병리와 같은 심각한 결과를 예측하는 초기 변인에는 저조한 ICPS 기술 및 관련 행동이 포함된다(Parker & Asher, 1987; Roff, 1984; Rubin, 1985).

Shure와 Spivack은 사회적 적응과 행동적 유능성을 갖추지 못한 아동뿐만 아니라 사회적으로 적응적이고 행동적으로 유능한 아동이 제시한 해결방안을 검토하여 흥미로운 사실을 알게 되었다. 처음에는 '그 아이가 장난감을 쳐다보지 않을 때까지 기다렸다가 가져간다' 의 대안이 '가져간다' 는 내용에 근거해 볼 때 공격적인 듯 보일 수 있다. 또한 '그 아이는 누구하고도 부딪칠 필요가 없고 아무런 갈등도 없다' 고 짐작했다면 그 대안은 억제된 아동이 제안한 대안인 것처럼 보일 수도 있다. 그러나 둘 다 사실이 아닌 것으로 밝혀졌고, 사회적으로 잘 적응하고 있는 아동(공격적인 행동과 억제된 행동 어느 것도 보이지 않는 아동)이 그 대안을 제안했을 가능성이 가장 높다. 왜 그런지에 대해 Shure와 Spivack은 두 가지 가능성을 제안했다. 첫째, 사회적으로 잘 적응하고 있는 아동·청소년은 제시된 대인 간 문제에 대해 많은 상이한 해결방안을 제안할 것이고, '그 아이가 장난감을 보지 않을 때까지 기다렸다가 가져간다' 는 대안은 그들이 제안한 여러 대안 가운데 하나일 뿐이다. 그러므로 이 대안을 제안한 아동은 그 문제를 해결하는 한두 가지 방식만을 고집하지 않는다. 둘째, 이 대안의 인지적 요소는 비충동적 사고('기다린다……')와 그 행동을 하기에 가장 좋은 때를 생각하기('그 아이가 기다리지 않을 때')를 포함한다. 이것은 기본적이기는 하지만, 10세 이전 아동의 행동적 적응과 관련된 것으로 밝혀진 **수단-목표 사고**로 간주할 수 있는 더욱 세련된 문제해결 기술의 전조가 된다. 수단-목표 사고는 목표를 향한 일련의 순차적인 단계를 계획하고(예, 친구 사귀기), 그 계획을 실행하는 데 방해가 될 수 있는 잠정적인 장애물을 예상하고, 행동하기에 좋은 때를 알아차리고, 목표에 항상 즉각적으로 도달하지 못할 수도 있다는 것을 이해하는 것이다(Spivack & Shure, 1982).

내용 자체가 아니라 문제해결의 과정이 행동을 이끌 수 있기에, Shure, Spivack과 Jaeger(1971)는 유능한 문제해결자와 저조한 문제해결자를 변별하는 기술과 사회적 적응과 대인 간 유능성의 측정치와 관련된 기술을 검사했다. 다음에 어떤 일이 생길까 게임(What Happens Next Game: WHNG; Shure & Spivack, 1990)을 실시해서 어떤 행위가 발생하면 그다음에 어떤 일이 생길지를 예상하는 능력, 즉 **귀결적 사고**를 측정했다. 귀결적 사고능력은 행동의 유의한 매개변인으로 밝혀졌다. 예를 들면, "만일 어떤 아동이 다른 아동의 장난감을 잡아챈다면 그다음에 어떤 일이 생길까?"라고 물었을 때(Shure, 2003), 저조한 문제해결자는 "그 아이가 다시 낚아챌 거예요." "그 아이가 상대 아이를 때려 줄 거예요." "그 아이는 선생님께 이를 거예요."라고 반응할 것이다. 유능한 문제해결자도 이런 대답을 생각하겠지만, "장난감이 깨질 거예요." "그 아이는 친구를 잃게 될 거예요."와 같은 대답도 할 것이다. 또는 매우 창의적인 아동은 "그 아이 앞에서 마시멜로를 먹을 거예요. 그래서 그 아이가 마시멜로 하나만 달라고 할 때 네가 내 장난감 자동차를 가져갔기 때문에 안 줄 거야라고 말할 거예요."라고 대답했다. 어떤 아이가 먼저 묻지도 않고 성인이 주인인 어떤 물건을 가져간다면 어떤 일이 생길 것인지에 대해 질문했을 때, 저조한 문제해결자가 생각해 낸 결과는 훨씬 적었고 훨씬 덜 공감적이었다. 충동적이고 억제된 아동은 자신에게 향하는 결과, 예를 들면 "그 아이는 야단을 맞을 거예요." "그 아이는 자기 방에 가 있어야 할 거예요." 또는 "엄마가 그 아이의 장난감을 치워 버릴 거예요."와 같은 결과를 제시할 것이다. 적응을 잘하고 있는 아동도 이런 가능성을 생각할 수 있지만, 더불어 공감적 가능성도 생각해 낼 것이다. 엄마 모르게 우산을 가져간 어떤 아동에 관한 질문에 대답하면서 적응을 잘하고 있는 아동은 다음과 같이 말했다. "비가 올 때 우산이 없으면 비에 젖을 것이고, 그러면 감기에 걸리잖아요."

Spivack과 Shure는 대안이 되는 해결방안을 생각해 내고 귀결적 사고를 하는 기술이 4~6세 아동의 사회적 적응과 대인 간 유능성에 관련되며, 8세 정도에 시작되는 좀 더 복잡한 기술인 순차적 계획(sequenced planning) 기술 또는 수단-목표 사고(means-ends thinking) 기술에 관련된다는 것을 확인하였다. 따라서 유능한 문제해결자가 또래 및 성인과의 관계에서 사회적 적응과 대인 간 유능성이 더 뛰어난 사람으로 교사, 또래, 관찰자에 의해 평가되는지에 관한 의문이 제기되었다(Shure, 1993). 해결, 귀결적 사고, 수단-목표 사고를 ICPS 기술로 마무리하면서, Spivack은 다음과 같이 주장했다.

> 사회적 적응이나 정신병리에 관한 어떤 이론이든지 주요한 하나의 공통 요소는 사회적 관계 및 대인 간 문제에 대한 대처능력의 질이다. 바람직한 사회적 관계는 인간 발달의 중심에 있기 때문에 대인 간 문제를 경험하는 것은 인간으로서 겪는 자연스러운 결과로 간주된다.
>
> 한 사람이 자신의 대인 간 문제를 얼마나 잘 해결할 수 있을지는 정서적 요인과 인지적 요인이 상호작용하는 복잡성에 좌우된다. 그러나 어떤 사람이 특정 문제를 침착하게 해결해 나가는지의 효율성을 충분히 파악하려면, 그 사람이 대인 간 상황을 얼마나 잘 인식하며 숙고하는지를 이해해야 한다. 일군의 ICPS 기술에 나타난 이 과정이 바로 사회적 적응에 적절한 인간의 문제해결 능력을 규정한다. 장기간에 걸쳐 성공적 적응의 가능성을 이해하려 한다면 어떻게 사고하느냐가 중요하다.
>
> 사회적 적응의 질을 매개하는 일군의 ICPS 과정 기술이 있는 것 같다. 이러한 기술은 비인간적이고 추상적인 문제를 개념화하고 추론하는 능력과 다르다. 이런 능력이 공유하는 공통의 뿌리가 무엇이든지 그렇다. ICPS 기술은 문화에 대한 경험을 통해 학습되는데, 그 학습은 가족, 그리고 아동이 다른 사람과 상호작용하는 장소라면 어디서든지 시작된다.
>
> 만일 어떤 사람이 ICPS 기술을 한 가지 이상 분명하게 보여 주지 않는다면, 그 이유는 아마도 (1) 그 사람이 충분히 잘 생각하는 방식을 애초에 학습한 적이 없거나, (2) 효과적인 ICPS 사고를 학습한 적은 있지만 정서의 방해를 받고 있거나 ICPS가 아닌 사고(예, 비합리적/방어적 사고) 때문에 ICPS 사고를 활용하지 못하거나, (3) 일단 학습한 ICPS 과정이 쇠퇴했거나(예, 나이가 들어서 또는 신경학적 손상 때문에) 중의 하나일 것이다.
>
> ICPS 기술의 작용을 향상시키거나 기술의 활용을 방해하는 장애물을 제거하는 치료적 또는 교육적 프로그램은 참여한 사람의 사회적 적응을 증가시키거나 사회적 적응의 쇠퇴 가능성을 감소시킬 것이다(Spivack & Shure, 1982; pp. 324-325).

다음 질문은 ICPS 기술이 건강한 적응에 선행하는지 혹은 후속하는지에 관한 것이다. 우수한 문제해결 기술을 가지고 있기 때문에 아동이 사회적으로 잘 적응하며 대인 간 관계에서 유능한가, 아니면 사회적으로 잘 적응하고 있으며 대인 간

관계에서 유능하기 때문에 우수한 문제해결 기술을 갖게 되는가? 다른 사람과 잘 어울리며 공격적이지 않고 사회적으로 억제되어 있지 않은 아동이 다른 사람과 관계를 맺을 기회를 더 많이 가지며 사회인지 기술을 실행할 기회를 더 많이 가진다고 가정하는 것이 더욱 합당한 듯하다. 최종 목표에 도달하는 방법보다는 동기화된 행위의 최종 목표에 정신을 빼앗긴 사람은 전형적인 대인관계 문제를 해결하는 방법을 생각해 내는 데 뛰어나지 않거나 목표에 이르는 대안의 가능성과 결과를 고려하지 않는다. 이런 사람은 충동적인 실수를 저지르고, 좌절하고 공격적이거나 위축되어 그 문제를 완전히 회피한다. 어떤 경우든지 처음의 욕구는 충족되지 않은 채로 남아 있게 된다. 만일 그런 행동이 반복해서 발생한다면 강렬한 불쾌한 정서가 유발될 것이며, 대인관계가 손상될 수 있으며, 다양한 정도의 부적응적 행동과 증상이 뒤따를 수 있다. 반면 가능한 해결대안과 귀결을 이해하면서 생각하는 습관인 수단-목표 사고를 하는 사람은 문제에 직면해서 다양한 대안을 더욱 효과적으로 평가하고 선택한다. 실제로 실패를 했을 때, (더 효과적인) 다른 해결책으로 바꾸고, 좌절을 덜 경험하며, 대인 간 문제에서 성공적이며, 심리적 역기능을 덜 보일 것이다. 의심할 여지없이 두 전제의 상호작용이 존재할지라도, 재커리와 사라 같은 아동 가운데 자신의 첫 번째 아이디어가 실패했을 때 회복하지 못하는 아동보다는 ICPS 유능성을 가진 아동이 좌절과 실패를 덜 경험할 것이라고 가정하는 것이 합당한 듯하다.

Spivack의 이론적 입장은 ICPS 사고를 할 수 있는지의 여부가 대인 간 적응과 심리적 건강에 선행하는 조건임을 절대적으로 가정한다. ICPS가 행동에 대해 매개적인 영향력을 가지고 있다는 개념에 대한 검증은 다음의 절차로 이루어졌다. 개입을 실시하여 ICPS 기술을 실험적으로 변경시키고 ICPS와 자연적으로 관련된 행동에도 변화가 나타나는지를 관찰하여 ICPS 능력과 행동적 적응의 관계를 연구하였다. 만일 ICPS 능력이 그런 행동을 매개하는 것으로 밝혀진다면, Spivack과 Shure는 적응에 가장 유의한 역할을 하는 ICPS 기술을 확인할 수 있을 것이고, 고위험 행동을 예방하기 위한 새로운 접근의 기초를 구축할 것이다.

이론에서 훈련 프로그램으로

1970년대 초반에 Shure와 Spivack은 도심의 저소득층 지역에 거주하는 4세 아동을 대상으로 ICPS 기술 증진을 위한 체계적인 개입을 시작했다. Spivack의 명제에 기초한 그 접근은 일상적인 대인 간 문제를 성공적으로 해결하도록 돕기 위해 무엇을 생각할까가 아니라 **어떻게** 생각할까를 아동에게 가르쳤다. 원래 **대인 간 인지적 문제해결**(Interpersonal Cognitive Problem Solving: ICPS)로 명명했으나, 이제는 **나는 문제해결을 할 수 있어요**(I Can Problem Solve: ICPS)로 그 명칭을 바꾸었다. 유아, 유치원, 초등학교 학년을 위한 훈련 매뉴얼이 있다(Shure, 1992a, b). 이 훈련 매뉴얼은 먼저 반드시 배워야 할 언어기술, 감정 단어 개념, 학습해야 할 최종 대안 해결과 귀결적 사고기술을 포함한 계열화된 게임과 대화로 구성된다.

ICPS 단어 짝

아동이 특정 단어를 놀이와 관련지어 배우면 말다툼을 해결해야 할 때 그 단어를 더 많이 사용할 것이다. 처음에는 '~인/~이 아닌' '같은/다른' '~하기 전에/~한 다음에' '그럴지도 모르는/아마 그런' '몇몇/모두' 등의 단어 짝을 게임과 같은 형태로 사용한다. 처음에 아동은 스트레스가 없는 상황에서 방 안에 있는 물건과 없는 물건에 관해 재미있게 생각해 본다(예, 이것은 탁자다, 이것은 의자가 아니다, 이것은 풍선이 아니다, 이것은 천장이 아니다). 그다음에는 방 안에 있는 **똑같은** 것과 **다른** 것의 이름을 붙이고, 마루를 가리키기 **전에** 또는 **후에** 탁자를 가리켰는지, 엄마가 다음에 무엇을 가리킬지를 생각해 보기도 한다. 어떻게 엄마가 아빠와 **같은지**, 어떻게 엄마가 아빠와 **같지 않은지**, **다른지**, 여자 형제가 좋아하는 게임과 어떤 다른 게임을 자신이 좋아하는지, 그리고 밖에서 놀기 전이나 후에 비가 왔는지 아닌지에 대해 재미있게 이야기할 수 있다. 또한 **지금**과 **나중**이라는 단어를 가지고 노는 것도 좋아해서, "나는 지금 아침을 먹고 있고, 나중에 저녁을 먹을 것이다."와 같은 상황을 만들기도 한다. '어떤' 과 '모든' 의 단어도 문구에 사용해 본다. 예를 들어, "나는 **항상** 그렇지는 **않지만 어떤** 때는 새 트럭을 가지고 노는 걸 좋아해. 나는 어떤 때는 동생이 내 트럭을 가지고 놀게 내버려 둘 수 있어." 와 같이 생각한다. 아동은 이런 단어를 사용하는 자신만의 방식을 만들어 내는 것에 재미를 느낀다. 이런 방식은 나중에 가정과 학교에서 발생하는 갈등을 해결하는 방법에 관해 생각하도록 돕는다. 이런 단어 짝을 실생활에 적용할 수도 있다. 예를 들면, 다음에 발생할지도 모르는 것에 비추어 "네 아이디어가 **좋은** 아이디어니, **좋지 않은** 아이디어니?" 라는 질문에 아동이 대답을 하고, "네가 그 아이를 때리기 **전에** 그 아이가 너를 때렸니, 아니면 네가 그 아이를 때린 **후에** 그 아이가 너를 때렸니?" 와 같은 질문을 던져서 싸움이 시작되기 **전에** 어떤 일이 일어났는지에 관해 아동이 생각할 수 있게 한다. 또한 '~인/~이 아닌' 단어는 아동이 누군가를 방해할 때처럼 어떤 일을 하기에 좋은 때와 좋지 않은 때에 관해 생각할 수 있도록 돕는 문구에 통합된다. 아동에게 이렇게 물을 수 있다. "지금 나에게 말하기에 좋은 때니, 좋지 **않은** 때니?" 아동은 "네가 원하는 것을 형한테 말하는 **다른** 방법을 생각해 볼 수 있겠니?" 와 같은 질문에 대해 생각하기를 즐겨 하며, 그 단어를 나중에 놀이 게임에서 알아차릴 때까지 기꺼이 기다린다.

ICPS 훈련 프로그램의 두 번째 단계에서는 아동이 다른 사람의 감정뿐만 아니라 자신의 감정을 확인하도록 돕는다. 아동은 똑같은 것에 대하여 다른 사람은 다른 방식으로 느낄 수 있다는 것—감정이 변한다는 것을 배우는 게 가능하다는 것—을 알게 되며, 보고 듣고 물어서 감정을 결정하는 여러 방식이 있다는 것을 깨닫게 된다. 사람이 느끼는 감정에 단어를 붙이는 게임을 학습한 이후에, 아동은 사람이 느끼는 그 방식대로 느끼게 만드는 것이 무엇인지, 또 자신이 느끼는 그 방식대로 느끼게 만드는 것이 무엇인지에 대해 배운다. 예를 들면, 다른 아동이 장난감 트럭을 잡아채면서 자기를 때리는 것에 대해 관심이 없는 아동은 자신이 원하는 것을 얻기 위해서 일시적일지라도 자신이 느끼는 고통에 면역되었을지도 모른다. 자신의 감정에 마음 쓰지 않는 아동은 다른 사람의 감정에도 관심을 기울일 수 없다. 또는 원하는 것을 얻기 위한 다른 방법을 생각하도록 동기화될 수도 없다. 일단 아동이 다양한 감정 단어를 확인하고 다른 사람이 그들 자신의 방식대로 느끼도록 만드는 것이 있음을 생각하면, 자신의 감정과 다른 사람의 감정에 비추어 문제해결 기술과 귀결적 사고기술을 가르치는 게임과 대화를 할 준비를 갖추게 된다. 만일 하나의 해결이 효과적이지 못하거나 좋은 아이디어가 아니라는 생각이 들면 다른 방식을 시도하는 것이 가능하다.

8세경에 시작해서 초등학교 중간 학년에 이르기까지 아동은 감정, 해결책, 결과에 대해 생각하도록 연령에 적합한 문제 상황을 제시받으며, 좀 더 세련된 사고기술과 앞에서 기술한 순차적 계획기술이나 수단–목표 사고기술을 사용할 수 있는 능력을 갖게 된다(Shure, 1992c). 좀 더 세련된 사고기술로는 어떻게 동시에 동일한 것에 대해서 한 사람이 하나 이상의 감정을 가질 수 있는지(혼합된 정서), 사람이 어떤 행동을 한 이유에 대해 하나 이상의 설명이 가능한지('그 아이가 나에게 화가 났기 때문에 아마도 나에게 손을 흔들어 주지 않았을 거야.' 또는 '아마도 그 아이가 나를 못 봤을 거야.')에 대한 이해가 포함된다.

유아원부터 초등학교 6학년까지 학교에서 활용할 수 있는 ICPS 프로그램에 추가하여 부모가 활용할 수 있도록 개발된 ICPS가 있다. 『생각하는 자녀양육 워크북(*Raising a Thinking Child Workbook*)』(Shure, 2000)은 『생각하는 자녀양육(*Raising a Thinking Child*)』(Shure, 1996) 프로그램과 『생각하는 10세 전 아동 양육(*Raising a Thinking Preteen*)』(Shure, 2001)에 기초한 것으로, 동일한 ICPS 접근을 채택하여 가정에서 활용할 수 있도록 제작되었다.

Shure와 Spivack은 아동에게 선행 기술과 문제해결 기술을 가르치는 것에 더해 새롭게 습득한 ICPS 기술을 실생활에 응용할 기회를 주는 것이 실제로 행동 변화를 가져오는 열쇠가 된다고 주장했다. 훈련가는 Shure가 'ICPS 대화하기'라고 명명한 과정을 아동이 거치면서 자신이 행동하는 것에 대해 어떻게 생각하는지를 연상하게 돕는 방법을 배운다. 모욕감을 주는 타임아웃이나 야단치기, 또는 더욱 긍정적인 접근이기는 하지만 무엇을 해 보라고 제안하거나(예, "네가 원하는 게 뭔지를 형한테 물어봐." "네 장난감을 같이 가지고 놀아라.") 논리적으로 설명하는 것(예, "네가 동생을 때리면 동생을 아프게 할 거야.")과 같은 부정적 벌, 지시, 위협을 대체하면서, ICPS 훈련가는 아동이 어떻게 자신과 타인이 느끼는지에 비추어 어떤 행동을 할 것인지 그리고 다음에 어떤 일이 벌어질지에 관해 생각한다. 또 필요하다면 문제를 해결하기 위한 다른 방식을 생각해 보도록 유도하는 질문을 던진다. 다음은 유아원에 다니는 아들 숀의 어머니가 "엄마, 토미가 나를 때렸어요."라고 호소하는 아들과 ICPS 대화를 하는 장면을 녹취한 것이다.

어머니: 문제가 뭐지? 무슨 일이니?
숀 : 토미가 나를 때렸어요.

어머니: 토미가 너를 때리기 전에 무슨 일이 있었지?

숀 : 내가 먼저 토미를 때렸어요.

어머니: 무엇 때문에 그랬어?

숀 : 토미는 내가 찰흙을 갖지 못하게 했거든요.

어머니: 네가 토미를 때렸을 때 토미는 어떻게 느꼈을까 생각해 봤어?

숀 : 화가 났겠죠.

어머니: 그럼 네가 토미를 때리고 난 후에는 무슨 일이 벌어졌지?

숀 : 토미가 나를 때렸어요.

어머니: 그래서 너는 어떤 느낌이 들었니?

숀 : 화가 났어요.

어머니: 네가 찰흙을 좀 가질 수 있게 토미가 허락하게 만들어서 너희 둘 다 화가 나지 않고 토미가 너를 때리지 않게 만들 수 있는 다른 방법을 생각할 수 있을까?

숀 : 토미가 찰흙으로 강아지 만드는 걸 내가 도와줄 수 있다고 말할 수 있겠지요.

"**왜** 토미를 때렸어!?"라는 위협적인 질문을 받기보다는 "토미가 너를 때리기 **전에** 무슨 일이 있었지?"라는 질문을 받았을 때 숀은 위협당한다는 느낌을 덜 받을 것이다. **전**, **이전**, **앞에**라는 단어와 ICPS 단어 게임을 연상해서, 숀은 실제로 어떤 일이 벌어졌는지에 관해 어머니에게 편안한 마음으로 말할 수 있었다. 숀이 먼저 다른 아이를 때렸다는 것을 숀의 어머니가 알게 되었을 때, 어머니는 충고를 제안하지도 않았고, 때리는 것이 좋은지 나쁜지에 대한 훈계도 하지 않았다. 대신 숀이 자신의 감정과 토미의 감정 그리고 원래 문제(찰흙을 가지기를 원함)에 관해 생각해 보도록 격려하면서 ICPS 대화하기를 계속했다. 그다음에는 숀이 문제에 대한 여러 해결대안을 찾아보고 대안의 결과로 어떤 일이 발생할지를 생각해 보도록 도왔다. 자신이 행동하는 것에 대해 열심히 생각해 보는 아동은 이제 수동적인 수용자가 아닌 적극적 참여자로서 성인의 요구와 제안과 설명을 받는 아동보다 자신의 아이디어를 실행할 가능성을 더 많이 갖게 된다. '당신이 어떻게 느끼는지 내가 관심을 가져요, 당신이 어떤 생각을 하는지에 대해 내 마음이 쓰여요, 당신도 그렇게 관심 가져 주기를 나는 원해요' 와 같은 숨은 메시지를 전달하면서, 아동은 다른 사람에게 더 많은 관심을 갖게 될 것이다.

ICPS가 적응 아동과 고위험 아동에게 미치는 영향에 관한 증거

ICPS 훈련은 아동의 사고와 행동에 어떤 작용을 하는가? 유아원과 유치원에서 교사에게 훈련을 받은 어린 아동의 ICPS 기술과 행동은 통제집단 아동보다 훈련 받은 직후 그리고 1년, 2년 후에도 높았고(Shure & Spivack, 1982) 4년 후의 재평가에서도 높아서(Shure, 1993) 그 효과가 유지된 것으로 나타났다. IQ에 관계없이 충동적인 아동은 3개월 후에 덜 충동적이 되었고, 좌절에 직면했을 때 분노 폭발을 덜 했다. 사회적으로 위축된 아동은 명랑해졌고, 자신의 감정을 잘 표현할 수 있었으며, 두려움을 덜 느꼈다. 예를 들면, 훈련을 받기 전에는 매일 방관자처럼 지냈고 모둠 활동에 참여하도록 교사가 도와주면 수줍어서 도망갔던 타냐는 프로그램을 받은 11주 동안에 극적인 변화를 보였다. 교실 안 인형 코너에서 타냐는 한 무리의 또래에게 말했다. "얘들아, 소방관 아저씨가 필요하면 내가 바로 여기에 있잖아." 이전에 타냐를 무시했던 한 아동은 그것이 화재 가상놀이라는 것을 알아차렸다.

훈련을 받은 집단 전체의 행동이 향상되었을 뿐만 아니라(다른 여러 연구에서도 반복됨, 예, Allen, 1978; Feis & Simons, 1985; Weddle & Williams, 1993; Wowkenech, 개인적 의사소통, 1978년 8월 26일), 훈련받은 문제해결 기술이 가장 많이 향상된 아동의 행동이 가장 많이 향상되었다(Shure & Spivack, 1980). 이런 결과는 훈련받은 ICPS 기술과 행동의 직접적 관계를 시사하며, 훈련받은 ICPS 기술이 행동을 매개하는 데 중요한 역할을 한다는 Spivack의 이론을 지지한다. 중요하게도 유아원에서 행동적 적응과 사회적 유능성을 보이는 어린 아동은 통제집단에 비해 유치원에서 행동문제를 덜 보였다. 이런 결과는 ICPS가 이미 존재하는 고위험 행동을 감소시키는 프로그램으로서뿐만 아니라 1차 예방 프로그램으로서도 기여하는 바가 있다는 것을 시사한다. Feis와 Simon(1985)의 연구에서는 미국 미시간 주의 농촌 지역에 사는 유아원생 가운데 훈련집단이 통제집단에 비해 부정적 행동을 덜 보였다. 특히 Behar와 Stringfield(1974) 교사 평정척도로 측정한 불안/공포 행동과 과잉행동/산만한 행동이 감소했다. 이런 결과는 Aberson, Albury, Gutting, Mann과 Trushin(1986)에 의해서도 반복 입증되었다. 행동 변화는 문제해결 능력의 향상과 관련이 있었다. 중요하게도 훈련집단은 통제집단에 비해 정신건강 서비스로 의뢰되는 경우가 적었다. Wowkenech(1978)의 연구에서는 모델링 강화 집단에 비해 ICPS 훈련을 받은 5세 아동집단의 행동적 영향력이 더 컸다. 뿐만 아니라 훈련이 종료된 직후에도 계속해서 갈등을 해결하는 다른 방식을 시도했다. 그러나 모델링 강화 훈련을 받은 아동은 예전의 (종종 비효과적인) 갈등해결 방식을 되풀이하는 경우가 많았다.

초등학교 5, 6학년에서 ICPS 훈련을 처음 받은 아동의 경우, 그들이 겪는 특정 문제의 내용은 성인이 말하고 행동하는 것과 다를 수 있다. 그러나 아동이 생각하도록 성인이 격려하는 정도는 아동의 나이나 특정 사회경제적 수준 때문에 변하지는 않는다. 다만 어린 아동에게 동일한 행동적 영향력을 미칠 수 있으려면 좀 더 긴 시간이 필요하다. 긍정적인 친사회적 행동은 5학년에서 똑같이 3개월 안에 증가한 반면, 부정적인 행동은 6학년에서 프로그램을 두 번째 받은 후에야 비로소 감소했다(Shure & Healey, 1993). 부정적인 행동에 미치는 효과가 지체된 이유는 고학년에서는 학업적 부담 때문에 덜 집중적인 훈련을 했기 때문일 수 있다(고학년의 매주 3회 대 어린 아동의 매일). 게다가 어린 아동에 비해 나이 든 아동의 비정상적인 행동은 더욱 습관적이어서 변화에 더 저항적이라고 가정하는 것 또한 합당하다. ICPS와 나이 든 아동의 행동 간의 상관이 여전히 존재한다면, 더 강력하거나 포괄적인 ICPS 개입을 하는 것이 논리적이다. 비록 나이 든 아동의 부정적 행동에 영향을 미치려면 더 오랜 시간이 필요하지만, 인생 초기에 훈련받지 않은 아동에게는 5, 6학년이라도 너무 늦은 시기가 아님을 시사하는 증거가 있다. 특히 사회, 읽기, 수학의 표준화 성취검사 점수가 ICPS의 훈련을 받은 아동집단에서 향상되었다. 이런 결과는 행동의 측면에서 향상을 보인 아동이 교실의 과제 지향적 요구에 더 잘 주목하고, 그래서 차후에 학교에서 더 잘 수행할 수 있다는 것을 시사한다. Brooks와 Goldstein(2001)이 적응유연성을 "피해야 할 스트레스원이 아니라 직면하고 극복해야 할 도전으로서의 곤경과 장애물"이라고 했듯이, 문제해결 기술을 학습한 5학년 아동은 중학교 진학과정 중에 스트레스를 덜 경험한다고 Elias 등(1986)이 밝힌 결과에 주목하는 것은 중요하다. 그들은 새로운 학교에 진학하고 또래 압력을 극복하는 전략을 배워야 하는 부담에 더하여 더욱 엄격한 학업적 요구조건에 적응해야 하는 스트레스가 추가된다. Elias 등의 연구에서 어린 아동은 과제에 주의 집중했고 학업적으로 더 좋은 수행을 보였다.

이 시점에서 ICPS 대화하기가 행동 변화를 일으키는 데 중요하다는 것을 강조해야 할 것이다. 미국 로체스터 대학교의 Weissberg와 그 동료들은 초등학생을 위한 사회적 문제해결 프로그램을 개발했다. Weissberg 등(1981)은 도심 저소득층 지역과 교외에 거주하는 초등학교 2~4학년 아동의 행동이 첫 번째 시행과 비교했을 때 향상되었는데, 그 이유는 연구방법의 향상(예, 매칭이 더 잘 된 통제집단의 사용, 편향이 적은 교사 평정의 사용), 동기 수준과 책임감이 높은 교사의 참여, 훈련과 지도감독 및 자문에 대한 더욱 밀접한 모니터링 때문이라고 주장했다. 또한 행동의 향상은 도심 저소득층 지역과 교외의 교사와 학생의 요구를 더 잘 충족시킨 커리큘럼을 학년 초에 실시한 것에도 기인하며, 더욱 중요하게는 아동이 새로 학습한 인지적 문제해결 기술을 매일의 대인관계 문제에 응용할 수 있도록 새롭게 보강한 대화하기 연습을 실시한 것에도 기인했다. Weissberg와 Geston(1982)은 커리큘럼에 대화하기를 통합한 것이 "아동의 독립적 문제해결 시도를 촉진시키는 데 주요한 교수 접근"(p. 59)이라고 주장했다.

부모가 효과적인 ICPS 매개자가 될 수 있는가? Shure와 Spivack(1979)은 도심 저소득층 지역에 거주하는 아프리카계 미국 유아원생을 교사가 훈련했을 때와 마찬가지로 어머니가 훈련했을 때에도 해결과 귀결적 사고 그리고 학교에서 관찰한 충동적 행동과 억제된 행동 모두에서 통제집단에 비해 유의하게 향상되었다는 것을 발견했다. 이런 결과는 가정에서 배운 ICPS 기술이 다른 장면(예, 학교)에도 쉽게 일반화된다는 것을 시사한다. 어머니 자신의 문제해결 기술이 향상되었으며, 가정에서 실제로 발생한 문제를 다룰 때 ICPS 대화기법을 적용했던 어머니의 자녀는 ICPS 기술과 행동에서 가장 큰 향상을 보였다. 또 가상의 어머니와 자녀(예, 최근에 부정어 '아니' 라는 말을 많이 하는 아동) 간에 발생하는 문제를 해결하는 법을 가장 잘 학습한 어머니는 실제 문제가 발생했을 때 ICPS 대화기법을 가장 잘 적용했다. 그 이유는 이들은 한 번에 한 단계씩 문제를 해결하고, 잠정적인 장애물을 인식하고 우회하며, 언제나 문제가 즉시 해결될 수 있는 것은 아님을 깨닫고(수단-결과 기술), 적어도 때때로 자녀의 의견을 이해하고 수용하는 법을 배웠기 때문일 것이다. 유치원에서 교사에게 처음 훈련을 받고 초등학교 1학년에는 어머니에게 훈련을 받았을 때(Shure, 1993), ICPS 대화를 가장 잘 적용한 어머니의 자녀가 3년 후, 즉 4학년 말에도 향상된 효과를 유지했다.

적응 아동과 고위험 아동의 훈련에서 임상 응용까지

지금까지 우리는 형제 또는 반 친구를 때리거나 물건을 공유하는 것과 같이 일상적으로 흔히 발생하는 문제를 아동이 해결할 수 있도록 돕는 데 ICPS를 활용하는 방법에 대해 기술하였다. 임상 진단을 받은 아동을 대상으로 수행한 연구는 별로 없지만, Shure와 Spivack(1972)이 공립학교에 재학 중인 또래보다 정서장애 학교에 다니는 8~12세 아동의 사회적 문제해결에 결함이 많다는 것을 발견했다. Lochman과 Dodge(1994)는 보통 정도로 공격적인 또래나 공격적이지 않은 또래에 비해 심각하게 폭력적인 아동·청소년이 사회적 문제해결 기술을 포함한 일련의 사회 인지적 과정에 광범위하게 더 많은 결함을 가지고 있다는 것을 확인했다. 비슷하게 Dodge(1993)는 자신의 정보처리 인지 모형에서 대인관계의 세상을 분노나 무망감을 가지고 바라보는 공격적인 아동과 우울한 아동은 사회적 문제해결 기술에 결함이 있고, "유능한 행동 반응이 부족함을 나타내는 이탈된 반응 접근 패턴을 보인다."(p. 569)라는 시사점을 던진 연구를 인용했다. Dodge와 일관되게, 우울한 9~11세 아동은 우울하지 않은 또래에 비해 ICPS의 수단-목표 사고에서 더 많은 결함을 보였다(Sacco & Graves, 1984). 흥미롭게도 Higgens와 Thies(1981)는 시설에 수용된 정서장애 남아집단에서도 사회적으로 더욱 고립된 아동이 덜 고립된 아동보다 ICPS 기술이 더욱 부족하다는 것을 발견했다.

아직까지는 우울한 아동을 대상으로 ICPS 훈련이 실시되지 않았지만, 심각하게 반사회적이고 고립된 아동은 ICPS 단독 훈련을 통해 또는 ICPS 훈련과 다른 형태의 인지행동치료를 병행한 개입을 통해 혜택을 받을 수 있다. Small과 Schinke(1983)는 과잉행동, 충동성, 극단적인 행동 폭발, 비행, 학습문제, 미세신경 역기능 때문에 의뢰된 정상 지능을 가진 7~13세 정서장애 남아를 위한 기숙치료 센터에서 문제해결 접근을 적용하였다. 2주에 걸쳐 회기당 60분씩 6회기의 훈련을 실시하여 ICPS 커리큘럼의 효과와 ICPS/사회성 기술 훈련의 병행 효과를 비교했다. ICPS/사회성 기술 훈련에서는 지도자가 효과적인 몸짓, 표현, 언어 진술의 사용을 모델로 보여 주고, 집단 구성원이 역할연습을 하는 동안에 주인공, 반대 주장자, 코치, 피드백 제공자의 역할을 맡았다. ICPS/사회성 기술 훈련을 병행한 경우, 남자 아동은 새로운 방식의 문제해결과 대인 간 의사소통을 더욱 적극적으로 시도했으며, 적응적 행동을 보인 것에 대해 서로 칭찬을 해 주었고, 문제에 부딪혔을 때 배운 것을 실제로 어떻게 활용할지에 대한 계획을 세웠다. 훈련시간은 똑같지만 제시된 문제에 대해 토론만 하고 ICPS 기술이나 사회성 기술을 학습하지 않은 토론집단과 비교해 볼 때, ICPS/사회성 기술 훈련 병행 집단은 드브뢰 초등학교 행동 평정척도(Devereux Elementary School Behavior: DEBS; Spivack & Swift, 1967)를 통해 교사가 평정한 교실 행동(예, 교실에서의 산만한 행동, 참을성 없는 행동, 무례하고 반항적인 행동, 극단적으로 남을 탓하는 행동)에서 가장 많은 감소를 보였다. 실험조건에 대해 교사가 알지 못하도록 진행했을 때, ICPS 단독 조건과 사회성 기술 훈련 단독 조건이 문제해결 훈련이나 사회성 기술 훈련을 받지 않은 집단보다 유의하게 더 많은 영향을 받은 것으로 나타났다. 이는 "혼란에 빠진 아동·청소년이 사회적 상황에서 책임감 있게 사고하고 행동하는 것을 배울 수 있다."(p. 12)라는 희망을 준다.

정신과 의료원에 있는 7~13세 남자 외래환자를 대상으로 한 연구(Yu, Harris, Solovitz, & Franklin, 1985)에서는 대부분 노동자계층의 편부모(이혼) 가정 출신인 아동에게 '로체스터 사회적 문제해결' 커리큘럼(Weissberg, Gesten, Liebenstein, Doherty-Schmid, & Hutton, 1979)을 실시했다. 이 커리큘럼은 ICPS와 마찬가지로 사회적 문제해결 기술과 사고기술을 가르치는 프로그램이다. 20주 동안 매주 2회 집단으로 의료원 직원이 훈련을 했으며, 동시에 부모집단 회기도 진행하였다. 부모는 자녀가 배우고 있는 개념에 대한 안내를 받았으며, 원리를 가정에서 실시하도록 격려받았고, 부모가 가진 다양한 문제에 관한 집단 토론을 가졌다. 개인치료부터 가족치료에 이르기까지 절충적 임상 서비스를 받은 통제집단과 비교해 볼 때, 로체스터 사회적 문제해결 커리큘럼 훈련을 받은 아동은 사회적 문제해결 기술과 부모가 평정한 사회적 유능성에서 증가했으며, 외현화 증후군(예, 비행 행동, 공격적 행동)에서 감소했다. 대부분의 회기에 참여했던 부모의 자녀는 내재화 문제(예, 우울, 비소통적 행동)를 덜 보였다. 비록 임상요원이 단독으로 훈련을 제공한 집단과 비교하지는 않았지만, ICPS가 없는 처치, 즉 드러난 정신병리를 개선하는 다양한 치료적 처치변인만으로 구성된 처치에 비해 사회적 문제해결 집단훈련과 부모훈련의 병행이 정서적 혼란의 진단을 받은 아동에게 더 큰 영향력을 미쳤다.

반사회적 아동의 행동문제에 대한 치료를 받기 위해 병원에 입원한 7~13세 정신병 입원환자 표집에서, Kazdin, Esveldt-Dawson, French와 Unis(1987)는

ICPS를 모델로 삼아 회기당 45분씩 20회기를 구성하여 일주일에 3~4회 진행한 것이 비지시적 관계치료나 무처치보다 더 큰 영향력을 가져온다는 것을 발견했다. 인지적 문제해결 훈련을 받은 아동은 "가정과 학교에서 외현화 행동과 공격적 행동 그리고 전반적인 행동문제에서 유의한 감소를 보였고, 친사회적 행동과 전반적 적응에서 유의한 증가를 보였으며"(p. 76), 그 영향력은 1년 후의 추수조사에서도 나타났다. Achenbach와 Edelbrock(1983)에 따르면 평정척도로 친사회적 행동을 측정했을 때 문제해결 훈련을 받은 아동은 정상 범위의 수준까지 향상되었다. 그러나 대다수 아동의 이탈 행동은 정상 범위 밖에 남아 있었다. Shure와 Healey(1993)의 연구에서도 동일한 연령 범위 안에 있는 정상적이지만 고위험 아동의 친사회적 행동이 가장 먼저 좋아졌다. 그렇기에 이러한 친사회적 행동과 관련된 결과는 흥미롭다. 이후에 문제해결과 행동적 부모관리 요소(부모가 아동의 행동을 특혜, 활동, 상으로 강화하는 것)를 병행했을 때는 이탈 행동의 수가 정상 범위 안에 들어갈 정도로 줄었다(Kazdin, Siegel, & Bass, 1992).

심각하게 반사회적인 아동을 위한 ICPS 유사 훈련은 Kazdin 등의 연구 대상이었던 대부분의 아동을 정상적으로 행동하는 아동으로 바꾸지는 못했다. 하지만 아동에게 감정 표현을 유도하고 공감과 무조건적인 긍정적 온정을 보여 주지만 문제해결을 직접 훈련하지는 않는 치료를 받은 아동에 비해서는 외현화 행동과 공격적 행동의 감소가 유의했다. ICPS 개입은 공감, 인정, 감정에 관한 개방된 토론이 행동 변화에 선행해야 한다는 필수조건을 전제로 하기 때문에 이런 결과는 중요하다. 공감, 인정, 감정에 관한 개방된 토론이 더 많은 레퍼토리의 해결방안을 생성하지만, 해결과 귀결적 사고가 가장 직접적으로 행동을 매개한다. 예를 들면, 위축된 아동이 누군가를 화나게 하는 어떤 일을 자신이 했다는 것을 인식하지만(그 결과에 예민하지 않기에 선행하는 단계) 그 사람의 화를 완화시키기 위하여 무엇을 해야 할지를 알지 못한다면, 그 사람이 화를 낼까 봐 느끼는 불안은 줄어들지 않을 것이다. 그 아동 전집이 정상적인 행동 범위 안에 있건 임상적인 행동 범위 안에 있건, 무엇을 해야 할지를 아는 것은 ICPS의 최종적인 문제해결 기술과 귀결적 사고 및 순차적 계획 기술이 초래한 결과다.

이제 이 장의 두 번째 저자인 Aberson이 여러 신경학적 장애와 임상적 장애를 가진 3명의 아동에게 ICPS 훈련을 시켜서 적응유연성과 관련된 여러 특징이 발달하도록 어떻게 조력했는지에 관심을 돌리려고 한다. 세 아동 모두 주의력결핍 과잉행동장애(ADHD)의 특징을 보였다. 그러나 퍼트리샤는 불안과 우울을 공존 병리로 가졌으며, 지미는 충동성과 적대적 반항의 문제를 보였다. 그리고 조지는 처음 치료를 받은 1년 후 심각한 사고를 겪고 외상후 스트레스장애(PTSD)를 발전시켰는데, 도움을 더 받으려고 Aberson에게 돌아온 경우다. 이 아동(비밀보장을 위해서 가명을 썼음)은 소집단 가족훈련이나 가족치료에 참여했던 부모로부터 훈련을 받았다.

퍼트리샤 이야기

영국 태생인 퍼트리샤는 유치원에 다닐 때 ADHD 부주의형을 나타내는 여러 특징을 보였다(Aberson, 1996에서 보고; Aberson & Ardila, 2000). 퍼트리샤의 어머니는 미혼모로, 퍼트리샤가 2학년이었을 때 매주 1회씩 6주에 걸쳐 진행되는 소집단 부모교육에 참여했다. 당시에 Reynolds와 Kamphaus(1992)의 아동행동평가체계(Behavior Assessment System for Children: BASC)를 실시하였다. 교사, 어머니, 퍼트리샤 자신이 평정한 결과를 통해, 퍼트리샤는 주의문제에 더하여 우울과 불안의 증상을 경험하고 있음이 밝혀졌다. 퍼트리샤는 평균적인 지능과 성취 수준에도 불구하고 가정이나 학교에서 제대로 공부하지 않았고 학업성적은 평균 이하였다. 학교 친구가 단 한 명 있을 뿐이었는데, 그녀는 자기가 원하는 것을 퍼트리샤가 하지 않으면 친구가 될 수 없다는 말을 해서 퍼트리샤를 괴롭히는 아이였다. 어머니와 퍼트리샤의 관계는 Abidin(1990)의 자녀양육 스트레스 척도(Parenting Stress Inventory)로 평가했다. 어머니는 퍼트리샤를 양육하면서 스트레스를 많이 겪고 있으며, 특히 숙제를 하게 만들고 아침에 등교할 준비를 시키는 어려움 때문에 퍼트리샤와 부딪히며 처벌을 많이 했다. 퍼트리샤의 행동이 퇴행했고 어머니에게 매우 의존적임에도 불구하고 이런 여러가지 요인 때문에 부모-자녀 관계는 파괴되기에 이르렀다.

그 당시 퍼트리샤가 다니던 학교에 배정된 학교심리사였던 Aberson은 어머니가 퍼트리샤와 함께 노는 게임을 배울 것이고, 퍼트리샤가 문제해결 방법을 배우도록 돕기 위해 어머니가 퍼트리샤에게 질문을 할 것이라고 설명해 주었다. 퍼트리샤는 그렇게 하는 것이 좋은 생각이라며 동의했다.

퍼트리샤가 아침에 빈둥거리는 것에 대해 생각하도록 돕기 위해, 퍼트리샤의 어머니는 ICPS 대화 질문법을 배웠다. "학교에 늦지 않게 갈 때 넌 기분이 어땠어?"(자녀의 감정을 알아차리기), "네가 늦으면 선생님은 어떤 기분이 들지 생각해 봤니?"(타인의 감정을 알아차리기), "아침에 모든 사람이 서로에게 소리를 질러대면 넌 기분이 어때?", 그리고 곧이어 "이런 문제를 해결하려면 넌 뭘 할 수 있지?" 퍼트리샤의 어머니는 다음과 같은 일련의 질문을 해서, 해결방안을 더 작은 여러 단계로 구분하여 퍼트리샤가 문제를 해결하도록 도왔다. (1) "아침에 쉽게 학교 갈 준비를 하려면 밤에 네가 할 수 있는 것은 무엇일까?" (2) "등교 준비를 하기 위해서 네가 해야 하는 일의 목록을 적을 수 있을까?" (3) "첫 번째로 무엇을 할까? 두 번째로는 무엇을 할까? 세 번째로는?"(퍼트리샤가 과제의 순서를 정하도록 돕는 방법으로 수단-목표 사고의 순차적 단계를 적용하기), (4) "각 과제를 다 하고 나서는 그 일을 끝냈다는 것을 네가 알 수 있도록 어떤 표시를 할 수 있을까?" ICPS 훈련이 진행된 지 6주 후에는 이런 일련의 단계가 더 이상 필요하지 않았다. 처음에는 퍼트리샤의 적대적 반응 때문에 ICPS 대화가 장황한 대화로 이어졌지만 곧 대화를 잘 유지할 수 있게 되었고 관계가 개선되었다. 퍼트리샤는 다음 날 학교에 어떤 옷을 입고 갈지를 전날 밤에 미리 생각해 두고, 아침에 시간에 맞춰 어떻게 등교 준비를 할지를 혼자서도 계획할 수 있게 되었다.

퍼트리샤는 종종 학교나 집에서 일이나 공부하기를 거부했는데, 전에는 일과 공부를 끝마치도록 돕기 위해 어머니가 그것에 대해 따지고 말싸움을 했다. 그런데 이제는 "퍼트리샤, 숙제를 끝마쳤으니 이제는 뭘 하기를 원하지?"(퍼트리샤를 압도하는 대신 그녀에게 권한을 허용하는 방식)와 같은 질문을 하는 것으로 변했다. 퍼트리샤가 아주 가끔 어머니의 도움을 받기는 해도 독립적으로 숙제를 할 수 있게 되면서, 선생님은 퍼트리샤가 학교에서 노력을 기울이고 과제를 잘 끝마치며 숙제때문에 언쟁을 벌이는 일이 점차 없어졌다고 보고했다.

퍼트리샤는 수학에서 경도 학습문제를 겪고 있으며 또래에 비해 미숙했다. 그렇기에 학교에서 유급을 추천하지는 않았지만 5학년을 한 차례 더 다니기로 어머니와 함께 결정했다. 퍼트리샤는 이 결정을 하는 데 참여했고 결정에 만족했다. 친구들에게는 퍼트리샤가 중학교에 진학하기 전에 좀 더 많은 시간이 필요할 뿐이라고 설명했다. 퍼트리샤는 이제 고등학교 1학년인데, 심지어 수학에서도 A나 B학점을 받고 있다. 그녀는 친구도 사귀었으며, 어머니와는 계속해서 친밀한 관계를 유지했다. 5학년 때 유급을 했지만, 그 경험을 통해 이득을 얻었다는 사실로 퍼트리샤의 적응유연성을 증명할 수 있다. 이런 결과가 유급의 효과에 관한 연구(Dawson, Raforth, & Carey, 1990)와 일치하지는 않지만, 퍼트리샤가 성공할 수 있었던 것은 이런 결정을 내릴 때 그녀와 어머니가 상호 존중하는 관계를 유지했고 문제해결 접근을 사용했기 때문이다.

퍼트리샤의 경우, ICPS 대화하기를 통해 어머니와의 관계가 향상되는 즉각적 효과가 나타났다. 뒤이어 학교생활이 좋아졌고, 결국에는 또래관계도 향상되었다. 부모훈련 회기가 진행된 지 4년 후에 교사, 부모, 자기 평정이 재차 이루어졌다. 퍼트리샤의 경미한 주의문제는 여전히 남아 있었지만 우울과 불안 증상에서는 벗어났음이 밝혀졌다. 처음부터 약물치료를 받지 않았고 또 계속해서 약물치료를 받지 않았으며, 일반 학교 프로그램에서 무리없이 교육을 받았다.

지미 이야기

동남아시아계인 지미는 유아 때 입양되었다. 지미가 2학년이 되었을 때, 부모는 부모훈련 집단에서 ICPS를 배웠고 그 후에는 가족치료도 받았다. 당시에 지미는 학교와 집에서 충동적이고 적대적이며 반항적인 아이였다. ICPS를 받기 전에 체육 선생님은 지미에 대해 부모에게 얘기하면서 그를 '못된 아이'라고 했다. 체육 시간에 제외되는 것에 대해 어떤 느낌이 드는지를 묻자, 지미는 슬프다고 대답했다. ICPS 어휘를 사용하여, "선생님이 너한테 놀 수 없다고 말하시기 전에 어떤 일이 일어났지?"라고 지미에게 물었다. 지미는 자신이 장난을 쳤고 공을 발로 차서 다른 아이를 맞혔다고 했다. 그 일이 벌어지지 않도록 무엇을 할 수 있었는지를 묻자, "장난치지 마라. 그리고 내 손과 발이 조용하게 하자."라고 독백할 수 있다고 대답했다. 다음 성적표에서 지미는 체육 품행 점수로 A를 받았다. ICPS 이전에 지미는 종종 성적표를 집에 가져오지 않았다. 성적표를 보이면 부모에게 벌을 받고 훈계를 들었기 때문이다. 이제 지미와 부모는 새로운 방식으로 성적표를 활용하기로 동의했다. 교사는 네 가지 영역(교실에서 공부하기, 숙제하기, 친구와 잘 어울리기, 규칙 따르기)에서 1부터 5까지의 5점 척도로 지미를 평정했다. 부모는 성적표 하단에 기록된 세 가지 질문에 대답하기로 동의했다. 첫째, '이 성적표의 무엇에 대해서 당신은 행복을 느끼는가?' 둘째, '당신을 슬프게 하거나 좌절시키는 것이 있는가?' '그렇다면 그것은 무엇인가?' 셋째, '더 잘하려면 내일 당신은 무엇을 할 수 있는가?' 단 2주 만에 지미는 네 가지 영역 모두에서 최고의 평가를 받았다. 지미는 더 잘할 수 있는 능력을 가지고 있다는 것을 알고 있기에 자부심을 느꼈다. 10회기가 진행된 후에 지미는 더 좋은 학생이 되었고, 친구도 더 많이 사귀었다.

부모와 지미의 관계는 가까워졌고, 자신의 감정과 타인의 감정(예, 누군가에게 소리를 지를 때 그 사람이 어떻게 느낄지)에 관해 생각하도록 도움을 받은 이후에 지미는 장애를 가진 남동생에게 감정이입을 보이는 정도로 변하였다. 한번은 어머니가 지미의 남동생에게 실망해서 소리를 지르자, "엄마가 스티븐에게 그렇게 말하면 그 아이가 어떻게 느낄 거라고 생각하세요?"라고 지미가 물었다. 이전에는 어머니가 지미에게 질문하도록 배웠던 ICPS 질문을 이제는 지미가 사용할 수 있는 것이 놀라울 뿐이었다. "ICPS에서 네가 배운 게 뭐니?"라고 지미에게 묻자, 지미는 "똑같은 해결책이 모든 상황에 적용되지 않을 거라는 것을 배웠어요."라고 대답했다. 3년 후 지미가 5학년이 되었을 때 학업에 대한 요구가 커졌기 때문에 지미와 어머니는 신경자극제 약물로 검사 점수가 향상될지도 모른다는 결정을 내렸다. 지미는 현재 우등생 명단에 올라 있다.

조지 이야기

조지는 ADHD 복합형의 진단을 받은 아동으로, 부모가 가족치료를 받기 시작했을 때 영재 프로그램에 속한 2학년 학생이었다. 그 당시 조지는 신경자극제 약물을 투여받고 있었다. 조지의 가족은 중산층으로 쿠바계 미국인이었고, 둘째 아들은 유아원에 다니고 있었다. 조지는 영재이기는 했지만 숙제를 잘 하지 않고 남동생과 다투는 문제 때문에 부모와 갈등 상태에 있었다. 부모는 가족문제를 다룰 때 처벌과 보상 기법을 함께 썼다. 그러나 처벌과 보상이 원하는 효과를 거두지 못해서 가족은 점점 더 좌절하게 되었다.

조지와 그의 가족은 학교에서 ICPS 단기 시행에 참여하면서 ICPS에 대해 알게 되었다. 가족이 문제해결 방법을 배우기 위해 ICPS 회기에 참여하자는 것은 조지의 생각이었다. 조지의 가족을 위한 프로그램 목표와 세부 목표의 목록을 배운 후 감정 게임이 도입되었으며, 가족 구성원 각각이 개인적 판단을 하지 않는 방식으로 서로에게 경청했다. 그 시간 동안 조지의 부모는 조지에게 소리를 질렀을 때 그가 슬퍼했다는 것을 알게 되었다. 그래서 조지의 부모는 소리를 지르는 대신 ICPS 게임을 하고, 문제를 해결하기 위해 매주 가족 모임을 가졌다. 또한 조지는 학교에서도 문제를 보였는데, 친구와 계속해서 떠드느라고 공부에 집중하지 못했다. 문제해결 회기 동안 조지는 자신이 문제를 해결할 수 있는 방법을 생각했다. 조지는 조용한 장소에 혼자 앉아서 공부를 하고 난 후에 친구 옆의 제자리로 되돌아올 수 있는지를 선생님에게 물었다. 또한 조지는 어머니와 함께 숙제 계획표를 짰고, 숙제를 하는 책임을 맡았다. 조지의 관심을 끌려고 방해 행동을 하는 남동생이 조지가 숙제를 끝낼 때까지 기다리도록 만들기 위해 조지와 남동생이 함께 계획을 세웠다. 조지는 "지금은 좋은 때가 아니야. 내가 숙제를 끝낸 후에 너랑 놀아 줄게."라며 ICPS 표현을 사용하였다. 가족의 스트레스 수준이 유의하게 감소했으므로 10주 후에 치료가 종결되었다.

그런데 1년 후에 불행한 사건이 발생했다. 가족 여행에서 자동차가 여러 차례 굴렀고, 차에서 탈출할 수 있었던 조지는 아버지가 하마터면 돌아가실 뻔한 사고를 목격했다. 이 사고로 말미암아 부모는 부상을 당했고 온 가족이 외상후 스트레스장애를 겪었다. 처음에는 부모가 ICPS 기법을 적용하지 않았고, 조지의 행동과 학교 수행이 뒤처졌다. PTSD와 ADHD의 공존 병리를 겪게 된 조지는 매우 불안해했고 분노에 찼으며 자기 방에 혼자 있기를 두려워했다. 때때로 조지는 어머니와 언쟁을 벌이기도 했다.

외상적 사건과 그 결과로 발생한 스트레스 때문에 조지와 부모는 치료를 받으러 돌아왔다. ICPS의 어휘와 원리를 새로운 상황에 바꾸어 적용하는 것을 배우면서, 조지는 공포를 경험할 때 시각화하거나 자기 자신에게 말하는 것 등 여러 가지를 생각해 보라는 지도를 받았다. 또한 공포를 극복하기 위해 깊고 천천히 심호흡하는 법도 배웠다. 이 새로운 시각화와 심호흡 기술은 불안장애에 독특하게 쓰이는 기법인데, 이제는 조지가 새로운 문제에 부딪힐 때 선택할 수 있는 대안으로 포함되었다.

조지의 부모는 조지 때문에 좌절할 때 소리를 지르기보다 ICPS 대화기법을 적용하기로 동의했다. 아버지는 부상 때문에 좌절에 대한 인내 수준이 낮아졌지만, 좌절하거나 화가 날 때 소리 지르기 외의 다른 것, 즉 자신이 할 수 있는 다른 재안을 생각했다. 나아가 조지의 선생님은 이런 가족의 변화에 관한 안내를 받았고, 조지가 공포를 느끼기 시작할 때 그를 도울 수 있는 방법(예, 조지가 상담교사를 만나러 갈 수 있도록 허락하기)을 생각했다. 몇 주 후에 조지의 가족은 사고가 나기 이전의 기능 수준에 가깝게 회복했다. 이제 6학년이 된 조지는 학교에서 좋은 성적을 받고 있으며, 계속해서 성장하고 있고, 더 많은 책임을 맡고 있다. 종종 조지는 ADHD를 가진 다른 많은 아동처럼 시험 준비를 위한 공부를 하지 않거나 늦게 프로젝트를 시작해서 낮은 성적을 받기도 했다. 이런 실수를 통해 교훈을 얻으면서 조지는 다음에는 좀 더 일찍 공부를 시작하고 계획을 세우기로 마음먹었다. 그는 이제 더 이상 혼자 있는 것을 두려워하지 않는다. 조지와 그의 부모는 문제를 공유하며 해결하는 방법을 배웠다. 그래서 이전에는 없었던 새로운 방식으로 가족의 유대를 강화하는 친밀하고도 긍정적인 관계를 이루어 가고 있다. 최근에 조지는 다른 가족은 자기네 가족이 하는 것처럼 서로에게 경청을 하지도 않으며 문제해결을 하지도 않는다고 자랑스럽게 말했다.

임상 사례의 효과성에 관한 논평

앞에서 예를 든 아동은 ADHD 증상을 보였고, 그중 두 명은 적어도 하나의 공존 병리를 경험했는데, 이는 ADHD 아동에게 흔히 있는 일이다(Hinshaw, 2000). 연구에 의하면 주의력결핍장애는 우울, 불안, 품행장애 중에서 하나 또는 그 이상을 유의한 공존 병리로 갖는다(Biederman, Newcorn, & Sprich, 1991). ICPS 모형에 기초한 훈련이 ADHD 아동의 실제생활 상황에서 대인 간 행동을 지도하는 데 별로 또는 전혀 영향을 미치지 못한다는 것을 시사하는 문헌이 있기는 하다(Abikoff, 1991). 그러나 부모는 ICPS에 기초한 훈련이 성공적임을 보여 주는 몇 가지 단서를 제공한다. ADHD 아동을 위한 개입에 관해 논의하면서, Hinshaw(2000)는 대체로 아동 대상으로 개별적으로 또는 소집단 형태로 문제해결을 포함한 인지행동치료를 시행한 몇몇 연구를 보고했다. 부모를 개입과정에 포함시키면 더 큰 영향을 미칠 수 있다는 전제는 Abikoff가 긍정적 영향을 보고한 연구를 통해 지지되었다. Kirby(1984)는 약물치료를 받지 않는 ADHD 아동의 부모를 위한 7주 여름 프로그램에 사회적 문제해결을 한 요소로 포함시켰다. 프로그램에 참여했던 부모의 자녀는 자기통제에서 가장 많이 향상되었다는 평가를 받았다.

또한 Abikoff와 Gittelman(1985)은 사회적 문제해결 훈련이 ADHD 아동의 학업, 행동, 인지에 유의한 영향을 미치지 않았고 투약 중지를 촉진시키지도 않았다고 결론 내렸다. 이 연구에서 부모는 두 번의 훈련 회기에 참여했고, 학교공부에 체계적으로 숙고하는 접근방식을 격려하고 칭찬하라는 교육을 받았다. 추가적으로 아동의 프로그램 참여를 독려하기 위해 열심히 공부하고 최선을 다한 것에 대한 대가로 장난감이나 게임과 교환할 수 있는 점수를 상으로 주었다. 그러나 이 방법은 아동이 그렇게 할 수 있는 기술을 가지고 있지 않다면 효과적이지 않을 것이다. 조지가 '열심히 공부하고' '최선을 다하는' 방식으로 선택한 것은 그가 교실에서 과제를 하는 동안에 산만함을 피하기 위해 다른 아동에게서 멀리 떨어져 앉을 수 있는지를 선생님에게 물어보기로 한 결정에 있다. 조지가 이런 결정을 한 결과는 교사가 조지를 위한 결정을 내려 주었을 때 생길 결과와는 매우 달랐다. 열심히 공부하기 위해 장난감이나 게임을 교환할 수 있는 점수를 나누어 주는 것(외적 보상)과는 달리, 조지가 새로 습득한 문제해결 기술은 성공하려는 진정한 동기를 불러일으켰다(내적 보상). 또 인지적 훈련이 Abikoff와 Gittelman의 피험자에게 투약을 중지하는 데 도움이 되지 않았던 것과는 달리, 부모의 집중적인 ICPS 대화하기는 조지가 약물치료를 종결하는 데 기여했다.

부모가 치료과정에 밀접하게 관여한다는 사실 이상으로, 부모가 **어떻게** 관여하는지는 중요하다. 인지행동(CB) 전략을 사용하는 임상가에 대해 Braswell과 Kendall(2001)은 다음과 같이 지적했다. "CB 임상가는 아동이 겪는 어려움의 원인에 대해 부모가 가지고 있는 신념에 민감해지도록 노력해야 한다. 그러지 않으면 문제에 대한 부모의 이해와 일치하지 않는 처치 계획을 세우게 되는데, 이런 계획을 부모가 완전히 승인하거나 열심히 참여하기란 어려운 일이다."(p. 257) 이런 측면에서 아동의 신경학적 조건이 행동에 미치는 효과가 설명되었다. Braswell과 Kendall(1988)이 제안했던 대로, 학교와 가정에서 생긴 어려움은 "특정 질병 과정이나 가족환경 때문에 생기는 불가피한 결과라기보다는 해결해야 할 문제"(p. 176)로 간주되었다. 부모는 과거에 어떤 해결책을 시도했는지, 또 새로운 접근을 시도할 준비가 되었는지에 관한 질문을 받는다. 문제해결 접근과 명령, 요구, 처벌로 문제를 다루는 방법 간의 차이에 대해서 설명했고, 문제해결 접근과 무엇을 해도 되며 해서는 안 되는지 그리고 왜 그런지를 제시하는 긍정적 접근 간의 차이에 대해서도 설명했다. 아동이 부모를 방해하는 것과 같은 매우 간단한 문제로 시작하여 부모가 그에 대해 아동과 이야기하는 다양한 방식을 연습했다. 부모는 자신이 쓰고 있는 방식이 나쁜 방식이 아닌 하나의 방식이며, ICPS는 바로 그런 다른 방식이라고 보게 되었다. 부모는 새로운 것을 시도한다는 것에 대해 열광했다. 훈련 회기 동안 치료자와 부모 사이에 생긴 상호 존중의 관계가 자녀와의 관계로 전환되었고, 이는 개입이 성공하는 데 주요한 역할을 했다.

부모가 자녀의 행동을 이해하도록 돕기 위해 몇몇 인지행동 치료자는 아동이 무엇을 하고 있는지를 부모가 재구성(reframing)하도록 한다. 예를 들면, 다른 사람을 밀치는 자녀의 행동을 선천적으로 파괴적인 행동으로 보는 부모는 "교실이 매우 붐비고 아동이 부족한 물품을 공유해야만 할 때 내 아이가 다른 아이를 밀칠 가능성이 높다는 것을 깨달았다."라는 진술문으로 자녀의 행동을 재해석하도록 도움을 받는다(Braswell & Kendall, 2001, p. 258). 재구성이 부모가 자녀의 행동을 새로운 시각으로 이해하고 현안에 대처하기 위한 건설적 노력을 격려할지라도 ICPS 훈련은 그렇게 하기 위한 구체적인 기술을 부모가 자녀에게 가르치는 도구가 된다.

부모가 자녀의 행동을 이해하고 자녀가 받고 있는 개입에 일치하는 신념을 갖는 것에 더하여, Whalen과 Henker(1991)는 "아동의 선호를 고려하는 것은 임상적 결과를 향상시키는 실제적 수단이 될 수도 있다."(p. 135)라고 밝혔다. 계속해서 그들은 말했다. "치료를 선택하고 평가할 때 자녀의 입장을 물어보고 고려하는 것은 자녀의 유능성과 가치에 관한 긍정적 메시지를 전달하며, 치료적 활동에 자녀를 동반자로 끌어들이며, 자녀가 자기와 관련된 결정을 내리고 평가하며 변경하는 법을 배울 기회를 제공한다." 앞의 각 사례에서 아동은 자기 가족이 참여하기로 동의한 프로그램에 참여하는 것에 관해 어떻게 생각하는지에 관한 질문을 받았다. 사실상 ICPS를 사용하는 가족치료를 요청했던 사람은 다름 아닌 조지였다.

일반화의 문제

아동이 사회인지 기술을 학습한 상황에서 다른 상황으로 일반화하도록 도울 수 있는지 여부는 바로 치료자가 함께 작업하는 부모에 대해 어떤 접근을 취하느냐에 좌우될 것이다. Whalen과 Henker(1991)에 의하면 ADHD 아동에게는 일반화가 별로 일어나지 않는다. 그들은 프로그램 평가에서 주목해야 할 두 가지 유형의 일반화를 다음과 같이 제안했다. 첫째, 치료와 관련된 성취를 비표적 영역으로, 비치료 상황으로 전이시킨다. 둘째, 호감성, 자기효능감, 위험을 감수하려는 또는 도전을 수용하려는 의향, 좌절 인내, 공부와 학습에 대한 긍정적 태도의 향상과 같은 파급 효과를 가져온다. 지미와 조지는 치료자가 개발한 학교와 가정 간 통신문을 통해 공부와 학습에 대한 태도를 전이할 수 있었는데, 이는 외적(또는 부정적) 결과보다는 ICPS 대화하기 기법에 반응한 것이었다. 부모훈련을 할 때 퍼트리샤의 선생님은 개입을 의식했고, 비록 자신이 ICPS 훈련을 받지는 않았지만 이전보다 자신의 감정에 보다 민감해졌다.

Braswell과 Kendall(1988)에 따르면, "최적의 향상을 얻으려면 훈련과제와 일반화 목표의 중첩이 필요하다. 새로운 기술을 다양한 과제에 응용하는 훈련은 아동이 아직 경험하지 않은 장면에 적합하도록 전략을 수정할 수 있는 방법을 배울 기회를 제공한다."(p. 203) 아동은 다양한 장면 안에서 다양한 문제를 성공적으로 해결할 수 있는 방법을 어떻게 생각해 낼 수 있는지를 배울 뿐만 아니라, 아동과 부모의 지속적인 대화하기와 역량강화 때문에 여러 장면과 다른 시간에 일반화가 발생할 수 있다.

처치의 파급 효과 때문에 자기효능감이 증가하여 아동은 학교에서 더 높은 수준의 동기를 갖게 되고 좌절에 대해 더 많이 인내하였다. 이에 더해 하나의 해결대안이 실제에서 발생할지도 모르는 특정 문제에 최선의 것이라고 믿기보다는 상이한 다양한 해결방안을 생각해 내고 각각의 해결방안이 어떤 잠정적 결과를 가져오는지(예, 자신과 타인이 어떻게 느끼는지, 어떻게 느낄 수 있는지)를 평가하는 문제해결의 과정이 아동에게 내면화될 수 있다. D'Zurilla와 Nezu(2001)가 말했듯이, "'문제해결(problem solving)'은 특정 문제에 대한 해결방안을 **찾는** 과정을 의미하는 반면, '해결방안 시행(solution implementation)'은 실제 문제 상황에 그 해결방안을 **실행하는** 과정을 의미한다."(p. 213) 특정 문제를 해결하기 위한 특정 방안을 가르치는 것에 더하여 (ICPS 대화하기를 통해서) 긍정적 결과를 예측할 수 있으며, 아동이 제안한 방안을 시행하도록 격려할 때 새로 습득한 ICPS 기술을 처음 학습한 장면 이외의 다른 장면에서도 실행할 수 있는 능력이 발달한다. 사회적 행동과 대인 간 유능성의 영역에서 비임상적이지만 고위험 수준에 속하는 아동이 ICPS 기술을 훈련 장면(예, 가정)에서 다른 장면(예, 학교)으로 일반화할 수 있다는 것을 이미 살펴보았다. 조지에게는 사회성 기술이 전혀 문제되지 않았을지라도, 퍼트리샤와 지미의 경우에는 대인 간 문제를 해결하고 다른 사람을 공감하는 능력의 향상이 사회성 기술의 향상에 기여했다.

공존 병리 조건

앞의 세 사례 모두에서 공존 병리 진단은 더 이상 존재하지 않으며, 아동은 ADHD 증상을 적절하게 상쇄하고 있었다. 퍼트리샤는 더 이상 우울이나 불안을 경험하지 않는다. 그녀는 학교 축구팀이 적성에 맞는지 시험 삼아 해 보기를 원하며, 여름 동안 영국에 있는 학교에 즐겁게 다니고 있다. 그녀는 여전히 주의력 문제를 가지고 있지만 동기와 자신감이 증가하여 문제를 보상할 수 있을 정도로 잘 기능하고 있다. 지미는 충동성과 적대적/반항적 행동을 효과적인 문제해결 전략의 사용으로 대체했으며, 4년 동안 지속적으로 긍정적 또래관계를 유지했다. 대인 간 행동 때문이 아니라 학업에 대한 주의력 문제 때문에 5학년 때 신경자극제의 투약을 시작했다. 그리고 그는 자동차 사고가 발생할 때까지는 공존 병리 조건을 가지고 있지 않았는데, 사고가 발생할 당시에 PTSD가 매우 심해서 PTSD의 일차적 진단을 받았다. 그러나 이제는 더 이상 PTSD 증상을 보이지 않으며, 마찬가지로 ADHD 증상을 상쇄하는 등 잘 기능하고 있다.

비록 ICPS 개입이 ADHD의 핵심 증상인 과잉행동 및 주의집중력 문제를 치료하지는 않지만, Braswell과 Kendall(2001)은 선행연구에 근거하여 다음과 같은 결론을 내렸다. 인지적 문제해결 접근은 "부모-자녀 갈등과 같은 부수적인 문제의 치료와, 공격적 행동이나 불안 또는 우울을 포함한 공존 병리 문제의 치료에" (pp. 276-277) 적합할 수 있다. 이런 공존 병리 문제는 퍼트리샤와 지미가 보였던 바로 그 행동이다. 적어도 부분적으로는 그런 향상이 ADHD에 공통된 집행기능(예, 계획하기, 행동을 자기조절하기 위해 언어적 매개 사용하기) 문제의 개선에 기인한다. 그렇기는 하지만 예시한 세 아동은 Whalen과 Henker(1991)가 인지행동치료의 효과에 앞서 획득해야 한다고 주장했던 바로 그 기술—"미래에 대한 충분한 예측과 자신의 행동을 계획 · 지도 · 평가하는 언어적 기술"(p. 131)—을 배웠다. ICPS는 상호작용의 구조와 방식을 가족에게 가르치며, ADHD 아동에게 필요한 구조화된 환경의 조성을 증가시킨다.

훈련량

앞에서 제시한 이점으로 ICPS의 영향력을 주장할 수 있겠지만, 어떻게 행동 변화가 일어날 수 있는지, 단지 6~10회기의 가족치료나 부모훈련 이후에도 행동 변화가 유지될 수 있는지에 대한 의문이 제기될 수도 있다. 인지행동치료(CBT)와 관련하여, Goldstein과 Goldstein(1998)은 다음과 같은 결론을 내렸다. "인지행동치료가 ADHD 사례와 같이 내재적인 조건이나 신경학적 기반을 둔 조건을 다룰 때는 내담자의 진정한 처치 요구에 합치되는 강도로 시행되지 않는 경우가 있다."(Braswell & Kendall, 2001, p. 276에서 재인용). 처치 회기가 적었음에도 불구하고, 이 사례연구에서 묘사한 아동의 부모는 ICPS 게임을 하고 가정과 학교에서 발생한 문제에 대해 자녀와 대화를 하면서 매일 자녀에게 집중적인 처치를 제공했다. 나아가 처치의 지속적인 효과는 치료자와 수년에 걸쳐 3~4개월에 한 번씩 지지적인 전화 통화를 하는 일종의 비형식적인 추가 보조회기를 통해 촉진되었다.

훈련의 강도와 부모-자녀 애착의 증가에 더해, 아동의 ICPS 기술을 자극하고 풍부하게 만들기 위해서 시행하는 ICPS 대화하기의 질문을 통해서 아동의 독립적 과제 수행이 증가하였다. 더욱이 아동은 자신의 행동이 가져오는 자연스러운 결과를 알아차리며, 책임을 지는 목표에 미치지 못하는 행동을 할 때나 신체적 또는 정서적으로 타인에게 손상을 가할 때 자신과 타인이 어떻게 느끼는지를 알아차렸다. 행동의 방향을 재설정하며 과제의 계획을 세우는 데 ICPS 대화하기 질문을 ICPS의 재미있는 게임과 반복 연합시켜서 퍼트리샤와 지미 그리고 조지가 부모에게 더욱 주의를 집중하고 부모와 더욱 긍정적인 상호작용을 하게 만들었다.

ICPS가 행동에 미치는 영향에 관한 유의사항

Braswell과 Kendall(1998, 2001)이 요약한 바에 따르면 아동의 사고가 행동에 영향을 미치는 방식에 유의한 효과를 가진 다양한 인지행동치료가 존재한다. 사고가 행동에 영향을 미치는 데 ICPS가 가장 효과적인 방식이라는 주장은 없지만, ICPS는 그런 영향을 미치는 하나의 방식으로 간주된다. 앞에서 소개한 세 아동의 성공적인 사례가 고무적일지라도, 그들은 의뢰되지 않은 아동이라는 점을 유념해야 한다. 사실상 그들의 부모가 치료의 시작을 요청했고, 그중 하나는 아동의 요청에 의해 이루어졌으며, 부모는 적어도 평균 지능을 가진 사람들이었다. 조지와 그의 부모는 외상을 겪기는 했지만 일시적이었다.

그러나 부모 자신이 만성적인 심리장애를 가진 경우에는 ICPS만으로는 충분하지 않을 것이다. Baydar, Reid와 Webster-Stratton(2003)은 비임상적인 헤드스타트에 참가한 아동의 어머니는 우울, 불안, 아동기의 학대받은 역사, 약물남용 등 정신건강 위험요인을 가지고 있으며, 이런 위험요인을 겪지 않는 어머니에 필적할 만한 수준으로 문제해결 모형에 기초한 프로그램에 참여했고 또 혜택을 받았다는 것을 발견했다. 부모의 요구(예, 교통, 보육)를 충족시킬 수 있게 부모훈련을 맞추어 수정한 경우, 정신건강 위험요인을 가진 부모 중 훈련을 받은 부모는 통제집단에 비해 거칠고 부정적이며 일관성이 없고 효과적이지 못한 양육을 덜 하였고 지지적이고 긍정적인 양육을 더 많이 하였다.

그럼에도 불구하고 이 장에서 묘사한 아동의 특정 행동과 관련해서는 ICPS와 다른 CBT 기법(예, 인지적 재구성, 귀인훈련, 보상하기와 같은 행동수정 기법의 병행)을 비교하는 더욱 체계적이고 경험적인 연구가 필요하다. 또한 정서장애 진단을 받은 부모 표집과 비임상적인 부모 표집이 ICPS 기법을 실시할 때 나타나는 영향력을 비교하는 연구도 필요하다. Braswell과 Kendall(1988)이 조합하면 일반화를 극대화할 수 있다고 제안했던 또래 및 교사 훈련과 부모훈련을 비교하는 것도 유용할 것이다. 심지어 ICPS나 그와 유사한 개입만으로는 ADHD 아동에게 성공적일 수 없다고 결론 내리기 전에 다음의 연구가 필요하다. 즉, 이 세 가지 사례연구가 제시한 일화적 증거와 앞에서 언급한 연구에서 ICPS 교사가 훈련한 비임상적 아동의 과잉행동 수준이 감소했다는 증거에 기초하면, 부모와 자녀를 함께 적극적으로 참여시키는 더욱 체계적인 경험적 연구, 다시 말해 가정과 학교에서 특정 집단의 아동에게 영향을 미치는 것이 무엇인지에 대해 더 많이 알려 주는 연구를 수행해야 한다.

결론

Kumpfer와 Alvarado(2003)가 지적했듯이, 보호요인이나 적응유연성 요인에 비해 "가족갈등, 부모-자녀 애착의 결핍, 혼란, 효과적이지 못한 자녀양육, 스트레스원, 부모의 우울 등 위험요인이 더욱 증가함에 따라서 아동이 발달적 문제를 겪을 확률도 급속도로 증가하고 있다. 그러므로 가족의 위험요인을 감소시키는 노력에 더해서 가족 관련 보호 기제와 개인의 적응유연성 과정을 다루어야 한다." (p. 458) Aberson과 Ardila(2000)가 오랜 시간에 걸쳐 증명한 여러 사례에서는 부모-자녀 애착관계가 청소년기까지 발달하면서 지속되고, 아동은 또래 압력과 새로운 난제에 직면할 때 목표를 설정하고 자신감을 갖게 하는 의사소통을 계속하게 한다. 이들은 집 이외의 다른 상황이 아무리 어려울지라도 가족이야말로 서로의 말을 경청하고 수용하며 문제를 해결할 수 있는 안식처라는 것을 배운다. ICPS가 촉진하는 개방적이며 수용적인 의사소통이야말로 문제를 해결하는 데 도움이 되는 애착을 증가시키며, 또한 역량이 강화된 느낌도 갖게 한다. 어떤 부모는 "부모로서 나는 문제에 더해지는 것이 아니라 내 아이를 위한 해결방안의 일부가 될 수 있다는 것을 깨닫게 되었어요. 이 접근을 사용하기 전에 나는 힘을 차지하려고 했고, 그래서 내가 힘을 가지고 있지 않다고 느꼈지요. 이제 나는 아이와 문제를 함께 해결해요."라고 밝혔다. Aberson과 Ardila가 묘사한 부모훈련이 종료된 지 2년 또는 그 이상이 지나 얼마나 자주 자녀와 대화를 나누는지를 물었다. 한 부모가 분명히 말했듯이, 부모는 종종 이렇게 믿고 있었다. "말할 수가 없는데요. 대화를 하는 게 우리 삶이 되어 버려서요. 그러나 솔직히 말해 우리는 대화를 별로 많이 할 필요가 없게 되었어요. 아이가 스스로 문제를 해결하기 때문이죠." ICPS 프로그램을 활용하는 환경에서 살아온 아동은 스스로 생각하는 법을 배우며 예측 불가능한 이 세상의 많은 도전에 대처하는 법을 배워서 적응유연성과 관련된 능력을 발달시킨다.

참고문헌 REFERENCES

Aberson, B. (1996). *An intervention for improving executive functioning and social/emotional adjustment of ADHD children: Three single case design studies.* Unpublished doctoral dissertation, Miami Institute of Psychology.

Aberson, B., Albury, C., Gutting, S., Mann, F., & Trushin, B. (1986). *I can problem solve (ICPS): A cognitive training program for kindergarten children.* Report to the Bureau of Education, Miami, FL: Dade Country Public Schools. Unpublished manuscript.

Aberson, B., & Ardila, A. (2000). *An intervention for improving executive functioning and social/emotional adjustment of three ADHD children. A four-year-follow-up.* Unpublished manuscript.

Abidin, R. (1990). *Parenting stress index-Short form.* Charlottesville, VA: Pediatric Psychology Press.

Abikoff, H. (1991). Cognitive training in ADHD children: Less to it than meets the eye. *Journal of Learning Disabilities, 24,* 205-209.

Abikoff, H., & Gittelman, R. (1985). Hyperactive children treated with stimulants: Is cognitive training a useful adjunct? *Archives of General Psychiatry, 42,* 953-961.

Achenbach, T. M., & Edelbrock, C. S. (1983). *Manual for the child behavior checklist and revised child behavior profile.* Burlington, VT: University Associates in Psychiatry.

Allen, R. J. (1978). *An investigatory study of the effects of a cognitive approach to interpersonal problem solving on the behavior of emotionally upset psychosocially deprived preschool children.* Unpublished doctoral dissertation, Center for Minority Studies, Brookings Institute, Union Graduate School.

Arend, G., Gove, F. L., & Sroufe, L. A. (1979). Continuity of individual adaptation from infancy to kindergarten: A predictive study of ego-resiliency and curiosity in preschoolers. *Child Development, 50,* 950-959.

Baydar, N., Reid, M. J. & Webster-Stratton, C. (2003). The role of mental health factors and program engagement in the effectiveness of a preventive parenting program for Head Start mothers. *Child Development, 74,* 1433-1453.

Behar, L., & Stringfield, S. (1974). A behavior rating scale for the preschool child. *Developmental Psychology, 10,* 601-610.

Biederman, J., Newcorn, J., & Sprich, S. (1991). Comorbidity of attention deficit hyperactiavity disorder with conduct, depressive, anxiety and other disorders. *American Journal of Psychiatry, 148,* 564-577.

Braswell, L., & Kendall, P. C. (1988). Cognitive-behavioral methods with children. In K. S. Dobson (Ed.), *Handbook of cognitive-behavioral therapies* (pp. 167-213). New York: Guilford.

Braswell, L., & Kendall, P. C. (2001). Cognitive-behavioral therapy with youth. In K. S. Dobson (Ed.), *Handbook of cognitive-behavioral therapies* (2nd ed., pp. 246-294). New York: Guilford.

Brooks, R., & Goldstein, S. (2001). *Raising resilient children: Fostering strength, hope and optimism in your child.* New York: Contemporary Books.

Dawson, M., Raforth, M. A., & Carey, K. (1990). Best practices in assisting with promotion and retention decisions. In A. Thomas & J. Grimes (Eds.), *Best practices in school psychology II* (pp. 137-145). Washington, DC: National Association of School Psychologists.

Dodge, K. (1993). Social-cognitive mechanisms in the development of conduct disorder and depression. *Annual Review of Psychology, 44,* 559-584.

D'Zurilla, T. J., & Nezu, A. M. (2001). Problem solving therapies. In K. S. Dobson (Ed.), *Handbook of cognitive-behavioral therapies* (2nd ed., pp. 211-245). New York: Guilford.

Elias, M. J., Gara, M., Ubriaco, M., Rothman, P. A., Clabby, J. F., & Schuyler, T. (1986). Impact of a preventive social problem solving intervention on children's coping with middle-school stressors. *American Journal of Community Psychology, 14,* 259-276.

Feis, C. L., & Simons, C. (1985). Training preschool children in interpersonal cognitive problem-solving skills: A replication. *Prevention in Human Services, 14,* 59-70.

Goldstein, S., & Goldstein, M. (1998). *Understanding and managing attention deficit hyperactivity disorder* (2nd ed.). New York: Wiley.

Higgens, J. P., & Thies, A. P. (1981). Problem solving and social position among emotionally disturbed boys. *American Journal of Orthopsychiatry, 51,* 356-358.

Hinshaw, S. P. (2000). Attention-deficit/hyperactivity disorder: The search for viable treatments. In P. C. Kendall (Ed.), *Child and adolescent therapy: Cognitive-behavioral procedures* (2nd ed., pp. 88-128). New York: Guilford.

Kazdin, A. E., Esveldt-Dawson, K., French, N. H., & Unis, A. S. (1987). Problem-solving skills training and relationship therapy in the treatment of antisocial child behavior. *Journal of Consulting and Clinical Psychology, 55,* 76-85.

Kazdin, A. E., Siegel, T. C., & Bass, D. (1992). Cognitive problem-solving skills training and parent management training in the treatment of antisocial behavior in children. *Journal of Consulting and Clinical Psychology, 60,* 733-747.

Kirby, E. A. (1984, August). *Durable and generalized effects of cognitive behavior modification with attention deficit disorder children.* Paper presented at the annual meeting of the American Psychological Association, Toronto, Ontario, Canada.

Kumpfer, K. L., & Alvarado, R. (2003). Family-strengthening approaches for the prevention of youth problem behaviors. *American Psychologist, 58,* 457-465.

Lochman, J. E., & Dodge, K. A. (1994). Social-cognitive processes of severely violent, moderately aggressive, and nonaggressive boys. *Journal of Consulting and Clinical Psychology, 62,* 366-374.

Parker, J. G., & Asher, S. R. (1987). Peer relations and later personal adjustment: Are low-accepted children "at risk"? *Psychological Bulletin, 102,* 357-389.

Reynolds, C. R., & Kamphaus, R. W. (1992). *Behavior assessment system for children.* Circle Pines, MI: American Guidance Service.

Roff, J. D. (1984). Childhood aggression and social adjustment as antecedents of delinquency. *Journal of Abnormal Child Psychology, 12,* 111-126.

Rubin, K. H. (1985). Socially withdrawn children: An "at risk" population? In B. H. Schneider, K. H. Rubin, & J. E. Ledingham (Eds.), *Children's peer relations: Issues in assessment and intervention* (pp. 125-139). New York: Springer.

Sacco, W. P., & Graves, D. J. (1984). Childhood depression, interpersonal problem-solving, and self-rating of performance. *Journal of Clinical Child Psychology, 13,* 10-15.

Shure, M. B. (1992a). *I can problem solve (ICPS): An interpersonal cognitive problem solving program for children [preschool].* Champaign, IL: Research Press.

Shure, M. B. (1992b). *I can problem solve (ICPS): An interpersonal cognitive problem solving program for children [kindergarten/primary grades].* Champaign, IL: Research Press.

Shure, M. B. (1992c). *I can problem solve (ICPS): An interpersonal cognitive problem solving program for children [intermediate elementary grades].* Champaign, IL: Research Press.

Shure, M. B. (1993). *Interpersonal problem solving and prevention. A comprehensive report of research and training: A five-year-longitudinal study (Report #MH-40801).* Washington, DC: National Institute of Mental Health.

Shure, M. B. (1996). *Raising a thinking child: Help your young child resolve everyday conflict and get along with others.* New York: Pocket Books.

Shure, M. B. (2000). *Raising a thinking child workbook.* Champaign, IL: Research Press.

Shure, M. B. (2001). *Raising a thinking preteen. The I can problem solve program for 8- to 12-year-olds.* New York: Owl/Holt.

Shure, M. B. (2003). A problem solving approach to preventing early high-risk behaviors in children and preteens. In D. Romer (Ed.), *Preventing adolescent risk* (pp. 85-92). Thousand Oaks, CA: Sage.

Shure, M. B., & Healey, K. N. (1993, August). *Interpersonal problem solving and prevention in urban 5th- and 6th-graders.* Paper presented at the meeting of the American Psychological Association, Toronto, Canada.

Shure, M. B., & Spivack, G. (1972). Means-ends thinking, adjustment, and social class among elementary-school-aged children. *Journal of Consulting and Clinical Psychology, 38*, 348-353.

Shure, M. B., & Spivack, G. (1974). *Preschool interpersonal problem solving (PIPS) test.* Philadelphia: Hahnemann University.

Shure, M. B., & Spivack, G. (1979). Interpersonal problem solving thinking and adjustment in the mother-child dyad. In M. W. Kent & J. E. Rolf (Eds.), *Primary prevention of psychopathology: Vol. III. Social competence in children* (pp. 201-219). Hanover, NH: University Press of New England.

Shure, M. B., & Spivack, G. (1980). Interpersonal problem solving as a mediator of behavioral adjustment in preschool and kindergarten children. *Journal of Applied Developmental Psychology, 1,* 29-44.

Shure, M. B., & Spivack, G. (1982). Interpersonal problem solving in young children: A cognitive approach to prevention. *American Journal of Community Psychology, 10,* 341-356.

Shure, M. B., & Spivack, G. (1990). *What happens next game (WHNG)* (2nd ed.). Philadelphia: Hahnemann University.

Shure, M. B., Spivack, G., & Jaeger, M. A. (1971). Problem-solving thinking and adjustment among disadvantaged preschool children. *Child Development, 42,* 1791-1803.

Small, R. W., & Schinke, S. P. (1983). Teaching competence in residential group care: Cognitive problem solving and interpersonal skills training with emotionally disturbed preadolescents. *Journal of Social Service Research, 7,* 1-16.

Spivack, G., & Shure, M. B. (1982). Interpersonal cognitive problem-solving and clinical theory. In B. Lahey & A. E. Kazdin (Eds.), *Advances in child clinical psychology* (Vol. 5, pp. 323-372). New York: Plenum.

Spivack, G., & Swift, M. (1967). *Devereux Elementary School Behavior (DESB) rating scale manual.* Devon, PA: Devereux Foundation.

Weddle, K. D., & Williams, F. (1993). *Implementing and assessing the effectiveness of the interpersonal cognitive problem solving (ICPS) curriculum in four experimental and four control classrooms.* Unpublished manuscript, Memphis State University.

Weissberg, R. P., & Gesten, E. L. (1982). Considerations for developing effective school-based social problem-solving (SPS) training programs. *School Psychology Review, 11,* 56-63.

Weissberg, R. P., Gesten, E. L., Carnrike, C. L., Toro, P. A., Rapkin, B. D., Davidson, B. et al. (1981). Social problem solving skills training: A competence-building intervention with second- to fourth-grade children. *American Journal of Community Psychology, 9,* 411-423.

Weissberg, R. P., Gesten, E. L., Liebenstein, N. L., Doherty-Schmid, K. D., & Hutton, H.

(1979). *The Rochester social problem solving (SPS) program. A training manual for teachers of 2nd-4th grade children.* Rochester, NY: Center for Community Study, University of Rochester.

Whalen, C. K., & Henker, B. (1991). Therapies for hyperactive children: Comparisons, combinations, and compromises. *Journal of Consulting and Clinical Psychology, 59,* 126-137.

Yu, P., Harris, G., Solovitz, B., & Franklin, J. (1985). *A preventive intervention program for children at high risk for later psychopathology.* Austin, TX: Texas Department of Mental Health and Mental Retardation. Unpublished report.

제5부 결론

제23장

오늘을 사는 아동의 미래

Sam Goldstein & Robert B. Brooks

우리는 오늘을 사는 아동의 미래를 어떻게 예측할 수 있을까? 어떤 통계치를 검토해야 할까? 어떤 결과를 측정해야 할까? 어떤 공식을 계산해야 할까? 이런 질문에 대한 결정적이고 정확한 대답은 없다. 이 책에서 우리는 적응유연성과 적응유연성 과정에 관한 연구와 임상 응용을 통해 이런 이슈를 다루려고 시도했다. 아동, 가족, 지역사회 안에 있는 어떤 변인이 그리고 어떤 과정을 통해서 역경의 부정적 효과를 상쇄하는지, 그래서 우리가 생존할 확률을 증가시키기 위해 상호작용하는지를 논했다. 이 과정 가운데 일부는 특정 스트레스원의 부정적 효과가 발생하지 않도록 보호하는 역할을 하는 반면 다른 과정은 단순히 발달을 향상시키는 데 작용한다. 진정한 의미에서 결과현상으로서 적응유연성에 관한 연구는 더 나은 미래를 만들고 변화시키기 위해서 우리가 사용할 수 있는 지식을 수집한다.

오늘을 사는 아동의 미래는 어떤가? 국립빈곤아동센터(National Center for Children in Poverty, 2002)에 의하면 미국 아동은 6명 가운데 1명꼴로 빈곤에 놓여 있다. 이 통계치는 제3세계 국가에서는 더 높다. 빈곤은 폭력에의 노출, 적절한 의료와 교육 및 심리 지원의 부족, 영양 결핍에 이르기까지 발달을 위협하는 다양한 위험요인 및 장기적 스트레스원과 관련된다(Garbarino, 1995). 이 책을 집필한 여러 저자가 증명했듯이, 아동 발달의 모든 단계 동안에 스트레스는 교육, 직업, 심리, 정서 적응에 이르기까지 매우 광범위한 불리하고 부정적인 결과의 발생 위험을 증가시킨다. 이런 요인은 성인기에 이르기까지 장기적인 효과를 미친다(Shore, 1997). 더구나 아동이 어릴수록 역경과 취약성은 더욱 크다(Fantuzzo, McWayne, & Bulotsky, 2003). 변화를 방해하는 여러 장벽이 존재하는데, 여기에는 위험에 처한 아동에게 효과적인 것으로 여겨지는 서비스 이용의 지속적인 부족뿐만 아니라 취약한 아동을 보호하는 세력이나 현상에 대한 이해의 지속적인 부족이 포함된다(National Advisory Mental Health Councils Workshop on Child and Adolescent Mental Health Intervention, Development and Deployment, 2001; National Institute of Health and Mental Health, 1998). 공중보건국의 보고서(U. S. Department of Health and Human Services, 1999)는 오명을 줄이고 평가와 치료 서비스를 증가시키며, 지역사회에 있는 자원을 활용하고, 전문가의 파트너십을 향상시키는 데 우선순위를 두어야 한다고 주장했다.

여러 보고서에서 오늘날 아동의 기능을 평가하여 요약한 자료를 보면 아동의 미래에 대한 암울한 관심을 갖지 않을 수 없다. 그러나 보호요인과 완충요인에 대한 우리의 지식은 계속 증가하고 있다. 취약한 아동 또는 모든 아동이 성공적으로 성인의 삶으로 전환하도록 돕는 방법에 관해 우리는 이전보다 더 많이 알고 있다. 이 책의 여러 저자가 입증했듯이, 우리는 우리의 이해를 더욱 촉진하고 응용과학을 조성하려는 작업을 착수했다. 그 작업을 하면서 우리는 유능성, 맥락, 아동의 신체적 및 정신적 건강에 기여하는 여러 변인에 초점을 두는 **아동 전인적 조망**(whole-child perspective)을 채택한 모형을 따른다. Fantuzzo 등(2003)이 기록했듯이, "장애나 결함이 아닌 아동의 전인적 유능성이 이런 발달 조망의 핵심이다."(p. 17) 그처럼 적응유연성 모형은 아동이 성인기로의 전환을 준비해 가면서 각 단계에서 반드시 수행하고 숙달해야 하는 과업을 검토한다. 이런 과업과 숙달을 조성하는 세력을 우리가 더 잘 이해한다면 모든 아동의 적응유연성을 증진시킬 준비를 더 잘하게 된다. 그런 모형은 진단과 장애보다는 **자산**(assets)과 **능력**(abilities)에 초점을 맞춘다. 이 모형에서 아동과 환경의 상호작용은 발달이 일어나는 맥락을 형성한다. 또한 아동의 건강한 발달과 적응유연성에 기여할 수 있는 성인의 역할에도 주목한다. 마지막으로 그것은 비정상적 행동을 선험적으로 열거한 목록에 기초하여 측정한 결함보다는 아동의 **유능성**(competencies)을 강조한다.

우리의 미래를 들여다보는 것은 그저 아동의 눈을 응시하는 것일 뿐이다. 우리의 미래는 아동이 행복하고 건강하며 기능적이고 성인으로서 사회에 기여하는 구성원이 되도록 준비시키는 우리 노력의 성패에 달려 있다. 그러나 아동을 키우고 우리를 대신할 세대를 준비시키는 과업은 점점 더 어려워지고 있다. 우리 문화의 복잡성 때문에 아동이 겪는 역경(예, 비행, 정신건강 문제, 학업문제)의 수준을 끌어올리는 위험과 취약성이 증가하고 있다. 이는 건강, 행복, 성공에 필요한 자질을 아동에게 가르치기가 점점 더 어려워짐을 시사한다. 이런 틀 안에서 의학, 정신건강, 교육학 분야가 함께 중대한 기로에 서 있다. 이 경로는 모든 아동이 발달하도록 돕고 생각하고 느끼며 행동하는 방식에 능숙해지도록 돕는 의식적 노력을 반영한다. 이런 노력은 아동이 이 세상에서 겪게 될 수많은 역경이 미칠 부정적 영향력을 완충할 수 있으며 또 완충할 것이다. 2장에서 O'Dougherty Wright와 Masten이 지적했듯이, 이 책을 집필한 뛰어난 재능을 가진 많은 저자는 적응유연성 연구에서 제3의 물결을 대표한다. 이는 과학적 이론과 가설을 임상 실제에 응용하는 노력을 나타낸다. Bell(2001)이 지적했듯이, 이 책에서 언급한 이런 노력은 폭넓고 깊으며 광범위하고 질적 수준이 높아서 모든 아동의 적응유연성을 조성하고 강화할 수 있다는 큰 가능성을 약속한다.

이 책이 증명하듯이, 많은 다른 아동·청소년에게 압도적인 역경을 몇몇 아동·청소년이 극복하는 수단과 방법을 이해하는 데 주목하는 연구가 점차 더 많이 수행되고 있다. 예를 들면, 우울한 어머니의 자녀에서 다양한 정신장애가 발생할 비율은 높으나 우울한 어머니를 둔 자녀 가운데 상당수가 결국에는 적당한 수준의 심리사회적 기능을 성취한다(Downey & Coyne, 1990). 중대한 역경에 노출되었음에도 그들은 어떻게 긍정적 적응을 성취할 수 있는가? 역경에도 불구하고 적응유연한 결과를 검토하는 한 가지 접근방법은 고위험 집단과 저위험 집단 모두에 긍정적 효과를 미칠지도 모르는 **자원요인**(resource factors)뿐만 아니라 위험요인과 상호작용하는 **보호요인**을 측정하는 일이다(Conrad & Hammen, 1993). 최근 연구에서 Brennan, Le Brocque와 Hammen(2003)은 우울한 어머니의 자녀에게 발생하는 적응유연한 결과를 예측하는 변인으로 부모-자녀 관계를 상세하게 검토했다. 우울한 어머니는 우울하지 않은 어머니에 비해 질적으로 덜 적절한 자녀양육을 한다(Goodman & Gotlib, 1999). Brennan 등(2003)은 대규모 종단

연구에서 선정한 15세 청소년 800여 명과 그들의 부모를 추적 조사했는데, 긍정적 부모-자녀 관계의 질이 우울의 역사를 지닌 어머니가 양육한 청소년 자녀에게 보호요인으로 작용한다는 것이 증명되었다. 지각된 어머니의 애정과 수용이 높을수록, 그리고 지각된 어머니의 심리적 통제와 정서적 과잉 관여가 적을수록 그들은 더 높은 수준의 적응유연한 결과를 성취했다. 이런 결과는 다른 결과(NICHD Early Child Care Research Network, 1999)와도 일치했다. 부모-자녀 관계의 질은 우울하지 않은 어머니의 자녀에게조차 자원요인으로 작용할 가능성이 있다. 사실 자녀양육의 질은 우울한 어머니의 자녀와 우울하지 않은 어머니의 자녀에게 동일한 방향으로 효과를 가져왔다.

적응유연성의 응용과학을 창출하는 데 이런 결과를 적용할 수 있을까? 1998년에 Olds, Pettit, Robinson과 Henderson은 그럴 수 있다는 것을 증명했다. 이 연구진은 아동의 파탄적이며 공격적인 행동의 위험요인을 확인했다. 어머니를 대상으로 출산 이전 및 유아기 가정방문 프로그램을 제공했고, 이후 아동이 15세 생일이 될 때까지 추적 조사했다. 이들 어머니 가운데 많은 수가 연구 시작 시점에서 18세 또는 그 이하였다. 이 프로그램은 아동의 문제 행동이 발달할 위험의 세 가지 영역을 감소시킨 것으로 나타났다. 프로그램 참여 때문에 임신 중 어머니의 물질남용, 아동학대, 가족 크기, 임신 횟수, 생활보조에 대한 만성적 의존이 감소하였다. 그래서 출산 이전 및 유아기 가정방문 프로그램이 역경에 기여할 가능성이 있는 위험에 영향을 미칠 수 있고, 그럼으로써 고위험 가족에서 출생한 아동 · 청소년의 적응유연성을 증가시킬 수 있다.

Fraser와 Galinsky(1997)가 가설을 세웠듯이, 결국 우리는 실제에 관한 적응유연성 모형을 만들기 위해 충분한 연구를 수집하고 통합할 것이다. 여러 저자가 제안했듯이, 적응유연성 모형에 기초한 실제는 증상과 손상의 기술을 넘어서 아동기의 심리적, 정서적, 행동적 조건의 개념틀을 제공한다. 그런 모형은 생태학적으로 광범위한 환경조건, 즉 가족, 학교, 이웃의 조건과 개인적인 심리사회적 및 생물학적 조건으로 분류된 지표(markers), 관련 변인(correlates), 가능한 원인을 제시한다. 그런 모형은 몇몇 위험요인이 특정 문제에 고유하게 기여하며, 몇몇 보호요인이 아동을 특정 문제에서 분리해 낼 수 있지만, 동시에 문제가 없는 아동에게도 긍정적으로 작용할 수 있다고 본다. 임상가는 이 모형에 기초하여, 보호요인을 활용하고 위험을 감소시키고 문제가 있는 아동에게 필요한 직접 개입을 제공하여 개별 아동을 위한 최선의 치료 코스를 선택할 것이다. 이런 접근은 "아동기 문제가 여러 요인에 의해 결정된다는 생각에 근거한다. 즉, 아동기 문제는 개인, 가족, 지역사회 또는 더 큰 환경의 수준에 있는 수많은 원인의 결과로 발생한다." (p. 267) 이 모형을 효과적으로 활용하려면 임상가는 다음에 관한 최소 한도의 지식을 갖추어야 한다(Fraser & Galinsky, 1997).

- 위험과 보호에 관한 기초 지식
- 특정 문제나 장애의 위험요인과 보호요인에 관한 명확한 지식
- 지역사회에 있는 위험요인과 보호요인에 관한 명확한 지식
- 효과적인 변화전략이 위험의 영향을 감소시키는 개입연구에 관한 지식
- 효과적인 변화전략이 보호 기제를 강화하는 개입연구에 관한 지식

Weissberg, Kumpfer와 Seligman(2003)은 학술지 『미국 심리학자(*American Psychologist*)』에 발표한 논문에서 예방 모형을 통해 적응유연성 과정을 응용하는 데 대한 관심이 증가하고 있다고 기술했다. 그러나 성인기 결과에 기여하고 매개하고 조절하는 아동, 가족, 환경 내의 수많은 변인을 체계적으로 평가하려면 여전히 더 많은 작업을 수행해야 한다. 이런 지식이 아동을 양육하고 아동의 정신건강을 증진시키는 데 필수적으로 중요한 부분이 될 수 있도록 그것을 확장하고 촉진하는 최선의 방법을 이해하기 위해 더 많은 추가적인 연구를 완수해야 한다. 적응유연성 과정의 임상적 응용은 Weissberg 등(2003)이 "사회의 미래에 대한 건전한 투자" (p. 425)라고 언급한 **1차 예방 모형**으로 이어지리라 희망한다.

참고문헌 REFERENCES

Bell, C. C. (2001). Cultivating resiliency in youth. *Journal of Adolescent Health, 29,* 375-381.

Brennan, P. A., Le Brocque, R., & Hammen, C. (2003). Maternal depression, parent-child relationships, and resilient outcomes in adolescence. *Journal of the American Academy of Child and Adolescent Psychiatry, 42,* 1469-1477.

Conrad, M., & Hammen, C. (1993). Protective and resource factors in high- and low-risk children: A comparison of children with unipolar, bipolar, medically ill, and normal mothers. *Developmental Psychopathology, 5,* 593-607.

Downey, G., & Coyne, J. C. (1990). Children of depressed parents: An integrative review. *Psychology Bulletin, 108,* 50-76.

Fantuzzo, J., McWayne, C., & Bulotsky, R. (2003). Forging strategic partnerships to advance mental health science and practice for vulnerable children. *School Psychology Quarterly, 32*(1), 17-37.

Fraser, M. W., & Galinsky, M. J. (1997). Toward a resilience-based model of practice. In M. W. Fraser (Ed.), *Risk and resilience in childhood: An ecological perspective.* Washington, DC: National Association of Social Workers Press.

Garbarino, J. (1995). *Raising children in a socially toxic environment.* San Francisco: Jossey-Bass.

Goodman, S., & Gotlib, I. (1999). Risk for psychopathology in the children of depressed mothers: A developmental model for understanding mechanisms of transmission. *Psychology Bulletin, 106,* 458-490.

National Center for Children in Poverty (NCCP). (2002, March). *Child poverty fact sheet: Low-income children in the United States: A brief demographic profile.* New York: National Center for Children in Poverty. Maliman School of Public Health, Columbia University.

National Advisory Mental Health Council's Workgroup on Child and Adolescent Mental Health Intervention, Development and Deployment. (2001). *Blueprints for change: Research on child and adolescent mental health.* Rockville, MD: National Institute of Mental Health.

National Institute of Health and National Institute Mental Health. (1998). *Bridging science and service. A report by the National Advisory Mental Health Council's Clinical Treatment and Services Research Workgroup.* Washington, DC: National Institute of Mental Health.

Olds, D., Pettit, L., Robinson, J., & Henderson, C. (1998). Reducing risks for antisocial behavior with a program of prenatal and early childhood home visitation. *Journal of Community Psychology, 26,* 65-83.

Shore, R. (1997). *Re-thinking the brain: New insights into early development.* New York: Families and Work Institute.

U. S. Department of Health and Human Services. (1999). *Mental health: A report by the surgeon general.* Rockville, MD: Author.

Weissberg, R. P., Kumpfer, K. L., & Seligman, M. E. P. (2003). Prevention that works for children and youth. *American Psychologist, 58,* 425-432.

찾아보기

■ 편저자 소개

Sam Goldstein, Ph.D.
University of Utah School of Medicine, Salt Lake City, Utah 84102

Robert B. Brooks, Ph.D.
Harvard Medical School, Boston, Massachusetts, and McLean Hospital, Belmont, Masschusetts 02478

■ 저자 소개

Bonnie Aberson, Psy.D.
Pediatric neuropsychologist, 9769 S. Dixie Highwsy, Suite 1025 Pinecrest, Florida 33156

Tara M. Chaplin, Ph.D.
Department of Psychology, University of Pennsylvania, Philadelphia, Pennsylvania 19104

Wai Chen, Ph.D.
MRC Social, Genetic and Developmental Psychiatry Centre, Institute of Psychiatry, London SE5 8AF, England

Kirby Deater-Deckard, Ph.D.
Department of Psychology, University of Oregon, Eugene, Oregon 94703

Shannon Dowd, M.A.
Department of Educational Psychology, University of Nebraska-Lincoln, Lincoln, Nebraska 68588

John Eagle, MSW
Department of Educational Psychology, University of Nebraska-Lincoln, Lincoln, Nebraska 68588-0345

Maurice J. Elias, Ph.D.
Department of Psychology, Rutgers University, Piscataway, New Jersey 08854

Robert D. Felner, Ph.D.
College of Education and Human Development, Education, University of Louisville, Louisville, Kentucky 40202

Jane Gillham, Ph.D.
Psychology Department, University of Pennsylvania, Philadelphia, Pennsylvania 19104

Shadi Houshyar, M.S.
Department of Psychology, Yale University, New Haven, Connecticut 06520

Linda Ivy, M.S.
Department of Psychology, University of Oregon, Eugene, Oregon 94703

Sara R. Jaffee, Ph.D.
Department of Psychology, University of Pennsylvania, Philadelphia, Pennsylvania 19104

Judith V. Jordan, Ph.D.
Private Practice, 114 Waltham Street, Suite 17, Lexington, Massachusetts 02421

Howard B. Kaplan, Ph.D.
Department of Sociology, Texas A&M University, College Station, Texas 77843

Joan Kaufman, Ph.D.
Department of Psychiatry, Yale University, New Haven, Connecticut 09511

Paul A. LeBuffe, Ph.D.
Institute of Clinical Training and Research, The Devereux Foundation, Villanova, Pennsylvania 19085

Marc Mannes, Ph.D.
Search Institute, Minneapolis, Minnesota 55413

Ann Masten, Ph.D.
Institute of Child Development, University of Minnesota, Minneapolis, Minnesota 55455

Nancy Mather, Ph.D.
Department of Special Education, Rehabilitation, and School Psychology, University of Arizona, Tucson, Arizona 85721

Jack A. Naglieri, Ph.D.
Department of Psychology, George Mason University, Fairfax, Virginia 22030

Nicole Ofiesh, Ph.D.
Department of Special Education, Rehabilitation, and School Psychology, University of Arizona, Tucson, Arizona 85721

Sarah Parker
Department of Psychology, Rutgers, The State University of New Jersey, Piscataway, New Jersey 08854

Melissa Pearrow, M.S.
Quincy Public Schools, Dedham, Massachusetts 02026

William Pollack, Ph.D.
Department of Psychiatry, Harvard Medical School, Centers for Men and Young Men at McLean Hospital, Belmont, Massachusetts 02478

Karen Reivich, Ph.D.
Department of Psychology, University of Pennsylvania, Philadelphia, Pennsylvania 19104

Richard Rider, Psy.D.
Neurology, Learning and Behavior Center, Salt Lake City, Utah 84102

Jennifer L. Rosenblatt, M.S.
Department of Psychology, Rutgers, The State University, Piscataway, New Jersey 08904

Irwin Sandler, Ph.D.
Program for Prevention Research, Arizona State University, Tempe, Arizona 85287

Peter Scales, Ph.D.
Search Institute, Manchester, Missouri 63021

Martin Seligman, Ph.D.
Department of Psychology, University of Pennsylvania, Philadelphia, Pennsylvania 19104

Arturo Sesma
Search Institute, Minneapolis, Minnesota 55413

Susan M. Sheridan, Ph.D.
Department of Educational Psychology, University of Nebraska-Lincoln, Lincoln, Nebraska 68588

Myrna B. Shure, Ph.D.
Department of Clinical and Health Psychology, Drexel University, Philadelphia, Pennsylvania 19102

Jessica Smith, M.S.
Department of Psychology, University of Oregon, Eugene, Oregon 94703

Jennifer Taub, Ph.D.
Center for Mental Health Services Research, University of Massachusetts Medical School, Worcester, Massachusetts 01655

Eric Taylor, Ph.D.
Department of Child and Adolescent Psychiatry, Institute of Psychiatry, London SE5 8AF, England

Emily E. Werner, Ph.D.
Department of Human and Community Development, University of California, Davis, Davis California 95616

Emily B. Winslow, Ph.D.
Program for Prevention Research Center, Arizona State University, Tempe, Arizona 85287

Sharlene A. Wolchik, Ph.D.
Prevention Research Center, Arizona State University, Tempe, Arizona 85287

Margaret O' Dougherty Wright, Ph.D.
Department of Psychology, Miami University, Oxford, Ohio 45056

▣ 역자 소개

신현숙

한양대학교 교육학과 졸업(교육학사)
미국 오하이오 주립대학교 M.A.(특수교육학 전공)
미국 미네소타 대학교 Ph.D.(학교심리학 전공)
미국 미네소타 주 미니애폴리스 공립학군 및 헤너핀 카운티 메디컬 센터
  Child Behavior and Learning Clinic에서 학교심리학 실습수련
미국 미네소타 주 세인트폴 공립학군에서 학교심리사 풀타임 인턴십 수료
한국청소년상담원 상담조교수 역임
현 전남대학교 사범대학 교육학과 교수
  한국심리학회 산하 학교심리학회 부회장 겸 학술위원장

[저 · 역서]
The Handbook of International School Psychology(공저, Sage Publications)
21세기를 위한 학교심리학(공역, 시그마프레스)
ABAS-S 청소년행동평가척도—청소년용(공저, 학지사)

[관심 분야]
긍정심리학, 학교 기반 유능성 증진교육
초 · 중등학생의 학업성취와 관련된 사회성 · 정서 · 행동 학습

아동 · 청소년 적응유연성 핸드북
Handbook of Resilience in Children

2009년 8월 20일 1판 1쇄 인쇄
2009년 8월 25일 1판 1쇄 발행

엮은이 • Sam Goldstein & Robert B. Brooks
옮긴이 • 신현숙
펴낸이 • 김진환
펴낸곳 • (주) 학지사
121-837 서울시 마포구 서교동 352-29 마인드월드빌딩 5층
대표전화 • 02-330-5114 팩스 • 02-324-2345
등록번호 • 제313-2006-000265호

홈페이지 • http://www.hakjisa.co.kr
커뮤니티 • http://cafe.naver.com/hakjisa

ISBN 978-89-6330-197-6 93370

정가 23,000원

역자와의 협약으로 인지는 생략합니다.
파본은 구입처에서 교환해 드립니다.